U0877515

# GB 21861—2014
# 《机动车安全技术检验项目和方法》
# 实施指南

公安部交通管理科学研究所　编著

中国质检出版社
中国标准出版社

北　京

**图书在版编目(CIP)数据**

GB 21861—2014《机动车安全技术检验项目和方法》实施指南/公安部交通管理科学研究所编著.—北京:中国标准出版社,2015.4
ISBN 978-7-5066-7865-0

Ⅰ.①G… Ⅱ.①公… Ⅲ.①机动车-安全检查-国家标准-中国-指南 Ⅳ.①U467.1-65

中国版本图书馆CIP数据核字(2015)第058218号

中国质检出版社
中国标准出版社 出版发行
北京市朝阳区和平里西街甲2号(100029)
北京市西城区三里河北街16号(100045)

网址:www.spc.net.cn
总编室:(010)68533533 发行中心:(010)51780238
读者服务部:(010)68523946
中国标准出版社秦皇岛印刷厂印刷
各地新华书店经销

*

开本 880×1230 1/16 印张 37.5 字数 1148 千字
2015年4月第一版 2015年4月第一次印刷

*

定价 150.00 元

**如有印装差错 由本社发行中心调换**
**版权专有 侵权必究**
**举报电话:(010)68510107**

# 编写人员名单


主　　　编：孙　巍　应朝阳

参加编写者：潘汉中　吴云强　赵卫兴

　　　　　　张　军　穆文浩

# 前　言

GB 21861—2014《机动车安全技术检验项目和方法》是强制性国家标准，主要适用于机动车安全技术检验机构对在我国道路上行驶的机动车进行安全技术检验，同时也适用于出入境检验检疫机构对入境机动车进行安全技术检验。此外，对经有关部门批准进行实际道路试验的机动车和临时入境的机动车进行安全技术检验时，可参照执行。

GB 21861—2014 于 2014 年 12 月 22 日由国家质量监督检验检疫总局和国家标准化管理委员会发布，自 2015 年 3 月 1 日起实施。标准负责起草单位是公安部交通管理科学研究所，参加起草单位包括公安部交通安全产品质量监督检测中心、北京市公安局公安交通管理局车辆管理所、成都市公安局交通管理局车辆管理所、石家庄华燕交通科技有限公司、浙江江兴汽车检测设备有限公司、中国机动车辆安全鉴定检测中心。标准主要起草人为：孙巍、应朝阳、吴云强、赵卫兴、张军、潘汉中、秦东炜、张昊、陈南峰、包威、罗跃、周申生、田五虎。

为了更好地理解和执行该标准，公安部交通管理科学研究所组织编写了本书。本书由孙巍、应朝阳主编，参加编写的同志还包括：潘汉中、吴云强、赵卫兴、张军、穆文浩。本书共包括三章内容：第一章是标准简介，介绍标准修订背景、任务来源、修订过程、修订原则、主要修订内容、法律法规规定、国外相关情况等；第二章是标准条文释义，按照标准章节顺序逐条对标准条文加以解释说明；第三章是与 GB 21861—2014 相关的标准和法律法规。

本书适用于机动车安全技术检验机构、出入境检验检疫机构等单位从事机动车安全技术检验和安全技术管理工作的人员，也适用于公安交通管理、质量技术监督等部门从事机动车安全技术检验监督的人员。

在本书的编写过程中，成都市公安局交通管理局车辆管理所罗跃、临沂市交通警察支队车辆管理所王志刚、无锡市交通警察支队车辆管理所杨尚利、济南市交通警察支队车辆管理所尚健、莱芜市交通警察支队车辆管理所毕波、石家庄华燕交通科技有限公司陈南峰、深圳市安车检测股份有限公司敬天龙、广州华工机动车检测技术有限公司于善虎提供了丰富的素材，提出了许多意见和建议，在此一并予以感谢。

编　者

2015 年 3 月

# 目　　录

## 第一章　标准简介



## 第二章　标准条文释义



## 第三章　相关标准和法律法规

# 第一章
# 标准简介

# 一、标准修订的目的和意义

2004年5月1日起施行的《中华人民共和国道路交通安全法》及实施条例，首次以法定形式确立了机动车安全技术检验制度。十年多来，机动车检验制度配套法规、标准不断完善发展，国家质量监督检验检疫总局（以下简称“质检总局”）以部门规章形式发布《机动车安全技术检验机构监督管理办法》（国家质量监督检验检疫总局令第121号），明确机动车安全技术检验机构（以下简称“安检机构”）准入条件、资质审批、监督检查等规定；国家标准化委员会发布国家标准GB 21861《机动车安全技术检验项目和方法》，明确安全技术检验项目和方法等要求；公安部会同质检总局联合下发《关于加强和改进机动车检验工作意见》，在全国部署应用机动车检验监管系统，并制修订配套部门规章、工作规范，严格规范核发机动车检验合格标志。机动车安全技术检验制度在保证上路行驶车辆安全性能，从源头上预防、减少交通事故，保障人民群众生命财产安全等方面发挥了重要作用。

近年来，我国汽车以每年1 500多万辆速度迅速增长，汽车总量已超过1.4亿辆。随着汽车特别是私家小汽车迅猛增长，汽车检验业务量猛增，机动车安全技术检验工作逐步暴露出网点少、排队长、不规范、不便民等“检车难”问题，群众意见很大，新闻媒体多次曝光，社会反响强烈。一是检验网点布局不适应汽车迅猛增长趋势。一些地方安检机构数量少，布局不合理，办理检验排队积压严重。有的地市仅有一家安检机构，导致县乡群众办理检验业务往返路途远，非常不便。二是检验把关不严格。有的安检机构检验工作流于形式，擅自降低检验标准，没有发挥安全技术检验对保障车辆安全性能的重要效能。有的甚至只收费不检车，伪造检验数据，为存在安全隐患车辆签发检验合格报告。三是检验工作不规范、不便民。有的安检机构检验不透明，与非法中介勾结，故意刁难群众，乱收费、搭车收费等问题突出。一些检验人员素质不高、态度恶劣，有的安检机构检验流程设置复杂，群众办理检验需要多次排队、耗时长。另外，一些安检机构还存在倒卖检验合格报告，为盗抢、报废、拼装、套牌等车辆出具检验合格报告等违法犯罪问题。机动车检验工作问题多、乱象多，直接影响车辆安全性能，给道路交通安全埋下严重隐患，迫切需要加强监管、规范程序、简化流程、提高服务。

为深入贯彻党的十八届三中全会精神，进一步改革创新机动车安全技术检验工作，加强检验监管，规范检验行为，创新服务措施，2014年4月29日，公安部、质检总局联合印发《关于加强和改进机动车检验工作的意见》，部署对全国安检机构进行全面检查整治，围绕解决群众反映集中的问题，推行机动车检验制度改革。

GB 21861作为机动车检验制度配套的强制性国家标准，规定了机动车安全技术检验的检验项目和检验方法，是对机动车开展安全技术检验的重要技术标准，也是质量技术监督部门和公安机关交通管理部门对安检机构的安全技术检验行为进行监督管理的重要依据。编写GB 21861—2008的主要技术依据是国家标准GB 7258—2004《机动车运行安全技术条件》。鉴于国家标准化管理委员会于2012年5月11日发布了GB 7258—2012《机动车运行安全技术条件》（以下简称GB 7258—2012），且标准中对重中型货车和挂车、公路客车、旅游客车和校车、危险货物运输车等重点车辆的安全装置和结构均提出了很多新的要求。同时，国家标准化管理委员会于2012年4月10日发布了国家标准GB 24407—2012《专用校车安全技术条件》（以下简称GB 24407—2012），对专用校车的设计和生产提出了更高的要求。为进一步规范和加强机动车安全技术检验工作，更好地保证GB 7258—2012和GB 24407—2012中涉及车辆结构和安全装置的技术要求落到实处，有必要对GB 21861—2008进行整体修订。

# 二、标准修订任务来源和过程

## 1. 任务来源

2012年，鉴于GB 7258—2012、GB 24407—2012的发布实施，为保证相关技术要求在机动车安全技术检验环节得到实施，公安部交通管理科学研究所启动了GB 21861—2008修订工作，按照公安部交通管理局要求以修改单形式对GB 21861—2008进行修订。2012年5月9日，公安部道路交通管理标准化技术委员会组织召开GB 21861—2008第2号修改单审定会，会后公安部交通管理科学研究所根据审定会意见形成了GB 21861—2008国家标准第2号修改单报批稿。2012年7月，经国家标准化管理委员会审查，考虑到修改单报批稿内容偏多，不符合修改单编写的一般规定，建议对GB 21861—2008进行整体修订。根据国家标准化管理委员会意见，公安部道路交通管理标准化技术委员会于2012年12月向国家标准化管理委员会申请立项修订GB 21861—2008，负责单位为公安部交通管理科学研究所。

2013年，根据国家标准化管理委员会《关于下达<摩托车燃油消耗量限值及测量方法>等45项国家标准制修订项目计划的通知》（国标委综合[2013]80号）的要求，国家标准《机动车安全技术检验项目和方法》修订工作由公安部交通管理科学研究所承担，计划编号为20131120－Q－312。

### 2. 修订过程

2013年2月～6月，标准起草组整合了GB 21861—2008国家标准第1号修改单、第2号修改单（报批稿）的有关内容，形成了标准工作组讨论稿。

2013年7月～10月，标准起草组多次召开讨论会，研讨并修改完善标准工作组讨论稿。

2013年11月，标准起草组组织召开GB 21861—2008标准修订工作研讨会，公安部交通管理局、公安部道路交通安全研究中心、全国汽车标准化技术委员会、国家认监委强制性产品认证专家组、中机车辆技术服务中心、汉阳专用汽车研究所，以及北京、沈阳、成都、临沂、杭州等地车辆管理所专家代表参加研讨会。会议初步议定了标准的主要框架结构，包括：检验项目（以表格的形式表述）、检验方法、检验结果等；取消原标准的建议维护项，所有项目均为否决项；组织开展加载制动测试试验等。会后，标准起草组组织开展了加载制动测试方法的研究，委托参与起草单位研制了样机并组织实车测试。根据研讨会意见和有关试验数据修改形成了标准修订稿初稿。

2013年12月，公安部交通管理局科技处领导听取起草组专题汇报，提出检验方法也可以表格形式表述；增加一般规定的要求，提出对安检机构以及设备、人员要求；对于检验结果要明确检验结果的判定、检验合格处置、检验不合格处置等。会后，根据汇报会意见，形成标准征求意见稿（草稿）。

2014年4月，标准起草组组织召开GB 21861—2008标准修订工作研讨会，杭州、临沂、无锡等车辆管理所，以及部分检测设备生产企业代表参加会议。会议对标准条款进行逐条梳理，形成标准征求意见稿。

2014年4月～5月，通过公安网、质检总局、全国机动车运行安全技术检测设备标准化技术委员会、中国质检协会机动车安全检验专委会广泛征求公安交通管理、质量技术监督、安检机构、计量、设备生产等相关行业和单位的意见，截至2014年6月25日，共收到全国21个单位的意见275条。

2014年5月，标准起草组组织召开重型载货车辆安全技术检验专题研讨会，邀请德国TUV、马哈等检测机构、检验设备生产企业的专家，以及北京、杭州、成都、沈阳、临沂、无锡等地车辆管理所，一汽解放汽车有限公司、中国机动车辆安全鉴定检测中心、中国汽车维修行业协会、部分检测设备生产企业代表参加研讨会。会议初步议定：增加大中型客车、重中型货车底盘部件检查时应使用底盘间隙仪；采用加载方法检验重中型货车制动性能；删除阻滞力的检验项目；仅对新车做车速表误差检测，在用车做车速表功能检验；对电动汽车等新能源车不做特殊要求。

2014年6月，标准起草组组织召开GB 21861—2008标准修订工作研讨会，公安部交通管理局、质检总局产品质量监督司有关处室领导，中国机动车辆安全鉴定检测中心、机械工业车辆产品质量监督检测中心、全军汽车检测技术服务中心、扬州工业职业技术学院等单位专家，北京、吉林、山东、陕西、河北等9家安检机构的代表，部分检测设备生产企业的代表参加会议。会议肯定了标准的总体框架结构、安检项目与环保检验项目的有关表述等，确定删除“制动协调性”“核定载质量”“比功率”等检验项目，并就“达到一定使用年限的非营运小（微）型载客汽车检验项目”“部分车型检验工位的最少检验时间”“载货汽车加载制动”“检验照片(或视频)采集要求”等提出了修改意见。

2014 年 6 月下旬,标准起草组在充分考虑两次标准研讨会意见的基础上,逐条对标准征求意见稿反馈意见进行讨论,采纳或部分采纳了其中 173 条意见,形成标准送审稿。

2014 年 7 月 1 日～2 日,公安部道路交通管理标准化技术委员会在无锡组织召开标准审定会,来自公安部交通管理局、国家质量监督检验检疫总局产品质量监督司、国家标准化管理委员会国标审查部、中国农业机械化科学研究院、湖北省公安厅交通警察总队、杭州市交通警察支队车辆管理所、无锡市交通警察支队车辆管理所、中国人民解放军第 7453 工厂机动车检测厂、北京汽车检修有限公司、临沂机动车安全检测站、深圳安车检测股份有限公司、佛山市南华仪器有限公司等单位的 14 名专家对标准送审稿逐条进行了审定,提出了审定意见 54 条。

2014 年 7 月 18 日,为进一步听取相关院校专家和行业协会、运输企业的意见,标准起草组组织召开 GB 21861—2008 标准修订工作研讨会,同济大学、西南交通大学、中国汽车技术研究中心、交通部公路科学研究院、国家机动车产品质量监督检验中心、中国汽车维修行业协会等单位的专家教授,以及无锡、苏州、杭州等地的运输企业和维修企业代表参加会议。会议进一步研究完善了三轴及三轴以上货车,采用并装双轴、并装三轴挂车的加载制动测试方法等。

2014 年 8 月,标准起草组根据审定会和研讨会意见,完成标准报批稿。

2014 年 12 月 22 日,国家质量监督检验检疫总局和国家标准化管理委员会发布 GB 21861—2014,标准自 2015 年 3 月 1 日起实施。

## 三、标准修订原则

本次标准修订的主要原则有:

(1) 保证协调性。标准修订坚持依法依规,修订内容符合《校车安全管理条例》及近年来公安部、质检总局等部委的有关管理规定,与 GB 7258—2012、GB 24407—2012 等机动车国家安全技术标准相协调。

(2) 提高针对性。标准修订突出重点车辆,强化了校车、大中型客车、重中型货车和挂车、危险货物运输车的安全技术检验要求,优化了非营运轿车等小型、微型载客汽车的检验项目。

(3) 提升可操作性。标准修订细化了检验方法,增加了检验要求,既便于安检机构的检验,也便于政府部门的监管。

(4) 倡导先进性。标准修订明确了外廓尺寸等重点项目自动化检验的要求,确保机动车安全技术检验工作科学、准确、高效、先进。

## 四、标准主要技术内容说明

GB 21861—2014 由前言、引言、范围、规范性引用文件、术语和定义、检验项目、检验方法、检验要求、检验结果处置、标准实施的过渡期要求及附录 A(规范性附录)外廓尺寸测量、附录 B(规范性附录)整备质量测量、附录 C(规范性附录)制动性能检验、附录 D(规范性附录)前照灯检验、附录 E(规范性附录)车速表指示误差检验、附录 F(规范性附录)转向轮横向侧滑量检验、附录 G(规范性附录)机动车安全技术检验报告(式样)、附录 H(规范性附录)机动车安全技术检验表(人工检验部分)、附录 I(规范性附录)机动车安全技术检验表(仪器设备检验部分)组成。

与 GB 21861—2008 相比,GB 21861—2014 主要修订内容包括:

### 1. 优化了机动车安全技术检验项目

(1) 优化了人工检验项目。人工检验部分由 104 项调整为 50 项。主要变化是:删除合并了 29 个建议维护项(删除了 16 个建议维护项,合并了 13 个建议维护项),删除合并了 40 个否决项(删除或部分删除9个否决项、合并了31个否决项），新增15项（主要是安全装置，例如，车辆尾部标志板、急救箱、限速功能或限速装置、防抱死制动装置、辅助制动装置、盘式制动器、发动机舱自动灭火装置、手动机械断电开关等）。

（2）调整了仪器设备检验项目。删除了车辆底盘输出功率、排放、阻滞力；删除了使用年限10年以内小（微）型非营运载客汽车的车速表、侧滑、前照灯照射位置、驻车制动等4个项目（其中前3个是建议维护项）；删除了二三轮机动车的车速表、前照灯照射位置、轮偏、下部检查等4个项目。修改了部分仪器设备检验项目的适用范围，车速表指示误差仅在注册登记检验时进行且不适用于非营运小型、微型载客汽车；侧滑主要针对前轴采用非独立悬架的汽车；增加部分车型的加载制动性能检验项目。

（3）增加了"安全装置检查"项目类型，把汽车安全带、机动车用三角警告牌、灭火器、汽车行驶记录仪、辅助制动装置、侧后防护装置等20项涉及安全的项目归入"安全装置检查"范畴，安全装置的检查要求重点针对大中型客车、重中型货车等车型。

（4）增加了"车辆特征参数检查"项目类型，把外廓尺寸、整备质量、核定载人数、栏板高度、后轴钢板弹簧片数、客车应急出口、客车乘客通道和引道、车厢等8项涉及车辆关键特征的项目归入"车辆特征参数检查"范畴，加强《道路机动车辆生产企业及产品公告》（以下简称《公告》）与机动车出厂合格证技术参数的比对。车辆特征参数的检查主要在注册登记检验时进行。

### 2. 优化了机动车安全技术检验方法

（1）增加了"加载制动"的检验要求，增加了三轴及三轴以上载货汽车，以及采用并装双轴、并装三轴挂车的加载制动性能检验方法。

（2）增加了"外廓尺寸测量"的方法，并提出了重中型货车、专项作业车、挂车应使用自动测量装置的要求。

### 3. 严格了"检验结果"的评判

删除了原标准中建议维护项的表述，所有检验项目均为否决项，出现一项及以上不合格的，检验结果判定为不合格。

### 4. 强化了"检验监管"的要求

增加了安检机构对部分检验项目拍摄检验照片（视频）、传递检验数据及图像（视频）资料的要求，以便于质量技术监督部门、公安交通管理部门按照有关规定开展监管工作。

### 5. 调整了标准中检验项目、检验方法的表述形式

把原标准条文描述修改为用表格描述。同时，按照不同的车辆类型提出了不同的检验项目要求，分别是："非营运小型、微型载客汽车""其他类型载客汽车""载货汽车（三轮汽车除外）、专项作业车""挂车""三轮汽车""摩托车"，以方便安检机构执行，也有利于监管部门的监管。

## 五、标准主要起草单位和起草人

GB 21861—2014参加起草单位：公安部交通安全产品质量监督检测中心、北京市公安局公安交通管理局车辆管理所、成都市公安局交通管理局车辆管理所、石家庄华燕交通科技有限公司、浙江江兴汽车检测设备有限公司、中国机动车辆安全鉴定检测中心。

GB 21861—2014主要起草人：孙巍、应朝阳、吴云强、赵卫兴、张军、潘汉中、秦东炜、张昊、陈南峰、包威、罗跃、周申生、田五虎。

## 六、国家法律法规对于机动车安全技术检验的规定

1.《中华人民共和国道路交通安全法》部分条款

**第十条** 准予登记的机动车应当符合机动车国家安全技术标准。申请机动车登记时，应当接受对该机动车的安全技术检验。

**第十三条** 对机动车的安全技术检验实行社会化。具体办法由国务院规定。对符合机动车国家安全技术标准的，公安机关交通管理部门应当发给检验合格标志。

**第九十四条** 机动车安全技术检验机构不按照机动车国家安全技术标准进行检验，出具虚假检验结果的，由公安机关交通管理部门处所收检验费用五倍以上十倍以下罚款，并依法撤销其检验资格；构成犯罪的，依法追究刑事责任。

2.《中华人民共和国道路交通安全法实施条例》部分条款

**第十五条** 机动车安全技术检验由机动车安全技术检验机构实施。机动车安全技术检验机构应当按照国家机动车安全技术检验标准对机动车进行检验，对检验结果承担法律责任。

质量技术监督部门负责对机动车安全技术检验机构实行资格管理和计量认证管理，对机动车安全技术检验设备进行检定，对执行国家机动车安全技术检验标准的情况进行监督。

机动车安全技术检验项目由国务院公安部门会同国务院质量技术监督部门规定。

**第十六条** 机动车应当从注册登记之日起，按照下列期限进行安全技术检验：

(一) 营运载客汽车 5 年以内每年检验 1 次；超过 5 年的，每 6 个月检验 1 次；

(二) 载货汽车和大型、中型非营运载客汽车 10 年以内每年检验 1 次；超过 10 年的，每 6 个月检验 1 次；

(三) 小型、微型非营运载客汽车 6 年以内每 2 年检验 1 次；超过 6 年的，每年检验 1 次；超过 15 年的，每 6 个月检验 1 次；

(四) 摩托车 4 年以内每 2 年检验 1 次；超过 4 年的，每年检验 1 次；

(五) 拖拉机和其他机动车每年检验 1 次。

营运机动车在规定检验期限内经安全技术检验合格的，不再重复进行安全技术检验。

**第十七条** 已注册登记的机动车进行安全技术检验时，机动车行驶证记载的登记内容与该机动车的有关情况不符，或者未按照规定提供机动车第三者责任强制保险凭证的，不予通过检验。

## 七、部分发达国家和地区机动车检验项目

1. 欧洲

欧洲的机动车检验项目主要包括以下 9 个部分：

(1) 制动系统主要检验行车制动、驻车制动、应急制动、防抱死制动、手制动器、制动阀、制动管、制动鼓、制动盘制动低压报警装置等；

(2) 转向系统主要检验方向盘、最大自由转动量；

(3) 可视性主要检验视野、车窗、后视镜、挡风玻璃等；

(4) 照明、信号装置和其他电气设备主要检验前照灯、转向灯、雾灯、示廓灯、倒车灯、驻车灯、示位灯、牌照灯、反射器、标志灯、牵引车和挂车的电连接器、电气布线；

(5) 行驶系统主要检验车轴、车轮总成、悬架等；

(6) 底盘及底盘附件主要检验底盘结构及附件、驾驶室和车身；

(7) 安全装置主要检验安全带、灭火器、防盗装置、三角警示牌、急救包、语音警报装置、止轮块、车速表、限速器、行驶记录仪;

(8) 公共交通车辆附加要求主要检验应急出口、加热系统、通风系统、座位布局、车内照明;

(9) 车辆唯一性主要检验车牌号、车架号。

2. 日本

日本部分机动车检验项目如下:

(1) 商用汽车检验项目主要包括:转向系统、制动系统、行驶系统、悬架、传动系统、电气装置、发动机、尾气排放、冷凝器、燃油供给系统、车身、座椅、警示器等;

(2) 挂车检验项目主要包括:制动系统、行驶系统、悬架、电气装置、连接器、车身、冷凝器等;

(3) 私人货运汽车检验项目主要包括:转向系统、制动系统、行驶系统、悬架、传动系统、电气装置、发动机、尾气排放、车身、座椅等;

(4) 私人乘用车检验项目主要包括:转向系统、制动系统、行驶系统、悬架、传动系统、电气装置、发动机、尾气排放、车身、座椅等。

3. 美国

美国的机动车安全检验参考项目共 14 个,包括:安全带、制动、转向、灯光、轮胎、车架、车轮紧固件、底盘、喇叭、反光镜等。各州的检验项目由车辆管理局负责制订,可对 14 项参考检验项目有所增减,例如:俄亥俄州增加了轮辋、反光镜、安全玻璃 3 项;新泽西州规定只检验 7 项,包括:灯光(转向灯、大灯、尾灯)、喇叭、雨刷、轮胎、悬架装置、转向和制动。

4. 我国香港

(1) 我国香港的机动车检验项目主要包括:车辆唯一性、车辆尾气排放、车轮总成、车身部分(包括所有座位及内部装置、车窗、镜、内部控制系统、速度表及灭火器)、底盘系统、车身底部状况、电线、漏油情况、油箱和油管、燃料切断装置、尾气排放系统、传动系统、悬架、转向系统及制动系统、照明和信号装置。

(2) 部分使用年限较长的大中型客车需增加检验车辆结构。

5. 我国台湾

(1) 我国台湾的机动车检验项目主要包括:车辆发动机号、车架号、消音器、排气管、尾气排放、行车制动、驻车制动、制动平衡性、侧滑、喇叭、灯光、标识、车窗、挡风玻璃、雨刮器、后视镜、前视镜、座位、安全带等。

(2) 客车、货车的特殊规定,例如:小客车需检验车窗玻璃、全部座位安全带;大客车需检验车重和车身尺寸、灭火器、校车标识;大货车及挂车需检验侧后防护装置、货厢容积、转弯及倒车警报装置、行车记录仪等。

总体来看,发达国家和地区机动车检验项目的特点主要包括:一是普遍强化对大中型客车(包括公共汽车)、重中型货车的安全性能的检查要求,重点突出制动、灯光等项目;二是强化关键安全装置检查要求,重点突出安全带、灭火器、三角警示牌、限速器、行驶记录仪等项目。

## 八、主要参考资料

(1)《中华人民共和国道路交通安全法》

(2)《中华人民共和国道路交通安全法实施条例》

(3) 国家标准 GB 7258—2012《机动车运行安全技术条件》实施指南(中国质检出版社)

(4) 俄联邦国家标准 GOST R 5109—2004《汽车安全行驶对技术状况的要求 检测方法》

(5) 货车验车员手册(中华人民共和国香港特别行政区运输署验车部)

(6) 私家车轻型货车(车辆总质量不超过 1.9 公吨)验车员手册

(7) 美国联邦机动车安全法规 49CFR570 *Vehicle In Use Inspection Standards*

(8) *Roadworthiness tests for motor vehicles and their trailers*(2009/40/EC)

(9) *Adapting to technical progress Directive* 2009/40/*EC of the European Parliament and of the Council on roadworthiness tests for motor vehicles and their trailers*(2010/48/EU)

(10) *Vermont periodic inspection manual* (TA-VN-112 03/01 INTERNET CAL Reprinted: March 2001)

(11) *Inspection standard for exported used cars*(JAAI 6-30B, March 23, 1995)

## 九、标准实施的准备工作

为了更好地贯彻实施标准,各地安检机构应做好检验仪器、设备添置、检验软件升级、人员培训等工作。

(1) 添置检验设备。按照标准的要求,应添置检验智能终端(PDA)、通道/引道测量装置等新仪器,根据需要添置行驶记录装置专用检验设备、逆反射性能专用检验设备,以及自动识别车辆识别代号、发动机号码的设备。同时,根据安检机构的设备配备现状,配全内窥镜、透光率计、钢尺、手锤、铁钩、照明器具、轮胎气压表、花纹深度计等设备。

(2) 新增、改造检验仪器。按照标准的要求,对于检验大型汽车的安检机构,应适时新增或改造车辆外廓尺寸自动测量仪、底盘间隙仪、加载制动检验台、整备质量测量仪等;对于测量全时四驱的滚筒反力式制动检验台,应添置辅助自由滚筒组。**需要说明的是**:整备质量的测量标准没有过渡期,要求自标准实施之日(即 2015 年 3 月 1 日)起实施。

(3) 升级检验软件。机动车检验软件应按照标准要求升级调整程序;同时,安装使用全国统一的机动车检验监督管理软件,按照 GB/T 26765《机动车安全技术检验业务信息系统及联网规范》、GA 1186《机动车安全技术检验监管系统通用技术条件》的要求与检验监管部门联网。**需要说明的是**:按照《关于加强和改进机动车检验工作的意见》的要求,2015 年 5 月 1 日起安检机构未接入统一联网监管平台的,一律停止检验工作。

(4) 实现《公告》查询功能。标准强调了"《公告》与机动车出厂合格证技术参数"的核查要求,把外廓尺寸、整备质量、核定载人数、栏板高度、后轴钢板弹簧片数、客车应急出口、客车乘客通道和引道、车厢等项目归入"车辆特征参数检查"范畴,加强《公告》与机动车出厂合格证技术参数的比对。

(5) 加强检验员培训。随着标准在"检验项目""检验方法""检验结果处置"等几个方面均提出了许多新要求;同时,又新增了许多新的检验仪器设备,迫切需要加强安检机构的检验员培训,熟练掌握标准要求。

# 第二章
# 标准条文释义

## 一、关于“1 范围”的说明

**【标准条文】**

> 1 范围
>
> 本标准规定了机动车安全技术检验的检验项目、检验方法、检验要求和检验结果处置。
>
> 本标准适用于机动车安全技术检验机构对机动车进行安全技术检验。本标准也适用于出入境检验检疫机构对入境机动车进行安全技术检验。经批准进行实际道路试验的机动车和临时入境的机动车，可参照本标准进行安全技术检验。
>
> 本标准不适用于拖拉机运输机组等上道路行驶的拖拉机的安全技术检验。

**【条文理解】**

本章是对标准适用范围(即效力范围)的规定。

(1) 根据《道路交通安全法》第十条、第十三条及《道路交通安全法实施条例》第十五条的规定，机动车安全技术检验的对象是准予登记的上道路行驶的机动车，主体是安检机构，执行的标准是国家机动车安全技术检验标准。GB 21861—2014(以下简称“本标准”)是《道路交通安全法实施条例》中的国家机动车安全技术检验标准的主体部分，因此，安检机构对在我国道路上行驶的机动车进行安全技术检验时，必须执行本标准。

(2) 鉴于《机动车登记规定》(公安部令第 102 号)第六条明确规定经海关进口的机动车在申请注册登记时免予安全技术检验，为保证上道路行驶的进口机动车符合我国机动车国家安全技术标准，出入境检验检疫机构对入境机动车进行安全技术检验时也必须执行本标准。

(3) 由于《机动车登记规定》(公安部令第 102 号)第三十七条规定进行科研、定型试验的机动车申领临时行驶车号牌时应当提交书面申请和机动车安全技术检验合格证明，考虑到进行科研、定型试验的机动车在部分管理性条款(如 VIN 编码规则、打刻位置等)上不一定能够符合机动车国家安全技术标准的要求，本标准规定，安检机构可参照本标准对经有关部门批准进行实际道路试验的机动车进行安全技术检验。

(4)《临时入境机动车和驾驶人管理规定》(公安部令第 90 号)第四条规定临时入境机动车申请临时入境机动车号牌、行驶证时应提交书面申请和机动车安全技术检验合格证明。

(5) 根据《道路交通安全法实施条例》第一百一十一条的规定，上道路行驶的拖拉机是指手扶拖拉机等最大设计车速小于或等于 20 km/h 的轮式拖拉机和最大设计车速小于或等于 40 km/h、牵引挂车方可从事道路运输的轮式拖拉机。上道路行驶的拖拉机也属于机动车，鉴于拖拉机运输机组在结构和技术性能上与汽车具有较大区别，并且该类机动车由农业(农业机械)主管部门负责登记和定期检验，本标准不适用于对拖拉机运输机组等上道路行驶的拖拉机进行安全技术检验。

**需要说明的是：**

(1) 根据 GA 802—2014《机动车类型 术语和定义》定义，机动车包括以动力装置驱动或者牵引，上道路行驶的供人员乘用或者用于运送物品以及进行工程专项作业的轮式车辆，包括汽车及汽车列车、摩托车、轮式专用机械车、挂车、有轨电车、特型机动车和上道路行驶的拖拉机，但不包括虽有动力装置但最大设计车速、整备质量、外廓尺寸符合有关国家标准的残疾人机动轮椅车及电动自行车。

(2) 经国务院机动车产品主管部门(工业和信息化部)认定新车注册登记时免予安全技术检验的机动车型的制造企业，在对免检车型的新车进行出厂检验时，检验项目应覆盖本标准规定的机动车安全技术检验项目，所有检验项目均应合格。

**注 1：**目前，注册登记检验时免检车型包括：海关进口机动车、轿车(包括大型轿车)、小型微型载客汽车、摩托车。但是，免予安全技术检验的机动车有下列情形之一的，应当进行安全技术检验：

——国产机动车出厂后两年内未申请注册登记的；

——经海关进口的机动车进口后两年内未申请注册登记的；

——申请注册登记前发生交通事故的。

注 2：其他免检车型依据《公告》备注栏的签注内容认定。

（3）对发生事故的机动车进行检验时，可参照本标准相关规定执行。

## 二、关于“2 规范性引用文件”的说明

**【标准条文】**

### 2 规范性引用文件

下列文件对于本文件的应用是必不可少的。凡是注日期的引用文件，仅注日期的版本适用于本文件。凡是不注日期的引用文件，其最新版本（包括所有的修改单）适用于本文件。

GB 1589 道路车辆外廓尺寸、轴荷及质量限值

GB/T 3730.2 道路车辆 质量 词汇和代码

GB/T 3730.3 汽车和挂车的术语及其定义 车辆尺寸

GB 4785 汽车及挂车外部照明和光信号装置的安装规定

GB 7258—2012 机动车运行安全技术条件

GB 11567.1 汽车和挂车侧面防护要求

GB 11567.2 汽车和挂车后下部防护要求

GB 13094 客车结构安全要求

GB 13392 道路运输危险货物车辆标志

GB 16735 道路车辆 车辆识别代号（VIN）

GB/T 17676 天然气汽车和液化石油气汽车 标志

GB 18564.1 道路运输液体危险货物罐式车辆 第1部分：金属常压罐体技术要求

GB 18986 轻型客车结构安全要求

GB/T 19056 汽车行驶记录仪

GB 19151 机动车用三角警告牌

GB 20300 道路运输爆炸品和剧毒化学品车辆安全技术条件

GB 24315 校车标识

GB 24407 专用校车安全技术条件

GB 25990 车辆尾部标志板

GB/T 26765 机动车安全技术检验业务信息系统及联网规范

GA 36 中华人民共和国机动车号牌

GA 802 机动车术语 类型和定义

GA 804 机动车号牌专用固封装置

GA 1186 机动车安全技术检验监管系统通用技术条件

**【条文理解】**

本章是对规范性引用文件的说明。除了引用的 GB 7258—2012 是仅该版本的标准适用于本文件，

其他引用标准的最新版本(包括所有的修改单)适用于本文件。

为了更好地理解执行本标准,机动车安全技术检验人员也应掌握规范性引用文件引用的相关技术要求。

**需要说明的是:**

引用标准的现行有效版本如下:

(1) GB 1589—2004《道路车辆外廓尺寸、轴荷及质量限值》及其第1号、第2号修改单

(2) GB/T 3730.2—1996《道路车辆　质量　词汇和代码》

(3) GB/T 3730.3—1992《汽车和挂车的术语及其定义 车辆尺寸》

(4) GB 4785—2007《汽车及挂车外部照明和光信号装置的安装规定》及其第1号修改单

(5) GB 7258—2012《机动车运行安全技术条件》

(6) GB 11567.1—2001《汽车和挂车侧面防护要求》

(7) GB 11567.2—2001《汽车和挂车后下部防护要求》

(8) GB 13094—2007《客车结构安全要求》

(9) GB 13392—2005《道路运输危险货物车辆标志》

(10) GB 15084—2013《机动车辆　间接视野装置　性能和安装要求》

(11) GB 16735—2004《道路车辆　车辆识别代号(VIN)》

(12) GB/T 17676—1999《天然气汽车和液化石油气汽车　标志》

(13) GB 18564.1—2006《道路运输危险货车罐式车辆　第1部分:金属常压罐体技术要求》

(14) GB 18986—2003《轻型客车结构安全要求》

(15) GB/T 19056—2012《汽车行驶记录仪》

(16) GB 19151—2003《机动车用三角警告牌》

(17) GB 20300—2006《道路运输爆炸品和剧毒化学品车辆安全技术条件》

(18) GB 24315—2009《校车标识》及其第1号修改单

(19) GB 24407—2012《专用校车安全技术条件》

(20) GB 25990—2010《车辆尾部标志板》

(21) GB/T 26765—2011《机动车安全技术检验业务信息系统及联网规范》

(22) GA 36—2014《中华人民共和国机动车号牌》

(23) GA 802—2014《机动车术语　类型和定义》

(24) GA 804—2008《机动车号牌专用固封装置》

(25) GA 1186—2014《机动车安全技术检验监管系统通用技术条件》

此外,考虑到目前在道路上行驶的许多机动车注册登记日期在2004年10月1日至2012年9月1日之间,当时执行的GB 7258版本是GB 7258—2004;还有少部分机动车注册登记日期在2004年10月1日以前,当时执行的GB 7258版本是GB 7258—1997。机动车安全技术检验人员也应掌握GB 7258—2004、GB 7258—1997的相关技术要求。

## 三、关于"3 术语和定义"的说明

**【标准条文】**

> **3　术语和定义**
>
> GB 7258 和 GA 802 界定的以及下列术语和定义适用于本文件。

**【条文理解】**

为了准确理解执行本标准,GB 7258—2012《机动车运行安全技术条件》、GA 802—2014《机动车术

语　类型和定义》中的界定术语和定义适用于机动车安全技术检验工作，本标准不再重复界定。例如：

(1) 载客汽车　passenger vehicle

设计和制造上主要用于载运人员的汽车，包括装置有专用设备或器具但以载运人员为主要目的的汽车。

[ GB 7258—2012，定义 3.2.1 ]

(2) 载货汽车　goods vehicle

设计和制造上主要用于载运货物或牵引挂车的汽车，包括装置有专用设备或器具但以载运货物为主要目的的汽车。

[ GB 7258—2012，定义 3.2.2 ]

(3) 专项作业车　special motor vehicle

装置有专用设备或器具，在设计和制造上用于专项作业的汽车，如汽车起重机、消防车、混凝土泵车、清障车、高空作业车、扫路车、吸污车、钻机车、仪器车、检测车、监测车、电源车、通信车、电视车、采血车、医疗车、体检医疗车等，但不包括以载运人员或货物为主要目的的汽车。

[ GB 7258—2012，定义 3.2.3 ]

(4) 挂车　trailer

设计和制造上需由汽车或拖拉机牵引，才能在道路上正常使用的无动力道路车辆，用于：

——载运货物；

——特殊用途。

[ GA 802—2014，定义 3.4]

(5) 三轮汽车　tri-wheel vehicle

最大设计车速小于或等于 50 km/h 的，具有三个车轮的货车。

[GB 7258—2012，定义 3.2.2.2.1]

(6) 摩托车　motorcycle and moped

由动力装置驱动的，具有两个或三个车轮的道路车辆，但不包括：

a) 整车整备质量超过 400 kg 的不带驾驶室的三轮车辆；

b) 整车整备质量超过 600 kg 的带驾驶室的三轮车辆；

c) 最大设计车速、整车整备质量、外廓尺寸等指标符合相关国家标准和规定的，专供残疾人驾驶的机动轮椅车；

d) 电驱动的，最大设计车速不大于 20 km/h，具有人力骑行功能，且整车整备质量、外廓尺寸、电动机额定功率等指标符合相关国家标准规定的两轮车辆。

[ GB 7258—2012，定义 3.5 ]

对于乘用车、客车(包括公路客车、旅游客车、公共汽车)、校车、危险货物运输车、半挂车、铰接列车等术语和定义参见 GB 7258—2012；对于小型、微型载客汽车、三轮汽车等依据机动车规格术语命名的机动车参见 GA 802—2014 表 1“机动车规格术语分类表”；对于栏板货车、厢式货车等依据机动车结构术语命名的机动车参见 GA 802—2014 表 2“机动车结构术语分类表”。

**【标准条文】**

> 3.1
>
> **注册登记检验　inspection for unregistered vehicle**
>
> 机动车安全技术检验机构对申请注册登记的机动车进行的安全技术检验。
>
> 3.2
>
> **在用机动车检验　inspection for in-use vehicle**
>
> 机动车安全技术检验机构对已注册登记的机动车进行的安全技术检验。

**【条文理解】**

根据《道路交通安全法》第十条和第十三条，安检机构对机动车进行安全技术检验主要包括两种情形，一种是对申请(注册)登记的机动车进行安全技术检验，另一种是对(注册)登记后上道路行驶的机动车进行的定期安全技术检验。

鉴于两种情形下安全技术检验的侧重点并不完全一致，为进一步加强机动车源头管理，防止不符合机动车国家安全技术标准的机动车通过安全技术检验后经注册登记获得“合法”上路权，本标准将机动车安全技术检验分为“注册登记检验”和“在用机动车检验”两大类，并分别给出了定义。

**【标准条文】**

3.3

**车辆唯一性检查　inspection for the identify of vehicle**

对机动车的号牌号码和类型、车辆品牌和型号、车辆识别代号（或整车出厂编号）、发动机号码（或电动机号码）、车辆颜色和外形进行检查，以确认送检机动车的唯一性。

**【条文理解】**

本条对车辆唯一性检查进行了定义，明确了车辆唯一性检查的内涵。

机动车安全技术检验时，需要从号牌号码和类型、车辆品牌和型号、车辆识别代号（或整车出厂编号）、发动机号码（或电动机号码）、车辆颜色和外形等5方面进行检查，确认车辆唯一性。

**需要说明的是：**

车辆唯一性检查是打击走私、盗抢、拼装机动车等违法犯罪行为的第一道防线和有效手段，是机动车安全技术检验最重要的项目之一，安检机构对车辆唯一性检查工作必须予以重视。

**【标准条文】**

3.4

**车辆特征参数检查　inspection for the characteristic parameters of vehicle**

对机动车的外廓尺寸、整备质量、核定载人数等车辆主要特征和技术参数进行检查，以确认与机动车国家安全技术标准、机动车产品公告、机动车出厂合格证、机动车行驶证等技术资料凭证的符合性。

**【条文理解】**

本条对车辆特征参数检查进行了定义，明确了车辆特征参数检查的内涵。

机动车安全技术检验时，需要对机动车的外廓尺寸、整备质量、核定载人数等开展车辆特征参数检查。

**需要说明的是：**

(1) 车辆特征参数检查是打击非法改装、拼装机动车和套用《公告》生产等违法违规行为的重要手段，也是确保车辆生产一致性的重要举措，机动车安全技术检验时对车辆特征参数进行检查是严格机动车源头管理、预防道路交通事故的客观要求。

(2) 车辆特征参数检查时，除了本标准规定的项目外，还发现送检机动车的车辆特征参数与GB 7258、GB 1589等机动车国家安全技术标准不符合的，应拍照、录像固定证据，详细登记送检机动车的车辆类型、品牌/型号、车辆识别代号（或整车型号和出厂编号）、发动机号码、整车生产厂家、生产日期等信息，通过机动车安全技术检验监管系统上报。

**【标准条文】**

3.5

**底盘动态检验　chassis operating inspection**

在行驶状态下，定性地判断送检机动车的转向系、传动系、制动系、仪表和指示器是否符合运行安全要求。

**【条文理解】**

本条对底盘动态检验进行了定义。

**需要说明的是：**

(1) 机动车安全技术检验属于不解体检验，为了更好地判定机动车的安全技术状况，本标准规定检验员应通过实车驾驶，定性地判定车辆的转向、传动、制动等是否能保证安全运行。

(2) 从事底盘动态检验的检验员应持有与送检机动车相对应的有效机动车驾驶证，并熟悉送检机动车的构造、技术性能和使用知识。

(3) 从国外发达国家和地区的经验看，随着汽车电子技术的飞速发展，传统的机动车安全技术检验方法难以适应检验工作的实际需要，机动车安全技术检验更多地倾向于检验师负责制，即由具备经验的检验师根据经验判断送检机动车的安全技术性能是否符合要求。因此，各地安检机构应注重检验员培训，切实提升检验员水平，以进一步提升机动车安全技术检验水平。

## 四、关于“4 检验项目”的说明

**【标准条文】**

### 4 检验项目

4.1 机动车安全技术检验项目见表1。

**表1 机动车安全技术检验项目表**

<table>
<tr><th rowspan="3">序号</th><th rowspan="3" colspan="2">检验项目</th><th colspan="6">适用车辆类型</th></tr>
<tr><th colspan="2">载客汽车</th><th rowspan="2">载货汽车（三轮汽车除外）、专项作业车</th><th rowspan="2">挂车</th><th rowspan="2">三轮汽车</th><th rowspan="2">摩托车</th></tr>
<tr><th>非营运小型、微型载客汽车</th><th>其他类型载客汽车</th></tr>
<tr><td rowspan="5">1</td><td rowspan="5">车辆唯一性检查</td><td>号牌号码/车辆类型</td><td>●</td><td>●</td><td>●</td><td>●</td><td>●</td><td>●</td></tr>
<tr><td>车辆品牌/型号</td><td>●</td><td>●</td><td>●</td><td>●</td><td>●</td><td>●</td></tr>
<tr><td>车辆识别代号（或整车出厂编号）</td><td>●</td><td>●</td><td>●</td><td>●</td><td>●</td><td>●</td></tr>
<tr><td>发动机号码（或电动机号码）</td><td>●</td><td>●</td><td>●</td><td></td><td>●</td><td>●</td></tr>
<tr><td>车辆颜色和外形</td><td>●</td><td>●</td><td>●</td><td>●</td><td>●</td><td>●</td></tr>
<tr><td>2</td><td colspan="2">联网查询</td><td>●</td><td>●</td><td>●</td><td>●</td><td>●</td><td>●</td></tr>
<tr><td rowspan="9">3</td><td rowspan="9">车辆特征参数检查</td><td>外廓尺寸</td><td></td><td>○</td><td>○</td><td>●</td><td>○</td><td>○</td></tr>
<tr><td>轴距</td><td></td><td></td><td>●</td><td>●</td><td></td><td></td></tr>
<tr><td>整备质量</td><td></td><td></td><td>●</td><td>●</td><td>●</td><td>○</td></tr>
<tr><td>核定载人数</td><td>●</td><td>●</td><td>●</td><td></td><td></td><td>○</td></tr>
<tr><td>栏板高度</td><td></td><td></td><td>○</td><td>○</td><td></td><td></td></tr>
<tr><td>后轴钢板弹簧片数</td><td></td><td></td><td>●</td><td>●</td><td></td><td></td></tr>
<tr><td>客车应急出口</td><td></td><td>○</td><td></td><td></td><td></td><td></td></tr>
<tr><td>客车乘客通道和引道</td><td></td><td>○</td><td></td><td></td><td></td><td></td></tr>
<tr><td>货厢</td><td></td><td></td><td>○</td><td>○</td><td>●</td><td></td></tr>
</table>

**表 1（续）**

| 序号 | 检验项目 | | 适用车辆类型 | | | | | |
|---|---|---|---|---|---|---|---|---|
| | | | 载客汽车 | | 载货汽车（三轮汽车除外）、专项作业车 | 挂车 | 三轮汽车 | 摩托车 |
| | | | 非营运小型、微型载客汽车 | 其他类型载客汽车 | | | | |
| 4 | 车辆外观检查 | 车身外观 | ● | ● | ● | ● | ● | ● |
| | | 外观标识、标注和标牌 | ● | ● | ● | ● | ● | |
| | | 外部照明和信号装置 | ● | ● | ● | ● | ● | ● |
| | | 轮胎 | ● | ● | ● | ● | ● | ● |
| | | 号牌及号牌安装 | ● | ● | ● | ● | ● | ● |
| | | 加装/改装灯具 | ● | ● | ● | ● | | |
| 5 | 安全装置检查 | 汽车安全带 | ● | ● | ● | | | |
| | | 机动车用三角警告牌 | ● | ● | ● | | ○ | |
| | | 灭火器 | | ○ | ○ | | | |
| | | 行驶记录装置 | | ○ | ○ | | | |
| | | 车身反光标识 | | | ● | ● | ● | |
| | | 车辆尾部标志板 | | | ○ | ○ | | |
| | | 侧后防护装置 | | | ○ | ○ | | |
| | | 应急锤 | | ○ | | | | |
| | | 急救箱 | | ○ | | | | |
| | | 限速功能或限速装置 | | ○ | ○ | | | |
| | | 防抱死制动装置 | | ○ | ○ | ○ | | |
| | | 辅助制动装置 | | ○ | ○ | | | |
| | | 盘式制动器 | | ○ | ○ | | | |
| | | 紧急切断装置 | | | ○ | ○ | | |
| | | 发动机舱自动灭火装置 | | ○ | | | | |
| | | 手动机械断电开关 | | ○ | | | | |
| | | 副制动踏板 | | ○ | ○ | | | |
| | | 校车标志灯和校车停车指示标志牌 | | ○ | | | | |
| | | 危险货物运输车标志 | | | ○ | ○ | | |
| | | 肢体残疾人操纵辅助装置 | ○ | | | | | |
| 6 | 底盘动态检验 | 转向系 | ○ | ● | ● | | ● | ● |
| | | 传动系 | ○ | ● | ● | | ● | ● |
| | | 制动系 | ○ | ● | ● | | ● | ● |
| | | 仪表和指示器 | ○ | ● | ● | | ● | ● |

**表 1(续)**

| 序号 | 检验项目 | | | 适用车辆类型 | | | | | |
|---|---|---|---|---|---|---|---|---|---|
| | | | | 载客汽车 | | 载货汽车(三轮汽车除外)、专项作业车 | 挂车 | 三轮汽车 | 摩托车 |
| | | | | 非营运小型、微型载客汽车 | 其他类型载客汽车 | | | | |
| 7 | 车辆底盘部件检查 | 转向系部件 | | ○ | • | • | • | • | |
| | | 传动系部件 | | ○ | • | • | • | • | |
| | | 行驶系部件 | | ○ | • | • | • | • | |
| | | 制动系部件 | | ○ | • | • | • | • | |
| | | 其他部件 | | ○ | • | • | • | • | |
| 8 | 仪器设备检验 | 行车制动[a] | 空载制动率 | • | • | • | • | • | • |
| | | | 空载制动不平衡率 | • | • | • | • | | |
| | | | 加载轴制动率 | | | ○ | ○ | | |
| | | | 加载轴制动不平衡率 | | | ○ | ○ | | |
| | | 驻车制动 | | ○ | • | • | • | • | |
| | | 前照灯 | 远光发光强度 | • | • | • | | • | • |
| | | | 远近光束垂直偏移 | | • | • | | | |
| | | 车速表指示误差 | | | • | • | | | |
| | | 转向轮横向侧滑量 | | | ○ | ○ | | | |

**注 1**:车辆唯一性检查、联网查询、车辆特征参数检查、车辆外观检查、安全装置检查、底盘动态检验、车辆底盘部件检查等检验项目属于人工检验项目。

**注 2**:“•”表示该检验项目适用于该类车的全部车型,“○”表示该检验项目适用于该类车的部分车型。

**注 3**:对于适用车辆类型为“非营运小型、微型载客汽车”的,“○”对应的检验项目适用于面包车、7 座及 7 座以上车辆,以及使用年限超过 10 年的车辆。

**注 4**:对于适用车辆类型为“摩托车”的,“○”对应的该检验项目适用于带驾驶室的正三轮摩托车。

**注 5**:适用车辆类型为其他情形的,“○”对应的检验项目所适用的具体车型见第 6 章。

**注 6**:对于因更换发动机、车身或者车架申请变更登记的机动车检验时,参照在用机动车检验项目;对于因质量问题更换整车申请变更登记的机动车检验时,参照注册登记检验项目。

[a] 三轴及三轴以上的载货汽车、采用并装双轴及并装三轴的挂车,对部分轴还测试加载轴制动率和加载轴制动不平衡率。

**【条文理解】**

本标准表 1 是对机动车安全技术检验项目的界定。

从检验项目看,分为“人工检验项目”和“仪器设备检验项目”,其中:人工检验项目包括:车辆唯一性检查、车辆特征参数检查、联网查询、车辆外观检查、安全装置检查、底盘动态检验、车辆底盘部件检查共 7 个项目。

从适用车辆类型看,分为:“非营运小型、微型载客汽车”“其他类型载客汽车”“载货汽车(三轮汽车除外)、专项作业车”“挂车”“三轮汽车”“摩托车”6 类,并针对不同的车辆类型提出了针对性的检验项目。其中,“非营运小型、微型载客汽车”是指机动车行驶证上签注的使用性质为“非营运”的小型、微型载客汽车,并不包括签注的使用性质为“出租转非”“营转非”“警用”“消防”“救护”“工程抢险”的小型、微型载客汽车。

1. 从检验项目分析

(1) 对于车辆唯一性检查项目,见表 2-1。

**表 2-1 车辆唯一性检查项目**

| 检验项目 | | 适用条件 |
|---|---|---|
| 车辆唯一性检查 | 号牌号码/车辆类型 | 所有车辆在注册登记检验、在用机动车检验时均应检查车辆唯一性检查的5个项目[对于挂车,无需检查发动机号码(或电动机号码)] |
| | 车辆品牌/型号 | |
| | 车辆识别代号(或整车出厂编号) | |
| | 发动机号码(或电动机号码) | |
| | 车辆颜色和外形 | |

(2) 对于联网查询检查项目,见表 2-2。

**表 2-2 联网查询检查项目**

| 检验项目 | 适用条件 |
|---|---|
| 联网查询 | 所有车辆在注册登记检验、在用机动车检验时均应进行联网查询 |

(3) 对于车辆特征参数检查项目,见表 2-3。

**表 2-3 车辆特征参数检查项目**

| 检验项目 | | 适用条件 |
|---|---|---|
| 车辆特征参数检查 | 外廓尺寸 | 注册登记检验时,载客汽车(非营运小型、微型载客汽车除外)、载货汽车、专项作业车、挂车、三轮汽车、带驾驶室的正三轮摩托车应检验该项目;<br>在用机动车检验时,重中型货车和挂车应检验该项目 |
| | 轴距 | 注册登记检验和在用机动车检验时,载货汽车(三轮汽车除外)、专项作业车、挂车应检验该项目 |
| | 整备质量 | 注册登记检验时,载货汽车、专项作业车、挂车、三轮汽车、带驾驶室的正三轮摩托车应检验该项目 |
| | 核定载人数 | 注册登记检验和在用机动车检验时,所有载客汽车、载货汽车、专项作业车、带驾驶室的正三轮摩托车应检验该项目 |
| | 栏板高度 | 注册登记检验和在用机动车检验时,对于有栏板结构的载货汽车、挂车(包括:普通货车、普通挂车、自卸车、仓栅车等)应检验该项目 |
| | 后轴钢板弹簧片数 | 注册登记检验和在用机动车检验时,载货汽车(三轮汽车除外)、专项作业车、挂车应检验该项目 |
| | 客车应急出口 | 注册登记检验和在用机动车检验时,所有客车(包括公路客车、旅游客车、公共汽车、校车等)应检验该项目。<br>对于乘坐人数(包括驾驶人)小于等于9人的大中型专用客车(如登记为大型专用客车的旅居车),无需检查该项目 |
| | 客车乘客通道和引道 | 注册登记检验和在用机动车检验时,所有客车(包括公路客车、旅游客车、公共汽车、校车等)需要检验该项目。<br>对于乘坐人数(包括驾驶人)小于等于9人的大中型专用客车(如登记为大型专用客车的旅居车),无需检查该项目 |
| | 货厢 | 注册登记检验和在用机动车检验时,所有三轮汽车,以及有货厢结构的载货汽车、挂车(包括:普通货车、普通挂车、自卸车、厢式车、仓栅车等) |

（4）对于车辆外观检查项目，见表 2-4。

**表 2-4　车辆外观检查项目**

| 检验项目 | | 适用条件 |
|---|---|---|
| 车辆外观检查 | 车身外观 | 所有车辆在注册登记检验、在用机动车检验时均需检查车辆外观检查的 6 个项目。具体检查时，还应根据本标准第 6 章规定的车辆类型和使用性质，开展针对性地检验 |
| | 外观标识、标注和标牌 | |
| | 外部照明和信号装置 | |
| | 轮胎 | |
| | 号牌及号牌安装 | |
| | 加装/改装灯具 | |

（5）对于安全装置检查项目，见表 2-5。

**表 2-5　安全装置检查项目**

| 检验项目 | 适用条件 |
|---|---|
| 安全装置检查 | ①安全装置检查项目共包括 20 项，具体检验时应结合本标准表 1 和本标准第 6 章执行。<br>②对于限速功能或限速装置、辅助制动装置、盘式制动器等 3 个项目仅针对注册登记检验；其他 17 个项目针对注册登记检验和在用机动车检验 |

（6）对于底盘动态检验项目，见表 2-6。

**表 2-6　底盘动态检验项目**

| 检验项目 | | 适用条件 |
|---|---|---|
| 底盘动态检验 | 转向系 | 注册登记检验、在用机动车检验时，所有载货汽车（包括三轮汽车）、专项作业车、载客汽车（非营运小型微型载客汽车除外）、摩托车、面包车、7 座及 7 座以上非营运小型微型载客汽车，以及使用年限超过 10 年的非营运小型微型载客汽车应进行底盘动态检验。<br>使用年限在 10 年以内的 6 座及 6 座以下非营运小型微型载客汽车，发生造成人员伤亡的道路交通事故的，机动车安全技术检验时也应进行底盘动态检验 |
| | 传动系 | |
| | 制动系 | |
| | 仪表和指示器 | |

（7）对于车辆底盘部件检查项目，见表 2-7。

**表 2-7　车辆底盘部件检查项目**

| 检验项目 | | 适用条件 |
|---|---|---|
| 车辆底盘部件检查 | 转向系部件 | 注册登记检验、在用机动车检验时，所有载货汽车（包括三轮汽车）、挂车、专项作业车、载客汽车（非营运小型微型载客汽车除外）、面包车、7 座及 7 座以上非营运小型微型载客汽车，以及使用年限超过 10 年的非营运小型微型载客汽车应进行车辆底盘部件检查。<br>使用年限在 10 年以内的 6 座及 6 座以下非营运小型微型载客汽车，发生造成人员伤亡的道路交通事故的，机动车安全技术检验时也应进行车辆底盘部件检查 |
| | 传动系部件 | |
| | 行驶系部件 | |
| | 制动系部件 | |
| | 其他部件 | |

（8）对于仪器设备检验项目，见表 2-8。

**表 2-8　仪器设备检验项目**

| 检验项目 | | | 适用条件 |
|---|---|---|---|
| 仪器设备检验 | 行车制动 | 空载制动率 | 所有车辆在注册登记检验、在用机动车检验时，均需要检验行车制动；对于三轴及三轴以上的载货汽车、采用并装双轴及并装三轴的挂车，部分轴还应进行加载制动检验 |
| | | 空载制动不平衡率 | |
| | | 加载轴制动率 | |
| | | 加载轴制动不平衡率 | |
| | 驻车制动 | | 注册登记检验、在用机动车检验时，所有载货汽车（包括三轮汽车）、挂车、专项作业车、载客汽车（非营运小型微型载客汽车除外）、面包车、7 座及 7 座以上非营运小型微型载客汽车，以及使用年限超过 10 年的非营运小型微型载客汽车应进行驻车制动检验 |
| | 前照灯 | 远光发光强度 | 所有车辆（挂车除外）应检验前照灯，但是非营运小型微型载客汽车、三轮汽车、摩托车只检验前照灯远光发光强度，不检验远近光束垂直偏移。<br>对采用远光光束照射位置不能单独调整前照灯的汽车，不检验远光光束垂直偏移，只检验近光光束垂直偏移 |
| | | 远近光束垂直偏移 | |
| | 车速表指示误差 | | 注册登记检验时，载客汽车（非营运小型微型载客汽车除外）、载货汽车（三轮汽车除外）、专项作业车应检验车速表指示误差 |
| | 转向轮横向侧滑量 | | 注册登记检验、在用机动车检验时，对前轴采用非独立悬架的载客汽车（非营运小型微型载客汽车除外）、载货汽车、专项作业车需要检验转向轮横向侧滑量，但前轴采用双转向轴时除外 |

## 2. 从适用车辆类型分析

（1）对于非营运小型、微型载客汽车检验项目，见表 2-9。

**表 2-9　非营运小型、微型载客汽车项目**

| 检验项目 | | 具体检验分项 |
|---|---|---|
| 必检项目 | 车辆唯一性检查 | 号牌号码/车辆类型；车辆品牌/型号；车辆识别代号（或整车出厂编号）；发动机号码（或电动机号码）；车辆颜色和外形 |
| | 联网查询 | 联网查询 |
| | 车辆特征参数检查 | 核定载人数 |
| | 车辆外观检查 | 车身外观；外观标识、标注和标牌；外部照明和信号装置；轮胎；号牌及号牌安装；加装/改装灯具 |
| | 安全装置检查 | 汽车安全带；机动车用三角警告牌 |
| | 仪器设备检验 | 行车制动（空载制动率、空载制动不平衡率）；前照灯远光发光强度 |
| 增加检验项目 | 安全装置检查 | 肢体残疾人操纵辅助装置 |
| | 底盘动态检验 | 转向系；传动系；制动系；仪表和指示器 |
| | 车辆底盘部件检查 | 转向系部件；传动系部件；行驶系部件；制动系部件；其他部件 |
| | 仪器设备检验 | 驻车制动 |

**注 1**：对残疾人专用汽车，增加肢体残疾人操纵辅助装置检查。

**注 2**：面包车、7 座及 7 座以上车辆、使用年限超过 10 年的车辆，增加底盘动态检验、车辆底盘部件检查和驻车制动检验。

**注 3**：对于使用年限 10 年以内的非营运小型、微型载客汽车发生过造成人员伤亡交通事故的，需要增加检验底盘动态检验、车辆底盘部件检查项目。

（2）对于其他类型载客汽车检验项目，见表 2-10。

**表 2-10　其他类载客汽车检验项目**

<table>
<tr><th colspan="2">检验项目</th><th>具体检验分项</th></tr>
<tr><td rowspan="8">必检项目</td><td>车辆唯一性检查</td><td>号牌号码/车辆类型；车辆品牌/型号；车辆识别代号（或整车出厂编号）；发动机号码（或电动机号码）；车辆颜色和外形</td></tr>
<tr><td>联网查询</td><td>联网查询</td></tr>
<tr><td>车辆特征参数检查</td><td>核定载人数</td></tr>
<tr><td>车辆外观检查</td><td>车身外观；外观标识、标注和标牌；外部照明和信号装置；轮胎；号牌及号牌安装；加装/改装灯具</td></tr>
<tr><td>安全装置检查</td><td>汽车安全带；机动车用三角警告牌</td></tr>
<tr><td>底盘动态检验</td><td>转向系；传动系；制动系；仪表和指示器</td></tr>
<tr><td>车辆底盘部件检查</td><td>转向系部件；传动系部件；行驶系部件；制动系部件；其他部件</td></tr>
<tr><td>仪器设备检验</td><td>行车制动（空载制动率、空载制动不平衡率）；驻车制动；前照灯远光发光强度；前照灯远近光束垂直偏移；车速表指示误差</td></tr>
<tr><td rowspan="3">增加检验项目</td><td>车辆特征参数检查</td><td>外廓尺寸；客车应急出口；客车乘客通道和引道</td></tr>
<tr><td>安全装置检查</td><td>灭火器；行驶记录装置；应急锤；急救箱；限速功能或限速装置；防抱死制动装置；辅助制动装置；盘式制动器；发动机舱自动灭火装置；手动机械断电开关；副制动踏板；校车标志灯和校车停车指示标志牌</td></tr>
<tr><td>仪器设备检验</td><td>转向轮横向侧滑量</td></tr>
<tr><td colspan="3">注 1：外廓尺寸仅在注册登记检验时应检验。<br>注 2：公路客车、旅游客车、校车、公共汽车等应增加的安全装置检验项目详见表 2-11。</td></tr>
</table>

**表 2-11　大中型客车等部分车型增加的安全装置检验项目**

| 项目名称 | 适用车型要求 |
|---|---|
| 灭火器 | 客车 |
| 行驶记录装置 | 公路客车、旅游客车、校车、卧铺客车；<br>2013 年 3 月 1 日起注册登记的未设置乘客站立区的公共汽车；<br>2013 年 5 月 1 日起出厂的专用校车 |
| 应急锤 | 采用密闭钢化玻璃式应急窗的客车 |
| 急救箱 | 校车 |
| 限速功能或限速装置 | 公路客车、旅游客车及车长大于 9 m 的未设置乘客站立区的公共汽车 |
| 防抱死制动装置 | 2005 年 2 月 1 日起注册登记的总质量大于 12 000 kg 的公路客车和旅游客车；<br>2012 年 9 月 1 日起出厂的车长大于 9 m 的公路客车、旅游客车；<br>2013 年 5 月 1 日起出厂的专用校车；<br>2013 年 9 月 1 日起出厂的车长大于 9 m 的未设置乘客站立区的公共汽车 |
| 辅助制动装置 | 2012 年 9 月 1 日起出厂的车长大于 9 m 的客车（对专用校车为车长大于 8 m） |
| 盘式制动器 | 2012 年 9 月 1 日起出厂的车长大于 9 m 的客车（未设置乘客站立区的公共汽车除外）；<br>2013 年 5 月 1 日起出厂的专用校车；<br>2013 年 9 月 1 日起出厂的车长大于 9 m 的未设置乘客站立区的公共汽车 |
| 发动机舱自动灭火装置 | 2013 年 5 月 1 日起出厂的专用校车<br>2013 年 3 月 1 日起出厂的发动机后置的其他客车 |

表 2-11（续）

| 项目名称 | 适用车型要求 |
| --- | --- |
| 手动机械断电开关 | 2013 年 3 月 1 日起出厂的车长大于或等于 6 m 的客车 |
| 副制动踏板 | 教练车 |
| 校车标志灯和校车停车指示标志牌 | 校车 |

（3）对于载货汽车（三轮汽车除外）、专项作业车检验项目，见表 2-12。

**表 2-12　载货汽车（三轮汽车除外）、专项作业车检验项目**

| 检验项目 | | 具体检验分项 |
| --- | --- | --- |
| 必检项目 | 车辆唯一性检查 | 号牌号码/车辆类型；车辆品牌/型号；车辆识别代号（或整车出厂编号）；发动机号码（或电动机号码）；车辆颜色和外形 |
| | 联网查询 | 联网查询 |
| | 车辆特征参数检查 | 轴距；整备质量；核定载人数；后轴钢板弹簧片数 |
| | 车辆外观检查 | 车身外观；外观标识、标注和标牌；外部照明和信号装置；轮胎；号牌及号牌安装；加装/改装灯具 |
| | 安全装置检查 | 汽车安全带；机动车用三角警告牌；车身反光标识 |
| | 底盘动态检验 | 转向系；传动系；制动系；仪表和指示器 |
| | 车辆底盘部件检查 | 转向系部件；传动系部件；行驶系部件；制动系部件；其他部件 |
| | 仪器设备检验 | 行车制动（空载制动率、空载制动不平衡率）；驻车制动；前照灯远光发光强度；前照灯远近光束垂直偏移；车速表指示误差 |
| 增加检验项目 | 车辆特征参数检查 | 外廓尺寸；栏板高度；货厢 |
| | 安全装置检查 | 灭火器；行驶记录装置；车辆尾部标志板；侧后防护装置；限速功能或限速装置；防抱死制动装置；辅助制动装置；盘式制动器；紧急切断装置；副制动踏板；危险货物运输车标志 |
| | 仪器设备检验 | 行车加载轴制动率；行车加载轴制动不平衡率；转向轮横向侧滑量 |

注 1：对于专项作业车、轻型和微型载货汽车，仅在注册登记检验时检验外廓尺寸；对于重型和中型载货汽车、挂车，在用机动车检验时应增加检验外廓尺寸。

注 2：对于有栏板结构的载货汽车（包括：普通货车、自卸货车、仓栅货车等）应检验栏板高度。

注 3：对于有货厢结构的载货汽车（包括：栏板货车、自卸货车、厢式货车、仓栅货车等）应检验货厢。

注 4：对于三轴及三轴以上的载货汽车，应检验加载制动。

注 5：重中型货车、货车底盘改装的专项作业车、危险货物运输车、半挂牵引车、教练车等应增加的安全装置检验项目详见表 2-13。

**表 2-13　重中型货车等部分车型增加的安全装置检验项目**

| 项目名称 | 适用车型要求 |
| --- | --- |
| 灭火器 | 危险货物运输车 |
| 行驶记录装置 | 危险货物运输车；<br>2013 年 3 月 1 日起注册登记的半挂牵引车和总质量大于或等于 12 000 kg 的货车 |
| 车辆尾部标志板 | 2012 年 9 月 1 日起出厂的总质量大于或等于 12 000 kg 的货车（半挂牵引车除外）；<br>2014 年 1 月 1 日起出厂的总质量大于或等于 12 000 kg 的货车底盘改装的专项作业车 |

表 2-13（续）

| 项目名称 | 适用车型要求 |
| --- | --- |
| 侧后防护装置 | 总质量大于 3 500 kg 的货车；<br>货车底盘改装的专项作业车；<br>罐式危险货物运输车 |
| 限速功能或限速装置 | 危险货物运输车 |
| 防抱死制动装置 | 道路运输爆炸品和剧毒化学品车辆；<br>2005 年 2 月 1 日起注册的总质量大于 16 000 kg 允许挂接总质量大于 10 000 kg 的挂车的货车；<br>2012 年 9 月 1 日起出厂的半挂牵引车、其他危险货物运输车（道路运输爆炸品和剧毒化学品车辆除外）；<br>2014 年 9 月 1 日起出厂的总质量大于或等于 12 000 kg 的货车和专项作业车 |
| 辅助制动装置 | 所有危险货物运输车；<br>总质量大于或等于 12 000 kg 的货车；<br>2014 年 9 月 1 日起出厂的总质量大于或等于 12 000 kg 的专项作业车 |
| 盘式制动器 | 2012 年 9 月 1 日起出厂的危险货物运输车 |
| 紧急切断装置 | 所有用于运输液体危险货物的罐式危险货物运输车 |
| 副制动踏板 | 教练车（三轮汽车除外） |
| 危险货物运输车标志 | 危险货物运输车 |

（4）对于挂车检验项目，见表 2-14。

表 2-14　挂车检验项目

| 检验项目 | | 具体检验分项 |
| --- | --- | --- |
| 必检项目 | 车辆唯一性检查 | 号牌号码/车辆类型；车辆品牌/型号；车辆识别代号（或整车出厂编号）；车辆颜色和外形 |
| | 联网查询 | 联网查询 |
| | 车辆特征参数检查 | 外廓尺寸；轴距；整备质量；后轴钢板弹簧片数 |
| | 车辆外观检查 | 车身外观；外观标识、标注和标牌；外部照明和信号装置；轮胎；号牌及号牌安装；加装/改装灯具 |
| | 安全装置检查 | 车身反光标识 |
| | 车辆底盘部件检查 | 转向系部件；传动系部件；行驶系部件；制动系部件；其他部件 |
| | 仪器设备检验 | 行车空载制动率；行车空载制动不平衡率；驻车制动 |
| 增加检验项目 | 车辆特征参数检查 | 栏板高度；货厢 |
| | 安全装置检查 | 车辆尾部标志板；侧后防护装置；防抱死制动装置；紧急切断装置；危险货物运输车标志 |
| | 仪器设备检验 | 加载轴制动率；加载轴制动不平衡率 |

**注 1**：对于有栏板结构的挂车（包括：普通挂车、自卸挂车、仓栅挂车等）应检验栏板高度。
**注 2**：对于有货厢结构的挂车（包括：普通挂车、自卸挂车、厢式挂车、仓栅挂车等）应检验货厢。
**注 3**：对于车长大于 8.0 m 的挂车应检验车辆尾部标志板。
**注 4**：对于挂车和罐式危险货物运输挂车应检验侧后防护装置。
**注 5**：对于 2005 年 2 月 1 日起注册登记的总质量大于 10 000 kg 的挂车应检验防抱死制动装置。
**注 6**：对于 2015 年 1 月 1 日起，所有用于运输液体危险货物的罐式危险货物运输车应检验紧急切断装置。
**注 7**：对于运输危险货物的挂车应检验危险货物运输车标志。
**注 8**：对于采用并装双轴及并装三轴的挂车，应检验加载制动。

（5）对于三轮汽车检验项目，见表 2-15。

**表 2-15　三轮汽车检验项目**

| 检验项目 | | 具体检验分项 |
|---|---|---|
| 必检项目 | 车辆唯一性检查 | 号牌号码/车辆类型；车辆品牌/型号；车辆识别代号（或整车出厂编号）；发动机号码（或电动机号码）；车辆颜色和外形 |
| | 联网查询 | 联网查询 |
| | 车辆特征参数检查 | 整备质量；货厢 |
| | 车辆外观检查 | 车身外观；外观标识、标注和标牌；外部照明和信号装置；轮胎；号牌及号牌安装 |
| | 安全装置检查 | 车身反光标识 |
| | 底盘动态检验 | 转向系；传动系；制动系；仪表和指示器 |
| | 车辆底盘部件检查 | 转向系部件；传动系部件；行驶系部件；制动系部件；其他部件 |
| | 仪器设备检验 | 驻车制动；前照灯远光发光强度 |
| 增加检验项目 | 车辆特征参数检查 | 外廓尺寸 |
| | 安全装置检查 | 机动车用三角警告牌 |

注 1：外廓尺寸仅在注册登记检验时应检验。

注 2：有驾驶室的三轮汽车应增加检验机动车用三角警告牌。

（6）对于摩托车检验项目，见表 2-16。

**表 2-16　摩托车检验项目**

| 检验项目 | | 具体检验分项 |
|---|---|---|
| 必检项目 | 车辆唯一性检查 | 号牌号码/车辆类型；车辆品牌/型号；车辆识别代号（或整车出厂编号）；发动机号码（或电动机号码）；车辆颜色和外形 |
| | 联网查询 | 联网查询 |
| | 车辆外观检查 | 车身外观；外部照明和信号装置；轮胎；号牌及号牌安装 |
| | 底盘动态检验 | 转向系；传动系；制动系；仪表和指示器 |
| | 仪器设备检验 | 行车制动空载制动率；前照灯远光发光强度 |
| 增加检验项目 | 车辆特征参数检查 | 外廓尺寸；整备质量；核定载人数 |

注 1：外廓尺寸仅在注册登记检验时应检验。

注 2：带驾驶室的正三轮摩托车，还应检验外廓尺寸、整备质量、核定载人数。

**【标准条文】**

4.2　出入境检验检疫机构对需领取机动车牌证方可上道路行驶的入境机动车检验时，应覆盖表 1 规定的检验项目，并按照注册登记检验要求执行。

**【条文理解】**

本条对出入境检验检疫机构对需领取机动车牌证方可上道路行驶的入境机动车检验项目提出了原则性要求，目的是从源头上严把进口机动车安全技术关。

**需要说明的是：**

（1）需领取机动车牌证方可上道路行驶的机动车，是指以动力装置驱动或者牵引，设计和制造上用于在道路上载运人员或者运送物品、进行工程专项作业，按照《中华人民共和国道路交通安全法》等道路交通安全法律法规的规定需由公安机关交通管理部门进行登记核发机动车牌证的轮式车辆。

(2) 从严格机动车进口环节安全技术管理出发，出入境检验检疫机构主管部门应制定全国统一的进口机动车入境检验规程，执行的标准应严于本标准规定的要求。

(3) 对于入境后主要用于封闭场地作业的进口轮式车辆，进口商确定最终机动车所有人将不到公安机关交通管理部门申领机动车牌证时，出入境检验检疫机构可不按照本标准进行检验，但应在相关凭证上注明该车辆为封闭场地作业用非道路车辆、不符合 GB 7258 等机动车国家安全技术标准等事项，避免车主持相关手续凭证到公安机关交通管理部门申请注册登记时因不符合规定而无法注册登记的情形。

【标准条文】

4.3　轮式专用机械车、有轨电车的安全技术检验项目按照相关国家标准和行业标准的要求参照表 1 确定。

【条文理解】

本条是对轮式专用机械车和有轨电车安全技术检验项目的原则性规定。

根据 GB 7258—2012 的定义：轮式专用机械车，又称为轮式自行机械车，是指有特殊结构和专门功能，装有橡胶车轮可以自行行驶，最高设计车速大于 20 km/h 的轮式工程机械，如装载机、平地机、挖掘机、铲车、推土机等，但不包括叉车。

根据 GA 802—2014 的定义：有轨电车是以电动机驱动，有轨道承载的机动车。

鉴于轮式专用机械车、有轨电车在结构和技术性能上与普通汽车相比具有明显的特点，本标准未对其安全技术检验项目明确加以规定；各地需要对轮式专用机械车和有轨电车进行安全技术检验时，应参照本标准中表 1 并按照相关国家标准和行业标准确定检验项目。

## 五、关于“5 检验方法”的说明

【标准条文】

### 5.1　一般规定

#### 5.1.1　检验流程

机动车安全技术检验流程见图 1，机动车安全技术检验机构可根据实际情况适当调整检验流程。

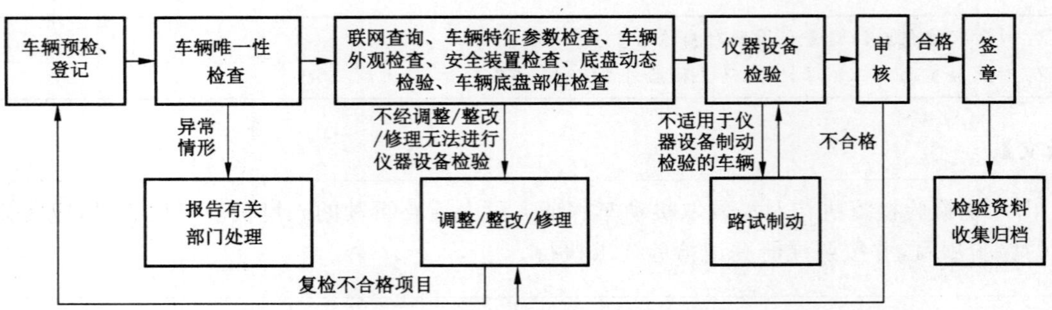


图 1　机动车安全技术检验流程

【条文理解】

本条是对机动车检验流程的要求。为便于检验员了解和掌握机动车安全检验的全过程，本条通过框图、箭头加文字注解的形式对机动车正常检验的步骤、审核、合格签章与资料收存的流程进行示意和说明。

(1) 车辆送检人在指定窗口进行车辆预检和登记(登录),开展机动车预检,审核机动车行驶证、机动车交通事故责任强制保险凭证等证件;对不符合本标准 5.1.2.1 和 5.1.2.2 要求的,不予登录检验,并告知原因。

(2) 车辆登记完毕后,检验员进行车辆唯一性检查,发现异常情形时按照本标准 7.4 及其他相关要求报告有关部门处理。

(3) 车辆唯一性检查合格后,安检机构应联网查询送检机动车事故/违法信息。对发生过造成人员伤亡交通事故的送检机动车,人工检验时应重点检查损伤部位和损伤情况;属于使用年限在 10 年以内的非营运小型、微型载客汽车的,增加底盘动态检验、车辆底盘部件检查;对涉及尚未处理完毕的道路交通安全违法行为或道路交通事故的送检机动车,应提醒机动车所有人及时到公安机关交通管理部门处理。

(4) 联网查询完毕后,进行人工检验,具体包括车辆特征参数检查、车辆外观检查、安全装置检查、底盘动态检验和车辆底盘检查。人工检验时,发现有制动失效等暂无法进行仪器设备检验的车辆,应要求其调整/整改/修理后再复检。

(5) 人工检验完毕后,进行仪器设备检验。

(6) 对不适用于仪器设备制动性能检验的车辆,进行路试检验。

(7) 仪器设备检验完毕后,由授权签字人审核,出具检验报告。

(8) 检验结束后,车辆驶出检测站;检验资料收集归档。

**需要说明的是:**

(1) 本标准规定的机动车安全技术流程非强制性规定,安检机构可以根据自身情况对检验流程(包括仪器设备检验各工位顺序)适当加以调整,但必须保证本标准规定的检验项目全部执行到位。为了方便车主检验,各地安检机构应在醒目位置公示检验流程。

(2) 通常情况下,检验流程的设置应遵循以下原则:

a) 一次性、全流程检验要求。人工检验出现不合格项时应安排车辆进行仪器设备检验。但是,检验过程出现车辆唯一性异常,不经调整/整改/修理无法进行仪器设备检验的情形(例如制动失效等)除外。

b) 仅复检不合格项目要求。明确了复检车辆经调整/整改/修理后,通常情况只需要复检不合格项目,除非是与不合格项目密切关联的项目(例如,制动不平衡率与制动率等)。

c) 严格路试检验流程。通常情况下,制动检验应采用台试方式进行,除非不适用于仪器设备制动检验的车辆,经批准方可安排路试制动检验。

(3) 对进行路试制动检验的机动车,仍应通过增加配置前照灯检验仪等方式检验前照灯远光发光强度和远近光垂直照射位置等仪器设备检验项目;确实因轴荷超限等原因难以配置相应检验设备的,经有关部门批准后可不进行车速表指示误差和转向轮横向侧滑量的检验。

(4) 随着机动车检验制度改革的深入推进,一些安检机构积极利用电视、网络等渠道宣传交通安全、安全驾驶,这种做法值得广大安检机构借鉴和推广,以进一步提升机动车安全技术检验的服务水平。

**【标准条文】**

**5.1.2 基本要求**

5.1.2.1 送检机动车应清洁,无明显漏油、漏水、漏气现象,轮胎完好,轮胎气压正常且胎冠花纹中无异物,发动机应运转平稳,怠速稳定,无异响;装有车载诊断系统(OBD)的车辆,不应有与防抱死制动系统(ABS)、电动助力转向系统(EPS)及其他与行车安全相关的故障信息。对达不到以上基本要求的送检机动车,机动车安全技术检验机构应告知送检人整改,符合要求后再进行安全技术检验。

【条文理解】

本条是对送检的机动车提出的基本要求，可通过观察、操作等基本方法进行检查，必要时可使用相应的仪器设备。

**需要说明的是：**

(1) 保证机动车的安全技术性能的主体是车主，车主送检时应确保车辆的基本安全技术要求，不能出现“漏油、漏水、漏气”、发动机故障、轮胎异常等情形；同时，随着车载电子技术的发展，越来越多的车辆安装有车载诊断系统(OBD)，送检时车辆不得有与行车安全相关的故障信息等。

(2) 本着规范服务送检客户的原则，检验员发现车辆不符合送检要求时，应当面与车主解释，并指出不符合的具体情形。

【标准条文】

> 5.1.2.2 在用机动车检验时，应提供送检机动车的机动车行驶证和有效的机动车交通事故责任强制保险凭证。

【条文理解】

根据《道路交通安全法实施条例》第十七条“已注册登记的机动车进行安全技术检验时，机动车行驶证记载的登记内容与该机动车的有关情况不符，或者未按照规定提供机动车第三者责任强制保险凭证的，不予通过检验。”

根据《机动车交通事故责任强制保险条例》“机动车第三者责任强制保险凭证”即为“机动车交通事故责任强制保险凭证”。

【标准条文】

> 5.1.2.3 机动车安全技术检验时，各检验工位应保证足够的检验时间。机动车安全技术检验各工位的最少检验时间见表 2。

**表 2 机动车安全技术检验各工位的最少检验时间**

单位为秒

<table>
<tr><th colspan="2" rowspan="2">检验工位</th><th colspan="3">最少检验时间</th></tr>
<tr><th>非营运小型、微型载客汽车</th><th>载客汽车(非营运小型、微型载客汽车除外)、载货汽车(三轮汽车除外)、专项作业车、挂车</th><th>摩托车、三轮汽车</th></tr>
<tr><td rowspan="3">人工检验</td><td>车辆唯一性检查、车辆特征参数检查、车辆外观检查、安全装置检查</td><td>120</td><td>240</td><td rowspan="3">90</td></tr>
<tr><td>底盘动态检验</td><td>60</td><td>60</td></tr>
<tr><td>车辆底盘部件检查</td><td>40</td><td>100</td></tr>
<tr><td rowspan="3">仪器设备检验</td><td>制动[a]</td><td>40</td><td>60</td><td>30</td></tr>
<tr><td>前照灯</td><td>60[b]</td><td>60[b]</td><td>30</td></tr>
<tr><td>车速表</td><td>—</td><td>20</td><td>—</td></tr>
<tr><td colspan="5">[a] 使用平板式制动检验台时，最少检验时间对汽车为 15 s。<br>[b] 使用左右前照灯检测仪同时检测时，最少检验时间对汽车为 40 s。</td></tr>
</table>

【条文理解】

本条提出了机动车安全技术检验各工位的最少检验时间要求，其主要目的是进一步规范检验行为，确保每个项目检验到位。

**需要说明的是：**

随着机动车检验监管系统的应用，对于安检机构不按照本条要求执行检验的，系统自动预警提示，列为异常业务。

**【标准条文】**

## 5.2 检验方法

机动车安全技术检验方法见表3。

**表3 机动车安全技术检验方法**

| 序号 | 检验项目 | | 检验方法 |
|---|---|---|---|
| 1 | 车辆唯一性检查 | 号牌号码/车辆类型* | 目视比对检查，目视难以清晰辨别时使用内窥镜等工具；有条件时，可使用能自动识别车辆识别代号、发动机号码的仪器设备 |
| | | 车辆品牌/型号 | |
| | | 车辆识别代号(或整车出厂编号)* | |
| | | 发动机号码(或电动机号码) | |
| | | 车辆颜色和外形* | |
| 2 | 联网查询 | | 利用联网信息系统查询车辆事故/违法信息 |
| 3 | 车辆特征参数检查 | 外廓尺寸 | 用长度测量工具测量，重中型货车、专项作业车、挂车应使用自动测量装置，见附录A |
| | | 轴距 | 用长度测量工具测量；有条件时，可使用自动测量装置 |
| | | 整备质量 | 用地磅或轴(轮)重仪等装置称量，见附录B |
| | | 核定载人数* | 目视检查，目测座椅宽度、深度及驾驶室内部宽度等参数偏小时使用量具测量相关尺寸 |
| | | 栏板高度 | 用钢尺等长度测量工具测量 |
| | | 后轴钢板弹簧片数* | 目视检查 |
| | | 客车应急出口* | 目视检查，目测应急出口尺寸偏小的，使用长度测量工具测量相关尺寸 |
| | | 客车乘客通道和引道* | 目视检查，目测通道、引道偏窄或高度不符合要求时，使用通道、引道测量装置检查 |
| | | 货厢* | 目视检查，目测货厢有超长、超宽、超高嫌疑时，使用长度测量工具测量相关尺寸 |
| 4 | 车辆外观检查 | 车身外观* | 目视检查，对封闭式货厢的货车、挂车应打开车厢门检查，目测有疑问时，使用透光率计、钢尺、手锤、铁钩及照明器具等工具测量相关参数 |
| | | 外观标识、标注和标牌* | 目视检查，目测字高偏小时，使用长度测量工具测量相关尺寸 |
| | | 外部照明和信号装置 | 目视检查并操作 |
| | | 轮胎* | 目视检查轮胎规格/型号，目测胎压不正常、轮胎胎冠花纹深度偏小时，使用轮胎气压表、花纹深度计等测量工具测量相关参数 |
| | | 号牌及号牌安装* | 目视检查，目测号牌安装位置、形式，有疑问时使用长度测量工具测量相关尺寸 |
| | | 加装/改装灯具 | 目视检查 |

表 3（续）

| 序号 | 检验项目 | | 检验方法 |
|---|---|---|---|
| 5 | 安全装置检查 | 汽车安全带* | 目视检查并操作 |
| | | 机动车用三角警告牌* | 目视检查 |
| | | 灭火器* | 目视检查 |
| | | 行驶记录装置* | 目视检查，目测显示功能异常存疑时，使用专用检验仪器 |
| | | 车身反光标识* | 目视检查，目测逆反射系数偏小时，使用专用检验仪器 |
| | | 车辆尾部标志板* | 目视检查，目测逆反射系数偏小时，使用专用检验仪器 |
| | | 侧后防护装置* | 目视检查，目测防护装置单薄、安装不规范时，使用长度测量工具 |
| | | 应急锤* | 目视检查 |
| | | 急救箱* | 目视检查 |
| | | 限速功能或限速装置 | 审查机动车产品公告、机动车出厂合格证、产品使用说明书等技术凭证资料 |
| | | 防抱死制动装置* | 打开电源，观察“ABS”指示灯，对于半挂车检查相关装置 |
| | | 辅助制动装置* | 审查机动车产品公告等技术资料凭证并操作驾驶室（区）内操纵开关，有疑问时检查相关装置 |
| | | 盘式制动器* | 目视检查 |
| | | 紧急切断装置* | 目视检查 |
| | | 发动机舱自动灭火装置* | 目视检查 |
| | | 手动机械断电开关* | 目视检查，有疑问时操作开关，观察是否断电 |
| | | 副制动踏板* | 目视检查，有疑问时踩下踏板，判断踏板工作是否正常 |
| | | 校车标志灯和校车停车指示标志牌* | 目视检查 |
| | | 危险货物运输车标志* | 目视检查 |
| | | 肢体残疾人操纵辅助装置* | 目视检查 |
| 6 | 底盘动态检验 | 制动系 | 以不低于 20 km/h 的速度正直行驶，双手轻扶方向盘，急踩制动踏板后迅速放松 |
| | | 转向系 | 检验员操作车辆，起步并行驶 20 m 以上，利用目视、耳听、操作感知等方式检查。对方向盘最大自由转动量和转向力有疑问时，使用方向盘转向力-转向角检测仪测量相关参数 |
| | | 传动系 | |
| | | 仪表和指示器 | 检验过程中，观察仪表和指示器 |
| 7 | 车辆底盘部件检查* | 转向系部件 | 车辆停放在地沟上方的指定位置，使用专用手锤等工具检查，并由驾驶室操作人员配合；大中型客车、重中型货车、专项作业车、挂车检查时应使用底盘间隙仪 |
| | | 传动系部件 | |
| | | 行驶系部件 | |
| | | 制动系部件 | |
| | | 其他部件 | |

表 3（续）

| 序号 | 检 验 项 目 | | | 检 验 方 法 |
| --- | --- | --- | --- | --- |
| 8 | 仪器设备检验 | 行车制动* | 空载制动率 | 采用滚筒反力式制动检验台、平板制动检验台检验，不适宜用制动检验台检验的车辆用便携式制动性能测试仪等路试设备检验，见附录 C |
| | | | 空载制动不平衡率 | |
| | | | 加载轴制动率 | |
| | | | 加载轴制动不平衡率 | |
| | | 驻车制动 | | |
| | | 前照灯* | 远光发光强度 | 采用前照灯检测仪检验，见附录 D |
| | | | 远近光光束垂直偏移 | |
| | | 车速表指示误差 | | 采用车速表检验台检验，见附录 E |
| | | 转向轮横向侧滑量 | | 采用侧滑检验台检验，见附录 F |

所有检验项目应一次检验完毕，出现不合格项时应继续进行其他项目的检验，但无法继续进行检验的项目除外。

仪器设备检验时，除检验员外可再乘坐一名送检人员或随车人员。

半挂牵引车可与半挂车组合成铰接列车后同时实施检验，也可单独检验。

机动车安全技术检验时，带“*”的项目应采用检验智能终端（PDA）等设备拍摄检验照片（或视频），其数量、内容和清晰度应能满足检验监管的要求。

**【条文理解】**

本标准中表 3 是对机动车安全技术检验方法的阐述。为了更好地描述各个检测项目具体对应的检测方法，本标准以表格的形式，逐一对检验方法进行了阐述。同时，为规范检验方法，方便车主检验，加强注重监督，提出了“一次性、全流程”检验要求、“车主可随车”检验要求；提出了半挂牵引车的检验方法要求；提出了检验过程拍摄检验照片（视频）等要求。

（1）对于车辆唯一性检查方法

送检机动车应停放在指定位置，发动机停转。通过目视比对检查送检机动车的号牌号码/车辆类型、车辆品牌/型号、车辆识别代号（或整车出厂编号）、发动机号码（或电动机号码）、车辆颜色和外形来确定车辆的唯一性。各项目具体检验方法参见表 2-17。

**表 2-17　车辆唯一性检查方法表**

| 序号 | 项 目 | 检查方法及相关说明 |
| --- | --- | --- |
| 1 | 号牌号码/车辆类型 | 目视检查。<br>在用机动车检验时，查看送检机动车的号牌号码/车辆类型，并与机动车行驶证签注的内容进行比对 |
| 2 | 车辆品牌/型号 | 目视检查。<br>注册登记检验时，查看送检机动车（标牌等处标注）的车辆品牌/型号，并与机动车出厂合格证（对进口车为海关货物进口证明书）进行比对。<br>在用机动车检验时，查看送检机动车的车辆品牌/型号，并与机动车行驶证签注的内容进行比对 |

表 2-17（续）

| 序号 | 项 目 | 检查方法及相关说明 |
| --- | --- | --- |
| 3 | 车辆识别代号（或整车出厂编号） | 目视检查，目视难以清晰辨别时使用内窥镜、强光手电、螺丝刀等工具；有条件时，可使用伸缩自发光反光镜、蛇管视频探测仪，以及能自动识别车辆识别代号的仪器设备；有疑问时，可使用 VIN 码探伤等仪器进一步检查确认。<br>注册登记检验时，实车查看车辆识别代号（或整车出厂编号），并与机动车出厂合格证（对进口车为海关货物进口证明书）、车辆识别代号（或整车出厂编号）的拓印膜（对于随车配发的拓印膜不符合要求时，应实车拓印）进行比对。重点检查车辆识别代号的内容和构成；打刻部位、深度，以及组成字母与数字的字高等，确认有无被凿改、挖补等现象。对于 2013 年 3 月 1 日起出厂的乘用车、总质量小于等于 3 500 kg 的货车（低速汽车除外），核查靠近风窗立柱位置的车辆识别代号标识。<br>在用机动车检验时，查看送检机动车打刻的车辆识别代号（或整车出厂编号）并拍照，确认与机动车行驶证签注的内容是否一致，确认有无被凿改、挖补等现象 |
| 4 | 发动机号码（或电动机号码） | 目视检查，目视难以清晰辨别时使用内窥镜、强光手电、螺丝刀等工具。有条件时，可使用伸缩自发光反光镜、蛇管视频探测仪等辅助检查。<br>注册登记检验时，查看打刻的发动机号码（或电动机号码），并与机动车出厂合格证（对进口车为海关货物进口证明书）进行比对，确认有无被凿改嫌疑；如发动机号码（或电动机号码）不可见，查看发动机标识，确认是否能永久保持，并与机动车出厂合格证（对进口车为海关货物进口证明书）进行比对。<br>在用机动车检验时，查看送检机动车的发动机号码（或电动机号码），并与机动车行驶证签注的内容进行比对，确认有无被凿改嫌疑 |
| 5 | 车辆颜色和外形 | 目视检查。<br>注册登记检验时，通过智能检验终端（PDA）等方式查询《公告》照片，并实车比对送检机动车外形是否相符。<br>在用机动车检验时，查看送检机动车的车辆颜色和外形，与机动车行驶证上的车辆照片进行比对，查看有无更改车身颜色、改变车厢形状、改变车辆结构等情形 |
| 注：号牌号码/车辆类型、车辆识别代号（或整车出厂编号）、车辆颜色和外形检查时需要使用智能检验终端（PDA）拍摄图片（或视频）。 | | |

（2）联网查询

利用联网信息系统查询送检机动车是否发生过造成人员伤亡的交通事故，是否有未处理完毕的道路交通安全违法情形，并按本标准 6.2 的相关规定执行。

（3）车辆特征参数检查

本条提出了外廓尺寸、轴距、整备质量、核定载人数、栏板高度、后轴钢板弹簧片数、客车应急出口、客车乘客通道和引道、货厢情况 9 项特征参数的检查方法，各项目具体检查方法参见表 2-18。

表 2-18 车辆特征参数检查方法表

| 序号 | 项 目 | 检查方法及相关说明 |
| --- | --- | --- |
| 1 | 外廓尺寸 | 用钢卷尺、水平尺、铅锤、激光测距仪等长度测量工具进行测量，对重中型货车、专项作业车、挂车应使用自动测量装置，具体测量方法见本标准附录 A。<br>注册登记检验时，与《公告》、机动车出厂合格证参数进行比对。<br>在用机动车检验时，与机动车行驶证签注的内容进行比对 |
| 2 | 轴距 | 用钢卷尺等长度测量工具测量；有条件时，可使用自动测量装置。<br>注册登记检验时，与《公告》、机动车出厂合格证进行比对。<br>在用机动车检验时，与机动车登记信息进行比对 |

表 2-18（续）

| 序号 | 项 目 | 检查方法及相关说明 |
|---|---|---|
| 3 | 整备质量 | 用地磅或轴(轮)重仪等装置称量，具体测量方法见本标准附录 B。<br>注册登记检验时，与《公告》、机动车出厂合格证进行比对 |
| 4 | 核定载人数 | 目视检查，目测座椅宽度、深度及驾驶室内部宽度等参数偏小时，使用量具测量相关尺寸。<br>注册登记检验时，确认座椅宽度、深度、驾驶室内部宽度等参数及座椅布置是否符合 GB 7258—2012 规定，与《公告》、机动车出厂合格证进行比对。<br>在用机动车检验时，与机动车行驶证签注的内容进行比对，观察座椅布置有无变动 |
| 5 | 栏板高度 | 用钢卷尺或钢直尺等长度测量工具测量，有条件时可使用自动测量装置。<br>注册登记检验时，货车、挂车的栏板高度与《公告》、机动车出厂合格证、驾驶室两侧喷涂的栏板高度数值进行比对。<br>在用机动车检验时，货车、挂车的栏板高度与机动车登记信息、驾驶室两侧喷涂的栏板高度数值进行比对 |
| 6 | 后轴钢板弹簧片数 | 目视检查。<br>注册登记检验时，货车、挂车、专项作业车的后轴钢板弹簧片数与《公告》、机动车出厂合格证进行比对，重点检查有无明显“增宽、增厚”情形。<br>在用机动车检验时，货车、挂车、专项作业车的后轴钢板弹簧片数应与机动车登记信息进行比对，重点检查有无明显“增宽、增厚”情形 |
| 7 | 客车应急出口 | 目视检查应急出口的数量、标志，确认是否符合 GB 7258、GB 13094、GB 18986、GB 24407 等标准规定；目测应急出口尺寸偏小的，应使用钢卷尺或钢直尺等长度测量工具测量相关尺寸。对于 2013 年 9 月 1 日起出厂的设有乘客站立区的公共汽车车身两侧的车窗如面积能达到设置为应急窗的要求，查看是否均设置为推拉式应急窗或外推式应急窗 |
| 8 | 客车乘客通道和引道 | 目视检查，目测通道、引道偏窄或高度不符合要求时，使用通道、引道测量装置检查 |
| 9 | 货厢 | 目视检查，目测货厢有超长、超宽、超高嫌疑时，使用钢卷尺或钢直尺等长度测量工具测量相关尺寸。重点查看是否有“加长、加高、加宽货厢”“拆除厢式货车顶盖”“拆除仓栅式货车顶棚杆”等情形 |
| 注：核定载人数、后轴钢板弹簧片数、客车应急出口、客车乘客通道和引道、货厢等项目检查时需要使用智能检验终端(PDA)拍摄图片(或视频)。 | | |

（4）车辆外观检查

车辆外观检查主要采用目视和操作的检查方法，并采用检验智能终端(PDA)等设备拍摄检验照片。对封闭式货厢的货车(如厢式货车、封闭式货车等)、挂车应打开车厢门检查。目测有疑问时，使用透光率计、钢尺、手锤、铁钩及照明器具等工具测量相关参数。各项目具体检查方法参见表 2-19。

表 2-19　车辆外观检查方法表

| 序号 | 项 目 | 检查方法及相关说明 |
|---|---|---|
| 1 | 车身外观 | 目视检查，目测有疑问时，使用透光率计、钢尺、手锤、铁钩及照明器具等工具测量相关参数。对封闭式货厢的货车、挂车应打开车厢门检查。<br>重点检查保险杠、后视镜、下视镜、风窗玻璃、车体周正性、车身外部尖锐凸起物、车身锈蚀破损、车身标识广告等；<br>对于部分车型，需要检查货厢固定、危险品罐车倾覆保护装置、车外顶行李架、重点车辆(校车、公路客车、旅游客车)玻璃透射比、广角后视镜、补盲后视镜、前下视镜、教练车辅助后视镜、载货部分可伸缩结构、载货部分乘客座椅、自行加装部件、三轮汽车及摩托车车身外观等；<br>注册登记检验时，还需重点检查商标或厂标、货厢安全架、厢式、前后保险杠、正三轮摩托车转向系等 |

表 2-19（续）

| 序号 | 项目 | 检查方法及相关说明 |
| --- | --- | --- |
| 2 | 外观标识、标注和标牌 | 目视检查，目测字高偏小时，使用钢直尺等长度测量工具测量相关尺寸。<br>重点检查货车总质量喷涂、专项作业车总质量喷涂、牵引车准牵总质量喷涂、栏板高度喷涂、罐车喷涂的货物种类、容积；放大号喷涂、客车座位数喷涂、教练车喷涂、燃料汽车喷涂；消防车、救护车、工程救险车、警车的车身颜色及标志灯具；残疾人机动车专用标志等。<br>注册登记检验时，还需重点检查标牌；非插电式混合动力汽车及纯电动汽车标牌、标注；燃料电池汽车标注等 |
| 3 | 外部照明和信号装置 | 目视检查，检查并操作。建议由两位检验员配合或由驾驶员配合进行，检验员一般情况下不应站在送检机动车的正前方或正后方。<br>重点检查前照灯、前位灯、转向信号灯、危险警告信号灯、示廓灯、牵引杆挂车标志灯、后位灯、示廓灯、制动灯、后雾灯、后牌照灯、倒车灯、侧转向信号灯、侧标志灯、侧反射器、灯具异常闪烁、外部照明和信号装置遮挡、喇叭、发动机舱电器导线布置情况。<br>必要时，测量并计算后位灯、后转向灯、制动灯的透光面积。<br>注册登记检验时，还需查看照明和信号装置的数量、位置、光色 |
| 4 | 轮胎 | 目视检查轮胎规格/型号，目测胎压不正常、轮胎胎冠花纹深度偏小时，使用轮胎气压表、花纹深度计等测量工具测量相关参数。<br>重点检查同轴两侧规格和花纹统一性、轮胎螺栓、轮胎规格、胎面胎壁、轮胎花纹深度；备胎标识。<br>对于部分重点车辆（公路客车、旅游客车、校车）检查是否使用翻新轮胎情况；其他机动车转向轮是否使用翻新轮胎情况。<br>注册登记检验时，还需重点检查专用校车、危险货物运输车以及车长大于 9 m 的客车是否安装使用子午线轮胎情况 |
| 5 | 号牌及号牌安装 | 目视检查，目测号牌安装位置、形式，有疑问时使用钢卷尺或钢直尺等长度测量工具测量相关尺寸。<br>重点检查号牌是否缺失，号牌字符、颜色、安装情况；号牌表面是否缺陷、损伤；号牌架是否安装、违规使用可翻转、可拆卸号牌架情况，是否存在影响号牌视认的加装改装；固封装置、号牌板（架）。<br>注册登记检验时，还需重点检查号牌板（架）上安装孔数量、规格等 |
| 6 | 加装/改装灯具 | 目视检查。<br>重点检查加装/改装外部照明灯具、信号装置情形；加装后射灯情况 |
| 注：车身外观、外观标识标注和标牌、轮胎、号牌及号牌安装等项目检查时需要使用智能检验终端（PDA）拍摄图片（或视频）。 | | |

（5）安全装置检查

安全装置检查主要采用目视和操作的检查方法，必要时拍摄检验照片。各项目具体检查方法参见表 2-20。

表 2-20　安全装置检查方法表

| 序号 | 项目 | 检查方法及相关说明 |
| --- | --- | --- |
| 1 | 汽车安全带 | 目视检查并操作。<br>重点检查安全带的锁扣锁止有效性和安全带的自动伸缩性，以确保其功能有效；查看汽车安全带的损坏情形、校车学生座位安装情况、坐垫套覆盖遮挡安全带情形、安全带绑定在座位下面情形 |
| 2 | 机动车用三角警告牌 | 目视检查。<br>重点检查配备情况、外观形状 |

表 2-20（续）

| 序号 | 项 目 | 检查方法及相关说明 |
| --- | --- | --- |
| 3 | 灭火器 | 目视检查。<br>重点检查客车、危险货物运输车按规定配备灭火器情况；查看灭火器欠压、失效情况 |
| 4 | 行驶记录装置 | 目视检查。目测显示功能不正常时，使用专用检验仪器。<br>重点检查公路客车、旅游客车、危险货物运输车、专用校车、公共汽车、半挂牵引车、重型货车按规定配备行驶记录装置情况；卧铺客车、专用校车按规定装备车内外录像监控情况；查看行驶记录装置显示、3C 标志、记录功能 |
| 5 | 车身反光标识 | 目视检查。目视逆反射系数偏小时，使用逆反射性能测试仪测试逆反射系数。<br>查看车身反光标识的 3C 标志、破损情况等 |
| 6 | 车辆尾部标志板 | 目视检查。目视逆反射系数偏小时，使用逆反射性能测试仪测试逆反射系数。<br>重点检查是否按规定安装车辆尾部标志板等 |
| 7 | 侧后防护装置 | 目视检查。目测防护装置单薄、安装不规范时，使用钢卷尺或钢直尺等长度测量工具。<br>重点检查有无安装、安装牢固情况、变形情况；罐体管路、封头超出防护装置情形。<br>注册登记检验时，通过智能检验终端（PDA）等查看《公告》信息，实车比对防护装置外观、结构、尺寸、安装要求与《公告》的符合性 |
| 8 | 应急锤 | 目视检查采用密闭钢化玻璃式应急窗的客车是否按规定配备应急锤情况 |
| 9 | 急救箱 | 目视检查校车是否按规定配备急救箱情况 |
| 10 | 限速功能或限速装置 | 审查《公告》、机动车出厂合格证、产品使用说明书等技术凭证资料。<br>重点检查公路客车、危险货物运输车、旅游客车、公共汽车的限速功能，查看客车超速报警功能 |
| 11 | 防抱死制动装置 | 打开电源，观察“ABS”指示灯。对于半挂车，需要实车连接牵引车，打开点火开关，踩踏制动踏板，检查制动器是否有电磁阀通断的声音。<br>重点检查危险货物运输车、公路客车、旅游客车、半挂牵引车、货车、专用校车、公共汽车、半挂车安装防抱死装置情况，查看防抱死制动装置自检功能 |
| 12 | 辅助制动装置 | 审查《公告》等技术资料凭证并操作驾驶室（区）内操纵开关，有疑问时检查相关装置。<br>重点检查客车、危险货物运输车、货车、专项作业车安装辅助制动装置情况 |
| 13 | 盘式制动器 | 目视检查。<br>重点检查危险货物运输车、客车、专用校车、公共汽车安装盘式制动器情况 |
| 14 | 紧急切断装置 | 目视检查。<br>重点检查运送汽油、甲苯等特定危险液体的罐式危险货物运输车安装紧急切断装置情况 |
| 15 | 发动机舱自动灭火装置 | 目视检查。<br>重点检查专用校车、发动机后置客车安装发动机舱灭火装置情况 |
| 16 | 手动机械断电开关 | 目视检查，有疑问时操作开关，观察是否断电。<br>重点检查客车安装手动机械断电开关情况 |
| 17 | 副制动踏板 | 目视检查，有疑问时踩下踏板，判断踏板工作是否正常。<br>重点检查教练车安装副制动踏板情况 |
| 18 | 校车标志灯和校车停车指示标志牌 | 目视检查。<br>重点检查校车外观标识及标志灯、停车指示标志牌配备情况 |
| 19 | 危险货物运输车标志 | 目视检查。<br>重点检查危险货物运输车按规定安装标志情形、爆炸品车及剧毒化学品车橙色反光带、标示牌情况 |
| 20 | 肢体残疾人操纵辅助装置 | 目视检查操纵辅助装置型号编号，并与合格证明材料进行比对 |

**注：**除限速功能或限速装置项目外，其他安全装置检查时均需要使用智能检验终端（PDA）拍摄图片（或视频）。

(6) 底盘动态检查

底盘动态检查各项目具体检查方法参见表 2-21。

**表 2-21　底盘动态检查方法表**

| 序号 | 项　目 | 检查方法及相关说明 |
|---|---|---|
| 1 | 制动系 | 以不低于 20 km/h 的速度正直行驶,双手轻扶方向盘,急踩制动踏板后迅速放松。<br>重点检查方向盘转向是否沉重,方向盘间隙是否过大;对于方向把式的三轮汽车、摩托车检查转向是否沉重 |
| 2 | 转向系 | 检验员操作车辆,起步并行驶 20 m 以上,利用目视、耳听、操作感知等方式检查。操作过程中感觉方向盘最大自由转动量偏大和/或转向沉重时,使用方向盘转向力－转向角检测仪测量相关参数。 |
| 3 | 传动系 | 重点检查:换挡是否正常、变速器倒挡能否锁止、离合器接合是否平稳、离合器有无打滑现象、离合器分离是否彻底、正常行驶时车轮有无阻滞、抱死现象、制动响应是否迟滞、制动时方向盘有无抖动、制动时有无跑偏现象 |
| 4 | 仪表和指示器 | 检验过程中,观察仪表和指示器。<br>重点检查车速表工作是否正常、指示器有无异常或报警 |

(7) 车辆底盘部件检查

车辆停放在地沟上方的指定位置,使用专用手锤等工具检查,并由驾驶室操作人员配合;大中型客车、重中型货车、专项作业车、挂车检查时应使用底盘间隙仪。各项目具体检查方法参见表 2-22。

**表 2-22　车辆底盘部件检查方法表**

| 序号 | 项　目 | 检查方法及相关说明 |
|---|---|---|
| 1 | 转向系部件 | 重点检查转向系部分部件出现松动情况、转向过程中的干涉或摩擦现象 |
| 2 | 传动系部件 | 重点检查变速器等部件的连接情况;传动轴、万向节、中间轴承、支架等出现裂纹、松旷和漏油现象 |
| 3 | 行驶系部件 | 重点检查车架纵梁、横梁变形、损伤情况;铆钉、螺栓的完整或松动情况;车架纵梁、横梁的损伤、变形情况;车架纵梁、横梁铆钉螺栓的缺失、松动情况;钢板吊耳、销、中心螺栓、U形螺栓的松旷情况;车桥与悬架之间的拉杆松旷情况;减振器漏油情况 |
| 4 | 制动系部件 | 重点检查制动系擅自改动情况、从制动系统获取气源作为加装装置动力源情况;制动主缸、轮缸、管路等出现漏气漏油情况;制动软管的老化情况;制动系管路固定情况、与其他部件的摩擦情况 |
| 5 | 其他部件 | 重点检查发动机的固定、排气管与消音器的安装、排气管漏气情况;排气管口指向;电器导线的布置、捆扎、固定及破损情况;燃料箱固定、漏油情况,燃料管路的老化以及与其他部件碰擦情况;承载式车身底部完整性;轮胎内侧的磨损、割伤、腐蚀情况;其他影响车身强度的变形和破损情况 |
| **注**:车辆底盘部件检查时需要使用智能检验终端(PDA)或固定摄像机等拍摄图片(或视频)。 | | |

(8) 仪器设备检验

仪器设备检验方法详见本标准附录。

为开展本标准规定的仪器设备检验项目,安检机构配备的检验仪器设备应符合有关产品标准和计量规范的要求,见表 2-23。

**表 2-23　主要检验仪器设备现行产品标准和计量规范**

| 序号 | 仪器名称 | 现行产品标准和计量规范 |
|---|---|---|
| 1 | 滚筒反力式制动检验台 | GB/T 13564—2005《滚筒反力式汽车制动检验台》;<br>JJG 906—2009《滚筒反力式制动检验台检定规程》 |

表 2-23（续）

| 序号 | 仪器名称 | 现行产品标准和计量规范 |
| --- | --- | --- |
| 2 | 平板式制动检验台 | GB/T 28529—2012《平板式制动检验台》；<br>JJG 1020—2007《平板式制动检验台检定规程》 |
| 3 | 便携式制动性能测试仪 | GB/T 28945—2012《便携式制动性能测试仪》；<br>JJF 1168—2007《便携式制动性能测试仪校准规范》 |
| 4 | 前照灯检测仪 | JT/T 508—2004《机动车前照灯检测仪》；<br>JJG 745—2002《机动车前照灯检测仪检定规程》 |
| 5 | 滚筒式车速表检验台 | GB/T 13563—2007《滚筒式汽车车速表检验台》；<br>JJG 909—2009《滚筒式车速表检验台检定规程》 |
| 6 | 侧滑检验台 | JT/T 507—2004《汽车侧滑检验台》；<br>JJG 908—2009《滑板式汽车侧滑检验台检定规程》 |
| 7 | 汽车轴轮重仪 | JJG 1014—2006《机动车检测专用轴(轮)重仪检定规程》 |

（9）检验仪器设备

为开展本标准规定的人工检验项目的检查，安检机构需配备相应的检验仪器设备，参见表 2-24；有条件的安检机构，还可选配表 2-25 中的检验仪器设备。

表 2-24　人工检验应配备仪器设备表

| 序号 | 检验设备 | 主要用途 |
| --- | --- | --- |
| 1 | 检验智能终端(PDA) | 用于拍摄检验照片(或视频)、记录检验信息，判断检验结果、查询《公告》等 |
| 2 | 外廓尺寸自动测量仪 | 自动测量重中型货车、专项作业车、挂车等的外廓尺寸 |
| 3 | 钢卷尺 | 用于测量机动车外廓尺寸、轴距、栏板高度、侧面及后下防护装置的等尺寸参数测量 |
| 4 | 钢直尺 | 用于测量主要零部件尺寸 |
| 5 | 透光率计 | 用于测量车窗玻璃的透光率 |
| 6 | 通道、引道测量装置 | 用于检查客车乘客通道和引道 |
| 7 | 轮胎花纹深度尺 | 用于测量机动车轮胎胎冠上花纹深度 |
| 8 | 轮胎气压表 | 用于测量机动车轮胎气压，已满足检测要求 |
| 9 | 秒表 | 用于测量坡道驻车时停车时间等 |
| 10 | 制动踏板力计 | 用于测量液压制动踏板力 |
| 11 | 制动操纵力计 | 用于测量驻车操纵力 |
| 12 | 方向盘转向力-转向角检测仪 | 用于测量转向力、转向盘自由间隙 |
| 13 | 逆反射系数测试仪 | 用于检测车身反光标识、车辆尾部标志板的逆反射性能 |
| 14 | 行驶记录仪检验装置 | 用于检查分析汽车行驶记录仪工作是否正常，接线是否规范，通信协议是否符合相关标准要求 |
| 15 | 内窥镜(放大镜) | 用于对车辆识别代号、发动机号打磨、凿改、挖补、垫片、重新打刻等异常情形；也可用于机动车行驶证等证据或资料的真伪识别 |
| 16 | 强光手电 | 用于车辆识别代号、发动机号、底盘检查、发动机舱检查的辅助照明 |
| 17 | 螺丝刀 | 用于车辆识别代号、发动机号的查看和查验，清除车辆识别代号附近的漆、油污或覆盖物。防止打磨、凿改、挖补、垫片、重新打刻等异常情形 |
| 18 | 铅锤 | 用于辅助测量机动车外廓尺寸 |
| 19 | 水平尺 | 用于辅助测量机动车外廓尺寸的高度 |
| 20 | 手锤 | 辅助底盘部件检查 |

**表 2-25　人工检验可选配仪器设备表**

| 序号 | 检验设备 | 主要用途 |
| --- | --- | --- |
| 1 | VIN码探伤鉴定仪 | 用于探测VIN码打刻部位是否有焊接、打磨等情形 |
| 2 | VIN码信息采集仪 | 用于采集VIN码的信息图片，并实现对VIN码字符的分析、识别(如字体、倾斜角度、字符间距、字高等) |
| 3 | 激光测距仪 | 用于尺寸参数的测量 |
| 4 | 伸缩自发光反光镜 | 辅助VIN码、发动机号的检查等 |
| 5 | 蛇管视频探测仪 | 辅助VIN码、发动机号的检查等 |

(10) 关于检验照片(视频)

本条提出了机动车安全技术检验时，检验照片(或视频)采集的相关要求，各地安检机构应严格执行本条，并按照GA1186—2014等规定拍摄照片、上传。

a) 根据GA1186—2014规定，检验照片及视频要求见表2-26。

**表 2-26　人工检验项目照片要求**

| 序号 | 照片内容 | 要　求 | 适用车辆类型 |
| --- | --- | --- | --- |
| 1 | 车辆左前方斜视45°拍照 | 能清晰显示车辆前外观、前号牌和轮胎。根据车辆类型，还应能：<br>①对所有货车、货车底盘改装的专项作业车和挂车，能清晰辨别(左)侧面车身反光标识；<br>②对总质量大于3 500 kg的货车(半挂牵引车除外)、货车底盘改装的专项作业车和挂车，能清晰辨别(左)侧面防护装置；<br>③对所有货车和专项作业车，能清晰辨别驾驶室(区)左侧喷涂的总质量(半挂牵引车为最大允许牵引质量)；<br>④对栏板货车和自卸车，能清晰辨别在驾驶室(区)左侧喷涂的栏板高度，对栏板挂车，能清晰识别在车厢(左)侧面喷涂的栏板高度；<br>⑤对危险货物运输车，能清晰辨别道路运输危险货物车辆标志(包括标志灯和标志牌)；<br>⑥对专用校车和专门用于接送学生上下学的非专用校车，能清晰辨别专用校车车身外观标识；<br>⑦对燃气汽车，能清晰辨别在车辆前端标注的其使用的气体燃料类型的识别标志；<br>⑧对教练车，能清晰辨别在车身(左)侧面喷涂的“教练车”字样；<br>⑨对警车、消防车、救护车和工程救险车，能清晰辨别车辆外观制式、标志灯具；<br>⑩对残疾人专用汽车，能清晰辨别在车辆前部设置的残疾人机动车专用标志 | 所有类型机动车 |

表 2-26（续）

| 序号 | 照片内容 | 要 求 | 适用车辆类型 |
| --- | --- | --- | --- |
| 2 | 车辆右后方斜视45°拍照 | 能清晰显示车辆后外观、后号牌和轮胎。根据车辆类型，还应能：<br>①对汽车（无驾驶室的三轮汽车除外），能清晰辨别机动车用三角警告牌（三角警告牌放置于车顶或车辆后部适当位置时拍照）；<br>②对所有货车、货车底盘改装的专项作业车和挂车，能清晰辨别后部车身反光标识、车辆尾部标志板及（右）侧面车身反光标识；<br>③对总质量大于 3 500 kg 的货车（半挂牵引车除外）、货车底盘改装的专项作业车和挂车，能清晰辨别（右）侧面及后下部防护装置；<br>④对总质量大于等于 4 500 kg 的货车（半挂牵引车除外）、所有挂车（无法喷涂或粘贴放大的号牌号码的平板挂车除外），能清晰辨别在车厢后部喷涂或粘贴的放大的号牌号码；<br>⑤对罐式汽车和罐式挂车，能清晰辨别在罐体右侧喷涂的罐体容积及允许装运货物的种类或名称；<br>⑥对危险货物运输车，能清晰识别道路运输危险货物车辆标志牌；<br>⑦对 2012 年 9 月 1 日起出厂的车长大于 9 m 的公路客车、旅游客车和未设置乘客站立区的公共汽车，能清晰显示两个处于开启状态的乘客门；或处于开启状态下的外推式应急窗和一个处于开启状态的乘客门；<br>⑧对专用校车和专门用于接送学生上下学的非专用校车，能清晰辨别专用校车车身外观标识；<br>⑨对燃气汽车，能清晰辨别在车辆后端标注的其使用的气体燃料类型的识别标志；<br>⑩对教练车，能清晰辨别在车身后部喷涂的“教练车”字样；<br>⑪对警车、消防车、救护车和工程救险车，能清晰辨别外观制式；<br>⑫对残疾人专用汽车，能清晰辨别在车辆后部设置的残疾人机动车专用标志 | 所有类型机动车 |
| 3 | 车辆识别代号拍照 | 能清晰显示车辆识别代号，对于无法清晰拍摄的机动车，允许拍摄车辆识别代号的拓印膜 | 所有类型机动车 |
| 4 | 驾驶人座椅汽车安全带拍照 | 能清晰显示驾驶人座椅汽车安全带处于扣紧状态。<br>**注：**对小型、微型载客汽车和轻型、微型载货汽车，车辆左前方斜视 45°拍照能清晰显示驾驶人座椅汽车安全带处于扣紧状态时，无须单独拍摄本照片。 | 汽车（低速汽车除外） |
| 5 | 行驶记录装置拍照 | 对公路客车、旅游客车、危险货物运输车，校车，2013 年 3 月 1 日起注册登记的未设置乘客站立区的公共汽车、半挂牵引车和总质量大于等于 12 000 kg的货车，能清晰显示行驶记录装置在车辆上的安装情况；对使用行驶记录仪作为行驶记录装置的，能确认其显示部分是否易于观察、主机外表面的易见部位是否模压或印有符合规定的“3C”标识。<br>对专用校车和卧铺客车，还应能清晰确认其安装的车内外录像监控装置的摄像头数量和安装位置 | 应安装行驶记录装置的汽车 |
| 6 | 灭火器拍照 | 能清晰显示灭火器在车辆上的安装固定情况及数量，能确认灭火器是否有效。<br>**注：**车厢内部拍照能清晰显示本照片要求的信息时，可不单独拍摄本照片。 | 客车、危险货物运输车 |

表 2-26（续）

| 序号 | 照片内容 | 要 求 | 适用车辆类型 |
|---|---|---|---|
| 7 | 车厢内部拍照 | 从车厢前部往后拍摄，能清晰显示车内座位数及布置形式。对校车，应能显示照管人员座位的位置和标识；对公路客车、旅游客车和专用校车的能观察到座垫平面的座椅（位），应能识别是否配备了汽车安全带；对厢式、棚式货车和挂车，打开车厢门从后向前拍摄，应能清晰显示货厢内部和顶部状况及确认货厢是否改装、顶部是否开启 | 客车、校车、厢式、棚式货车和挂车 |
| 8 | 车辆正后方拍照 | 能清晰显示车辆后部外观情况和车辆号牌。根据车辆类型，还应能：<br>①对货车、货车底盘改装的专项作业车和挂车，能清晰显示后部车身反光标识、车辆尾部标志板、放大的号牌号码；<br>②对道路运输爆炸品和剧毒化学品车辆，能清晰显示安全标示牌；<br>③对专用校车，能清晰显示后围板上的停车提醒标示。<br>**注**：车辆右后方斜视 45°拍照能清晰显示本照片要求的信息时，可不单独拍摄本照片。 | 货车、挂车、专项作业车、校车 |
| 9 | 校车标牌拍照 | 能清晰显示校车标牌在前风窗玻璃右下角和后风窗玻璃适当位置的放置状态，以及校车标牌背面的签注内容。<br>**注**：车辆左前方斜视 45°拍照和车辆右后方斜视 45°拍照能清晰显示校车标牌在前、后风窗玻璃的放置状态时，可只拍摄校车标牌背面的签注内容。 | 校车 |
| 10 | 校车标志灯拍照 | 能清晰显示校车标志灯打开状态下的车辆状态。<br>**注**：车辆左前方斜视 45°拍照和车辆右后方斜视 45°拍照能清晰显示本照片要求的信息时，可不单独拍摄本照片。 | 校车 |
| 11 | 校车停车指示标志牌拍照 | 能清晰显示校车停车指示标志牌打开状态下的车辆状态。<br>**注**：车辆左前方斜视 45°拍照能清晰显示本照片要求的信息时，可不单独拍摄本照片。 | 校车 |
| 12 | 操纵辅助装置拍照 | 能清晰显示残疾人操纵辅助装置在车辆上的安装固定情况，能确认操纵辅助装置的产品型号和出厂编号 | 残疾人专用汽车 |

b）　检验资料照片拍摄项目及要求见表 2-27。

表 2-27　检验资料照片要求

| 序号 | 照片内容 | 要求 |
|---|---|---|
| 1 | 机动车行驶证 | 资料摆放端正，能清晰显示文字、印章 |
| 2 | 交通事故责任强制保险单 | |
| 3 | 车船税纳税或者免税证明 | |
| 4 | 安全技术检验合格证明 | |
| 5 | 机动车牌证申请表 | |
| 6 | 委托核发检验合格标志通知书 | 资料摆放端正，能清晰显示文字、印章 |
| 7 | 代理人授权书 | |
| 8 | 国产机动车出厂合格证和底盘合格证 | |
| 9 | 路试检验记录单 | |

c）　事后监管人工检验照片拍摄项目及要求见表 2-28。

**表 2-28　事后监管人工检验项目照片要求**

| 序号 | 照片内容 | 要求 | 适用车辆类型 |
| --- | --- | --- | --- |
| 1 | 发动机号码拍照 | 对注册登记、变更登记车辆能清晰显示发动机编号或柔性标签 | 除挂车外的其他机动车 |
| 2 | 发动机舱自动灭火装置拍照 | 能清晰显示发动机舱自动灭火装置 | 客车、校车 |
| 3 | 应急锤拍照 | 能清晰显示应急锤及安装情况 | 客车 |
| 4 | 急救箱拍照 | 能清晰显示配备的急救箱，急救箱应放置在便于取用的位置 | 校车 |
| 5 | 防抱死制动装置拍照 | 能清晰显示仪表盘上的防抱死制动装置处于点亮状态 | 客车、校车、货车、专项作业车 |
| 6 | 辅助制动装置拍照 | 能清晰显示辅助制动装置操纵开关 | 货车、专项作业车 |
| 7 | 紧急切断装置拍照 | 能清晰显示紧急切断装置操纵开关 | 危险货物运输车 |
| 8 | 手动机械断电开关拍照 | 能清晰显示手动机械断电操纵开关 | 客车 |
| 9 | 副制动踏板拍照 | 能清晰显示教练车副制动踏板 | 教练车 |
| 10 | 危险货物运输车标志拍照 | 能清晰显示危险货物运输车标志 | 危险货物运输车 |
| 11 | 轮胎规格拍照 | 能清晰显示转向轮轮胎规格型号和胎冠状态 | 客车、校车、货车、专项作业车、危险货物运输车 |

d）　事后监管仪器设备检验工位照片视频要求见表 2-29。

**表 2-29　事后监管仪器设备检验工位照片视频要求**

| 序号 | 照片内容 | 要求 |
| --- | --- | --- |
| 1 | 一轴制动工位拍照 | 能清晰显示被检车辆一轴(轮)在制动设备上时的后号牌号码，视频应能清晰的显示检测全过程，特别是制动时制动灯情况 |
| 2 | 二轴制动工位拍照 | 能清晰显示被检车辆二轴(轮)在制动设备上时的后号牌号码，视频应能清晰的观察到检测全过程，特别是制动时制动灯情况 |
| 3 | 三轴制动工位拍照 | 能清晰显示被检车辆三轴(轮)在制动设备上时的后号牌号码，视频应能清晰的观察到检测全过程，特别是制动时制动灯情况 |
| 4 | 四轴制动工位拍照 | 能清晰显示被检车辆四轴(轮)在制动设备上时的后号牌号码，视频应能清晰的观察到检测全过程，特别是制动时制动灯情况 |
| 5 | 五轴制动工位拍照 | 能清晰显示被检车辆五轴(轮)在制动设备上时的后号牌号码，视频应能清晰的观察到检测全过程，特别是制动时制动灯情况 |
| 6 | 六轴制动工位拍照 | 能清晰显示被检车辆六轴(轮)在制动设备上时的后号牌号码，视频应能清晰的观察到检测全过程，特别是制动时制动灯情况 |
| 7 | 驻车制动工位拍照 | 能清晰显示被检车辆驻车轴(轮)在制动设备上时的后号牌号码，视频应能清晰的观察到检测全过程，特别是驻车制动时制动灯情况 |
| 8 | 左灯光工位拍照 | 能清晰显示被检车辆的前号牌号码、车辆在打开远光灯条件下与前照灯设备的检测位置，视频应能清晰的观察到检测全过程，特别是远近光检测情况 |
| 9 | 右灯光工位拍照 | 能清晰显示被检车辆的前号牌号码、车辆在打开远光灯条件下与前照灯设备的检测位置，视频应能清晰的观察到检测全过程，特别是远近光检测情况 |

表 2-29（续）

| 序号 | 照片内容 | 要求 |
|---|---|---|
| 10 | 车速表工位拍照 | 能清晰的看到被检车辆在车速表设备上时的号牌号码，视频应能清晰的观察到检测全过程 |
| 11 | 转向轮横向侧滑工位拍照 | 能清晰显示被检车辆在侧滑设备前时的前号牌号码，视频应能清晰的观察到车辆通过侧滑设备的全过程 |
| 12 | 路试行车制动开始拍照 | 能清晰显示被检车辆号牌号码，视频应能清晰的观察到车辆行车制动的行驶过程 |
| 13 | 路试行车制动结束拍照 | 能清晰显示被检车辆号牌号码，视频应能清晰的观察到车辆行车制动的制动过程 |
| 14 | 路试驻车制动拍照 | 能清晰显示被检车辆在检验时的号牌号码，视频应能清晰的观察到车辆在规定驻车坡度上检验时的全过程和车辆某轮与驻车坡度路面变化情况（视频装置应侧面安装） |
| 15 | 底盘动态检验开始拍照 | 能清晰的看到被检车辆号牌号码，视频应能清晰的观察到车辆底盘动态检验的行驶过程 |
| 16 | 路试动态检验结束拍照 | 能清晰的看到被检车辆的前号牌号码，视频应能清晰的观察到车辆制动过程 |
| 17 | 车辆底盘检验拍照 | 能清晰的看到检验人员，视频应能清晰的观察检验人员在地沟中对车辆底盘检验的过程 |

**需要说明的是：**

关于机动车安全技术检验方法，与 GB 21861—2008 相比本标准主要修订内容包括：

（1）明确了车辆外廓尺寸自动测量仪等仪器设备使用要求。增加了自动测量装置、底盘间隙仪、加载制动台等配备要求；同时，考虑到各地安检机构的建设周期，标准给予了过渡期，要求自标准实施之日起第 25 个月（即 2017 年 3 月 1 日起）开始实施。

（2）细化了整备质量的测量方法和要求。明确注册登记检验“整备质量测量可选择地磅或轴（轮）重仪（包括带称重功能的平板试验台）等方式进行测量”的要求，并细化了“应用地磅的测量方法”“应用轴（轮）重仪的测量方法”。

（3）强调了部分重点检验项目拍摄检验照片（或视频）的要求。提出车身外观等人工检验项目需要采用检验智能终端（PDA）拍摄检验照片（或视频）的要求，以满足检验监管的需求。同时，本标准要求对不合格项目进行拍照、摄像或保存数据，以便于复检时比对和群众有异议时备查。

## 六、关于“6 检验要求”的说明

**【标准条文】**

> **6.1　车辆唯一性**
>
> **6.1.1　号牌号码/车辆类型、车辆品牌/型号**
>
> 6.1.1.1　注册登记检验时，送检机动车的车辆品牌/型号应与机动车出厂合格证（对进口车为海关货物进口证明书）一致。
>
> 6.1.1.2　在用机动车检验时，送检机动车的号牌号码/车辆类型、车辆品牌/型号，应与机动车行驶证签注的内容一致。

**【条文理解】**

本条是号牌号码/车辆类型、车辆品牌/型号的检验要求。

**需要说明的是：**

进口机动车的车辆型号取车辆识别代号的前8位。

**【标准条文】**

> **6.1.2 车辆识别代号(或整车出厂编号)**
>
> 6.1.2.1 注册登记检验时，送检机动车的车辆识别代号(或整车出厂编号)应与机动车出厂合格证(对进口车为海关货物进口证明书)、车辆识别代号(或整车出厂编号)的拓印膜一致，车辆识别代号的内容和构成应符合GB 16735的相关规定；其打刻部位、深度，以及组成字母与数字的字高等应符合GB 7258的相关规定，且不应出现被凿改、挖补、打磨、擅自重新打刻等现象。对于2013年3月1日起出厂的乘用车、总质量小于或等于3 500 kg的货车(低速汽车除外)，从车外应能清晰地识读到靠近风窗立柱位置的车辆识别代号标识。车辆上标识的所有车辆识别代号内容应一致。
>
> 6.1.2.2 在用机动车检验时，送检机动车的车辆识别代号(或整车出厂编号)应与机动车行驶证签注的内容一致，且不应出现被凿改、挖补、打磨，擅自重新打刻等现象。

**【条文理解】**

本条是车辆识别代号(或整车出厂编号)的检验要求。

注册登记检验时，应收存车辆识别代号的拓印膜，拓印膜应与实际车辆识别代号一致。在用机动车检验时，只需要拍摄车辆识别代号，不需要收存车辆识别代号的拓印膜。

**需要说明的是：**

(1) 车辆识别代号(或整车出厂编号)作为车辆的重要标识，安检机构应该高度重视此项检验工作。检验人员要掌握车辆识别代号相关知识，熟悉车辆识别代号打刻位置、字体等特征，快速识别车辆识别代号凿改、挖补、打磨、垫片、擅自重新打刻等异常现象。

(2) 同一辆车上不允许既打刻车辆识别代号，又打刻整车型号和出厂编号。

(3) 汽车、摩托车、半挂车和2012年9月1日起出厂的中置轴挂车应具有唯一的车辆识别代号，应至少有一个车辆识别代号打刻在车架(无车架的机动车为车身主要承载且不能拆卸的部件)能防止锈蚀、磨损的部位上。

(4) 根据GB 7258—2012中4.1.3的要求，2014年9月1日起出厂的汽车、摩托车、半挂车和中置轴挂车，打刻的车辆识别代号从上(前)方观察时打刻区域周边足够大面积的表面不应有任何覆盖物；如有覆盖物，覆盖物的表面应明确标示“车辆识别代号”或“VIN”字样，且覆盖物在不使用任何专用工具的情况下能直接取下(或揭开)及复原。其他机动车应打刻整车型号和出厂编号，型号在前、出厂编号在后，出厂编号两端应打刻起止标记。2007年4月1日起出厂的低速汽车，应按照规定打刻车辆识别代号。

(5) 对于检验时发现“凿改、挖补、打磨，擅自重新打刻等现象”的，参照本标准7.4“异常情形处置”执行。

(6) 对于检验时发现打刻车辆识别代号的部件表面严重锈蚀等情况，导致无法有效确认车辆唯一性的，应告之车主至车辆管理部门申请变更登记，同时安检机构拍照留存。

**【标准条文】**

> **6.1.3 发动机号码(或电动机号码)**
>
> 6.1.3.1 注册登记检验时，送检机动车的发动机号码(或电动机号码)应与机动车出厂合格证(对进口车为海关货物进口证明书)一致，并符合GB 7258的相关规定。
>
> 6.1.3.2 在用机动车检验时，送检机动车的发动机号码(或电动机号码)应与机动车行驶证签注的内容一致。

【条文理解】

本条是发动机号码(或电动机号码)的检查要求。注册登记检验和在用机动车检验时,都要检查发动机号码(或电动机号码)。

(1) 根据 GB 7258—2012 中 4.1.4 的要求,发动机型号和出厂编号应打刻(或铸出)在气缸体上且应能永久保持。若打刻(或铸出)的发动机型号和出厂编号不易见,则应在发动机易见部位增加能永久保持的发动机型号和出厂编号的标识。

(2) 2013 年 3 月 1 日起出厂的纯电动汽车、插电式混合动力汽车、燃料电池汽车和电动摩托车,应在主驱动电动机壳体上打刻电动机型号和编号;如打刻的电动机型号和编号被覆盖,应留出观察口,或在覆盖件上增加应永久保持的电动机型号和编号的标识。

需要说明的是:

(1) 按照现行管理规定,检验时无须拓印发动机号。

(2) 当检验时发现发动机号更改的,安检机构应告之车主至车辆管理部门申请变更备案,同时拍照留存。

(3) 若打刻(或铸出)的发动机型号和出厂编号不易见,则应在发动机易见部位增加能永久保持的发动机型号和出厂编号的标识,注册登记检验时,发动机标识不能永久保持的,应视为不符合标准要求。在用机动车检验时,发动机标识缺失的,应记录情况,并检验打刻(或铸出)的发动机型号和出厂编号。

【标准条文】

6.1.4 车辆颜色和外形

6.1.4.1 注册登记检验时,送检机动车的外形应与机动车产品公告照片相符。

6.1.4.2 在用机动车检验时,送检机动车的车辆颜色和外形应与机动车行驶证上的车辆照片相符,且不应出现更改车身颜色、改变车厢形状、改变车辆结构等情形。

【条文理解】

本条是车辆颜色和外形的检查要求。

(1) 注册登记检验时,对实行《公告》管理的国产机动车,车辆外观形状应与《公告》的机动车照片一致,但装有《公告》允许选装的部件时除外;2012 年 9 月 1 日起出厂的厢式货车和封闭式货车,驾驶室(区)两旁应设置车窗,货厢部位不得设置车窗[但驾驶室(区)内用于观察货物状态的观察窗除外]。

(2) 在用机动车检验时,车辆外观形状应与机动车行驶证上机动车标准照片记载的车辆外观形状一致,但装有允许自行加装的部件时除外;机动车标准相片如悬挂有机动车号牌,其号牌号码和类型应与机动车行驶证记载的内容一致。

(3) 在用机动车检验时,车身颜色应与机动车行驶证上照片一致。对于发现颜色明显差异的,安检机构应告之车主至车辆管理部门申请变更登记,同时拍照留存。

需要说明的是:

(1) 机动车安全技术检验监管系统为安检机构查询《公告》提供了接口,各地安检机构应严格按照本标准要求开展《公告》查询、比对工作,以进一步提升检验服务水平。

(2) 部分金属漆车辆的车身颜色在不同方向观察时会有所区别,光照强度有时也会对车身颜色的确认造成影响,此时宜在车辆标准照片拍摄角度(车辆行驶方向左前 45°)确定车身颜色;目前,许多车辆通过车身贴膜方式改变车身颜色,现行管理规定中对此并无禁止性规定。

(3) 有部分厢式货车因运送鲜活物品所开设的通风通气孔,这种情况下不应简单判定为不合格,应以《公告》的信息为准。

(4) 检验中发现机动车行驶证上机动车标准照片有被更换现象,参照本标准 7.4“异常情形处置”执行。

【标准条文】

6.2 联网查询

联网查询送检机动车事故/违法信息：

a) 对发生过造成人员伤亡交通事故的送检机动车，人工检验时应重点检查损伤部位和损伤情况，属于使用年限在10年以内的非营运小型、微型载客汽车的，增加底盘动态检验、车辆底盘部件检查；

b) 对涉及尚未处理完毕的道路交通安全违法行为或道路交通事故的送检机动车，应提醒机动车所有人及时到公安机关交通管理部门处理。

【条文理解】

本条是联网查询的检查要求，重点查询送检机动车是否发生过交通事故及道路交通安全违法情况的相关要求，以便根据情况增加部分车型的检验项目。

**需要说明的是：**

机动车安全技术检验监管系统为安检机构查询送检机动车事故/违法信息提供了接口，各地安检机构应高度重视机动车联网查询工作，及时发现重点隐患车辆，不断提高检验服务能力。

【标准条文】

6.3 车辆特征参数

6.3.1 外廓尺寸

6.3.1.1 机动车外廓尺寸不得超出GB 7258、GB 1589规定的限值。

6.3.1.2 注册登记检验时，机动车的外廓尺寸应与机动车产品公告、机动车出厂合格证相符，且误差满足：汽车（三轮汽车除外）、挂车不超过±1%或±50 mm，三轮汽车、摩托车不超过±3%或±50 mm。

6.3.1.3 在用机动车检验时，重中型货车、挂车的外廓尺寸应与机动车行驶证签注的内容相符，且误差不超过±2%或±100 mm。

【条文理解】

本条提出了部分车型注册登记检验和在用机动车检验时车辆外廓尺寸要求。本标准提到的车辆外廓尺寸指机动车的长、宽、高。

（1）结合本标准表1要求，注册登记检验时，其他类型载客汽车、载货汽车（三轮汽车除外）、专项作业车、挂车、三轮汽车、带驾驶室的正三轮摩托车需要检验外廓尺寸；在用机动车检验时，仅针对重中型货车和挂车。

（2）结合本标准表3要求，重中型货车、专项作业车、挂车应使用自动测量装置，其他车型可采用人工检验方式，也可采用自动测量方式。

（3）车辆外廓尺寸不得超出GB 7258、GB 1589规定的限值要求。例如：《公告》记载车长为11 980 mm的货车实际检验车长为12 080 mm，误差未超过±1%，但超过了GB 1589—2004规定的限值（四轴载货汽车最大车长为12 000 mm），外廓尺寸判定为不合格。

（4）对于符合GB 7258、GB 1589规定的限值要求的前提下，本条所提的外廓尺寸相对误差、绝对误差中，检验过程中满足其中一项即判定为合格。

（5）根据国家经济贸易委员会、公安部《关于进一步加强车辆公告管理和注册登记有关事项的通知》（国经贸产业[2002]768号）等规定，结合检验工作实际，充分考虑到安检机构检验仪器设备的测量误差，以及在用车的变形等因素，提出了对应的绝对误差要求，以便于安检机构准确执行。

（6）对于专项作业车，其后伸（指安装在车辆上的、作业时可伸展移动的专用装置的凸出车辆后部刚性部件的尺寸）不计入后悬，但应计入车辆长度；专项作业车的前伸不计入前悬，但应计入车辆长度。

（7）乘用车自行加装的前后防撞装置及货运机动车自行加装的防风罩、水箱、工具箱、备胎架，不计入车辆长度和高度，但不应超过 GB 1589 规定的限值。

（8）正三轮摩托车外廓尺寸应符合 GB 7258 的要求，见表 2-30。

**表 2-30　正三轮摩托车外廓尺寸限值**

单位为米

| 机动车类型 | | 长 | 宽 | 高 |
|---|---|---|---|---|
| 摩托车 | 正三轮摩托车 | ≤3.50 | ≤1.50 | ≤2.00 |
| | 正三轮轻便摩托车 | ≤2.00 | ≤1.00 | ≤1.10 |

**【标准条文】**

**6.3.2　轴距**

6.3.2.1　注册登记检验时，机动车的轴距应与机动车产品公告、机动车出厂合格证相符，且误差不超过±1%或±50 mm。

6.3.2.2　在用机动车检验时，机动车的轴距应与机动车登记信息相符，且误差不超过±1%或±50 mm。

**【条文理解】**

本条提出了车辆轴距的要求。

结合本标准表 1 要求，机动车注册登记检验、在用机动车检验时，载货汽车（三轮汽车除外）、专项作业车、挂车需要检验轴距。

**需要说明的是：**

《公告》、机动车出厂合格证记录的车辆的轴距，对于多轴的车辆，是指相邻两轴之间的轴距，之间用“＋”隔开，单位为 mm。对于半挂车，第一个轴距数值为半挂车牵引销与第一轴之间的距离。对于线轴结构的车辆，轴距是指“线”与“线”之间的距离或“线”与牵引销之间的距离。

**【标准条文】**

**6.3.3　整备质量**

注册登记检验时，机动车的整备质量应与机动车产品公告、机动车出厂合格证相符，且误差满足：重中型货车、挂车、专项作业车不超过±3%或±500 kg，轻微型货车、专项作业车不超过±3%或±100 kg，低速汽车不超过±5%或±100 kg，摩托车不超过±10 kg。

**【条文理解】**

本条提出了部分车型注册登记检验时整备质量的误差要求。

结合本标准中表 1 要求，整备质量测量要求仅针对注册登记检验时，适用车型是：载货汽车、专项作业车、挂车、三轮汽车、带驾驶室的正三轮摩托车。

（1）汽车的整备质量，亦即俗称的“空车重量”或“自重”。根据 GB/T 3730.2 的定义，汽车整备质量应包括整车正常运行所需的所有电器装备和辅助装置的质量等。一般来说，整备质量测量时可加注制造厂设计容量的 90%以上的燃油，但不包括驾驶员质量，不包括备用车轮、灭火器、标准备件、三角垫木、标准工具箱等质量。

（2）机动车的整备质量相对误差、绝对误差中，只要满足其中一项即为合格，如一辆中型厢式货车的机动车出厂合格证记载的整备质量 5 000 kg，实际检测的整备质量为 5 300 kg，超过±3%的相对误差，但未超过±500 kg 的绝对误差，该车整备质量判定为合格。

**需要说明的是：**

（1）目前，我国载货汽车、挂车、危险货物运输车等整备质量超标等违法情形较为多见，重型货车整备质量超重，轻型货车整备质量偏轻，对道路交通安全造成较大影响，注册检验检验时，检验员应针对性地加强上述项目的检验，最大限度地杜绝具有此类违法情形的机动车通过检验。此外，公安机关交通管理部门依据 GA 801《机动车查验工作规程》开展注册登记查验时，也需要对总质量大于或等于 4 500 kg 的（即中型和重型）货车和货车底盘改装的专项作业车及所有低速汽车、挂车、危险货物运输车，查验外廓尺寸、轴数、轴距和轮胎规格，对所有货车和货车底盘改装的专项作业车、挂车、带驾驶室的正三轮摩托车，查验整备质量；其他类型的机动车在有疑问时查验。

（2）根据国家经济贸易委员会、公安部《关于进一步加强车辆公告管理和注册登记有关事项的通知》（国经贸产业[2002]768 号）的要求，结合检验工作实际，充分考虑到安检机构检验仪器设备的测量误差，提出了对应的绝对误差要求，以便于安检机构准确执行。但是，汽车制造厂家仍应严格执行国经贸产业[2002]768 号的要求。

**【标准条文】**

**6.3.4　核定载人数**

6.3.4.1　机动车的核定载人数应符合 GB 7258—2012 中 4.5.2～4.5.6、11.6 的核载规定。

6.3.4.2　注册登记检验时，机动车的核定载人数应与机动车产品公告、机动车出厂合格证相符。

6.3.4.3　在用机动车检验时，机动车的座位（铺位）数应与机动车行驶证签注的内容一致。

**【条文理解】**

本条提出了载客汽车、载货汽车（三轮汽车除外）、专项作业车、带驾驶室的正三轮摩托车在注册登记检验和在用机动车检验时核定载人数的检验要求。

**需要说明的是：**

根据 GB 7258—2012 的要求，核定载人数时需要重点关注：

（1）前排座位按乘客舱内部宽度（系指驾驶人两侧门窗下缘，并在车门后支柱内侧量取）大于或等于 1 200 mm 时核定 2 人，大于或等于 1 650 mm 时核定 3 人，但每名前排乘员的座垫宽和座垫深均应大于或等于 400 mm，且不得作为学生座位核定乘坐人数。

（2）除前排座位外的其他排座位，在能保证与前一排座位的间距大于或等于 600 mm 且座垫深度大于或等于 400 mm（对第二排以后的可折叠座椅座间距大于或等于 570mm 且座垫深度大于或等于 350 mm）时，按座垫宽每 400 mm 核定 1 人；但作为学生座位使用时，对幼儿校车按每 280 mm 核定 1 人，对小学生校车按每 350 mm 核定 1 人，对中小学生校车按 380 mm 核定 1 人。单人座椅座垫宽大于或等于 400 mm 时核定 1 人。

（3）幼儿专用校车和小学生专用校车学生座椅的座间距应分别大于或等于 500 mm 和 550 mm；其他客车同方向座椅的座间距应大于或等于 650 mm，相向座椅的座间距应大于或等于 1 200 mm。专用校车的学生座椅在车辆横向上最多采用“2＋3”布置。

（4）校车应至少设置一个照管人员座位。对小学生校车和中小学生校车，当学生座位数大于或等于 40 个时，应设置两个或三个照管人员座位。对幼儿校车，当学生座位数大于或等于 20 且小于 40 个时，应设置两个或三个照管人员座位；当学生座位数大于或等于 40 个时，应设置三个或四个照管人员座位。

（5）卧铺客车的卧铺应纵向布置（与机动车前进方向相同），卧铺宽度应大于或等于 450 mm，卧铺纵向间距应大于或等于 1 600 mm，相邻卧铺的横向间距应大于或等于 350 mm；卧铺不得布置为三层或三层以上，双层布置时上铺高应大于或等于 780 mm、铺间高应大于或等于 750 mm。

（6）正三轮摩托车的乘客座椅应纵向布置（与车辆前进的方向相同），且与前方驾驶人座椅后表面（或客厢前表面）的间距应小于或等于 1 000 mm。

（7）车长大于或等于 6 m 的乘用车设置的侧向座椅不核定乘坐人数。旅居车的核定乘员数应小于或等于 9 人。旅居半挂车不核定乘坐人数。货车驾驶室（区）以外部位设置的座椅和卧铺不核定乘坐人数。

（8）载客汽车的乘员座椅应符合相关规定，布置合理，无特殊要求时应尽量均匀分布，不得因座椅的集中布置而形成与车辆设计功能不相适应的、明显过大的行李区（但行李区与乘客区用隔板或隔栅有效隔离的除外）。

（9）除设有乘客站立区的公共汽车及设计和制造上有特殊使用需求的专用客车外，其他客车的座椅均应纵向布置（与车辆前进的方向相同）。

（10）关于额定载客（含驾驶员）（座位数）（人）检验，依据《公告》管理相关要求：

a)城市客车载客人数和座位数在《公告》参数“额定载客”栏是用“/”隔开（含驾驶员）（人），如 153/10-54。其他客车，只填写含驾驶员的座位数，如座位数为范围时以半角“-”隔开。

b)因选装乘客门引起额定载客人数变化时，《公告》参数栏的额定载客一般会以多个数值表示并以半角“,”隔开，中间不留空格。例如，乘客门的变化需要用三组数值表示：153/10-54，150/10-54，139/10-54。

c)对于整车改装的专用客车（如客厢式工程车、救护车、运钞车等）座位数一般也填入“额定载客”这一栏目，表述方式为额定载客：4-9（含驾驶员）（人）。

**【标准条文】**

**6.3.5 栏板高度**

**6.3.5.1** 机动车栏板高度不得超出 GB 1589 规定的限值。

**6.3.5.2** 注册登记检验时，货车、挂车的栏板高度应与机动车产品公告、机动车出厂合格证、驾驶室两侧喷涂的栏板高度数值相符，且误差不超过±1%或±50 mm。

**6.3.5.3** 在用机动车检验时，货车、挂车的栏板高度应与机动车登记信息、驾驶室两侧喷涂的栏板高度数值相符，且误差不超过±2%或±50 mm。

**【条文理解】**

本条提出了有栏板结构的载货汽车和挂车（普通货车、普通挂车、自卸车、仓栅车等）栏板高度的检验要求。

**需要说明的是：**

（1）根据 GB 1589—2004 的要求，对于挂车及二轴货车的货箱栏板高度不得超过 600 mm，二轴自卸车、三轴及三轴以上货车的货箱栏板高度不得超过 800 mm，三轴及三轴以上自卸车的货箱栏板高度不得超过 1 500 mm。

（2）依据 GB 7258 以及相关管理要求，所有货车和专项作业车均应在驾驶室（区）两侧喷涂总质量（半挂牵引车为最大允许牵引质量），栏板式货车和自卸车还应在驾驶室两侧喷涂栏板高度；栏板挂车应在车厢两侧喷涂栏板高度；喷涂的中文和阿拉伯数字应清晰，高度应大于或等于 80 mm。

（3）仓栅车的栏板高度取栏板部分的高度。

【标准条文】

6.3.6 **后轴钢板弹簧片数**

6.3.6.1 注册登记检验时，货车、挂车、专项作业车的后轴钢板弹簧片数应与机动车产品公告、机动车出厂合格证一致，且不应有明显“增宽、增厚”情形。

6.3.6.2 在用机动车检验时，货车、挂车、专项作业车的后轴钢板弹簧片数应与机动车登记信息一致，且不应有明显“增宽、增厚”情形。

【条文理解】

本条提出了货车、挂车、专项作业车在注册登记检验和在用机动车检验时的后轴钢板弹簧片数检查要求。

**需要说明的是：**

(1) 目前，重中型货车、挂车等非法加装、改装后轴钢板弹簧的现象严重，各地安检机构要严格执行本条，确保车辆的安全技术性能。

(2) 检验时应确认钢板弹簧无裂纹和断片现象(必要时用专用手锤敲打)并对弹簧形式、片数、尺寸等进行确认。

(3)《公告》、机动车出厂合格证、机动车登记信息钢板片数为后轴单侧钢板片数。对于单轴车辆，《公告》栏“钢板弹簧片数(前/后)”为一个数字，多轴车辆为多个数字，以“/”隔开；非钢板弹簧的用半角的“-”代替。有主副簧的，以“主簧片数＋副簧片数”的型式表达，有多组钢板弹簧片数时，“钢板弹簧片数(前/后)”栏中有分组数字，并以半角格式的“,”隔开，中间不留空格。如“3/6,6/8”；对于半挂车，前钢板弹簧片数以半角的“-”表示，如：(三轴半挂车为例)-/8/8/8。钢板弹簧与空气悬架串联的复合悬架，例如三片钢板弹簧与两个气囊并联用“3＋-”表示。

(4) 实际检验过程中该项目也可与车辆底盘部件检查一并进行。

【标准条文】

6.3.7 **客车应急出口**

6.3.7.1 客车应急出口的数量、标志应符合 GB 7258、GB 13094、GB 18986、GB 24407 的相关规定；且 2013 年 9 月 1 日起出厂的设有乘客站立区的公共汽车车身两侧的车窗如面积能达到设置为应急窗的要求，均应设置为推拉式应急窗或外推式应急窗。

6.3.7.2 注册登记检验时，目测应急出口尺寸偏小的，还应测量应急出口的尺寸参数，尺寸参数应符合 GB 7258、GB 13094、GB 18986、GB 24407 等相关标准的规定。

【条文理解】

本条是对客车应急出口的检验要求。本条所提的应急出口指应急门、应急窗或撤离舱口(俗称安全门、安全窗或逃生门、逃生窗等)，应满足紧急情况下乘客逃生、撤离的需要，每个应急出口应在其附近设有“应急出口”字样。乘客门和应急出口的应急控制器(包括用于击碎应急窗车窗玻璃的工具)应在其附近标有清晰的符号或字样，并注明其操作方法，字体高度应大于或等于 10 mm。

(1) 应急门是指仅在异常、紧急情况下作为乘员出口的车门(如图 2-1 所示)。

图 2-1　应急门

检验时重点检查以下项目，应满足 GB 7258—2012 等有关要求：

a) 2014 年 9 月 1 日起出厂的车长大于或等于 6 m 的客车，如车身右侧仅有一个乘客门且在车身左侧未设置驾驶人门，应在车身左侧或后部设置应急门。

b)应急门的净高应大于或等于 1 250 mm，净宽应大于或等于 550 mm；但车长小于或等于 7 m 的客车，应急门的净高应大于或等于 1 100 mm，如自门洞最低处向上 400 mm 以内有轮罩凸出，则在轮罩凸出处应急门净宽可减至 300 mm。

c)车辆侧面的铰接式应急门应铰链于前端，向外开启角度应大于或等于 100°，并能在此角度下保持开启。如在应急门打开时能提供大于或等于 550 mm 的自由通道，则开度大于或等于 100°的要求可不满足。

d)应急门应有锁止机构且锁止可靠。应急门关闭时应能锁止，且在车辆正常行驶情况下不会因车辆振动、颠簸、冲撞而自行开启。

e)当车辆停止时，应急门不用工具应能从车内外很方便打开，并设有车门开启声响报警装置。允许从车外将门锁住，但应保证始终能用正常开启装置从车内将其打开，门外手柄应设保护套，且离地面高度(空载时)应小于或等于 1 800 mm。

(2) 应急窗是指仅在紧急情况下作为乘员出口的车窗，2013 年 9 月 1 日起出厂的设有乘客站立区的公共汽车车身两侧的车窗如面积能达到设置为应急窗的要求，均应设置为推拉式应急窗或外推式应急窗(如图 2-2、图 2-3 所示)。

图 2-2　外推式应急窗

图 2-3　推拉式应急窗

检验时重点检查以下项目，应满足 GB 7258—2012 等有关要求：

a)车长小于 6 m 的客车，在乘坐区的两侧应具有紧急时乘客易于逃生或救援的侧窗。

b)应急窗面积应大于或等于($3\times10^5$)$mm^2$，且能内接一个 400 mm×600 mm(对车长小于或等于 7 m的客车为 330 mm×500 mm)的椭圆；如应急窗位于客车后端面，则能内接一个 350 mm×1 550 mm、四角曲率半径小于或等于 250 mm 的矩形时也视为满足要求。

c)应急窗应采用易于迅速从车内、外开启的装置；或在钢化玻璃上标明易击碎的位置，并在每个应急窗的邻近处提供一个应急锤以方便地击碎车窗玻璃，且应急锤取下时应能通过声响信号实现报警。

(3) 撤离舱口，是指仅在紧急情况下供乘客作为紧急出口的车顶或地板上的开口，即安全顶窗(如图 2-4 所示)和地板出口。

图 2-4　安全顶窗

检验时重点检查以下项目，应满足 GB 7258—2012 等有关要求：

a) 2012 年 9 月 1 日起出厂的车长大于 7 m 的客车均应设置撤离舱口。

b) 安全顶窗应易于从车内、外开启或移开或用应急锤击碎。安全顶窗开启后，应保证从车内外进出的畅通。

【标准条文】

> 6.3.8　客车乘客通道和引道
>
> 6.3.8.1　客车的通道应无明显通行障碍，通向应急门的引道宽度应符合 GB 7258 的相关规定。
>
> 6.3.8.2　注册登记检验时，目测通道、引道偏窄或高度不符合要求时，还应使用通道、引道测量装置检查，应符合 GB 7258、GB 13094、GB 18986、GB 24407 等相关标准的规定。

【条文理解】

本条是对客车乘客通道和引道的检验要求。通道是指乘客从某个座椅至其他(排)座椅、乘客门引道以及乘客站立区域的行走空间(如图 2-5 所示)。引道是指从乘客门向车内直到最上一级踏步的外边缘(通道的边缘)的延伸空间。当车门处无踏步时，引道为从乘客门向内 300 mm 的空间。

图 2-5　乘客通道

检验时重点检查以下项目，应满足 GB 7258—2012 有关要求：

(1) 客车应设置乘客通道或无障碍通路，并保证在不拆卸或手动翻转任何部件的情况下，符合规定的通道测量装置能顺利通过。

(2) 通向应急门的引道宽度应大于或等于 300 mm，不足 300 mm 时允许采用迅速翻转座椅的方法加宽引道。

(3) 专用校车沿引道侧面设有折叠座椅时，在折叠座椅打开的情况下(对在不使用时能自动折叠的座椅，在座椅处于折叠位置时)，引道宽度仍应大于或等于 300 mm。

**需要说明的是：**

通道引道测量装置应按照 GB13094—2007、GB18986—2003、GB 24407—2012 等标准的要求加工制作。

**【标准条文】**

> **6.3.9　货厢**
>
> 车辆不应有"加长、加高、加宽货厢""拆除厢式货车顶盖""拆除仓栅式货车顶棚杆"等情形。

**【条文理解】**

本条提出了货厢检查要求。结合本标准表 1 要求，货厢检查适用于所有的三轮汽车，以及有货厢的载货汽车、挂车。在实际检验过程中，要重点查看普通货车、普通挂车、厢式车、仓栅车等重点车型。

**需要说明的是：**

(1) 货厢检查的目的主要是查处货厢非法改装行为。根据工信部、公安部《关于进一步加强道路机动车辆生产一致性监督管理和注册登记工作的通知》(工信部联产业[2010]453 号)的要求：载货车的车箱必须在《公告》批准的整车产品生产地，按照国家强制性标准要求完成装配和配置后方可出厂。从目前的实际情况看，货厢由销售单位委托当地货厢厂定制、改装现象还比较突出，某些地区的非法改装现象还十分严重。因此，各地安检机构应严格开展检查货厢。

(2) 对于厢式货车检查时，还应打开车厢门检查，重点检查是否擅自非法改装成"翼开式"、"加装罐体"等。

【标准条文】

6.4 车辆外观检查

6.4.1 车身外观

6.4.1.1 车身外观应满足以下要求：

a) 保险杠、后视镜、下视镜等部件应完好；

b) 风窗玻璃应齐全，驾驶人视野部位应无裂纹、破损，所有风窗玻璃不应张贴镜面反光遮阳膜；

c) 车体应周正，车体外缘左右对称部位高度差应符合 GB 7258 的相关规定；

d) 车身外部不应有明显的镜面反光现象，不应有任何可能触及行人、骑自行车人等交通参与者的部件、构件，不应有任何可能使人致伤的尖角、锐边等凸起物；

e) 车身（车厢）及其漆面不应有明显的锈蚀、破损现象；

f) 喷涂、粘贴的标识或车身广告不应影响安全驾驶。

【条文理解】

本条是车身外观的检验基本要求。

**需要说明的是：**

（1）乘用车和车长小于 6 m 的客车前后部应设置保险杠，货车（三轮汽车除外）和货车底盘改装的专项作业车应设置前保险杠。

（2）根据 GB 7258—2012 中 4.9.2 的要求，车体外缘左右对称部位高度差（在离地高 1.5 m 内测量）应不大于 40 mm。

（3）根据 GB 7258—2012 中 4.9.3 的要求，两轮普通摩托车和轻便摩托车的方向把和导流板等左右对称的零部件离地面高度差应小于或等于 10 mm；正三轮摩托车的驾驶室和车厢等左右对称的零部件离地面高度差应小于或等于 20 mm。

【标准条文】

6.4.1.2 根据车辆类型和使用性质的不同，相应车辆还应满足以下要求：

a) 货车和挂车的货厢安装应牢固，其栏板和底板应规整，强度满足使用要求，装置的安全架应完好无损；

b) 罐式危险货物运输车的罐体顶部应按 GB 7258 要求设置倾覆保护装置；

c) 校车和车长大于 7.5 m 的其他客车不应设置有车外顶行李架；设置有车外顶行李架的客车，其车外顶行李架长度不超过车长的 1/3 且高度不超过 300 mm；

d) 校车和 2012 年 9 月 1 日起出厂的公路客车、旅游客车的所有车窗玻璃不应张贴有不透明和带任何镜面反光材料的色纸或隔热纸，前风窗玻璃及风窗以外玻璃用于驾驶人视区部位的可见光透射比应大于或等于 70%，其他车窗玻璃的可见光透射比应不小于 50%；专用校车乘客区侧窗结构应符合 GB 24407 的相关规定。

注：车窗玻璃包括侧窗玻璃和前、后风窗玻璃，但不包括驾驶人旁侧窗下围的装饰玻璃。

e) 机动车（挂车除外）应在左右至少各设置一面外后视镜，总质量大于 7 500 kg 的货车和货车底盘改装的专项作业车应在右侧设置至少各一面广角后视镜和补盲后视镜，车长大于 6 m 的平头货车和平头客车在车前应至少设置有一面前下视镜或相应的监视装置；教练车（三轮汽车除外）应安装能使教练员有效观察到车辆周围交通状态的辅助后视镜；

f) 货车和挂车的载货部分不应设计成可伸缩的结构或设置有乘客座椅；

g) 乘用车自行加装的前后防撞装置及货运机动车自行加装的防风罩、水箱、工具箱、备胎架，应不影响安全；

h) 三轮汽车和摩托车的前、后减振器、转向上下联板和方向把不应有变形和裂损，左右后视镜应齐全有效，座垫、扶手（或拉带）、脚蹬和挡泥板应齐全，且牢固可靠；对无驾驶室的三轮汽车，货箱前部应安装有高出驾驶员座垫平面至少 800 mm 的安全架。

**【条文理解】**

本条是根据车辆类型和使用性质的不同，对车身外观检验要求的补充条款。

**需要说明的是：**

(1) 货车货箱（自卸车、装载质量 1 000 kg 以下的货车除外）前部应安装比驾驶室高至少 70 mm 的安全架，且安全架应完好无损。

(2) 倾覆保护装置是用于罐顶防倾翻保护装置，俗称罐顶围板，为保证防倾翻的效果，该类装置一般是通过罐前至罐尾，左、右各设置一块围板的方式，如图 2-6 所示。

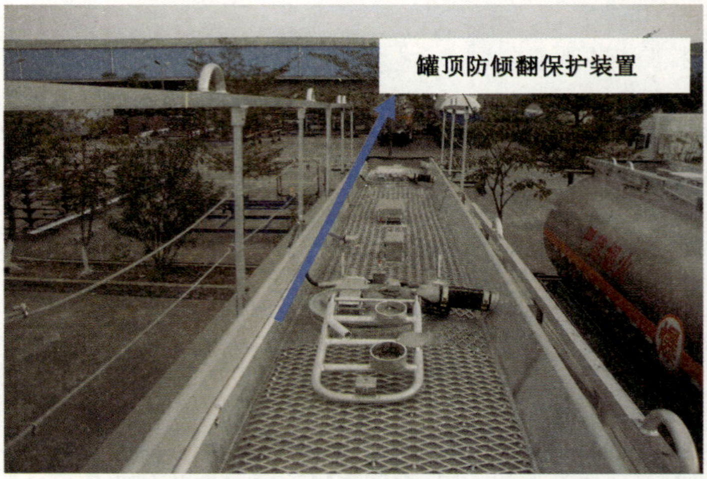


图 2-6 罐顶防倾翻保护装置

(3) 根据工信部、公安部《关于进一步加强道路机动车辆生产一致性监督管理和注册登记工作的通知》（工信部联产业[2010]453 号）的要求：载货汽车和半挂车的载货部分不得设计成可伸缩的结构。各地安检机构在执行时要重点检查车长较长的挂车。

(4) 对于允许自行加装的装置部件，不应影响号牌识别，不得有任何可能使人致伤的尖角、锐边等凸起物。

(5) 驾驶人借助补盲后视镜可进一步扩大视野，减小盲区，如图 2-7 所示。

图 2-7 补盲后视镜

（6）注册登记检验时，机动车安装的后视镜等间接视野装置应符合 GB 15084—2013 的有关要求。

【标准条文】

> 6.4.1.3 注册登记检验时，送检机动车还应满足以下要求：
>
> a） 车身前部外表面的易见部位上应至少装置一个能永久保持，且与车辆品牌/型号相适应的商标或厂标；
>
> b） 货车货箱（自卸车、装载质量 1 000 kg 以下的货车除外）前部应安装有比驾驶室高至少 70 mm 的安全架；
>
> c） 厢式货车和封闭式货车驾驶室（区）两旁应设置有车窗，货厢部位不得设置车窗（但驾驶室[区]内用于观察货物状态的观察窗除外）；
>
> d） 乘用车、专用校车和车长小于 6 m 的其他客车的前后部应设置有保险杠，货车（三轮汽车除外）应设置有前保险杠；
>
> e） 对无驾驶室的正三轮摩托车，应采用方向把转向；对 2013 年 3 月 1 日起出厂的有驾驶室的正三轮摩托车，若采用方向盘转向，方向盘中心立柱距车辆纵向中心平面的水平距离应不大于 200 mm。

【条文理解】

本条是注册登记检验时对车身外观检验要求的补充条款。

**需要说明的是：**

（1）c）条款中所提及厢式货车对于运输畜禽活物等特殊需要可以在厢体局部位置开孔，开孔形状位置见《公告》照片，不应简单认定为不合格。

（2）e）条款检验时应重点关注油门踏板相对于驾驶人纵向中心平面“左偏”现象。从调查的情况看，部分企业将原左偏的方向盘通过简单技术改造往中心移动，以满足 200 mm 的要求，但是由于车辆的油门踏板等未做同步调整，导致油门踏板相对于驾驶人纵向中心平面“左偏”现象严重，检验时应认定为不符合要求。

【标准条文】

6.4.2 外观标识、标注和标牌

6.4.2.1 根据车辆类型和使用性质的不同,外观标识、标注和标牌应满足以下要求:

a) 所有货车(半挂牵引车除外)和专项作业车,其驾驶室(区)两侧应喷涂有总质量;所有半挂牵引车,其驾驶室(区)两侧应喷涂有最大允许牵引质量;载货部位为栏板结构的货车和自卸车,驾驶室两侧应喷涂有栏板高度;罐式汽车和罐式挂车的罐体上应喷涂有允许装运货物的种类及与机动车产品公告和机动车出厂合格证一致的罐体容积,且罐式危险货物运输车的罐体上喷涂的允许装运货物的名称应与机动车产品公告和机动车出厂合格证一致;载货部位为栏板结构的挂车,其车厢两侧应喷涂有栏板高度;喷涂的中文和阿拉伯数字应清晰,高度应大于或等于 80 mm;

b) 总质量大于或等于 4 500 kg 的货车(半挂牵引车除外)、挂车,其车身(车厢)后部应喷涂/粘贴有符合规定的放大号,无法喷涂/粘贴的平板挂车应设置有符合规定的放大号;

c) 客车(专用校车和设有乘客站立区的公共汽车除外)其乘客门附近车身外部易见位置,应用高度大于或等于 100 mm 的中文和阿拉伯数字标明该车提供给乘员(包括驾驶人)的座位数;

d) 教练车应在车身两侧及后部喷涂有高度大于或等于 100 mm 的"教练车"字样;

e) 气体燃料汽车、两用燃料汽车和双燃料汽车应按 GB/T 17676 的规定标注其使用的气体燃料类型;

f) 消防车、救护车、工程救险车和警车的车身颜色应符合相关国家标准或行业标准,警车、消防车、救护车、工程救险车安装使用的标志灯具应齐全、有效,其他机动车不得喷涂、安装、使用上述车辆专用的或者与其相类似的标志图案、警报器或者标志灯具;

g) 残疾人机动车应在车身前部和后部分别设置残疾人机动车专用标志。

6.4.2.2 注册登记检验时,标牌还应满足以下要求:

a) 标牌应固定可靠、标注的内容应清晰规范,并符合 GB 7258 的规定;

b) 非插电式混合动力汽车的标牌还应标明电动动力系统最大输出功率;纯电动汽车、插电式混合动力汽车、燃料电池汽车还应标明主驱动电机型号和功率,动力电池工作电压和容量,储氢容器形式、容积、工作压力(燃料电池汽车)。

【条文理解】

本条对外观标识、标注和标牌提出了要求。

根据公安部令第 123 号,残疾人驾驶机动车时,应当在车身前部和后部分别设置专用标志(如图 2-8 所示)。专用标志应当设置在车身距离地面 0.4 m 以上 1.2 m 以下的位置。残疾人机动车专用标志的式样图见图 2-8。

图 2-8 残疾人机动车专用标志的式样

**需要说明的是：**

(1) 从调查的情况看，罐式汽车和罐式挂车的罐体上喷涂的容积、允许装运货物的种类存在与《公告》和机动车出厂合格证不一致情形较为常见，安检机构在检查时要重点核查。

(2) 根据 GA 36—2014 的要求，放大牌号尺寸应为小型汽车号牌登记编号字体尺寸的 2.5 倍(高度 225 mm、宽度 112.5 mm)，排列方式应与前号牌一致，字符应清晰、完整，颜色与车体颜色有明显反差。

(3) 目前，现行的 GB 13954—2009《警车、消防车、救护车、工程救险车标志灯具》中仅允许警车、消防车、救护车、工程救险车等 4 种车辆安装相关标志灯具，其他车辆不得安装和使用。

**【标准条文】**

**6.4.3 外部照明和信号装置**

6.4.3.1 外部照明和信号装置应满足以下要求：

a) 前照灯、前位灯、前转向信号灯、前部危险警告信号灯、示廓灯和牵引杆挂车标志灯等前部照明和信号装置应齐全，工作应正常；前照灯的远、近光光束变换功能应正常；

b) 后位灯、后转向信号灯、后部危险警告信号灯、示廓灯、制动灯、后雾灯、后牌照灯、倒车灯、后反射器应齐全，工作应正常；制动灯的发光强度应明显大于后位灯的发光强度；

c) 侧转向信号灯、侧标志灯和侧反射器应齐全，工作应正常；

d) 对称设置、功能相同灯具的光色和亮度不应有明显差异，转向信号灯的光色应为琥珀色；

e) 除转向信号灯、危险警告信号、紧急制动信号、校车标志灯及消防车、救护车、工程救险车和警车安装使用的标志灯具外，其他外部灯具不应有闪烁的情形；

f) 对 2014 年 9 月 1 日起出厂的总质量大于或等于 4 500 kg 的货车、专项作业车和挂车，每一个后位灯、后转向信号灯和制动灯的透光面面积应大于或等于一个 80 mm 直径圆的面积；如属非圆形的，透光面的形状还应能将一个 40 mm 直径的圆包含在内；

g) 机动车不应安装遮挡外部照明和信号装置透光面的装置；

h) 机动车设置的喇叭应能有效发声；

i) 发动机舱内目视可见的电器导线应布置整齐、捆扎成束、固定卡紧，并无破损现象。

6.4.3.2 注册登记检验时，车辆外部照明和信号装置的数量、位置、光色还应符合 GB 4785 等相关标准的规定。

**【条文理解】**

本条规定了照明和电气信号装置的检验要求。

(1) 对于进口机动车，重点检查转向灯的光色是否为琥珀色。

(2) 警车和消防车标志灯具光色应为红色或红、蓝色同时使用，救护车标志灯具光色应为蓝色，工程救险车标志灯具光色应为黄色。

(3) 关于机动车喇叭声级不作要求，但要求机动车喇叭应具有连续发声功能。

(4) GB 4785 的现行标准是 GB 4785—2007 及其第 1 号修改单。

(5) 从调查的情况看，部分小型载客客车、重中型货车非法加装、改装闪烁的制动灯等情形多见。事实证明，这种情形下后部照明和信号装置的视认性及后方驾驶人正确观察道路交通状况的能力将不同程度地受到影响，不利于道路交通安全、畅通、有序，应予以禁止。

【标准条文】

6.4.4　轮胎

6.4.4.1　轮胎应满足以下要求：

a）同轴两侧应装用同一型号、规格和花纹的轮胎，轮胎螺栓、半轴螺栓应齐全、紧固；轮胎规格应与机动车产品公告和机动车出厂合格证(对于在用机动车检验时为机动车登记信息)相符；

b）轮胎的胎面、胎壁不应有长度超过 25 mm 或深度足以暴露出轮胎帘布层的破裂和割伤及其他影响使用的缺损、异常磨损和变形。

6.4.4.2　根据车辆类型和使用性质的不同，相应车辆还应满足以下要求：

a）乘用车、摩托车和挂车轮胎胎冠上花纹深度应大于或等于 1.6 mm，其他机动车转向轮的胎冠花纹深度应大于或等于 3.2 mm；其余轮胎胎冠花纹深度应大于或等于 1.6 mm，轮胎胎面磨损标志应可见；

b）公路客车、旅游客车和校车的所有车轮及其他机动车的转向轮不应装用翻新的轮胎。

6.4.4.3　注册登记检验时，送检机动车还应满足以下要求：

a）专用校车应装用无内胎子午线轮胎；

b）危险货物运输车及车长大于 9 m 的其他客车应装用子午线轮胎；

c）使用小规格备胎的小型、微型载客汽车，其备胎附近明显位置(或其他适当位置)应装置有能永久保持的、提醒驾驶人正确使用备胎的标识，标识的相关提示内容应有中文说明。

【条文理解】

本条提出了轮胎检验要求。注册登记检验时重点检查轮胎类型、规格、型号等内容；在用机动车检验时重点检查轮胎花纹深度、割伤、磨损等内容。

**需要说明的是：**

(1) 轮胎完好与否、轮胎气压是否正常对车辆运行安全极其重要。但从近年来特大道路交通事故的实际情况来看，客车不按规定使用轮胎的情形较为多见，许多客车后轴装用的轮胎胎冠花纹深度磨损严重，左右两侧轮胎的规格和花纹也不一致。安检机构及其检验员应针对性地加强检验，并提示送检人正确使用轮胎的相关知识。

(2) 轮胎气压及轮胎完好程度对车速、制动等线内仪器设备检验项目的检验结果有较大的影响，要求从事该项检验时，必要时应核实轮胎的气压状况以保证安全技术检验结果的准确、科学。

(3) 轿车轮胎规格的命名通常由轮胎名义断面宽度(mm)/轮胎名义高宽比、结构类型代号(“R”为子午线结构代号，“—”或“D”为斜交结构代号)、轮辋名义直径(in)、负荷指数、速度符号等 5 部分组成，增强型轮胎应增加负荷识别标志“EXTRALOAD(或 XL)”或“REINFORED(或 REINF)”，T 型临时使用的轮胎应在最前面增加规格附加标志“T”，最高速度超过 240 km/h 的轮胎，结构类型代号可用“ZR”代替“R”，具体参见国家标准 GB/T 2978—2008《轿车轮胎规格、尺寸、气压与负荷》；货车(载重汽车)轮胎规格的表示方法分为微型、轻型载重汽车轮胎及载重汽车轮胎两类，具体参见国家标准GB/T 2977—2008《载重汽车轮胎规格、尺寸、气压与负荷》。

(4) 轮胎速度级别符号与最高行驶速度的对应关系见表 2-31。

表 2-31 轮胎速度级别符号与最高行驶速度的对应关系

| 速度级别 | 最高行驶速度 km/h | 速度级别 | 最高行驶速度 km/h | 速度级别 | 最高行驶速度 km/h |
|---|---|---|---|---|---|
| A1 | 5 | D | 65 | Q | 160 |
| A2 | 10 | E | 70 | R | 170 |
| A3 | 15 | F | 80 | S | 180 |
| A4 | 20 | G | 90 | T | 190 |
| A5 | 25 | J | 100 | U | 200 |
| A6 | 30 | K | 110 | H | 210 |
| A7 | 35 | L | 120 | V | 240 |
| A8 | 40 | M | 130 | W | 270 |
| B | 50 | N | 140 | Y | 300 |
| C | 60 | P | 150 | | |

(5)“胎面磨耗标志”是指每条轮胎应沿周向等距离地设置不少于 4 个能观察到花纹沟的剩余深度为 1.6 mm 的标志。轮胎两侧肩部处必须模刻出指明胎面磨耗标志位置的标记。

(6)翻新胎的甄别和检查中要特别注意轮胎顶部翻新的情形,如图 2-9 所示。

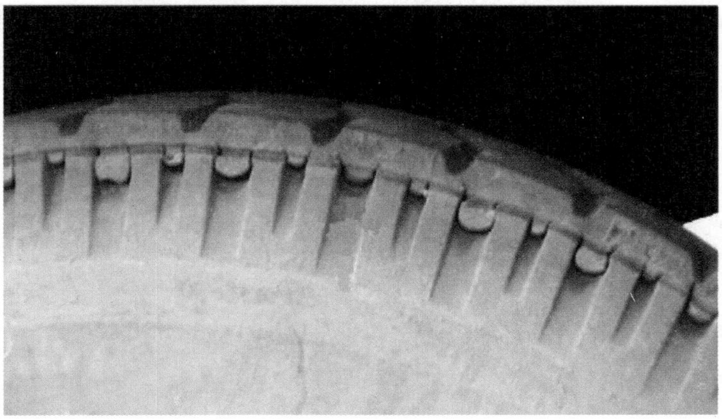

图 2-9 顶部翻新胎示意图

(7)子午线轮胎是轮胎的一种结构形式,区别于斜交轮胎、拱形轮胎、调压轮胎等,国际代号为“R”。本标准强制要求危险货物运输车和车长大于 9 m 的客车装用子午线轮胎,主要出发点是为了提高车辆行驶安全性,因为子午线轮胎结构合理,与斜交胎相比具有耐磨及耐刺穿性能好、缓冲性能好、行驶温度低、稳定及安全性能好、行驶里程及经济效益高等优点。子午线轮胎如图 2-10 所示。

图 2-10　子午线轮胎

（8）专用校车应装用无内胎子午线轮胎（如图 2-11 所示），主要出发点是：无内胎子午线轮胎由胎里气密层及胎圈与轮辋的密合作用来保持内压，空气直接压入到外胎中，不需要内胎，因此只有在爆破时才会失效；同时，无内胎子午线轮胎的热量从轮辋中直接散出，不会产生内、外胎之间的摩擦，工作温度低，更有利于高速行驶；并且，无内胎子午线轮胎结构简单、质量较小。

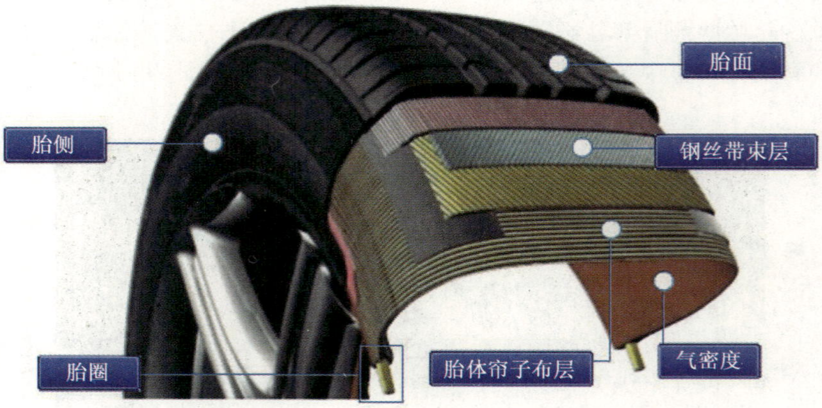


图 2-11　无内胎子午线轮胎

**【标准条文】**

> **6.4.5　号牌及号牌安装**
>
> **6.4.5.1**　机动车号牌字符、颜色、安装等应符合 GA 36 的规定，机动车号牌专用固封装置应符合 GA 804的规定。
>
> **6.4.5.2**　号牌及号牌安装应满足以下要求：
>
> a）机动车号牌应齐全，表面应清晰、整齐、平滑、光洁、着色均匀，不应有明显的皱纹、气泡、颗粒杂质等缺陷或损伤；

b） 机动车应使用机动车号牌专用固封装置固定号牌，固封装置应齐全、安装牢固；

c） 使用号牌架辅助安装时，号牌架内侧边缘距离机动车登记编号字符边缘应大于 5 mm，不应使用可拆卸号牌架和可翻转号牌架；

d） 不应出现影响号牌正常视认的加装、改装等情形。

6.4.5.3 注册登记检验时，号牌及号牌安装还应满足：

a） 车辆应设置能够满足号牌安装要求的前、后号牌板（架），但摩托车只需设置有能满足号牌安装要求的后号牌板（架）；前号牌板（架）应设于前面的中部或右侧（按机动车前进方向），后号牌板（架）应设于后面的中部或左侧；

b） 2013 年 3 月 1 日起出厂的车辆，每面号牌板（架）上至少应设有 2 个号牌安装孔，且能保证用 M6 规格的螺栓将号牌直接牢固可靠地安装在车辆上；

c） 2016 年 3 月 1 日起出厂的车辆，每面号牌板（架）[三轮汽车前号牌板（架）、摩托车后号牌板（架）除外]上应设有 4 个号牌安装孔，且能保证用 M6 规格的螺栓将号牌直接牢固可靠地安装在车辆上。

**【条文理解】**

本条是对号牌及号牌安装的检验要求。

根据 GA 36—2014 中第 10 章的要求，号牌安装应符合以下条件：

（1）金属材料号牌

金属号牌的安装要求如下：

a）应正面朝外、字符正向安装在号牌板（架）上，禁止反装或倒装；

b）前号牌安装在机动车前端的中间或者偏右（按机动车前进方向），后号牌安装在机动车后端的中间或者偏左，应不影响机动车安全行驶和号牌的识别；

c）安装要保证号牌无任何变形和遮盖，横向水平，纵向基本垂直于地面，纵向夹角不大于 15°（摩托车号牌向上倾斜纵向夹角可不大于 30°）；

d）安装孔均应安装符合 GA 804 要求的固封装置，但受车辆条件限制无法安装的除外；

e）使用号牌架辅助安装时，号牌架内侧边缘距离机动车登记编号字符边缘大于 5 mm 以上，不得遮盖生产序列标识；

f）号牌周边不得有其他影响号牌识别的光源。

（2）纸质材料号牌

纸质材料号牌的安装要求如下：

a）临时入境汽车号牌应放置在前风窗右侧，临时入境摩托车号牌应随车携带；

b）临时行驶车号牌应粘贴在车内前风窗玻璃的左下角或右下角不影响驾驶人视线的位置，载客汽车的另一张应粘贴在后风窗玻璃左下角，没有前风窗玻璃的应随车携带。

根据 GA 804—2008 中 4.1 的要求：

号牌固封装置外观应符合如下要求：

a）号牌固封装置主要由螺栓、螺母、固封底座和固封扣盖组成；

b）号牌固封装置各组成部件表面应均匀光滑、无镀层脱落现象；

c）固封扣盖上应有代表省、自治区、直辖市简称的汉字和代表发牌机关代号的字母，与号牌上机动车登记编号的省、自治区、直辖市简称和发牌机关代号一致。汉字和字母为凹印。

**需要说明的是：**

（1）对于检验过程中发现号牌破损、不完整、字符被涂改且不能复原、安装孔损坏、底色或字符颜色有明显褪色等情形时，应判定为不合格，并告知车主到公安机关交通管理部门更换。

（2）从调查的情况看，使用号牌架辅助安装时号牌架内侧外缘距离机动车登记编号字符边缘不足

5 mm的情形较为多见，安检机构在检验过程中应严格把关，实际检查时，以号牌架不遮盖号牌的边缘框线（白色或黑色）为宜。此外，重中型货车、挂车等后号牌安装不规范情形多见，特别是号牌安装“影响机动车号牌的识别”问题突出，安检机构在具体检验过程中把握“后车驾驶人可见”、“有利于监控设备采集”为宜。

**【标准条文】**

> **6.4.6 加装/改装灯具**
>
> 车辆不应有加装或改装强制性标准以外的外部照明和信号装置，不应有后射灯。

**【条文理解】**

本条是对加装/改装灯具的检验要求。重点检查重中型货车、自卸车、水泥搅拌车等工程作业车在两侧和后部非法加装“后射灯”。

**需要说明的是：**

（1）重中型货车后部照明信号装置加装防护罩、“后照灯”后的视认性及后方驾驶人正确观察道路交通状况的能力将不同程度地受到影响，不利于道路交通安全、畅通、有序，应予以禁止。

（2）近年来，汽车（主要是小型载客汽车）私自换装氙气灯的现象越来越普遍；对于车辆换装氙气灯后机动车外形发生了明显变化，检验员可直接判定送检机动车存在私自改装的情形，安全技术检验不合格，告知送检人应更换合格的前照灯后复检。

**【标准条文】**

> **6.5 安全装置检查**
>
> **6.5.1 汽车安全带**
>
> 6.5.1.1 注册登记检验时，检查汽车安全带应满足：
>
> a） 汽车应按 GB 7258—2012 的 12.1 配备安全带；
>
> b） 对于专用校车，学生座位均应配备两点式汽车安全带，驾驶人座椅、照管人员座椅均应配备汽车安全带。
>
> 6.5.1.2 在用机动车检验时，配备的汽车安全带应完好且能正常使用，不得出现“座垫套覆盖遮挡安全带”“安全带绑定在座位下面”等情形。

**【条文理解】**

本条是对汽车安全带的检验要求。

根据 GB 7258—2012 中 12.1 的要求：

（1）乘用车、公路客车、旅游客车、未设置乘客站立区的公共汽车、专用校车和旅居车的所有座椅、其他汽车（低速汽车除外）的驾驶人座椅和前排乘员座椅均应装置汽车安全带。

（2）所有驾驶人座椅、前排乘员座椅（货车前排乘员座椅的中间位置及设有乘客站立区的公共汽车除外）、客车位于踏步区的车组人员座椅以及乘用车除第二排及第二排以后的中间位置座椅外的所有座椅，装置的汽车安全带均应为三点式（或四点式）汽车安全带。

（3）专用校车和专门用于接送学生上下学的非专用校车的每个学生座位（椅）及卧铺客车的每个铺位均应安装两点式汽车安全带。

（4）汽车安全带应可靠有效，安装位置应合理，固定点应有足够的强度。

（5）乘用车应装备驾驶人汽车安全带佩戴提醒装置。当驾驶人未按规定佩戴汽车安全带时，应能通过视觉或声觉信号报警。

（6）乘用车（单排座的乘用车除外）应至少有一个座椅配置符合规定的 ISOFIX 儿童座椅固定装置，或至少有一个后排座椅能使用汽车安全带有效固定儿童座椅。

**需要说明的是：**

（1）安全带是机动车发生碰撞过程中保护驾乘人员的基本安全防护设备。据世界卫生组织《2013年全球道路安全现状报告》分析统计，不使用安全带是机动车驾乘人员遭受道路交通伤害或死亡的主要风险因素，使用安全带可将司机和前座乘客遭受致命伤害的风险降低 40%～50%，将后座乘客的致命伤害风险降低 25%～75%。

（2）检验员安全装置的检验过程应注重宣传安全带、三角警告牌、灭火器等安全装置使用要求，注意事项，注重宣传紧急切断阀、辅助制动装置、手动机械断电开关等安全装置的操作要求、作用等，以进一步提升检验服务水平。

**【标准条文】**

> **6.5.2　机动车用三角警告牌**
>
> 汽车（无驾驶室的三轮汽车除外）应配备三角警告牌，三角警告牌的外观、形状应符合 GB 19151的要求。

**【条文理解】**

本条是对机动车用三角警告牌的检验要求。

**需要说明的是：**

（1）根据《中华人民共和国道路交通安全法实施条例》第六十条规定："机动车在道路上发生故障或者发生交通事故，妨碍交通又难以移动的，应当按照规定开启危险报警闪光灯并在车后 50 米至 100 米处设置警告标志，夜间还应当同时开启示廓灯和后位灯。"

（2）根据 GB 19151—2003 的要求，机动车用三角警告牌适用于机动车随车携带的、使用时放置在道路上、能昼夜发出警告信号以表示停驶机动车存在的警告装置。三角警告牌外观和尺寸如图 2-12 所示。

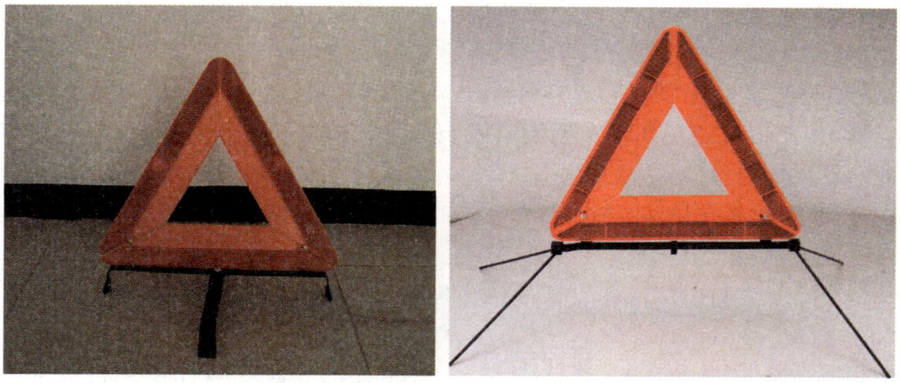

图 2-12　三角警告牌

**【标准条文】**

> **6.5.3　灭火器**
>
> 客车和危险货物运输车配备的灭火器应在使用有效期内，不应出现欠压失效等情形，配备数量应符合 GB 7258 等相关标准的要求。

【条文理解】

本条是对灭火器的检验要求。

**需要说明的是：**

(1) 灭火器在有效期内可查看有效性的标识或灭火器压力表(仪表指针处于绿色区域为合格)等。

(2) 灭火器在车上应安装牢靠并便于取用。仅有一个灭火器时，应设置在驾驶人附近；当有多个灭火器时，应在客厢内按前、后，或前、中、后分布，其中一个应靠近驾驶人座椅。

(3) 根据 GB 7258—2012 中 12.11.1 的要求，专门用于运送易燃和易爆物品的危险货物运输车，车上还应备有消防器材。

【标准条文】

**6.5.4 行驶记录装置**

6.5.4.1 公路客车、旅游客车、危险货物运输车、校车以及 2013 年 3 月 1 日起注册登记的未设置乘客站立区的公共汽车、半挂牵引车、总质量大于或等于 12 000 kg 的货车，应安装有符合要求的行驶记录装置(包括：汽车行驶记录仪或行驶记录功能符合 GB/T 19056 的卫星定位装置等)。

6.5.4.2 行驶记录装置的连接、固定应可靠，显示功能应正常，主机外壳的易见部位应加施有符合规定的 3C 标志。

6.5.4.3 卧铺客车以及 2013 年 5 月 1 日起出厂的专用校车应安装车内外录像监控系统，功能应正常。

【条文理解】

本条是对行驶记录仪、具有行驶记录功能的卫星定位装置等行驶记录装置的检验要求。

(1) 根据 GB/T 19056—2012 的要求，行驶记录仪是对车辆行驶速度、时间、里程、位置以及有关车辆行驶的其他状态信息进行记录、存储并可通过数据通信实现数据输出的数字式电子记录装置；根据《道路运输车辆动态监督管理办法》(交通运输部、国家安监总局、公安部，2014 年第 5 号)的规定，卫星定位装置应符合 GB/T 19056《汽车行驶记录仪》的要求。

因此，依据 GB/T 19056—2012 生产的行驶记录仪应具备卫星定位功能；依据《道路运输车辆动态监督管理办法》安装使用的具有行驶记录功能的卫星定位装置，其行驶记录功能应符合 GB/T 19056—2012 的要求。由此可见，行驶记录仪和具有行驶记录功能的卫星定位装置在产品组成、结构、原理上基本相同，安检机构在检验时应避免要求车辆同时安装行驶记录仪和卫星定位装置。

(2) 对行驶记录装置的检验，应重点关注：

a) 行驶记录装置及其连接导线在车上应固定可靠，应能正常显示，无显示器的应判定为不合格；

b) 如使用行驶记录仪作为行驶记录装置，其显示部分应易于观察、数据接口应便于移动存储介质的插拔。2006 年 12 月 1 日起出厂汽车安装的汽车行驶记录仪，其主机外表面的易见部位应模压或印有符合规定的“3C”标识；

c) 如使用具有行驶记录功能的卫星定位装置作为行驶记录装置，其行驶记录功能应符合 GB/T 19056《汽车行驶记录仪》的要求，装置应具有符合规定的“3C”标识或插入 USB 可移动磁盘(U 盘)后能完成行驶记录的采集。

(3) 对于卧铺客车以及 2013 年 5 月 1 日起出厂的专用校车，还应检查车内外的录像监控系统，确认其功能是否正常。对于部分车辆安装的录像监控系统缺少车载硬盘，不能存储监控录像的，应判定为不合格。

**需要说明的是：**

(1) 汽车行驶记录仪属于国家强制性认证产品。检验员在检验时应检查其是否加施了符合规定的“3C”标识。同时，检验员可以登录 www.cnca.gov.cn(国家认证认可监督管理委员会)“认证查询”栏目，或者 www.csp.gov.cn(中国安全技术防范认证中心)“证书查询”栏目查询最新的 3C 获证信息。

（2）根据 GB/T 19056—2012 要求，汽车行驶记录仪应能通过 USB 可移动磁盘（U 盘）完成行驶记录数据的采集，部分地区安检机构采用行驶记录解读装置（或软件）对行驶记录装置的行驶记录功能进行分析的检查方法值得借鉴。

（3）随着行驶记录装置的广泛应用，许多重大道路交通事故通过行驶记录装置解读、分析车辆事故发生前的运行状况，对交通事故成因分析起到了积极的作用；一些地区利用专业的行驶记录装置解读分析软件，开展对疲劳驾驶等交通违法行为的取证和执法，取得了积极的成效。因此，各地安检机构应高度重视行驶记录装置的检验，确保其工作正常。

**【标准条文】**

6.5.5 车身反光标识

6.5.5.1 货车、货车底盘改装的专项作业车和挂车后部车身反光标识的粘贴要求和材料类型（反光膜型或反射器型）应符合 GB 7258 的规定，反射器型车身反光标识固定应可靠。

6.5.5.2 所有货车（半挂牵引车除外）、货车底盘改装的专项作业车和挂车，侧面粘贴的车身反光标识应符合 GB 7258 的规定。

6.5.5.3 粘贴/安装的车身反光标识应印有符合规定的 3C 标志。

**【条文理解】**

本条是对车身反光标识的检验要求。

（1）新车注册登记检验时，可通过《公告》查询反光标识型号、反光标识商标、反光标识生产企业并进行实车核对。

（2）反光膜型车身反光标识为红白单元相间的条状反光膜材料，表面应完好、无破损；红白单元每一单元的长度应不小于 150 mm 且不大于 450 mm，宽度可为 50 mm，75 mm 或 100 mm；白色单元上应加施有符合规定的“3C”标识。根据 GB 23254—2009 的要求，白色反光膜表面逆反射系数，在观察角 0.2°、照射角－4°的情况下，一级车身反光标识应不低于 500 cd/lx·$m^2$，二级车身反光标识应不低于 250 cd/lx·$m^2$。

（3）后部车身反光标识应能体现机动车后部宽度和高度，其离地高度应不小于 380 mm。后部反光膜型车身反光标识与后反射器的面积之和，使用一级车身反光标识材料时应不小于 0.1 $m^2$，使用二级车身反光标识材料时应不小于 0.2 $m^2$。

（4）侧面反光膜型车身反光标识允许分隔粘贴，但应保持红白单元相间；总长度（不含间隔部分）应不小于车长的 50%，但侧面车身结构无连续表面的混凝土搅拌运输车和专项作业车的侧面车身反光标识长度应不小于车长的 30%；三轮汽车的侧面车身反光标识长度不应小于 1 200 mm，货厢长度不足车长 50%的载货汽车的侧面车身反光标识长度应为货厢长度。

（5）厢式货车和厢式挂车后部、侧面的车身反光标识应能体现货厢轮廓。2012 年 9 月 1 日起出厂的厢式货车和厢式挂车，装备的车身反光标识应为由红白相间的反射器单元组成的反射器型车身反光标识。反射器型车身反光标识的反射器单元应横向水平布置、固定可靠，红白单元相间且数量相当；相邻反射器的边缘距离对后部反射器型车身反光标识不应大于 100 mm，对侧面反射器型车身反光标识不应大于 150 mm。

（6）对于道路运输爆炸品和剧毒化学品车辆，还应在车辆的后部和两侧粘贴能标示车辆轮廓的、宽度为 150 mm±20 mm 的橙色反光带。

（7）车身反光标识属于国家强制性认证产品。检验员在检验时应检查其是否加施了符合规定的“CCC”标识。同时，检验员可以登录 www.cnca.gov.cn（国家认证认可监督管理委员会）“认证查询”栏目，或者 www.csp.gov.cn（中国安全技术防范认证中心）“证书查询”栏目查询最新的 3C 获证信息。

【标准条文】

> **6.5.6 车辆尾部标志板**
>
> 6.5.6.1 2012 年 9 月 1 日起出厂的总质量大于或等于 12 000 kg 的货车(半挂牵引车除外)和车长大于8.0 m的挂车,以及 2014 年 1 月 1 日起出厂的总质量大于或等于 12 000 kg 的货车底盘改装的专项作业车,应安装车辆尾部标志板。
>
> 6.5.6.2 车辆尾部标志板的形状、尺寸、布置和固定应符合 GB 25990 的规定。

【条文理解】

本条是对车辆尾部标志板的检验要求。

车辆尾部标志板固定在车辆后部的方式应稳定、持久,一般使用螺钉或者铆合。重型货车(半挂牵引车除外)和专项作业车、8.0m 以上的挂车等车辆安装尾部标志板的要求参见表 2-32。

表 2-32 尾部标志板要求

| 适用车辆类型 | 产品图片示例 | 尺寸要求 |
|---|---|---|
| 重型货车<br>(半挂牵引车除外)<br>和专项作业车 | <br><br> | 一组标志板由一块、两块或四块标志板组成,其总长度应不小于 1 130 mm,不大于 2 300 mm。高度应为 140 mm±10 mm。成组的标志板的形状应该是成对的。斜条纹带的斜度应为 45°±5°,带宽应为 100 mm±2.5 mm |
| 8.0 m 以上的挂车 |  | 一组标志板由一块、两块或四块标志板组成,其总长度应不小于 1 130 mm,不大于 2 300 mm。高度为 200 mm。成组的标志板的形状应该是成对的。红色边框的宽度为 40 mm±1 mm |
| 低速车辆 |  | 形状为一个截去顶角的等边三角形,其中一个顶角端朝上。三角形底边长度在 350 mm～365 mm之间。边缘的回复反射材料发光面的宽度在 45 mm～48 mm 之间 |

【标准条文】

6.5.7 侧后防护装置

6.5.7.1 侧后防护装置安装应牢固、无变形，且满足以下要求：

a) 总质量大于 3 500 kg 的货车、货车底盘改装的专项作业车和挂车，其装备的侧面及后下部防护装置应正常有效，货车列车的牵引车和挂车之间装备的侧面防护装置应正常有效；

b) 罐式危险货物运输车的罐体及罐体上的管路和管路附件不应超出车辆的侧面及后下部防护装置，罐体后封头及罐体后封头上的管路和管路附件与后下部防护装置的纵向距离应大于或等于 150 mm；

c) 货车和挂车的侧面防护装置的下缘离地高度、防护范围和前缘形式及后下部防护装置的离地高度、宽度、横截面宽度应符合 GB 11567.1 和 GB 11567.2 的规定。

6.5.7.2 注册登记检验时，侧后防护装置的外观、结构、尺寸、安装要求还应与机动车产品公告相符。

【条文理解】

本条是对车辆侧后防护装置的检验要求。注册登记检验时，应通过查询《公告》照片及参数信息，重点核对侧面及后下部防护装置所用材料材质、连接方式以及后部防护装置的主要尺寸参数(断面尺寸和离地高度)是否相符；在用机动车检验时，重点检查侧面及后下部防护装置是否安装牢固，位置、尺寸是否符合标准要求。

**需要说明的是：**

从近年来安全技术检验的实际情况来看，后下部防护装置本身强度不足及加装的后下部防护装置与车身未能有效牢固连接的情形较为多见，从而使得后下部防护装置在真正发生事故时并不能取得预期的效果。安检机构及其检验员应针对性地加强检验(特别是对没有三角支架的后下部防护装置)，对于检验员用脚蹬时后下部防护装置晃动的，应确定为安装不牢固，统一判定为不合格。

【标准条文】

6.5.8 应急锤

采用密闭钢化玻璃式应急窗的客车，在相应的应急窗邻近应配备一个应急锤以方便击碎车窗玻璃。

【条文理解】

本条是对应急锤的检验要求。检验时重点针对车长大于或等于 6 m，采用密闭钢化玻璃式应急窗的客车，要求应急锤应安放在应急窗附近且便于取用，不得出现应急锤集中存放或者不便于取用的情况。

**需要说明的是：**

根据 GB 7258—2012，对于 2013 年 9 月 1 日起新生产车(采用密闭钢化玻璃式应急窗的客车)，应急锤取下时应能通过声响信号实现报警。

【标准条文】

6.5.9 急救箱

校车应配备急救箱，急救箱应放置在便于取用的位置并有效适用。

【条文理解】

本条是对校车急救箱的检验要求。

**需要说明的是：**

目前国家及相关部门尚未制定急救箱应配备药品的具体规定，急救箱内是否放置有急救用品不属于机动车安全技术检验时需关注的内容。

【标准条文】

> **6.5.10　限速功能或限速装置**
>
> 注册登记检验时，公路客车、危险货物运输车、旅游客车及车长大于 9 m 的未设置乘客站立区的公共汽车，应具有限速功能或配备限速装置；车长大于或等于 6 m 的客车，应具有超速报警功能。

【条文理解】

本条是对限速功能或限速装置的检验要求。

**需要说明的是：**

根据 GB 7258—2012 的要求，限速功能或限速装置调定的最大车速对公路客车、旅游客车和未设置乘客站立区的公共汽车不得大于 100 km/h，对危险货物运输车不得大于 80 km/h。专用校车应安装符合 GB/T 24545《车辆车速限制系统技术要求》要求的限速装置，且调定的最大车速不得大于80 km/h。

【标准条文】

> **6.5.11　防抱死制动装置**
>
> 6.5.11.1　以下车辆应装备防抱死制动装置：
>
> a）道路运输爆炸品和剧毒化学品车辆，以及 2012 年 9 月 1 日起出厂的其他危险货物运输车；
>
> b）2005 年 2 月 1 日起注册登记的总质量大于 12 000 kg 的公路客车和旅游客车、总质量大于10 000 kg的挂车、总质量大于 16 000 kg 允许挂接总质量大于 10 000 kg 的挂车的货车；
>
> c）2012 年 9 月 1 日起出厂的半挂牵引车及车长大于 9 m 的公路客车、旅游客车；
>
> d）2013 年 5 月 1 日起出厂的专用校车；
>
> e）2013 年 9 月 1 日起出厂的车长大于 9 m 的未设置乘客站立区的公共汽车；
>
> f）2014 年 9 月 1 日起出厂的总质量大于等于 12 000 kg 的货车和专项作业车。
>
> 6.5.11.2　机动车配备的防抱死制动装置自检功能应正常。

【条文理解】

本条是对防抱死制动装置的检验要求。

一般情况下，打开点火开关，仪表板上的防抱制动装置(ABS)警告灯点亮，自检正常后，警告灯应自行熄灭。

【标准条文】

6.5.12　辅助制动装置

注册登记检验时，以下车辆应安装缓速器或其他辅助制动装置：

a）　2012 年 9 月 1 日起出厂的车长大于 9 m 的客车（对专用校车为车长大于 8 m）、所有危险货物运输车、总质量大于或等于 12 000 kg 的货车；

b）　2014 年 9 月 1 日起出厂的总质量大于或等于 12 000 kg 的专项作业车。

【条文理解】

本条是对辅助制动装置的检验要求。注册登记检验时，通过《公告》、机动车出厂合格证、说明书等资料进行核查；查看驾驶室（区）内的辅助制动装置操纵开关，有疑问时实车操作检查，确认机动车是否安装了辅助制动装置。

需要说明的是：

（1）辅助制动装置主要作用是避免车辆下长坡时因连续使用行车制动系而导致制动器因热过载而制动力衰退。

（2）目前辅助制动装置包括排气制动（如图 2-13 所示）和缓速器（如图 2-14 所示）等；缓速器包括液力缓速器和电涡流缓速器。液力缓速器结构复杂，但重量轻，且能与传动系成为一个整体，其制动力矩不受温度的影响；电涡流缓速器虽然结构简单，但是重量大，制动扭矩会随着温度升高而降低。

（3）无论采取何种辅助制动装置，其性能要求应使汽车能通过 GB 12676《汽车制动性能试验方法》规定的Ⅱ型或ⅡA 型试验。

图 2-13　排气制动装置

图 2-14　缓速器

（4）一般情况下，排气制动的功率较小，采用排气制动作为辅助制动装置时，其性能要求较难通过GB 12676规定的Ⅱ型或ⅡA 型试验；注册登记检验时，若送检机动车使用排气制动作为辅助制动装置，应核实其是否与《公告》标注一致，必要时可请车辆制造厂家提供《公告》强制性检验项目报告。

【标准条文】

6.5.13　盘式制动器

注册登记检验时，以下车辆的前轮应装备盘式制动器：

a）　2012 年 9 月 1 日起出厂的危险货物运输车、车长大于 9 m 的客车（未设置乘客站立区的公共汽车除外）；

b）　2013 年 5 月 1 日起出厂的专用校车；

c）　2013 年 9 月 1 日起出厂的车长大于 9 m 的未设置乘客站立区的公共汽车。

【条文理解】

本条是对盘式制动器的检验要求。注册登记检验时,检验人员应结合车辆底盘部件实车检查确认。

**需要说明的是:**

盘式制动器(又称为碟式制动器),主要零部件有制动盘、分泵、制动钳、油管等,其制动盘用合金钢制造并固定在车轮上,随车轮转动。盘式制动器沿制动盘两侧面施力,制动轴不受弯矩,径向尺寸小,制动性能稳定。同时,盘式制动器散热快、重量轻、构造简单、调整方便,特别是高负载时耐高温性能好,制动效果稳定,而且不怕泥水侵袭,水稳定性也好。汽车前轮采用盘式制动器并与后轮的鼓式制动器配合,可保证较好的制动时的方向稳定性。

【标准条文】

**6.5.14 紧急切断装置**

2015 年 1 月 1 日起,用于运输液体危险货物的罐式危险货物运输车应按 GB 18564.1 等规定安装紧急切断装置。

【条文理解】

本条是对紧急切断装置的检验要求。

(1) 根据 GB 18564.1 以及有关管理规定,运输液体危险货物的、常压金属罐式危险货物运输车应安装符合要求的紧急切断装置。注册登记检验参考 GB 18564.1 及《公告》确认;在用机动车检验时,属于出厂后加装的,根据国家安全监管总局、工业和信息化部、公安部、交通运输部、国家质检总局五部委联合发文《关于明确在用液体危险货物罐车加装紧急切断装置液体介质范围的通知》(安监总管三〔2014〕135 号)确认。

(2) 根据 2014 年 7 月 7 日国家安全监管总局、工业和信息化部、公安部、交通运输部、国家质检总局五部委联合发文《关于在用液体危险货物罐车加装紧急切断装置有关事项的通知》(安监总管三〔2014〕74 号),以及 2014 年 12 月 20 日国家安全监管总局、工业和信息化部、公安部、交通运输部、国家质检总局五部委联合发文《关于明确在用液体危险货物罐车加装紧急切断装置液体介质范围的通知》(安监总管三〔2014〕135 号)等要求,加装紧急切断装置的 17 种液体介质范围名单见表 2-33。

**表 2-33 加装紧急切断装置的 17 种液体介质范围名单**

| GB 12268 编号 | 介质名称说明 | 危险程度分类 | 罐体设计代码 |
|---|---|---|---|
| 1090 | 丙酮 | 易燃 | LGBF |
| 1114 | 苯 | 易燃、中度危害 | LGBF |
| 1120 | 丁醇 | 易燃 | LGBF |
| 1123 | 乙酸丁酯 | 易燃 | LGBF |
| 1160 | 二甲胺水溶液 | 易燃、中度危害 | L4BH |
| 1170 | 乙醇或乙醇溶液 | 易燃 | LGBF |
| 1173 | 乙酸乙酯 | 易燃 | LGBF |
| 1198 | 甲醛溶液 | 腐蚀、易燃、高度危害 | L4BN |
| 1202 | 柴油* | 易燃 | LGBF |
| 1203 | 车用汽油或汽油 | 易燃 | LGBF |
| 1212 | 异丁醇 | 易燃 | LGBF |
| 1219 | 异丙醇 | 易燃 | LGBF |

表 2-33（续）

| GB 12268 编号 | 介质名称说明 | 危险程度分类 | 罐体设计代码 |
| --- | --- | --- | --- |
| 1223 | 煤油 | 易燃 | LGBF |
| 1230 | 甲醇 | 易燃、中度危害 | L4BH |
| 1294 | 甲苯 | 易燃 | LGBF |
| 1307 | 二甲苯 | 易燃 | LGBF |
| 2055 | 单体苯乙烯，稳定的 | 易燃、中度危害 | LGBF |

（3）根据 GB18564.1 的要求，紧急切断装置一般由紧急切断阀、控制系统以及易熔塞自动切断装置组成。紧急切断阀又叫底阀，一般安装在罐体底部，连通或隔离罐体与外部管路，非装卸时应处于关闭状态。液体危险货物罐体可能包含多个独立仓，每个独立仓一般对应一个紧急切断阀（如图 2-15 所示）。

图 2-15　紧急切断阀

（4）控制系统通过气动、液压或机械方式控制紧急切断阀的开闭，操作按钮至少两组，一组靠近装卸操作箱，包括每个紧急切断阀控制按钮和总控制开关；另一组装设在车身尾部或驾驶室，为远程控制开关（如图 2-16 所示）。

图 2-16　远程控制开关示意图

**需要说明的是：**

（1）液体危险货物罐车紧急切断装置作用是：非装卸作业时，紧急切断阀处于关闭状态，即使输油管道碰撞断裂，罐内液体也不会泄漏；装卸作业时，紧急切断阀处于开启状态，遇紧急情况时，可以人工关闭，防止罐内液体泄漏；当环境温度由于火灾等原因升高至设定温度时（一般为 75 ℃±5 ℃），阀内易熔塞融化，紧急切断阀自动关闭，防止罐内液体泄漏；紧急切断阀外部应带有切断槽，当受到撞击时，紧急切断阀从切断槽处断开，防止罐内液体泄漏。

（2）在运输过程中紧急切断阀应处于闭合状态，仅在装卸时开启。机动车安全技术检验时，应加强对驾驶人、押运员的宣传、提醒。

**【标准条文】**

> **6.5.15　发动机舱自动灭火装置**
>
> 以下车辆应装备发动机舱自动灭火装置：
>
> a）　2013 年 5 月 1 日起出厂的专用校车；
>
> b）　2013 年 3 月 1 日起出厂的发动机后置的其他客车。

**【条文理解】**

本条是对发动机舱自动灭火装置的检验要求。注册登记检验时和在用机动车检验时都需要检查相关车型是否安装发动机舱自动灭火装置。

**需要说明的是：**

发动机舱自动灭火装置的主要作用是：预防和减少因发动机舱着火而引发的燃烧事故。检验时应打开发动机舱，检查是否设置有自动灭火装置。必要时通过核对车辆产品说明书或送检企业提供的该类装置的检测或试验报告予以确认。发动机舱自动灭火装置通常有胀裂式、爆炸式、储压式，设置的数量根据不同厂家或者灭火装置本身的灭火能力，一般设置 1～4 枚不等（如图 2-17 所示）。

图 2-17　发动机舱自动灭火装置图

【标准条文】

6.5.16　**手动机械断电开关**

2013 年 3 月 1 日起出厂的车长大于或等于 6 m 的客车，应设置能切断蓄电池和所有电路连接的手动机械断电开关。

【条文理解】

本条是对手动机械断电开关的检验要求。注册登记检验时和在用机动车检验时都需要检查相关车型是否安装手动机械断电开关。

**需要说明的是：**

安装手动机械断电开关，其主要目的是在紧急情况，驾驶人能通过切断手动机械断电开关，保证车辆门、窗等出口的畅通。考虑到 6m 以上的客车乘员人数多，一旦发生紧急事件将造成严重的损失，也将导致重大的社会舆论。因此，各地安检机构应严格认真检查该类车辆的手动机械断电开关。必要时可实车操作，检查是否能切断所有电路。

【标准条文】

6.5.17　**副制动踏板**

教练车（三轮汽车除外）装备的副制动踏板应牢固、动作可靠有效。

【条文理解】

本条是对副制动踏板的要求，并提出了副制动踏板性能的原则性要求。

【标准条文】

6.5.18　**校车标志灯和校车停车指示标志牌**

6.5.18.1　校车配备的校车标志灯和停车指示标志牌应齐全、有效。

6.5.18.2　专用校车以及喷涂或粘贴专用校车车身外观标识的非专用校车应由校车标志、中文字符“校车”、中文字符“核载人数：××人”、校车编号和校车轮廓标识组成，且应符合 GB 24315 的相关规定。

【条文理解】

本条是对校车标志灯和校车停车指示标志牌的要求。

根据 GB 24315 的规定，专用校车标志灯，如图 2-18 所示。专用校车应在车外顶部前后各安装 2 个黄色专用校车标志灯。左、右 2 个标志灯应尽量靠近车身左右侧外缘，并与车辆纵向中心线对称。

图 2-18　校车标志灯

根据 GB 24315 的规定，校车标志、停车指示牌如图 2-19 所示。7 m 及以上长度的校车采用标准尺寸 460 mm×460 mm，其他校车可以等比例缩放。停车指示牌是一个可以从校车向外延伸的装置，以警示其他驾乘者不要驶过校车，因为校车已停驻待卸下或者搭载乘客。

图 2-19　校车停车指示牌

**需要说明的是：**

所有校车都要配备校车标志灯和停车指示标志牌，无论是专用校车还是非专用校车。

出厂时未安装校车标志灯和停车指示标志牌的校车（包括非专用校车和按照 GB 24407—2009 标准生产的专用小学生校车），应按照公共安全行业标准 GA 1004—2012《校车标志灯》和 GA 1005—2012《校车停车指示标志牌》的规定增加配置校车标志灯和停车指示标志牌。

**【标准条文】**

| 6.5.19 **危险货物运输车标志**<br><br>6.5.19.1 危险货物运输车应设置符合 GB 13392 规定的标志。<br>6.5.19.2 道路运输爆炸品和剧毒化学品车辆应粘贴符合 GB 20300 规定的壑色反光带并设置安全标示牌。 |
|---|

**【条文理解】**

本条是对危险货物运输车标志的要求。

**需要说明的是：**

（1）根据 GB13392 的要求，道路运输危险货物车辆应按照规定放置符合标准要求的标志灯、标志牌。

标志灯（如图 2-20 所示）安装于驾驶室顶部外表面中前部（从车辆侧面看）中间（从车辆正面看）位置，以磁吸或顶檐支撑、金属托架方式安装固定。对于带导流罩车辆，可视导流罩表面流线形和选择的金属托架角度确定安装位置，允许自制金属托架，允许在金属托架与导流罩间加衬垫，应保证标志灯安装正直。

图 2-20 危险货物运输车标志灯

标志牌一般悬挂在车辆后厢板或罐体后面的几何中心部位附近，避开车辆放大号；对于低栏板车辆可视情选择适当悬挂位置。悬挂的标志牌应按 GB 6944《危险货物分类和品名编号》与所运载危险货物的类、项相对应，与标志灯同时使用。对于罐式车辆，可选择按规定位置悬挂标志牌或以反光材料按相应规定在罐体上喷绘标志。运输爆炸、剧毒危险货物的车辆，应在车辆两侧面厢板几何中心部位附近的适当位置各增加一块悬挂标志牌。运输放射性危险货物的车辆，标志牌的悬挂位置和数量应符合 GB 11806《放射性物质安全运输规程》的规定。根据车辆结构或用途，可选择螺栓固定、铆钉固定、粘合剂粘贴固定或插槽固定（可按使用需要随时更换）等方式安装固定标志牌。图 2-21 为爆炸品和剧毒化学品标志牌示例。

图 2-21 危险货物运输车标志牌

（2）根据 GB 20300 的要求，道路运输爆炸品和剧毒化学品车辆除应安装符合 GB 13392 要求的标志牌和标志灯外，还应在车辆后部安装安全标示牌，在车辆的后部和两侧应粘贴橙色反光带以标示车辆的轮廓（如图 2-22 所示）。并且，厢式道路运输爆炸品和剧毒化学品车辆的货厢外部颜色应为浅色。

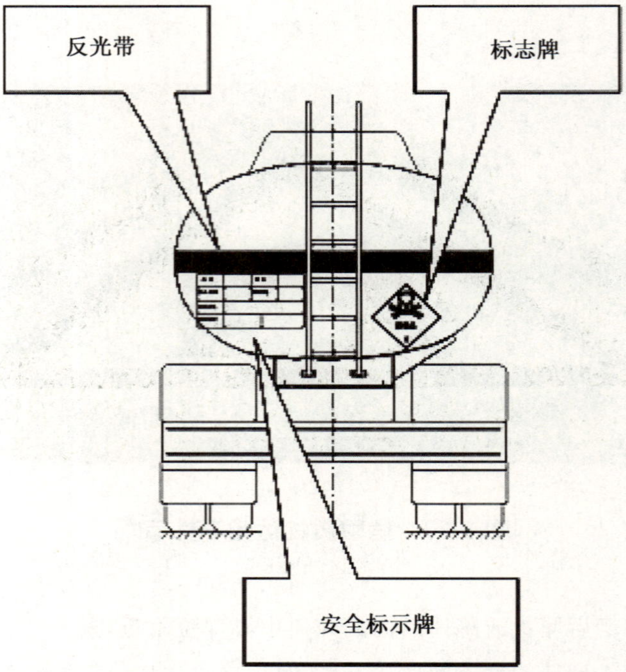


图 2-22 危险货物运输车反光带、标志牌及安全标示牌位置示例

【标准条文】

6.5.20 肢体残疾人操纵辅助装置

加装肢体残疾人操纵辅助装置的汽车，操纵辅助装置铭牌标明的产品型号和产品编号应与操纵辅助装置加装合格证明或机动车行驶证记载的产品型号和产品编号一致。

【条文理解】

本条是对肢体残疾人操纵辅助装置的检查要求。

**需要说明的是：**

（1）肢体残疾人驾驶汽车的操纵辅助装置（如图 2-23 所示），是指加装在汽车上，辅助肢体残疾人驾驶汽车使用的操作装置或汽车电器控制件的迁延开关。从调查情况看，发现某些车辆维修、改装厂家为便于右下肢残疾人驾驶汽车，将（原车安装在驾驶人座椅右下前方的）制动踏板和加速踏板改装至驾驶人座椅左下前方，这不属于加装驾驶辅助装置，实质上属于擅自改变车辆的结构、构造特征，违反了《中华人民共和国道路交通安全法》第十六条第（一）款，应予以禁止。

图 2-23　肢体残疾人驾驶汽车的操纵辅助装置

（2）对于仪器设备检验时，应采用肢体残疾人操纵辅助装置开展制动等项目的检验，重点检查加装的操纵辅助装置与其他部件是否存在干涉现象。

（3）根据 GB/T 21055—2007《肢体残疾人驾驶汽车的操纵辅助装置》的 4.1，肢体残疾人驾驶汽车的操纵辅助装置分为转向辅助装置（方向盘控制辅助手柄，代号Ⅰ，单手控制）、转向和加速辅助装置[包括：a）制动和加速迁延控制手柄，代号Ⅱ1，单手控制；b）制动和加速迁延踏板，代号Ⅱ2，左脚控制]、转向信号辅助装置（转向信号迁延开关，代号Ⅲ，单手控制）和驻车制动辅助装置（驻车制动辅助手柄，代号Ⅳ，单手控制）。

（4）根据中国残疾人联合会等七部门文件《关于切实做好残疾人驾驶汽车相关工作的通知》（残联发[2010]29 号）规定，“生产企业应执行 GB/T 21055—2007《肢体残疾人驾驶汽车的操纵辅助装置》国家标准。汽车加装辅助装置必须到正规车辆生产、销售、维修企业进行，并由加装企业出具加装合格证明。”

【标准条文】

> **6.6　底盘动态检验**
>
> **6.6.1　转向系**
>
> 车辆的方向盘应转动灵活，操纵方便，无卡滞现象，最大自由转动量应符合 GB 7258 的相关规定；对于使用方向把的三轮汽车、摩托车，转向轮转动应灵活。

【条文理解】

本条是对转向系的检验要求。

根据 GB 7258—2012 中 6.4 的规定，机动车方向盘的最大自由转动量应小于或等于：

a)最大设计车速大于或等于 100 km/h 的机动车 15°；

b)三轮汽车 35°；

c)其他机动车 25°。

**需要说明的是：**

方向盘最大自由转动量是指在静止状态下检验员向左转动方向盘至转向轮开始动作的瞬间作为起点，然后检验员向右转动方向盘至转向轮开始动作的瞬间作为止点，起点和止点形成的转角。

【标准条文】

> **6.6.2　传动系**
>
> 传动系应满足以下要求：
>
> a)　车辆换挡应正常，变速器倒挡应能锁止；
>
> b)　离合器接合应平稳，无打滑、分离不彻底等现象。

【条文理解】

本条是对传动系的检验要求。

**需要说明的是：**

为防止汽车在行驶过程中误挂入倒挡，减少汽车损伤，避免事故发生，汽车通常设计有变速器倒挡锁止机构。一般情况下，必须在车辆完全停稳后才能挂上倒挡。

【标准条文】

> **6.6.3　制动系**
>
> 车辆正常行驶时无车轮阻滞、抱死现象；制动时制动踏板动作应正常，响应迅速，方向盘无抖动，无跑偏现象。

【条文理解】

本条是对制动系的检验要求。

**需要说明的是：**

(1) 液压制动系达到规定的制动效能时，踏板行程不得超过全行程的 3/4；制动器装有自动调整间隙装置的踏板行程，不得超过全程的 4/5。

(2) 由于此项检验需要在实车 20 km/h 速度条件下进行，安检机构应设置足够的底盘动态检验区以满足测试要求和安全。

【标准条文】

> **6.6.4　仪表和指示器**
>
> 车辆配备的车速表等各种仪表和指示器不应有异常情形。

【条文理解】

本条是对仪表和指示器的检验要求。

**需要说明的是：**

对于因仪器设备检验导致的 ABS、ESC、TCS 等指示灯亮起时，不应认定为仪表和指示器异常，应关闭汽车电源后重新启动车辆，再检查车辆相应指示灯。

**【标准条文】**

### 6.7 车辆底盘部件

#### 6.7.1 转向系部件

转向系部件应满足以下要求：

a) 各部件不应松动；

b) 横、直拉杆不应有拼焊、损伤、松旷、严重磨损等情况；

c) 转向过程中不应有干涉或摩擦现象。

#### 6.7.2 传动系部件

传动系部件应满足以下要求：

a) 变速器等部件应连接可靠；

b) 传动轴、万向节及中间轴承和支架不应有裂纹和松旷现象，不应有漏油现象。

#### 6.7.3 行驶系部件

行驶系部件应满足以下要求：

a) 车架纵梁、横梁不应有明显变形、损伤，铆钉、螺栓不应缺少或松动；

b) 钢板吊耳及销不应松旷，中心螺栓、U形螺栓不应松旷；

c) 车桥与悬架之间的拉杆和导杆不应松旷和移位，减振器不应漏油。

#### 6.7.4 制动系部件

制动系部件应满足以下要求：

a) 制动系应无擅自改动，不应从制动系统获取气源作为加装装置的动力源；

b) 制动主缸、轮缸、管路等不应漏气、漏油，制动软管不应有明显老化；

c) 制动系管路与其他部件无摩擦和固定松动现象。

#### 6.7.5 其他部件

其他部件应满足以下要求：

a) 发动机的固定应可靠；

b) 排气管、消声器应安装牢固、不应有漏气现象，排气管口不得指向车身右侧(如受结构限制排气管口必须偏向右侧时，排气管口中心线与机动车纵向中心线的夹角应小于等于15°)和正下方；专门用于运送易燃和易爆物品的危险货物运输车，排气管应装在罐体/箱体前端面之前、不高于车辆纵梁上平面的区域，并安装机动车排气火花熄灭器，机动车尾部应安装接地装置；

c) 电器导线应布置整齐、捆扎成束、固定卡紧，并无破损现象；

d) 燃料箱应固定可靠，不应漏油；燃料管路与其他部件不应有碰擦，不应有明显老化；

e) 承载式车身底部应完整，不应有影响车身强度的变形和破损；

f) 轮胎内侧不应有严重磨损、割伤、腐蚀。

**【条文理解】**

本条是底盘部件的检查要求，包括转向系部件、传动系部件、行驶系部件、制动系部件、其他部件。

需要说明的是：

(1) 检查时，车辆停放在地沟(或举升设备)上方的指定位置。车辆底盘检验员在车内检验员(引车员)转动方向盘配合下，借助照明设备，使用专用手锤敲击和(必要时)勾动杆件目视检查。自2017年3月1日起，大中型客车、重中型货车、专项作业车、挂车检查时必须使用底盘间隙仪。

(2) 在山区公路行驶的重型货运车辆加装制动淋水装置的情形较为普遍，对于部分车辆加装制动淋水装置时从原制动系统获取气源作为淋水装置的动力源，破坏了原制动系统的结构，极不利于交通安全，检验时应判定为不合格。

(3) 车辆底盘部件检查时，可进一步核查是否安装前轮盘式制动器(应装备前轮盘式制动器的车辆)、后轴钢板弹簧片数。

**【标准条文】**

> **6.8 仪器设备检验**
>
> **6.8.1 行车制动**
>
> 6.8.1.1 台试空载检验行车制动性能时，应符合GB 7258—2012中7.11.1的相关要求。
>
> 6.8.1.2 对于全挂车、半挂车，台试空载制动性能检验时，应同时满足以下要求：
>
> a) 与牵引车组合成的汽车列车检验结果符合GB 7258—2012中7.11.1的相关要求；
>
> b) 挂车的轴制动力之和与挂车轴荷之和的比值大于或等于55%；
>
> c) 挂车的轴制动不平衡率符合GB 7258—2012中7.11.1.2的要求。

**【条文理解】**

本条是对空载行车制动检验性能的要求。

(1) 根据GB 7258—2012中的7.11.1对行车制动的空载检验的要求，制动力应符合表2-34、表2-35的限值要求，制动不平衡率应符合表2-35的限值要求。

**表2-34 台试检验制动力要求**

| 机动车类型 | 制动力总和与整车重量的百分比 | | 轴制动力与轴荷[a]的百分比 | |
|---|---|---|---|---|
| | 空载 | 满载 | 前轴[b] | 后轴[b] |
| 三轮汽车 | — | | — | ≥60[c] |
| 乘用车、其他总质量不大于3500kg的汽车 | ≥60 | ≥50 | ≥60[c] | ≥20[c] |
| 铰接客车、铰接式无轨电车、汽车列车 | ≥55 | ≥45 | — | — |
| 其他汽车 | ≥60 | ≥50 | ≥60[c] | ≥50[d] |
| 普通摩托车 | — | — | ≥60 | ≥55 |
| 轻便摩托车 | — | — | ≥60 | ≥50 |

[a] 用平板制动检验台检验乘用车时应按左右轮制动力最大时刻所分别对应的左右轮动态轮荷之和计算。

[b] 机动车(单车)纵向中心线中心位置以前的轴为前轴，其他轴为后轴；挂车的所有车轴均按后轴计算；用平板制动试验台测试并装轴制动力时，并装轴可视为一轴。

[c] 空载和满载状态下测试均应满足此要求。

[d] 满载测试时后轴制动力百分比不做要求；空载用平板制动检验台检验时应大于或等于35%；总质量大于3 500 kg的客车，空载用反力滚筒式制动试验台测试时应大于或等于40%，用平板制动检验台检验时应大于或等于30%。

**表 2-35　台试检验制动力平衡要求**

| 项目 | 前轴 | 后轴(及其他轴) | |
|---|---|---|---|
| | | 轴制动力大于或等于该轴轴荷 60%时 | 制动力小于该轴轴荷 60%时 |
| 新注册车 | ≤20% | ≤24% | ≤ 8% |
| 在 用 车 | ≤24% | ≤30% | ≤10% |

(2) 进行挂车空载行车制动性能检验时,应将牵引车与挂车(全挂车、半挂车)组成汽车列车后进行检验。判定挂车空载行车制动检验是否合格,应同时满足以下条件:

a)与牵引车组合成的汽车列车检验结果应符合表 2-34、表 2-35 的要求;

b)挂车的轴制动力之和与挂车轴荷之和的比值大于或等于 55%;

c)挂车的轴制动不平衡率符合表 2-35 的要求。

**需要说明的是:**

(1) 半挂牵引车可与半挂车组合成铰接列车后同时实施检验,也可单独检验。当半挂牵引车组合成铰接列车实施台式制动性能检验时,判定半挂牵引车制动性能是否合格只需对牵引车进行评价,列车制动性能不作为牵引车制动性能评价依据。

(2) 考虑到在使用滚筒反力式制动性能测试台开展挂车空载制动性能测试时,由于并装双轴、并装三轴挂车的各轴与滚筒表面的压力存在一定的相互影响,挂车空载制动率只对整车制动率做合格性评判,不对单轴的制动率做合格性评判。

**【标准条文】**

> **6.8.1.3**　对于三轴及三轴以上的多轴货车,按照附录 C 的 C.3 方法加载后,加载轴的轴制动率应大于或等于 50%,加载轴制动不平衡率符合 GB 7258—2012 中 7.11.1.2 的要求。
>
> **6.8.1.4**　对于并装双轴、并装三轴的挂车,组成汽车列车按照附录 C 的 C.3 方法加载后,加载轴的轴制动率应大于或等于 45%,加载轴制动不平衡率符合 GB 7258—2012 中 7.11.1.2 的要求。

**【条文理解】**

本条是对三轴及三轴以上货车、以及并装双轴、并装三轴的挂车加载制动检验性能的要求。加载制动检验合格判定仅针对加载轴制动率和加载轴制动不平衡率。

**需要说明的是:**

对于三轴及三轴以上货车、以及并装双轴、并装三轴的挂车,应当按本标准 6.8.1.1、6.8.1.2 要求检验空载制动性能,同时还应按 6.8.1.3 和 6.8.1.4 的要求对部分车轴(多轴货车、由并装轴挂车组成的汽车列车的第一轴和最后一轴除外)实施加载检验。

**【标准条文】**

> **6.8.1.5**　路试检验行车制动性能时,应符合 GB 7258—2012 中 7.10.2 的相关要求。

**【条文理解】**

本条是对路试行车制动性能的检验要求。

根据 GB 7258—2012 中的 7.10.2 测取制动距离和制动稳定性,或测取制动减速度、整车制动协调时间及制动稳定性,并评价。具体如下:

(1) 用制动距离检验行车制动性能

机动车在规定的初速度下的制动距离和制动稳定性要求应符合表 2-36 的规定。对空载检验的制动距离有质疑时,可用表 2-36 规定的满载检验制动距离要求进行。

制动距离是指机动车在规定的初速度下急踩制动时,从脚接触制动踏板(或手触动制动手柄)时起至机动车停住时止机动车驶过的距离。

制动稳定性要求是指制动过程中机动车的任何部位(不计入车宽的部位除外)不超出规定宽度的试验通道的边缘线。

**表 2-36　制动距离和制动稳定性要求**

<table>
<tr><th>机动车类型</th><th>制动初速度<br>km/h</th><th>空载检验制动<br>距离要求<br>m</th><th>满载检验制动<br>距离要求<br>m</th><th>试验通道<br>宽度<br>m</th></tr>
<tr><td>三轮汽车</td><td>20</td><td colspan="2">≤5.0</td><td>2.5</td></tr>
<tr><td>乘用车</td><td>50</td><td>≤19.0</td><td>≤20.0</td><td>2.5</td></tr>
<tr><td>总质量不大于 3 500 kg 的低速货车</td><td>30</td><td>≤ 8.0</td><td>≤ 9.0</td><td>2.5</td></tr>
<tr><td>其他总质量不大于 3 500 kg 的汽车</td><td>50</td><td>≤21.0</td><td>≤22.0</td><td>2.5</td></tr>
<tr><td>铰接客车、铰接式无轨电车、汽车列车</td><td>30</td><td>≤9.5</td><td>≤10.5</td><td>3.0</td></tr>
<tr><td>其他汽车</td><td>30</td><td>≤9.0</td><td>≤10.0</td><td>3.0</td></tr>
<tr><td>两轮普通摩托车</td><td>30</td><td colspan="2">≤7.0</td><td>—</td></tr>
<tr><td>边三轮摩托车</td><td>30</td><td colspan="2">≤8.0</td><td>2.5</td></tr>
<tr><td>正三轮摩托车</td><td>30</td><td colspan="2">≤7.5</td><td>2.3</td></tr>
<tr><td>轻便摩托车</td><td>20</td><td colspan="2">≤4.0</td><td>—</td></tr>
<tr><td>轮式拖拉机运输机组</td><td>20</td><td>≤6.0</td><td>≤6.5</td><td>3.0</td></tr>
<tr><td>手扶变型运输机</td><td>20</td><td colspan="2">≤6.5</td><td>2.3</td></tr>
</table>

(2) 用充分发出的平均减速度检验行车制动性能

汽车、汽车列车在规定的初速度下急踩制动时充分发出的平均减速度及制动稳定性要求应符合表 2-37的规定,且制动协调时间对液压制动的汽车应小于或等于 0.35 s,对气压制动的汽车应小于或等于 0.60 s,对汽车列车、铰接客车和铰接式无轨电车应小于或等于 0.80 s。对空载检验的充分发出的平均减速度有质疑时,可用表 2-37 规定的满载检验充分发出的平均减速度进行。

充分发出的平均减速度 MFDD:

$$\mathrm{MFDD}=\frac{v_b^2-v_e^2}{25.92(S_e-S_b)}$$

式中:

MFDD——充分发出的平均减速度,单位为米每平方秒($m/s^2$);

$v_o$　——试验车制动初速度,单位为千米每小时(km/h);

$v_b$　——$0.8v_o$,试验车速,单位为千米每小时(km/h);

$v_e$　——$0.1v_o$,试验车速,单位为千米每小时(km/h);

$S_b$　——试验车速从 $v_o$ 到 $v_b$ 之间车辆行驶的距离,单位为米(m);

$S_e$　——试验车速从 $v_o$ 到 $v_e$ 之间车辆行驶的距离,单位为米(m)。

制动协调时间:是指在急踩制动时,从脚接触制动踏板(或手触动制动手柄)时起至机动车减速度(或制动力)达到表 2-37 规定的机动车充分发出的平均减速度(或表 2-34 所规定的制动力)的 75%时所需的时间。

表 2-37　制动减速度和制动稳定性要求

| 机动车类型 | 制动初速度 km/h | 空载检验充分发出的平均减速度 $m/s^2$ | 满载检验充分发出的平均减速度 $m/s^2$ | 试验通道宽度 m |
|---|---|---|---|---|
| 三轮汽车 | 20 | ≥3.8 | | 2.5 |
| 乘用车 | 50 | ≥6.2 | ≥5.9 | 2.5 |
| 总质量不大于 3 500 kg 的低速货车 | 30 | ≥5.6 | ≥5.2 | 2.5 |
| 其他总质量不大于 3 500 kg 的汽车 | 50 | ≥5.8 | ≥5.4 | 2.5 |
| 铰接客车、铰接式无轨电车、汽车列车 | 30 | ≥5.0 | ≥4.5 | 3.0 |
| 其他汽车 | 30 | ≥5.4 | ≥5.0 | 3.0 |

**【标准条文】**

**6.8.2　驻车制动**

6.8.2.1　台试检验驻车制动性能时，应符合 GB 7258—2012 中 7.11.2 的相关要求。

6.8.2.2　路试检验驻车制动性能时，应符合 GB 7258—2012 中 7.10.4 的相关要求。

**【条文理解】**

本条是对驻车制动性能的检验要求。

台试驻车性能检验可采用滚筒反力式制动性能检验台或平板制动检验台，检验各驻车轴的制动力，并计算各驻车制动力之和与整车重量的百分比，符合 GB 7258—2012 的 7.11.2 要求。具体如下：

（1）当采用制动检验台检验汽车驻车制动时，驻车制动力的总和应大于或等于该车在测试状态下整车重量的 20%，但总质量为整备质量 1.2 倍以下的机动车应大于或等于 15%。对于具有举升加载功能的滚筒反力式制动台测试时，应处于非举升状态。

（2）当采用坡道驻车制动性能检验时，空载状态下，驻车制动装置应能保证机动车在坡度为 20%（对总质量为整备质量的 1.2 倍以下的机动车为 15%）、轮胎与路面间的附着系数大于或等于 0.7 的坡道上正、反两个方向保持固定不动，时间应大于或等于 5 min。检验汽车列车时，应使牵引车和挂车的驻车制动装置均起作用。在规定的测试状态下，机动车使用驻车制动装置能停在坡度值更大且附着系数符合要求的试验坡道上时，应视为达到了驻车制动性能检验规定的要求。

**【标准条文】**

**6.8.3　前照灯**

6.8.3.1　前照灯远光发光强度应符合 GB 7258—2012 中 8.5.2 的相关要求。

**【条文理解】**

本条是对前照灯远光发光强度的检验要求。

根据 GB 7258—2012 中 8.5.2 的要求，相应类型机动车的发光强度最小值要求应满足表 2-38 要求。

表 2-38 前照灯远光光束发光强度最小值要求　　单位为坎德拉

| 机动车类型 | 检查项目 | | | | | |
|---|---|---|---|---|---|---|
| | 新注册车 | | | 在用车 | | |
| | 一灯制 | 二灯制 | 四灯制[a] | 一灯制 | 二灯制 | 四灯制[a] |
| 三 轮 汽 车 | 8 000 | 6 000 | — | 6 000 | 5 000 | — |
| 最大设计车速小于 70 km/h 的汽车 | — | 10 000 | 8 000 | — | 8 000 | 6 000 |
| 其 他 汽 车 | — | 18 000 | 15 000 | — | 15 000 | 12 000 |
| 普通摩托车 | 10 000 | 8 000 | — | 8 000 | 6 000 | — |
| 轻便摩托车 | 4 000 | 3 000 | — | 3 000 | 2 500 | — |

[a] 四灯制是指前照灯具有四个远光光束；采用四灯制的机动车其中两只对称的灯达到两灯制的要求时视为合格。

**【标准条文】**

6.8.3.2 前照灯远近光光束垂直偏移应符合 GB 7258—2012 中 8.5.3 的相关要求。

**【条文理解】**

本条是对前照灯远近光束垂直偏移的检验要求，适用于载客汽车(非营运小型、微型载客汽车除外)、载货汽车(三轮汽车除外)、专项作业车的检验。

根据 GB 7258—2012 中 8.5.3 的规定：

(1) 检验前照灯近光光束照射位置时，前照灯照射在距离 10 m 的屏幕上，乘用车前照灯近光光束明暗截止线转角或中点的高度应为 $0.7H \sim 0.9H$($H$ 为前照灯基准中心高度，下同)，其他机动车应为 $0.6H \sim 0.8H$。

(2) 检验前照灯远光照射位置时，对于能单独调整远光光束的前照灯，前照灯照射在距离 10 m 的屏幕上时，要求在屏幕光束中心离地高度，对乘用车为 $0.85H \sim 0.95H$(但不得低于前照灯近光光束明暗截止线转角或中点的高度)，对其他机动车为 $0.8H \sim 0.95H$。

**【标准条文】**

**6.8.4 车速表指示误差**

注册登记检验时，车速表指示误差应符合 GB 7258—2012 中 4.12 的相关要求。

**【条文理解】**

本条款是对车速表指示误差的检验要求，适用于注册登记检验的载客汽车(非营运小型、微型载客汽车除外)、载货汽车(三轮汽车除外)、专项作业车。

根据 GB 7258—2012 中 4.12 的规定：

车速表指示车速 $v_1$(单位：km/h)与实际车速 $v_2$(单位：km/h)之间应符合关系式：$0 \leqslant v_1 - v_2 \leqslant (v_2/10) + 4$。

**需要说明的是：**

考虑到最高设计车速不大于 40 km/h 的机动车实际行驶速度较低，车速表指示误差检验对这一类车辆不作要求。

**【标准条文】**

> 6.8.5 转向轮横向侧滑量
>
> 对前轴采用非独立悬架的汽车(前轴采用双转向轴时除外),转向轮横向侧滑量应符合GB 7258—2012中6.11的相关要求。

**【条文理解】**

本条款是对转向轮横向侧滑量的检验要求,适用于对前轴采用非独立悬架的载客汽车(非营运小型、微型载客汽车除外)、载货汽车(三轮汽车除外)、专项作业车。

根据GB 7258—2012中6.11的要求,对前轴采用非独立悬架的汽车(前轴采用双转向轴时除外),其转向轮的横向侧滑量,用侧滑台检验时侧滑量值应在 ±5 m/km 之间。

## 七、关于“7 检验结果处置”的说明

**【标准条文】**

> 7.1 检验结果的评判
>
> 授权签字人应逐项确认检验结果并签注整车检验结论。检验结论分为合格、不合格。送检机动车所有检验项目的检验结果均合格的,判定为合格;否则判定为不合格。

**【条文理解】**

本标准的所有检验项目均为否决项,只要出现一项或一项以上不合格项目,整车检验结论即为不合格。反之,只有当所有检验项目均合格,整车检验结论才能签注合格。

**需要说明的是:**

(1)授权签字人应具备良好的专业技术水平,并经有关部门考核合格,持证上岗。对于确认检验结果过程中发现有异议的,应及时与检验员确认,避免出现检验结果误判现象;同时,车主对检验结果有异议的,应及时予以解答。

(2)检验项目结果评判全部为“否决项”,无“建议维护项”,主要目的是确保强制性国家标准的严肃性、准确性,减少检验员对检验结果的自由裁量权。

**【标准条文】**

> 7.2 检验合格处置
>
> 7.2.1 机动车安全技术检验机构应出具《机动车安全技术检验报告》(式样见附录G),报告一式三份,一份交机动车所有人(或者由送检人转交机动车所有人),一份提交车辆管理所作为机动车安全技术检验合格证明,一份留存检验机构。
>
> 7.2.2 机动车安全技术检验机构应按GB/T 26765、GA 1186的要求传递数据及图像。
>
> 7.2.3 机动车安全技术检验机构应妥善保管《机动车安全技术检验报告》、《机动车安全技术检验表(人工检验部分)》(见附录H)、《机动车安全技术检验表(仪器设备检验部分)》(见附录I)、车辆识别代号(或整车出厂编号)的拓印膜或照片(注册登记检验时保存拓印膜,在用机动车检验时保存车辆识别代号照片)等资料,保存至本次检验周期届满前,但最短不得少于2年。

**【条文理解】**

本条是对检验合格的处置要求。

(1) 对于机动车检验合格的，安检机构应按照本标准的式样要求出具一式三份的《机动车安全技术检验报告》。

(2) 安检机构应该按照相关标准要求向公安机关交通管理部门、质量技术监督部门等行政管理部门传递数据及图像。

(3) 安检机构应设置专门的档案室，用于保存检验报告、检验记录表等资料，且保存时间最短不得少于 2 年；但是，距离对于本次检验周期届满超过 2 年的，应最少保存至本次检验周期届满为止。

**需要说明的是：**

(1) 检验报告是安检机构提供检验服务的“产品”，是提升检验服务水平的重要标志，也是检验过程接受群众监督的载体。因此，各地安检机构要重视检验报告的作用，切实提高报告质量，提升检验服务水平。

(2)《机动车安全技术检验报告》(式样)是规范性附录，各地安检机构应严格按照本标准要求设计检验报告，确保检验报告的内容涵盖应当进行的检验项目及必须的其他要素。

(3)《机动车安全技术检验报告》需经授权签字人签字，并加盖安检机构检验专用章。

(4) 提交给车辆管理所的检验报告，应采用高拍仪等方式采集《机动车安全技术检验报告》并通过机动车安全技术检验监管系统上传至车辆管理所，此时可不提交纸质《机动车安全技术检验报告》。

(5) 为了进一步优化检验项目和方法，本标准提出了在用机动车检验时只需要保存车辆识别代号照片，以避免拓号带来的较大工作量及检验不便。但是，对于部分车辆由于结构等原因导致无法拍摄车辆识别代号照片的，可采用先拓印，再拍照的方式。

**【标准条文】**

**7.3 检验不合格处置**

7.3.1 机动车安全技术检验机构应出具《机动车安全技术检验报告》，并注明所有不合格项目。

7.3.2 机动车安全技术检验机构应通过拍照、摄像或保存数据等方式对不合格项取证留存备查。

7.3.3 机动车安全技术检验机构应按 GB/T 26765、GA 1186 的要求传递数据及图像。

**【条文理解】**

本条是对检验不合格的处置要求。

(1) 对于机动车检验不合格的，即：出现一项或一项以上不合格情形的，安检机构应出具《机动车安全技术检验报告》，签注检验结论为：不合格。同时，再具体注明检验不合格项目。对于人工检验不合格的，还需要描述具体的情形。

(2) 对于机动车检验不合格的，检验员应对不合格的检验项目拍照、摄像或保存数据的方式取证，一方面作为复检时的重要依据；同时，也是车主(或监管部门)提出异议时的原始证明材料。

(3) 对于检验合格的机动车，安检机构应该按照 GB/T 26765—2011、GA 1186—2014 等标准要求向公安机关交通管理部门、质量技术监督部门等行政管理部门传递数据及图像。

**需要说明的是：**

(1) 不合格检验报告由授权签字人签注检验结论“不合格”，加盖安检机构的公章。交车主的不合格报告，可作为车辆维护、修理的重要技术依据。

(2) 通常情况下，出现人工检验不合格的，应拍照或摄像固定证据；出现仪器设备检验不合格的，应保存相关检验数据。

(3) 本标准提出对于不合格项目取证的主要目的是：避免检验员有意通过“不合格”，刁难车主，谋取利益；特别是避免出现“不合格”项目且未经任何维护、修理，而是通过“非法中介”直接复检合格。同时，不合格项目的取证留存也有利于监管部门的监管。

【标准条文】

7.4　异常情形处置

7.4.1　发现送检机动车有拼装、非法改装、被盗抢、走私嫌疑时，机动车安全技术检验机构及其检验员应详细登记该送检机动车的相关信息，拍照、录像固定证据，通过机动车安全技术检验监管系统上报，并告知送检人到当地公安机关交通管理部门处理。

7.4.2　注册登记检验时，发现送检机动车的车辆特征参数、安全装置不符合 GB 1589、GB 7258 等机动车国家安全技术标准、机动车产品公告、机动车出厂合格证时，应拍照、录像固定证据，详细登记送检机动车的车辆类型、品牌/型号、车辆识别代号(或整车型号和出厂编号)、发动机号码、整车生产厂家、生产日期等信息，通过机动车安全技术检验监管系统上报。

【条文理解】

本条是对异常情形处置的要求。

**需要说明的是：**

(1) 结合公安部、质检总局联合发布《关于加强和改进机动车检验工作的意见》的精神，公安机关交通管理部门取消了核发检验合格标志查验环节，主要参照安检机构出具的检验报告，作为机动车检验合格证明。因此，安检机构作为在用机动车检验的一道重要防线，需要更加重视“异常情形”的发现、处置，为打击拼装、非法改装、盗抢、走私等违法违规行为发挥积极作用。

(2) 为进一步加强注册登记检验工作，本标准提出了安检机构应具备《公告》查询功能，增强了安检机构发现车辆特征参数、安全装置等项目不符合标准要求的能力。因此，为保证注册登记的车辆，特别是新出厂的车辆能严格执行国家安全技术标准的要求，从源头上保障车辆的安全技术性能。

(3) 对于安检机构上传的异常信息，公安机关交通部门、质量技术监督部门将定期汇总分析，并向工信部、质检总局等主管部门通报信息，督促生产企业严格按照《公告》生产、销售，对于符合召回条件的，组织开展缺陷车辆召回工作。

## 八、关于“8 标准实施的过渡期要求”的说明

【标准条文】

8.1　表 1 中三轴及三轴以上的多轴货车、采用并装双轴及并装三轴的挂车的部分轴还测试加载轴制动率和加载轴制动不平衡率的要求，自本标准实施之日起第 25 个月开始实施；实施之前，只检验空载制动率和空载制动不平衡率。

【条文理解】

本标准提出的“加载制动”从 2017 年 3 月 1 日起实施。在 2017 年 3 月 1 日之前只需检验“空载制动”，2017 年 3 月 1 日之后，三轴及三轴以上的载货汽车、采用并装双轴及并装三轴的挂车应检验“空载制动”和“加载制动”。

【标准条文】

8.2　以下要求自本标准实施之日起第 25 个月开始实施：

a)　表 3 中重中型货车、专项作业车、挂车使用外廓尺寸自动测量装置的要求；

b)　表 3 中大中型客车、专项作业车、重中型货车、挂车使用底盘间隙仪的要求；

c)　附录 C 的 C.1.1d)中用于检验多轴及并装轴车辆的滚筒反力式制动检验台的要求。

【条文理解】

本标准提出了外廓尺寸自动测量装置、底盘间隙仪、用于举升加载的滚筒反力式制动检验台等检验装备从2017年3月1日起实施。

【标准条文】

8.3 本标准8.1、8.2中涉及实施过渡期的要求，有条件的地方可提前实施。

【条文理解】

本着鼓励应用先进、高效检验装备，采用科学检验方法的原则，有条件的地方，可要求安检机构提前采购、建设、改造相关仪器设备，以进一步提升检验服务水平。

## 九、关于“附录”的说明

【标准条文】

附 录 A

（规范性附录）

外廓尺寸测量

A.1 检验设备、工具要求

A.1.1 人工检验标准器

钢卷尺：不确定度：1级；标尺、铅垂、水平尺。

A.1.2 外廓尺寸自动测量仪

测量仪应符合计量法规，测量仪最大允许误差：±1%或±20 mm。

【条文理解】

本条提出了检验设备、工具的基本要求。

（1）本着鼓励应用新技术、提高检测效率的原则，各地安检机构可提前配备外廓尺寸自动测量仪。外廓尺寸自动测量仪应符合相关技术标准的要求。

（2）相应的检测仪器设备应按照要求开展检定、校准，确保仪器设备的测量精度符合要求。

【标准条文】

A.2 人工检验方法

A.2.1 车辆长度、宽度的测量

将车辆停放在平整、硬实的地面上，在车辆前后和两侧突出位置，使用线锤在地面画出“十”字标记。如图A.1所示。

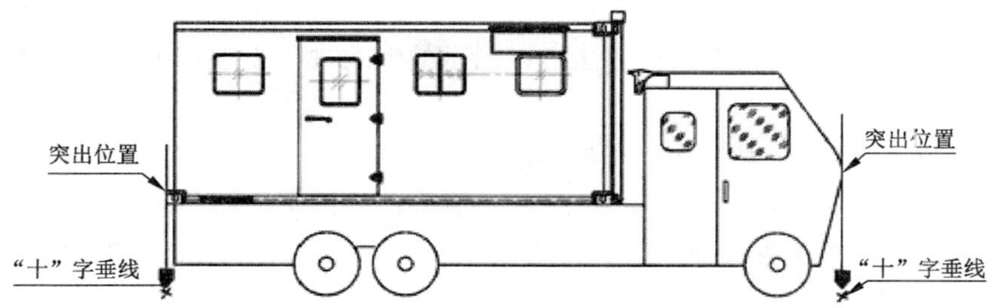


图 A.1 车辆前后突出位置标注示意

为防止车辆前后突出位置不在同一中心线上，影响测试准确度，可将车辆移走，在地面的长宽标记点上分别画出平行线，在地面形成一个长方形框架(可用对角线进行校正)找出车辆中心位置，用钢卷尺分别测出长和宽的直线距离，作为整车的车长和车宽，但 GB/T 3730.3 规定的后视镜、侧面标志灯、示位灯、转向指示灯、挠性挡泥板、折叠式踏板、防滑链以及轮胎与地面接触部分变形，以及法律法规允许加装的其他部件不计入，如图 A.2 所示。

### A.2.2 车辆高度的测量

将车辆停放在平整、硬实的地面上，将水平尺放在车辆的最高处并且保持与地面水平。在水平尺一端点放铅垂到地面画出“十”字标记，用钢卷尺测量水平尺该端点与地面“十”字标记之间的距离示值即为该车的实际高度，如图 A.3 所示。

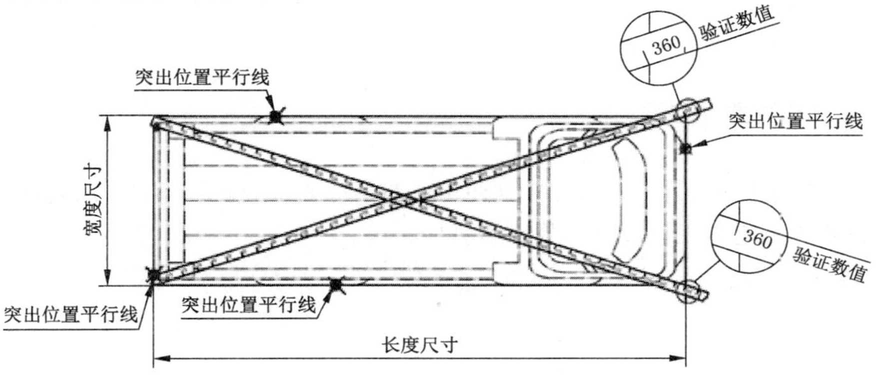


图 A.2 车辆长度、宽度的测量示意

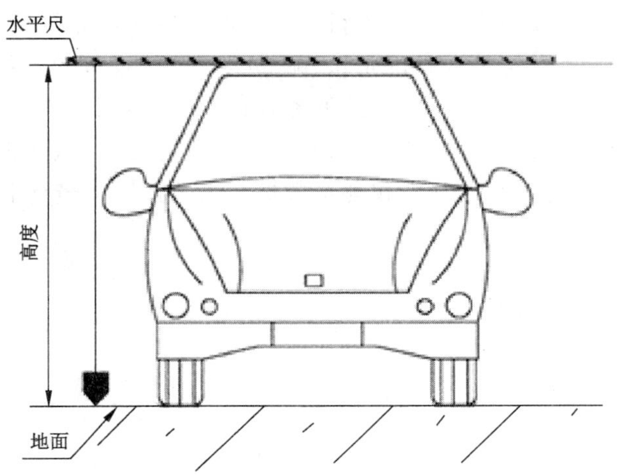


图 A.3 车辆高度的测量示意

【条文理解】

本条规定了车辆外廓尺寸的人工检验方法。以图示的形式进一步细化了车辆长度、宽度、高度的测量方法。

(1) 根据 GB 3730.3—1992《汽车和挂车的术语及其定义　车辆尺寸》的规定:

汽车长:分别过汽车前后最外端点且垂直于 $Y$ 和 $X$ 平面的两平面间的距离。

半挂车长:分别过半挂车车身最前端点或牵引销轴心线和半挂车车身最后端点且垂直于 $Y$ 和 $X$ 平面的两平面之间的距离。

车宽:分别过车辆两侧固定突出部位(不包括后视镜、侧面标志灯、示位灯、转向指示灯、挠性挡泥板、折叠式踏板、防滑链以及轮胎与地面接触变形部分)最外侧点且平行于 $Y$ 平面的两平面之间的距离。

车高(无装载质量):车辆最高点至 $X$ 平面的距离。

目前,《公告》中记录的半挂车长度取车身最前端点和最后端点且垂直于 $Y$ 和 $X$ 平面的两平面之间的距离。

(2) 根据《机动车登记工作规定》(公安部令第 102 号)的规定:

"有下列情形之一,在不影响安全和识别号牌的情况下,机动车所有人不需要办理变更登记:

(一) 小型、微型载客汽车加装前后防撞装置;

(二) 货运机动车加装防风罩、水箱、工具箱、备胎架等;

(三) 增加机动车车内装饰。"

【标准条文】

**A.3　外廓尺寸自动测量仪检验**

**A.3.1**　将车辆正直居中驶进测量仪,按产品使用说明书的要求,测得车辆长度、宽度和高度数值。

**A.3.2**　测量仪不得具有人工修改测量数据和照片的功能,对于需要人工确认修改不计入车长、车宽的,应记录修改日志。

【条文理解】

本条提出了利用外廓尺寸自动测量仪检验的原则性方法。具体的操作可按照产品使用说明书执行。

通常情况下,利用自动测量仪测得的数据不得人工修改。由于技术原因可能造成部分车辆尺寸的测试的误差,如挂车与牵引车联接部分放置的水箱、帆布、绳子、气罐等导致挂车(或牵引车)测量误差,或者部分允许加装的附件被计入车长与车宽导致的测量误差等,可通过人工方式进行测量和确认并上传其结果。但是,在人工测量与确认时,需要记录操作日志,内容包括:人工测量确认后录入的数据,确认原因,确认人姓名与时间,一并与自动测量仪测试数据存入数据库。最终上传的数据是人工测量确认后录入的数据。

【标准条文】

**A.4　测量过程记录**

**A.4.1　人工测量过程记录**

人工检验的整个检验过程应进行全程摄像记录。

A.4.2 外廓尺寸自动测量仪检验过程记录

仪器测量过程中应由仪器实时自动保存测得数据和车身正面、侧面的测量照片并上传至监管系统，照片及数据不能人工修改。

**【条文理解】**

本条是对测量过程的记录要求。

(1) 采用人工检验时，整个检验过程应在固定区域进行并全程录像，在本地存储备查。

(2) 采用外廓尺寸自动测量仪检验时，应拍摄能反映车身正面和侧面的彩色照片，照片应能覆盖整个车头并能清晰分辨号牌号码。宜在车辆左前方45°和右后45°拍摄车辆照片。

**【标准条文】**

## 附 录 B
## (规范性附录)
## 整备质量测量

### B.1 设备要求

整备质量测量可选择地磅或轴(轮)重仪(包括带称重功能的平板试验台)等方式进行测量。三轴及三轴以上车辆如采用轴(轮)重仪测量时，应保证轴(轮)重仪有足够的有效测量长度，确保双联和三联的各并装轴同侧轮同时停在一块称重板上。

**【条文理解】**

本条是对整备质量测量设备的要求。

(1) 目前大部分安检机构需要添置、升级整备质量测试设备。至于整备质量测试设备的布设问题，考虑到场地等因素，整备质量测试设备可安装在“线内”，也可安装在“线外”。两轴车可直接用线内与地面水平安装的轴(轮)重仪。

(2) 针对检测双联轴及三联轴车辆的设备，需保证承载台面有足够的有效测量长度，确保双联和三联的各并装轴同侧轮同时停在一块称重板上测量。鉴于三联轴的相邻轴距一般在1 350 mm左右，考虑轮胎压痕及适当留有余量，称重板的有效测量长度至少不小于3.5 m。

**【标准条文】**

### B.2 测试车辆要求

测试车辆应符合GB/T 3730.2规定的关于车辆质量的要求。

**【条文理解】**

GB/T 3730.2现行的版本是GB/T 3730.2—1996。

**需要说明的是：**

整备质量不包括驾驶人的质量。驾驶人随车测量整备质量测试时，应减去驾驶人体重(汽车驾驶人体重可按65kg估算)。

【标准条文】

**B.3 应用地磅的测量方法**

B.3.1 将车辆平稳缓慢行驶至地磅上，等平稳静止后，测得整备质量。

B.3.2 挂车的整备质量可先测得汽车列车的整备质量、牵引车的整备质量，然后计算得出汽车列车的整备质量与牵引车的整备质量的差值，作为挂车的整备质量。

**B.4 应用轴(轮)重仪的测量方法**

B.4.1 轴(轮)重仪测量时应保持被测车辆保持水平，将车辆依次逐轴(对并装双轴和并装三轴视为一轴)平稳缓慢行驶至测量台，等平稳静止后，测得该轴轴荷；计算所有轴荷之和，计为该车的整备质量。

B.4.2 对于挂车的整备质量测量方法同B.3.2。

【条文理解】

为测取挂车质量，挂车需与牵引车组成汽车列车一起检验得到汽车列车整备质量，再单独检验牵引车整备质量，然后计算得到挂车整备质量。

【标准条文】

**附 录 C**

**(规范性附录)**

**制动性能检验**

**C.1 台试空载制动检验**

**C.1.1 检验设备相关要求**

检验设备相关要求如下：

a) 机动车制动检验宜采用滚筒反力式制动检验台或平板制动检验台，并应根据所检验车辆的轴荷选择相应承载能力的制动台；

b) 轴(轮)重仪应水平安装，安装时称重台上表面与地平面的高差不得超过±5 mm；

c) 制动台前后地面的附着系数应不小于0.7；

d) 用于检验多轴及并装轴车辆的滚筒反力式制动检验台，应具有台体举升功能并满足：滚筒中心距为460 mm、主副滚筒高差为30 mm时，副滚筒上母线与地面水平面的高度差为+40 mm。当滚筒中心距增大或减小10 mm，副滚筒上母线与地面水平面的高度差相应增大或减小2 mm；当主副滚筒高差减小10 mm，副滚筒上母线与地面水平面的高度差相应增大4 mm。

【条文理解】

本条是对整备质量测量设备的要求。

(1) 考虑到三轴及三轴以上货车等车辆在2017年3月1日后需实施加载轴制动检验，有条件的安检机构可提前购置或升级改造具有台体举升功能的滚筒反力式制动检验台。但平板制动仍可用于两轴车的制动检验，尤其是小型、微型载客汽车。

(2) 轴(轮)重仪应水平安装，确保测试过程中，测试轴的轮胎下边缘与地面平齐。轴(轮)重仪用于测取各轴(轮)在地平面上的垂直载荷。

(3) 滚筒反力式制动检验台前后地面应为粗糙地面,增加制动检测时非被测轮的地面附着力。

(4) 带升降功能的滚筒反力式制动检验台,其副滚筒是指出车方向的滚筒,条款 d)规定了安装时副滚筒离地初始高度,目的是使并装轴检测时能使其车轮充分与滚筒接触,增加测试轴轴荷。

为了准确测量出被测试轴(轮)的制动性能,减少测试过程中因该轴轴荷被其他轴分担而引起的测试误差(对于并装轴尤为明显),有必要保持被测试轴车轮的下边缘与地面平齐(在不考虑轮胎变形的前提下)。实际操作过程中,可通过抬升测试滚筒的方式来实现,见示意图 2-24 所示。具体的高度差为基于常见轮胎直径的理论计算值。

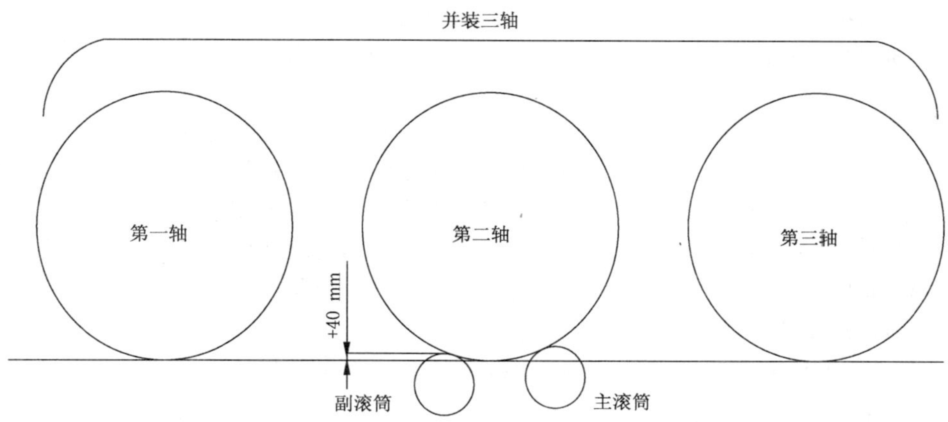


图 2-24 滚筒安装示意图

【标准条文】

> **C.1.2 检验前准备**
>
> 检验前应准备工作如下:
>
> a) 制动检验台滚筒(或平板)表面应清洁,没有异物及油污;
>
> b) 检验辅助器具应齐全;
>
> c) 气压制动的车辆,贮气筒压力应能保证该车各轴制动力测试完毕时,气压仍不低于起步气压(未标起步气压者,按 400 kPa 计);
>
> d) 液压制动的车辆,根据需要将踏板力计装在制动踏板上。

【条文理解】

本条是对制动检验前的准备工作要求。

(1) 检验辅助器具主要包括制动踏板力计、三角垫块等。

(2) 对于底盘动态检验时感觉制动踏板沉重的液压制动车辆,应将制动踏板力计安装在制动踏板上以便考核制动踏板力情况。

【标准条文】

> **C.1.3 滚筒反力式制动检验台检验**
>
> 检验步骤如下:
>
> a) 被检车辆正直居中行驶,各轴依次停放在轴(轮)重仪上,并按规定时间(不少于 3 s)停放,测出静态轴(轮)荷[轮(轮)重、制动分列式];

b) 被检车辆正直居中行驶，将被测试车轮停放在制动台滚筒上，变速器置于空挡，松开制动踏板；对于全时四轮驱动车辆，非测试轮应处于附着系数符合要求的辅助自由滚筒组上，变速器置于空挡；采用具有举升功能的滚筒反力式制动检验台时，对于多轴车辆及并装轴车辆，举升台体至规定位置，测出左右轮空载轮荷，计算得出该轴空载轴荷(或直接测得该轴空载轴荷)；

c) 起动滚筒电机，稳定 3 s 后实施制动，将制动踏板逐渐慢踩到底或踩至规定制动踏板力，测得左、右车轮制动力增长全过程的数值及左、右车轮最大制动力，并依次测试各车轴；对驻车制动轴，操纵驻车制动操纵装置，测得驻车制动力数值，并按 C.1.5.1 要求计算轴制动率、不平衡率、驻车制动率、整车制动率；

d) 可采取相关措施防止被检车辆在滚筒反力式制动检验台上后移，以适应制动检测需要。

**【条文理解】**

本条规定了利用滚筒反力式制动检验台检验制动性能的相关检验步骤等。

(1) 首先对被检车辆在水平安装的轴(轮)重仪上进行称重：检验员将被检车辆正直平稳驶上轴(轮)重仪，先将前轴停放在台面的中间位置，并按规定的时间停放不少于三秒钟，进行称重；车辆前进后，进行其他各轴称重，分别测出各车轮(轴)的静态载荷。

(2) 实施制动前的操作：

a) 被检车辆正直平稳驶上滚筒反力式制动检验台，将被检测车辆的前轴停放在滚筒上，变速器置于空挡，松开制动踏板，使制动器处于放松状态；

b) 对于全时四驱或适时四驱等可实现前、后轴同时驱动的车辆，宜将非测试车轮停放在适合轴距尺寸、附着系数符合规定要求的自由滚筒组上，手动变速器置于空挡，自动变速器、无级变速器等置于 N 挡。

(3) 实施制动的方法：

a) 行车制动测试时，起动滚筒电机，稳定 3 s 后检验员按显示屏指示，将制动踏板逐渐、缓慢踩到底或规定的制动踏板力，测得左、右车轮制动力增长全过程的数值，制动检验台应能分别控制左右两组滚筒在各自对应车轮制动力达到最大(或抱死)后停机，测得左、右车轮的最大制动力；前轴测试后，按同样方法对其他轴进行测试。

b) 驻车制动测试时，应对各驻车轴进行驻车制动测试：检验员按显示屏指示，拉紧驻车制动操纵装置，测得驻车制动力数值。在测试过程中感觉驻车制动操纵力偏大的，应使用驻车操纵力计测量驻车制动操纵力，确认是否符合 GB 7258—2012 的 7.4.3 的规定。

(4) 防止车辆在滚筒反力式制动检验台上后移的措施：

a) 测轴制动时，为防止后移，可在非被测轴车轮后方垫三角垫块，或采取整车牵引的方法进行测试，对驻车制动在后轴的车辆，前轴测试时也可采取使用驻车制动的方法进行测试；

b) 进行驻车制动测试时，驻车所作用的车轮抱死后，被检车辆在滚筒反力式制动检验台上后移，为防止这种现象，对手动变速的车辆，可将发动机熄火，挂入倒挡后，进行测试；也可以在非被测轮后方垫三角垫块后，进行测试；对自动变速的车辆，在非被测轮后方垫三角垫块后，进行测试；

(5) 对于四轮同时驱动的车辆，如果没有与之轴距相适应的自由滚筒组配合检测，不可采用滚筒制动进行检验，应采用平板制动检验或路试检验。

**需要说明的是：**

(1) 随着越来越多的中高档轿车采用四驱模式，为避免在检测过程中由于仪器设备问题造成车辆差速器被损坏等情形，对于分时四驱的车辆，检验前可切换至两驱模式。

(2) 各地安检机构应监督、指导引车员在实施制动时将制动踏板逐渐慢踩到底或踩至规定制动踏板力，通常情况下制动过程应至少持续 3 s 以上，否则容易引起较大的测量误差。从目前各地的执行情况看，引车员“猛踩”制动的情形非常普遍，迫切需要扭转这一错误的做法，确保制动测量的准确性。

【标准条文】

C.1.4 平板制动检验台检验

检验步骤如下：

a) 检验员将被检车辆以 5 km/h～10 km/h 的速度滑行，置变速器于空挡后(对自动变速器车辆可位于“D”挡)，正直平稳驶上平板；

b) 当被测试车轮均驶上平板时，急踩制动，使车辆停止，测得各车轮的轮荷(对小型、微型载客汽车应为动态轮荷，对于并装双轴、并装三轴车辆的左右两侧可以按照 1 个车轮计)、最大轮制动力、轮制动力增长全过程的数值等，并按照 C.1.5.2 规定计算轴的制动率、不平衡率、整车制动率等指标；

c) 重新起动车辆，待车辆驻车制动轴驶上平板时操纵驻车制动操纵装置，测得驻车制动力数值，按照 C.1.5.2 规定计算驻车制动率；

d) 车辆制动停止时如被测试车轮已离开平板，则此次制动测试无效，应重新测试。

【条文理解】

本条规定了平板制动检验台检验制动性能的检验步骤等。

(1) 检验员应将被检车辆正直行驶，否则会造成侧向力过大，影响检测结果真实性。应确保车速在 5 km/h～10 km/h 之间，避免车速过大导致轴荷严重转移，甚至后轴跳起，影响后轴制动测量。

(2) 测量行车制动时，当各车轮均驶上平板时，急踩制动，使机动车停止，停止后各车轮均不能超出平板位置，否则为无效数据，应重新测量。

(3) 测量驻车制动时，当驻车轴驶上平板时，操纵手制动装置，测得驻车制动力。

**需要说明的是：**

各地安检机构应监督、指导引车员在实施制动时确保车辆的行驶速度不超过 10 km/h(通常情况下自动挡汽车“D”挡时，不踩油门踏板时的车速在 5 km/h～15 km/h 之间)，否则容易引起较大的测量误差。从目前各地的执行情况看，引车员“快速、加速”行驶至制动平台制动的情形非常普遍，迫切需要扭转这一错误的做法，确保制动测量的准确性。

【标准条文】

C.1.5 制动性能参数计算

C.1.5.1 用滚筒反力式制动检验台检验时

制动性能参数计算方法如下：

a) 轴制动率为测得的该轴左、右车轮最大制动力之和与该轴(静态)轴荷之百分比；

b) 以同轴左、右轮两个车轮均达到最大制动力(或两个车轮一个达到最大制动力、另一个产生抱死滑移；或两个车轮均产生抱死滑移)时为取值终点，取制动力增长过程中测得的同时刻左右轮制动力差最大值为左右车轮制动力差的最大值，用该值除以左、右车轮最大制动力中的大值(当后轴及其他轴，制动力小于该轴轴荷的 60%时为该轴轴荷)，得到不平衡率；

c) 整车制动率为测得的各轮最大制动力之和与该车各轴(静态)轴荷之和之百分比；

d）驻车制动率为测得的各驻车轴制动力之和与该车所有车轴（静态）轴荷之和之百分比。

注1：对多轴车辆及并装轴车辆，采用具有举升功能的滚筒反力式制动检验台，计算轴制动率、不平衡率和整车制动率时，（静态）轴荷按照空载轴荷计算。

注2：按照本标准C.3加载制动检验，计算加载轴制动率、加载轴制动不平衡率时，（静态）轴荷按照加载状态下的轴荷计算。

**【条文理解】**

本条是制动性能参数计算方法。

本条提到的左右轮最大制动力是指本次测试中测量到的最大制动力，如车轮抱死滑移导致停机，则该时刻之前的最大制动力即为本次测量中的该车轮的最大制动力。

本条是用滚筒反力式制动检验台检验时制动性能参数计算的方法，具体的参数如下：行车制动项目：轴制动率、轴制动不平衡率、整车制动率的指标；驻车制动项目：驻车制动率。

以图2-25为例具体说明部分指标的取值计算方法。

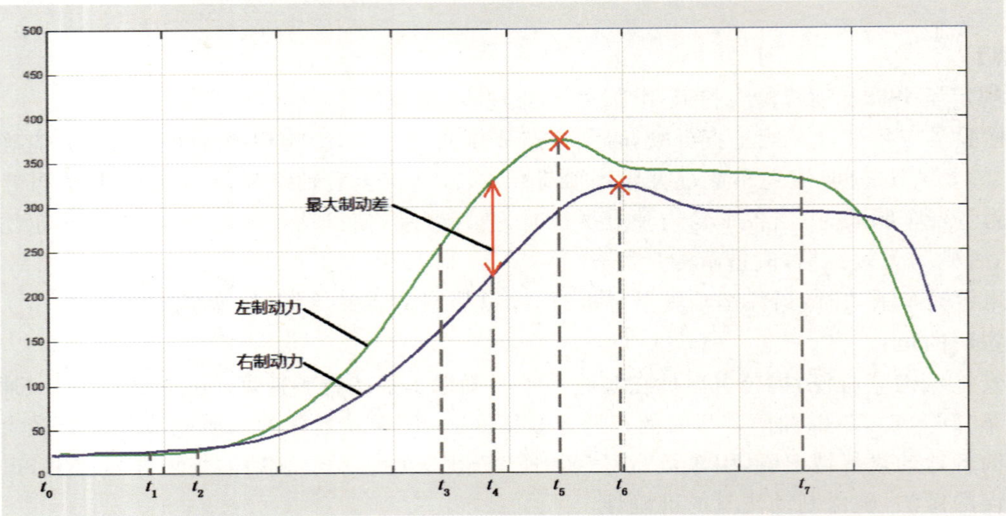


图2-25 制动过程示意图

（1）最大轮制动力：检验员在 $t_1$ 时刻按显示屏指示开始踩下制动踏板，到 $t_2$ 时刻克服踏板自由行程后制动力上升直至最高点后趋于稳定，到 $t_7$ 时刻松开制动器，至制动完全释放，完成整个制动过程。在制动过程中，$t_4$ 为制动过程中左右制动力差达到最大的时刻，$t_5$ 为左制动力达到最大的时刻，$t_6$ 为右制动力达到最大的时刻。注意：在实际检测过程中，为防止制动力达到最大后制动台滚筒继续旋转致使剥伤轮胎，左右滚筒应分别在到达 $t_5$、$t_6$ 时刻后自动停机。可以采用不同的停机方式，但要保证能测取左右最大制动力。

（2）轴制动率：轴最大制动力为 $t_5$、$t_6$ 时刻左右制动力之和，轴制动率为轴最大制动力与该轴（静态）轴荷之百分比。

（3）轴不平衡率：从踩制动 $t_1$ 时刻开始到同轴左、右轮任一车轮产生抱死滑移达到最大制动力的时刻或两轮均出现抱死滑移时为取值区间，测取的制动力增长过程中同时刻左右轮制动力差的最大值（$t_4$ 时刻）为左右车轮制动力差的最大值，用该值除以左、右车轮最大制动力中的大值或静态轴荷（除前轴外的其他轴制动力小于该轴轴荷的60%时），得到左右轮制动力差最大值百分比即为该轴不平衡率。注意：若左右车轮滑移率均不能达到停机控制要求的滑移率设置值，则在左、右轮两个车轮均达到最大制动力时为轴不平衡率计算取值终点。

示例1：左右轮均抱死滑移（如图2-26所示），图中先抱死滑移的 $t_5$ 时刻为取值终点。

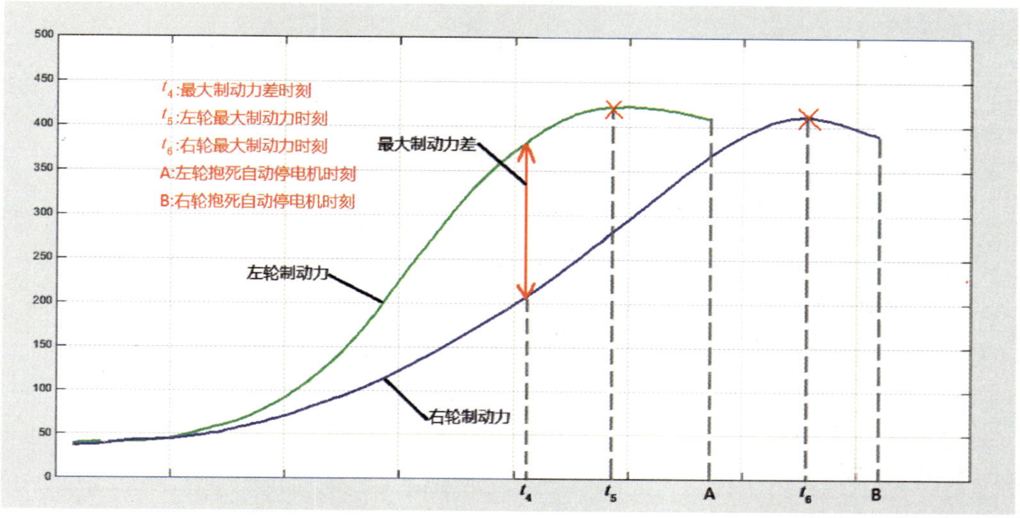


**图 2-26　左右轮均抱死滑移制动示意图**

示例 2:左轮未抱死滑移、右轮抱死滑移(如图 2-27 所示),图中右轮抱死滑移的 $t_6$ 时刻为取值终点。

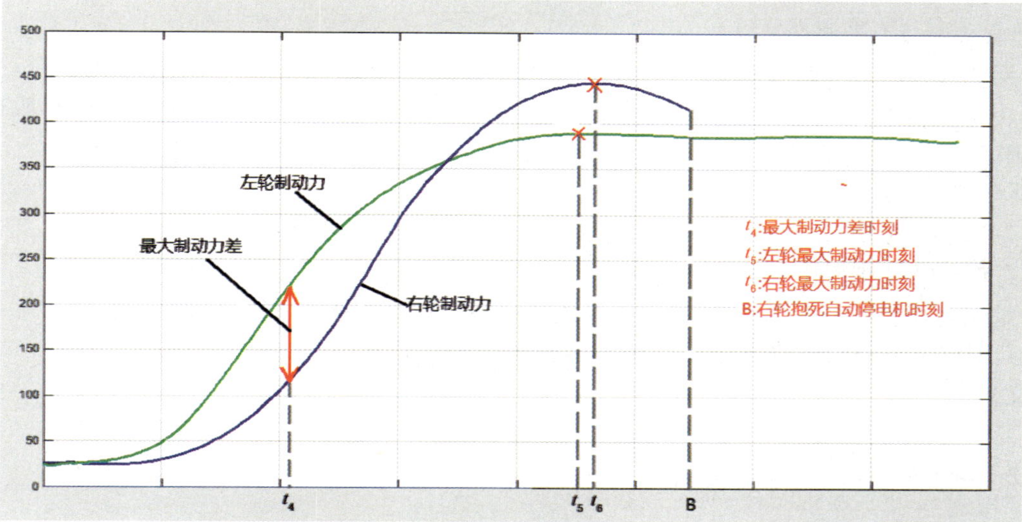


**图 2-27　左轮未抱死滑移、右轮抱死滑移制动示意图**

示例 3:左右轮均未抱死滑移(如图 2-28 所示),图中左右轮制动力均不再增长的 $t_6$ 时刻为取值终点。

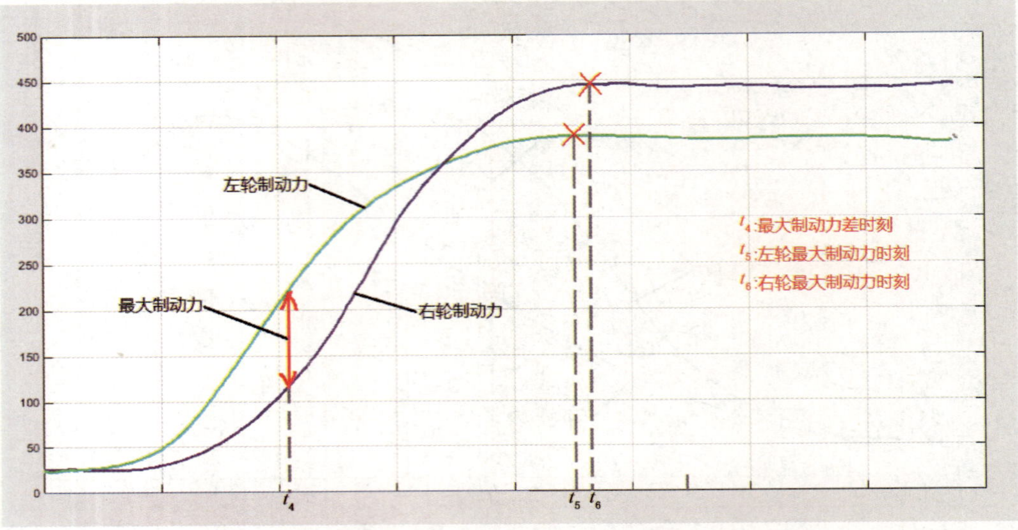


图 2-28　左右轮均未抱死滑移制动示意图

(4) 整车制动率：测试车辆所有轴最大制动力之和与该车各轴(静态)轴荷之和之百分比。

(5) 驻车制动率：应分别测取带有驻车作用的各轴制动力，各驻车轴的驻车制动力之和与该车所有车轴(静态)轴荷之和之百分比即为驻车制动率。

(6) 多轴车辆及并装轴车辆的空载检验：

a) 轴制动率与不平衡率计算

对于安装高度满足本标准 C.1.1 d)要求的具有举升加载功能的滚筒反力式制动检验台，采用空载测试状态下制动检验台测得的轴荷进行计算。但是，未按照本标准 C.1.1 d)的要求升级、改造制动台的，采用轴(轮)重仪测得的轴荷作为空载轴荷进行计算。

b) 整车制动率计算

整车制动率均采用轴(轮)重仪测得的轴荷作为空载轴荷进行计算。

(7) 多轴车辆及并装轴车辆的加载检验：

对于轴制动率与不平衡率计算，采用加载测试状态下制动检验台测得的轴荷计算。

(8) 其他情况下，静态轴荷按照轴(轮)重仪测得的轴荷计算。

**【标准条文】**

> **C.1.5.2　用平板制动检验台检验时**
>
> 制动性能参数计算方法如下：
>
> a)　轴制动率为测得的该轴左、右车轮最大制动力之和与该轴轴荷之百分比，对小(微)型载客汽车轴荷取左、右轮制动力最大时刻所分别对应的左、右轮荷之和，对其他机动车轴荷取该轴静态轴荷；
>
> b)　不平衡率、整车制动率、驻车制动率等指标的计算同 C.1.5.1。

**【条文理解】**

本条是用平板制动检验台检验时制动性能参数计算的方法。

由于平板制动检验是一个动态过程，制动过程数据变化很快，制动过程如图 2-29、图 2-30 所示。

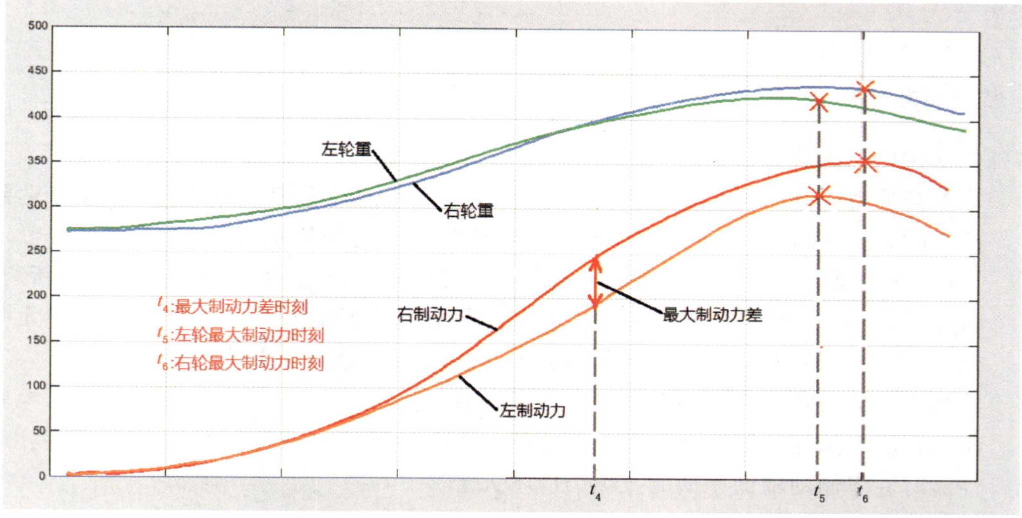


图 2-29　前轴制动力—轮重示意图

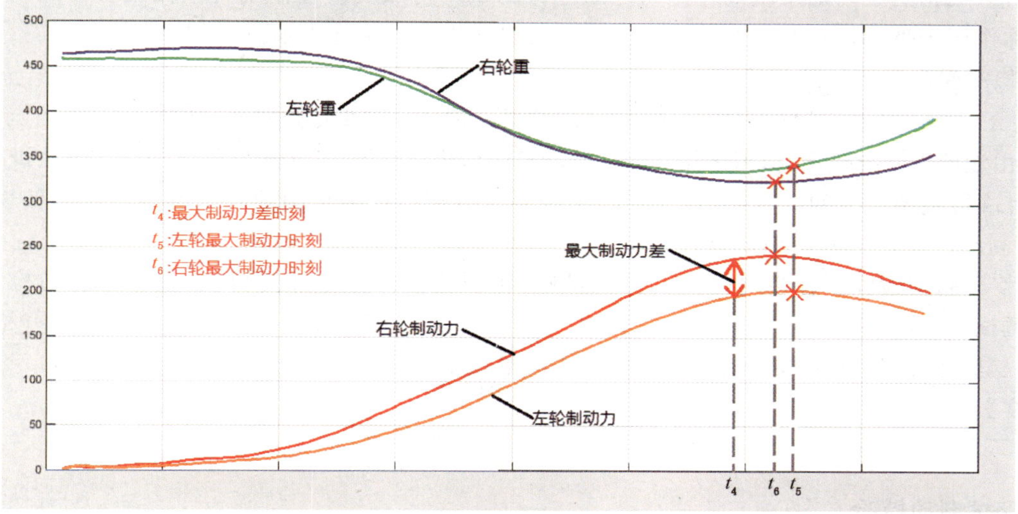


图 2-30　后轴制动力—轮重示意图

(1) 轴制动率计算

对小(微)型载客汽车,计算轴制动率时轴荷取动态轴荷计算,具体而言应取左、右轮制动力最大时刻所分别对应的左、右轮荷之和为动态轴荷。但是,对小(微)型载客汽车计算驻车制动率、整车制动率、制动不平衡率均按静态轴荷计算。

(2) 制动不平衡率计算

制动不平衡率计算时应取从踩制动开始到同轴左、右轮制动力之和达到最大制动力的时刻作为取值区间,取值区间内同一时刻左右轮制动力最大差,用该值除以左、右车轮最大制动力中的大值或静态轴荷(除前轴外的其他轴制动力小于该轴轴荷的 60% 时),得到左右轮制动力差最大值百分比即为该轴不平衡率。

(3) 整车制动率计算

各轴最大制动力之和与各轴静态轴荷之和的百分比。

(4) 驻车制动率计算

各驻车轴驻车制动力之和与各轴静态轴荷之和的百分比。

【标准条文】

C.1.6　特殊情形处置

特殊情形按以下方式处置：

a)　在滚筒反力式制动检验台上检验时，被测试车轮在滚筒上抱死但整车制动率未达到合格要求时，应在车辆上增加足够的附加质量或相当于附加质量的作用力(在设备额定载荷以内，附加质量或作用力应在该轴左右车轮之间对称作用，不计入轴荷)后，重新测试；

b)　在滚筒反力式制动检验台上检测受限的车辆或底盘动态检验过程中点制动时无明显跑偏，但左右轮制动力差不合格的车辆，应换用平板制动检验台或采用路试检验。

c)　对加装肢体残疾人操纵辅助装置的汽车，应通过操纵辅助装置检验制动性能。检验行车制动性能时施加在制动和加速迁延手柄表面上的正压力不应大于 300 N，检验驻车制动性能时驻车制动辅助手柄的操纵力应不大于 200 N。

【条文理解】

(1) 车轮抱死后，与滚筒间打滑，但轴制动力或整车制动力仍不合格时，可采取在车辆上增加足够的附加质量，或相当于附加质量的作用力之后进行测试。附加质量或作用力应在检验台的额定载荷以内，且对称作用于被测轴的左右车轮之间。附加质量或作用力不计入轴荷。

(2) 检测受限车辆处理方法：

a) 对于部分无法在滚筒反力式制动检验台上检验的车辆，如四轮同时驱动的车辆且没有与之轴距相适应的自由滚筒组配合检测时，可采用平板式制动检验台进行检验，或按标准规定的路试方法进行检验。

b) 台试检验制动力的过程差不合格，但底盘动态检验过程中点制动时车辆无明显跑偏现象的，应换用平板制动检验台或采用路试方法检验。

(3) 整车制动检验不合格时，整改调试后制动各项目指标应全部复检；单轴行车制动检验不合格时，整改调试后复检该轴并重新评价整车制动(驻车不重新计算与评价)；驻车制动检验不合格时，整改调试后复检驻车制动(未复检轴的重量可用上次测量结果)。

【标准条文】

C.2　路试制动检验

C.2.1　行车制动

C.2.1.1　路试制动性能检验应在纵向坡度不大于 1%、轮胎与地面间的附着系数不小于 0.7 的硬实、清洁、干燥的水泥或沥青路面上进行。检验时车辆变速器应置于空挡。检验前应对检验场地进行安全检查，并采取必要的防护及封闭措施，确保检验过程的安全。

C.2.1.2　对于不适用于仪器设备制动检验的车辆，用制动距离或者充分发出的平均减速度(MFDD)和制动协调时间判定制动性能。有疑问时应安装踏板力计，检查达到规定制动效能时的制动踏板力是否符合标准。

C.2.1.3　在试验路面上，按照 GB 7258 划出规定的试车道的边线，被测车辆沿着试车道的中线行驶。使用便携式制动性能测试仪进行测试时，行驶至规定初速度后，置变速器于空挡，急踩制动，使车辆停止，测量充分发出的平均减速度(MFDD)和制动协调时间，并检查车辆有无驶出车道边线；当使用第五轮仪或非接触式速度仪进行测试时，行驶至高于规定的初速度后，置变速器于空挡，滑行到规定的初速度时，急踩制动，使车辆停止，测量车辆的制动距离和检查车辆有无驶出车道边线。

C.2.1.4　对已在制动检验台上检验过的车辆，制动力平衡及前轴制动率符合要求，但整车制动率未达到合格要求时，用便携式制动性能测试仪检测，对于小(微)型载客汽车及其他总质量不大于4 500 kg 的汽车的制动初速度应不低于 30 km/h，对于其他汽车、汽车列车及无轨电车，制动初速度应不低于20 km/h，急踩制动后测取 MFDD 及制动协调时间。

【条文理解】

(1) 路试检验是台试检验的补充和验证。通常情况下，能台试的车辆必须进行台试检验。从目前的执行情况看，在执行路试试验时多存在不严格执行标准步骤的情形。各地安检机构要以执行本标准为契机，进一步规范路试检验流程，加强路试过程的监督管理，确保路试符合标准要求。

(2) 鉴于试验路面的附着系数对制动性能检验结果有着重要的影响，附着系数不小于 0.7 的要求必须严格实施。雨雪天时路面附着系数达不到 0.7，不能路试制动性能检验。

(3) 在路试检验前应保证路试场地的安全性，一定要采取隔离跑道、组织安全员控制跑道等工作，以保证检测过程中的安全。

(4) 制动距离和 MFDD 测量均需要安装制动踏板开关，试验结果应符合 GB 7258—2012 的表 3 或表 4 的规定。

(5) 为了进一步保障路试的准确性，加强路试过程监管，所有路试检验数据应能人工输入或自动传输到控制系统，并存入检测数据库。

(6) 考虑到安全技术检验的实际情况，本标准未对满载路试检验行车制动性能加以规定。根据 GB 7258—2012 的 7.11.3，机动车制动性能的检验结果以满载路试的检验结果为准。因此，在某些特定情形下，安检机构可应相关管理部门或委托检验部门要求，在确保安全的情况下对送检机动车满载路试检验制动性能。

【标准条文】

C.2.2　驻车制动

C.2.2.1　将车辆驶上坡度为 20%(总质量为整备质量的 1.2 倍以下的车辆为 15%)，附着系数不小于0.7的坡道上，按正反两个方向保持固定不动，其时间不少于 5 min，检验车辆的驻车制动是否符合要求。

C.2.2.2　在用机动车检验时，在不具备试验坡道的情况下，可参照相关标准使用符合规定的仪器测试驻车制动性能。

【条文理解】

根据 GB 7258—2012 的要求，在不具备试验坡道的情况下，可采用符合相关技术标准的仪器测试驻车性能。从调查的情况下，目前主要有采用牵引法或模拟坡道法的有关测量仪器等。

**需要说明的是：**

为了保持测量仪器设备的准确、可靠，应尽快组织制订相关技术标准，确保安检机构选用合格的仪器设备。

【标准条文】

C.3　台试加载制动检验

加载制动检验宜采用具有台体举升功能的滚筒反力式制动检验台进行，多轴货车、由并装轴挂车组成的汽车列车的第一轴和最后一轴不进行加载制动检验。具体方法如下：

a) 被检车辆正直居中行驶，将被测试车的第二轴停放在制动台滚筒上，变速器置于空挡，松开制动踏板；

b) 通过举升台体对测试轴加载，举升至副滚筒上母线离地 100 mm(或轴荷达到 11 500 kg 时)，停止举升；测出左右轮轮荷，计算得出该轴加载状况下的轴荷(或直接测得该轴加载状况下的轴荷)；

c) 起动滚筒电机，稳定 3 s 后实施制动，将制动踏板逐渐慢踩到底或踩至规定制动踏板力，测得左、右车轮制动力增长全过程的数值及左、右车轮最大制动力；并按 C.1.5.1 要求计算加载轴制动率、加载轴制动不平衡率；

d) 重复 a)、b)、c)步骤，依次测试各车轴。

**【条文理解】**

本条是台试加载制动检验的方法。根据本标准中表 1 的要求："三轴及三轴以上的载货汽车、采用并装双轴及并装三轴的挂车，对部分轴还测试加载轴制动率和加载轴制动不平衡率"。本方法是借鉴欧盟等地经验，提出的一种相对易于操作、比对的加载测试方法。从当前情况看，尚没有更好的取代方法。因此，各地安检机构应遵照本标准规定的方法开展加载轴制动检验。

(1) 由于本方法是利用举升被测试轴，通过其他轴荷转移的方式，实现对被测试轴的加载。考虑到部分车型结构，在举升第一轴和最后一轴时，轴荷变化不显著，为统一方法，本标准未提出对第一轴和最后一轴的加载制动要求。三轴牵引车单独检测或与挂车组成汽车列车检测时，对其第一轴和最后一轴均不做加载制动检测要求。

(2) 对需要加载检测的轴，需按要求举升台架到副滚筒上母线离地高度 100 mm 进行检测。举升过程中需动态检测轴荷，如果轴荷达到 11 500 kg，即使举升高度未达到 100 mm，为防止单轴承载力过大需停止举升。

**【标准条文】**

## 附 录 D
## （规范性附录）
## 前照灯检验

### D.1 设备要求

前照灯光束照射位置检验及前照灯远光光束发光强度测量应使用具备远近光光束照射位置检验功能的前照灯检测仪。

**【条文理解】**

目前，前照灯检测仪的产品标准为 JT/T 508《机动车前照灯检测仪》，通常采用透镜成像、图像处理的原理，分析反映前照灯在 10m 屏幕处的发光强度和照射位置。

**需要说明的是：**

从鼓励新技术、新装备的角度，允许不同原理的设备应用于前照灯检验工作。但是，由于设备的生产、定型需要技术标准的引领，需要依据计量检定规程开展计量特性测试。各地安检机构在应用这些检测设备时应确保符合相关标准、规程的要求。

**【标准条文】**

### D.2 检验前仪器及车辆准备

检验前，仪器及车辆准备如下：

a) 检测仪受光面应清洁；

b) 对手动式前照灯检测仪应检查其电池电压是否在规定范围内；

c) 轨道内应无杂物，使仪器移动轻便；

d) 前照灯应清洁。

【条文理解】

本条是前照灯检验前的车辆准备工作要求。通常情况下，需用软布等擦拭前照灯发光面，确保符合要求。

【标准条文】

**D.3　检验方法**

**D.3.1　自动式前照灯检测仪检验**

**D.3.1.1**　采用自动式前照灯检测仪检验时，按以下步骤进行：

a)　车辆沿引导线居中行驶至规定的检测距离处停止，车辆的纵向轴线应与引导线平行，如不平行，车辆应重新停放，或采用车辆摆正装置进行拨正；

b)　置变速器于空挡(无级变速二轮、三轮车辆应实施制动)，车辆电源处于充电状态，开启前照灯远光灯；

c)　给自动式前照灯检测仪发出启动测量的指令，仪器自动搜寻被检前照灯，并测量其远光发光强度及远光照射位置偏移值；

注：前照灯远光照射位置偏移值检验仅对远光光束能单独调整的前照灯进行；远光光束能单独调整的前照灯是指手工或通过使用专用工具能够在不影响近光光束照射角度的情况下调整远光光束照射角度的前照灯，通常情况下远近光束一体的前照灯其远光光束照射角度不能单独进行调整。

d)　被检前照灯转换为近光光束，自动式前照灯检测仪自动检测其近光光束明暗截止线转角(或中点)的照射位置偏移值；

e)　按上述 c)、d)步骤完成车辆所有前照灯的检测；

f)　在对并列的前照灯(四灯制前照灯)进行检验时，应将与受检灯相邻的灯遮蔽；

g)　采用气体放电光源前照灯时，测试前应预热。

**D.3.1.2**　三轮汽车、摩托车前照灯检验时，按以下步骤进行：

a)　将车辆停止在规定的位置；

b)　保持前照灯正对检测仪，有夹紧装置的将车轮夹紧；

c)　开启前照灯检测仪进行检测，检测过程中车辆应处于充电状态(挡位置于空挡，无级变速的车辆应实施制动)；

d)　对两轮机动车和装用一只前照灯的三轮机动车，记录前照灯远光光束发光强度。对装用两只或两只以上前照灯的三轮机动车，参照 D.3.1.1 的方法进行。

**D.3.2　手动式前照灯检测仪检验**

用手动式前照灯检测仪检验时，参照 D.3.1 的方法进行。

【条文理解】

本条是利用前照灯检测仪开展自动、手动测量的方法。

(1) 检验时所用的自动式前照灯检测仪应同时具有远、近光测试功能。检验时要注意将车身摆正，置变速器于空挡，车辆电源处于充电状态，按检验程序要求的顺序开启前照灯远近光灯进行测试。通常情况下，汽车宜处于怠速状态。

(2) 对于远近光光束一体的前照灯，前照灯远光光束照射位置检验仅对远光光束能单独调整的前照灯有要求。对远光光束不能单独调整的前照灯，应进行近光光束明暗截止线或明暗截止线转角(或中点)检查，若被检前照灯近光光束没有明显的明暗截止线，则该前照灯检验不合格(前照灯近光光束功能性检查不合格)，应更换合格前照灯后复检。

**需要说明的是：**

造成前照灯远近光束垂直偏移检验不合格的因素是多方面的，既有前照灯产品质量差、装车后固定不可靠等车辆制造方面的因素，也有前照灯检测仪功能不齐全、未按规定定期检定校准、使用时间长等检测设备方面的因素，还有安检机构未严格按照检验工作规范操作等检验操作方面的因素；此外，机动车所有人对前照灯光束照射位置对交通安全的重要性认识不足，未定期调整光束照射位置也是重要因素之一。各地安检机构要认真贯彻实施《关于印发〈关于加强和改进机动车检验工作的意见〉的通知》（公交管[2014]138 号）的要求，积极提供免费调试等服务。同时，相关部分和单位要加强宣传不规范使用灯光对道路交通安全的影响，引导广大机动车所有人养成规范使用灯光、定期调整前照灯远近光束照射位置的良好习惯。

**【标准条文】**

附　录 E

（规范性附录）

车速表指示误差检验

**E.1　设备要求**

车速表检验宜在滚筒式车速表检验台上进行。

**E.2　检验程序**

检验程序如下：

a）　将车辆正直居中驶上检验台，驱动轮停放在测速滚筒上；

b）　降下举升器或放松滚筒锁止机构，为防止车辆向前驶出该工位，可在非驱动轮前部加止动块（前轮驱动车使用驻车制动）；

c）　当车速表指示 40 km/h 时，测取实际车速，检验结束；

d）　升起举升器或锁止滚筒，将车辆驶出检验台。

**【条文理解】**

（1）检验时，应在车速表指示值稳定在 40 km/h 的情形下测取实际车速，以最大限度地保证测试结果的准确性。

（2）根据 GB 7258—2012 的要求，当机动车车速表的指示值（$v_1$）为 40 km/h 时，车速表检验台速度指示仪表指示值（$v_2$）为 32.8 km/h～40.0 km/h 范围内为合格；当车速表检验台的速度指示值（$v_2$）为 40 km/h时，读取机动车车速表的指示值（$v_1$），当 $v_1$ 的读数在 40 km/h～48 km/h 范围内时为合格。

**【标准条文】**

**E.3　检验注意事项**

注意事项如下：

a）　测速时车辆前、后方及驱动轮两旁不准站立人员；

b）　检验结束后，检验员不可采取任何紧急制动措施使滚筒停止转动；

c）　对于不能在车速表检验台上检验的车辆，只需在底盘动态检验时定性判断其车速表工作是否正常即可。

【条文理解】

本条是车速表检验时的注意事项。由于实际检验时车辆速度较快(40 km/h 左右),安检机构应规范检验方法,确保测试安全。

(1) 检验结束后,检验员不可猛踩制动器踏板,应缓踩制动,使滚筒停止转动;滚筒停止后,锁止滚筒或升起举升器,再将车辆驶出检验台。

(2) 对于无法在车速表检验台上检验车速表指示误差的机动车(如全时四轮驱动汽车、具有驱动防滑控制装置的汽车等),不检验车速表指示误差,仅(结合底盘动态检验)确认车速表功能是否有效。

【标准条文】

附　录　F

(规范性附录)

转向轮横向侧滑量检验

F.1　设备要求

转向轮横向侧滑量的检验应在侧滑检验台上进行,侧滑检验台宜具有轮胎侧向力释放功能。

【条文理解】

考虑到转向轮(通常为前轮)有侧滑时,与地面接触部位轮胎变形,当变形的轮胎驶上滑动板时它会迅速释放应力使滑板移动,这种移动量若叠加到侧滑测试板上增大了实际测取的侧滑量的绝对值。因此,本标准推荐在检验滑板的进车方向增加轮胎侧向力释放板,以增加侧滑量检验结果的重复性。

【标准条文】

F.2　检验程序

将车辆正直居中驶近侧滑检验台,并使转向轮处于正中位置,在驱动状态以不大于 5 km/h 的车速平稳、直线通过侧滑检验台,读取最大示值。

【条文理解】

本条是转向轮侧滑量的检验程序性规定。

当车轮通过检验台时,滑板向外移动则侧滑量值为正,向内移动则侧滑量值为负。为便于检验人员对车辆前束、前轮外倾引起的滑板移动方向有明确的认识,图示说明如下:

(1) 汽车前进时,侧滑板向外移动,可能是:

a) 前束值过大,如图 2-31 所示;

b) 前轮外倾角与该车外倾角基准值相比偏小,如图 2-32 所示。

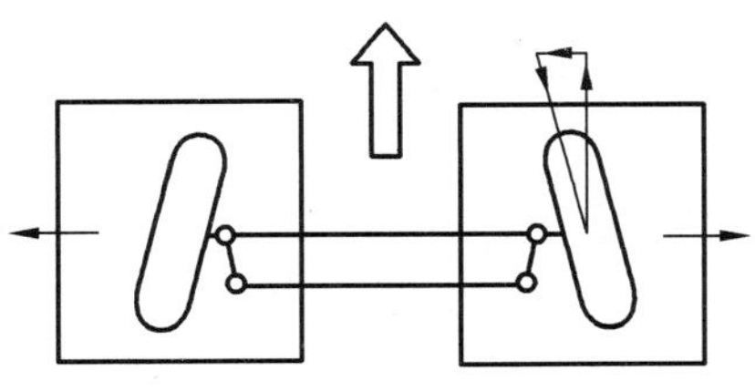

图 2-31　前轮前束值偏大示意图

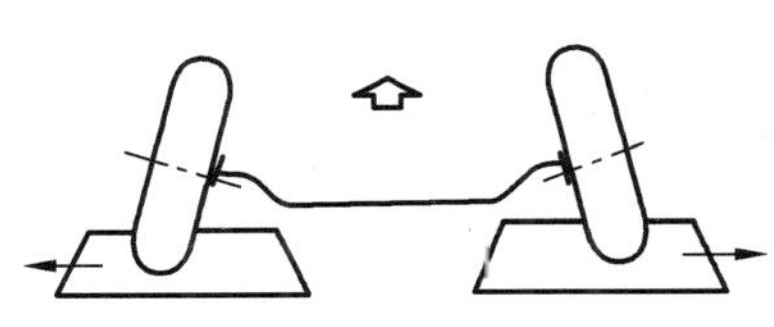

图 2-32　前轮外倾角偏小示意图

(2) 汽车前进时,侧滑板向内移动,可能是:

a）两前轮前束值偏小或为负值，如图 2-33 所示；

b）前轮外倾角过大，如图 2-34 所示。

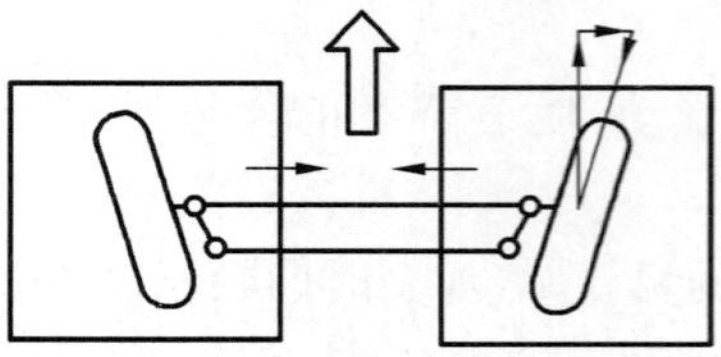

图 2-33　前轮前束值偏小示意图

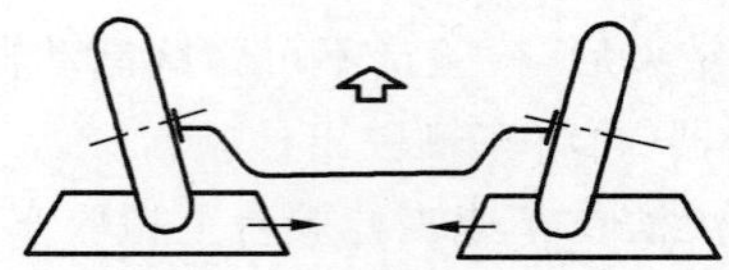

图 2-34　前轮外倾角偏大示意图

（3）汽车前进和后退时，侧滑板移动方向相同，或侧滑板移动方向虽相反，但绝对值之差较大，属前轮外倾角异常或转向系杆件球头磨损后松旷所致。

（4）对前轴采用非独立悬架的汽车，其转向轮的横向侧滑量，用侧滑台（包括双板和单板侧滑台）时侧滑量值应在±5 m/km 之间。前轴采用独立悬架的汽车侧滑量测试值仅供参考，不做评判依据。对双转向轴的机动车，原则上不需要检测转向轮横向侧滑量。

**【标准条文】**

**F.3　检验注意事项**

车辆通过侧滑检验台时，不得转动方向盘；不得在侧滑检验台上制动或停车；应保持侧滑检验台滑板下部的清洁，防止锈蚀或阻滞。

**【条文理解】**

本条是检验转向轮侧滑量时的注意事项。

**【标准条文】**

**附　录　G**

**（规范性附录）**

**机动车安全技术检验报告（式样）**

**G.1　机动车安全技术检验报告**

机动车安全技术检验报告（式样）见表 G.1。

**表 G.1　机动车安全技术检验报告（式样）**

| 一、基本信息 | | | | | |
|---|---|---|---|---|---|
| 检验报告编号 | | 检验机构名称 | | | |
| 号牌号码 | | 所有人 | | | |
| 车辆类型 | | 品牌/型号 | | 使用性质 | |
| 注册登记日期 | | 出厂年月 | | 检验日期 | |
| 车辆识别代号（或出厂编号） | | | 发动机号码（或电动机号码） | | |

二、检验结论

| 检验结论 | | 授权签字人 | |
|---|---|---|---|
| | | | 单位名称(盖章):××××机动车安全技术检验机构 |

三、人工检验结果

| 序号 | 检 验 项 目 | 结 果 判 定 | 具体不符合项目情况说明 | 备 注 |
|---|---|---|---|---|
| | | | | |
| | | | | |
| | | | | |
| | | | | |
| | | | | |
| | | | | |
| | | | | |

四、仪器设备检验结果

| 序号 | 检验项目 | 检 验 结 果 | 标 准 限 值 | 结 果 判 定 | 备 注 |
|---|---|---|---|---|---|
| | | | | | |
| | | | | | |
| | | | | | |
| | | | | | |
| | | | | | |
| | | | | | |
| | | | | | |
| | | | | | |

五、建议

| 备注 | |
|---|---|

**【条文理解】**

机动车安全技术检验报告(式样)全国统一,但表格中行数、各单元格的大小等可以根据实际需要调整。

**需要说明的是:**

检验报告是安全技术检验服务的重要体现,各地安检机构应高度重视。对于报告的纸张大小、打印的字体样式建议参照我国通用的标准要求。例如:纸张可采用A4纸,表格中的字体可采用宋体,实际检验填写的结果可采用仿宋体或楷体等。

【标准条文】

### G.2 机动车安全技术检验报告填表说明

机动车安全技术检验报告填表说明如下：

a) “基本信息”栏为必填项；

b) “检验结论”栏由授权签字人签注“合格”、“不合格”并“签字”，加盖机动车安全技术检验机构印章；

c) “人工检验结果”栏填写实际开展检验合格项目大类，出现不合项目的，填写“具体不合项目情况说明”，例如：
车辆唯一性检查、合格；
联网查询、合格；
车辆特征参数检查、合格……
车身外观、不合格、罐式危险货物运输车未按要求设置倾覆保护装置；
轮胎、不合格、右后轮胎胎面磨损严重，花纹深度不符合要求……

d) “仪器设备检验结果”栏填写实际开展检测的仪器设备检验项目，例如：
一轴制动率/不平衡率、二轴制动率/不平衡率……
整车制动率；
驻车制动率；
路试制动性能；
前照灯左外灯远光发光强度、前照灯左内灯远光发光强度、前照灯右外灯远光发光强度、前照灯右内灯远光发光强度；
前照灯左外灯远近光垂直偏移、前照灯左内灯远近光垂直偏移、前照灯右外灯远近光垂直偏移、前照灯右内灯远近光垂直偏移；
车速表指示误差；
转向轮横向侧滑量。

e) “建议”栏可根据检验结论的不同，分别签注内容：
——当检验结论为“合格”时，可视检验结果，提醒机动车送检人，例如：
“您爱车的制动结果显示：制动力已接近标准限值，建议进一步检查，消除安全隐患”；
“您爱车的制动结果显示：某轴的制动不平衡率接近标准限值，建议进一步检查，消除安全隐患”；
“您爱车的前照灯结果显示：某灯的发光强度接近标准限值，建议进一步检查，消除安全隐患”；
“您爱车的轮胎胎冠上花纹深度已接近标准限值，建议及时消除安全隐患”；
“您爱车的轮胎不规则磨损，建议进一步检查，消除安全隐患”；
“您爱车某某内饰件不宜放置在安全气囊上，建议您消除安全隐患”；
“您爱车某某内饰挂件存在影响驾驶人视线的隐患，建议您消除安全隐患”等。
——当检验结论为“不合格”时，可视不合格项情形，提醒机动车送检人，例如：
“您的爱车某某不合格项目，请及时到修理厂调修，消除安全隐患”或“您的爱车灯光远光/近光垂直偏移量不合格项目，本单位能提供免费调修服务，请及时调修，消除安全隐患”。

f） “备注” 栏可填写提示类信息，例如：
“下次检验时间：　　”；
“机动车安全技术检验合格后请及时向公安机关交通管理部门申领检验合格标志”；
“机动车安全技术检验机构地址：　　联系电话：　　”。

**【条文理解】**

本条是检验报告各栏目的填表说明。

（1）基本信息栏的填写说明。基本信息栏的所有项目均为必填项。在用机动车检验时，“号牌号码”栏填写被测车辆号牌号码；注册登记检验时，“号牌号码”栏填写自编号（可与检验表中的自编号相同）。同时，可在“备注”栏中相应地注明“在用机动车检验”或“注册登记检验”。

（2）对于人工检验结果的填写说明。人工检验结果的“检验项目”栏填写实际开展检验项目大类：车辆唯一性检查、车辆特征参数检查、车辆外观检查、安全装置检查、联网查询、底盘动态检验、车辆底盘部件检查。对于使用10年以内的小型、微型非营运载客汽车由于不需要检验底盘动态检验、车辆底盘部件检查项目，所以在“检验项目”栏只需填写实际开展的车辆唯一性检查、车辆特征参数检查、车辆外观检查、安全装置检查、联网查询。

人工检验结果的“结果判定”栏填写“合格”或“不合格”。对于检验项目大类所有分项均合格的，填写“合格”；对于某检验项目大类出现分项不合格的，该检验项目大项对应的“结果判定”栏填写“不合格”。

人工检验结果“具体不符合项目情况说明”栏填写具体检验分项不合格的原因。为了便于安检机构执行，不合格原因填写内容可参见表2-39。其中，不合格原因编号可作为智能检验终端（PDA）与检验系统的数据传递的参考。

人工检验结果“备注”栏填写特别需要注明的事项。

**表2-39　人工检验项目不合格原因明细表**

| 序号 | 人工检验项目 | | 不合格原因 | 不合格原因编号 |
|---|---|---|---|---|
| 1 | 车辆唯一性检查 | 号牌号码/车辆类型 | 号牌号码与行驶证不一致 | 1-1 |
| | | | 车辆类型与机动车出厂合格证不一致 | 1-2 |
| | | | 车辆类型与行驶证不一致 | 1-3 |
| | | 车辆品牌/型号 | 品牌与机动车出厂合格证不一致 | 2-1 |
| | | | 型号与机动车出厂合格证不一致 | 2-2 |
| | | | 品牌与行驶证不一致 | 2-3 |
| | | | 型号与行驶证不一致 | 2-4 |
| | | 车辆识别代号（或整车出厂编号） | VIN码与机动车出厂合格证不一致 | 3-1 |
| | | | VIN码与拓印膜不一致 | 3-2 |
| | | | VIN码内容和构成不合规定 | 3-3 |
| | | | VIN码打刻部位不符合规定 | 3-4 |
| | | | VIN码打刻深度不符合规定 | 3-5 |
| | | | VIN码组成字母不符合规定 | 3-6 |
| | | | VIN码字高不符合规定 | 3-7 |

表 2-39（续）

<table>
<tr><th>序号</th><th colspan="2">人工检验项目</th><th>不合格原因</th><th>不合格<br>原因编号</th></tr>
<tr><td rowspan="13">1</td><td rowspan="13">车辆唯一<br>性检查</td><td rowspan="5">车辆识别代号(或整车出厂编号)</td><td>VIN 码有被凿改现象</td><td>3-8</td></tr>
<tr><td>VIN 码有挖补现象</td><td>3-9</td></tr>
<tr><td>VIN 码有打磨现象</td><td>3-10</td></tr>
<tr><td>VIN 码有重新打刻现象</td><td>3-11</td></tr>
<tr><td>VIN 码风窗位置标识不合格</td><td>3-12</td></tr>
<tr><td rowspan="3">发动机号码(或电动机号码)</td><td>发动机号码与机动车出厂合格证不一致</td><td>4-1</td></tr>
<tr><td>发动机号码与行驶证不一致</td><td>4-2</td></tr>
<tr><td>发动机号码打刻不符合规定</td><td>4-3</td></tr>
<tr><td rowspan="5">车辆颜色和外形</td><td>外形与《公告》照片不符</td><td>5-1</td></tr>
<tr><td>外形与行驶证照片不符</td><td>5-2</td></tr>
<tr><td>颜色与行驶证照片不符</td><td>5-3</td></tr>
<tr><td>外形有改变车厢形状情形</td><td>5-4</td></tr>
<tr><td>外形有改变结构情形</td><td>5-5</td></tr>
<tr><td rowspan="18">2</td><td rowspan="18">车辆特征<br>参数检查</td><td rowspan="7">外廓尺寸</td><td>外廓尺寸超出标准限值</td><td>6-1</td></tr>
<tr><td>外廓尺寸与产品《公告》不符</td><td>6-2</td></tr>
<tr><td>外廓尺寸与机动车出厂合格证不符</td><td>6-3</td></tr>
<tr><td>外廓尺寸与行驶证不符</td><td>6-4</td></tr>
<tr><td>车辆长度不符合要求</td><td>6-5</td></tr>
<tr><td>车辆宽度不符合要求</td><td>6-6</td></tr>
<tr><td>车辆高度不符合要求</td><td>6-7</td></tr>
<tr><td rowspan="3">轴距</td><td>轴距与机动车出厂合格证不符</td><td>7-1</td></tr>
<tr><td>轴距与《公告》不符</td><td>7-2</td></tr>
<tr><td>轴距与登记信息不符</td><td>7-3</td></tr>
<tr><td rowspan="2">整备质量</td><td>整备质量与机动车出厂合格证不符</td><td>8-1</td></tr>
<tr><td>整备质量与《公告》不符</td><td>8-2</td></tr>
<tr><td rowspan="5">核定载人数</td><td>核定载人数不符合规定</td><td>9-1</td></tr>
<tr><td>核定载人数与《公告》不符</td><td>9-2</td></tr>
<tr><td>核定载人数与机动车出厂合格证不符</td><td>9-3</td></tr>
<tr><td>座位数与行驶证不一致</td><td>9-4</td></tr>
<tr><td>铺位数与行驶证不一致</td><td>9-5</td></tr>
<tr><td>核定载质量</td><td>记录数值(kg)</td><td>10-1</td></tr>
</table>

表 2-39（续）

| 序号 | 人工检验项目 | | 不合格原因 | 不合格原因编号 |
| --- | --- | --- | --- | --- |
| 2 | 车辆特征参数检查 | 栏板高度 | 栏板高超出标准限值 | 11-1 |
| | | | 栏板高与《公告》不符 | 11-2 |
| | | | 栏板高与机动车出厂合格证不符 | 11-3 |
| | | | 栏板高与登记信息不符 | 11-4 |
| | | | 栏板高与喷涂数值不符 | 11-5 |
| | | 后轴钢板弹簧片数 | 弹簧片数与《公告》不符 | 12-1 |
| | | | 弹簧片数与机动车出厂合格证不符 | 12-2 |
| | | | 弹簧片数与登记信息不符 | 12-3 |
| | | | 钢板弹簧明显增宽增厚 | 12-4 |
| | | | 钢板弹簧有裂纹等损坏 | 12-5 |
| | | 客车应急出口 | 应急出口数量不符合规定 | 13-1 |
| | | | 应急出口标志不符合规定 | 13-2 |
| | | | 应急出口尺寸不符合规定 | 13-4 |
| | | | 公共汽车应急窗不符合规定 | 13-5 |
| | | 客车乘客通道和引道 | 通道尺寸不符合规定 | 14-1 |
| | | | 引道尺寸不符合规定 | 14-2 |
| | | | 通道有明显障碍 | 14-3 |
| | | 货厢 | 货厢有加宽现象 | 15-1 |
| | | | 货厢有加长现象 | 15-2 |
| | | | 货厢有加高现象 | 15-3 |
| | | | 厢式货车有顶盖拆除情形 | 15-4 |
| | | | 仓栅货车有顶棚杆拆除情形 | 15-5 |
| 3 | 车辆外观检查 | 车身外观 | 保险杠不符合要求 | 16-1 |
| | | | 后视镜不符合要求 | 16-2 |
| | | | 下视镜不符合要求 | 16-3 |
| | | | 风窗玻璃缺失 | 16-4 |
| | | | 风窗玻璃有裂纹破损 | 16-5 |
| | | | 风窗玻璃张贴镜面反光膜 | 16-6 |
| | | | 车体不周正 | 16-7 |
| | | | 车身外部有尖锐凸起物 | 16-8 |
| | | | 车身明显锈蚀破损 | 16-9 |
| | | | 标识广告影响安全驾驶 | 16-10 |

表 2-39（续）

| 序号 | 人工检验项目 | | 不合格原因 | 不合格原因编号 |
|---|---|---|---|---|
| 3 | 车辆外观检查 | 车身外观 | 货厢固定不牢固 | 16-11 |
| | | | 危险品罐车倾覆保护装置不符合规定 | 16-12 |
| | | | 车外顶行李架不符合要求 | 16-13 |
| | | | 校车玻璃透射比不符合要求 | 16-14 |
| | | | 公路客车玻璃透射比不符合要求 | 16-15 |
| | | | 旅游客车玻璃透射比不符合要求 | 16-16 |
| | | | 广角后视镜不符合要求 | 16-17 |
| | | | 补盲后视镜不符合要求 | 16-18 |
| | | | 前下视镜不符合要求 | 16-19 |
| | | | 教练车辅助后视镜不符合要求 | 16-20 |
| | | | 载货部分带有可伸缩结构 | 16-21 |
| | | | 载货部分设有乘客座椅 | 16-22 |
| | | | 自行加装部件影响安全 | 16-23 |
| | | | 三轮汽车车身外观不符合要求 | 16-24 |
| | | | 摩托车车身外观不符合要求 | 16-25 |
| | | | 商标或厂标不符合要求 | 16-26 |
| | | | 货厢安全架不符合要求 | 16-27 |
| | | | 厢式货车货厢违规设有车窗 | 16-28 |
| | | | 封闭式货车货厢违规设有车窗 | 16-29 |
| | | | 前后保险杠设置不符合要求 | 16-30 |
| | | | 正三轮摩托车转向系统不符合要求 | 16-31 |
| | | 外观标识、标注和标牌 | 货车总质量喷涂不符合要求 | 17-1 |
| | | | 专项作业车总质量喷涂不符合要求 | 17-2 |
| | | | 牵引车准牵总质量喷涂不符合要求 | 17-3 |
| | | | 栏板高度喷涂不符合要求 | 17-4 |
| | | | 罐车喷涂的货物种类与《公告》不相符 | 17-5 |
| | | | 罐车喷涂的货物种类与合格证不相符 | 17-6 |
| | | | 罐车喷涂的容积与《公告》不相符 | 17-7 |
| | | | 罐车喷涂的容积与合格证不相符 | 17-8 |
| | | | 放大号喷涂不符合要求 | 17-9 |
| | | | 客车座位数喷涂不符合要求 | 17-10 |
| | | | 教练车喷涂字样不符合要求 | 17-11 |

**表 2-39（续）**

| 序号 | 人工检验项目 | | 不合格原因 | 不合格原因编号 |
|---|---|---|---|---|
| 3 | 车辆外观检查 | 外观标识、标注和标牌 | 燃料汽车喷涂不符合要求 | 17-12 |
| | | | 消防车颜色不符合要求 | 17-13 |
| | | | 救护车颜色不符合要求 | 17-14 |
| | | | 工程救险车颜色不符合要求 | 17-15 |
| | | | 警车颜色不符合要求 | 17-16 |
| | | | 消防车灯具不符合要求 | 17-17 |
| | | | 救护车灯具不符合要求 | 17-18 |
| | | | 工程救险车灯具不符合要求 | 17-19 |
| | | | 警车灯具不符合要求 | 17-20 |
| | | | 普通车辆喷涂安装特种车辆标识灯具 | 17-21 |
| | | | 残疾人机动车专用标志不符合要求 | 17-22 |
| | | | 标牌不符合要求 | 17-23 |
| | | | 非插电式混合动力汽车标牌不合格 | 17-24 |
| | | | 纯电动汽车标注不符合要求 | 17-25 |
| | | | 插电式混合动力汽车标注不符合要求 | 17-26 |
| | | | 燃料电池汽车标注不符合要求 | 17-27 |
| | | 外部照明和信号灯具 | 前照灯工作不正常 | 18-1 |
| | | | 前位灯工作不正常 | 18-2 |
| | | | 转向信号灯工作不正常 | 18-3 |
| | | | 危险警告信号灯工作不正常 | 18-4 |
| | | | 示廓灯工作不正常 | 18-5 |
| | | | 牵引杆挂车标志灯工作不正常 | 18-6 |
| | | | 后位灯工作不正常 | 18-7 |
| | | | 示廓灯工作不正常 | 18-8 |
| | | | 制动灯工作不正常 | 18-9 |
| | | | 后雾灯工作不正常 | 18-10 |
| | | | 后牌照灯工作不正常 | 18-11 |
| | | | 倒车灯工作不正常 | 18-12 |
| | | | 侧转向信号灯工作不正常 | 18-13 |
| | | | 侧标志灯工作不正常 | 18-14 |
| | | | 侧反射器工作不正常 | 18-15 |
| | | | 灯具有异常闪烁情形 | 18-16 |

表 2-39（续）

| 序号 | 人工检验项目 | | 不合格原因 | 不合格原因编号 |
|---|---|---|---|---|
| 3 | 车辆外观检查 | 外部照明和信号灯具 | 后位灯透光面面积不符合要求 | 18-17 |
| | | | 后转向灯透光面面积不符合要求 | 18-18 |
| | | | 制动灯透光面面积不符合要求 | 18-19 |
| | | | 外部照明和信号装置被遮挡 | 18-20 |
| | | | 喇叭工作不正常 | 18-21 |
| | | | 发动机舱电器导线不符合要求 | 18-22 |
| | | 轮胎 | 同轴两侧规格和花纹不同 | 19-1 |
| | | | 轮胎螺栓缺失 | 19-2 |
| | | | 轮胎规格与《公告》不符 | 19-3 |
| | | | 轮胎规格与机动车出厂合格证不符 | 19-4 |
| | | | 轮胎规格与登记信息不符 | 19-5 |
| | | | 胎面胎壁有严重破裂 | 19-6 |
| | | | 胎面胎壁有严重割伤 | 19-7 |
| | | | 胎面胎壁严重磨损 | 19-8 |
| | | | 胎面胎壁严重变形 | 19-9 |
| | | | 轮胎花纹深度不符合要求 | 19-10 |
| | | | 公路客车使用翻新轮胎 | 19-11 |
| | | | 旅游客车使用翻新轮胎 | 19-12 |
| | | | 校车使用翻新轮胎 | 19-13 |
| | | | 机动车转向轮使用翻新轮胎 | 19-14 |
| | | | 专用校车未装用无内胎子午线轮胎 | 19-15 |
| | | | 危险货物运输车未装用子午线轮胎 | 19-16 |
| | | | 其他客车未装用子午线轮胎 | 19-17 |
| | | | 备胎标识不符合要求 | 19-18 |
| | | 号牌及号牌安装 | 号牌缺失 | 20-1 |
| | | | 号牌字符不符合要求 | 20-2 |
| | | | 号牌颜色符合要求 | 20-3 |
| | | | 号牌安装不符合要求 | 20-4 |
| | | | 号牌表面有缺陷、损伤 | 20-5 |
| | | | 号牌架安装不规范 | 20-6 |
| | | | 违规使用可拆卸号牌架 | 20-7 |
| | | | 违规使用可翻转号牌架 | 20-8 |

**表 2-39（续）**

| 序号 | 人工检验项目 | | 不合格原因 | 不合格原因编号 |
|---|---|---|---|---|
| 3 | 车辆外观检查 | 号牌及号牌安装 | 存在影响号牌视认的加装/改装情形 | 20-9 |
| | | | 固封装置缺失 | 20-10 |
| | | | 固封装置不符合要求 | 20-11 |
| | | | 号牌板(架)不符合要求 | 20-12 |
| | | | 号牌板(架)安装孔数量不符合要求 | 20-13 |
| | | | 号牌板(架)安装孔规格不符合要求 | 20-14 |
| | | 加装/改装灯具 | 存在加装外部照明灯具情形 | 21-1 |
| | | | 存在加装信号装置情形 | 21-2 |
| | | | 存在改装外部照明灯具情形 | 21-3 |
| | | | 存在改装信号装置情形 | 21-4 |
| | | | 车辆违规装有后射灯 | 21-5 |
| 4 | 安全装置检查 | 汽车安全带 | 汽车安全带 | 22-1 |
| | | | 校车学生座位未安装安全带 | 22-2 |
| | | | 汽车安全带损坏 | 22-3 |
| | | | 存在坐垫套覆盖遮挡安全带情形 | 22-4 |
| | | | 存在安全带绑定在座位下面情形 | 22-5 |
| | | 机动车用三角警告牌 | 汽车未按规定配备三角警告牌 | 23-1 |
| | | | 三角警告牌的外观形状不符合要求 | 23-2 |
| | | 灭火器 | 客车未按规定配备灭火器 | 24-1 |
| | | | 危险货物运输车灭火器配备不符合 | 24-2 |
| | | | 灭火器超出使用有效期 | 24-3 |
| | | | 灭火器欠压失效 | 24-4 |
| | | 行驶记录装置 | 公路客车未装行驶记录装置 | 25-1 |
| | | | 旅游客车未装行驶记录装置 | 25-2 |
| | | | 危险货物运输车未装行驶记录装置 | 25-3 |
| | | | 专用校车未装行驶记录装置 | 25-4 |
| | | | 公共汽车未装行驶记录装置 | 25-5 |
| | | | 半挂牵引车未装行驶记录装置 | 25-6 |
| | | | 重型货车未装行驶记录装置 | 25-7 |
| | | | 行驶记录装置显示不正常 | 25-8 |
| | | | 行驶记录装置未施加 3C 标志 | 25-9 |
| | | | 行驶记录装置记录功能不正常 | 25-10 |

表 2-39（续）

<table>
<tr><th>序号</th><th colspan="2">人工检验项目</th><th>不合格原因</th><th>不合格<br>原因编号</th></tr>
<tr><td rowspan="35">4</td><td rowspan="35">安全装置检查</td><td rowspan="2">行驶记录装置</td><td>卧铺客车未装备车内外录像监控</td><td>25-11</td></tr>
<tr><td>专用校车未装备车内外录像监控</td><td>25-12</td></tr>
<tr><td rowspan="7">车身反光标识</td><td>货车反光标识不符合要求</td><td>26-1</td></tr>
<tr><td>专项作业车反光标识不符合要求</td><td>26-2</td></tr>
<tr><td>挂车反光标识不符合要求</td><td>26-3</td></tr>
<tr><td>反射器型反光标识不符合要求</td><td>26-4</td></tr>
<tr><td>车身反光标识无 3C 标志</td><td>26-5</td></tr>
<tr><td>车身反光标识破损</td><td>26-6</td></tr>
<tr><td>车身反光标识逆反射性能不合格</td><td>26-7</td></tr>
<tr><td rowspan="5">车辆尾部标志板</td><td>重型货车尾部标志板不符合要求</td><td>27-1</td></tr>
<tr><td>挂车尾部标志板不符合要求</td><td>27-2</td></tr>
<tr><td>专项作业车尾部标志板不符合要求</td><td>27-3</td></tr>
<tr><td>尾部标志板不符合要求</td><td>27-4</td></tr>
<tr><td>尾部标志板逆反射性能不符合要求</td><td>27-5</td></tr>
<tr><td rowspan="12">侧后防护装置</td><td>货车未按规定安装后防护装置</td><td>28-1</td></tr>
<tr><td>挂车未按规定安装后防护装置</td><td>28-2</td></tr>
<tr><td>专项作业车未安装后防护装置</td><td>28-3</td></tr>
<tr><td>后防护装置安装不符合要求</td><td>28-4</td></tr>
<tr><td>侧防护装置安装不符合要求</td><td>28-5</td></tr>
<tr><td>罐体管路超出防护装置</td><td>28-6</td></tr>
<tr><td>罐体封头超出防护装置</td><td>28-7</td></tr>
<tr><td>防护装置严重变形</td><td>28-8</td></tr>
<tr><td>防护装置安装不牢固</td><td>28-9</td></tr>
<tr><td>防护装置外观与《公告》不符</td><td>28-10</td></tr>
<tr><td>防护装置结构与《公告》不符</td><td>28-11</td></tr>
<tr><td>防护装置尺寸与《公告》不符</td><td>28-12</td></tr>
<tr><td>应急锤</td><td>未按规定配备应急锤</td><td>29-1</td></tr>
<tr><td>急救箱</td><td>校车未按规定配备急救箱</td><td>30-1</td></tr>
<tr><td rowspan="2">限速功能或限速装置</td><td>公路客车限速功能不符要求</td><td>31-1</td></tr>
<tr><td>危险货物运输车限速功能不符要求</td><td>31-2</td></tr>
</table>

**表 2-39（续）**

| 序号 | 人工检验项目 | | 不合格原因 | 不合格原因编号 |
|---|---|---|---|---|
| 4 | 安全装置检查 | 限速功能或限速装置 | 旅游客车限速功能不符要求 | 31-3 |
| | | | 公共汽车限速功能不符要求 | 31-4 |
| | | | 客车超速报警功能不符合要求 | 31-5 |
| | | 防抱死制动装置 | 爆炸品车辆未安装防抱死装置 | 32-1 |
| | | | 剧毒化学品车辆未安装防抱死装置 | 32-2 |
| | | | 危险货物运输车未安装防抱死装置 | 32-3 |
| | | | 公路客车未安装防抱死装置 | 32-4 |
| | | | 旅游客车未安装防抱死装置 | 32-5 |
| | | | 半挂牵引车未安装防抱死装置 | 32-6 |
| | | | 货车未安装防抱死装置 | 32-7 |
| | | | 专用校车未安装防抱死装置 | 32-8 |
| | | | 公共汽车未安装防抱死装置 | 32-9 |
| | | | 防抱死制动装置自检功能不正常 | 32-10 |
| | | 辅助制动装置 | 客车未安装辅助制动装置 | 33-1 |
| | | | 危险货物运输车未装辅助制动装置 | 33-2 |
| | | | 货车未安装辅助制动装置 | 33-3 |
| | | | 专项作业车未安装辅助制动装置 | 33-4 |
| | | 盘式制动器 | 危险货物运输车未安装盘式制动器 | 34-1 |
| | | | 客车未安装盘式制动器 | 34-2 |
| | | | 专用校车未安装盘式制动器 | 34-3 |
| | | | 公共汽车未安装盘式制动器 | 34-4 |
| | | 紧急切断装置 | 危险货物罐车未装紧急切断装置 | 35-1 |
| | | 发动机舱自动灭火装置 | 专用校车未装发动机舱灭火装置 | 36-1 |
| | | | 客车未安装发动机舱灭火装置 | 36-2 |
| | | 手动机械断电开关 | 客车未安装手动机械断电开关 | 37-1 |
| | | | 手动机械断电开关功能异常 | 37-2 |
| | | 副制动踏板 | 教练车未安装副制动踏板 | 38-1 |
| | | | 教练车副制动踏板功能异常 | 38-2 |
| | | 校车标志灯和校车停车指示标志牌 | 校车未配备标志灯 | 39-1 |
| | | | 校车未配备停车指示标志牌 | 39-2 |
| | | | 校车外观标识不符要求 | 39-3 |

表 2-39（续）

| 序号 | 人工检验项目 | | 不合格原因 | 不合格原因编号 |
|---|---|---|---|---|
| 4 | 安全装置检查 | 危险货物运输车标志 | 危险货物运输车未按规定安装标志 | 40-1 |
| | | | 爆炸品车橙色反光带不符要求 | 40-2 |
| | | | 剧毒化学品车橙色反光带不符要求 | 40-3 |
| | | | 爆炸品车标示牌不符要求 | 40-4 |
| | | | 剧毒化学品车标示牌不符要求 | 40-5 |
| | | 肢体残疾人操纵辅助装置 | 操纵辅助装置与合格证明不符 | 41-1 |
| | | | 操纵辅助装置与行驶证不符 | 41-2 |
| 5 | 联网查询 | | 有事故未处理记录 | 0-1 |
| | | | 有违法未处理记录 | 0-2 |
| 6 | 底盘动态检验 | 转向系 | 方向盘转向沉重 | 42-1 |
| | | | 方向盘间隙过大 | 42-2 |
| | | | 三轮汽车方向把转向沉重 | 42-3 |
| | | | 摩托车方向把转向沉重 | 42-4 |
| | | 传动系 | 换挡不正常 | 43-1 |
| | | | 变速器倒挡不能锁止 | 43-2 |
| | | | 离合器接合不平稳 | 43-3 |
| | | | 离合器有打滑现象 | 43-4 |
| | | | 离合器分离不彻底 | 43-5 |
| | | 制动系 | 正常行驶时车轮有阻滞现象 | 44-1 |
| | | | 正常行驶时车轮有抱死现象 | 44-2 |
| | | | 制动响应迟滞 | 44-3 |
| | | | 制动时方向盘有抖动 | 44-4 |
| | | | 制动时有跑偏现象 | 44-5 |
| | | 仪表和指示器 | 车速表工作不正常 | 45-1 |
| | | | 指示器有异常报警 | 45-2 |
| 7 | 车辆底盘部件检查 | 转向系部件 | 转向系部件松动 | 46-1 |
| | | | 横、直拉杆有拼焊现象 | 46-2 |
| | | | 横、直拉杆有损伤现象 | 46-3 |
| | | | 横、直拉杆松旷 | 46-4 |
| | | | 横、直拉杆严重磨损 | 46-5 |
| | | | 转向过程中有干涉或摩擦现象 | 46-6 |

表 2-39（续）

| 序号 | 人工检验项目 | | 不合格原因 | 不合格原因编号 |
|---|---|---|---|---|
| 7 | 车辆底盘部件检查 | 传动系部件 | 变速器固定不可靠 | 47-1 |
| | | | 传动轴有裂纹和松旷现象 | 47-2 |
| | | | 万向节有裂纹和松旷现象 | 47-3 |
| | | | 中间轴承有裂纹和松旷现象 | 47-4 |
| | | | 传动系有漏油现象 | 47-5 |
| | | 行驶系部件 | 车架明显变形 | 48-1 |
| | | | 车架明显损伤 | 48-2 |
| | | | 铆钉螺栓缺失 | 48-3 |
| | | | 铆钉螺栓松动 | 48-4 |
| | | | 钢板吊耳松旷 | 48-5 |
| | | | 钢板销松旷 | 48-6 |
| | | | 中心螺栓松旷 | 48-7 |
| | | | U 形螺栓松旷 | 48-8 |
| | | | 拉杆、导杆松旷 | 48-9 |
| | | | 拉杆、导杆移位 | 48-10 |
| | | | 减振器漏油 | 48-11 |
| | | 制动系部件 | 制动系擅自改动 | 49-1 |
| | | | 违规从制动系统获取气源用于改装 | 49-2 |
| | | | 制动系统有漏气现象 | 49-3 |
| | | | 制动系统有漏油现象 | 49-4 |
| | | | 制动软管明显老化 | 49-5 |
| | | | 制动系管路与其他部件有摩擦 | 49-6 |
| | | | 制动系管路有松动现象 | 49-7 |
| | | 其他部件 | 发动机的固定不牢固 | 50-1 |
| | | | 排气管安装不牢固 | 50-2 |
| | | | 消声器安装不牢固 | 50-3 |
| | | | 排气管有漏气现象 | 50-4 |
| | | | 排气管口未指向车身右侧和正下方 | 50-5 |
| | | | 危险货物运输车排气管安装不符合 | 50-6 |
| | | | 危险货物运输车尾部未装接地装置 | 50-7 |
| | | | 电器导线应布置不规范 | 50-8 |
| | | | 电器导线有破损现象 | 50-9 |
| | | | 燃料箱固定不牢固 | 50-10 |
| | | | 燃料箱漏油 | 50-11 |
| | | | 燃料管路与其他部件有碰擦 | 50-12 |

表 2-39（续）

| 序号 | 人工检验项目 | | 不合格原因 | 不合格原因编号 |
|---|---|---|---|---|
| 7 | 车辆底盘部件检查 | 其他部件 | 燃料管路明显老化 | 50-13 |
| | | | 承载式车身底部不规范 | 50-14 |
| | | | 承载式车身变形严重 | 50-15 |
| | | | 轮胎内侧严重磨损 | 50-16 |
| | | | 轮胎内侧有割伤现象 | 50-17 |
| | | | 轮胎内侧有腐蚀现象 | 50-18 |
| 8 | 其他不符合 GB 7258 的情形 | | | 60-00 |

例如，某车检验项目大类“车辆外观检查”中，出现分项车身外观“下视镜不符合要求”、“风窗玻璃缺失”，其余检验项目均合格，填写方式如下：

| 三、人工检验结果 | | | | |
|---|---|---|---|---|
| 序号 | 检 验 项 目 | 结 果 判 定 | 具体不符合项目情况说明 | 备 注 |
| 1 | 车辆唯一性检查 | 合 格 | | |
| 2 | 车辆特征参数检查 | 合 格 | | |
| 3 | 车辆外观检查 | 不合格 | 下视镜不符合要求、风窗玻璃缺失 | |
| 4 | 安全装置检查 | 合 格 | | |
| 5 | 联网查询 | 合 格 | | |
| 6 | 底盘动态检验 | 合 格 | | |
| 7 | 车辆底盘部件检查 | 合 格 | | |

（3）对于仪器设备检验结果的填写说明。仪器设备检验项目填写依据本标准表 1 规定实际开展的检验项目。有关车型的仪器设备检验结果填写举例如下。

示例 1：以某使用年限 10 年以内的非营运小型、微型载客汽车为例，填写内容如下：

| 四、仪器设备检验结果 | | | | | |
|---|---|---|---|---|---|
| 序号 | 检 验 项 目 | 检 验 结 果 | 标 准 限 值 | 结 果 判 定 | 备 注 |
| 1 | 一轴制动率(%) | 87.2 | ≥60.0 | 合格 | |
| 2 | 一轴不平衡率(%) | 3.6 | ≤24.0 | 合格 | |
| 3 | 二轴制动率(%) | 79.5 | ≥20.0 | 合格 | |
| 4 | 二轴不平衡率(%) | 13.6 | ≤30.0 | 合格 | |
| 5 | 整车制动率(%) | 84.0 | ≥60 | 合格 | |
| 6 | 左外灯远光发光强度(cd) | 53 800 | ≥15 000 | 合格 | |
| 7 | 右外灯远光发光强度(cd) | 48 700 | ≥15 000 | 合格 | |

示例 2：以某大客车注册登记检验为例，填写内容如下：

| 四、仪器设备检验结果 | | | | | |
|---|---|---|---|---|---|
| 序号 | 检 验 项 目 | 检 验 结 果 | 标 准 限 值 | 结 果 判 定 | 备 注 |
| 1 | 一轴制动率(%) | 47.6 | ≥60.0 | 不合格 | |
| 2 | 一轴不平衡率(%) | 3.8 | ≤20.0 | 合格 | |
| 3 | 二轴制动率(%) | 63.5 | ≥40.0 | 合格 | |
| 4 | 二轴不平衡率(%) | 13.6 | ≤24.0 | 合格 | |
| 5 | 整车制动率(%) | 56.7 | ≥60 | 不合格 | |
| 6 | 驻车制动率(%) | 23.7 | ≥20 | 合格 | |
| 7 | 左外灯远光发光强度(cd) | 48 800 | ≥18 000 | 合格 | |
| 8 | 左外灯远光垂直偏移(H) | 0.72 | 0.8～0.95 | 不合格 | |
| 9 | 左外灯近光垂直偏移(H) | 0.65 | 0.6～0.8 | 合格 | |
| 10 | 右外灯远光发光强度(cd) | 48 700 | ≥18 000 | 合格 | |
| 11 | 右外灯远光垂直偏移(H) | 0.84 | 0.8～0.95 | 合格 | |
| 12 | 右外灯近光垂直偏移(H) | 0.76 | 0.6～0.8 | 合格 | |
| 13 | 车速表指示误差(km/h) | 38.2 | 32.8～40 | 合格 | |
| 14 | 转向轮横向侧滑量(m/km) | 2.3 | －5～＋5 | 合格 | |

示例3:以某在用三轴载货汽车(双后桥,二灯制)为例,填写内容如下:

| 四、仪器设备检验结果 | | | | | |
|---|---|---|---|---|---|
| 序号 | 检 验 项 目 | 检 验 结 果 | 标 准 限 值 | 结 果 判 定 | 备 注 |
| 1 | 一轴制动率(%) | 73.2 | ≥60.0 | 合格 | |
| 2 | 一轴不平衡率(%) | 6.7 | ≤24.0 | 合格 | |
| 3 | 二轴制动率(%) | 66.1 | ≥50.0 | 合格 | |
| 4 | 二轴不平衡率(%) | 4.3 | ≤30.0 | 合格 | |
| 5 | 二轴加载制动率(%) | 60.2 | ≥50.0 | 合格 | |
| 6 | 二轴加载不平衡率(%) | 4.7 | ≤30.0 | 合格 | |
| 7 | 三轴制动率(%) | 63.2 | ≥50.0 | 合格 | |
| 8 | 三轴不平衡率(%) | 11.2 | ≤30.0 | 合格 | |
| 9 | 整车制动率(%) | 67.2 | ≥60 | 合格 | |
| 10 | 驻车制动率(%) | 28.1 | ≥20 | 合格 | |
| 11 | 左外灯远光发光强度(cd) | 30 200 | ≥15 000 | 合格 | |
| 12 | 左外灯远光垂直偏移(H) | 0.82 | 0.8～0.95 | 合格 | |
| 13 | 左外灯近光垂直偏移(H) | 0.69 | 0.6～0.8 | 合格 | |

（续）

| 四、仪器设备检验结果 | | | | | |
|---|---|---|---|---|---|
| 序号 | 检 验 项 目 | 检 验 结 果 | 标 准 限 值 | 结 果 判 定 | 备 注 |
| 14 | 右外灯远光发光强度(cd) | 38 400 | ≥15 000 | 合格 | |
| 15 | 右外灯远光垂直偏移(H) | 0.87 | 0.8～0.95 | 合格 | |
| 16 | 右外灯近光垂直偏移(H) | 0.73 | 0.6～0.8 | 合格 | |
| 17 | 转向轮横向侧滑量(m/km) | 2.6 | －5～＋5 | 合格 | |

示例4:以某在用并装三轴挂车为例,填写内容如下:

| 四、仪器设备检验结果 | | | | | |
|---|---|---|---|---|---|
| 序号 | 检 验 项 目 | 检 验 结 果 | 标 准 限 值 | 结 果 判 定 | 备 注 |
| 1 | 一轴空载不平衡率(%) | 12.4 | ≤30.0 | 合格 | |
| 2 | 二轴空载不平衡率(%) | 12.5 | ≤30.0 | 合格 | |
| 3 | 三轴空载不平衡率(%) | 4.2 | ≤30.0 | 合格 | |
| 4 | 挂车整车空载制动率(%) | 48.8 | ≥55 | 不合格 | |
| 5 | 汽车列车空载制动率(%) | 51.2 | ≥55 | 不合格 | |
| 6 | 驻车制动率(%) | 24.1 | ≥20 | 合格 | |
| 7 | 一轴加载制动率(%) | 43.7 | ≥45.0 | 不合格 | |
| 8 | 一轴加载不平衡率(%) | 13.4 | ≤30.0 | 合格 | |
| 9 | 二轴加载制动率(%) | 49.5 | ≥45.0 | 合格 | |
| 10 | 二轴加载不平衡率(%) | 13.4 | ≤30.0 | 合格 | |
| 五、建议 | | | | | |
| | | | | | |
| 备注 | 牵引车号牌号码:苏B ××××× | | | | |

示例5:以某在用三轮汽车(一灯制)为例,填写内容如下:

| 四、仪器设备检验结果 | | | | | |
|---|---|---|---|---|---|
| 序号 | 检 验 项 目 | 检 验 结 果 | 标 准 限 值 | 结 果 判 定 | 备 注 |
| 1 | 后轴制动率(%) | 65.4 | ≥60.0 | 合格 | |
| 2 | 驻车制动率(%) | 26.3 | ≥20 | 合格 | |
| 3 | 远光发光强度(cd) | 9 200 | ≥6 000 | 合格 | |

示例6:以某在用两轮普通摩托车(一灯制)为例,填写内容如下:

| 四、仪器设备检验结果 | | | | | |
|---|---|---|---|---|---|
| 序号 | 检 验 项 目 | 检 验 结 果 | 标 准 限 值 | 结 果 判 定 | 备 注 |
| 1 | 前轴制动率(%) | 68.2 | ≥60.0 | 合格 | |
| 2 | 后轴制动率(%) | 59.3 | ≥55.0 | 合格 | |
| 3 | 远光发光强度(cd) | 10 300 | ≥8 000 | 合格 | |

(4) 关于“建议”栏目的填写说明。本条是安检机构通过专业的安全技术检验,结合检验员的检验判断,对车主给出的“建议”,各地安检机构要高度重视此项工作。一方面,通过建议的形式,及时提醒车

主准确使用、保养车辆，确保车辆安全技术状况；同时，通过建议的形式，对需要维修、调修的不合格项目提出建议。

目前，越来越多的私家车进入家庭，许多车主对于安全驾驶的知识掌握不多(例如：不知道如何使用机动车三角警告牌)，甚至存在着许多安全隐患陋习(车内安全气囊处放置物品等)；安检机构应该充分发挥车辆安全的专业优势，对车主提出有针对性的建议，以提高车主的安全知识、安全意识。

**【标准条文】**

## 附　录　H

### (规范性附录)

### 机动车安全技术检验表(人工检验部分)

机动车安全技术检验表(人工检验部分)见表 H.1。

**表 H.1　机动车安全技术检验表(人工检验部分)**

一、基本信息

号牌号码(编号)：　　车辆类型：　　使用性质：　　里程表读数：　　km

车辆出厂日期：　年　月　日　　初次登记日期：　年　月　日　　检验日期：　年　月　日

二、检验结果

| 序号 | 检验项目 | | 判定 |
|---|---|---|---|
| 1 | 车辆唯一性检查 | ①号牌号码/车辆类型 | |
| | | ②车辆品牌/型号 | |
| | | ③车辆识别代号(或整车出厂编号) | |
| | | ④发动机号码(或电动机号码) | |
| | | ⑤车辆颜色和外形 | |
| 2 | 车辆特征参数检查 | ⑥外廓尺寸 | |
| | | ⑦轴距 | |
| | | ⑧整备质量 | |
| | | ⑨核定载人数 | |
| | | ⑩核定载质量 | |
| | | ⑪栏板高度 | |
| | | ⑫后轴钢板弹簧片数 | |
| | | ⑬客车应急出口 | |
| | | ⑭客车乘客通道和引道 | |
| | | ⑮货厢 | |
| 3 | 车辆外观检查 | ⑯车身外观 | |
| | | ⑰外观标识、标注和标牌 | |
| | | ⑱外部照明和信号灯具 | |
| | | ⑲轮胎 | |
| | | ⑳号牌及号牌安装 | |
| | | ㉑加装/改装灯具 | |
| 4 | 安全装置检查 | ㉒汽车安全带 | |
| | | ㉓机动车用三角警告牌 | |
| | | ㉔灭火器 | |
| | | ㉕行驶记录装置 | |
| | | ㉖车身反光标识 | |

| 序号 | 检验项目 | | 判定 |
|---|---|---|---|
| 4 | 安全装置检查(续) | ㉗车辆尾部标志板 | |
| | | ㉘侧后防护装置 | |
| | | ㉙应急锤 | |
| | | ㉚急救箱 | |
| | | ㉛限速功能或限速装置 | |
| | | ㉜防抱死制动装置 | |
| | | ㉝辅助制动装置 | |
| | | ㉞盘式制动器 | |
| | | ㉟紧急切断装置 | |
| | | ㊱发动机舱自动灭火装置 | |
| | | ㊲手动机械断电开关 | |
| | | ㊳副制动踏板 | |
| | | ㊴校车标志灯和校车停车指示标志牌 | |
| | | ㊵危险货物运输车标志 | |
| | | ㊶肢体残疾人操纵辅助装置 | |
| 5 | 联网查询车辆事故/违法信息(对发生过造成人员伤亡交通事故的送检机动车，人工检验时应重点检查损伤部位和损伤情况)<br>________________ | | |
| 6 | 底盘动态检验 | ㊷转向系 | |
| | | ㊸传动系 | |
| | | ㊹制动系 | |
| | | ㊺仪表和指示器 | |
| 7 | 车辆底盘部件检查 | ㊻转向系部件 | |
| | | ㊼传动系部件 | |
| | | ㊽行驶系部件 | |
| | | ㊾制动系部件 | |
| | | ㊿其他部件 | |

**表 H.1（续）**

| 序号 | 不合格项(填写编号和名称) | 不合格项目说明 | 备注 |
|---|---|---|---|
| | | | |
| | | | |
| 车辆外廓尺寸(mm×mm×mm)： | | 整备质量(kg)： | |
| 机动车所有人： | 手机电话： | 地址/邮编： | |
| 检验员建议：<br><br>检验员签字： | | | |
| 注1：判定栏中填"○"为合格；"╳"为不合格；"—"表示不适用于送检车。<br>注2：当车辆外廓尺寸、整备质量检验项目使用仪器自动测量并打印在仪器设备检验表格中时，本表相应参数可不填。 | | | |

**【条文理解】**

(1) 号牌号码(编号)：在用机动车检验记录号牌号码，注册登记检验记录自编号。

(2) 里程表读数：根据里程表实际读数记录，对达到下列行驶里程的机动车引导报废，填写在建议栏。

根据《机动车强制报废标准规定》第七条规定："国家对达到一定行驶里程的机动车引导报废。达到下列行驶里程的机动车，其所有人可以将机动车交售给报废机动车回收拆解企业，由报废机动车回收拆解企业按规定进行登记、拆解、销毁等处理，并将报废的机动车登记证书、号牌、行驶证交公安机关交通管理部门注销：

a)小、微型出租客运汽车行驶 60 万千米，中型出租客运汽车行驶 50 万千米，大型出租客运汽车行驶 60 万千米；

b)租赁载客汽车行驶 60 万千米；

c)小型和中型教练载客汽车行驶 50 万千米，大型教练载客汽车行驶 60 万千米；

d)公交客运汽车行驶 40 万千米；

e)其他小、微型营运载客汽车行驶 60 万千米，中型营运载客汽车行驶 50 万千米，大型营运载客汽车行驶 80 万千米；

f)专用校车行驶 40 万千米；

g)小、微型非营运载客汽车和大型非营运轿车行驶 60 万千米，中型非营运载客汽车行驶 50 万千米，大型非营运载客汽车行驶 60 万千米；

h)微型载货汽车行驶 50 万千米，中、轻型载货汽车行驶 60 万千米，重型载货汽车(包括半挂牵引车和全挂牵引车)行驶 70 万千米，危险品运输载货汽车行驶 40 万千米，装用多缸发动机的低速货车行驶 30 万千米；

i)专项作业车、轮式专用机械车行驶 50 万千米；

j)正三轮摩托车行驶 10 万千米，其他摩托车行驶 12 万千米。"

(3) 检验时，对于合格的检验项目，在检验内容对应的判定栏内划"○"；对于不合格的检验项目，应在检验内容对应的判定栏划"×"；对于不适用于送检车辆的检测项目以"—"在判定栏填写。在最后的"不合格项"列内填写检验内容不合格项对应的数字编号及名称(如 26 车身反光标识)，并在"不合格项目说明"列内阐明不合格内容，参见表2-39。

（4）车辆特征参数检查的第10项"核定载质量"，用于注册登记检验时记录载货汽车、挂车的核定载质量(kg)。

（5）联网查询为记录项，如有违法信息或发生过交通事故填"有"，否则填"无"；通过系统判断或询问车主的方式，对于发生严重碰撞等交通事故的，宜增加针对性的检验项目，并在横线上注明。

（6）车辆外廓尺寸应以长×宽×高的格式，以mm为单位填写实际测量的车辆外廓尺寸。

（7）所有检测结果均需录入到系统并保存。

**【标准条文】**

## 附　录　I
## （规范性附录）
## 机动车安全技术检验表（仪器设备检验部分）

### I.1　机动车（三轮汽车、摩托车除外）安全技术检验表（仪器设备检验部分）

I.1.1　机动车（三轮汽车、摩托车除外）安全技术检验表（仪器设备检验部分）见表I.1。

**表I.1　机动车（三轮汽车、摩托车除外）安全技术检验表（仪器设备检验部分）**

| 一、基本信息 | | | | | | |
|---|---|---|---|---|---|---|
| 检验流水号 | | 引车员 | | 检验日期 | | |
| 检验类别 | | 检验项目 | | 登录员 | | |
| 号牌（自编）号 | | 所有人 | | | | |
| 号牌种类 | | 车辆类型 | | 品牌/型号 | | |
| 车辆识别代号 | | | | 发动机号 | | |
| 初次登记日期 | | 出厂年月 | | 燃料类别 | | |
| 驱动型式 | | 驻车轴 | | 转向轴悬架形式 | | |
| 整备质量(kg) | | 前照灯制 | | 前照灯远光束能否单独调整 | | |

| 二、检验结果 | | | | | | | | | | | | | | | | |
|---|---|---|---|---|---|---|---|---|---|---|---|---|---|---|---|---|
| 台试检测项目 | | 轮荷(kg) | | 最大行车制动力(10N) | | 过程差最大差值点(10N) | | 空载制动 | | | | 加载制动 | | | 项目判定 | 单项次数 |
| | | | | | | | | 行车制动率(%) | 不平衡率(%) | 驻车制动力(10N) | 驻车制动率(%) | 加载轴荷(kg) | 轴制动率(%) | 不平衡率(%) | | |
| | | 左 | 右 | 左 | 右 | 左 | 右 | | | | | | | | | |
| 制动B | 一轴 | | | | | | | | | | | | | | | |
| | 二轴 | | | | | | | | | | | | | | | |
| | 三轴 | | | | | | | | | | | | | | | |
| | 四轴 | | | | | | | | | | | | | | | |
| | 五轴 | | | | | | | | | | | | | | | |
| | 整车 | | | | | | | | | | | | | | | |
| | 驻车 | | | | | | | | | | | | | | | |
| | 动态轮荷(左/右)(kg) | | | 1轴 / | | | | | | 2轴 / | | | | | | |

表 I.1（续）

<table>
<tr><td rowspan="5">前<br>照<br>灯<br>H</td><td>项目</td><td>远光发光强度（cd）</td><td>远光垂直偏移量（mm/10 m）</td><td>近光垂直偏移量（mm/10 m）</td><td>远光灯中心高（mm）</td><td>近光灯中心高（mm）</td><td>远光垂直偏移</td><td>近光垂直偏移</td><td>项目判定</td><td>单项次数</td></tr>
<tr><td>左外灯</td><td></td><td></td><td></td><td></td><td></td><td></td><td></td><td></td><td></td></tr>
<tr><td>左内灯</td><td></td><td></td><td></td><td></td><td></td><td></td><td></td><td></td><td></td></tr>
<tr><td>右内灯</td><td></td><td></td><td></td><td></td><td></td><td></td><td></td><td></td><td></td></tr>
<tr><td>右外灯</td><td></td><td></td><td></td><td></td><td></td><td></td><td></td><td></td><td></td></tr>
<tr><td colspan="2">车速表 S</td><td colspan="7">km/h</td><td></td><td></td></tr>
<tr><td colspan="2">侧滑 A</td><td colspan="7">m/km</td><td></td><td></td></tr>
<tr><td colspan="2">路试制动性能</td><td colspan="3"></td><td colspan="2">路试检验员</td><td colspan="2"></td><td></td><td></td></tr>
<tr><td colspan="5">车辆外廓尺寸（mm×mm×mm）：</td><td colspan="4">整备质量（kg）：</td><td></td><td></td></tr>
<tr><td colspan="5">主车制动检验结果（对于主车和挂车一起检验，在打印挂车报告时）</td><td colspan="2"></td><td colspan="2">总 检 次 数</td><td colspan="2"></td></tr>
<tr><td colspan="11">备注</td></tr>
</table>

I.1.2 机动车（除摩托车、三轮汽车外）安全技术检验表填表说明如下：

a） 路试制动性能中，按选择的如下路试检测项目打印项目名称（单位）、数据：

制动初速度，制动距离（m），制动稳定性；

制动初速度，MFDD（$m/s^2$），协调时间（s），制动稳定性；

b） 制动动态轮荷仅在使用平板制动检验台检测小（微）型载客汽车时需打印，按“左/右”格式打印；

c） 远近光垂直偏移量栏按照上偏差为正“＋”，下偏差为负“－”计；

d） 远（近）光垂直偏移按照远（近）光垂直偏移量与远（近）光灯中心高的比值计，单位取 *.H。

e） 单项次数栏打印本检验周期内单项检测的次数（含初复检）、以便明确该数据是第几次检测结果。制动各轴单项次数以该轴上检验设备次数为准；

f） 总检次数栏打印本检验周期内该车上线检测的总次数（含初复检）；

g） 挂车检测时与主车（牵引车）一起上线检测的，主车与挂车均按本表格式打印；

h） 当车辆外廓尺寸、整备质量检验项目使用仪器自动测量时，可一并在此表中打印。

**【条文理解】**

本条是机动车（除摩托车、三轮汽车外）安全技术检验表（仪器设备检验部分）的式样和填表说明。

（1）对于基本信息栏目填写说明

a）检验流水号：检验流水号应易于理解和检索。一般情况下编排规则由各地相关管理部门统一确定，建议设区的市范围内安检机构检验流水号采用统一的编排规则。

b）检验类别：打印“注册登记检验”或“在用机动车检验”等。

c）检验项目：初检时打印检验项目代号，无分隔符，应完整反映全部实际检验项目。

d）驻车轴：打印驻车作用在车辆第几轴，用数字表示，作用在多轴时，各驻车轴数用“，”分开。

e）转向轴悬架形式：打印“独立”或“非独立”字样。

f）前照灯制：按灯制数选择打印“一”“二”“四” 字样。

g）前照灯远光束能否单独调整：选择打印“能”或“否”。

(2) 对于检验结果栏目填写说明

a) 检验表判定栏中填"○"为合格,"×"为不合格,"—"表示不适用于送检车。

b) 远、近光灯中心高:前照灯检验时,远、近光灯中心高度打印该车本次检验到的灯高值;若前照灯检测仪没有灯高的测量功能,该被检车辆的灯高数据按车型库或人工测量输入数据。

c) 在远、近光垂直偏移栏以两种单位打印:

表格左侧两列打印前照灯检测仪直接测量值,单位为 mm/10m;

右侧两列打印无量纲的等高比值。依据远、近光垂直偏移量(mm/10m)换算到灯高比例的系数 $c$,并打印成 $c$ H,系数 $c$ 小数点后保留两位。如设该灯的实测高度为 $h$,计算公式为 $c=1+(L\div h)$,其中假设前照灯光束照射位置 $L$ 上偏时为正,下偏时为负。在报告单中打印 $c$ 后,也可从 $c$ 反算出该灯灯高 $h=L\div(c-1)$。

示例:如某灯测到近光垂直偏移量 $L=200$ mm/10 m,$h=1\ 000$ mm,则计算得 $c=1.20$,此时可在该灯近光垂直偏移数据打印栏打印:1.20 H;

如某灯测到近光垂直偏移量 $L=-200$ mm/10 m,$h=1\ 000$ mm,则计算得 $c=0.80$,则在该灯近光垂直偏移数据打印栏打印:0.80 H。

d) 车速表:对于无法上线检验车速表的车辆,打印"—"表示不适用于送检车。

e) 侧滑:侧滑检测时,对前轴采用独立悬架的汽车,侧滑量只打印测试结果数据,项目判定栏不打印。侧滑板向外移动时:打印数据前加"+";侧滑板向内移动时:打印数据前加"—"。

f) 路试制动性能:按所用设备检验项目的不同,选择下列两种方式打印:

选择第五轮仪、非接触式速度计等测量制动初速度,制动距离(m),制动稳定性时,建议打印方式:"① <制动初速度数据> km/h,<制动距离数据>m,<跑偏(或不跑偏)> "。注意,"< >"内的内容仅为格式提示并不打印,下同。

选择便携式制动性能检测仪等测量制动初速度,MFDD($m/s^2$),协调时间(s),制动稳定性时,建议打印方式:"② <制动初速度数据> km/h, <MFDD 数据>$m/s^2$,<协调时间数据>s,<跑偏(或不跑偏)>"。

g) 车辆外廓尺寸使用自动测量仪测量时,对应栏打印仪器测量并最终确认的结果。车辆外廓尺寸标准参数应保存在检测结果数据库中备查。

h) 整备质量联网检测时,对应栏打印仪器自动测量结果。表头部分的整备质量打印《公告》或登记数据。

i) 主车制动检验结果:挂车检测时与主车(牵引车)一起上线检测,主车制动结果在此栏填写"○"或"×"。备注中需注明牵引车号牌号码或 VIN 码。

j) 各轴轮荷栏打印空载制动检验计算用对应的轮荷。一般情况下,打印轴(轮)重仪测得的轮荷;对于安装高度满足本标准 C.1.1 d)要求的具有举升加载功能的滚筒反力式制动检验台,打印空载测试状态下制动检验台测得的轴荷(或轮荷)。

k) 整车和驻车的轮荷栏打印轴(轮)重仪测得的各轴轴荷之和。轴(轮)重仪测得的各轴轴荷应在检测数据库中存储备查。

**【标准条文】**

## I.2 三轮汽车、摩托车安全技术检验表(仪器设备检验部分)

**I.2.1** 三轮汽车、摩托车安全技术检验表(仪器设备检验部分)见表 I.2。

**表 I.2 三轮汽车、摩托车安全技术检验表(仪器设备检验部分)**

<table>
<tr><td colspan="9">一、基本信息</td></tr>
<tr><td colspan="2">检验流水号</td><td colspan="2"></td><td>引车员</td><td colspan="2"></td><td>检验日期</td><td></td></tr>
<tr><td colspan="2">检验类别</td><td colspan="2"></td><td>检验项目</td><td colspan="2"></td><td>登录员</td><td></td></tr>
<tr><td colspan="2">号牌(自编)号</td><td colspan="2"></td><td>所有人</td><td colspan="4"></td></tr>
<tr><td colspan="2">号牌种类</td><td colspan="2"></td><td>车辆类型</td><td colspan="2"></td><td>品牌/型号</td><td></td></tr>
<tr><td colspan="2">车辆识别代号</td><td colspan="2"></td><td>发动机号</td><td colspan="2"></td><td>燃料类别</td><td></td></tr>
<tr><td colspan="2">初次登记日期</td><td colspan="2"></td><td>出厂年月</td><td colspan="2"></td><td>里程表读数</td><td></td></tr>
<tr><td colspan="2">整备质量(kg)</td><td colspan="2"></td><td>前照灯制</td><td colspan="2"></td><td>前照灯远光束能否单独调整</td><td></td></tr>
<tr><td colspan="9">二、检验结果</td></tr>
<tr><td colspan="2" rowspan="2">台试检测项目</td><td colspan="2">轮荷(kg)</td><td colspan="2">制动力(10N)</td><td rowspan="2">制动率(%)</td><td rowspan="2">项目判定</td><td rowspan="2">单项次数</td></tr>
<tr><td>左</td><td>右</td><td>左</td><td>右</td></tr>
<tr><td rowspan="3">制动B</td><td>前轮</td><td></td><td></td><td></td><td></td><td></td><td></td><td></td></tr>
<tr><td>后轮(轴)</td><td></td><td></td><td></td><td></td><td></td><td></td><td></td></tr>
<tr><td>驻车</td><td></td><td></td><td></td><td></td><td></td><td></td><td></td></tr>
<tr><td rowspan="3">前照灯H</td><td>项目</td><td colspan="5">远光发光强度(cd)</td><td>项目判定</td><td>单项次数</td></tr>
<tr><td>左(单)灯</td><td colspan="5"></td><td></td><td></td></tr>
<tr><td>右灯</td><td colspan="5"></td><td></td><td></td></tr>
<tr><td colspan="2">路试制动性能</td><td colspan="2"></td><td>路试检验员</td><td colspan="4"></td></tr>
<tr><td colspan="4">车辆外廓尺寸(mm×mm×mm)：</td><td colspan="5">整备质量(kg)：</td></tr>
<tr><td colspan="2">备注</td><td colspan="4"></td><td colspan="2">总检次数</td><td></td></tr>
</table>

**I.2.2** 三轮汽车、摩托车安全技术检验表(仪器设备检验部分)填表说明如下：

a) 路试制动性能中，按选择的如下路试检测项目打印项目名称(单位)、数据：
制动初速度，制动距离(m)，制动稳定性；
制动初速度，MFDD($m/s^2$)，协调时间(s)，制动稳定性；

b) 单项次数栏打印本检验周期内单项检测的次数(含初复检)、以便明确该数据是第几次检测结果，制动各轴单项次数以该轴上检验设备次数为准；

c) 总检次数栏打印本检验周期内该车上线检测的总次数(含初复检)；

d) 当车辆外廓尺寸、整备质量检验项目使用仪器自动测量时，可一并在此表中打印。

【条文理解】

本条是三轮汽车、摩托车安全技术检验表(仪器设备检验部分)的式样和填表说明。具体要求参照本标准表 I.1 条文理解。

# 第三章

# 相关标准和法律法规

ICS 43.020
T 04

# 中华人民共和国国家标准

GB 1589—2004
代替 GB 1589—1989

# 道路车辆外廓尺寸、轴荷及质量限值

## Limits of dimensions, axle load and masses for road vehicles

2004-04-01 发布　　　　2004-10-01 实施

中华人民共和国国家质量监督检验检疫总局
中国国家标准化管理委员会　发布

# 前　言

**本标准为全文强制。**

本标准是对GB 1589—1989《汽车外廓尺寸限界》的第一次修订。

本标准与GB 1589—1989《汽车外廓尺寸限界》相比主要区别如下：

——增加三轮汽车、三轴客车、挂车的外廓尺寸限值要求(4.1.1)；

——增加车辆通道圆和外摆值的测量方法及要求(4.1.2.4、附录A)；

——增加汽车、挂车和汽车列车的轴荷及总质量的限值要求(4.2、4.3)；

——增加对汽车、挂车和汽车列车的"其他要求"(4.4)；

——修改客车、货车等车辆的外廓尺寸限值要求(原标准4.1、4.2、4.3，现标准4.1.1、表1)。

本标准的附录A为规范性附录。

本标准代替GB 1589—1989《汽车外廓尺寸限界》。

本标准对新定型产品自实施之日起执行，对在生产产品自发布之日起12个月后执行。

本标准由中华人民共和国国家发展和改革委员会、交通部、公安部共同提出。

本标准由全国汽车标准化技术委员会归口。

本标准起草单位：中国汽车技术研究中心、交通部公路科学研究所、公安部交通管理科学研究所、第一汽车集团公司、东风汽车公司。

本标准所代替标准的历次版本发布情况为：GB 1589—1989、GB 1589—1979。

# 道路车辆外廓尺寸、轴荷及质量限值

## 1 范围

本标准规定了汽车、挂车及汽车列车的外廓尺寸、轴荷及质量的限值。

本标准适用于在道路上使用的汽车(最大设计总质量超过 26 000 kg 的汽车起重机除外)、挂车及汽车列车。本标准不适用于军队装备的专用车辆。

## 2 规范性引用文件

下列文件中的条款通过本标准的引用而成为本标准的条款。凡是注日期的引用文件,其随后所有的修改单(不包括勘误的内容)或修订版均不适用于本标准,然而,鼓励根据本标准达成协议的各方研究是否可使用这些文件的最新版本。凡是不注日期的引用文件,其最新版本适用于本标准。

GB/T 3730.1 汽车和挂车类型的术语和定义

GB/T 3730.2 道路车辆 质量 词汇和代码(GB/T 3730.2—1996,idt ISO 1176:1990)

GB/T 3730.3 汽车和挂车的术语及其定义 车辆尺寸(GB/T 3730.3—1992,neq ISO 612:1978)

## 3 术语和定义

GB/T 3730.1,GB/T 3730.2,GB/T 3730.3 中确立的术语和定义适用于本标准。

## 4 要求

本标准规定的车辆应满足 4.1、4.2、4.3、4.4 的相应要求。

### 4.1 车辆外廓尺寸要求

#### 4.1.1 车辆外廓尺寸限值

汽车、挂车及汽车列车的外廓尺寸应不超过表 1 规定最大限值。

#### 4.1.2 车辆外廓尺寸的其他要求

4.1.2.1 当汽车或汽车列车处于满载状态、外后视镜底边离地高度小于 1 800 mm 时,其单侧外伸量不得超出汽车或汽车列车最大宽度处 200 mm。外后视镜底边离地高度大于或等于 1 800 mm 时,其单侧外伸量不得超出汽车或汽车列车最大宽度处 250 mm。

4.1.2.2 汽车的顶窗、换气装置等处于开启状态时不得超出车高 300 mm。

4.1.2.3 汽车的后轴与挂车的前轴之间的距离不得小于 3.00 m(牵引中置轴挂车除外)。

4.1.2.4 汽车和汽车列车(不计具有作业功能的专用装置的突出部分)必须能在同一个车辆通道圆内通过,车辆通道圆的外圆直径 $D_1$ 为 25.00 m,车辆通道圆的内圆直径 $D_2$ 为 10.50 m。汽车和汽车列车由直线行驶过渡到上述圆周运动时,任何部分超出直线行驶时的车辆外侧面垂直面的值(车辆外摆值)$T$ 不得大于 0.80 m(单铰接客车的车辆外摆值 $T$ 不得大于 1.20 m),测量方法见附录 A。

**表 1　汽车、挂车及汽车列车外廓尺寸的最大限值**　　单位为毫米

| 车辆类型 | | | | 车长[a] | 车宽 | 车高 |
|---|---|---|---|---|---|---|
| 汽车 | 三轮汽车[b,c] | | | 4 600 | 1 600 | 2 000 |
| | 货车[e,f]及半挂牵引车 | 最高设计车速小于 70 km/h 的四轮货车[d] | | 6 000 | 2 000 | 2 500 |
| | | 二轴 | 最大设计总质量≤3 500 kg | 6 000 | 2 500[h] | 4 000 |
| | | | 最大设计总质量＞3 500 kg，且≤8 000 kg | 7 000[g] | | |
| | | | 最大设计总质量＞8 000 kg，且≤12 000 kg | 8 000[g] | | |
| | | | 最大设计总质量＞12 000 kg | 9 000[g] | | |
| | | 三轴 | 最大设计总质量≤20 000 kg | 11 000 | | |
| | | | 最大设计总质量＞20 000 kg | 12 000 | | |
| | | 四轴 | | 12 000 | | |
| | 乘用车及客车 | 乘用车及二轴客车 | | 12 000 | 2 500[h] | 4 000[i] |
| | | 三轴客车 | | 13 700 | | |
| | | 单铰接客车 | | 18 000 | | |
| 挂车 | 半挂车[j] | 一轴 | | 8 600 | 2 500[h] | 4 000 |
| | | 二轴 | | 10 000[k] | | |
| | | 三轴 | | 13 000[l] | | |
| | 中置轴(旅居)挂车 | | | 8 000 | | |
| | 其他挂车 | 最大设计总质量≤10 000 kg | | 7 000 | | |
| | | 最大设计总质量＞10 000 kg | | 8 000 | | |
| 汽车列车 | 铰接列车 | | | 16 500[m] | 2 500[h,n] | 4 000[o] |
| | 货车列车 | | | 20 000 | | |

a　挂车车长为挂车最前端至最后端的距离；

b　即原三轮农用运输车，下同；

c　当采用方向盘转向、由传动轴传递动力、具有驾驶室且驾驶员座椅后设计有物品放置空间时，车长、车宽、车高的限值分别为 5 200 mm、1 800 mm、2 200 mm；

d　指低速载货汽车，即原四轮农用运输车，下同；

e　车长限值不适用于不以运输为目的的专用作业车；

f　最大设计总质量不超过 26 000 kg 的汽车起重机的车长限值为 13 000 mm；

g　当货厢与驾驶室分离且货厢为整体封闭式时，车长限值增加 1 000 mm；

h　对于货厢为整体封闭式的厢式货车(且货厢与驾驶室分离)、整体封闭式厢式半挂车及整体封闭式厢式汽车列车，以及车长大于 11 000 mm 的客车，车宽最大限值为 2 550 mm；

i　定线行驶的双层客车车高最大限值为 4 200 mm；

j　运送不可拆解物体的低平板专用半挂车车宽限值 3 000 mm；车长限值不适用于运送不可拆解物体的低平板专用半挂车、运送车辆的专用半挂车(但与牵引车组成的列车长度需符合本标准规定)和运送单箱长度大于 12.2 m(40 ft)集装箱的框架式集装箱半挂车；

k　对于整体封闭式厢式半挂车、集装箱半挂车，以及组成五轴汽车列车的罐式半挂车，车长最大限值为 13 000 mm；

l　自 2008 年 1 月 1 日起，在高等级公路上使用的整体封闭式厢式半挂车，车长最大限值为 14 600 mm；

m　运送不可拆解物体的低平板列车和运送单箱长度大于 12.2 m(40 ft)集装箱的框架式集装箱列车除外；自 2008 年 1 月 1 日起，与整体封闭式厢式半挂车组成的铰接列车在高等级公路上使用时，车长最大限值为 18 100 mm；

n　运送不可拆解物体的低平板挂车列车车宽限值 3 000 mm；

o　对于集装箱挂车列车指装备空集装箱时的高度。2007 年 1 月 1 日以前，集装箱挂车列车的车高最大限值为4 200 mm。

### 4.2 车辆的最大允许轴荷限值

#### 4.2.1 单轴

汽车及挂车单轴的最大允许轴荷不得超过表2规定的最大限值。

**表2 汽车及挂车单轴的最大允许轴荷的最大限值**

单位为千克

| 车辆类型 | | | 最大允许轴荷最大限值 |
|---|---|---|---|
| 挂车及二轴货车 | 每侧单轮胎 | | 6 000[a] |
| | 每侧双轮胎 | | 10 000[b] |
| 客车、半挂牵引车及三轴以上(含三轴)货车 | 每侧单轮胎 | | 7 000[a] |
| | 每侧双轮胎 | 非驱动轴 | 10 000[b] |
| | | 驱动轴 | 11 500 |

a 安装名义断面宽度超过400(公制系列)或13.00(英制系列)轮胎的车轴，其最大允许轴荷不得超过规定的各轮胎负荷之和，且最大限值为10 000 kg；

b 装备空气悬架时最大允许轴荷的最大限值为11 500 kg。

#### 4.2.2 并装轴

汽车及挂车并装轴的最大允许轴荷不得超过表3规定的最大限值。

**表3 汽车及挂车并装轴的最大允许轴荷的最大限值**

单位为千克

| 车辆类型 | | | 最大允许轴荷最大限值 |
|---|---|---|---|
| 汽车 | 并装双轴 | 并装双轴的轴距＜1 000 mm | 11 500 |
| | | 并装双轴的轴距≥1 000 mm，且＜1 300 mm | 16 000 |
| | | 并装双轴的轴距≥1 300 mm，且＜1 800 mm | 18 000[a] |
| 挂车 | 并装双轴 | 并装双轴的轴距＜1 000 mm | 11 000 |
| | | 并装双轴的轴距≥1 000 mm，且＜1 300 mm | 16 000 |
| | | 并装双轴的轴距≥1 300 mm，且＜1 800 mm | 18 000 |
| | | 并装双轴的轴距≥1 800 mm | 20 000 |
| | 并装三轴 | 相邻两轴之间距离≤1 300 mm | 21 000 |
| | | 相邻两轴之间距离＞1 300 mm，且≤1 400 mm | 24 000 |

a 驱动轴为每轴每侧双轮胎且装备空气悬架时，最大允许轴荷的最大限值为19 000 kg。

#### 4.2.3 其他类型的车轴

对于其他类型的车轴，其最大允许轴荷不得超过该轴轮胎数×3 000 kg。

### 4.3 车辆总质量限值

#### 4.3.1 最大允许总质量

汽车、挂车及汽车列车的最大允许总质量不得超过各车轴最大允许轴荷之和，且不得超过表4规定的最大限值。

#### 4.3.2 最大设计总质量

货车、挂车的最大设计总质量不得小于表4规定的最小限值。

**表 4　汽车、挂车及汽车列车最大允许总质量的最大限值及最大设计总质量的最小限值**

单位为千克

<table>
<tr><th colspan="3">车辆类型</th><th>最大允许总质量<br>最大限值</th><th>最大设计总质量<br>最小限值</th></tr>
<tr><td rowspan="10">汽车</td><td colspan="2">三轮汽车</td><td>2 000[a]</td><td rowspan="7">—</td></tr>
<tr><td colspan="2">乘用车</td><td>4 500</td></tr>
<tr><td rowspan="3">客车</td><td>二轴客车</td><td>18 000</td></tr>
<tr><td>三轴客车</td><td>25 000[b]</td></tr>
<tr><td>单铰接客车</td><td>28 000</td></tr>
<tr><td rowspan="2">半挂牵引车</td><td>二轴半挂牵引车</td><td>18 000</td></tr>
<tr><td>三轴半挂牵引车</td><td>25 000[b]</td></tr>
<tr><td rowspan="3">货车</td><td>二轴货车</td><td>16 000[c,d]</td><td>—</td></tr>
<tr><td>三轴货车</td><td>25 000[b]</td><td>16 000</td></tr>
<tr><td>具有双转向轴的四轴汽车</td><td>31 000[e]</td><td>24 000</td></tr>
<tr><td rowspan="6">挂车</td><td rowspan="3">半挂车</td><td>一轴半挂车</td><td>18 000</td><td>10 000</td></tr>
<tr><td>二轴半挂车</td><td>35 000</td><td>19 000[f]</td></tr>
<tr><td>三轴半挂车</td><td>40 000</td><td>28 000[f]</td></tr>
<tr><td rowspan="3">其他挂车</td><td>二轴挂车，每轴每侧为单轮胎</td><td>12 000</td><td>8 000</td></tr>
<tr><td>二轴挂车，一轴每侧为单轮胎、<br>另一轴每侧为双轮胎</td><td>16 000</td><td>11 000</td></tr>
<tr><td>二轴挂车，每轴每侧为双轮胎</td><td>20 000</td><td>14 000</td></tr>
<tr><td colspan="2" rowspan="4">汽车列车</td><td>二轴汽车和一轴挂车组成的汽车列车</td><td>27 000</td><td rowspan="4">—</td></tr>
<tr><td>二轴汽车和二轴挂车组成的汽车列车</td><td>35 000[g]</td></tr>
<tr><td>具有五轴的汽车列车</td><td>43 000</td></tr>
<tr><td>具有六轴的汽车列车</td><td>49 000</td></tr>
<tr><td colspan="5">a　当采用方向盘转向、由传动轴传递动力、具有驾驶室且驾驶员座椅后设计有物品放置空间时，最大允许总质量最大限值为 3 000 kg；<br>b　当驱动轴为每轴每侧双轮胎且装备空气悬架时，最大允许总质量的最大限值为 26 000 kg；<br>c　当驱动轴为每轴每侧双轮胎且装备空气悬架时，最大允许总质量的最大限值为 17 000 kg；<br>d　对于最高设计车速小于 70 km/h 的四轮货车，最大允许总质量的最大限值为 4 500 kg；<br>e　当驱动轴为每轴每侧双轮胎且装备空气悬架时，最大允许总质量的最大限值为 32 000 kg；<br>f　不适用于运送车辆的专用半挂车；<br>g　驱动轴为每轴每侧双轮胎并装备空气悬架、且半挂车的两轴之间的距离 $d \geqslant 1\ 800$ mm 的铰接列车，最大允许总质量的最大限值为 37 000 kg。</td></tr>
</table>

**4.4　其他要求**

4.4.1　汽车或汽车列车驱动轴的轴荷不得小于汽车或汽车列车最大总质量的 25%。

4.4.2　四轴汽车(自卸车除外)的最大允许总质量的数值(单位：t)不能超过其最前轴至最后轴的距离的数值(单位：m)的 5 倍。

4.4.3　挂车及二轴货车的货箱栏板高度不得超过 600 mm，二轴自卸车、三轴及三轴以上货车的货箱栏板高度不得超过 800 mm，三轴及三轴以上自卸车的货箱栏板高度不得超过 1 500 mm。

# 附 录 A
（规范性附录）
# 车辆通道圆与外摆值测量方法（如图 A.1 和图 A.2 所示）

## A.1 车辆通道圆

A.1.1 汽车或汽车列车以直线行驶状态停于平整地面上。
A.1.2 汽车或汽车列车起步，由直线行驶过渡到直径 $D_1$（按照车辆最外侧部位计算，但是不计具有作业功能的专用装置的突出部分）为 25 m 的圆周内行驶，至少在圆周内行驶 1/2 圈（半个圆周），在此过程中车速控制在 5 km/h 至 10 km/h 之间。
A.1.3 在此圆周内运动的车辆，最外侧部位在地面上的投影所形成的圆周轨迹即为车辆通道圆的外圆。
A.1.4 在此圆周内运动的车辆，最内侧部位在地面上的投影所形成的圆周轨迹即为车辆通道圆的内圆。
A.1.5 上述过程左右各进行一次。

## A.2 车辆外摆值

A.2.1 汽车或汽车列车以直线行驶状态停于平整地面上。
A.2.2 沿车辆最外侧部位向地面做投影，并做与车辆纵向中心线平行的投影线。
A.2.3 汽车或汽车列车起步，由直线行驶过渡到直径 $D_1$（按照车辆最外侧部位计算，但是不计具有作业功能的专用装置的突出部分）为 25 m 的圆周内行驶，至少在圆周内行驶 1/2 圈（半个圆周），在此过程中车速控制在 5 km/h 至 10 km/h 之间。
A.2.4 上述过程中车辆外侧任何部位在地面上的投影形成外摆轨迹，该轨迹与车辆静止时车辆最外侧部位形成的投影线的最大距离即为车辆外摆值 $T$。
A.2.5 上述过程左右各进行一次。

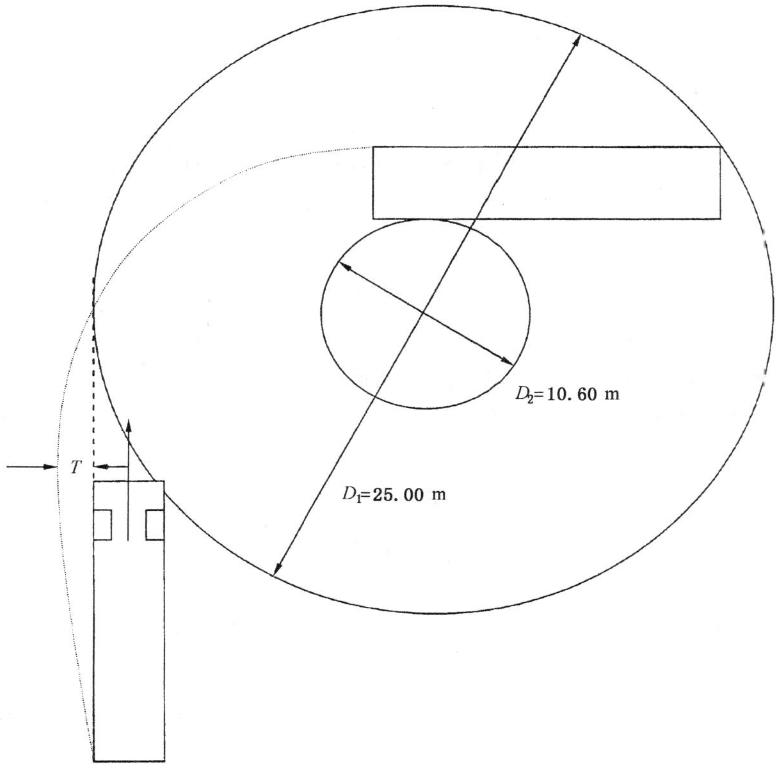


图 A.1 车辆通道圆与外摆值示意图（汽车）

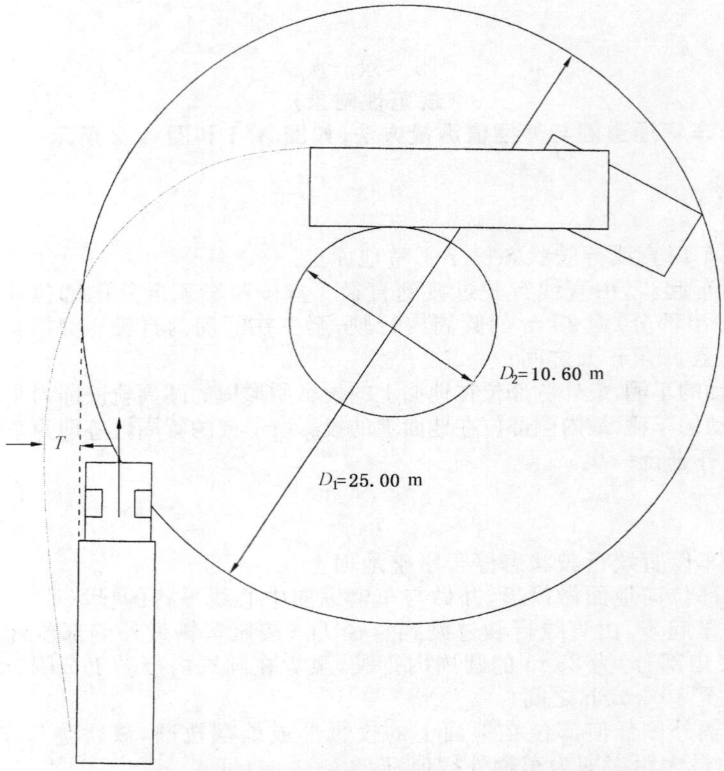


图 A.2 车辆通道圆与外摆值示意图(汽车列车)

---

# GB 1589—2004《道路车辆外廓尺寸、轴荷及质量限值》国家标准第1号修改单

本修改单经国家标准化管理委员会于2005年11月14日批准,自发布之日起实施。

---

标准名称:GB 1589—2004《道路车辆外廓尺寸、轴荷及质量限值》

一、第1章第二段中的"(最大设计总质量超过26 000 kg的汽车起重机除外)"改为"(最大设计总质量超过26 000 kg的汽车起重机、混凝土泵车及消防车除外)"。

二、在第1章的最后增加注解

"注:汽车起重机、混凝土泵车及消防车的最大允许总质量的最大限值为55 000 kg。"

三、第4章表1中的注解k

将"集装箱半挂车"改为"框架式集装箱半挂车"。

---

# GB 1589—2004《道路车辆外廓尺寸、轴荷及质量限值》国家标准第 2 号修改单

本修改单经国家标准化管理委员会于 2008 年 2 月 18 日批准，自发布之日起实施。

---

标准名称：GB 1589—2004《道路车辆外廓尺寸、轴荷及质量限值》

一、将第 1 章第三段中的"注：汽车起重机、混凝土泵车及消防车的最大允许总质量的最大限值为 55 000 kg。"改为"注：汽车起重机、混凝土泵车及消防车的最大允许总质量的最大限值为 55 000 kg，当最大设计总质量超过 55 000 kg 时应符合相关法律法规的规定。"

---

ICS 43.040.20
T 38

GB

# 中华人民共和国国家标准

GB 4785—2007
代替 GB 4785—1998

# 汽车及挂车外部照明和光信号装置的安装规定

## Prescription for installation of the external lighting and light-signalling devices for motor vehicles and their trailers

2007-11-01 发布　　2008-06-01 实施

中华人民共和国国家质量监督检验检疫总局
中国国家标准化管理委员会　发布

# 前 言

**本标准的全部技术内容为强制性。**

本标准对应于联合国欧洲经济委员会 ECE R48—2001《关于在照明和光信号装置安装方面对机动车辆进行认证的统一规定》。本标准与 ECE R48 的一致性程度为非等效，主要差异如下：

——修改了“1 范围”。

——增加了规范性引用文件。

——删除了 ECE R.48 中有关管理方面的下列章节和附录：

.3. 认证申请；

.4. 认证；

.7. 车辆型式及照明和光信号装置安装的改型和扩展认证；

.8. 生产一致性；

.9. 生产不一致性的处理；

.10. 正式停产；

.11. 负责认证试验的技术部门和管理部门的名称和地址；

.12. 过渡规定；

.附录 1　关于按照第 48 号法规一种车型在照明和光信号装置安装方面的批准认证、或拒绝认证、或扩展认证、或撤消认证、或正式停产通知书；

.附录 2　认证标志的布局。

——增加了灯具光色的色度特性。

——增加了各种灯具几何可见度的示图。

——增加了昼间行驶灯内容。

——考虑到快速发展的交通运输对汽车照明的要求，本标准参照 ECE R48 的 2003 版，修改了有关倒车灯的相关内容；参照 ECE R48 的 2004 版，增加汽车用气体放电光源前照灯，弯道照明等内容。

本标准的主要技术要求如：一般规定，特殊规定，灯具表面、基准轴线、基准中心和几何可见度角，前视红光和后视白光的不可见度，确定近光光束在垂直方向上变化的各种装载状况，近光光束倾斜度随装载变化的测量，初始调整的指示，前照灯调光装置控制器和生产一致性控制则与 ECE R.48 一致。

本标准代替 GB 4785—1998《汽车及挂车外部照明和信号装置的安装规定》。本标准与前版相比较主要变化如下：

——修改增加了前版第 2 章引用标准内容；

——修改了前版第 3 章的“定义”的内容，改为本版第 3 章的“术语和定义”；

——修改了前版第 4 章技术要求中的有关条款(如：一般规定、灯具光色和特殊规定)；

——修改了前版第 5 章“试验方法”和第 6 章“检验规则”；

——增加了前照灯调光装置的有关条款；

——增加了汽车用气体放电光源前照灯，弯道照明，昼间行驶灯等内容。

本标准附录 A、附录 B、附录 C、附录 D、附录 E 和附录 F 都是规范性附录。

本标准实施之日起，GB 4785—1998 废止。新申请型式检验的汽车产品必须符合本标准。

本标准实施的过渡要求：

对于新申请型式检验的汽车产品，本标准 4.3.2.6.2 中涉及手动前照灯调光装置的技术内容和规定，自本标准实施之日起24个月后实施。

对于现生产车型或通过现生产车型上改型而形成的新车型(不涉及照明和光信号装置安装规定的改变)，给予60个月的过渡期；有关前照灯手动或自动调光装置的安装给予直至停产的过渡期。

本标准由全国汽车标准化技术委员会归口。

本标准由上海汽车灯具研究所负责起草。

本标准主要起草人：许谋和、周涛、卜伟理。

本标准所代替标准的历次版本发布情况为：

——GB 4785—1984、GB 4785—1998。

# 汽车及挂车外部照明和光信号装置的安装规定

## 1 范围

本标准规定了汽车及挂车的外部照明和光信号装置安装的技术要求、试验方法和检验规则等。

本标准适用于M、N和O类汽车及挂车等。

## 2 规范性引用文件

下列文件中的条款通过本标准的引用而成为本标准的条款，凡是注日期的引用文件，其随后所有的修改单(不包括勘误的内容)或修订版均不适用于本标准，然而，鼓励根据本标准达成协议的各方研究是否可以使用这些文件的最新版本。凡是不注日期的引用文件，其最新版本同样适用于本标准。

GB/T 3977 颜色的表示方法

GB/T 3978 标准照明体及照明观测条件

GB 4599 汽车用灯丝灯泡前照灯

GB/T 7922 照明光源颜色的测量方法

GB 21259 汽车用气体放电光源前照灯

GB 21260 汽车用前照灯清洗器

## 3 术语和定义

下列术语和定义适用于本标准。

3.1

**一种车辆的型式试验 type test of a vehicle**

就外部照明和光信号装置的安装数量和方式对某一车型进行型式试验。

3.2

**横截面 transverse plane**

与车辆纵向对称平面正交的垂直面。

3.3

**空载车辆 unladen vehicle**

无驾驶员、乘务员、乘客和载荷，但带有充足的燃料、备用车轮和常用工具的车辆。

3.4

**装载车辆 laden vehicle**

装载着制造商确定的技术上允许的最大质量的车辆，并按附录A中的装载状况分布在车轴上。

3.5

**灯具 lamp**

设计用于照明道路或向其他使用道路者发出光信号的装置。牌照灯和回复反射器也属于灯具。

3.5.1

**等效灯 equivalent lamps**

具有相同的功能，并得到主管部门认可的灯具。在满足本标准要求的条件下，等效灯可以具有与车辆通过型式检验所安装灯具不同的特性。

3.5.2

**独立灯　independent lamps**

具有分开的发光面(对于牌照灯和第5、6类转向信号灯，发光面不存在时，用透光面取代)、分开的光源和分开的灯体的装置。

3.5.3

**组合灯　grouped lamps**

具有分开的发光面(对于牌照灯和第5、6类转向信号灯，发光面不存在时，用透光面取代)、分开的光源和共同的灯体的装置。

3.5.4

**复合灯　combined lamps**

具有分开的发光面(对于牌照灯和第5、6类转向信号灯，发光面不存在时，用透光面取代)、共同的光源和共同的灯体的装置。

3.5.5

**混合灯　reciprocally incorporated lamps**

具有分开的光源或在不同情况下工作的单一光源(如光学的、机械的、电气的差异)，全部或部分共有发光面(对于牌照灯和第5、6类转向信号灯，发光面不存在时，用透光面取代)和共同的灯体的装置。

3.5.6

**可藏灯　concealable lamp**

不使用时，可以通过移动罩盖，或灯，或采用其他适当的方法，能部分或全部隐藏起来的灯具。术语可隐(retractable)专指那些通过自身移动藏入车身内的可藏灯。

3.5.7

**远光灯　driving beam(main-beam)headlamp**

照明车辆前方远距离道路的灯具。

3.5.8

**近光灯　passing beam(dipped-beam)headlamp**

照明车辆前方道路，对来车驾驶员和其他使用道路者不造成眩目，或产生不舒适感的灯具。

3.5.9

**转向信号灯　direction-indicator lamp**

用于向其他使用道路者表明车辆将向右或向左转向的灯具。

3.5.10

**制动灯　stop lamp**

向车辆后方其他使用道路者，表明车辆正在制动的灯具。制动灯可以通过缓速器或一种类似装置点亮。

3.5.11

**后牌照板照明装置(以下简称牌照灯)　rear-registration plate illuminating device**

用于照明后牌照板空间的装置，该装置可由几个光学元件组成。

3.5.12

**前位灯　front position lamp**

从车辆前方观察，表明车辆存在和宽度的灯。

3.5.13

**后位灯　rear position lamp**

从车辆后方观察，表明车辆存在和宽度的灯

3.5.14

**回复反射器　retro-reflector**

通过外来光源照射后的反射光，向位于光源附近的观察者表明车辆存在的装置。本标准规定：回复反射牌照板，有关危险物品运输中的各种回复反射信号和按国家规定必须用于某些类型车辆或操纵方法上的其他回复反射板和信号均不属于回复反射器。

3.5.15

**危险警告信号　hazard warning signal**

同时打开车辆上所有的转向信号灯，以向其他使用道路者表明，车辆暂时具有某种特殊危险。

3.5.16

**前雾灯　front fog lamp**

用于改善在雾、雪、雨或尘埃情况下道路照明的灯具。

3.5.17

**后雾灯　rear fog lamp**

在大雾情况下，从车辆后方观察，使得车辆更为易见的灯具。

3.5.18

**倒车灯　reversing lamp**

照明车辆后方道路和警告其他使用道路者，车辆正在或即将倒车的灯。

3.5.19

**驻车灯　parking lamp**

用于引起人们注意，在某区域内有一静止车辆存在的灯具。在此情况下，驻车灯代替前位灯和后位灯。

3.5.20

**示廓灯　end-outline marker lamp**

安装在车辆最外缘和尽可能靠近车顶，用来表明车宽的灯具；对于某些车辆和挂车，用来补充前、后位灯，以引起对其整体的特别关注。

3.5.21

**侧标志灯　side marker lamp**

从车辆侧面观察时，表明车辆存在的灯具。

3.5.22

**昼间行驶灯　daytime running lamp**

昼间行驶时，使得车辆更为易见的一种面向前方的灯具。

3.6

**发光面　illuminating surface（见附录 B）**

3.6.1

**照明装置的发光面　illuminating surface of a lighting device**（3.5.7、3.5.8、3.5.16 和 3.5.18）

反射镜整个口径在一横截面上的垂直投影。或者，对于椭球面反射镜的前照灯，投影透镜在一横截面上的垂直投影。若照明装置不带反射镜，则适用 3.6.2 定义。若灯具的透光面只占据反射镜口径的一部分，则只考虑该部分的投影。

对于近光灯，发光面受到明暗截止在配光镜上视在图样的限制。若反射镜和配光镜可以调节，则应处在平均调节位置上。

3.6.2

**除回复反射器外的光信号装置的发光面　illuminating surface of a light-signalling device other than a retro-reflector**（3.5.9～3.5.13、3.5.15、3.5.17、3.5.19～3.5.22）

光信号装置在垂直于基准轴线，且与透光面(外表面)相切的平面上的垂直投影。该投影的周边由位于投影平面上的诸屏蔽框边缘确定，在基准轴线方向上每次仅能发射出98%的发光强度。为了确定发光面的上、下以及横向各边缘、屏蔽框边缘必须是水平的或垂直的。

3.6.3

**回复反射器的发光面　illuminating surface of a retro-reflector**(3.5.14)

回复反射器上由一组平面所围成的面在垂直于其基准轴线平面上的投影。该组平面平行于回复反射器基准轴线，且通过它的光学组件的最外边缘，为了确定回复反射器的上、下和横向边缘，只考虑水平面和垂直面。

3.7

**视表面　apparent surface(见附录B)**

某一特定观察方向上的视表面，按制造商要求，或是投影在配光镜外表面上的发光面边界在一平面上的垂直投影(a-b)，或是透光面在一平面上的垂直投影(c-d)，该平面垂直于观察方向，且与配光镜最外面的点相切。

3.8

**基准轴线　axis of reference(reference axis)**

由制造商规定的，在配光测量和灯具安装时，作为角视场的基准方向(H＝0°，V＝0°)。

3.9

**基准中心　center of reference**

由制造商确定的基准轴线与外部透光面的交点。

3.10

**几何可见度　angles of geometric visibility**

灯具视表面可见的最小立体角，该立体角由球的一部分确定，球心位于灯具的基准中心，赤道与地面平行。以基准轴线为基准，水平方向角 $\beta$ 表示经度，垂直方向角 $\alpha$ 表示纬度。当从远处观察时，在几何可见度范围内，不应有阻碍视表面所发光线传播的障碍物。若在灯具近处测量，则沿观察方向平行移动，以得到相同的准确度。若灯具在以往的型式检验时已存在障碍物，则在几何可见度内的这些障碍物可不予考虑。若安装灯具时，其视表面受到车辆部件的部分遮蔽，则应提供证明，表明灯具未受遮蔽的部分仍满足型式检验所需的配光值。然而，当水平面以下的垂直方向几何可见度角可减至5°(灯的离地高度小于750 mm)时，安装后的灯具，其配光测量范围可减至水平以下5°。

3.11

**外缘端面　extreme outer edge**

车辆两侧的外缘端面是指：平行于车辆纵向对称平面，且与车辆横向外缘接触的平面。本标准规定下列突出物除外：

a) 轮胎与地面接触(变形)部分以及轮胎压力传感器的连接件。

b) 轮胎上的各种防滑装置。

c) 后视镜。

d) 侧转向信号灯，示廓灯，前、后位灯，驻车灯，回复反射器和侧标志灯。

e) 固定在车辆上的海关封印，以及为了保护和固定这些封印的装置。

3.12

**车宽　overall width**

上述3.11中定义的两个垂直平面间的距离。

3.13

**单灯　a single lamp**

指有一种装置或装置的部件，具有一个功能、一个在其基准轴线上的视表面、一个或多个光源。

对于车辆安装，单灯也指由两个独立灯或组合灯组成的组合件，这些灯无论相同与否，具有相同的功能且安装后其基准轴线上的视表面投影，不小于上述基准方向上视表面所围成的最小矩形面积的60%。

在上述情况下，这种单灯中的每个灯要求型式检验时，则应按“D”型灯进行型式检验。

但上述组合不适用于远光灯、近光灯和前雾灯。

3.14

**双灯或偶数灯　two lamps or an even number of lamps**

具有一带(条)状透光面的装置。且透光面对称于车辆纵向对称平面，其两端至车辆外缘端面的距离不大于400 mm，透光面长度不小于800 mm，光源不少于两个，并尽量靠近透光面的两端；透光面也可以由数个并列的发光单元构成，此时，几个并列的透光面在一横截面上的投影不小于上述各单个透光面投影的最小矩形面积的60%。

3.15

**两灯间距　distance between two lamps**

在基准轴线方向上两视表面之间的最短距离。若该间距明显满足本标准要求，则不需要确定视表面的精确边缘。

3.16

**“工作”指示器　operating tell-tale**

用于指示某一装置已被接通，并表明其工作是否正常的指示灯或蜂鸣器(或任何等效信号)。

3.17

**“接通”指示器　closed-circuit tell-tale**

用于指示某一装置已被接通，但并不表明其工作是否正常的指示灯(或任何等效信号)。

3.18

**选装灯　optional lamp**

一种由制造商决定是否安装的灯具。

3.19

**透光面(见附录B)　light emitting surface**

透明材料的全部或部分外表面，该表面由装置制造商在提交型式检验申请书所附的图纸中标出。

3.20

**地面　ground**

基本上是水平的车辆停放面。

3.21

**车辆的可移动部件　movable components of the vehicle**

不使用工具，可以通过倾斜，转动或滑动改变位置的车身面板或其他车辆部件。但不包括载货车的可倾斜驾驶室。

3.22

**移动部件的正常使用位置　normal position of use of a movable component**

由制造商规定的，在车辆正常使用和驻车状态下的可移动部件位置。

3.23

**车辆正常使用状态　normal condition of use of a vehicle**

a) 对于机动车，指车辆已准备行驶，发动机已起动，可移动部件已处于上述3.22中规定的正常位置。

b) 对于挂车，指已与牵引的机动车连接，后者已处于上述3.23.1的状态，其可移动部件也处于上述3.22中的正常位置。

3.24

**车辆驻车状态　park condition of a vehicle**

a)　对于机动车，指车辆静止，其发动机停止工作，可移动部件处于上述3.22中的正常位置。

b)　对于挂车，指已与处于上述3.24.1状态的牵引机动车连接，可移动部件处于上述3.22中的正常位置。

3.25

**装置　device**

用来执行一种或多种功能的部件或组合件。

3.26

**光源　light source**

“光源”指一个或几个发光体，其可由一个或几个灯罩以及一用于机械和电路连接的灯座组成。

光源还可以是光导元件的出光口，它可以是一个分布式照明装置的一部分或是不带内嵌式外配光镜的光信号系统的一部分。

3.26.1

**可更换光源　replaceable light source**

不用工具就能插入灯座和从灯座上取出的光源。

3.26.2

**不可更换光源　non-replaceable light source**

只能进行整体更换的光源。

3.26.3

**光源模块　light source module**

一个装置的专用光学部件，包含一个或几个不可更换光源，且只有使用工具才能从装置上卸掉。

3.26.4

**灯丝光源(灯丝灯泡)　filament light source(filament lamp)**

通过灯丝本身发热发光的光源。

3.26.5

**气体放电光源　gas-discharge light source**

通过电弧放电发光的光源。

3.26.6

**发光二极管　light-emitting diode(LED)**

一种由半导体材料制成的固体光源。

3.27

**电光源控制器　electronic light source control gear**

在电源和光源之间控制光源电压和/或电流的一个或几个部件。

3.27.1

**镇流器　ballast**

在电源和光源之间稳定气体放电光源电流的一种电子光源控制装置。

3.27.2

**点火装置　ignitor**

用于点燃气体放电光源电弧的一种电子光源控制装置。

3.28

**单功能灯　single-function lamp**

装置中执行单个照明或光信号功能的那部分。

3.29

**弯道照明　bend lighting**

一种在弯道提供增强照明的照明设备。

## 4　技术要求

### 4.1　一般规定

4.1.1　照明和光信号装置必须符合相应的标准，并通过产品型式检验。它们必须如此安装，即在上述 3.23 中 3.23.1 和 3.23.2 定义的正常使用状态下，即使受到振动，仍应保持本标准所要求的特性，特别是不能改变初始调整，车辆也符合本标准要求。

4.1.2　3.5.7、3.5.8 和 3.5.16 所述的照明装置安装，必须便于将其调整至正确方向。

4.1.3　所有光信号装置包括安装在车侧的，安装时其基准轴线应平行于车辆在道路上的停放面。此外，对于侧回复反射器和侧标志灯，其基准轴线必须垂直于车辆纵向对称平面，而所有其他光信号装置的基准轴线则与之平行。每个方向上允差为±3°。如果制造商另有特殊安装说明，则必须遵循。

4.1.4　如无专门说明，检验灯具安装高度和方向时，被测车辆必须空载并置于水平地面上，车辆应处于上述 3.23 中 3.23.1 和 3.23.2 规定的状态中。

4.1.5　如无专门说明，成对配置的灯具必须：

4.1.5.1　相对于纵向对称平面，对称地安装在车辆上（以灯具外形来判断，而不是 3.6 中的发光面边缘）；

4.1.5.2　相对于纵向对称平面，相互对称，本要求不适用于灯具内部结构；

4.1.5.3　满足相同的色度要求；

4.1.5.4　具有相同的配光性能。

4.1.6　对于外形不对称的车辆，也应尽可能满足上述要求。

4.1.7　只要每个灯满足各自的光色、安装位置、方向、几何可见度、电路连接和其他要求，则彼此可以组合、复合或混合。

4.1.8　离地最大和最小高度应分别从基准轴线方向上视表面的最高和最低点开始测量。

对于近光灯，离地最小高度应从光学系统（诸如：反射镜、配光镜、投射透镜）有效口径的最低点开始测量，若（最大和最小）离地高度明显满足本标准要求，则不需要确定任何表面的精确边缘。

横向安装位置，对于全宽度：由离车辆纵向对称平面最远的基准轴线方向上的视表面边缘确定。对于灯具间的间距，由基准轴线方向上视表面的诸内边缘确定。

若横向安装位置明显满足本标准要求，则不需要确定任何表面的精确边缘。

4.1.9　如无专门说明，只有转向信号灯，危险警告信号和符合下述 4.3.18.7 规定的侧标志灯是闪烁的。

4.1.10　对于 3.5 中的诸灯，从车前应观察不到红光，从车后应观察不到白光（倒车灯除外），车辆内部灯除外。如有异议，应按下述方法检验：

4.1.10.1　前视红灯的不可见度：当观察者在车前 25 m 处横截面的Ⅰ区（见附录 C）内移动观察时，不应直接看到红色灯具的透光面。

4.1.10.2　后视白光的不可见度：当观察者在车后 25 m 处横截面的Ⅱ区（见附录 C）内移动观察时，不应直接看到白色灯具的透光面。

4.1.10.3　在上述两个横截面内，观察者进行目视探测的Ⅰ区和Ⅱ区范围如下：

4.1.10.3.1　高度：由两个离地高度各为 1 m 和 2.2 m 的水平面限定；

4.1.10.3.2　横向：在车前和车后，分别由两个垂直平面限定。该两垂直平面与车辆纵向对称平面成向外 15°角，且通过与限定车宽的，平行于车辆纵向对称平面的垂直平面的接触点。若有多个接触点，则车前相交于最前面的接触点，车后的相交于最后面的接触点。

4.1.11 电路连接应保证前位灯、后位灯、示廓灯(若安装)、侧标志灯(若安装)和牌照灯只能同时打开或关闭。但当前位灯、后位灯、侧标志灯作为驻车灯使用(复合或混合)以及允许侧标志灯闪烁时，则上述情况不适用。

4.1.12 电路连接应保证，即只有当上述4.1.11中的诸灯打开时，远光灯、近光灯和前雾灯才能打开。然而，当远光灯和近光灯发警告信号时，则上述情况不适用(即间歇地打开远光灯或近光灯，或间歇地交替打开远光灯和近光灯)。

4.1.13 指示器

本标准中的“接通”指示器可用“工作”指示器替代。

4.1.14 可藏照明灯

4.1.14.1 除了远光灯、近光灯和前雾灯在不使用时可隐藏外，其他灯具禁止隐藏。

4.1.14.2 若使用中的可藏照明灯的控制装置出现故障时，灯具必须仍处于使用位置，或者不使用工具即可移动到使用位置上。

4.1.14.3 利用一个控制开关，即可将可藏照明灯移至使用位置并打开，也可以不打开，然而当远光灯和近光灯组合时，上述控制开关只要求打开近光灯。

4.1.14.4 在到达使用位置之前，驾驶座旁的控制开关应不可能停止已打开灯的移动。若在移动过程中会引起对其他使用道路者的眩目，则应在达到使用位置时才打开灯。

4.1.14.5 可藏装置在－30℃～＋50℃的范围内，一旦开启控制开关，前照灯应在3 s内达到使用位置。

4.1.15 除了下述4.1.16、4.1.17和4.1.18规定外，灯具可以安装在可移动部件上。

4.1.16 除非在可移部件所有的固定位置上均各自满足安装位置、几何可见度和配光性能要求，否则，后位灯、后转向信号灯、三角形和非三角形回复反射器不应安装在可移动部件上。

若上述的诸功能由标有“D”标记的两灯组合件完成(见3.13)，则只要其中的一个灯满足上述要求即可。

4.1.17 当从基准轴线方向观察时，任何可移动部件(不管是否装有光信号装置)，在其任何固定位置上，遮蔽前、后位灯，前、后转向信号灯和前、后回复反射器不应超过其视表面的50%。

若上述要求不适用，则：

4.1.17.1 在型式检验通知书的备注栏目中加以说明，注明在基准轴线方向上，可移动部件可以遮蔽50%以上的视表面；

4.1.17.2 在上述情况下，车辆上应有注意事项明示用户，在可移动部件的某些位置上，应使用一种警告三角牌或国家规定的其他装置，以警告其他道路使用者车辆的存在。

4.1.18 当可移动部件不处于上述3.22的正常使用位置上时，安装在该部件上的装置，不应引起其他道路使用者过分的不舒适感。

4.1.19 当一种灯安装在可移动部件上，后者又处于上述3.22的正常使用位置上时，则按本标准要求，灯应始终能返回到制造商规定位置上。对于近光灯和前雾灯，若可移动部件从正常使用位置上移开并返回10次，每次所测量的相对于其支撑件的倾斜角与10次平均值之间的偏差不大于0.15%，即满足了上述要求。

若偏差大于0.15%，当按附录D检验车辆时，为了减小倾斜度的允许范围，应根据超差情况修改下述4.3.2.6.1.2中规定的每种极限。

4.1.20 除回复反射器外，所有的灯具(包括已有通过型式检验的灯具)，在装有本身的灯泡之后，均应能正常工作。

4.1.21 车辆上灯具的安装数量，应符合4.3.1～4.3.19中相应规定。

4.1.22 当后位灯发生暂时故障时，允许使用光色，发光强度和位置与其相近的灯代替，同时替代灯保持原有的功能。此时，面板上的指示器(见3.16)应表明，发生暂时替代，需要检修。

### 4.2 光色和色度特性

4.2.1 光色采用GB/T 3977中1931XYZ色度系统。

4.2.2 标准照明体及照明观测条件按GB/T 3978相应规定。

4.2.3 灯具光色按表1规定。

**表1 光色**

| 灯具名称 | 光色 |
|---|---|
| 远光灯 | 白色 |
| 近光灯 | 白色 |
| 转向信号灯 | 琥珀色 |
| 制动灯 | 红色 |
| 牌照灯 | 白色 |
| 前位灯 | 白色 |
| 后位灯 | 红色 |
| 非三角形后回复反射器 | 红色 |
| 三角形后回复反射器 | 红色 |
| 非三角形前回复反射器（即白色或无色回复反射器） | 与入射光相同 |
| 非三角形侧回复反射器 | 琥珀色。若与后位灯、后示廓灯、后雾灯、制动灯或最后面的红色侧标志灯组合、或共有透光面则可以为红色 |
| 危险警告信号 | 琥珀色 |
| 前雾灯 | 白色或黄色 |
| 后雾灯 | 红色 |
| 倒车灯 | 白色 |
| 驻车灯 | 前面白色，后面红色。若与侧转向信号灯、侧标志灯混合则为琥珀色 |
| 示廓灯 | 前面白色、后面红色 |
| 侧标志灯 | 琥珀色。若与后位灯、后示廓灯、后雾灯、制动灯组合，或复合，或混合，或与后回复反射器组合或共有透光面，则最后面的侧标志灯可以为红色 |
| 昼间行驶灯 | 白色 |

4.2.4 色度特性按表2规定，采用GB/T 7922的测量方法，色品坐标应在表2的边界范围内。

**表2 色度特性**

| 光色 | 色度特性 | |
|---|---|---|
| 红色 | 趋黄极限 | $y \leqslant 0.335$ |
| | 趋紫极限 | $y \geqslant 0.980 - x$ |
| 白色 | 趋蓝极限 | $x \geqslant 0.310$ |
| | 趋黄极限 | $x \leqslant 0.500$ |
| | 趋绿极限 | $y \leqslant 0.150 + 0.640x$ |
| | 趋绿极限 | $y \leqslant 0.440$ |
| | 趋紫极限 | $y \geqslant 0.050 + 0.750x$ |
| | 趋红极限 | $y \geqslant 0.382$ |

表 2（续）

| 光色 | 色度特性 | |
|---|---|---|
| 琥珀色 | 趋绿极限 | $y \leqslant x-0.120$ |
| | 趋红极限 | $y \geqslant 0.390$ |
| | 趋白极限 | $y \geqslant 0.790-0.670x$ |
| 黄色 | 趋红极限 | $y \geqslant 0.138+0.580x$ |
| | 趋绿极限 | $y \leqslant 1.29x-0.100$ |
| | 趋白极限 | $y \geqslant x+0.940$ |
| | | $y \geqslant 0.440$ |
| | 趋光谱轨迹极限 | $y \leqslant -x+0.992$ |

**4.3 特殊规定**

**4.3.1 远光灯**

4.3.1.1 配备:汽车必须配备,挂车禁止使用。

4.3.1.2 数量:2 只或 4 只,对于 $N_3$ 类车辆可以多安装 2 只远光灯。当车辆安装 4 只可藏式前照灯时,其中 2 只附加前照灯,只对其昼间发出间歇闪烁警告信号认可。

4.3.1.3 布局:无特殊要求。

4.3.1.4 位置

4.3.1.4.1 横向:无特殊要求。

4.3.1.4.2 高度:无特殊要求。

4.3.1.4.3 纵向:安装在车辆前面,要求发射光不直接或间接地通过后视镜或车辆其他反射面而引起驾驶员的不舒适感。

4.3.1.5 几何可见度:发光面的可见度(包括从观察方向看来似乎不发光的区域的可见度),必须保证在其周长上的众母线形成的扩散区域内。该区域与前照灯基准轴线间的夹角不小于 5°。发光面在配光镜最前部分横切面内的投影边界是几何可见度角的始端,见图 1。

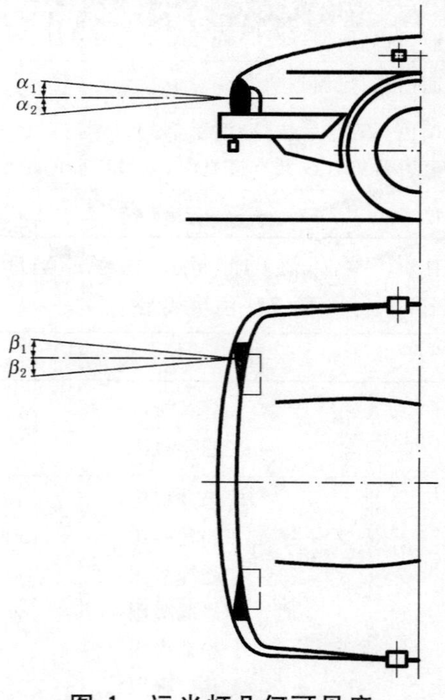


**图 1 远光灯几何可见度**

4.3.1.6 方向：朝前。车辆单侧不得安装超过一只具有弯道照明功能而转动的远光灯。

4.3.1.7 电路连接

4.3.1.7.1 远光灯可以同时或成对打开，当按照4.3.1.2多安装2只远光灯时，$N_3$类车辆最多只能同时打开两对。从近光变远光时，至少要打开一对远光灯。从远光变为近光时，所有的远光灯必须同时关闭。

4.3.1.7.2 远光灯打开时，允许近光灯也开着。

4.3.1.7.3 当安装4只可藏式前照灯时，其上升位置应防止任何附加前照灯同时工作，后者只是用于在昼间发出间歇光信号。

4.3.1.8 指示器：必须配备接通指示器。

4.3.1.9 其他要求：同时打开各前照灯，其总的最大远光发光强度应不超过225 000 cd。

4.3.2 **近光灯**

4.3.2.1 配备：汽车必须配备，挂车禁止使用。

4.3.2.2 数量：2只。

4.3.2.3 布局：无特殊要求。

4.3.2.4 位置

4.3.2.4.1 横向：离车辆纵向对称平面最远的基准轴线方向上的视表面外缘到车辆外缘端面的距离应不大于400 mm。

在基准轴线方向上，两视表面相邻边缘间的距离应不小于600 mm。然而，该规定不适用于$M_1$类和$N_1$类车辆。对于其他类车辆，若车辆宽度小于1 300 mm，则上述间距可减至400 mm。

4.3.2.4.2 高度：离地高度不小于500 mm，不大于1 200 mm。对于$N_3G$类(越野)车辆，最大高度可增加到1 500 mm。

4.3.2.4.3 纵向：装在车前。若发射光不直接或间接地由于后视镜，或车辆其他反射面而引起驾驶员的不舒适感，即满足要求。

4.3.2.5 几何可见度：有3.10定义的$\alpha$和$\beta$角来确定。

$\alpha$：向上15°，向下10°；

$\beta$：向外45°，向内10°。

由于近光灯所要求的配光值并不覆盖整个几何视场，所以对于型式检验，剩余空间中的最小发光强度要求为1 cd。前照灯邻近其他部件的存在，不应引起其他道路使用者的不舒适感。见图2。

4.3.2.6 方向：朝前。

4.3.2.6.1 垂直方向

4.3.2.6.1.1 制造商应按0.1%的准确度规定，在驾驶座上1名人员的空载车条件下，近光明暗截止线的初始下倾度，并以规定的符号(见附录E)，将此数值标明在每辆车的制造商铭牌或前照灯附近。此标记应清晰持久。

4.3.2.6.1.2 下倾度值的确定，取决于空载车条件下测量的近光灯在基准轴线方向上视表面下边缘的安装高度$h$(单位：m)，对处于附录A各装载状况下的静止车辆，其近光明暗截止线的垂直向倾斜度应保持在以下极限内，同时初始照准也在以下范围内：

| | |
|---|---|
| $h<0.8$ | 极限：−0.5%～−2.5%<br>初始照准：−1.0%～−1.5% |
| $0.8\leqslant h\leqslant 1.0$ | 极限：−0.5%～−2.5%<br>初始照准：−1.0%～−1.5% |
| 或根据制造商规定： | |
| | 极限：−1.0%～−3.0% |

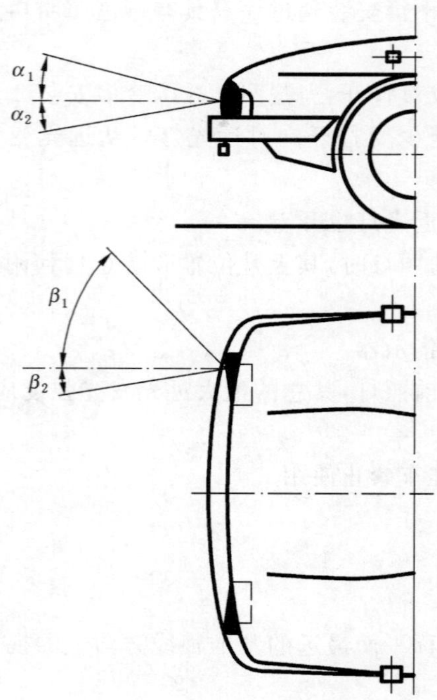


图 2　近光灯几何可见度

初始照准：−1.5%～−2.0%

在这种情况下，使用哪一种数值，提交车型认可时应予以说明。

$h>1.0$　　极限：−1.0%～−3.0%

初始照准：−1.5%～−2.0%

有关极限和初始照准值的上述要求见图 3。

对于前照灯高度大于 1 200 mm 的 $N_3G$ 类(越野)车辆为：

极限：−1.5%～−3.5%

初始照准：−2.0%～−2.5%

4.3.2.6.2　前照灯调光装置

4.3.2.6.2.1　如果前照灯调光装置是自动的，则必须满足 4.3.2.6.1.1 和 4.3.2.6.1.2 要求。

4.3.2.6.2.2　如果手动前照灯调光装置有一个停止位置，可以通过调节螺丝或者类似的方法使灯具回到 4.3.2.6.1.1 定义的初始倾斜位置，那么不管是连续或者不连续调节的，都是被允许的。

手动前照灯调光装置必须坐在驾驶座上就能被操作。

连续调节的装置必须要有标志来指示近光需要调节的装载情况。

不是自动调节的装置上的调节位置数，在附录 A 定义的全部装载情况下，必须符合 4.3.2.6.1.2 中要求的范围。

对于这种装置，近光要求调节的附录 A 中的各类装载情况应该明确地标志在该装置的控制器附近(见附录 F)。

4.3.2.6.2.3　如果 4.3.2.6.2.1 和 4.3.2.6.2.2 所述的装置调节失效时，近光的下倾位置不应该高于发生故障时的位置。

4.3.2.6.3　测量方法：经初始倾斜度调节后，以百分数表示的近光垂直向倾斜度，应在附录 A 确定的所有装载状况的静态条件下测量，测量方法应按附录 D 规定。

4.3.2.7 水平方向

为了形成弯道照明，可以改变一只或两只近光灯的水平方向，但是当移动整个光束或明暗截止线弯曲肘部时，明暗截止线弯曲肘部不得与离车辆前面的距离为相应近光灯安装高度100倍的车辆重心轨迹相交。

4.3.2.8 电路连接

变换近光时，必须同时关闭所有的远光灯。

远光灯开着时，近光灯允许开着。

气体放电光源近光灯在远光开时，气体放电光源应保持开着。

为了形成弯道照明，可以再打开一个位于近光灯中的或者与相应近光灯组合或混合的灯具(除远光灯外)中的光源，但是车辆重心轨迹曲率水平半径应不大于500 m。制造商可以通过计算或型式检验主管部门认可的其他方式予以证实。

近光灯的开关可以是自动的。然而，近光灯的开关应能随时手动操作。

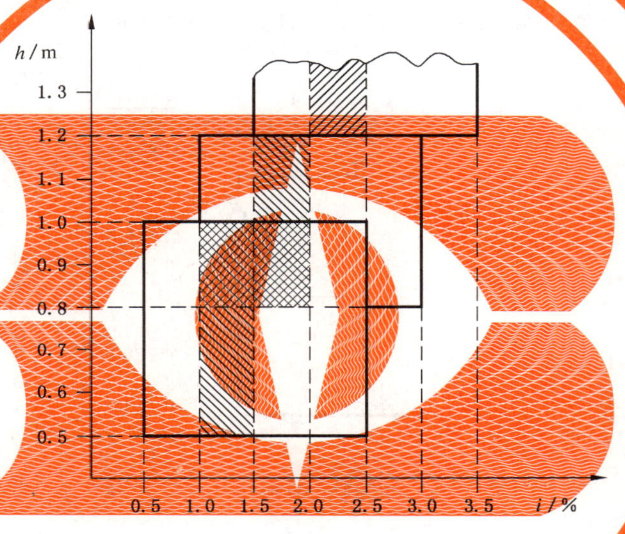


**图 3 近光灯下倾斜度值的确定**

4.3.2.9 指示器

选用。

然而，为了形成弯道照明，移动整个光束或明暗截止线弯曲肘部时，必须配备一个能使用的指示器。指示器应为一只闪烁警告灯，当明暗截止线弯曲肘部的位移发生故障时，发出闪烁警告光线。

4.3.2.10 其他要求

上述4.1.5.2的要求不适用于近光灯。

如果近光灯使用光通量超过2 000 lm的光源，必须配备符合GB 21260要求的前照灯清洗器，并且上述4.3.2.6.2.2的要求将不适用。

只有符合GB 21259和GB 4599的近光灯才能用于实现弯道照明。

如果弯道照明是通过水平移动整个光束或明暗截止线弯曲肘部来实现，那么只有在车辆前行时才能被开启；对于右行交通右转弯时，本条要求不适用。

**4.3.3 转向信号灯**

4.3.3.1 配备：汽车和挂车必须配备。布局A适用于各种汽车，布局B只适用于挂车。

4.3.3.2 数量：根据布局而定。

4.3.3.3 布局：见图 4a）和图 4b）。

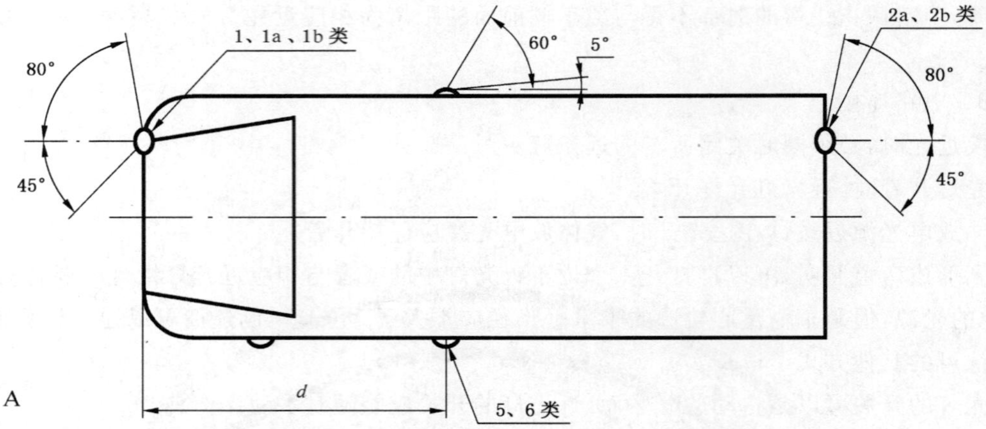


布局 A

侧转向信号灯向后的可见度死角上限为 5°，$d \leqslant 1.80\text{m}$。
（对于 $M_1$ 和 $N_1$ 类车辆 $d \leqslant 2.50\text{m}$）

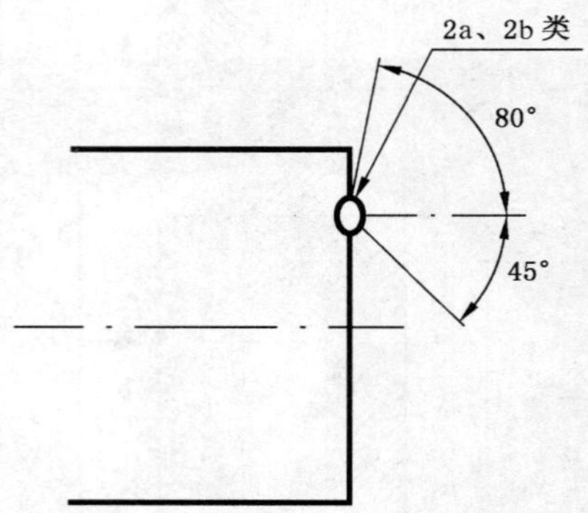


布局 B

a） 布局

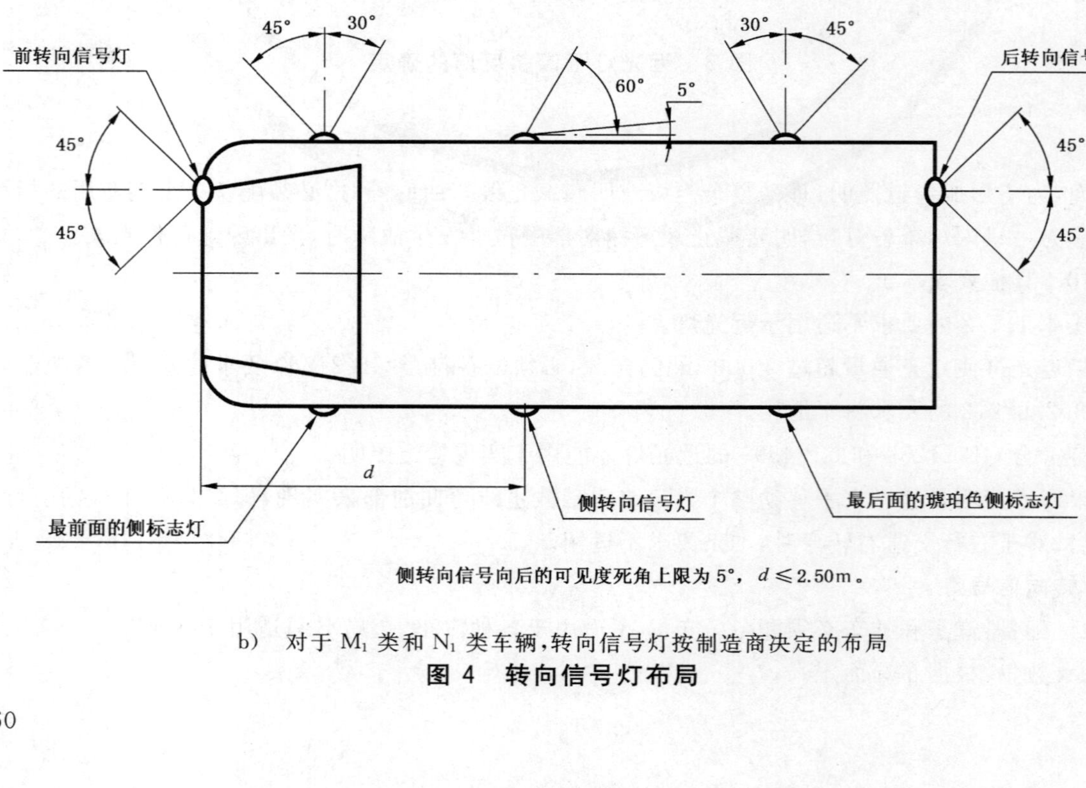


侧转向信号向后的可见度死角上限为 5°，$d \leqslant 2.50\text{m}$。

b） 对于 $M_1$ 类和 $N_1$ 类车辆，转向信号灯按制造商决定的布局

**图 4 转向信号灯布局**

4.3.3.3.1 布局A适用于各种汽车。

4.3.3.3.1.1 2只前转向信号灯:若在基准轴线方向上,该转向信号灯的视表面边缘与相邻近光灯或前雾灯的视表面边缘间距离不小于40 mm,则配备2只1类、或1a类、或1b类前转向信号灯。

若上述间距为大于20 mm,小于40 mm,则配备2只1a类、或1b类前转向信号灯。

若上述间距不大于20 mm,则配备2只1b类前转向信号灯。

4.3.3.3.1.2 2只(2a类或2b类)后转向信号灯。对于$M_2$、$M_3$、$N_2$和$N_3$类车辆,2只选装的2a类或2b类后转向信号灯。

4.3.3.3.1.3 2只第5类或第6类侧转向信号灯(最低要求):

第5类适用于$M_1$类车辆,以及长度不大于6 m的$N_1$、$M_2$和$M_3$类车辆。

第6类适用于$N_2$和$N_3$类车辆,以及长度大于6 m的$N_1$、$M_2$和$M_3$类车辆。

在所有情况下,允许使用第6类侧转向信号灯代替第5类。

当配备的转向信号灯兼有前转向信号灯(1、1a、1b类)和侧转向信号灯(5类或6类)功能时,为满足4.3.3.5几何可见度要求可以再配备2只附加的侧转向信号灯(5类或6类)。

4.3.3.3.2 布局B:只适用于挂车。2只(2a类或2b类)后转向信号灯。对于$O_2$、$O_3$和$O_4$类车辆,2只选装的(2a类或2b类)后转向信号灯。

4.3.3.4 安装位置

4.3.3.4.1 横向:在基准轴线方向上,离车辆纵向对称平面最远的视表面边缘,到车辆外缘端面之间的距离应不大于400 mm。本条件不适用于选装的后转向信号灯。

在基准线方向上,两相邻视表面内边缘之间的距离应不小于600 mm。

若车辆宽度小于1 300 mm,上述间距离可减至400 mm。

4.3.3.4.2 离地高度

4.3.3.4.2.1 第5或第6类转向信号灯透光面的离地高度,从最低点测量,对于$M_1$类和$N_1$类车辆应不小于350 mm,对于其他类车辆,应不小于500 mm,从最高点测量应不大于1 500 mm。

4.3.3.4.2.2 第1、1a、1b、2a和2b类转向信号灯的离地高度,按4.1.8规定测量时应不小于350 mm,不大于1 500 mm。

4.3.3.4.2.3 若车型结构不能保证上述的诸离地高度上限,则第5和第6类侧转向信号灯为不大于2 300 mm,第1、1a、1b、2a和2b类转向信号灯为不大于2 100 mm。

4.3.3.4.2.4 选装灯的安装,在兼顾横向安装位置(4.3.3.4.1)、灯具对称性和车身形状的情况下,应位于尽可能高处,与必须配备灯具间的垂直距离应不小于600 mm。

4.3.3.4.3 纵向

侧转向信号灯(第5和第6类)透光面到标志车辆全长前边界的横向平面的距离应不大于1 800 mm。然而,对于$M_1$类和$N_1$类车辆以及其他类车辆,当车型结构不能保证最小几何可见度角时,该距离可增至为不大于2 500 mm(见图4a)和图4b))。

4.3.3.5 几何可见度

水平方向角:见图4a)。

垂直方向角:对于第1、1a、1b、2a、2b和5类转向信号灯为水平面上、下各15°,若离地高度小于750 mm,则水平面以下的垂直方向角可减至5°。对于第6类转向信号灯为水平面上30°,水平面下5°。若选装灯的离地高度不小于2 100 mm,则水平面以上的垂直方向角可减至5°。

或者,根据制造商决定,对于$M_1$类和$N_1$类车辆,前、后转向信号灯和侧标志灯的几何可见度如下:

水平方向角:见图4b)。

垂直方向角:水平面上、下各15°。若离地高度小于750 mm,则水平面以下的垂直方向角可减至 5°。

除了第 5 和第 6 类侧转向信号灯外，其他灯的无碍观察的视表面必须不小于 12.5 $cm^2$(不包括任何不透光的回复反射器发光面)。

4.3.3.6 方向：根据制造商规定安装。

4.3.3.7 电路连接：转向信号灯的开关应独立于其他的灯。在车辆同一侧的所有转向信号灯，应由一个开关控制同时打开或关闭，并同步闪烁。对于布局符合图 4b)规定，长度小于 6 m 的 $M_1$ 类和 $N_1$ 车辆，琥珀色的侧标志灯也应以与转向信号灯相同的频率同相闪烁。

4.3.3.8 指示器：前、后转向信号灯必须配备工作指示器，可以是指示灯(视觉的)或发声器(听觉的)，或者两者兼有。若是指示灯应是闪烁的，当前或后转向信号灯任一发生故障时，该指示灯或熄灭，或不再闪烁，或以另一种明显不同的频率闪烁。若为发生器必须响声清晰，发生故障时声频应明显变化。

对于牵有挂车的汽车，除非汽车上的指示器能够显示出车辆组合上每个转向信号灯的故障，否则应配备一种专用于显示挂车上转向信号灯工作状况的指示灯。

4.3.3.9 其他要求

闪光频率为$(90\pm30)min^{-1}$。

起动光信号开关后，在不大于 1 s 时间内发光，在 1 s～1.5 s 时间内首次熄灭。

对于牵有挂车的汽车，牵引车上的转向信号灯控制开关，应能控制挂车上的转向信号灯。

若某一转向信号灯发生故障(短路除外)时，其他转向信号灯必须继续工作，但闪光频率可以不同于上述规定的频率。

**4.3.4 制动灯**

4.3.4.1 配备：S1 或 S2 类装置，各类车辆必须配备；S3 类装置，$M_1$ 类车辆必须配备，其他类车辆选装。

4.3.4.2 数量：对于各类车辆，S1 或 S2 类制动灯 2 只、S3 类制动灯 1 只。

4.3.4.2.1 安装 S3 类制动灯的情况除外，$M_2$、$M_3$、$N_2$、$N_3$、$O_2$、$O_3$ 和 $O_4$ 类车辆可以安装 2 只选装的 S1 或 S2 类制动灯。

4.3.4.2.2 当车辆的纵向对称平面不位于固定的车身板而位于可移动部件上，车身板由一或两个可移动部件(如车门)组成，而且在纵向对称平面上又无足够的空间安装 1 只 S3 类制动灯，则可以安装 2 只“D”型 S3 类制动灯，或在向左、向右偏离车辆纵向对称平面位置上，安装 1 只 S3 类制动灯。

4.3.4.3 布局：无特殊要求。

4.3.4.4 安装位置

4.3.4.4.1 横向：对于 S1 或 S2 类制动灯：对于 $M_1$ 和 $N_1$ 类车辆，在基准轴线方向上离车辆纵向对称平面最远的视表面上的点，到车辆外缘端面之间的距离应不大于 400 mm。在基准轴线方向上，视表面内边缘间的距离无特殊要求；对于所有其他类车辆，在基准轴线方向上视表面内边缘间的距离应不小于 600 mm。若车宽小于 1 300 mm，可减至 400 mm。

对于 S3 类制动灯，其基准中心应位于车辆纵向对称平面上。然而，若按上述 4.3.4.2 规定，安装 2 只 S3 类制动灯时，则应尽量靠近车辆纵向对称平面，并分别位于该平面的两侧。

当按 4.3.4.2 规定，允许 1 只 S3 类制动灯偏离车辆纵向对称平面时，则灯具基准中心偏离前者应不大于 150 mm。

4.3.4.4.2 高度

4.3.4.4.2.1 对于 S1 或 S2 类制动灯：离地高度应不小于 350 mm，不大于 1 500 mm。若未安装选装灯具，车型结构不能保证在 1 500 mm 内；若安装了选装灯具，并按灯具宽度和对称性要求，以及车身结构尽可能高的垂直距离定位高度，使其位于必须配备的灯具以上，且距离不小于 600 mm，则可增至

2 100 mm。

4.3.4.4.2.2 对于S3类制动灯：与其视表面下边缘相切的水平面，应不低于与后窗玻璃下边缘相切的水平面150 mm，或其离地高度不小于850 mm。然而，与S3类制动灯视表面下边缘相切的水平面，应高出于与S1或S2类制动灯视表面上边缘相切的水平面。

4.3.4.4.3 纵向：S1或S2类制动灯装在车后，S3类制动灯无特殊要求。

4.3.4.5 几何可见度：见图5。

水平方向角：S1或S2类制动灯：车辆纵向轴线左、右各45°。

S3类制动灯：车辆纵向轴线左、右各10°。

垂直方向角：S1或S2类制动灯：水平面上、下各15°，若安装高度小于750 mm，则水平面以下的垂直方向角可减至5°。对于离地高度不小于2 100 mm的选装灯具，水平面以上的垂直方向角可减至5°。

S3类制动灯：水平面上10°，水平面下5°。

**图5 制动灯几何可见度**

4.3.4.6 方向：朝后。

4.3.4.7 电路连接：当使用行车制动装置时，制动灯应点亮。

制动灯可以使用缓速器或类似装置点亮。

4.3.4.8 指示器：选用。若配备，则应是一种非闪烁的报警工作指示灯，当制动灯发生故障时，该指示灯亮。

4.3.4.9 其他要求

4.3.4.9.1 S3类制动灯不应与其他任何灯混合。

4.3.4.9.2 S3类制动灯可以安装在车辆外部或内部。若安装在车内，要求其发射光不应通过后视镜或车辆的其他表面(如后窗玻璃)，而引起的驾驶员的不舒适感。

4.3.5 **后牌照板照明装置(牌照灯)**

4.3.5.1 配备:必须配备。

4.3.5.2 数量:根据牌照板的照明要求而定。

4.3.5.3 布局:根据牌照板的照明要求而定。

4.3.5.4 安装位置:横向、高度、纵向均根据牌照板的照明要求而定。

4.3.5.5 几何可见度:根据牌照板的照明要求而定。

4.3.5.6 方向:根据牌照板的照明要求而定。

4.3.5.7 电路连接:按 4.1.11 规定。

4.3.5.8 指示器:选用。若配备,其功能应由前、后位置灯指示器完成。

4.3.5.9 其他要求

当牌照灯与后位灯复合,与制动灯或后雾灯混合时,则在制动灯或后雾灯点亮期间,牌照灯的光度特性可以予以修正。

4.3.6 **前位灯**

4.3.6.1 配备:汽车和宽度大于 1 600 mm 的挂车必须配备。宽度不大于 1 600 mm 的挂车允许选装。

4.3.6.2 数量:2 只。

4.3.6.3 布局:无特殊要求。

4.3.6.4 安装位置

4.3.6.4.1 横向:在基准轴线方向上,离车辆纵向对称平面最远的视表面上的点,到车辆外缘端面的距离,应不大于 400 mm。

对于挂车,上述间距应不大于 150 mm。

在基准轴线方向上,两视表面内边缘间的距离,对于 $M_1$ 和 $N_1$ 类车辆无特殊要求;对于其他车辆应不小于 600 mm。

若车宽小于 1 300 mm,上述间距可减至 400 mm。

4.3.6.4.2 高度:离地高度不小于 350 mm,不大于 1 500 mm。对于 $O_1$ 和 $O_2$ 类车辆,或者,若车型结构不能保证在 1 500 mm 内的其他类车辆,可增至 2 100 mm。

4.3.6.4.3 纵向:无特殊要求。

4.3.6.4.4 当前位灯与其他灯混合时,必须使用其他灯在基准轴线方向上的视表面来验证是否满足 4.3.6.4.1 至 4.3.6.4.3 的位置要求。

4.3.6.5 几何可见度:2 只位置灯的水平方向角为向内 45°,向外 80°。对于挂车向内的水平方向角可减至 5°。垂直方向角为水平面上、下各 15°。当灯的离地高度小于 750 mm 时,水平面以下的垂直方向角可减至 5°,见图 6。

对于 $M_1$ 和 $N_1$ 类车辆,按制造商决定,若用前侧标志灯替代前位灯时,则为:

水平方向角:向外、向内各 45°。

垂直方向角:水平面上、下各 15°。若灯离地高度小于 750 mm。则水平面以下的垂直方向角可减至 5°。

为了可见,灯的无碍观察的视表面必须不小于 12.5 $cm^2$(不包括任何不透光的回复反射器的发光面)。

4.3.6.6 方向:朝前。

4.3.6.7 电路连接:按 4.1.11 规定。

4.3.6.8 指示器:必须配备接通指示器。该指示器应是非闪烁的,若仪表灯只能与前位灯同时打开,则可省去。

4.3.6.9 其他要求:无。

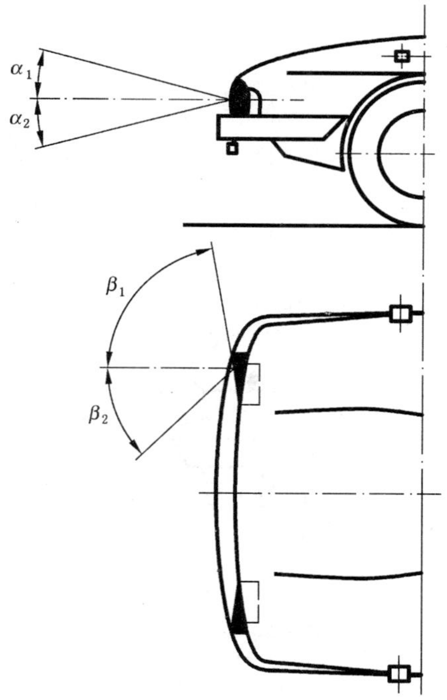


图 6 前位灯几何可见度

4.3.7 **后位灯**

4.3.7.1 配备:必须配备。

4.3.7.2 数量:2 只。安装示廓灯的情况除外,$M_2$、$M_3$、$N_2$、$N_3$、$O_2$、$O_3$ 和 $O_4$ 类车辆可以安装 2 只选装的后位灯。

4.3.7.3 布局:无特殊要求。

4.3.7.4 安装位置

4.3.7.4.1 横向:在基准轴线方向上,离车辆纵向对称平面最远的视表面上的点到车辆外缘端面的距离应不大于 400 mm。此规定不适用选装的后位灯。在基准轴线方向上,两视表面内缘间的距离,对于 $M_1$ 和 $N_1$ 类车辆,无特殊要求;对于其他类车辆,应不小于 600 mm,若车宽小于 1 300 mm,则该距离可减至为不小于 400 mm。

4.3.7.4.2 高度:离地高度不小于 350 mm,不大于 1 500 mm,若未安装选装灯具,车型结构不能保证在 1 500 mm 内,则可增至 2 100 mm;若安装了选装灯具,其高度应与上述 4.3.7.4.1 横向位置相适应,并按灯具对称性要求,以及车身结构尽可能高的垂直距离定位高度,使其位于必须配备的灯具以上,且距离不小于 600 mm。

4.3.7.4.3 纵向:装在车后。

4.3.7.5 几何可见度:见图 7。

水平方向角:向内 45°,向外 80°。

垂直方向角:水平面上、下各 15°,若灯的离地高度小于 750 mm,则水平面以下的垂直方向角可减至 5°。对于选装灯,若离地高度不小于 2 100 mm,则水平面以上的垂直方向角可减至 5°。

对于 $M_1$ 和 $N_1$ 类车辆,按制造商决定,用后侧标志灯替代后位灯时,则为:

水平方向角:向内、向外各 45°。

垂直方向角:水平面上、下各 15°。若灯的离地高度小于 750 mm。则水平面以下的垂直方向角可减至5°。

为了可见，灯的无碍观察的视表面必须不小于12.5 $cm^2$（不包括任何不透光的回复反射器发光面）。

4.3.7.6 方向：朝后。

4.3.7.7 电路连接：按4.1.11规定。

4.3.7.8 指示器：必须配备接通指示器，并应由前位灯的指示器完成。

4.3.7.9 其他要求：无。

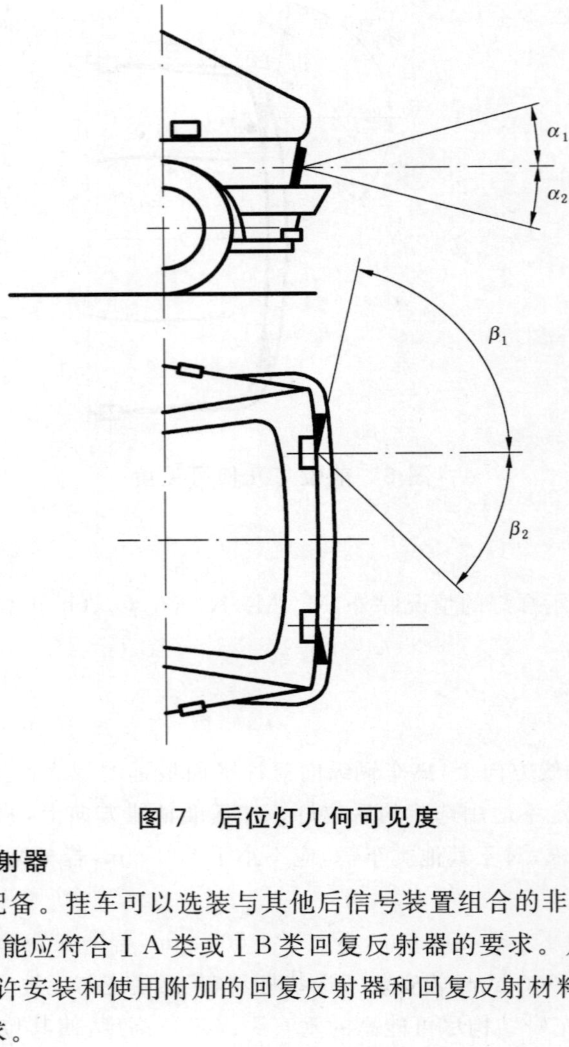


图7 后位灯几何可见度

4.3.8 非三角形后回复反射器

4.3.8.1 配备：汽车必须配备。挂车可以选装与其他后信号装置组合的非三角形后回复反射器。

4.3.8.2 数量：2只。其性能应符合ⅠA类或ⅠB类回复反射器的要求。只要不损害必须配备的照明和光信号装置的有效性，允许安装和使用附加的回复反射器和回复反射材料。

4.3.8.3 布局：无特殊要求。

4.3.8.4 安装位置

4.3.8.4.1 横向：离车辆纵向对称平面最远的发光面上的点到车辆外缘端面间的距离应不大于400 mm；在基准轴线方向上，回复反射器两视表面内边缘间的距离：对于$M_1$和$N_1$类车辆，无特殊要求；对于其他类车辆，应不小于600 mm，若车宽小于1 300 mm，则该间距可为不小于400 mm。

4.3.8.4.2 高度：离地高度不小于250 mm，不大于900 mm。若车型结构不能保证在900 mm内，可增至1 500 mm。

4.3.8.4.3 纵向：装在车后。

4.3.8.5 几何可见度：见图8。

水平方向角：向内、向外各30°。

垂直方向角:水平面上、下各 10°,若回复反射器的离地高度小于 750 mm,则水平面以下的垂直方向角可减至 5°。

4.3.8.6 方向:朝后。

4.3.8.7 其他要求:回复反射器的发光面可与装在车后其他灯的视表面部分共有。

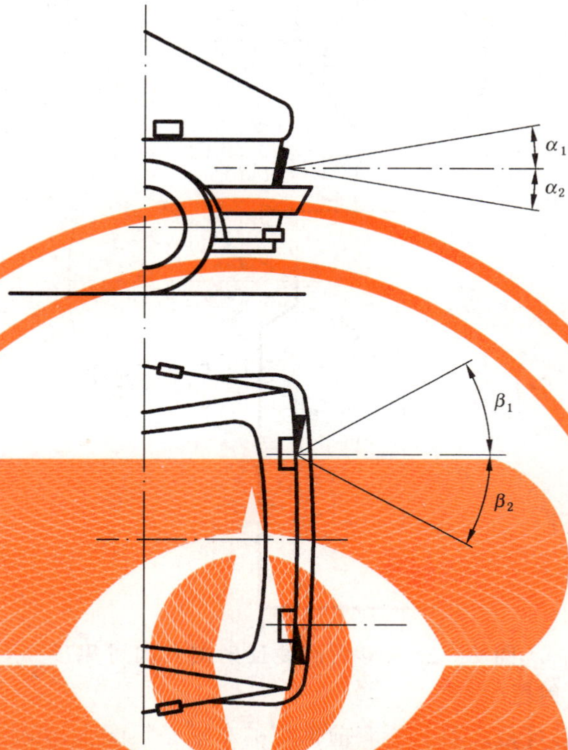


图 8 非三角形后回复反射器几何可见度

4.3.9 三角形后回复反射器

4.3.9.1 配备:挂车必须配备。汽车禁止使用。

4.3.9.2 数量:2 只。其性能应符合ⅢA 类回复反射器的要求。只要不损害必须配备的照明和光信号装置的有效性,允许安装和使用附加的回复反射器和回复反射材料。

4.3.9.3 布局:三角形顶端必须朝上。

4.3.9.4 安装位置

4.3.9.4.1 横向:离车辆纵向对称平面最远的发光面上的点到车辆外缘端面间的距离应不大于 400 mm,回复反射器内边缘的距离应不小于 600 mm,若车宽小于 1 300 mm,则该距离可减至为不小于 400 mm。

4.3.9.4.2 高度:离地高度不小于 250 mm,不大于 900 mm。若车型结构不能保证在 900 mm 内,可增至 1 500 mm。

4.3.9.4.3 纵向:装在车后。

4.3.9.5 几何可见度:见图 9。

水平方向角:向内、向外各 30°。

垂直方向角:水平面上、下各 15°,若回复反射器的离地高度小于 750 mm,则水平面以下的垂直方向角可减至 5°。

4.3.9.6 方向:朝后。

4.3.9.7 其他要求:在三角形内不能装灯。

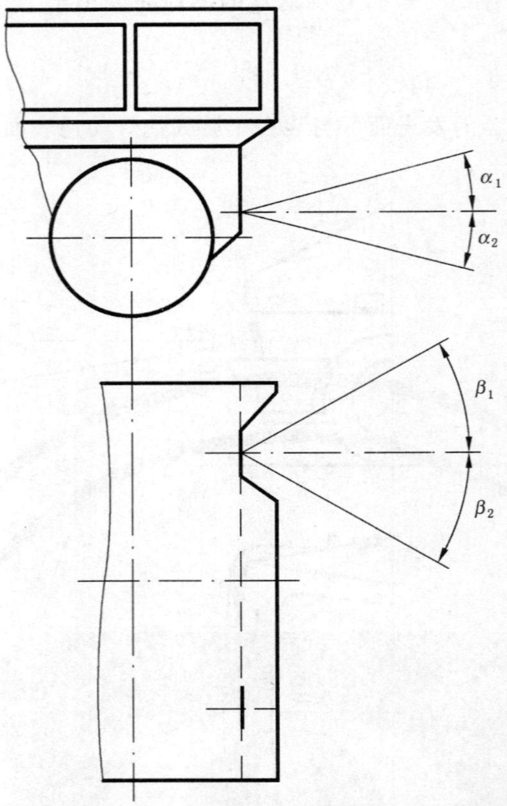


图9　三角形后回复反射器几何可见度

4.3.10　非三角形前回复反射器

4.3.10.1　配备：挂车和装有可藏反射镜所有前部灯的车辆必须配备；其他车辆选装。

4.3.10.2　数量：2只。其性能应符合ⅠA类或ⅠB类回复反射器的要求，只要不损害必须配备的照明和光信号装置的有效性，允许安装和使用附加的回复反射器和回复反射材料。

4.3.10.3　布局：无特殊要求。

4.3.10.4　安装位置

4.3.10.4.1　横向：离车辆纵向对称平面最远的发光面上的点到车辆外缘端面间的距离应不大于400 mm，对于挂车，该距离应不大于150 mm。在基准轴线方向上，回复反射器两视表面内边缘间的距离：对于$M_1$和$N_1$类车辆，无特殊要求；对于其他类车辆，应不小于600 mm，若车宽小于1 300 mm，则该距离可减至为不小于400 mm。

4.3.10.4.2　高度：离地高度不小于250 mm，不大于900 mm。若车型结构不能保证在900 mm内，可增至1 500 mm。

4.3.10.4.3　纵向：装在车前。

4.3.10.5　几何可见度：见图10。

水平方向角：向内、向外各为30°；对于挂车向内的水平方向角可减至10°。若由于挂车的结构，必须配备的回复反射器不能满足上述角度要求，则应安装横向安装位置不受限制的附加（补充）回复反射器，它们与必须配备的回复反射器一起，应满足必需的可见度角要求。

垂直方向角：水平面上、下各10°，若回复反射器的离地高度小于750 mm，则水平面以下的垂直方向角，可减至5°。

4.3.10.6　方向：朝前。

4.3.10.7　其他要求：回复反射器的发光面可与装在车前其他灯的视表面部分共有。

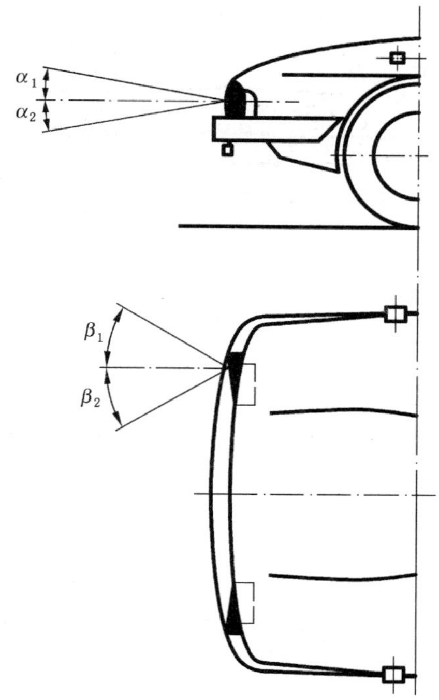


**图 10　非三角形前回复反射器几何可见度**

**4.3.11　非三角侧回复反射器。**

4.3.11.1　配备：长度大于 6 m 的汽车和所有挂车必须配备。长度不大于 6 m 的汽车和所有挂车可以选装。

4.3.11.2　数量：满足纵向定位要求。其性能应符合ⅠA 类或ⅠB 类回复反射器要求。只要不损害必须配备的照明和光信号装置的有效性，允许安装和使用附加的回复反射器和回复反射材料。

4.3.11.3　布局：无特殊要求。

4.3.11.4　安装位置

4.3.11.4.1　横向：无特殊要求。

4.3.11.4.2　高度：离地高度不小于 250 mm，不大于 900 mm。若车型结构不能保证在 900 mm 内，可增至 1 500 mm。

4.3.11.4.3　纵向：在车辆的中间 1/3 范围内至少安装一只侧回复反射器，最前面的侧回复反射器离车辆前端不大于 3 m。然而，本规定不适用 $M_1$ 和 $N_1$ 类车辆；对于挂车，车长应包括牵引杆长度。相邻两侧回复反射器间的距离应不大于 3 m。

若车型结构不能满足上述要求，则该间距可增至 4 m。最后面的侧回复反射器离车辆后端应不大于 1 m。

然而，对于车长不大于 6 m 的汽车，在车辆总长的前或后 1/3 范围内，配备一只侧回复反射器即满足要求。

4.3.11.5　几何可见度：见图 11。

水平方向角：向前和向后各 45°。

垂直方向角：水平面上、下各 10°。若离地高度小于 750 mm，则水平面以下的垂直方向角可减至 5°。

4.3.11.6　方向：朝向侧面。

4.3.11.7　其他要求：侧回复反射器的发光面可与装在车侧其他灯的视表面部分共有。

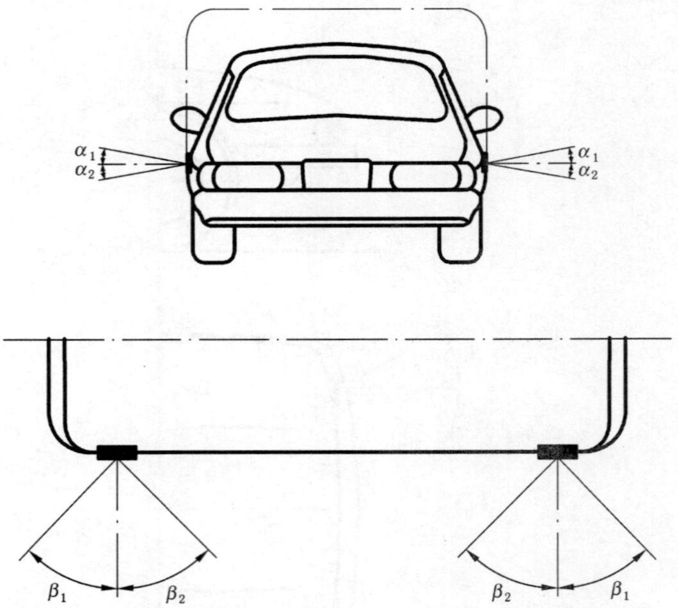


**图 11　非三角形侧回复反射器几何可见度**

**4.3.12　危险警告信号**

4.3.12.1　配备：必须配备。危险警告信号应由诸转向信号灯同时工作发出。

4.3.12.2　数量：按 4.3.3.2 规定。

4.3.12.3　布局：按 4.3.3.3 规定。

4.3.12.4　安装位置：

4.3.12.4.1　横向：按 4.3.3.4.1 规定。

4.3.12.4.2　高度：按 4.3.3.4.2 规定。

4.3.12.4.3　纵向：按 4.3.3.4.3 规定。

4.3.12.5　几何可见度：按 4.3.3.5 规定。

4.3.12.6　方向：按 4.3.3.6 规定。

4.3.12.7　电路连接：由单独配置的开关打开各转向信号灯，并同步闪烁。对于长度小于 6 m 的 $M_1$ 和 $N_1$ 类车辆，其布局符合图 4b)规定，琥珀色侧标志灯也应以与转向信号灯相同的频率同相位闪烁。

4.3.12.8　指示器：必须配备接通指示器。闪光警告指示灯可与 4.3.3.8 规定的指示器一起工作。

4.3.12.9　其他要求：按 4.3.3.9 规定，对于牵有挂车的汽车，危险警告信号控制开关也应能打开挂车上的所有转向信号灯，即使在发动机控制装置处于不能再行启动的情况下，应仍能发出危险警告信号。

**4.3.13　前雾灯**

4.3.13.1　配备：汽车选装。挂车禁止使用。

4.3.13.2　数量：2 只。

4.3.13.3　布局：无特殊要求。

4.3.13.4　安装位置

4.3.13.4.1　横向：在基准轴线方向上，离车辆纵向对称平面最远的视表面上的点到车辆外缘端面的距离应不大于 400 mm。

4.3.13.4.2　高度：离地高度不小于 250 mm，对于 $M_1$ 类车辆，不大于 800 mm；对于其他车辆，无最大离地高度规定。在基准轴线方向上，整个视表面应在近光灯视表面最高点以下。

4.3.13.4.3　纵向：装在车前。要求该灯的发射光不直接或间接地通过后视镜或车辆其他反射面，而引起驾驶员的不舒适感。

4.3.13.5 几何可见度：由3.10定义的α和β来度量。见图12。

α角：向上、向下均为5°，β角：向外45°、向内10°。

4.3.13.6 方向：朝前。其方向不随转向角变化，发射光不应对迎面驾驶员和其他使用道路者造成眩目或不舒适感。

4.3.13.7 电路连接：前雾灯的控制开关必须独立于远光灯、近光灯或任何远近光灯。

4.3.13.8 指示器：必须配备接通指示器，一种独立的非闪烁型指示灯。

4.3.13.9 其他要求：无。

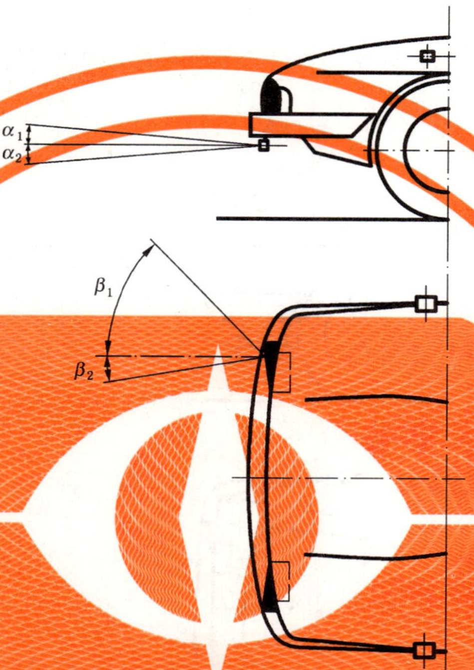


图12 前雾灯几何可见度

4.3.14 **后雾灯**

4.3.14.1 配备：必须配备。

4.3.14.2 数量：1只或2只。

4.3.14.3 布局：无特殊要求。

4.3.14.4 安装位置

4.3.14.4.1 横向：若只配备1只后雾灯，则应安装在车辆前进方向的左侧，其基准中心也可位于车辆纵向对称平面上。

4.3.14.4.2 高度：离地高度不小于250 mm，不大于1 000 mm。对于$N_3G$类（越野）车辆，最大离地高度可增至1 200 mm。

4.3.14.4.3 纵向：装在车后。

4.3.14.5 几何可见度：由3.10定义的α和β角来度量。见图13。

α角：向上、向下均为5°，β角：向左、向右均为25°。

4.3.14.6 方向：朝后。

4.3.14.7 电路连接：必须满足下述要求：

4.3.14.7.1 只有当远光灯、近光灯或前雾灯打开时，后雾灯才能打开。

4.3.14.7.2 后雾灯可以独立于任何其他灯而关闭。

4.3.14.7.3　应满足以下两个要求之一：

4.3.14.7.3.1　后雾灯可以连续工作，直至位置灯关闭时为止。之后，一直处于关闭状态，直至再次打开。

4.3.14.7.3.2　除了必须配备的指示器外(4.3.14.8)，应至少配备一种音响报警装置，无论远光灯、近光灯或前雾灯开着与否，当点火开关关闭、或点火钥匙取出、驾驶员门未关的同时，后雾灯开着时，给出报警信号。

4.3.14.7.4　除了上述4.3.14.7.1和4.3.14.7.3要求外，后雾灯的工作应不受其他任何灯开、关的影响。

4.3.14.8　指示器：必须配备接通指示器，该指示器是一种独立的非闪烁警告指示灯。

4.3.14.9　其他要求：在所有情况下，后雾灯与每个制动灯的间距应大于100 mm。

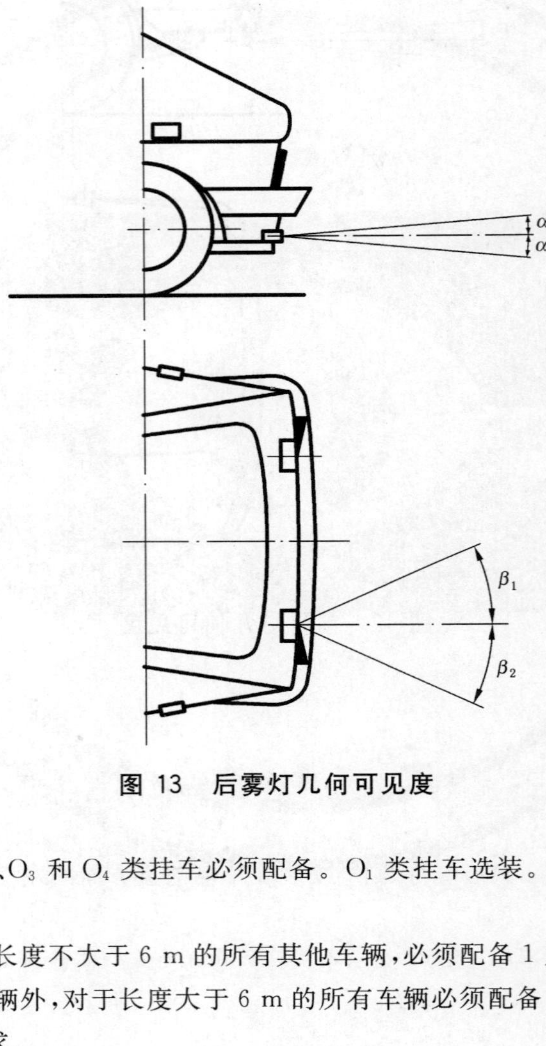


图13　后雾灯几何可见度

4.3.15　**倒车灯**

4.3.15.1　配备：汽车和$O_2$、$O_3$和$O_4$类挂车必须配备。$O_1$类挂车选装。

4.3.15.2　数量

4.3.15.2.1　对于$M_1$类和长度不大于6 m的所有其他车辆，必须配备1只，选装1只。

4.3.15.2.2　除了$M_1$类车辆外，对于长度大于6 m的所有车辆必须配备2只，选装2只。

4.3.15.3　布局：无特殊要求。

4.3.15.4　安装位置

4.3.15.4.1　横向：无特殊要求。

4.3.15.4.2　高度：离地高度不小于250 mm，不大于1 200 mm。

4.3.15.4.3　纵向：装在车后。如果根据4.3.15.2.2在车后或车侧面安装了2只选装倒车灯，那么该选装灯应符合4.3.15.5和4.3.15.6的要求。

4.3.15.5　几何可见度：由3.10定义的$\alpha$和$\beta$角来度量。见图14。

α 角：向上 15°，向下 5°。

β 角：向左、向右均为 45°(1 只倒车灯)，向外 45°，向内 30°(2 只倒车灯)。

对于根据 4.3.15.2.2 在车侧面安装的选装倒车灯，它的基准轴线必须在水平面上，且与车辆纵向对称面成 10°±5°角

4.3.15.6　方向：朝后或侧面。

4.3.15.7　电路连接：只有当倒车齿轮处于啮合状态，而且发动机的点、熄火控制装置处于使发动机能工作的状态时，倒车灯才能打开，否则就打不开。

4.3.15.8　指示器：选用。

4.3.15.9　其他要求：无。

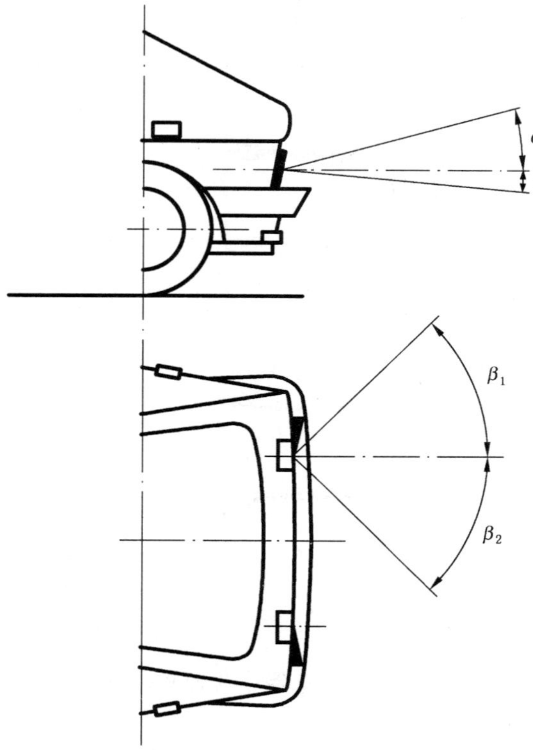


**图 14　倒车灯几何可见度**

**4.3.16　驻车灯**

4.3.16.1　配备：长度不大于 6 m 和宽度不大于 2 m 的汽车选装，其他车辆禁用。

4.3.16.2　数量：根据布局而定。

4.3.16.3　布局：车前和车后各 2 只，或车辆两侧各 1 只。

4.3.16.4　安装位置

4.3.16.4.1　横向：在基准轴线方向上，离车辆纵向对称平面最远的视表面上的点，到车辆外缘端面的距离应不大于 400 mm，而且两只驻车灯必须安装在车辆两侧。

4.3.16.4.2　高度：对于 $M_1$ 和 $N_1$ 类车辆，无特殊要求；对于其他车辆，离地高度不小于 350 mm，不大于 1 500 mm。若车型结构不能保证在 1 500 mm 内，则可增至为 2 100 mm。

4.3.16.4.3　纵向：无特殊要求。

4.3.16.5　几何可见度：见图 15。

水平方向角；向外、向前和向后均为 45°。

垂直方向角：水平面上、下各为 15°，若灯的离地高度小于 750 mm，则水平面以下的垂直方向角可减至 5°。

4.3.16.6　方向:应满足向前和向后的可见度要求。

4.3.16.7　电路连接:与其他任何灯无关,应能单独打开车辆同一侧的驻车灯,甚至当发动机的点、熄火控制装置处于使发动机不能工作的状态时,也应能打开驻车灯。

4.3.16.8　指示器:接通指示器选用。若选用,不应与前、后位灯的指示器混淆。

4.3.16.9　其他要求:驻车灯的功能可由同时打开车辆同一侧的前、后位灯来实现。

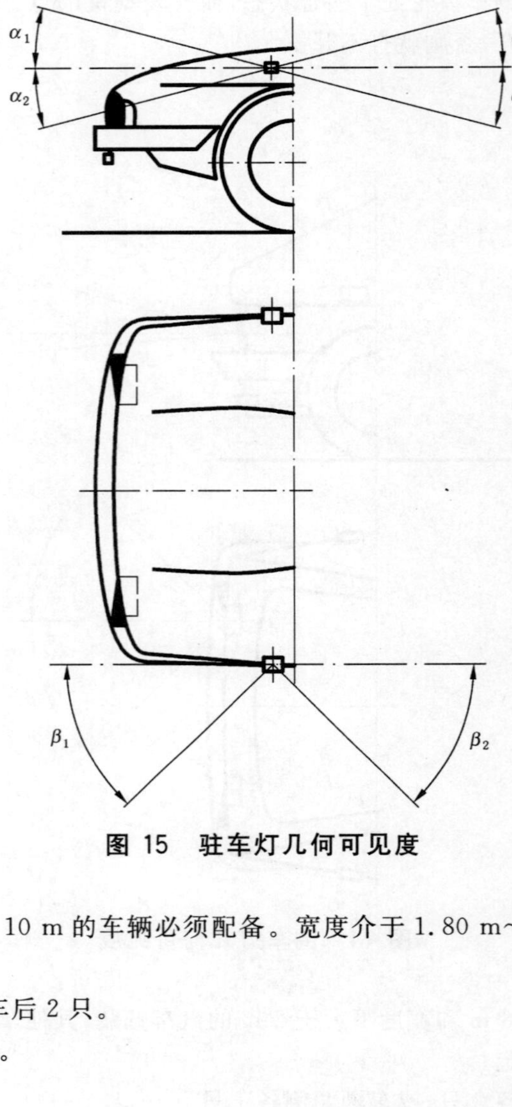


**图 15　驻车灯几何可见度**

### 4.3.17　示廓灯

4.3.17.1　配备:宽度大于 2.10 m 的车辆必须配备。宽度介于 1.80 m～2.10 m 的车辆选装。带驾驶室的底盘选装后示廓灯。

4.3.17.2　数量:车前 2 只,车后 2 只。

4.3.17.3　布局:无特殊要求。

4.3.17.4　安装位置

4.3.17.4.1　横向

前和后:尽量靠近车辆的外缘端面。当在基准轴线方向上,离车辆纵向对称平面最远的视表面上的点到车辆外缘端面间的距离不大于 400 mm 时,就满足该要求。

4.3.17.4.2　高度

前:对于汽车,在基准轴线方向上,与视表面上边缘相切的水平面,应不低于与挡风玻璃上边缘相切的水平面。

对于挂车和半挂车,在考虑车宽,设计和操作要求,以及灯的对称性的情况下,尽可能达到最大高度。

后:在考虑车宽,设计和操作要求,以及灯的对称性的情况下,尽可能达到最大高度。

4.3.17.4.3　纵向:无特殊要求。

4.3.17.5　几何可见度：见图 16。

水平方向角：向外 80°。

垂直方向角：水平向上 5°，向下 20°。

图 16　示廓灯几何可见度

4.3.17.6　方向：满足朝前或朝后可见度要求。

4.3.17.7　电路连接：按 4.1.11 规定。

4.3.17.8　指示器：选用。若选用，其功能应由前、后位灯指示器完成。

4.3.17.9　其他要求

只要满足所有其他要求，则位于车辆同侧的车前可见的示廓灯和车后可见的示廓灯，可以复合成一种装置。

示廓灯与相应位置灯的相对位置要求如下，即在两灯各自的基准轴线方向上，视表面上最相邻的点在一横向垂直平面内的投影间距应不小于 200 mm。

4.3.18　**侧标志灯**

4.3.18.1　配备：除了带驾驶室底盘外，长度大于 6 m 的车辆必须配备。挂车长度的计算应包括牵引杆。SM1 类侧标志灯适用于各类车辆。SM2 侧标志灯可适用于 $M_1$ 类车辆。此外，在长度小于 6 m 的 $M_1$ 和 $N_1$ 类车辆上，可使用侧标志灯来补充前位灯和后位灯减小的几何可见度，使之符合各自的规定（4.3.6.5 和 4.3.7.5）。其他类车辆可以选装 SM1 或 SM2 侧标志灯。

4.3.18.2　每侧的最少数量：满足纵向定位要求。

4.3.18.3　布局：无特殊要求。

4.3.18.4　安装位置

4.3.18.4.1　横向：无特殊要求。

4.3.18.4.2　高度：离地高度不小于 250 mm，不大于 1 500 mm。若车型结构不能保证 1 500 mm 内，则可增加至 2 100 mm。

4.3.18.4.3　纵向：至少有 1 只侧标志灯必须安装在车辆的中间 1/3 范围内，最前面的侧标志灯离车辆前端不大于 3 m；对于挂车，距离测量应计入牵引杆的长度。

两相邻侧标志灯的间距应不大于 3 m,若车型结构不能保证在 3 m 内,则可增至 4 m。

最后面的侧标志灯离车辆后端应不大于 1 m。

然而对于车长不大于 6 m 的车辆和带驾驶室底盘,在车辆长度的前或后 1/3 范围内,安装 1 只侧标志灯即满足要求。

4.3.18.5 几何可见度:见图 17。

水平方向角:向前和向后各为 45°。对于选装侧标志灯的车辆,该角度可减至 30°。若车辆上安装了用来补充前、后转向信号灯和/或前、后位灯减小的几何可见度的侧标志灯,使之符合各自的规定(4.3.3.5,4.3.6.5 和 4.3.7.5),则指向车辆前、后端的角度为 45°,指向车辆中间部分的角度为 30°[见图 4b)]。

垂直方向角:水平面上、下各 10°。若侧标志灯离地高度小于 750 mm,则水平面以下的垂直方向角可减至 5°。

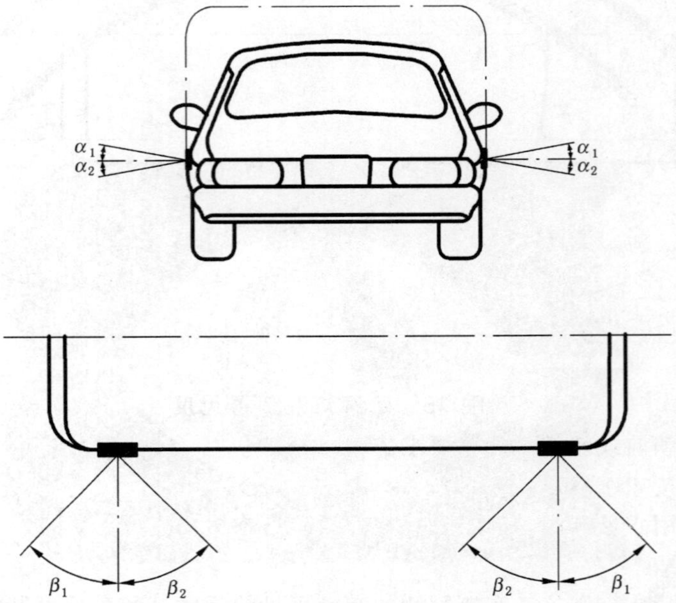


**图 17 侧标志灯几何可见度**

4.3.18.6 方向:朝向侧面。

4.3.18.7 电路连接:在长度小于 6 m 的 $M_1$ 和 $N_1$ 类车辆上,琥珀色侧标志灯可以与车辆同一侧的转向信号灯相同的频率,同相位闪烁。对于其他类车辆,无特殊规定。

4.3.18.8 指示器:选用。若选用,其功能应由前、后位灯指示器完成。

4.3.18.9 其他要求:当最后面的侧标志灯,与后位灯复合,与后雾灯或制动灯混合时,则在打开后雾灯或制动灯期间,侧标志灯的配光性能可予以修正。

**4.3.19 昼间行驶灯**

4.3.19.1 配备:汽车选装。挂车禁止使用。

4.3.19.2 数量:2 只。

4.3.19.3 布局:无特殊要求。

4.3.19.4 安装位置

4.3.19.4.1 横向:在基准轴线方向上,离车辆纵向对称平面最远的视表面上的点到车辆外缘端面的距离应不大于 400 mm。

在基准轴线方向上,两视表面内缘间的距离应不小于 600 mm,若车宽小于 1 300 mm,则该距离可减至为不小于 400 mm。

4.3.19.4.2 高度：离地高度不小于 250 mm，不大于 1 500 mm。

4.3.19.4.3 纵向：装在车前。若发射光不直接或间接地通过后视镜和/或车辆其他反射表面，引起驾驶员的不舒适感，即满足要求。

4.3.19.5 几何可见度：见图 18

水平方向角：向外、向内各 20°。

垂直方向角：向上、向下各 10°。

4.3.19.6 方向：朝前。

4.3.19.7 电路连接：除了前照灯发出间歇的警告信号外，前照灯打开时，昼间行驶灯应自动关闭。

4.3.19.8 指示器：选用。

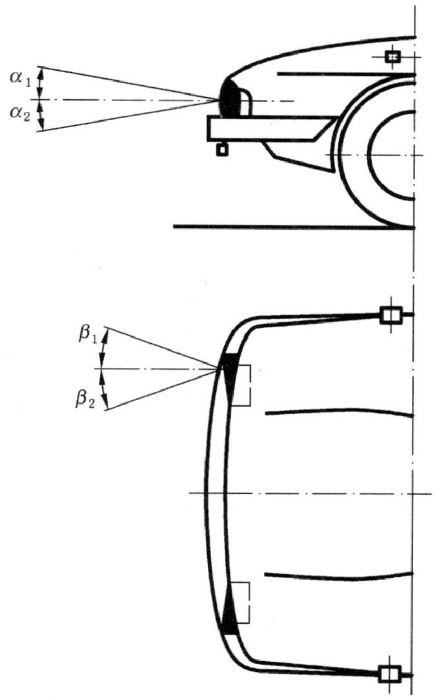


图 18 昼间行驶灯几何可见度

## 5 试验方法

### 5.1 灯的位置

本标准 3.5 定义的诸灯具的位置(横向、高度和纵向)应按 3.6、3.7、3.11、3.19 和 4.1.4 规定的通用要求进行检验。

距离的测量值应满足每种灯的各自规定。

### 5.2 灯的几何可见度

5.2.1 几何可见度应按本标准 3.10 的规定检验。

角度的测量值应满足每种灯的各自规定，但 4.1.3 中规定的±3°安装角度允差除外。

5.2.2 前视红光的不可见度和后视白光的不可见度应按本标准 4.1.10 规定检验。

### 5.3 近光前照灯的照准

5.3.1 初始向下倾斜度

近光明暗截止线的初始向下倾斜度应设定在相应铭牌数字上。

另一方面，制造商也可将初始照准装定在与铭牌数字不同的数值上，后者可以表示是按附录 D、特别是 D.5 规定的试验方法，进行型式检验的数字。

5.3.2 倾斜度随装载的变化

本条规定，近光光束向下的倾斜度随装载状况的变化应保持在下述范围内：

前照灯安装高度 $h<0.8$：0.2%～2.8%。

前照灯安装高度 $0.8\leqslant h\leqslant 1.0$：

a) 0.2%～2.8%或；

b) 0.7%～3.3%(按制造商在提交检验时选择的照准范围)。

前照灯安装高度 $1.0<h\leqslant 1.2$：0.7%～3.3%。

前照灯安装高度 $h>1.2$：1.2%～3.8%。

对于每种系统调整，应依此使用本标准附录 A 中下述的装载状况：

5.3.2.1 $M_1$ 类车辆：

——A.2.1.1a)；

——A.2.1.1f)；

——A.2.1.2。

5.3.2.2 $M_2$ 和 $M_3$ 类车辆：

——A.2.2a)；

——A.2.2b)。

5.3.2.3 具有承载面的 N 类车辆：

——A.2.3a)；

——A.2.3b)。

5.3.2.4 无承载面的 N 类车辆：

5.3.2.4.1 半挂牵引车：

——A.2.4.1a)；

——A.2.4.1b)。

5.3.2.4.2 全挂牵引车：

——A.2.4.2a)；

——A.2.4.2b)。

5.4 电路连接和指示器

打开由车辆电气系统供电的所有灯具，检查其灯和指示器的功能应符合本标准 4.1.11 至 4.1.13 要求，以及每种灯的特殊规定。

5.5 发光强度

5.5.1 远光前照灯

远光前照灯总的最大发光强度应按本标准 4.3.1.9 规定的方法进行检验，其值应符合 4.3.1.9 要求。

5.6 灯具的配备、数量、光色、布局以及类别应使用目视方法进行检验，包括相应的标记，以及每种灯的特殊规定，应符合本标准第 4 章要求。光色有异议时按 4.2 进行检验。

## 6 检验规则

6.1 在照明和光信号装置的安装方面所指的同一型式的规定。

在下述基本方面相同的车辆，即认为是同一车辆型式：

a) 车辆的尺寸和外形；

b) 各种装置的安装数量和位置；

c) 前照灯调光系统；

d) 悬挂系统；

e) 以下情况也视作同一型式：

某些车辆虽与上述 a)～d)的含义有所不同，但其差异并不改变对所讨论车型规定的安装灯具的种类、数量、位置和几何可见度，以及近光光束的倾斜度，有无安装、选装灯具。

6.2 型式检验

6.2.1 某种车型照明和光信号装置的型式检验申请，应有该车型制造商提交并附下述文件资料一式三份：

a) 一份有关车型的外形和尺寸、各种装置安装数量和位置、前照灯调光系统和悬挂系统的说明书，并说明限定装载量，特别是行李箱的最大装载量。

b) 一份由制造商规定的照明和光信号装置表格。在该表格内，对每种功能可以列出几种型式的装置；每种型式应给出适当标记(如已经通过型式检验的，则标明国家或国际认证标志，制造商名称等)。此外，对于每种功能可另有备注，注明其等效装置。

c) 一份照明和光信号装置的整体安装图，标明各装置的车辆上的安装位置。

d) 一套能显示每种灯具发光面、透光面、基准轴线和基准中心的外形图，以及一份有关视表面确定方法的说明，但牌照灯除外。

6.2.2 应提交被型式检验车型的空载车辆一辆，其上装有整套照明和光信号装置。按第 5 章进行检验，并符合相应要求。

6.3 生产一致性检验

6.3.1 每辆通过型式检验的车辆，其照明和光信号装置的安装及其特性，按第 5 章进行检验必须符合型式检验的车型。

6.3.2 对连续生产的具有通过本标准型式检验的车辆，必须进行随机抽查。

6.4 符合以上 6.2 或 6.3 相应规定的，则认为通过就外部照明和光信号装置的安装数量和方式对某一种车型的型式检验或一致性检验。

6.5 经型式检验后，车辆型式或照明和光信号装置的变动和扩充，必须通过型式检验的管理部门，由该部门决定是否确认。

# 附 录 A
（规范性附录）
## 确定近光光束在垂直方向上变化的各种装载状况

**A.1** 在以下试验中，每个乘员的计算重量为 75 kg。

**A.2** 不同车型的装载状况：

**A.2.1** $M_1$ 类车辆

**A.2.1.1** 应在以下装载状况下，确定近光光束的角度：

a) 1 个驾驶员。

b) 1 个驾驶员，离驾驶员最远的前排座位上 1 个乘员。

c) 1 个驾驶员，离驾驶员最远的前排座位上 1 个乘员，最后排的所有座位均坐满乘员。

d) 全部座位均坐满乘员。

e) 全部座位均坐满乘员，加上行李箱内均匀分布的装载，由此达到后轴或前轴（若行李箱设置在前面）的允许轴荷。若车辆前、后各有 1 个行李箱，则行李箱内的装载必须恰当分布，以便达到各车轴的允许轴荷。若在达到车轴之一的允许轴荷之前，就超出最大允许装载质量，则必须限制行李箱的装载量，以保证不超出最大允许装载质量。

f) 1 个驾驶员，加上行李箱内均匀分布的装载，由此达到相应车轴的允许轴荷。

若在达到车轴之一的允许轴荷之前，就超出最大允许装载质量，则必须限制行李箱的装载量，以保证不超出最大允许装载质量。

**A.2.1.2** 在确定上述装载状况时，必须考虑制造商对装载状况的限制说明。

**A.2.2** $M_2$ 类和 $M_3$ 类车辆

应在以下承载状况下，确定近光光束的角度：

a) 车辆空载，1 名人员坐在驾驶座上；

b) 车辆装载，使每根车轴都达到其最大技术允许轴荷；或者对前、后轴按其最大技术允许轴荷之比例进行加载，直至达到最大允许装载质量，以先达到者为准。

**A.2.3** 具有装载面的 N 类车辆

应在以下装载状况下，确定近光光束的角度。

a) 车辆空载，1 名人员坐在驾驶座上。

b) 1 个驾驶员，其装载量的分布应使后轴（或数根后轴）达到最大技术允许轴荷，或最大允许装载质量，以先达到者为准，条件是不超出前轴的轴荷。该轴荷是按照空载车辆的前轴轴荷，加上前轴上最大允许有效轴荷的 25%；当装载面位于车前面时，前轴的承载状况如此考虑。

**A.2.4** 无承载面的 N 类车辆

**A.2.4.1** 半挂牵引车

应在以下承载状况下，确定近光光束的角度：

a) 挂车上没有装载的空载车辆，驾驶座上有 1 名人员；

b) 驾驶座上有 1 名人员，在牵引车连接件上施加技术允许载荷，其加载位置使后轴达到最大轴荷。

**A.2.4.2** 全挂牵引车

a) 车辆空载，1 名人员坐在驾驶座上；

b) 驾驶座上有 1 名人员，驾驶室内的其余座位上均有乘员。

# 附 录 B
（规范性附录）
几种定义的图示

**B.1** 灯具表面、基准轴线、基准中心、几何可见度（见图 B.1）

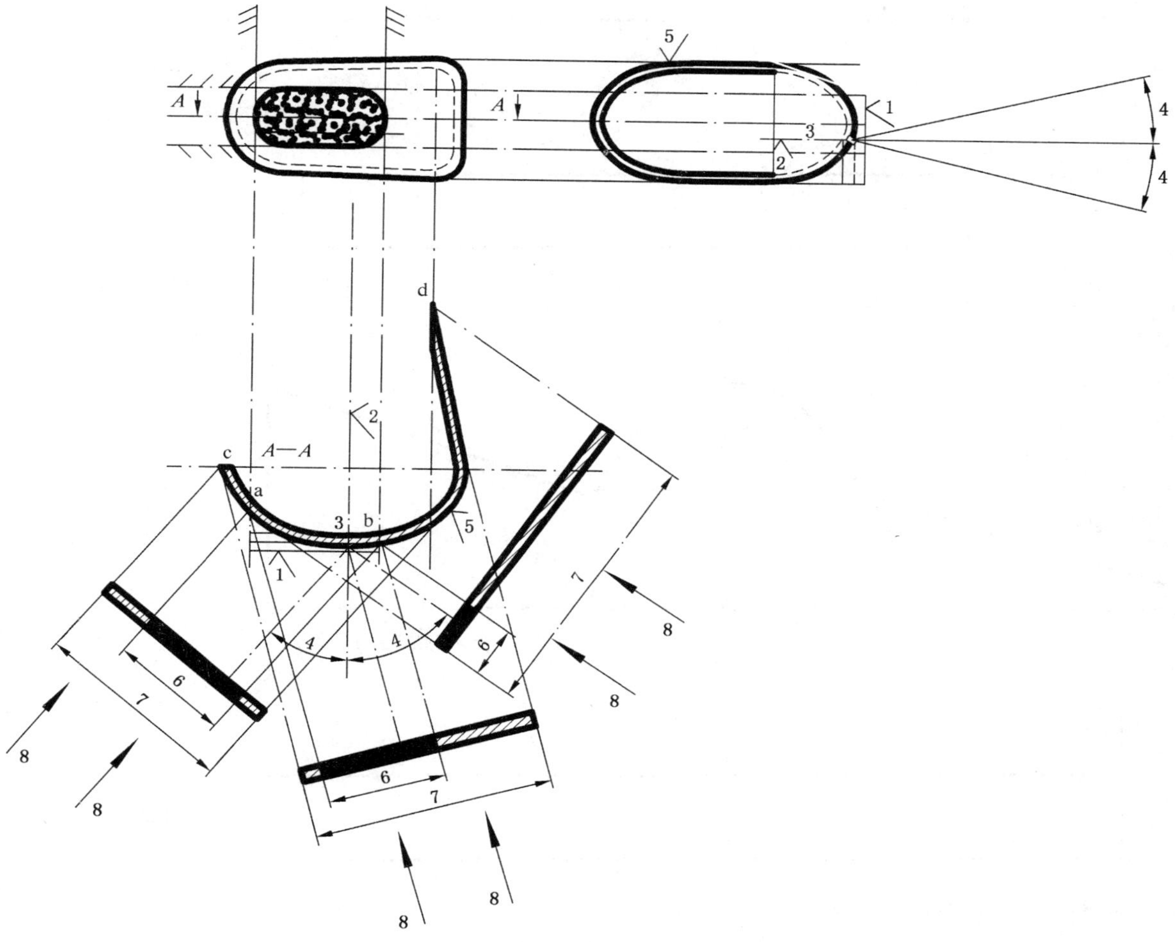

符号说明：

1——发光面；

2——基准轴线；

3——基准中心；

4——几何可见度；

5——透光面；

6——以发光面为基准的视表面；

7——以透光面为基准的视表面；

8——可见度方向。

注：视表面应与透光面相切，此图仅为示意图。

**图 B.1 灯具表面、基准轴线、基准中心、几何可见度**

B.2 发光面与透光面之间的比较(见图 B.2)

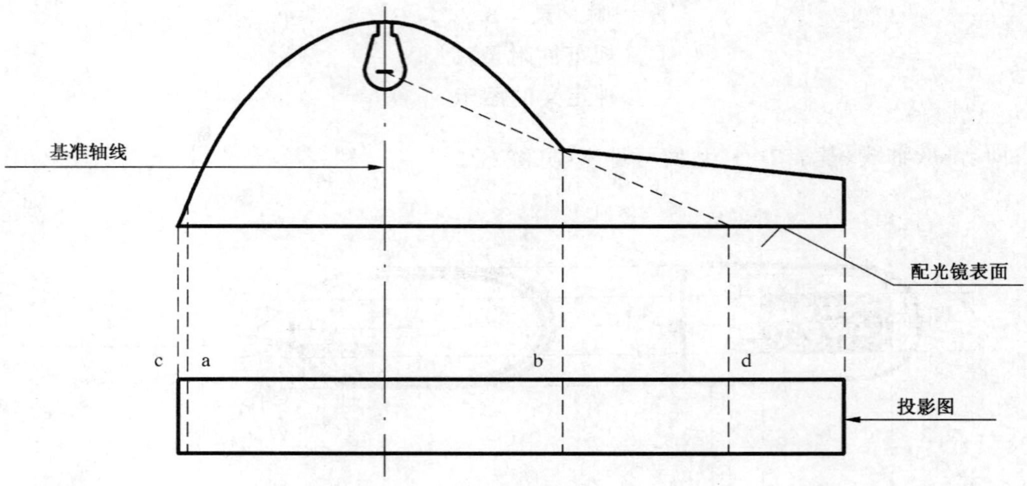


发光面边缘是 a 和 b，透光面边缘是 c 和 d。

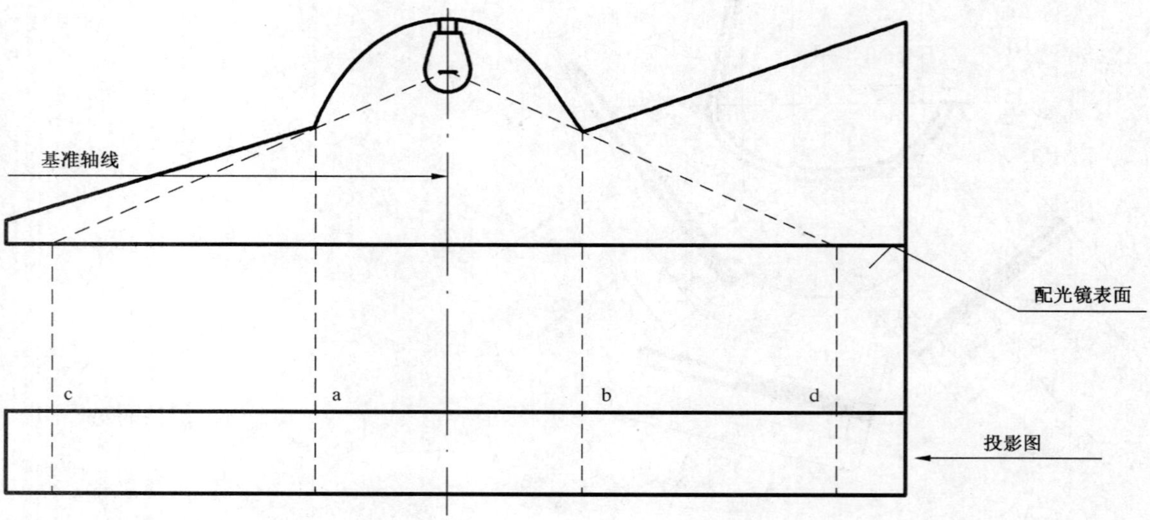


发光面边缘是 a 和 b，透光面边缘是 c 和 d。

**图 B.2 发光面与透光面之间的比较**

# 附 录 C
（规范性附录）
前视红光和后视白光的不可见度

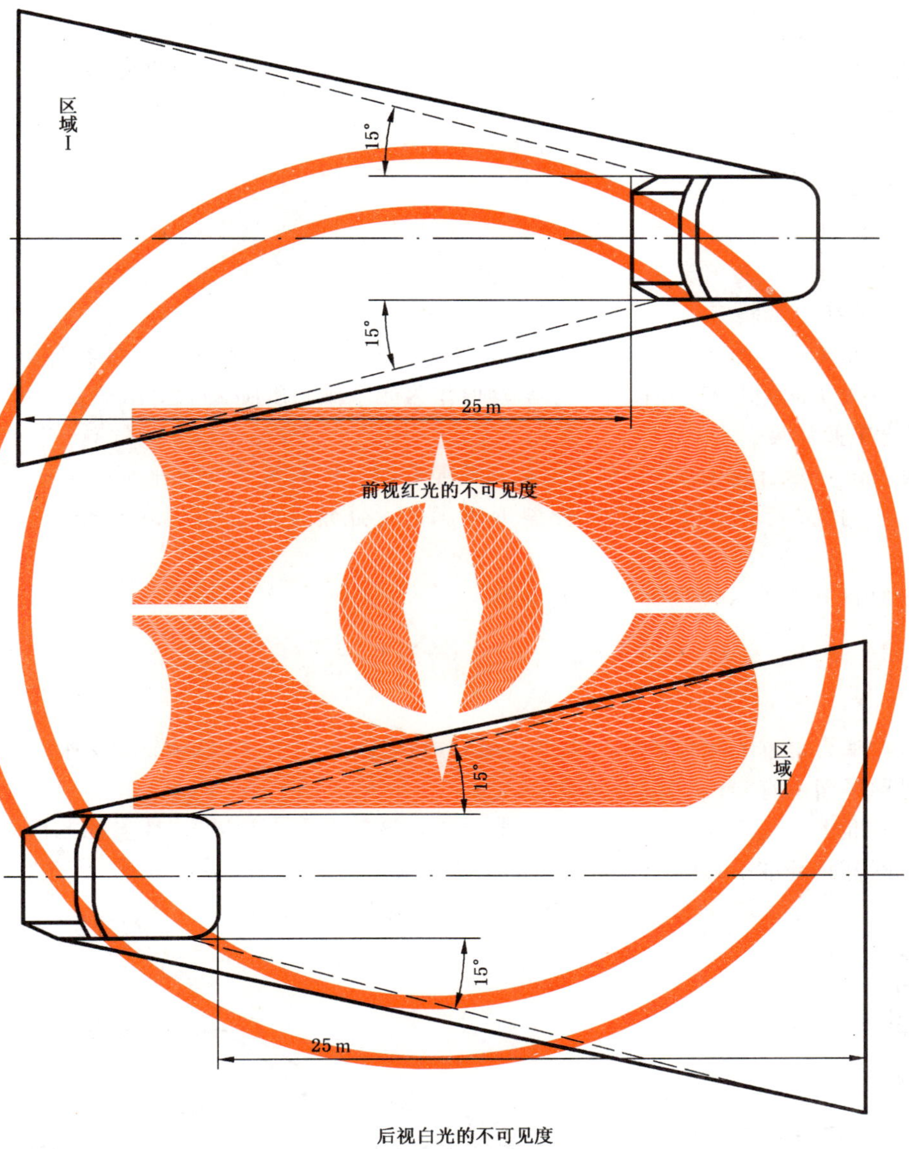


图 C.1 前视红光和后视白光的不可见度

# 附 录 D
（规范性附录）
# 近光光束倾斜度随装载变化的测量

## D.1 范围

本附录规定了车辆近光光束倾斜度（相对于初始倾斜度）随装载变化的测量方法。

## D.2 定义

### D.2.1 初始倾斜度

#### D.2.1.1 标出的初始倾斜度

由车辆制造商规定的近光光束初始倾斜度值，作为计算允许变化的基准值。

#### D.2.1.2 测量的初始倾斜度

近光光束或车辆倾斜度的测量平均值，测量时各类车辆处于附录A第一种状况下：即一个驾驶员（$M_1$类），一个驾驶员的空载车（其他类），该平均值作为光束倾斜度随装载变化评定的基准值。

### D.2.2 近光光束倾斜度

以毫弧度（mrad）表示的角度，该角度由射向前照灯配光明暗截止线水平部分上一个特性点的光束方向和水平面所构成；或者，是以百分数倾斜度表示的上述角度的正切。由于角度小，所以，1%等于10 mrad。

若倾斜度以百分数表示，则可用下式计算：

$$\frac{(h_1-h_2)}{L}\times 100$$

式中：

$h_1$——是在垂直屏幕上测量的上述特性点的离地高度，单位为毫米（mm），该垂直屏幕与车辆纵向对称平面垂直，且位于车前$L$距离处；

$h_2$——是基准中心的离地高度，单位为毫米（mm），该基准中心是$h_1$特性点的标称原点；

$L$——是屏幕到基准中心间的距离，单位为毫米（mm）。

如图D.1所示，负值表示向下的倾斜度，正值表示向上的倾斜度。

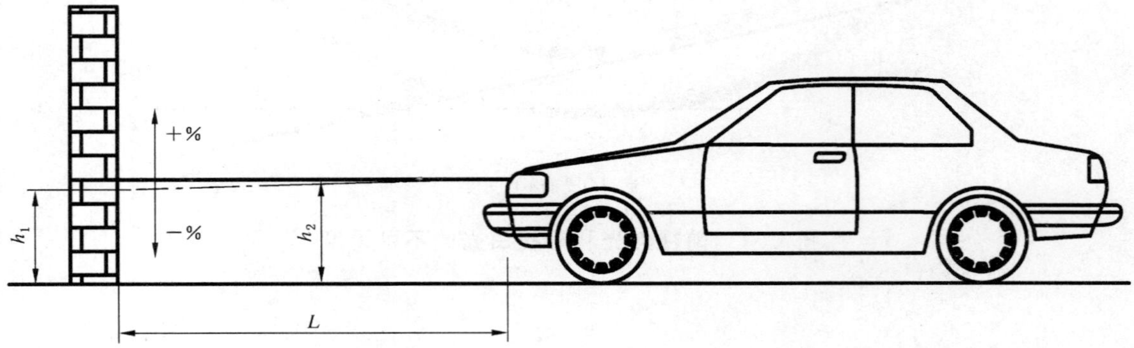


注1：图中给出的是$M_1$类车辆，但其原理同样适用于其他类车辆。

注2：当车辆未配置前照灯调光系统时，则近光光束倾斜度的变化与车辆本身倾斜度的变化一致。

**图D.1 $M_1$类车辆，近光光束向下的倾斜度**

## D.3 测量条件

**D.3.1** 若用目视或光度方法检验近光光束在屏幕上的配光性能，则测量应在暗环境（如暗室）中进行，该暗室应足够大，可以允许车辆驶入，并放置图 D.1 所示的屏幕，前照灯基准中心与屏幕至少相距 10 m。

**D.3.2** 测量用地面尽可能水平和平整，以确保近光光束倾斜度测量复现性的准确度为±0.5 mrad（±0.05%倾斜度）。

**D.3.3** 若使用屏幕，则其相对于地面和车辆纵向对称平面的位置、取向和标记，应保证近光光束倾斜度测量的再现性准确度为±0.5 mrad（±0.05%倾斜度）。

**D.3.4** 测量期间，环境温度应介于 10℃～30℃之间。

## D.4 车辆准备

**D.4.1** 应对已经行驶 1 000 km 至 10 000 km 的车辆进行测量，最好是已行驶 5 000 km 的车辆。

**D.4.2** 轮胎按车辆制造商规定的满承载压力充气。车辆补足燃油、水、润滑油，并按制造商规定备齐所有的附件和工具。补足燃油是指油箱所注燃油不少于其容积的 90%。

**D.4.3** 车辆驻车制动器已松开，齿轮变速箱处于空档位置。

**D.4.4** 车辆在上述 D.3.4 规定的环境温度下，停放的时间不少于 8 h。

**D.4.5** 若使用光度或目视检测方法，为了便于测量，试验车辆应最好安装近光明暗截止线清晰的前照灯。也可以使用读数更精确的其他方法（如卸去前照灯的配光镜）。

## D.5 试验方法

### D.5.1 总则

近光光束或车辆倾斜的变化与所选择的测量方法有关，并应对车辆两侧分别进行测量。在按附录 A 规定的所有装载状况下，测得的左、右前照灯的结果应位于下述 D.5.5 规定的极限范围内。为了使车辆不遭受过大的冲击，应逐渐施加载荷。

### D.5.2 测量的初始倾斜度的确定

车辆应按上述 D.4 规定准备，并按附录 A 规定加载（对应于各类车辆的第一种装载状况）。

在每次测量前，车辆应按下述 D.5.4 规定晃动。

测量应进行 3 次。

**D.5.2.1** 若每次测量结果与算术平均值之间的偏差不大于 2 mrad（0.2%倾斜度），则该平均值即为最终结果。

**D.5.2.2** 若任何一次测量结果与算术平均值之间的偏差大于 2 mrad（0.2%倾斜度），则再应进行 10 次测量，该测量系列的算术平均值即为最终结果。

### D.5.3 测量方法

只要读数准确到±0.2 mrad（±0.02%倾斜度）的任何方法，均可用来测量倾斜度的变化。

### D.5.4 在每种装载状况下车辆的处理方法

影响近光光束倾斜度的悬挂或任何其他部件，应按下述方法驱动。

然而，技术管理部门和制造商可以联合推荐其他方法（或是试验方法，或是计算方法），特别是当试验遇到特殊问题时，只要这类计算方法明显有效。

**D.5.4.1** 安装常规悬挂系统的 $M_1$ 类车辆

车辆停放在测量场地，如需要车轮停在活动平台上（当无活动平台会限制可能影响测量结果的悬挂机构的移动时，必须使用），车辆至少连续晃动 3 次，每次分别先向下推压车辆的后端部，之后是前端部，晃动结束，在测量之前，车辆应处于自然静止状态，替代活动平台，车辆先向后行驶至少一个车轮圆周距离，然后向前行驶同样距离，可以取得同样的效果。

**D.5.4.2** 安装常规悬挂系统的 $M_2$、$M_3$ 和 N 类车辆

**D.5.4.2.1** 若不能使用上述 D.5.4.1 中 $M_1$ 类车辆的处理方法，则可以使用以下 D.5.4.2.2 或 D.5.4.2.3中的方法。

**D.5.4.2.2** 车辆停放在测量场地上，车轮位于地面，通过改变装载晃动车辆。

**D.5.4.2.3** 车辆停放在测量场地上，车轮位于地面，利用一种振动装置驱动可能影响近光光束倾斜度的车辆悬挂系统和所有其他部件。这种振动装置可以是振动平台，此时车轮位于该平台上。

**D.5.4.3** 非常规悬挂系统的车辆，必须启动发动机，待车辆达到稳定状态后开始进行测量。

**D.5.5 测量**

对于不同装载状况下的每种装载状况，应评定近光光束倾斜度相对于测量的初始倾斜度的变化，后者按上述 D.5.2 规定确定。

若车辆配备前照灯手动调光系统，则应按制造商规定，调节到相应装载状况的位置上。

**D.5.5.1** 开始时，对应每种装载状况，进行一次测量。若对于所有的装载状况，倾斜度的变化位于一种安全界限为 4 mrad(0.4%倾斜度)的计算极限内(如，位于标出的初始倾斜度与型式检验规定上、下限之间的偏差内)，则就满足要求。

**D.5.5.2** 若任一测量结果不在上述 D.5.5.1 的安全界限内，或超过极限值，则应在相应的装载状况下进行 3 次测量，其结果应符合下述 D.5.5.3 规定。

**D.5.5.3** 对于以上每种装载状况

**D.5.5.3.1** 若 3 次测量结果与其算术平均值的偏差均不大于 2 mrad(0.2%倾斜度)，则以算术平均值作为最终结果。

**D.5.5.3.2** 若任何一次测量结果与其算术平均值的偏差大于 2 mrad(0.2%倾斜度)，则再应进行 10 次测量，并以该测量系列的算术平均值作为最终结果。

所有的测量应按上述 D.5.5.3.1 和 D.5.5.3.2 规定进行。

**D.5.5.4** 若在所有装载状况下，按上述 D.5.2 确定的测量的初始倾斜度，与在每一种装载状况下测量的倾斜度之间的变化，小于上述 D.5.5.1 中的计算值(如果无安全界限)则就满足要求。

**D.5.5.5** 若只是超出计算的变化上限或下限(两者之一)，则应允许制造商在型式检验规定的极限内，为标出的初始倾斜度选择一个不同的数值。

# 附 录 E
（规范性附录）
# 初始调整指示的示例

示例：

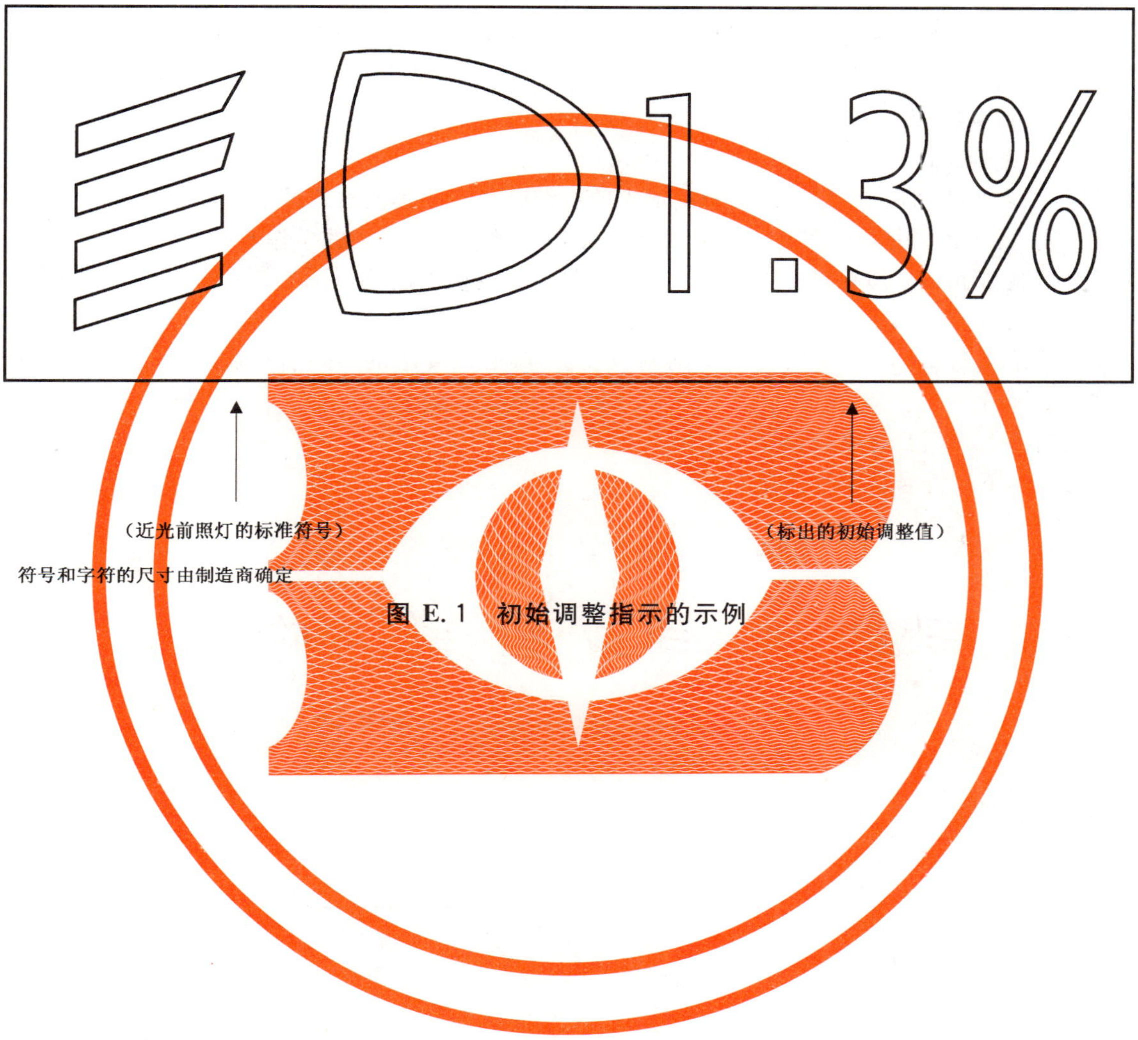


图 E.1 初始调整指示的示例

# 附 录 F
（规范性附录）
## 本标准 4.3.2.6.2.2 中的前照灯调光装置控制器

### F.1 技术要求

**F.1.1** 在所有情况下必须通过下面三种方法中一种来使近光向下倾斜：

a) 向下或向左移动控制器；

b) 逆时针旋转控制器；

c) 按下一个按钮。

如果是用多个按钮调节，那么向下降量最大的按钮必须放于其他按钮最下方或最左边。

对于安装后或者只是边缘可见的旋转类控制器，宜依照 a)或 b)类的操作原则。

**F.1.1.1** 控制器上必须具有明确表明近光向上和是向下的倾斜的符合。

**F.1.2** “0”位表示 4.3.2.6.1.1 中的初始倾斜位置。

**F.1.3** 如果是 4.3.2.6.2.2 中所提的手动调节装置，其必须要求的“停止位”就标为“0”位，并且不需要一定是极限位置。

**F.1.4** 说明书上必须要有控制器上标志的含义。

**F.1.5** 必须用下列符号来识别控制器：

符号中的 4 条线也可以用 5 条来代替

例图 1：

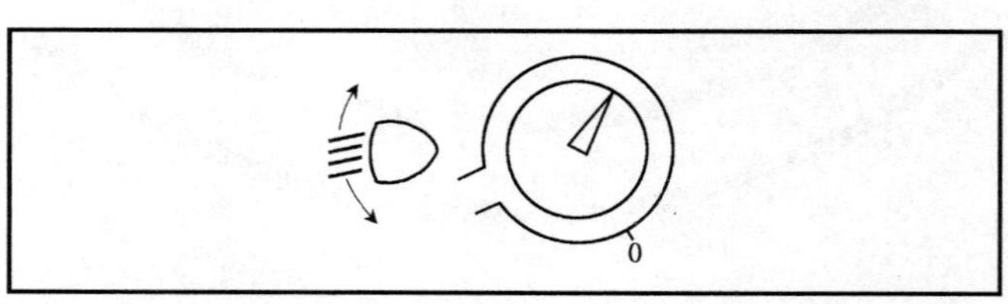


例图 2：

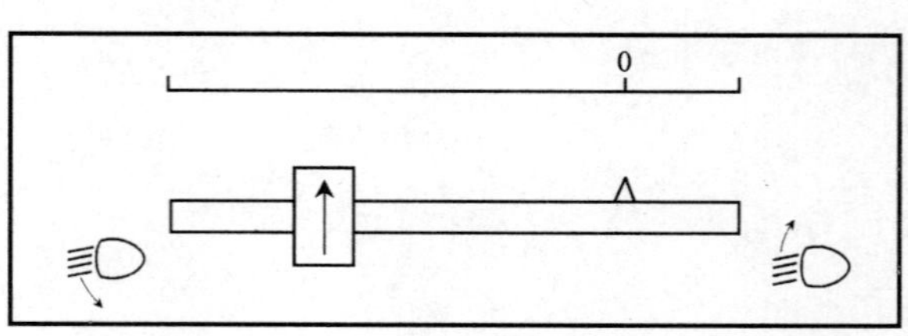

例图 3：

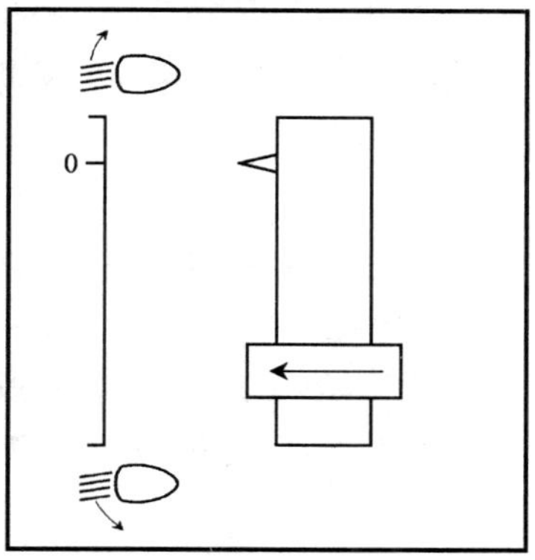

# GB 4785—2007《汽车及挂车外部照明和光信号装置的安装规定》国家标准第1号修改单

本修改单经国家标准化管理委员会于2009年10月9日批准，自2009年11月1日起实施。

1.第2章规范性引用文件最后增加“ECE R13关于就制动方面批准M类，N类和O类车辆的统一规定”和“ECE R13h关于就制动方面批准M类，N类和O类车辆的统一规定(欧美日协调版)”。

2.增加3.30条：

“紧急制动信号　emergency stop signal

向车后的道路其他使用者发出的车辆正在实施高减速度的紧急制动减速的警示信号。”

3.第4.1.9条改为：“如无专门说明，在灯具工作期间，光学系统特性(例如发光强度、颜色、视表面等)不应改变。”

4.增加第4.1.9.1条：“如无专门说明，只有转向信号灯，危险警告信号，紧急制动信号和符合下述4.3.18.7规定的侧标志灯是闪烁的。”

5.增加4.1.9.2条：

“任何灯具的配光特性因下列条件而出现变化，是允许的，只要这些变化符合相关灯具的技术要求：

a)　相对环境光；

b)　因启动其他灯具而造成的；

c)　正在被用于提供其他照明功能。”

6.在表1“昼间行驶灯　白色”后增加一行：“紧急制动信号　琥珀色或红色”

7. 4.3.12.7条增加：“在车辆发生碰撞或4.3.20中规定的紧急制动信号解除后，危险警告信号可以被自动启动。只有这些情况下，才允许手动关闭。”

8.增加4.3.20条：“紧急制动信号”

9.增加4.3.20.1条：

“配备：选装

紧急制动信号应由按4.3.20.7电路连接的所有制动灯或转向灯的同时启动来实现。”

10.增加4.3.20.2条：

“数量：

按照4.3.4.2或4.3.3.2中的规定。”

11.增加4.3.20.3条：

“布局：

按照4.3.4.3或4.3.3.3中的规定。”

12.增加4.3.20.4条：

“安装位置：

按照4.3.4.4或4.3.3.4中的规定。”

13.增加4.3.20.5条：

“几何可见度：

按照4.3.4.5或4.3.3.5中的规定。”

14.增加4.3.20.6条：

“方向：

按照 4.3.4.6 或 4.3.3.6 中的规定”

15.增加 4.3.20.7 条:“电路连接。”

16.增加 4.3.20.7.1 条:“发出紧急制动信号的所有灯具,其闪烁频率应在 $4^{+1.0}_{-1.0}$ Hz 范围内。”

17.增加 4.3.20.7.1.1 条:“但是,如果车尾发出紧急制动信号的任何灯具使用灯丝灯泡,其闪烁频率应在 $4^{+0.0}_{-1.0}$ Hz 范围内。”

18.增加 4.3.20.7.2 条:“紧急制动信号应独立于其他灯具工作。”

19.增加 4.3.20.7.3 条:“紧急制动信号应自动地启动和解除。”

20.增加 4.3.20.7.3.1 条:“紧急制动信号应仅在车速高于 50 km/h 并且制动系统在发出 ECE R13 或 ECE R13h 规定的紧急制动逻辑信号时启动。”

21.增加 4.3.20.7.3.2 条:“紧急制动信号应在 ECE R13 或 ECE R13h 规定的紧急制动逻辑信号不再发出或危险警告信号被启动时自动解除。”

22.增加 4.3.20.8 条:“指示器:选用”

23.增加 4.3.20.9 条:“其他要求。”

24.增加 4.3.20.9.1 条:

“除去 4.3.20.9.2 中描述的情况,如果车辆搭载有拖车装备时,车辆上的紧急制动信号的控制器也应能够操作拖车上的紧急制动信号。

当车辆与拖车电力连接时,组合的紧急制动信号的工作频率应被限制在 4.3.20.7.1.1 中规定的范围内。但是,如果车辆可以探测到拖车上的紧急制动信号不在使用灯丝灯泡,则频率可以按 4.3.20.7.1 规定的范围。”

25.增加 4.3.20.9.2 条:

“如果车辆附带有装载了符合 ECE R13 中定义的连续或半连续行车制动系统的拖车时,应保证在实施行车制动时,通过电力连接供给拖车制动灯持续稳定的电源。

任何此类拖车的紧急制动信号可以独立于实施拖拽的车辆单独工作,且不要求与实施拖拽车辆的紧急制动信号同频率或同相运作。”

ICS 43.020
T 09

# 中华人民共和国国家标准

GB 7258—2012
代替 GB 7258—2004

# 机动车运行安全技术条件

## Safety specifications for power-driven vehicles operating on roads

2012-05-11 发布　　　　2012-09-01 实施

中华人民共和国国家质量监督检验检疫总局
中国国家标准化管理委员会　发布

# 前　言

**本标准的附录 A 和附录 B 为推荐性的，其余为强制性的。**

本标准按照 GB/T 1.1—2009 给出的规则起草。

本标准代替 GB 7258—2004《机动车运行安全技术条件》。与 GB 7258—2004 相比，除编辑性修改外主要技术变化如下：

——修改了第 1 章的适用范围(见第 1 章)；

——修改了第 3 章的机动车、汽车、乘用车、客车、公共汽车(城市客车)、货车、半挂牵引车、专项作业车、两用燃料汽车、双燃料汽车、挂车、牵引杆挂车、中置轴挂车、半挂车、汽车列车、铰接列车、摩托车、轻便摩托车、轮式专用机械车的定义，增加了载客汽车、公路客车(长途客车)、旅游客车、校车、幼儿校车、小学生校车、中小学生校车、专用校车、低速汽车、危险货物运输车、纯电动汽车、插电式混合动力汽车、燃料电池汽车、教练车、残疾人专用汽车、普通摩托车、两轮普通摩托车、边三轮摩托车、正三轮摩托车、两轮轻便摩托车、正三轮轻便摩托车、特型机动车的定义，删除了卧铺客车(2004 年版的 3.2.2.1)、电动汽车(2004 年版的 3.2.9)的定义；将汽车分为载客汽车、载货汽车和专项作业车三大类，将 2004 年版中的摩托车(2004 年版的 3.5)及轻便摩托车(2004 年版的 3.6)合称为摩托车(见 3.5)，将 2004 年版中的摩托车(2004 年版的 3.5)改称为普通摩托车(见 3.5.1)；

——修改了第 4 章的部分机动车产品标牌需标识的内容(见 4.1.2)和车辆识别代号的打刻要求(见 4.1.3)，增加了纯电动汽车、插电式混合动力汽车、燃料电池汽车和电动摩托车应打刻电动机型号、编号的要求及标识的视认性和永久保持性的要求(见 4.1.4)；

——增加了乘用车和总质量小于等于 3 500 kg 的货车(低速汽车除外)应在靠近风窗立柱的位置设置能永久保持的车辆识别代号标识的要求，以及乘用车应具有能读取车辆识别代号的电子数据接口、在后备箱(或行李区)的合适位置标示车辆识别代号，且应在至少 5 个主要部件上标示车辆识别代号或零部件编号的要求(见 4.1.5 和 4.1.6)，修改了危险货物运输车的标志要求(见 4.1.7)，增加了对机动车进行改装或修理时不得对车辆识别代号等整车标志进行遮盖(遮挡)、打磨、挖补、垫片等处理及凿孔、钻孔等破坏性操作的要求(见 4.1.8)；

——修改了车长小于 16 m 的发动机后置的铰接客车的后悬要求(见 4.3)，增加了铰接列车的半挂车的总质量不得大于半挂牵引车的最大允许牵引质量的要求(见 4.5.1.5)，修改了载客汽车乘员数的核定要求(见 4.5.2 和 4.5.3)，增加了乘员数核定的特殊规定(见 4.5.6)；

——修改了客车、罐式汽车和罐式挂车的侧倾稳定角要求(见 4.7.1 和 4.7.2)，增加了旅居车和旅居挂车旅居室内的专用装备设施应明示安全使用规定(见 4.8.4)、所有货车和专项作业车应喷涂总质量、栏板货车和自卸车应喷涂栏板高度、罐式车辆应喷涂灌体容积及允许装运货物的种类、部分货车及所有挂车应标识放大号、部分客车应喷涂座位数、专用校车车身外观标识和校车标牌(见 4.8.6～4.8.9)及教练车应喷涂“教练车”字样和机动车外部喷涂标志图案和安装灯具的原则规定(见 4.8.11 和 4.8.12)，删除了专门用于运输易燃和易爆物品的危险货物运输车应在车身两侧喷涂“禁止烟火”的要求(2004 年版的 4.8.5)；

——增加了机动车环保要求的原则规定(见 4.15)和机动车产品使用说明书的相关规定(见 4.16)；

——增加了轮式专用机械车的外廓尺寸、轴荷及质量参数、转向系、制动系、外部照明和信号装置等要求按土方机械相关强制性标准实施的规定(见 4.17.2)；

——增加了有驾驶室的正三轮摩托车使用方向盘转向时的相关规定(见 6.1)，修改了机动车方向盘的最大自由转动量要求(见 6.4)和转向力测试的要求(见 6.8),增加了专用校车应采用转向助力装置(见 6.9)及前轴采用双转向轴时转向轮的横向侧滑量不作要求的规定(见 6.11);

——修改了三轴及三轴以上汽车的制动完全释放时间要求(见 7.1.6)和应安装防抱死制动装置的机动车类型(见 7.2.11),增加了部分汽车的前轮应装备盘式制动器(见 7.2.6)、教练车(三轮汽车除外)应装备有副制动踏板(见 7.2.12)、部分汽车应装备辅助制动装置(见 7.5)及气压制动系应安装保持压缩空气干燥、油水分离的装置的要求(见 7.7.4);

——修改了路试检验时的列车的行车制动距离要求(见 7.10.2.1)和充分发出的平均减速度要求(见 7.10.2.2)、驻车制动性能检验要求(见 7.10.4)及台试检验时的制动力要求和制动力平衡要求(见 7.11.1.1 和 7.11.1.2),增加了台试检验汽车、汽车列车行车制动性能的合格判定要求(见 7.11.1.5),修改了检验结果的复核要求(见 7.11.3);

——增加了机动车不得安装遮挡外部照明和信号装置透光面的装置、用户不得对外部照明和信号装置进行改装或加装强制性标准以外的外部照明和信号装置的要求(见 8.1.2 和 8.1.3),修改了外部灯具闪烁的相关规定(见 8.1.2),增加了部分货车、专项作业车和挂车后部照明和信号装置的透光面面积要求(见 8.2.1)、校车应配备统一的校车标志灯和停车指示标志的要求(见 8.2.7)、某一转向灯发生故障(短路除外)时的要求(见 8.3.8)和部分货车和挂车、低速车辆应设置车辆尾部标志板的要求(见 8.4.1),修改了车身反光标识设置及车身反光标识材料的相关规定(见 8.4.1～8.4.5),增加了柔性车身反光标识的相关规定(见 8.4.6),删除了附加的灯具、反射器或附属装置不允许影响本标准规定安装的灯具和信号装置的性能且不应对其他的道路使用者造成不利影响的要求(2004 年版的 8.2.10);

——增加了打开所有前照灯(远光)时总的远光发光强度要求及两灯制轻便摩托车的远光光束发光强度最小值要求(见 8.5.2),修改了前照灯远光照射位置的检验要求(见 8.5.3.3),删除了前照灯远、近光布置的要求(2004 年版的 8.4.3);

——增加了教练车(三轮汽车除外)应设置辅助喇叭开关的要求(见 8.6.1)、客车电器导线的阻燃要求和乘员舱外部接插件的防水要求(见 8.6.2),修改了机动车应装备仪表或显示信息的相关规定(见 8.6.3),增加了专用校车应设置电源总开关和车长大于等于 6 m 的客车应设置电磁式电源总开关的相关规定(见 8.6.4),修改了应安装行驶记录仪的汽车车型要求,增加了显示、数据接口布置的规定、行驶记录功能符合要求的卫星定位装置视同行驶记录仪的规定及专用校车和卧铺客车还应安装车内外录像监控系统的规定(见 8.6.5)及汽车装备、加装电气设备的原则性要求(见 8.6.6),修改了无轨电车的特殊要求(见 8.6.7);

——修改了不得装用翻新的轮胎的车轮范围(见 9.1.2),增加了机动车使用的翻新胎应符合相关标准的规定(见 9.1.2)、专用校车和卧铺客车应装用无内胎子午线轮胎、危险货物运输车和车长大于 9 m 的其他客车应装用子午线轮胎(见 9.1.5)、空气弹簧应无裂损、变形及漏气、控制系统应齐全有效(见 9.3.3)和三轴公路客车的随动轴应具有随动转向或主动转向功能的要求(见 9.4.4);

——增加了自动变速器的相关规定(见 10.2.1)及部分车型应具有超速报警和限速功能(或装备限速装置)的要求(见 10.5);

——增加了车身外部不应产生明显的镜面反光(见 11.1.1)、客车上部结构强度要求的相关规定、专用校车车身结构的特殊要求及车长大于 11 m 的公路客车和旅游客车和所有卧铺客车应采用全承载整体式框架结构车身的要求(见 11.2.1)、幼儿专用校车乘客区应采用平地板结构的要求(见 11.2.3)、专用校车的踏步高要求(见 11.2.4)和行李架(舱)设置要求(见 11.2.5)、专用校车前部应设置碰撞安全结构的要求(见 11.2.6)及校车侧窗下边缘的高度要求(见 11.2.7);

——增加了集装箱运输车和集装箱运输半挂车的构造应保证集装箱运输过程中始终安全、稳妥地固定在车辆上的要求(见 11.3.2)、货车和挂车的载货部分不得设置乘客座椅且不得设计成可伸缩的结构(见 11.3.3 和 11.3.4)及货车驾驶区座椅布置的相关规定(见 11.3.5),增加了摩托车外部凸出物和扶手的相关规定(见 11.4.2 和 11.4.3);

——增加了乘用车车门的相关规定(见 11.5.2),修改了客车乘客门的相关规定(见 11.5.3~11.5.5),增加了击碎玻璃式应急窗的安全玻璃类型和厚度要求(见 11.5.6),公路客车、旅游客车、校车所有车窗玻璃的可见光透射比均应大于等于 50%的要求(见 11.5.7)及厢式货车和封闭式货车的货箱部位不得设置车窗的要求(见 11.5.8);

——修改了载客汽车座椅布置的规定(见 11.6.2~11.6.6)和卧铺布置的规定(见 11.6.7),增加了校车照管人员座位的设置及专用校车座椅及其固定件的强度要求(见 11.6.8)、专用校车靠近通道的学生座椅的扶手要求(见 11.6.9)及正三轮摩托车乘客座椅的布置要求(见 11.6.10);

——修改了客车内饰材料的阻燃要求,增加了发动机舱隔热防火的相关规定(见 11.7.1 和 11.7.2),增加了号牌板(架)应有号牌安装孔的要求(见 11.8.2)、乘用车(三厢车除外)行李区的纵向长度要求(见 11.9.2)及自卸车液压举升装置的相关规定(见 11.9.6);

——修改了应装备汽车安全带的座椅范围(见 12.1.1),增加了安全带的型式要求(见 12.1.2 和 12.1.3)、乘用车驾驶人座位应装备汽车安全带佩戴提示装置(见 12.1.5)及乘用车儿童座椅固定的要求(见 12.1.6);

——增加了总质量大于 7 500 kg 的货车和货车底盘改装的专项作业车应在右侧设置广角后视镜和补盲后视镜的要求(见 12.2.1),修改了外后视镜的视野要求(见 12.2.2),增加了专用校车驾驶人视野、汽车列车必要时应加装后视镜加长架(见 12.2.2)及教练车应加装辅助后视镜的要求(见 12.2.7);

——增加了应设置应急门的情形(见 12.4.1.2),修改了应急门的尺寸和开启要求、应急门引道要求(见 12.4.2.1、12.4.2.3、12.4.2.5)及应急锤的相关规定(见 12.4.3.2),增加了设有乘客站立区的公共汽车的应急窗均应为推拉式应急窗或外推式应急窗的要求(见 12.4.3.2);

——增加了不准许用户改动燃料管路(见 12.5.1)、发动机后置的公路客车和旅游客车燃料箱的前端面应位于前轴之后(见 12.5.5)、每一个钢瓶阀出口端都应安装高压过流保护装置(见 12.6.1)、不准许用户改动或加装钢瓶(见 12.6.3)、钢瓶安装在车上后钢瓶编号应易见(见 12.6.4)及气体燃料车辆应安装泄露报警装置的要求(见 12.6.15),修改了气体燃料专用装置通气接口的相关规定(见 12.6.9);

——修改了客车灭火器布置的相关规定(见 12.9.2),增加了所有专用校车和发动机后置的其他客车应装备发动机舱自动灭火装置(见 12.9.3)和危险货物运输车的特殊安全防护要求(见 12.11),删除了专门用于运送易燃和易爆物品的危险货物运输车应在驾驶室上方安装红色标志灯的要求(2004 年版的 12.10);

——修改了应装备三角警告牌、保险杠和前风窗玻璃除雾除霜装置的汽车范围(见 12.13.2、12.13.3、12.13.4)和机动车发动机的排气管口布置要求(见 12.13.7),增加了校车应配备急救箱的要求及汽车安全气囊系统的原则性规定(见 12.13.5 和 12.13.6);

——增加了残疾人专用汽车的附加要求(见第 14 章);

——删除了车速表指示误差检验方法、转向轮横向侧滑量检验方法、制动性能检验方法、前照灯光束照射位置检验方法、气密性检验方法(2004 年版的附录 A~附录 E)及四种类型机动车技术条件要求对应一览表(2004 年版的附录 G),增加了典型车型车身反光标识粘贴示例及要求的相关说明(见附录 B)。

本标准由公安部道路交通管理标准化技术委员会归口。

本标准负责起草单位:公安部交通管理科学研究所、交通运输部公路科学研究院、中国汽车技术研究中心。

本标准参加起草单位：成都市公安局交通管理局车辆管理所、上海浦江出入境检验检疫局、中国公路学会客车分会、天津摩托车技术中心、中国农业机械化科学研究院、洛阳拖拉机研究所。

本标准主要起草人：应朝阳、周天佑、耿磊、罗跃、王凡、刘雪梅、孟秋、龚标、何勇、王学平、王冬梅、吴云强、刘欣、张炳荣、张咸胜、尚项绳、秦煜麟、孙巍、裴志浩。

GB 7258—2004 的历次版本发布情况为：

——GB 7258—1987、GB 7258—1997。

# 引　言

国家标准《机动车运行安全技术条件》(以下简称“GB 7258”)是我国机动车运行安全管理最基本的技术标准，是进行注册登记检验和在用机动车检验、机动车查验、事故车检验的主要技术依据，同时也是我国机动车新车定型强制性检验、新车出厂检验及进口机动车检验的重要技术依据之一。

GB 7258—2004 自 2004 年 10 月 1 日起实施以来，在加强机动车运行安全管理、提高机动车运行安全水平等方面起到了积极的作用。但是，随着我国经济社会的持续快速发展和机动化步伐的不断加快，广大人民群众对安全出行的期待越来越高，机动车运行安全管理不断遇到新情况、新问题。特别是当前我国大型客货车辆的安全技术要求仍较低，与车辆安全性能相关的重特大道路交通事故比例较高。为此，根据我国道路交通实际情况修订 GB 7258—2004，提高机动车(特别是大型客货车辆)运行安全技术要求，严密机动车运行安全管理技术依据，已十分必要。

本次 GB 7258 修订工作的原则主要有：

a) 从 GB 7258 是我国机动车运行安全管理最基本的技术标准这一属性出发，根据道路交通发展实际情况，进一步明确 GB 7258 的适用范围，提出特型机动车、教练车、残疾人专用汽车等各类机动车的定义和运行安全管理的技术依据，严密机动车运行安全管理主要环节。

b) 根据 GB 7258—2004 执行过程中暴露出来的问题，采用与管理要求相适应的机动车分类标准，提高标准的可操作性。

c) 提高重点车辆的安全装置配备要求和结构安全要求，加严卧铺客车的安全技术要求，提高道路运行机动车的整体安全技术性能。

d) 进一步明确公共汽车运行安全技术要求，为加强公共汽车运行安全管理提供技术依据。

需要说明的是：

a) 鉴于轮式专用机械车的种类繁多、功能各异，本标准未对其外廓尺寸、轴荷及质量参数、转向性能、制动性能、外部照明和信号装置及电气设备、车身、安全防护装置等参数和要求作出具体规定。

b) 叉车不属于道路车辆，鉴于其外型和结构的特殊性，不适于在道路上行驶和使用。

# 机动车运行安全技术条件

## 1 范围

本标准规定了机动车的整车及主要总成、安全防护装置等有关运行安全的基本技术要求，以及消防车、救护车、工程救险车和警车及残疾人专用汽车的附加要求。

本标准适用于在我国道路上行驶的所有机动车，但不适用于有轨电车及并非为在道路上行驶和使用而设计和制造、主要用于封闭道路和场所作业施工的轮式专用机械车。

注：有轨电车是指以电动机驱动，架线供电，有轨道承载的道路车辆。

## 2 规范性引用文件

下列文件对于本文件的应用是必不可少的。凡是注日期的引用文件，仅注日期的版本适用于本文件。凡是不注日期的引用文件，其最新版本(包括所有的修改单)适用于本文件。

GB 1589　道路车辆外廓尺寸、轴荷及质量限值
GB/T 2408—2008　塑料　燃烧性能的测定　水平法和垂直法
GB/T 3181　漆膜颜色标准
GB 4094　汽车操纵件、指示器及信号装置的标志
GB 4599　汽车用灯丝灯泡前照灯
GB 4785　汽车及挂车外部照明和光信号装置的安装规定
GB 5948　摩托车白炽丝光源前照灯配光性能
GB 8108　车用电子警报器
GB/T 8196　机械安全　固定式和活动式防护装置设计与制造一般要求
GB 8410—2006　汽车内饰材料的燃烧特性
GB 9656　汽车安全玻璃
GB 10396　农林拖拉机和机械、草坪和园艺动力机械　安全标志和危险图形　总则
GB 11567.1　汽车和挂车侧面防护要求
GB 11567.2　汽车和挂车后下部防护要求
GB/T 12428　客车装载质量计算方法
GB 12268　危险货物品名表
GB 12676　汽车制动系统　结构、性能和试验方法
GB 13057　客车座椅及其车辆固定件的强度
GB 13365　机动车排气火花熄灭器
GB 13392　道路运输危险货物车辆标志
GB/T 13594　机动车和挂车防抱制动性能和试验方法
GB 13954　警车、消防车、救护车、工程救险车标志灯具
GB/T 14172　汽车静侧翻稳定性台架试验方法
GB 15084　机动车辆后视镜的性能和安装要求
GB 15365　摩托车和轻便摩托车操纵件、指示器及信号装置的图形符号
GB 16735　道路车辆　车辆识别代号(VIN)

GB 17352　摩托车和轻便摩托车后视镜的性能和安装要求
GB/T 17578　客车上部结构强度的规定
GB/T 17676　天然气汽车和液化石油气汽车　标志
GB 18100.1　摩托车照明和光信号装置的安装规定　第1部分:两轮摩托车
GB 18100.2　摩托车照明和光信号装置的安装规定　第2部分:两轮轻便摩托车
GB 18100.3　摩托车照明和光信号装置的安装规定　第3部分:三轮摩托车
GB/T 18411　道路车辆　产品标牌
GB 18447.1　拖拉机　安全要求　第1部分:轮式拖拉机
GB 18564.1　道路运输液体危险货物罐式车辆　第1部分:金属常压罐体技术要求
GB 18564.2　道路运输液体危险货物罐式车辆　第2部分:非金属常压罐体技术要求
GB 18565　营运车辆综合性能要求和检验方法
GB/T 18697—2002　声学　汽车车内噪声测量方法
GB/T 19056　汽车行驶记录仪
GB 19151　机动车用三角警告牌
GB 19152　轻便摩托车前照灯配光性能
GB 20074　摩托车和轻便摩托车外部凸出物
GB 20075　摩托车乘员扶手
GB 20300　道路运输爆炸品和剧毒化学品车辆安全技术条件
GB 21259　汽车用气体放电光源前照灯
GB 23254　货车及挂车　车身反光标识
GB 24315　校车标识
GB 24406　专用校车学生座椅系统及其车辆固定件的强度
GB 24407　专用校车安全技术条件
GB/T 24545　车辆车速限制系统技术要求
GB/T 25978　道路车辆　标牌和标签
GB 25990　车辆尾部标志板
GB 25991　汽车用 LED 前照灯
GA 524　2004式警车汽车类外观制式涂装规范
GA 525　2004式警车摩托车类外观制式涂装规范

## 3　术语和定义

下列术语和定义适用于本文件。

3.1

**机动车　power-driven vehicle**

由动力装置驱动或牵引,上道路行驶的供人员乘用或用于运送物品以及进行工程专项作业的轮式车辆,包括汽车及汽车列车、摩托车、拖拉机运输机组、轮式专用机械车、挂车。

3.2

**汽车　motor vehicle**

由动力驱动,具有四个或四个以上车轮的非轨道承载的车辆,主要用于:

——载运人员和/或货物(物品);

——牵引载运货物(物品)的车辆或特殊用途的车辆;

——专项作业。

本术语还包括：

a） 与电力线相联的车辆，如无轨电车；

b） 整车整备质量超过 400 kg 的不带驾驶室的三轮车辆；

c） 整车整备质量超过 600 kg 的带驾驶室的三轮车辆。

3.2.1

**载客汽车　passenger vehicle**

设计和制造上主要用于载运人员的汽车，包括装置有专用设备或器具但以载运人员为主要目的的汽车。

3.2.1.1

**乘用车　passenger car**

设计和制造上主要用于载运乘客及其随身行李和/或临时物品的汽车，包括驾驶人座位在内最多不超过 9 个座位。它也可以牵引一辆中置轴挂车。

3.2.1.2

**客车　bus**

设计和制造上主要用于载运乘客及其随身行李的汽车，包括驾驶人座位在内座位数超过 9 个。

3.2.1.2.1

**公路客车　interurban bus**

**长途客车　interurban bus**

为城间（城乡）运输乘客设计和制造、专门从事旅客运输的客车，包括卧铺客车，即设计和制造供全体乘客卧睡的客车。

3.2.1.2.2

**旅游客车　touring bus**

为旅游设计和制造、专门用于运载游客的客车。

3.2.1.2.3

**公共汽车　public bus**

**城市客车　public bus**

为城市内运输乘客设计和制造的客车，根据是否设有乘客站立区可分为：

a） 设有乘客站立区的公共汽车，即最大设计车速小于 70 km/h、设有座椅及乘客站立区，并有足够的空间供频繁停站时乘客上下车走动，有固定的线路和车站，主要在城市建成区运营的客车；也包括无轨电车，即以电动机驱动，与电力线相连的客车。

b） 未设置乘客站立区的公共汽车，即未设置乘客站立区，有固定的线路和车站，主要在城市道路运营的客车。

3.2.1.3

**校车　school bus**

用于有组织地接送 3 周岁以上学龄前幼儿或接受义务教育的学生上下学的 7 座以上的载客汽车。

3.2.1.3.1

**幼儿校车　school bus for infants**

接送 3 周岁以上学龄前幼儿上下学的校车。

3.2.1.3.2

**小学生校车　school bus for primary student**

接送小学生上下学的校车。

3.2.1.3.3

**中小学生校车　school bus for junior middle school student**

接送九年制义务教育阶段学生（小学生和初中生）上下学的校车。

3.2.1.3.4

**专用校车　special school bus**

设计和制造上专门用于运送3周岁以上学龄前幼儿或义务教育阶段学生的校车。

3.2.2

**载货汽车　goods vehicle**

**货车　goods vehicle**

设计和制造上主要用于载运货物或牵引挂车的汽车，包括装置有专用设备或器具但以载运货物为主要目的的汽车。

3.2.2.1

**半挂牵引车　semi-trailer towing vehicle**

装备有特殊装置用于牵引半挂车的汽车。

3.2.2.2

**低速汽车　low-speed vehicle**

三轮汽车和低速货车的总称。

3.2.2.2.1

**三轮汽车　tri-wheel vehicle**

最大设计车速小于等于50 km/h的，具有三个车轮的货车。

3.2.2.2.2

**低速货车　low-speed goods vehicle**

**低速载货汽车　low-speed goods vehicle**

最大设计车速小于70 km/h的，具有四个车轮的货车。

3.2.2.3

**危险货物运输车　road transportation vehicle of dangerous goods**

专门用于运输符合GB 12268等相关标准规定的危险货物的货车。

3.2.3

**专项作业车　specical motor vehicle**

**专用作业车　specical motor vehicle**

装置有专用设备或器具，在设计和制造上用于专项作业的汽车，如汽车起重机、消防车、混凝土泵车、清障车、高空作业车、扫路车、吸污车、钻机车、仪器车、检测车、监测车、电源车、通信车、电视车、采血车、医疗车、体检医疗车等，但不包括以载运人员或货物为主要目的的汽车。

3.2.4

**气体燃料汽车　gaseous fuel vehicle**

装备以石油气、天然气或煤气等气体为燃料的发动机的汽车。

3.2.5

**两用燃料汽车　bi-fuel vehicle**

具有两套相互独立的燃料供给系统，一套供给天然气或液化石油气，另一套供给其他燃料，两套燃料供给系统可分别但不可同时向燃烧室供给燃料的汽车，如汽油/压缩天然气两用燃料汽车、汽油/液化石油气两用燃料汽车等。

3.2.6

**双燃料汽车　dual-fuel vehicle**

具有两套燃料供给系统，一套供给天然气或液化石油气，另一套供给其他燃料，两套燃料供给系统按预定的配比向燃烧室供给燃料，在缸内混合燃烧的汽车，如柴油-压缩天然气双燃料汽车，柴油-液化石油气双燃料汽车等。

3.2.7

**纯电动汽车　batery electric vehicle**

由电动机驱动，且驱动电能来源于车载可充电蓄电池或其他能量储存装置的汽车。

[GB/T 19596—2004 的 3.1.1.1.1]

3.2.8

**插电式混合动力汽车　plug-in hybrid electric vehicle**

具有一定的纯电驱动行驶里程，且在正常使用情况下可从非车载装置中获取电能量的混合动力汽车。

3.2.9

**燃料电池汽车　fuel cell electric vehicle**

以燃料电池作为动力电源的汽车。

[GB/T 19596—2004 的 3.1.1.1.3]

3.2.10

**教练车　driving school training vehicle**

专门从事驾驶技能培训的汽车。

3.2.11

**残疾人专用汽车　vehicle for handicapped driving**

在采用自动变速器的乘用车上加装符合标准和规定的驾驶辅助装置，专门供特定类型的肢体残疾人驾驶的汽车。

3.3

**挂车　trailer**

设计和制造上需由汽车或拖拉机牵引，才能在道路上正常使用的无动力道路车辆，包括牵引杆挂车、中置轴挂车和半挂车，用于：

——载运货物；

——专项作业。

3.3.1

**牵引杆挂车　draw-bar-trailer**

**全挂车　draw-bar-trailer**

至少有两根轴的挂车，具有：

——一轴可转向；

——通过角向移动的牵引杆与牵引车联结；

——牵引杆可垂直移动，联结到底盘上，因此不能承受任何垂直力。

3.3.2

**中置轴挂车　centre axle trailer**

均匀受载时挂车质心紧靠车轴位置，牵引装置相对于挂车不能垂直移动、与牵引车连接时只有较小的垂直载荷作用于牵引车的挂车。

3.3.3

**半挂车　semi-trailer**

均匀受载时挂车质心位于车轴前面，装有可将垂直力和/或水平力传递到牵引车的联结装置的挂车。

3.4

**汽车列车　combination vehicles**

由汽车(低速汽车除外)牵引挂车组成的机动车,包括乘用车列车、货车列车和铰接列车。

3.4.1

**乘用车列车　passenger/car trailer combination**

乘用车和中置轴挂车的组合。

3.4.2

**货车列车　goods road train**

货车和牵引杆挂车或中置轴挂车的组合。

3.4.2.1

**牵引杆挂车列车　draw-bar trailer combination**

**全挂拖斗车　draw-bar trailer combination**

**全挂汽车列车　draw-bar trailer combination**

货车和牵引杆挂车的组合。

3.4.2.2

**中置轴挂车列车　centre axle trailer combination**

货车和中置轴挂车的组合。

3.4.3

**铰接列车　articulated vehicle**

**半挂汽车列车　articulated vehicle**

半挂牵引车和半挂车的组合。

3.5

**摩托车　motorcycle and moped**

由动力装置驱动的,具有两个或三个车轮的道路车辆,但不包括:

a) 整车整备质量超过 400 kg 的不带驾驶室的三轮车辆;

b) 整车整备质量超过 600 kg 的带驾驶室的三轮车辆;

c) 最大设计车速、整车整备质量、外廓尺寸等指标符合相关国家标准和规定的,专供残疾人驾驶的机动轮椅车;

d) 电驱动的,最大设计车速不大于 20 km/h,具有人力骑行功能,且整车整备质量、外廓尺寸、电动机额定功率等指标符合相关国家标准规定的两轮车辆。

3.5.1

**普通摩托车　motorcycle**

无论采用何种驱动方式,其最大设计车速大于 50 km/h,或如使用内燃机,其排量大于 50 mL,或如使用电驱动,其电动机最大输出功率总和大于 4 kW 的摩托车,包括两轮普通摩托车、边三轮摩托车和正三轮摩托车。

3.5.1.1

**两轮普通摩托车　motorcycle with two wheels**

装有一个从动轮和一个驱动轮的普通摩托车。

3.5.1.2

**边三轮摩托车　motorcycle with sidecar**

在两轮普通摩托车的右侧装有边车的摩托车。

3.5.1.3

**正三轮摩托车　right three-wheeled motorcycle**

装有与前轮对称分布的两个后轮的普通摩托车，且如设计和制造上允许装载货物或载运乘员，其最大设计车速小于 70 km/h。

3.5.2

**轻便摩托车　moped**

无论采用何种驱动方式，其最大设计车速不大于 50 km/h 的摩托车，且：

——如使用内燃机，其排量不大于 50 mL；

——如使用电驱动，其电动机最大输出功率总和不大于 4 kW。

3.5.2.1

**两轮轻便摩托车　moped with two wheels**

装有一个从动轮和一个驱动轮的轻便摩托车。

3.5.2.2

**正三轮轻便摩托车　right three-wheeled moped**

装有与前轮对称分布的两个后轮的轻便摩托车。

3.6

**拖拉机运输机组　tractor towing trailer for transportation**

由拖拉机牵引一辆挂车组成的用于载运货物的机动车，包括轮式拖拉机运输机组和手扶拖拉机运输机组。

注 1：本标准所指的拖拉机是指最高设计车速不大于 20 km/h、牵引挂车方可从事道路货物运输作业的手扶拖拉机，和最高设计车速不大于 40 km/h、牵引挂车方可从事道路货物运输作业的轮式拖拉机。

注 2：手扶拖拉机运输机组还包含手扶变型运输机，即发动机 12 h 标定功率不大于 14.7 kW，采用手扶拖拉机底盘，将扶手把改成方向盘，与挂车连在一起组成的折腰转向式运输机组。

3.7

**轮式专用机械车　wheeled mobile machinery for special purpose**

有特殊结构和专门功能，装有橡胶车轮可以自行行驶，最大设计车速大于 20 km/h 的轮式机械，如装载机、平地机、挖掘机、推土机等，但不包括叉车。

3.8

**特型机动车　special size vehicle**

质量参数和/或尺寸参数超出 GB 1589 规定的汽车、挂车、汽车列车。

## 4　整车

### 4.1　整车标志

4.1.1　机动车在车身前部外表面的易见部位上应至少装置一个能永久保持的商标或厂标。

4.1.2　机动车应至少装置一个能永久保持的产品标牌，该标牌的固定、位置及型式应符合 GB/T 18411 的规定；如采用标签标示，则标签应符合 GB/T 25978 规定的标签一般性能、防篡改性能及防伪性能要求。改装车应同时具有改装后的整车产品标牌及改装前的整车(或底盘)产品标牌。

机动车均应在产品标牌上标明品牌、整车型号、制造年月、生产厂名及制造国，各类机动车产品标牌应标明的其他项目见表 1。产品标牌上标明的内容应规范、清晰耐久且易于识别，项目名称均应有中文名称。

**表 1　各类机动车产品标牌应补充标明的项目**

| 机动车类型 | | 应补充标明的项目 |
|---|---|---|
| 汽车[a] | 载客汽车[b] | 车辆识别代号、发动机型号、发动机最大净功率、最大允许总质量(以下简称为“总质量”)、乘坐人数(乘员数) |
| | 载货汽车[c] | 车辆识别代号、发动机型号、发动机最大净功率、总质量(半挂牵引车除外)、整车整备质量(以下简称为“整备质量”)、最大允许牵引质量(无牵引功能的货车除外) |
| | 专项作业车 | 车辆识别代号、发动机型号、发动机最大净功率、总质量、专用功能主要技术参数 |
| 挂车 | | 车辆识别代号[d]、总质量、整备质量 |
| 摩托车[e] | | 车辆识别代号、发动机型号、发动机实际排量或最大净功率、整备质量 |
| 轮式专用机械车 | | 车架号(或产品识别代码、车辆识别代号)、发动机型号、发动机标定功率、整备质量、最大设计车速 |
| 组成拖拉机运输机组的拖拉机 | | 出厂编号、发动机标定功率、使用质量 |
| 特型机动车 | | 车辆识别代号(或车架号)、发动机型号、发动机最大净功率、总质量、整备质量、外廓尺寸 |

[a] 非插电式混合动力汽车还应标明电动动力系统最大输出功率；纯电动汽车、插电式混合动力汽车、燃料电池汽车还应标明主驱动电机型号和功率，动力电池工作电压和容量(安时数)，储氢容器形式、容积、工作压力(燃料电池汽车)；纯电动汽车不标发动机相关信息。

[b] 乘用车还应标明发动机排量，具备牵引功能时还应标明最大允许牵引质量。

[c] 半挂牵引车还应标明牵引座最大设计静载荷。

[d] 牵引杆挂车在未采用统一的车辆识别代号之前应标明车架号。

[e] 电动摩托车应标明车辆识别代号、电动机型号、电动机最大输出功率、额定电压、整备质量；正三轮摩托车还应标明装载质量或乘坐人数，两轮普通摩托车及两轮轻便摩托车可不标车辆识别代号。

4.1.3　汽车、摩托车、半挂车和中置轴挂车应具有唯一的车辆识别代号，其内容和构成应符合GB 16735 的规定；应至少有一个车辆识别代号打刻在车架(无车架的机动车为车身主要承载且不能拆卸的部件)能防止锈蚀、磨损的部位上。

乘用车的车辆识别代号应打刻在发动机舱内能防止替换的车辆结构件上，或打刻在车门立柱上，如受结构限制没有打刻空间时也可打刻在右侧除后备箱(后行李区)外的车辆其他结构件上；其他汽车、半挂车和中置轴挂车的车辆识别代号应打刻在前部右侧，如受结构限制也可打刻在右侧其他车辆结构件上。其他机动车应在相应的易见位置打刻整车型号和出厂编号，型号在前，出厂编号在后，在出厂编号的两端应打刻起止标记。

打刻车辆识别代号(或整车型号和出厂编号)的部件不得采用打磨、挖补、垫片等方式处理，从上(前)方观察时打刻区域周边足够大面积的表面不应有任何覆盖物；如有覆盖物，该覆盖物的表面应明确标示“车辆识别代号”或“VIN”字样，且覆盖物在不使用任何专用工具的情况下能直接取下(或揭开)及复原，以方便地观察到足够大的包括打刻区域的表面。

打刻的车辆识别代号(或整车型号和出厂编号)从上(前)方应易拓印。打刻的车辆识别代号的字母和数字的字高应大于等于 7.0 mm、深度应大于等于 0.3 mm(乘用车深度应大于等于 0.2 mm)，但摩托车字高应大于等于 5.0 mm、深度应大于等于 0.2 mm。打刻的整车型号和出厂编号字高应为10.0 mm，深度应大于等于 0.3 mm。

车辆识别代号(或整车型号和出厂编号)一经打刻不得更改、变动，并符合 GB 16735 的规定。同一辆机动车的车架(无车架的机动车为车身主要承载且不能拆卸的部件)上，不得既打刻车辆识别代号，又打刻整车型号和出厂编号。同一辆车上标识的所有车辆识别代号内容应相同。

注：打刻区域周边足够大面积的表面(足够大的包括打刻区域的表面)是指打刻车辆识别代号的部件的全部表面；但所暴露表面能满足查看打刻车辆识别代号的部件有无挖补、重新焊接、粘贴等痕迹的需要时，也应视为满足要求。

4.1.4 发动机型号和出厂编号应打刻(或铸出)在气缸体上且应能永久保持，在出厂编号的两端应打刻起止标记(没有打刻起止标记的空间时不打刻)；摩托车应在发动机的易见部位铸出商标或厂标，发动机出厂编号应打刻在曲轴箱易见部位，在出厂编号的两端应打刻起止标记(没有打刻起止标记的空间时不打刻)；如打刻(或铸出)的发动机型号和出厂编号不易见，则应在发动机易见部位增加能永久保持的发动机型号和出厂编号的标识。

纯电动汽车、插电式混合动力汽车、燃料电池汽车和电动摩托车应在主驱动电动机壳体上打刻电动机型号和编号；如打刻的电动机型号和编号被覆盖，应留出观察口，或在覆盖件上增加能永久保持的电动机型号和编号的标识。

增加的标识应易见，且非经破坏性操作不能被完整取下。

4.1.5 乘用车和总质量小于等于 3 500 kg 的货车(低速汽车除外)应在靠近风窗立柱的位置设置能永久保持的车辆识别代号标识；该标识从车外应能清晰地识读，且非经破坏性操作不能被完整取下。对具有发动机电子控制单元(ECU)的乘用车，其 ECU 应记载有车辆识别代号等特征信息，且记载的特征信息应能被读取；但如乘用车至少有一处电子数据接口，且通过读取工具能够获得车辆识别代号等特征信息的，应视为满足要求。

4.1.6 除按照 4.1.2、4.1.3、4.1.5 标示车辆识别代号之外，乘用车还应在后备箱(或行李区)从车外无法观察但打开后能直接观察的合适位置标示车辆识别代号，并至少在 5 个主要部件上标示车辆识别代号；但如制造厂家使用了能从零部件编号溯及车辆识别代号等车辆唯一性信息的生产管理系统，主要部件上可标示零部件编号。

车辆识别代号或零部件编号应直接打刻或采用能永久保持的标签粘贴在制造厂家规定主要部件的目标区域内，其字码高度应保证内容能清晰确认。

4.1.7 危险货物运输车的标志应符合 GB 13392 的规定；其中，罐式危险货物运输车还应按照 GB 18564.1 或 GB 18564.2 在罐体上喷涂装运货物的名称，道路运输爆炸品和剧毒化学品车辆还应符合 GB 20300 的规定。

4.1.8 对机动车进行改装或修理时，不得对车辆识别代号(或整车型号和出厂编号)、发动机型号和出厂编号、零部件编号、产品标牌、发动机标识等整车标志进行遮盖(遮挡)、打磨、挖补、垫片等处理及凿孔、钻孔等破坏性操作。

## 4.2 外廓尺寸

汽车及汽车列车、挂车的外廓尺寸应符合 GB 1589 的规定，摩托车、拖拉机运输机组的外廓尺寸限值见表 2。

**表 2 摩托车、拖拉机运输机组外廓尺寸限值**

单位为米

| 机动车类型 | | 长 | 宽 | 高 |
|---|---|---|---|---|
| 摩托车 | 两轮普通摩托车 | ≤2.50 | ≤1.00 | ≤1.40 |
| | 边三轮摩托车 | ≤2.70 | ≤1.75 | ≤1.40 |
| | 正三轮摩托车 | ≤3.50 | ≤1.50 | ≤2.00 |
| | 两轮轻便摩托车 | ≤2.00 | ≤0.80 | ≤1.10 |
| | 正三轮轻便摩托车 | ≤2.00 | ≤1.00 | ≤1.10 |

表 2（续）

单位为米

| 机动车类型 | | 长 | 宽 | 高 |
|---|---|---|---|---|
| 拖拉机运输机组 | 轮式拖拉机运输机组 | ≤10.00[a] | ≤2.50 | ≤3.00[a] |
| | 手扶拖拉机运输机组 | ≤5.00 | ≤1.70 | ≤2.20 |

[a] 对标定功率大于 58 kW 的轮式拖拉机运输机组长度限值为 12.00 m，高度限值为 3.50 m。

### 4.3 后悬

客车及封闭式车厢（或罐体）的机动车后悬应小于等于轴距的 65%。专项作业车和轮式专用机械车，在保证安全的情况下，后悬可按客车后悬要求核算，其他机动车后悬应小于等于轴距的 55%。车长小于 16 m 的发动机后置的铰接客车，在保证安全的情况下，后悬可不超过轴距的 70%。机动车的后悬均应小于等于 3.5 m。

注：多轴机动车的轴距按第一轴至最后轴的距离计算（对铰接客车按第一轴至第二轴的距离计算），后悬从最后一轴的中心线往后计算。客车的后悬以车身外蒙皮尺寸计算，如后保险杠突出于后背外蒙皮，则以后保险杠尺寸计算，不计后尾梯。

### 4.4 轴荷和质量参数

4.4.1 汽车及汽车列车、挂车的轴荷和质量参数应符合 GB 1589 的规定。

4.4.2 机动车在空载和满载状态下，整备质量和总质量应在各轴之间合理分配，轴荷应在左右车轮之间均衡分配。

4.4.3 边三轮摩托车处于空载及满载状态时，边车车轮轮荷应分别为整备质量及总质量的 35%以下。

### 4.5 核载

#### 4.5.1 质量参数核定

4.5.1.1 机动车最大允许总质量依据发动机功率、最大设计轴荷、轮胎的承载能力及正式批准的技术文件进行核算后，从中取最小值核定。

4.5.1.2 机动车在空载和满载状态下，转向轴轴荷（或转向轮轮荷）分别与该车整备质量和总质量的比值应大于等于：

——乘用车：30%；

——三轮汽车、正三轮摩托车：18%；

——其他机动车：20%。

铰接列车应在空载和满载状态下对牵引车部分进行核算，铰接客车和铰接式无轨电车应在空载和满载状态下对前车进行核算。

4.5.1.3 清障车在托举状态下，转向轴轴荷应大于等于总质量的 15%。

4.5.1.4 汽车或汽车列车驱动轴的轴荷应大于等于汽车或汽车列车总质量的 25%。

4.5.1.5 货车列车的挂车的最大允许装载质量应小于等于货车的最大允许装载质量。

4.5.1.6 铰接列车的半挂车的总质量应小于等于半挂牵引车的最大允许牵引质量。

4.5.1.7 轮式拖拉机运输机组的挂拖质量比（挂车最大允许总质量与拖拉机使用质量之比）应小于等于 3。

#### 4.5.2 乘用车乘坐人数核定

4.5.2.1 前排座位按乘客舱内部宽度（系指驾驶人两侧门窗下缘，并在车门后支柱内侧量取）大于等于

1 200 mm 时核定 2 人，大于等于 1 650 mm 时核定 3 人，但每名前排乘员的座垫宽和座垫深均应大于等于 400 mm，且不得作为学生座位核定乘坐人数。

4.5.2.2 除前排座位外的其他排座位，在能保证与前一排座位的间距大于等于 600 mm 且座垫深度大于等于 400 mm（对第二排以后的可折叠座椅座间距大于等于 570 mm 且座垫深度大于等于 350 mm）时，按座垫宽每 400 mm 核定 1 人；但作为学生座位使用时，对幼儿校车按每 280 mm 核定 1 人，对小学生校车按每 350 mm 核定 1 人，对中小学生校车按 380 mm 核定 1 人。单人座椅座垫宽大于等于 400 mm 时核定 1 人。

注 1：学生座位（椅）是指幼儿校车上专门供幼儿乘坐的座位（椅）、小学生校车上专门供小学生乘坐的座位（椅）及中小学生校车上专门供义务教育阶段学生使用的座位（椅）。

注 2：可折叠座椅是指靠背、座垫铰接且折叠在一起后能完全收起的座椅。

注 3：座间距是指座椅座垫和靠背均未被压陷、驾驶人座椅和前排乘员座椅处于滑轨中间位置、靠背角度可调式座椅的靠背角度及座椅其他调整量处于制造厂规定的正常使用位置时，在通过（单人）座椅中心线的垂直平面内，在座垫上表面最高点所处平面与地板上方 620 mm 高度范围内水平测量所得的座椅间距数值。

4.5.2.3 旅居车的核定乘员数应小于等于 9 人。

4.5.2.4 车长大于等于 6 m 的乘用车设置的侧向座椅不核定乘坐人数。

### 4.5.3 客车乘员数核定

4.5.3.1 按乘员质量核定：按 GB/T 12428 确定。

4.5.3.2 按座垫宽和站立乘客有效面积核定：长条座椅（指座垫靠背均为条形的供两人或多人乘坐的座椅）按座垫宽每 400 mm 核定 1 人，但作为学生座位使用时，对幼儿校车按每 280 mm（对幼儿专用校车按每 330 mm）核定 1 人，对小学生校车按每 350 mm 核定 1 人，对中小学生校车按 380 mm 核定 1 人；单人座椅座垫宽大于等于 400 mm（对学生座椅为 380 mm）时核定 1 人。设有乘客站立区的公共汽车，按 GB/T 12428 确定的站立乘客有效面积计算，每 0.125 $m^2$ 核定站立乘客 1 人；双层客车的上层及其他客车不核定站立人数。

4.5.3.3 按卧铺铺位核定：卧铺客车的每个铺位核定 1 人，驾驶人座椅核定 1 人，乘客座椅（包括车组人员座椅）不核定乘坐人数。

4.5.3.4 可折叠的单人座椅及驾驶人座椅 R 点所处的横向垂直平面之前的座椅不得作为学生座位（椅）核定人数。

4.5.3.5 幼儿校车、小学生校车和中小学生校车按 4.5.3.2 和 4.5.3.4 核定乘员数，其他客车以 4.5.3.1、4.5.3.2 及 4.5.3.3 计算的乘员数取最小值核定乘员数。幼儿校车的核定乘员数应小于等于 45 人，其他校车的核定乘员数应小于等于 56 人。二轴卧铺客车的核定乘员数应小于等于 36 人，三轴卧铺客车的核定乘员数应小于等于 40 人。

### 4.5.4 有驾驶室机动车的驾驶室乘坐人数核定（摩托车除外）

4.5.4.1 驾驶室的前排座位，按驾驶室内部宽度（系指驾驶室门窗下缘，并在车门后支柱内侧量取）大于等于 1 200 mm 时核定 2 人，大于等于 1 650 mm 时核定 3 人，但每名前排乘员的座垫宽和座垫深均应大于等于 400 mm。

4.5.4.2 双排座位驾驶室的后排座位，按座垫中间位置测量的车身内部宽度，在能保证与前排座位的间距大于等于 650 mm 且座垫深度大于等于 400 mm 时，每 400 mm 核定 1 人。

4.5.4.3 带卧铺的货车，卧铺铺位不核定乘坐人数。

4.5.4.4 有驾驶室的拖拉机运输机组和使用方向盘转向的三轮汽车，除驾驶人外可再核定一名乘员，但其座垫宽应大于等于 350 mm，座椅深应大于等于 300 mm，且座椅不应增加拖拉机运输机组或三轮汽车的外廓尺寸；不具备上述条件时，只准许乘坐驾驶人 1 人。

4.5.4.5 货车核定乘坐人数应小于等于6人。

### 4.5.5 摩托车乘坐人数核定

4.5.5.1 两轮普通摩托车除驾驶人外，有固定座位的可再核定乘坐1人。

4.5.5.2 边三轮摩托车除驾驶人外，主车和边车有固定座位的各核定乘坐1人。

4.5.5.3 正三轮摩托车驾驶室核定乘坐驾驶人1人；车厢在有纵向布置（与机动车前进方向相同）的固定座椅（该固定座椅的座垫深度大于等于400 mm且与驾驶人座椅的间距大于等于650 mm）时，按座垫宽度每400 mm核定1人，但最多为2人；不具备上述条件时，车厢不核定乘坐人数。

4.5.5.4 轻便摩托车核定乘坐驾驶人1人。

### 4.5.6 特殊规定

4.5.6.1 装备有残疾人轮椅固定装置的残疾人汽车、装备有担架的救护车等用于载运特定乘客的载客汽车的乘坐人数，以及医疗车、体检医疗车等专项作业车的乘坐人数，参照4.5.2、4.5.3和4.5.4核定。

4.5.6.2 旅居半挂车不核定乘坐人数。

4.5.6.3 货车驾驶室（区）以外部位设置的座椅和卧铺不核定乘坐人数。

## 4.6 比功率

低速汽车及拖拉机运输机组的比功率应大于等于4.0 kW/t，除无轨电车外的其他机动车的比功率应大于等于5.0 kW/t。

注：比功率为发动机最大净功率（或0.9倍的发动机额定功率，或0.9倍的发动机标定功率）与机动车最大允许总质量之比。

## 4.7 侧倾稳定角及驻车稳定角

4.7.1 按GB/T 14172规定的方法，客车在乘客区满载、行李舱空载的情况下测试时，向左侧和右侧倾斜最大侧倾稳定角均应大于等于28°（对专用校车均应大于等于32°）；且除定线行驶的双层（公共）汽车外，在空载、静态条件下，向左侧和右侧倾斜最大侧倾稳定角均应大于等于35°。

注：铰接客车和铰接式无轨电车按前车考核。

4.7.2 罐式汽车和罐式挂车在满载、静态状态下，向左侧和右侧倾斜最大侧倾稳定角应大于等于23°。

4.7.3 其他机动车在空载、静态状态下，向左侧和右侧倾斜最大侧倾稳定角应大于等于：

——三轮机动车（包括三轮汽车和三轮摩托车，下同）：25°；

——总质量为整备质量的1.2倍以下的机动车：30°；

——总质量不小于整备质量的1.2倍的专项作业车和轮式专用机械车：32°；

——其他机动车（特型机动车、两轮普通摩托车及轻便摩托车除外）：35°。

4.7.4 两轮普通摩托车和两轮轻便摩托车在用撑杆支撑时，向左、向右、向前的驻车稳定角分别应大于等于9°、5°、6°；在用停车架支撑时，向左、向右、向前的驻车稳定角均应大于等于8°。

## 4.8 图形和文字标志

4.8.1 汽车（三轮汽车和装用单缸柴油机的低速货车除外）、摩托车应分别按照GB 4094和GB 15365的规定设置操纵件、指示器及信号装置的图形标志。

4.8.2 三轮汽车和装用单缸柴油机的低速货车的变速杆、手柄和开关等操纵机构，除作用非常明确的外，应在操纵机构上或其附近用耐久性标志明确标明其功能、操作方向等。标志用操作符号应与背景有明显的色差。

4.8.3 机动车标注的警告性文字应有中文。

4.8.4 旅居车和旅居挂车旅居室内的专用装备设施应明示相应的安全使用规定。

4.8.5 低速汽车和拖拉机运输机组应对需要提醒人们注意的安全事项设置相应的安全标志。安全标志应符合 GB 10396 的规定。

4.8.6 所有货车和专项作业车均应在驾驶室(区)两侧喷涂总质量(半挂牵引车为最大允许牵引质量);其中,栏板货车和自卸车还应在驾驶室两侧喷涂栏板高度,罐式汽车和罐式挂车还应在罐体上喷涂罐体容积及允许装运货物的种类。栏板挂车应在车厢两侧喷涂栏板高度。喷涂的中文及阿拉伯数字应清晰,高度应大于等于 80 mm。

4.8.7 总质量大于等于 4 500 kg 的货车(半挂牵引车除外)、所有挂车均应在车厢后部喷涂或粘贴放大的号牌号码,放大的号牌号码字样应清晰。

4.8.8 所有客车(专用校车和设有乘客站立区的公共汽车除外)应在乘客门附近车身外部易见位置,用高度大于等于 100 mm 的中文及阿拉伯数字标明该车提供给乘员(包括驾驶人)的座位数。

4.8.9 专用校车车身外观标识应符合 GB 24315 规定。校车运送学生时,应在前风窗玻璃右下角和后风窗玻璃适当位置各放置一块可以从车外清楚识别的校车标牌;但专门用于接送学生上下学的非专用校车,车身外观标识还应符合专用校车相关规定。

注:非专用校车是指除专用校车外的其他校车。

4.8.10 气体燃料汽车、两用燃料汽车和双燃料汽车应按 GB/T 17676 的规定标注其使用的气体燃料类型。

4.8.11 教练车应在车身两侧及后部喷涂高度大于等于 100 mm 的“教练车”等字样。

4.8.12 警车、消防车、救护车和工程救险车以外的机动车,不得喷涂和安装与警车、消防车、救护车和工程救险车相同或相类似的标志图案和灯具。

## 4.9 外观

4.9.1 机动车外观应整洁,各零部件应完好,联接牢固,无缺损。

4.9.2 车体应周正,车体外缘左右对称部位高度差应小于等于 40 mm。

4.9.3 两轮普通摩托车和轻便摩托车的方向把和导流板等左右对称的零部件离地面高度差应小于等于 10 mm;正三轮摩托车的驾驶室和车厢等左右对称的零部件离地面高度差应小于等于 20 mm。

## 4.10 漏水检查

在发动机运转及停车时,散热器、水泵、缸体、缸盖、暖风装置及所有连接部位均不得有明显渗漏现象。

## 4.11 漏油检查

机动车连续行驶距离不小于 10 km,停车 5 min 后观察,不得有明显渗漏现象。

## 4.12 车速表指示误差(最大设计车速不大于 40 km/h 的机动车除外)

车速表指示车速 $v_1$(单位:km/h)与实际车速 $v_2$(单位:km/h)之间应符合下列关系式:

$$0 \leqslant v_1 - v_2 \leqslant (v_2/10) + 4$$

## 4.13 行驶轨迹

汽车列车和轮式拖拉机运输机组在平坦、干燥的路面上直线行驶时,挂车后轴中心相对于牵引车前轴中心的最大摆动幅度,铰接列车、乘用车列车和中置轴挂车列车应小于等于 110 mm,牵引杆挂车列车和轮式拖拉机运输机组应小于等于 220 mm。

**4.14 驾驶人耳旁噪声要求**

汽车(低速汽车除外)驾驶人耳旁噪声声级应小于等于 90 dB(A),其检验方法见附录 A。

**4.15 环保要求**

机动车的排气污染物排放及噪声控制应符合国家环保标准的规定。

**4.16 产品使用说明书**

4.16.1 机动车的产品使用说明书应用文字标明与车型(整车型号)相一致的以下结构参数和技术特征,必要时还应用图案辅助说明:

——整车产品标牌、按 4.1.3 规定打刻的车辆识别代号(或整车型号和出厂编号)、打刻(或铸出的)发动机型号和出厂编号(或电动机型号和编号)、标有发动机型号和出厂编号(或电动机型号和编号)的标识等标志的具体位置;

——长、宽、高等整车外廓尺寸参数;

——轴荷、整备质量、最大允许总质量等质量参数;

——发动机主要技术参数(如发动机最大净功率、额定功率/转速、额定扭矩/转速);

——罐体容积及允许装运货物的种类;

——燃料种类及标号;

——机动车整车出厂时所达到的排放水平;

——指定试验条件下的整车燃料消耗量;

——最大设计车速、最大爬坡度等动力性能参数;

——起步气压的具体数值;

——可以使用的轮胎规格、备胎规格,以及轮胎气压等使用注意事项;

——钢板弹簧的形式和规格;

——侧面及后下部防护装置的材质、结构、尺寸、连接部位和形式、外形;

——封闭式货车隔离装置的承受能力及装载货物注意事项;

——电动转向助力装置等电气设备的安全使用要求及注意事项;

——最大设计车速大于 100 km/h 的机动车的车轮动平衡要求;

——车轮定位值;

——制动踏板自由行程的合理范围;

——制动摩擦副的合理使用范围;

——涉及安全使用车辆的其他事项。

注:对发动机最大净功率、额定功率/转速等发动机主要技术参数,以及车轮动平衡要求、车轮定位值、制动踏板自由行程的合理范围、制动摩擦副的合理使用范围等主要用于车辆维修的技术参数,在其他随车正式文件上有说明的,也视为满足要求。

4.16.2 汽车的产品使用说明书应对其装备的安全气囊、电子稳定控制系统、防抱死制动装置等安全装置的功能、用法和注意事项等加以说明;装备有安全气囊的汽车,还应在产品使用说明书中明确安全气囊展开的条件和情形。

4.16.3 乘用车的产品使用说明书应对适合安装的儿童座椅的类型及固定方法加以说明。

4.16.4 旅居挂车的产品使用说明书应明示车辆行驶过程中旅居室内不得载人。

4.16.5 三轮汽车和装用单缸柴油机的低速货车的产品使用说明书应明示所有操纵机构的操作说明。

4.16.6 轮式专用机械车、特型机动车的产品使用说明书应明示其制造时所执行的相关国家标准和/或行业标准的标准顺序号和年号。

4.16.7 机动车的产品使用说明书的所有文字性内容均应有中文。

### 4.17 其他要求

4.17.1 专项作业车和轮式专用机械车的特殊结构和专用装置不得影响机动车的安全运行。

4.17.2 轮式专用机械车的外廓尺寸、轴荷及质量参数、转向系、制动系、外部照明和信号装置及电气设备、车身、安全防护装置等要求按土方机械相关强制性标准实施。

## 5 发动机

5.1 发动机应动力性能良好，运转平稳，怠速稳定，无异响，机油压力和温度正常。发动机功率应大于等于标牌(或产品使用说明书)标明的发动机功率的75%。

5.2 发动机应有良好的起动性能。汽车(三轮汽车和装用单缸柴油机的低速货车除外)发动机应能由驾驶人在座位上起动。

5.3 柴油机停机装置应灵活有效。

5.4 发动机点火、燃料供给、润滑、冷却和进排气等系统的机件应齐全，性能良好。

## 6 转向系

6.1 汽车(三轮汽车除外)的方向盘应设置于左侧，其他机动车的方向盘不得设置于右侧；专项作业车、教练车按需要可设置左右两个方向盘。有驾驶室的正三轮摩托车如使用方向盘转向，则方向盘中心立柱距车辆纵向中心平面的水平距离应小于等于200 mm；其他摩托车不得使用方向盘转向。

6.2 机动车的方向盘(或方向把)应转动灵活，操纵方便，无卡滞现象。机动车应设置转向限位装置。转向系统在任何操作位置上，不得与其他部件有干涉现象。

6.3 机动车(摩托车、三轮汽车、手扶拖拉机运输机组除外)正常行驶时，转向轮转向后应有一定的回正能力(允许有残余角)，以使机动车具有稳定的直线行驶能力。

6.4 机动车方向盘的最大自由转动量应小于等于：

a) 最大设计车速大于等于100 km/h的机动车：15°；

b) 三轮汽车：35°；

c) 其他机动车：25°。

6.5 汽车(三轮汽车除外)应具有适度的不足转向特性。

6.6 三轮汽车、摩托车的转向轮向左或向右转角应小于等于：

a) 三轮汽车、三轮摩托车、正三轮轻便摩托车：45°；

b) 两轮普通摩托车、两轮轻便摩托车：48°。

6.7 机动车在平坦、硬实、干燥和清洁的道路上行驶不应跑偏，其方向盘(或方向把)不应有摆振、路感不灵或其他异常现象。

6.8 机动车在平坦、硬实、干燥和清洁的水泥或沥青道路上行驶，以10 km/h的速度在5 s之内沿螺旋线从直线行驶过渡到外圆直径为25 m的车辆通道圆行驶，施加于方向盘外缘的最大切向力应小于等于245 N。

6.9 专用校车应采用转向助力装置；其他机动车转向轴最大设计轴荷大于4 000 kg时，也应采用转向助力装置。装有转向助力装置的机动车，转向时其转向助力功能不得出现时有时无的现象，且转向助力装置失效时仍应具有用方向盘控制机动车的能力。装有电动转向助力装置的汽车，在产品使用说明书规定的正常使用状态下，应保证转向助力装置的电能供应。

6.10 汽车和汽车列车(不计具有作业功能的专用装置的突出部分)、轮式拖拉机运输机组应能在同一个车辆通道圆内通过，车辆通道圆的外圆直径 $D_1$ 为 25.00 m，车辆通道圆的内圆直径 $D_2$ 为 10.60 m。汽车和汽车列车、轮式拖拉机运输机组由直线行驶过渡到上述圆周运动时，任何部分超出直线行驶时的车辆外侧面垂直面的值(外摆值)应小于等于 0.80 m(对铰接客车和铰接式无轨电车外摆值应小于等于 1.20 m)，其试验方法见 GB 1589。

6.11 汽车(三轮汽车除外)的车轮定位应与该车型的技术要求一致。对前轴采用非独立悬架的汽车(前轴采用双转向轴时除外)，其转向轮的横向侧滑量，用侧滑台检验时侧滑量值应在±5 m/km 之间。

6.12 转向节及臂，转向横、直拉杆及球销不得有裂纹和损伤，并且转向球销不应松旷。对机动车进行改装或修理时横、直拉杆不得拼焊。

6.13 三轮汽车、摩托车的前减振器、上下联板和方向把不应有变形和裂损。

## 7 制动系

### 7.1 基本要求

7.1.1 机动车应设置足以使其减速、停车和驻车的制动系统或装置，且行车制动的控制装置与驻车制动的控制装置应相互独立。

7.1.2 制动系统的机构和装置应经久耐用，不得因振动或冲击而损坏。

7.1.3 制动踏板(包括教练车的副制动踏板)及其支架、制动主缸及其活塞、制动总阀、制动气室、轮缸及其活塞、制动臂及凸轮轴总成之间的连接杆件等零部件应易于维修。

7.1.4 制动系统的各种杆件不得与其他部件在相对位移中发生干涉、摩擦，以防杆件变形、损坏。

7.1.5 制动管路应为专用的耐腐蚀的高压管路，安装应保证具有良好的连续功能、足够的长度和柔性，以适应与之相连接的零件所需要的正常运动，而不致造成损坏；制动管路应有适当的安全防护，以避免擦伤、缠绕或其他机械损伤，同时应避免安装在可能与机动车排气管或任何高温源接触的地方。制动软管不得与其他部件干涉且不应有老化、开裂、被压扁等现象。其他气动装置在出现故障时不得影响制动系统的正常工作。

7.1.6 汽车制动完全释放时间(从松开制动踏板到制动消除所需要的时间)对两轴汽车应小于等于 0.80 s，对三轴及三轴以上汽车应小于等于 1.2 s。

7.1.7 机动车在运行过程中不得有自行制动现象，但属于设计和制造上为保证车辆安全运行的除外。当挂车(由轮式拖拉机牵引的装载质量 3 000 kg 以下的挂车除外)与牵引车意外脱离后，挂车应能自行制动，牵引车的制动仍应有效。

### 7.2 行车制动

7.2.1 机动车(总质量小于等于 750 kg 的挂车除外)应具有完好的行车制动系，其中汽车(三轮汽车除外)的行车制动应采用双回路或多回路。

7.2.2 行车制动应保证驾驶人在行车过程中能控制机动车安全、有效地减速和停车。行车制动应是可控制的，且除残疾人专用汽车外，应保证驾驶人在其座位上双手无须离开方向盘(或方向把)就能实现制动。

7.2.3 行车制动应作用在机动车(三轮汽车、拖拉机运输机组及总质量不大于 750 kg 的挂车除外)的所有车轮上。

7.2.4 行车制动的制动力应在各轴之间合理分配。

7.2.5 机动车(边三轮摩托车除外)行车制动的制动力应在同一车轴左右轮之间相对机动车纵向中心平面合理分配。

7.2.6 汽车(三轮汽车除外)、摩托车(边三轮摩托车除外)、挂车(总质量不大于 750 kg 的挂车除外)的所有车轮应装备制动器。其中，所有专用校车和危险货物运输车的前轮及车长大于 9 m 的其他客车的前轮应装备盘式制动器。

7.2.7　制动器应有磨损补偿装置。制动器磨损后，制动间隙应易于通过手动或自动调节装置来补偿。制动控制装置及其部件以及制动器总成应具备一定的储备行程，当制动器发热或制动衬片的磨损达到一定程度时，在不必立即作调整的情况下，仍应保持有效的制动。

7.2.8　制动踏板的自由行程应与该车型的技术要求一致。

7.2.9　行车制动在产生最大制动效能时的踏板力或手握力应小于等于：

——乘用车和正三轮摩托车：500 N；

——摩托车(正三轮摩托车除外)：350 N(踏板力)或 250 N(手握力)；

——其他机动车：700 N。

7.2.10　汽车列车行车制动系的设计和制造应保证挂车最后轴制动动作滞后于牵引车前轴制动动作的时间小于等于 0.2 s。

7.2.11　车长大于 9 m 的公路客车、旅游客车和未设置乘客站立区的公共汽车，所有专用校车、危险货物运输车和半挂牵引车，总质量大于等于 12 000 kg 的货车和专项作业车及总质量大于 10 000 kg 的挂车应安装符合 GB/T 13594 规定的防抱死制动装置。

注：本条中半挂车的总质量是指半挂车在满载并且和牵引车相连的情况下，通过半挂车的所有车轴垂直作用于地面的静载荷，不包括转移到牵引车牵引座的静载荷。

7.2.12　教练车(三轮汽车除外)的行车制动应装备有副制动踏板。副制动踏板应安装牢固、动作可靠，保证教练员在行车过程中能有效地控制机动车减速和停车。

### 7.3　应急制动

7.3.1　汽车(三轮汽车除外)应具有应急制动功能。

7.3.2　应急制动应保证在行车制动只有一处失效的情况下，在规定的距离内将汽车停住。

7.3.3　应急制动可以是行车制动系统具有应急特性或是与行车制动分开的系统。

7.3.4　应急制动应是可控制的，其布置应使驾驶人容易操作，驾驶人在座位上至少用一只手握住方向盘的情况下(对乘用车为双手不离开方向盘的情况下)，就可以实现制动。它的控制装置可以与行车制动的控制装置结合，也可以与驻车制动的控制装置结合。

7.3.5　采用助力制动系的行车制动系，当助力装置失效后，仍应能保持规定的应急制动性能。

### 7.4　驻车制动

7.4.1　机动车(两轮普通摩托车、边三轮摩托车和两轮轻便摩托车除外)应具有驻车制动装置。

7.4.2　驻车制动应能使机动车即使在没有驾驶人的情况下，也能停在上、下坡道上。驾驶人应在座位上就可以实现驻车制动。对于汽车列车和轮式拖拉机运输机组，如挂车与牵引车脱离，挂车(由轮式拖拉机牵引的装载质量 3 000 kg 以下的挂车除外)应能产生驻车制动。挂车的驻车制动装置应能由站在地面上的人实施操纵。

7.4.3　驻车制动应通过纯机械装置把工作部件锁止，并且驾驶人施加于操纵装置上的力：

——手操纵时，乘用车应小于等于 400 N，其他机动车应小于等于 600 N；

——脚操纵时，乘用车应小于等于 500 N，其他机动车应小于等于 700 N。

7.4.4　驻车制动控制装置的安装位置应适当，操纵装置应有足够的储备行程(开关类操作装置除外)，一般应在操纵装置全行程的三分之二以内产生规定的制动效能；驻车制动机构装有自动调节装置时允许在全行程的四分之三以内达到规定的制动效能。驻车制动使用电子控制装置时，锁止装置应为纯机械装置，发生断电情况锁止装置仍应保持持续有效。棘轮式制动操纵装置应保证在达到规定的驻车制动效能时，操纵杆往复拉动的次数不得超过三次。

7.4.5　采用弹簧储能制动装置做驻车制动时，应保证在失效状态下能方便地解除驻车状态；如需使用专用工具，应随车配备。

### 7.5 辅助制动

车长大于9 m的客车(对专用校车为车长大于8 m)、总质量大于等于12 000 kg的货车和专项作业车、所有危险货物运输车，应装备缓速器或其他辅助制动装置。辅助制动装置的性能要求应使汽车能通过GB 12676规定的Ⅱ型或ⅡA型试验。

### 7.6 液压制动的特殊要求

7.6.1 采用液压制动的机动车，制动管路不应存在渗漏(包括外泄和内泄)现象，在保持踏板力为700 N(摩托车为350 N)达到1 min时，踏板不得有缓慢向前移动的现象。

7.6.2 液压行车制动在达到规定的制动效能时，踏板行程应小于等于踏板全行程的四分之三，制动器装有自动调整间隙装置的机动车踏板行程应小于等于踏板全行程的五分之四，且乘用车应小于等于120 mm，其他机动车应小于等于150 mm。

注：踏板全行程是指在无制动液状态下制动踏板从完全释放状态到不能踩动的行程。

7.6.3 液压行车制动系不得因制动液对制动管路的腐蚀或由于发动机及其他热源的作用形成气阻而影响行车制动系的功能。

### 7.7 气压制动的特殊要求

7.7.1 采用气压制动的机动车，在气压升至600 kPa且不使用制动的情况下，停止空气压缩机工作3 min后，其气压的降低值应小于等于10 kPa。在气压为600 kPa的情况下，停止空气压缩机工作，将制动踏板踩到底，待气压稳定后观察3 min，气压降低值对汽车应小于等于20 kPa，对汽车列车、铰接客车及铰接式无轨电车、轮式拖拉机运输机组应小于等于30 kPa。

7.7.2 采用气压制动的机动车，发动机在75%的额定转速下，4 min(汽车列车为6 min，铰接客车和铰接式无轨电车为8 min)内气压表的指示气压应从零开始升至起步气压。

注：起步气压是指车辆制造厂家标明的车辆(起步后)能够满足正常(制动)工作要求的贮气筒最小压力。

7.7.3 气压制动系统应装有限压装置，以确保贮气筒内气压不超过允许的最高气压。

7.7.4 气压制动系应安装保持压缩空气干燥、油水分离的装置。

### 7.8 贮气筒

7.8.1 装备贮气筒或真空罐的机动车应采用单向阀或相应的保护装置，以保证在筒(罐)与压缩空气(真空源)连接失效或漏损的情况下，筒(罐)内的压缩空气(真空度)不致全部丧失。

7.8.2 贮气筒的容量应保证在调压阀调定的最高气压下，且在不继续充气的情况下，机动车在连续五次踩到底的全行程制动后，气压不低于起步气压。

7.8.3 贮气筒应有排污阀。

### 7.9 制动报警装置

7.9.1 采用液压制动的机动车，其储液器的加注口应易于接近，从结构设计上应保证在不打开容器的条件下就能很容易地检查液面。如不能满足此条件，则应安装制动液面过低报警装置。

7.9.2 采用液压制动的汽车(三轮汽车和装用单缸柴油机的低速货车除外)，如液压传能装置任一部件失效，应通过红色报警信号灯警示驾驶人。只要失效继续存在且点火开关处在开(运行)的位置，该信号灯应保持发亮。报警信号灯即使在白天也应很醒目，驾驶人在其座位上应能很容易地观察报警信号灯工作是否正常。报警装置的失效不应导致制动系统完全丧失制动效能。

7.9.3 采用气压制动的机动车，当制动系统的气压低于起步气压时，报警装置应能连续向驾驶人发出容易听到或看到的报警信号。

7.9.4 安装具有防抱死制动装置的汽车，当防抱死制动装置失效时，报警装置应能连续向驾驶人发出容易听到或看到的报警信号。

### 7.10 路试检验制动性能

#### 7.10.1 基本要求

7.10.1.1 机动车行车制动性能和应急制动性能检验应在平坦、硬实、清洁、干燥且轮胎与地面间的附着系数大于等于0.7的混凝土或沥青路面上进行。

7.10.1.2 检验时发动机应与传动系统脱开，但对于采用自动变速器的机动车，其变速器换挡装置应位于驱动挡（“D”挡）。

#### 7.10.2 行车制动性能检验

##### 7.10.2.1 用制动距离检验行车制动性能

机动车在规定的初速度下的制动距离和制动稳定性要求应符合表3的规定。对空载检验的制动距离有质疑时，可用表3规定的满载检验制动距离要求进行。

制动距离：是指机动车在规定的初速度下急踩制动时，从脚接触制动踏板（或手触动制动手柄）时起至机动车停住时止机动车驶过的距离。

制动稳定性要求：是指制动过程中机动车的任何部位（不计入车宽的部位除外）不超出规定宽度的试验通道的边缘线。

**表3 制动距离和制动稳定性要求**

| 机动车类型 | 制动初速度<br>km/h | 空载检验制动距离要求<br>m | 满载检验制动距离要求<br>m | 试验通道宽度<br>m |
|---|---|---|---|---|
| 三轮汽车 | 20 | ≤5.0 | | 2.5 |
| 乘用车 | 50 | ≤19.0 | ≤20.0 | 2.5 |
| 总质量不大于3 500 kg的低速货车 | 30 | ≤8.0 | ≤9.0 | 2.5 |
| 其他总质量不大于3 500 kg的汽车 | 50 | ≤21.0 | ≤22.0 | 2.5 |
| 铰接客车、铰接式无轨电车、汽车列车 | 30 | ≤9.5 | ≤10.5 | 3.0 |
| 其他汽车 | 30 | ≤9.0 | ≤10.0 | 3.0 |
| 两轮普通摩托车 | 30 | ≤7.0 | | — |
| 边三轮摩托车 | 30 | ≤8.0 | | 2.5 |
| 正三轮摩托车 | 30 | ≤7.5 | | 2.3 |
| 轻便摩托车 | 20 | ≤4.0 | | — |
| 轮式拖拉机运输机组 | 20 | ≤6.0 | ≤6.5 | 3.0 |
| 手扶变型运输机 | 20 | ≤6.5 | | 2.3 |

#### 7.10.2.2 用充分发出的平均减速度检验行车制动性能

汽车、汽车列车在规定的初速度下急踩制动时充分发出的平均减速度及制动稳定性要求应符合表 4 的规定，且制动协调时间对液压制动的汽车应小于等于 0.35 s，对气压制动的汽车应小于等于 0.60 s，对汽车列车、铰接客车和铰接式无轨电车应小于等于 0.80 s。对空载检验的充分发出的平均减速度有质疑时，可用表 4 规定的满载检验充分发出的平均减速度进行。

充分发出的平均减速度 MFDD：

$$\mathrm{MFDD}=\frac{v_b^{\,2}-v_e^{\,2}}{25.92(S_e-S_b)}$$

式中：

MFDD ——充分发出的平均减速度，单位为米每二次方秒（$\mathrm{m/s^2}$）；

$v_0$ ——试验车制动初速度，单位为千米每小时（km/h）；

$v_b$ ——$0.8v_0$，试验车速，单位为千米每小时（km/h）；

$v_e$ ——$0.1v_0$，试验车速，单位为千米每小时（km/h）；

$S_b$ ——试验车速从 $v_0$ 到 $v_b$ 之间车辆行驶的距离，单位为米（m）；

$S_e$ ——试验车速从 $v_0$ 到 $v_e$ 之间车辆行驶的距离，单位为米（m）。

制动协调时间：是指在急踩制动时，从脚接触制动踏板（或手触动制动手柄）时起至机动车减速度（或制动力）达到表 4 规定的机动车充分发出的平均减速度（或表 6 所规定的制动力）的 75%时所需的时间。

**表 4 制动减速度和制动稳定性要求**

| 机动车类型 | 制动初速度 km/h | 空载检验充分发出的平均减速度 $\mathrm{m/s^2}$ | 满载检验充分发出的平均减速度 $\mathrm{m/s^2}$ | 试验通道宽度 m |
|---|---|---|---|---|
| 三轮汽车 | 20 | ≥3.8 | | 2.5 |
| 乘用车 | 50 | ≥6.2 | ≥5.9 | 2.5 |
| 总质量不大于 3 500 kg 的低速货车 | 30 | ≥5.6 | ≥5.2 | 2.5 |
| 其他总质量不大于 3 500 kg 的汽车 | 50 | ≥5.8 | ≥5.4 | 2.5 |
| 铰接客车、铰接式无轨电车、汽车列车 | 30 | ≥5.0 | ≥4.5 | 3.0 |
| 其他汽车 | 30 | ≥5.4 | ≥5.0 | 3.0 |

#### 7.10.2.3 制动踏板力或制动气压要求

进行制动性能检验时的制动踏板力或制动气压应符合以下要求：

a) 满载检验时

气压制动系：气压表的指示气压 ≤额定工作气压；

液压制动系：踏板力， 乘用车 ≤500 N；

其他机动车 ≤700 N。

b) 空载检验时

气压制动系：气压表的指示气压 ≤600 kPa；

液压制动系：踏板力，　乘用车　≤400 N；
　　　　　　　　　　其他机动车　≤450 N。

摩托车(正三轮摩托车除外)检验时，踏板力应小于等于 350 N，手握力应小于等于 250 N。

正三轮摩托车检验时，踏板力应小于等于 500 N。

三轮汽车和拖拉机运输机组检验时，踏板力应小于等于 600 N。

#### 7.10.2.4　合格判定要求

汽车、汽车列车在符合 7.10.2.3 规定的制动踏板力或制动气压下的路试行车制动性能如符合 7.10.2.1 或 7.10.2.2，即为合格。

### 7.10.3　应急制动性能检验

汽车(三轮汽车除外)在空载和满载状态下，按表 5 所列初速度进行应急制动性能检验，应急制动性能应符合表 5 的要求。

**表 5　应急制动性能要求**

| 机动车类型 | 制动初速度<br>km/h | 制动距离<br>m | 充分发出的平均减速度<br>$m/s^2$ | 允许操纵力应小于等于<br>N | |
|---|---|---|---|---|---|
| | | | | 手操纵 | 脚操纵 |
| 乘用车 | 50 | ≤38.0 | ≥2.9 | 400 | 500 |
| 客车 | 30 | ≤18.0 | ≥2.5 | 600 | 700 |
| 其他汽车(三轮汽车除外) | 30 | ≤20.0 | ≥2.2 | 600 | 700 |

### 7.10.4　驻车制动性能检验

在空载状态下，驻车制动装置应能保证机动车在坡度为 20%(对总质量为整备质量的 1.2 倍以下的机动车为 15%)、轮胎与路面间的附着系数大于等于 0.7 的坡道上正、反两个方向保持固定不动，时间应大于等于 5 min。检验汽车列车时，应使牵引车和挂车的驻车制动装置均起作用。检验时操纵力按 7.4.3 规定。

注 1：在规定的测试状态下，机动车使用驻车制动装置能停在坡度值更大且附着系数符合要求的试验坡道上时，应视为达到了驻车制动性能检验规定的要求。

注 2：在不具备试验坡道的情况下，在用车可参照相关标准使用符合规定的仪器测试驻车制动性能。

## 7.11　台试检验制动性能

### 7.11.1　行车制动性能检验

#### 7.11.1.1　制动力百分比要求

汽车、汽车列车在制动检验台上测出的制动力应符合表 6 的要求。对空载检验制动力有质疑时，可用表 6 规定的满载检验制动力要求进行检验。使用转鼓试验台检测时，可通过测得制动减速度值计算得到最大制动力。

摩托车的前、后轴制动力应符合表 6 的要求，测试时只准许乘坐一名驾驶人。

检验时制动踏板力或制动气压按 7.10.2.3 的规定。

表6 台试检验制动力要求

| 机动车类型 | 制动力总和与整车重量的百分比 | | 轴制动力与轴荷[a]的百分比 | |
|---|---|---|---|---|
| | 空载 | 满载 | 前轴[b] | 后轴[b] |
| 三轮汽车 | — | | — | ≥60[c] |
| 乘用车、其他总质量不大于3 500 kg的汽车 | ≥60 | ≥50 | ≥60[c] | ≥20[c] |
| 铰接客车、铰接式无轨电车、汽车列车 | ≥55 | ≥45 | — | — |
| 其他汽车 | ≥60 | ≥50 | ≥60[c] | ≥50[d] |
| 普通摩托车 | — | — | ≥60 | ≥55 |
| 轻便摩托车 | — | — | ≥60 | ≥50 |

[a] 用平板制动检验台检验乘用车时应按左右轮制动力最大时刻所分别对应的左右轮动态轮荷之和计算。

[b] 机动车(单车)纵向中心线中心位置以前的轴为前轴,其他轴为后轴;挂车的所有车轴均按后轴计算;用平板制动试验台测试并装轴制动力时,并装轴可视为一轴。

[c] 空载和满载状态下测试均应满足此要求。

[d] 满载测试时后轴制动力百分比不做要求;空载用平板制动检验台检验时应大于等于35%;总质量大于3 500 kg的客车,空载用反力滚筒式制动试验台测试时应大于等于40%,用平板制动检验台检验时应大于等于30%。

7.11.1.2 **制动力平衡要求(两轮、边三轮摩托车和轻便摩托车除外)**

在制动力增长全过程中同时测得的左右轮制动力差的最大值,与全过程中测得的该轴左右轮最大制动力中大者(当后轴及其他轴,制动力小于该轴轴荷的60%时为与该轴轴荷)之比,对新注册车和在用车应分别符合表7的要求。

表7 台试检验制动力平衡要求

| | 前轴 | 后轴(及其他轴) | |
|---|---|---|---|
| | | 轴制动力大于等于该轴轴荷60%时 | 制动力小于该轴轴荷60%时 |
| 新注册车 | ≤20% | ≤24% | ≤8% |
| 在 用 车 | ≤24% | ≤30% | ≤10% |

7.11.1.3 **制动协调时间要求**

汽车的制动协调时间,对液压制动的汽车应小于等于0.35 s,对气压制动的汽车应小于等于0.60 s;汽车列车和铰接客车、铰接式无轨电车的制动协调时间应小于等于0.80 s。

7.11.1.4 **车轮阻滞率要求**

进行制动力检验时,汽车、汽车列车各车轮的阻滞力均应小于等于轮荷的10%。

7.11.1.5 **合格判定要求**

台试检验汽车、汽车列车行车制动性能时,检验结果同时满足7.11.1.1～7.11.1.4的,方为合格。

7.11.2 驻车制动性能检验

当采用制动检验台检验汽车和正三轮摩托车驻车制动装置的制动力时，机动车空载，乘坐一名驾驶人，使用驻车制动装置，驻车制动力的总和应大于等于该车在测试状态下整车重量的20%，但总质量为整备质量1.2倍以下的机动车应大于等于15%。

7.11.3 检验结果的复核

对机动车台架检验制动性能结果有异议的，在空载状态下按7.10复检。对空载状态复检结果有异议的，以满载路试复检结果为准。

## 8 照明、信号装置和其他电气设备

### 8.1 基本要求

8.1.1 机动车的灯具应安装牢靠、完好有效，不得因机动车振动而松脱、损坏、失去作用或改变光照方向；所有灯光的开关应安装牢固、开关自如，不得因机动车振动而自行开关。开关的位置应便于驾驶人操纵。

8.1.2 机动车不得安装遮挡外部照明和信号装置透光面的装置。除转向信号灯、危险警告信号、紧急制动信号、校车标志灯及消防车、救护车、工程救险车和警车安装使用的标志灯具外，其他外部灯具不得闪烁。

8.1.3 用户不得对外部照明和信号装置进行改装，也不得加装强制性标准以外的外部照明和信号装置。

### 8.2 照明和信号装置的数量、位置、光色和最小几何可见度

8.2.1 汽车(三轮汽车和装用单缸柴油机的低速货车除外)及挂车的外部照明和信号装置的数量、位置、光色、最小几何可见度应符合GB 4785的规定。总质量大于等于4 500 kg的货车、专项作业车和挂车的每一个后位灯、后转向信号灯和制动灯，透光面面积应大于等于一个80 mm直径圆的面积；如属非圆形的，透光面的形状还应能将一个40 mm直径的圆包含在内。

8.2.2 摩托车的照明和信号装置及其安装应分别符合GB 18100.1、GB 18100.2和GB 18100.3的规定。

8.2.3 三轮汽车、装用单缸柴油机的低速货车及拖拉机运输机组应设置前照灯、前位灯(手扶拖拉机运输机组除外)、后位灯、制动灯、后牌照灯、后反射器和前、后转向信号灯，其光色应符合GB 4785相关规定。

8.2.4 机动车应装置后反射器。挂车及车长大于等于6 m的机动车应安装侧反射器和侧标志灯。反射器应与机动车牢固连接，且后反射器应能保证夜间在机动车正后方150 m处，用符合本标准规定的汽车前照灯照射时，在照射位置就能确认其反射光。

8.2.5 宽度大于2 100 mm的机动车均应安装示廓灯。

8.2.6 牵引杆挂车应在挂车前部的左右各装一只前白后红的标志灯，其高度应比牵引杆挂车的前栏板高出300 mm～400 mm，距车厢外侧应小于150 mm。

8.2.7 校车应配备统一的校车标志灯和停车指示标志。

### 8.3 照明和信号装置的一般要求

8.3.1 机动车(手扶拖拉机运输机组除外)的前位灯、后位灯、示廓灯、侧标志灯、挂车标志灯、牌照灯和仪表灯应能同时启闭，当前照灯关闭和发动机熄火时仍应能点亮。汽车和挂车的电路连接应保证前位

灯、后位灯、示廓灯、侧标志灯和牌照灯只能同时打开或关闭，但前位灯、后位灯、侧标志灯作为驻车灯使用(复合或混合)的除外。

8.3.2 机动车的前、后转向信号灯、危险警告信号及制动灯白天在距其 100 m 处应能观察到其工作状况，侧转向信号灯白天在距 30 m 处应能观察到其工作状况；前、后位置灯、示廓灯、挂车标志灯夜间能见度良好时在距其 300 m 处应能观察到其工作状况；后牌照灯夜间能见度良好时在距其 20 m 处应能看清号牌号码。制动灯的发光强度应明显大于后位灯。

8.3.3 对称设置、功能相同的灯具的光色和亮度不应有明显差异。

8.3.4 机动车照明和信号装置的任一条线路出现故障，不得干扰其他线路的正常工作。

8.3.5 驾驶区的仪表板应采用不反光的面板或护板，车内照明装置及其在风窗玻璃、视镜、仪表盘等处的反射光线不应使驾驶人眩目。

8.3.6 仪表板上应设置仪表灯。仪表灯点亮时，应能照清仪表板上所有的仪表且不应眩目。

8.3.7 汽车(三轮汽车和装用单缸柴油机的低速货车除外)仪表板上应设置蓝色远光指示信号和与行驶方向相适应的转向指示信号。

8.3.8 汽车(三轮汽车除外)和轮式拖拉机运输机组均应具有危险警告信号装置，其操纵装置不应受灯光总开关的控制。对于牵引挂车的汽车，危险警告信号控制开关也应能打开挂车上的所有转向信号灯，即使在发动机不工作的情况下，仍应能发出危险警告信号。危险警告信号和转向信号灯的闪光频率应为 1.5 Hz±0.5 Hz，起动时间应小于等于 1.5 s。如某一转向灯发生故障(短路除外)时，其他转向灯应继续工作，但闪光频率可以不同于上述规定的频率。

8.3.9 客车应设置车厢灯和门灯。车长大于 6 m 的客车应至少有两条车厢照明电路，仅用于进出口处的照明电路可作为其中之一。当一条电路失效时，另一条仍应能正常工作，以保证车内照明。车厢灯和门灯不应影响本车驾驶人的视线和其他机动车的正常行驶。

## 8.4 车身反光标识和车辆尾部标志板

8.4.1 总质量大于等于 12 000 kg 的货车(半挂牵引车除外)和货车底盘改装的专业作业车、车长大于 8.0 m 的挂车及所有最大设计车速小于等于 40 km/h 的汽车和挂车，应设置符合 GB 25990 规定的车辆尾部标志板；半挂牵引车应在驾驶室后部上方设置能体现驾驶室的宽度和高度的车身反光标识，其他货车、货车底盘改装的专项作业车和挂车(设置有符合规定的车辆尾部标志板的除外)应在后部设置车身反光标识。后部的车身反光标识应能体现机动车后部的高度和宽度，对厢式货车和挂车应能体现货厢轮廓。

8.4.2 所有货车(半挂牵引车除外)、货车底盘改装的专项作业车和挂车应在侧面设置车身反光标识。侧面的车身反光标识长度应大于等于车长的 50%，对三轮汽车应大于等于 1.2 m，对侧面车身结构无连续平面的专项作业车应大于等于车长的 30%，对货厢长度不足车长 50%的货车应为货厢长度。

8.4.3 道路运输爆炸品和剧毒化学品车辆，除应按 8.4.1、8.4.2 设置车身反光标识外，还应在后部和两侧粘贴能标示出车辆轮廓、宽度为 150 mm±20 mm 的橙色反光带。

8.4.4 拖拉机运输机组应按照相关标准的规定在车身上粘贴反光标识。

8.4.5 货车、专项作业车和挂车(组成拖拉机运输机组的挂车除外)的车身反光标识材料应符合 GB 23254 的规定，其中厢式货车和厢式挂车应装备反射器型车身反光标识。典型车型车身反光标识粘贴式样见附录 B，但对使用反射器型车身反光标识材料的，车身反光标识设置符合 GB 23254 相关规定时，应视为满足要求。

8.4.6 货车和挂车(组成拖拉机运输机组的挂车除外)设置的车身反光标识被遮挡的，应在被遮挡的车身后部和侧面至少水平固定一块 2 000 mm×150 mm 的柔性反光标识。

## 8.5 前照灯

### 8.5.1 基本要求

8.5.1.1 机动车装备的前照灯应有远、近光变换功能；当远光变为近光时，所有远光应能同时熄灭。同一辆机动车上的前照灯不得左、右的远、近光灯交叉开亮。

8.5.1.2 所有前照灯的近光均不应眩目，汽车（三轮汽车和装用单缸柴油机的低速货车除外）、摩托车装用的前照灯应分别符合 GB 4599、GB 21259、GB 25991、GB 5948 及 GB 19152 的规定。

8.5.1.3 机动车前照灯光束照射位置在正常使用条件下应保持稳定。

### 8.5.2 远光光束发光强度要求

机动车每只前照灯的远光光束发光强度应达到表 8 的要求；并且，同时打开所有前照灯（远光）时，其总的远光光束发光强度应符合 GB 4785 的规定。测试时，电源系统应处于充电状态。

**表 8 前照灯远光光束发光强度最小值要求**

单位为坎德拉

| 机动车类型 | | 检查项目 | | | | | |
|---|---|---|---|---|---|---|---|
| | | 新注册车 | | | 在用车 | | |
| | | 一灯制 | 二灯制 | 四灯制[a] | 一灯制 | 二灯制 | 四灯制[a] |
| 三轮汽车 | | 8 000 | 6 000 | — | 6 000 | 5 000 | — |
| 最大设计车速小于 70 km/h 的汽车 | | — | 10 000 | 8 000 | — | 8 000 | 6 000 |
| 其他汽车 | | — | 18 000 | 15 000 | — | 15 000 | 12 000 |
| 普通摩托车 | | 10 000 | 8 000 | — | 8 000 | 6 000 | — |
| 轻便摩托车 | | 4 000 | 3 000 | — | 3 000 | 2 500 | — |
| 拖拉机运输机组 | 标定功率＞18 kW | — | 8 000 | — | — | 6 000 | — |
| | 标定功率≤18 kW | 6 000[b] | 6 000 | — | 5 000[b] | 5 000 | — |

[a] 四灯制是指前照灯具有四个远光光束；采用四灯制的机动车其中两只对称的灯达到两灯制的要求时视为合格。

[b] 允许手扶拖拉机运输机组只装用一只前照灯。

### 8.5.3 光束照射位置要求

8.5.3.1 检验前照灯近光光束照射位置时，前照灯照射在距离 10 m 的屏幕上，乘用车前照灯近光光束明暗截止线转角或中点的高度应为 $0.7H \sim 0.9H$（$H$ 为前照灯基准中心高度，下同），其他机动车（拖拉机运输机组除外）应为 $0.6H \sim 0.8H$。机动车（装用一只前照灯的机动车除外）前照灯近光光束水平方向位置向左偏应小于等于 170 mm，向右偏应小于等于 350 mm。

8.5.3.2 轮式拖拉机运输机组装用的前照灯近光光束的照射位置，按照上述方法检验时，要求在屏幕上光束中点的离地高度应小于等于 $0.7H$；水平位置要求，向右偏移应小于等于 350 mm，不得向左偏移。

8.5.3.3 检验前照灯远光照射位置时，对于能单独调整远光光束的前照灯，前照灯照射在距离 10 m 的屏幕上时，要求在屏幕光束中心离地高度，对乘用车为 $0.85H \sim 0.95H$（但不得低于前照灯近光光束明暗截止线转角或中点的高度），对其他机动车为 $0.8H \sim 0.95H$；机动车（装用一只前照灯的机动车除外）前照灯远光光束水平位置要求，左灯向左偏应小于等于 170 mm，向右偏应小于等于 350 mm，右灯向左或向右偏均应小于等于 350 mm。

## 8.6 其他电气设备和仪表

8.6.1 机动车(手扶拖拉机运输机组除外)应设置具有连续发声功能的喇叭,喇叭声级在距车前 2 m、离地高 1.2 m 处测量时,发动机最大净功率(或电动机最大输出功率总和)为 7 kW 以下的摩托车为 80 dB(A)～112 dB(A),其他机动车为 90 dB(A)～115 dB(A)。教练车(三轮汽车除外)还应设置辅助喇叭开关,其工作应可靠。

8.6.2 发电机技术性能应良好。蓄电池应能保持常态电压。电器导线应具有阻燃性能;客车发动机舱内和其他热源附近的线束应采用耐温不低于 125 ℃的阻燃电线,其他部位的线束应采用耐温不低于 105 ℃的阻燃电线,波纹管应达到 GB/T 2408—2008 的表 1 规定的 V-0 级。所有电器导线均应捆扎成束、布置整齐、固定卡紧、接头牢固并在接头处装设绝缘套,在导线穿越孔洞时应装设阻燃耐磨绝缘套管。电子元件应连接可靠,乘员舱外部的接插件应有防水要求。

8.6.3 摩托车应装有车速里程表。三轮汽车、装用单缸柴油机的低速货车和轮式拖拉机运输机组应装有水温表(蒸发式水冷却系统除外)、机油压力表或机油压力指示器、电流表或充电指示器;其他汽车应装有燃料表[气体燃料汽车为气量显示装置,纯电动汽车、插电式混合动力汽车和燃料电池汽车为可充电储能系统(RESS)低电量显示装置],并能显示水温或水温报警信息、机油压力或油压报警信息、电流或电压或充电指示信息、车速、里程等信息;采用气压制动的机动车,还应能显示气压。机动车装备的仪表应完好,规定信息的显示功能应有效、内容应准确。

8.6.4 专用校车应设置电源总开关,车长大于等于 6 m 的客车应设置电磁式电源总开关;但如在蓄电池端对所有供电线路均设置了保险装置,或车辆用电设备由电子控制单元直接驱动且具有负载监控功能、电子控制单元供电线路和个别直接供电的线路均设置有保险装置时,可不设电磁式电源总开关。车长大于等于 6 m 的客车,还应设置能切断蓄电池和所有电路连接的手动机械断电开关。

8.6.5 所有校车、公路客车和旅游客车、未设置乘客站立区的公共汽车、危险货物运输车、半挂牵引车和总质量大于等于 12 000 kg 的货车应安装具备记录、存储、显示、打印或输出车辆行驶速度、时间、里程等车辆行驶状态信息的行驶记录仪;行驶记录仪的显示部分应易于观察,数据接口应便于移动存储介质的插拔;安装数字式电子记录装置,其技术要求应符合 GB/T 19056 相关规定。安装具有行驶记录功能的卫星定位装置,如行驶记录功能的技术要求符合本标准及 GB/T 19056 相关规定,应视为满足要求。专用校车和卧铺客车还应安装车内外录像监控系统。

8.6.6 汽车装备以及加装的所有电气设备不得影响本标准规定的制动、转向、照明和信号装置等运行安全要求。

8.6.7 无轨电车的特殊要求

8.6.7.1 周围空气相对湿度在 75%～90%时,无轨电车的总绝缘电阻值应大于等于 3 MΩ;相对湿度在 90%以上时应大于等于 1 MΩ。

8.6.7.2 集电头自由升起的最大高度,距地面应小于等于 7 m,且在最高点应有弹性限位。当集电头距地面高度在 4.2 m～6.0 m 范围内时,集电器应能正常工作。

8.6.7.3 线网在标准高度时,集电头对触线网的压力应能在 80 N～130 N 范围内调节,行驶中集电头在触线上滑行不应产生火花;经分、并线器及交叉器等时,不应产生严重火花。

8.6.7.4 车门踏步和车门扶手以及人站在地面上能接触到的车门口周边的扶手,应和车体金属结构绝缘或用绝缘材料制成,使用 1 000 V 兆欧表测量时绝缘电阻应大于等于 0.6 MΩ,或在车门打开操作时实现整车高压电路系统与供电线网的断路互锁。

8.6.7.5 各车门均应设有与车身导电良好的接地链。车门处于开启状态时,接地链应与地面可靠接触。

8.6.7.6 高压电气总成应具备过流保护、短路保护、过压保护、欠压保护等功能。

8.6.7.7 集电头应具备防挂线网防护或挂线后的防护装置。

8.6.7.8 集电杆与集电头之间的电气绝缘应具备面耐水性。自集电头沿集电杆向下至2.5 m处的集电杆表面，应具有绝缘防护层。集电杆与集电头之间应有带绝缘结构的安全绳，安全绳的牵引断裂负荷不低于10 kN。

8.6.7.9 无轨电车在允许的偏线距离内行驶时，当集电杆拉紧弹簧断裂后，集电杆在车辆左右偏线位置自由下降，在其最低高度距地面2.5 m的位置应有限位装置。

8.6.7.10 无轨电车上的电源接通程序，至少应经过两次有意识的不同的连续动作，才能完成从“电源切断”状态到“可行驶”状态。

8.6.7.11 无轨电车应装备漏电检测报警器，车辆一旦到达漏电临界值，报警器能发出明显的光或声的报警信号。

## 9 行驶系

### 9.1 轮胎

9.1.1 机动车所装用轮胎的速度级别不应低于该车最大设计车速的要求，但装用雪地轮胎时除外。

9.1.2 公路客车、旅游客车和校车的所有车轮及其他机动车的转向轮不得装用翻新的轮胎；其他车轮如使用翻新的轮胎，应符合相关标准的规定。

9.1.3 同一轴上的轮胎规格和花纹应相同，轮胎规格应符合整车制造厂的出厂规定。

9.1.4 乘用车用轮胎应有胎面磨耗标志。乘用车备胎规格与该车其他轮胎不同时，应在备胎附近明显位置（或其他适当位置）装置能永久保持的标识，以提醒驾驶人正确使用备胎。

9.1.5 专用校车和卧铺客车应装用无内胎子午线轮胎，危险货物运输车及车长大于9 m的其他客车应装用子午线轮胎。

9.1.6 乘用车、摩托车和挂车轮胎胎冠上花纹深度应大于等于1.6 mm，其他机动车转向轮的胎冠花纹深度应大于等于3.2 mm；其余轮胎胎冠花纹深度应大于等于1.6 mm。

9.1.7 轮胎胎面不得因局部磨损而暴露出轮胎帘布层。轮胎不得有影响使用的缺损、异常磨损和变形。

9.1.8 轮胎的胎面和胎壁上不得有长度超过25 mm或深度足以暴露出轮胎帘布层的破裂和割伤。

9.1.9 轮胎负荷不应大于该轮胎的额定负荷，轮胎气压应符合该轮胎承受负荷时规定的压力。具有轮胎气压自动充气装置的汽车，其自动充气装置应能确保轮胎气压符合出厂规定。

9.1.10 双式车轮的轮胎的安装应便于轮胎充气，双式车轮的轮胎之间应无夹杂的异物。

### 9.2 车轮总成

9.2.1 轮胎螺母和半轴螺母应完整齐全，并应按规定力矩紧固。

9.2.2 车轮总成的横向摆动量和径向跳动量，总质量小于等于3 500 kg的汽车应小于等于5 mm，摩托车应小于等于3 mm，其他机动车应小于等于8 mm。

9.2.3 最大设计车速大于100 km/h的机动车，车轮的动平衡要求应与该车型的技术要求一致。

### 9.3 悬架系统

9.3.1 悬架系统各球关节的密封件不得有切口或裂纹，稳定杆应连接可靠，结构件不得有变形或残损。

9.3.2 钢板弹簧不得有裂纹和断片现象，同一轴上的弹簧形式和规格应相同，其弹簧形式和规格应符合产品使用说明书中的规定。中心螺栓和U形螺栓应紧固、无裂纹且不得拼焊。钢板弹簧卡箍不得拼焊或残损。

9.3.3 空气弹簧应无裂损、变形及漏气，控制系统应齐全有效。

9.3.4 减振器应齐全有效，减振器不得有明显渗漏油现象。

9.3.5 最大设计车速大于等于 100 km/h 且轴荷小于等于 1 500 kg 的乘用车，悬架特性应符合 GB 18565 相关规定。

### 9.4 其他要求

9.4.1 车架不应有变形、锈蚀和裂纹，螺栓和铆钉不应缺少或松动。
9.4.2 前、后桥不应有变形和裂纹。
9.4.3 车桥与悬架之间的各种拉杆和导杆不应变形，各接头和衬套不应松旷或移位。
9.4.4 三轴公路客车的随动轴应具有随动转向或主动转向的功能。

## 10 传动系

### 10.1 离合器

10.1.1 机动车的离合器应接合平稳，分离彻底，工作时不应有异响、抖动或不正常打滑等现象。
10.1.2 踏板自由行程应与该车型的技术要求一致。
10.1.3 离合器彻底分离时，踏板力应小于等于 300 N(拖拉机运输机组应小于等于 350 N)，手握力应小于等于 200 N。

### 10.2 变速器和分动器

10.2.1 换挡时齿轮应啮合灵便，互锁、自锁和倒挡锁装置应有效，不得有乱挡和自行跳挡现象；运行中应无异响；换挡杆及其传动杆件不应与其他部件干涉。采用自动变速器的机动车，应通过设计保证只有当变速器换挡装置处于驻车挡（“P”挡）或空挡（“N”挡）时方可起动发动机[具有自动起停功能时在驱动挡（“D”挡）也可起动发动机]；变速器换挡装置换入或经过倒车挡（“R”挡），以及由驻车挡（“P”挡）位置换入其他挡位时，应通过驾驶人的不同方向的两个动作完成。
10.2.2 在换挡装置上应有驾驶人在驾驶座位上即可容易识别变速器和分动器挡位位置的标志。如换挡装置上难以布置，则应布置在换挡杆附近易见部位或仪表板上。
10.2.3 有分动器的机动车，应在挡位位置标牌或产品使用说明书上说明连通分动器的操作步骤。
10.2.4 如果电动汽车是通过改变电机旋转方向来实现倒车行驶，且前进和倒车两个行驶方向的转换仅通过驾驶人的一个操作动作来完成，应通过设计保证只有在车辆静止或低速时才能够实现转换。

### 10.3 传动轴

传动轴在运转时不得发生振抖和异响，中间轴承和万向节不得有裂纹和/或松旷现象。发动机前置后驱动的客车的传动轴在车厢地板的下面沿纵向布置时，应有防止传动轴滑动连接（花键或其他类似装置）脱落或断裂等故障而引起危险的防护装置。

### 10.4 驱动桥

驱动桥壳、桥管不得有变形和裂纹，驱动桥工作应正常且不得有异响。

### 10.5 超速报警和限速功能

车长大于等于 6 m 的客车应具有超速报警功能，当行驶速度超过允许的最大行驶速度（允许的最大行驶速度应小于等于 100 km/h）时，能通过视觉或声觉信号报警。公路客车、旅游客车和危险货物运输车及车长大于 9 m 的未设置乘客站立区的公共汽车应具有限速功能，否则应配备限速装置。限速功能或限速装置应符合 GB/T 24545 的要求，且限速功能或限速装置调定的最大车速对公路客车、旅游客车和未设置乘客站立区的公共汽车不得大于 100 km/h，对危险货物运输车不得大于 80 km/h。专用校车应安装符合 GB/T 24545 要求的限速装置，且调定的最大车速不得大于 80 km/h。

### 10.6 车速受限车辆的特殊要求

低速汽车、轻便摩托车、正三轮摩托车、拖拉机运输机组等车速受限车辆应在设计及制造上确保其实际最大行驶速度在满载状态下不会超过其最大设计车速，在空载状态下不会超过其最大设计车速的 110%。

注：实际最大行驶速度是指车辆在平坦良好路面行驶时能达到的最大速度。

## 11 车身

### 11.1 基本要求

11.1.1 车身的技术状况应能保证驾驶人有正常的工作条件和客货安全，其外部不应产生明显的镜面反光。

11.1.2 机动车驾驶室应保证驾驶人的前方视野和侧方视野。

11.1.3 车身和驾驶室应坚固耐用，覆盖件无开裂和锈蚀。车身和驾驶室在车架上的安装应牢固，不得因机动车振动而引起松动。

11.1.4 车身外部和内部乘员可能触及的任何部件、构件都不应有任何可能使人致伤的尖锐凸起物（如尖角、锐边等）。

### 11.2 客车的特殊要求

11.2.1 客车的上部结构应具有足够的强度和刚度，专用校车、公路客车、旅游客车和未设置乘客站立区的公共汽车的上部结构强度应符合 GB/T 17578 的规定。车长大于 6 m 的专用校车必须为车身骨架结构，同一横截面上的顶梁、立柱和底架主横梁应形成封闭环（轮罩与顶风窗处除外），从侧窗上纵梁到底横梁之间的车身立柱应采用整体结构，中间不得通过拼焊连接；车长小于等于 6 m 的专用校车未采用上述结构的，应采用覆盖件与加强梁共同承载。车长大于 11 m 的公路客车和旅游客车及所有卧铺客车，车身应为全承载整体式框架结构。

11.2.2 客车车身及地板应密合并有足够强度，座椅及其车辆固定件的强度应符合 GB 13057 的规定。

11.2.3 客车应设置乘客通道或无障碍通路，并保证在不拆卸或手动翻转任何部件的情况下，符合规定的通道测量装置能顺利通过。幼儿专用校车乘客区应采用平地板结构。

11.2.4 车长大于等于 6 m 的公共汽车的乘客门的一级踏步高应小于等于 400 mm；如采用钢板悬架，则后乘客门的一级踏步高应小于等于 430 mm。车长大于等于 6 m 的其他客车乘客门的一级踏步高应小于等于 430 mm。对专用校车，在空载状态下，第一级踏步离地高应小于等于 350 mm（允许使用伸缩踏步达到要求），其他各级踏步的高度应小于等于 250 mm。

11.2.5 车长大于 7.5 m 的客车和所有校车不得设置车外顶行李架。其他客车需设置车外顶行李架时，行李架高度应小于等于 300 mm、长度不得超过车长的三分之一。专用校车如有行李舱体，则行李舱体顶部离地面高度应小于 1 000 mm。

11.2.6 专用校车前部应设置碰撞安全结构。若为前横置发动机，则发动机曲轴中心线应位于前风窗玻璃最前点以前；若为前纵置发动机，则发动机第一缸和第二缸的中心线应位于前风窗玻璃最前点以前；对车长大于 6 m 的专用校车，若其前部碰撞性能不低于前两种结构，可以不限定发动机布置形式。

11.2.7 幼儿校车、小学生校车的侧窗下边缘距其下方座椅上表面的高度应大于等于 250 mm，否则应加装防护装置。

### 11.3 货运机动车的特殊要求

11.3.1 货箱应安装牢固可靠，货箱的栏板和底板应规整且具有足够的强度。

11.3.2 货箱或其他载货装置，其构造应保证安全、稳妥地装载货物。集装箱运输车和集装箱运输半挂车的构造应保证集装箱运输过程中始终安全、稳妥地固定在车辆上。

11.3.3 货车和挂车的载货部分不得设置乘客座椅。

11.3.4 货车和挂车的载货部分不得设计成可伸缩的结构。

11.3.5 货车驾驶室(区)最后一排座位后平面(前后位置可调座椅应处于滑轨中间位置，靠背角度可调式座椅的靠背角度及座椅其他调整量应处于制造厂规定的正常使用位置)与驾驶室后壁(驾驶区隔板)平面的间距对带卧铺的货车应小于等于 950 mm，对其他货车应小于等于 450 mm。

### 11.4 摩托车的特殊要求

11.4.1 两轮普通摩托车、两轮轻便摩托车的前后轮和边三轮摩托车的主车前后轮中心平面允许偏差应小于等于 10 mm。

11.4.2 摩托车外部不应有朝外的尖锐零件，车身上其他道路使用者有可能接触到的外部零部件布置应符合 GB 20074 的规定。

11.4.3 两轮普通摩托车和边三轮摩托车主车的客座应设座垫、扶手(或拉带)和脚蹬。两轮普通摩托车扶手应符合 GB 20075 的规定。

### 11.5 车门和车窗

11.5.1 车门和车窗应启闭轻便，不得有自行开启现象，门锁应牢固可靠。门窗应密封良好，无漏水现象。

11.5.2 除设计上专门用于运送特定类型的人员且使用上有特殊需求的乘用车外，乘用车应保证每个乘员至少能从两个不同的车门上下车；并且，当乘用车静止时，所有供乘员上下车的车门(安装的儿童锁锁止时除外)均应能从车内开启。

11.5.3 客车除驾驶人门和应急门外，不得在车身左侧开设车门。但对只在沿道路中央车道设置的公共汽车专用道上运营使用的公共汽车，由于公交站台位置的原因须在车身左侧上下乘客时，允许在车身左侧开设乘客门；此类公共汽车不得在车身右侧开设乘客门。对既在沿道路中央车道设置的公共汽车专用道上运营，同时又在普通道路上运营使用的公共汽车，允许在车身左右两侧均开设乘客门，但在设计和制造上应保证车身的强度和刚度达到使用要求，并且一侧乘客门开启时，另一侧乘客门应同时可靠锁止。

11.5.4 当客车静止时，乘客门应易于从车内开启。在正常使用情况下，乘客门向车内开启时，其结构应保证开启运动不致伤害乘客，必要时应装有适当的防护装置；紧急情况下，乘客门还应能从车外开启。车外开门装置离地高度应小于等于 1 800 mm。车长大于 9 m 的公路客车、旅游客车和未设置乘客站立区的公共汽车，应设置两个乘客门；但如其车身两侧所有应急窗均为外推式应急窗，也可只设一个乘客门。

11.5.5 客车采用动力开启的乘客门，在有故障或意外的情况下，仍应能通过车门应急控制器简便地从车内打开；车门应急控制器应能让临近车门的乘客容易看见并清楚识别，并应有醒目的标志和使用方法。公共汽车及车长大于等于 6 m 的其他客车，还应在驾驶人座位附近驾驶人易于操作部位设置乘客门应急开关。

11.5.6 机动车的门窗应使用符合 GB 9656 规定的安全玻璃。汽车和有驾驶室的正三轮摩托车的前风窗玻璃应采用夹层玻璃或塑玻复合材料，不以载人为目的的机动车(如货车)可使用区域钢化玻璃，最大设计车速小于 40 km/h 时可使用钢化玻璃；其他车窗可采用夹层玻璃、钢化玻璃、中空安全玻璃或塑玻复合材料，但作为击碎玻璃式应急窗的车窗应使用厚度小于等于 5 mm 的钢化玻璃或每层厚度不超过 5 mm 的中空钢化玻璃。

11.5.7 前风窗玻璃及风窗以外玻璃用于驾驶人视区部位的可见光透射比应大于等于 70％。所有车窗玻璃不得张贴镜面反光遮阳膜。公路客车、旅游客车和校车所有车窗玻璃的可见光透射比均应大于等于 50％，且不得张贴有不透明和带任何镜面反光材料的色纸或隔热纸。

注：风窗以外玻璃驾驶人视区部位是指驾驶人驾驶时用于观察后视镜的部位。

11.5.8 对于厢式货车和封闭式货车，驾驶室（区）两旁应设置车窗，货厢部位不得设置车窗[但驾驶室（区）内用于观察货物状态的观察窗除外]。

11.5.9 装有电动窗的机动车，其控制装置应确保车窗玻璃在上升过程中能在任意位置可靠停住或遇障碍可自动下降。

## 11.6 座椅（卧铺）

11.6.1 驾驶人座椅应具有足够的强度和刚度，固定可靠，汽车（三轮汽车除外）驾驶人座椅的前后位置应可以调整。驾驶区各操作机件应布置合理，操作方便。

11.6.2 载客汽车的乘员座椅应符合相关规定，布置合理，无特殊要求时应尽量均匀分布，不得因座椅的集中布置而形成与车辆设计功能不相适应的、明显过大的行李区（但行李区与乘客区用隔板或隔栅有效隔离的除外）。

11.6.3 车长小于 6 m 的乘用车不得设置侧向座椅和后向座椅。

11.6.4 除设有乘客站立区的公共汽车及设计和制造上有特殊使用需求的专用客车外，其他客车的座椅均应纵向布置（与车辆前进的方向相同）。

11.6.5 客车的车组人员座椅如为折叠座椅，应固定可靠并用适当方式清晰标示该座椅仅供车组人员使用，且座垫深度和座垫宽均应大于等于 400 mm；如位于踏步区域，车组人员离开座垫时座椅应能自动回到折叠位置，并确保此时座椅毗邻的通道（或引道）宽度符合规定。

11.6.6 幼儿专用校车和小学生专用校车学生座椅的座间距应分别大于等于 500 mm 和 550 mm；其他客车同方向座椅的座间距应大于等于 650 mm，相向座椅的座间距应大于等于 1 200 mm。专用校车的学生座椅在车辆横向上最多采用“2＋3”布置。

11.6.7 卧铺客车的卧铺应纵向布置（与机动车前进方向相同），卧铺宽度应大于等于 450 mm，卧铺纵向间距应大于等于 1 600 mm，相邻卧铺的横向间距应大于等于 350 mm；卧铺不得布置为三层或三层以上，双层布置时上铺高应大于等于 780 mm、铺间高应大于等于 750 mm。

11.6.8 校车应至少设置一个照管人员座位。对小学生校车和中小学生校车，当学生座位数大于等于 40 个时，应设置两个或三个照管人员座位。对幼儿校车，当学生座位数大于等于 20 且小于 40 个时，应设置两个或三个照管人员座位；当学生座位数大于等于 40 个时，应设置三个或四个照管人员座位。对专用校车及专门用于接送学生上下学的非专用校车，照管人员座位应有永久性标识。专用校车座椅及其车辆固定件的强度应符合 GB 24406 的要求。

11.6.9 专用校车靠近通道的学生座椅应在通道一侧设置座椅扶手；扶手和把手应有足够的强度，其扶手应使乘客易于抓紧，每个扶手的表面应防滑。

11.6.10 正三轮摩托车的乘客座椅应纵向布置（与车辆前进的方向相同），且与前方驾驶人座椅后表面（或客厢前表面）的间距应小于等于 1 000 mm。

## 11.7 内饰材料和隔音、隔热材料

11.7.1 汽车驾驶室和乘员舱所用的内饰材料应采用阻燃性符合 GB 8410—2006 规定的阻燃材料，其中客车内饰材料的燃烧速度应小于等于 70 mm/min。

11.7.2 发动机舱或其他热源（如缓速器或车内采暖装置，但不包括热水循环装置）与车辆其他部分之

间应安装隔热材料，用于联接隔热材料的固定夹、垫圈等也应防火。对公共汽车和发动机后置的公路客车、旅游客车，其发动机舱使用的隔音、隔热材料应达到 GB 8410—2006 的 4.6 规定的 A 级的要求。

### 11.8 号牌板(架)

11.8.1 机动车应设置能满足号牌安装要求的号牌板(架)。前号牌板(架)(摩托车除外)应设于前面的中部或右侧(按机动车前进方向)，后号牌板(架)应设于后面的中部或左侧。

11.8.2 每面号牌板(架)上应设有 4 个号牌安装孔[三轮汽车前号牌板(架)、摩托车后号牌板(架)应设有 2 个号牌安装孔]，以保证能用 M6 规格的螺栓将号牌直接牢固可靠地安装在车辆上。

### 11.9 其他要求

11.9.1 乘用车应装有护轮板，挂车后轮应有挡泥板，其他机动车的所有车轮均应有挡泥板。

11.9.2 乘用车(三厢车除外)行李区的纵向长度应小于等于车长的 30%。

11.9.3 客车车内行李架应能防止物件跌落，其承载能力应大于等于 40 kg/m²。

11.9.4 客车台阶踏板(包括伸缩踏板)应有防滑功能，前缘应清晰可辨，有效深度(从该台阶前缘到下一个台阶前缘的水平距离)应大于等于 200 mm。

11.9.5 对于可翻转驾驶室，应有驾驶室锁止附加安全装置(如安全钩)，并且在翻转操纵机构附近易见部位应有提醒驾驶人如何正确使用该操纵机构的文字。

11.9.6 自卸车等装有液压举升装置的机动车，应装备有车厢举升的声响报警装置和(车厢举升状态下)防止车厢自降保险装置；并且，在设计和制造上应保证机动车在行驶过程中不会出现车厢自动举升现象。

## 12 安全防护装置

### 12.1 汽车安全带

12.1.1 乘用车、公路客车、旅游客车、未设置乘客站立区的公共汽车、专用校车和旅居车的所有座椅、其他汽车(低速汽车除外)的驾驶人座椅和前排乘员座椅均应装置汽车安全带。

12.1.2 所有驾驶人座椅、前排乘员座椅(货车前排乘员座椅的中间位置及设有乘客站立区的公共汽车除外)、客车位于踏步区的车组人员座椅以及乘用车除第二排及第二排以后的中间位置座椅外的所有座椅，装置的汽车安全带均应为三点式(或四点式)汽车安全带。

12.1.3 专用校车和专门用于接送学生上下学的非专用校车的每个学生座位(椅)及卧铺客车的每个铺位均应安装两点式汽车安全带。

12.1.4 汽车安全带应可靠有效，安装位置应合理，固定点应有足够的强度。

12.1.5 乘用车应装备驾驶人汽车安全带佩戴提醒装置。当驾驶人未按规定佩戴汽车安全带时，应能通过视觉或声觉信号报警。

12.1.6 乘用车(单排座的乘用车除外)应至少有一个座椅配置符合规定的 ISOFIX 儿童座椅固定装置，或至少有一个后排座椅能使用汽车安全带有效固定儿童座椅。

### 12.2 车外后视镜和前下视镜

12.2.1 机动车(挂车除外)应在左右至少各设置一面后视镜，总质量大于 7 500 kg 的货车和货车底盘改装的专项作业车还应在右侧至少设置广角后视镜和补盲后视镜各一面。

12.2.2 机动车(不带驾驶室的摩托车除外)外后视镜的安装位置和角度，应保证驾驶人能在水平路面上看见车身左侧宽度为 2.5 m、车后 10 m 以外区域及车身右侧宽度为 4.0 m、车后 20 m 以外区域的交通情况；专用校车应保证驾驶人能看清乘客门关闭后乘客门车外附近的情况及后窗玻璃后下方地面上长 3.6 m、宽 2.5 m 范围内的情况，并且在正常驾驶状态下能通过内视镜观察到车内所有乘客区。对于汽车列车，当所牵引挂车的宽度超过牵引车宽度时，牵引车应加装后视镜加长架(延长支架)以保证其后视镜的视野仍满足要求。

12.2.3 汽车及车身部分或全部封闭驾驶人的摩托车的后视镜的性能和安装要求应符合 GB 15084 的规定，摩托车(车身部分或全部封闭驾驶人的摩托车除外)后视镜的性能和安装要求应符合 GB 17352 的规定，轮式拖拉机运输机组后视镜的性能和安装要求应符合 GB 18447.1 的规定。

12.2.4 车长大于等于 6 m 的平头汽车车前应至少设置一面前下视镜或相应的监视装置，以保证驾驶人能看清风窗玻璃前下方长 1.5 m、宽 3 m 范围内的情况。

12.2.5 车外后视镜和前下视镜应易于调节，并能有效保持其位置。

12.2.6 安装在外侧距地面 1.8 m 以下的后视镜，当行人等接触该镜时，应具有能缓和冲击的功能。

12.2.7 教练车(三轮汽车除外)应安装有符合规定的辅助后视镜，以使教练员能有效观察到车辆周围的交通状态。

### 12.3 前风窗玻璃刮水器

12.3.1 机动车的前风窗玻璃应装备刮水器，其刮刷面积应确保驾驶人具有良好的前方视野。

12.3.2 刮水器应能正常工作。

12.3.3 刮水器关闭时，刮片应能自动返回至初始位置。

### 12.4 应急出口

#### 12.4.1 基本要求

12.4.1.1 车长小于 6 m 的客车，在乘坐区的两侧应具有紧急时乘客易于逃生或救援的侧窗。

12.4.1.2 车长大于等于 6 m 的客车，如车身右侧仅有一个乘客门且在车身左侧未设置驾驶人门，应在车身左侧设置应急门。车长大于 7 m 的客车应设置撤离舱口。卧铺客车的卧铺布置为上、下双层时，侧窗洞口应为上下两层。

#### 12.4.2 应急门

12.4.2.1 应急门的净高应大于等于 1 250 mm，净宽应大于等于 550 mm；但车长小于等于 7 m 的客车，应急门的净高应大于等于 1 100 mm，如自门洞最低处向上 400 mm 以内有轮罩凸出，则在轮罩凸出处应急门净宽可减至 300 mm。

12.4.2.2 车辆侧面的铰接式应急门应铰链于前端，向外开启角度应大于等于 100°，并能在此角度下保持开启。如在应急门打开时能提供大于等于 550 mm 的自由通道，则开度大于等于 100°的要求可不满足。

12.4.2.3 通向应急门的引道宽度应大于等于 300 mm，不足 300 mm 时允许采用迅速翻转座椅的方法加宽引道。专用校车沿引道侧面设有折叠座椅时，在折叠座椅打开的情况下(对在不使用时能自动折叠的座椅，在座椅处于折叠位置时)，引道宽度仍应大于等于 300 mm。

12.4.2.4 应急门应有锁止机构且锁止可靠。应急门关闭时应能锁止，且在车辆正常行驶情况下不会因车辆振动、颠簸、冲撞而自行开启。

12.4.2.5 当车辆停止时，应急门不用工具应能从车内外很方便打开，并设有车门开启声响报警装置。允许从车外将门锁住，但应保证始终能用正常开启装置从车内将其打开，门外手柄应设保护套，且离地面高度(空载时)应小于等于 1 800 mm。

#### 12.4.3 应急窗和撤离舱口

12.4.3.1 应急窗和撤离舱口的面积应大于等于($3\times10^5$)$mm^2$，且能内接一个 400 mm×600 mm(对车长小于等于 7 m 的客车为 330 mm×500 mm)的椭圆;如应急窗位于客车后端面,则能内接一个 350 mm×1 550 mm、四角曲率半径小于等于 250 mm 的矩形时也视为满足要求。

12.4.3.2 应急窗应采用易于迅速从车内、外开启的装置;或在钢化玻璃上标明易击碎的位置,并在每个应急窗的邻近处提供一个应急锤以方便地击碎车窗玻璃,且应急锤取下时应能通过声响信号实现报警。设有乘客站立区的公共汽车车身两侧的车窗如面积能达到设置为应急窗的要求,均应设置为推拉式应急窗或外推式应急窗。

12.4.3.3 安全顶窗应易于从车内、外开启或移开或用应急锤击碎。安全顶窗开启后,应保证从车内外进出的畅通。弹射式安全顶窗应能防止误操作。

#### 12.4.4 标志

12.4.4.1 每个应急出口应在其附近设有"应急出口"字样。

12.4.4.2 乘客门和应急出口的应急控制器(包括用于击碎应急窗车窗玻璃的工具)应在其附近标有清晰的符号或字样,并注明其操作方法,字体高度应大于等于 10 mm。

### 12.5 燃料系统的安全保护

12.5.1 燃料箱及燃料管路应坚固并固定牢靠,不会因振动和冲击而发生损坏和漏油现象。不准许用户改动或加装燃料箱,不准许用户改动燃料管路。

12.5.2 燃料箱的加注口及通气口应保证在机动车晃动时不泄漏。

12.5.3 机动车(摩托车及装用单缸柴油机的汽车除外)的燃料系统不得用重力或虹吸方法直接向化油器或喷油器供油。

12.5.4 燃料箱的加注口和通气口不得对着排气管的开口方向,且应距排气管的出气口端 300 mm 以上,否则应设置有效的隔热装置。燃料箱的加注口和通气口应距裸露的电气接头及外部可能产生火花的电气开关 200 mm 以上。车长大于 6 m 的客车的燃料箱的加注口和通气口应距排气管的任一部位 300 mm 以上。

12.5.5 汽车燃料箱各部分不得前伸至前置汽油发动机的前端面。车长大于 6 m 的客车燃料箱距客车前端面应大于等于 600 mm,距客车后端面应大于等于 300 mm。发动机后置的公路客车和旅游客车,其燃料箱的前端面应位于前轴之后。

12.5.6 机动车燃料箱的通气口和加注口不得设置在有乘员的车厢内。

### 12.6 气体燃料专用装置的安全防护

12.6.1 气体燃料的供给系统应有有效的安全保护结构措施,以防止气体泄漏,每一个钢瓶阀出口端都应安装高压过流保护装置。

12.6.2 对于两用燃料汽车,应设置燃料转换系统并安装燃料转换开关。在燃料控制上,应具有当发动机突然停止运转时,即使点火开关打开也能自动切断气体燃料供给的功能。燃料转换开关的安装位置应便于驾驶人操作,其档位标记应明显,能分别控制供油、供气两种状态。气体燃料和汽油电磁阀的操作均应由燃料转换开关统一控制;当电流被切断时,电磁阀应处于"关闭"位置。

12.6.3 压缩天然气管路应采用不锈钢管或其他车用高压天然气专用管路,高压液化石油气管路应采用专用管路。不准许用户改动或加装钢瓶。

12.6.4 钢瓶应被可靠地固定在车上,安装钢瓶的固定座应具有阻止钢瓶旋转、移动的能力,固定座应便于拆装工作。钢瓶安装在车上后,钢瓶编号应易见,钢瓶的强度和刚度不得下降,车架(车身)结构强度也不应受影响。

12.6.5 钢瓶安装位置应远离热源,必要时应采取隔热措施。在任何情况下,钢瓶及其所有高压管路和高压接头与发动机排气管和传动轴的任何部位之间的距离应大于等于 100 mm;当钢瓶及其所有高压管路和高压接头与发动机排气管的距离在 100 mm～200 mm 之间时，应设置固定可靠的隔热装置。

12.6.6 钢瓶应安装在通风位置或采取有效的通风措施，阀门渗漏的气体不应进入驾驶室或载人车厢。

12.6.7 钢瓶与汽车后轮廓边缘的距离应大于等于 200 mm。钢瓶安装在汽车车架下时，钢瓶下方和后方应采取有效防护措施且钢瓶及其附件不得布置在汽车前轴之前。

12.6.8 钢瓶不得直接安装在驾驶室、载人车厢和货箱内。当不得不安装在上述位置时，应用密封盒、波纹管及通气接口将瓶口阀及连接的高压接头与驾驶室、载人车厢或货箱安全隔离。密封盒等隔离装置应有很强的防护功能，当车辆受到冲撞时应能有效地防止钢瓶冲入驾驶室、载人车厢或货箱内。

12.6.9 通气接口排气方向应指向车尾方向并与地面成 45°圆锥的范围内，能将泄漏气体排出车外，通气接口至排气管和其他热源距离应大于等于 250 mm，通气总面积应大于等于 450 $mm^2$。

12.6.10 钢瓶的安装和保护罩的设置，应能保证钢瓶集成阀的正常操作和检查。

12.6.11 手动截止阀应安装在钢瓶到调压器之间易于操作的位置，阀体不得直接安装在驾驶室内。

12.6.12 钢瓶至调压器之间应安装滤清装置，并易于检查、清洗和更换。

12.6.13 高压管路的特殊部位(如相对移动的部件之间)应采用柔性管线，其余部位应采用刚性管线。

12.6.14 刚性高压管路应排列整齐、布置合理、固定有效，不得与相邻部件碰撞和摩擦，所有高压管路和高压管接头应得到有效的保护，高压管接头应安装在能看得见且操作者易于接近的位置。

12.6.15 气体燃料车辆应安装泄漏报警装置，所有管路接头处均不应出现漏气现象。

### 12.7 牵引车与被牵引车的连接装置

12.7.1 连接装置应坚固耐用。

12.7.2 牵引车和被牵引车连接装置的结构应能确保相互牢固的连接。

12.7.3 牵引车和被牵引车的连接装置上应装有防止机动车在行驶中因振动和撞击而使连接脱开的安全装置。

### 12.8 货车、专项作业车和挂车侧面及后下部防护装置

12.8.1 总质量大于 3 500 kg 的货车(半挂牵引车除外)、货车底盘改装的专项作业车和挂车应提供防止人员卷入的侧面防护，其技术条件应符合 GB 11567.1 的规定。

12.8.2 货车列车的货车和挂车之间应提供防止人员卷入的侧面防护。

12.8.3 总质量大于 3 500 kg 的货车(半挂牵引车除外)、货车底盘改装的专项作业车和挂车(长货挂车除外)的后下部应装备符合 GB 11567.2 规定的后下部防护装置，该装置对追尾碰撞的机动车应具有足够的阻挡能力，以防止发生钻入碰撞。

注：长货挂车是指为搬运无法分段的长货物而专门设计和制造的特殊用途车，如运输木材、钢材棒料等货物的车辆。

### 12.9 客车的特殊要求

12.9.1 客车在设计和制造上应保证发动机排气不会进入客厢。

12.9.2 客车应装备灭火器，灭火器在车上应安装牢靠并便于取用。仅有一个灭火器时，应设置在驾驶人附近；当有多个灭火器时，应在客厢内按前、后，或前、中、后分布，其中一个应靠近驾驶人座椅。

12.9.3 所有专用校车和发动机后置的其他客车应装备发动机舱自动灭火装置，其灭火剂喷射范围应包括发动机舱至少两处具有着火隐患的热源(如增压器、排气管等)，启动工作时应能通过声觉信号向驾驶人报警。

### 12.10 货车的特殊要求

12.10.1 货车货箱(自卸车、装载质量 1 000 kg 以下的货车除外)前部应安装比驾驶室高至少 70 mm

的安全架。

12.10.2 无驾驶室的三轮汽车货箱前部应安装具有足够强度的安全架，其高度应高出驾驶人座垫平面至少 800 mm。

12.10.3 封闭式货车在最后排座位的后方应安装具有足够强度的隔离装置。

### 12.11 危险货物运输车的特殊要求

12.11.1 专门用于运送易燃和易爆物品的危险货物运输车，车上应备有消防器材并具有相应的安全措施，排气管应装在罐体/箱体前端面之前、不高于车辆纵梁上平面的区域，并安装符合 GB 13365 规定的机动车排气火花熄灭器，机动车尾部应安装接地装置。

12.11.2 罐式危险货物运输车的罐体顶部应设置具有足够强度的倾覆保护装置，且该装置应装备有能将积聚在其内部的液体排出的排放阀；罐体顶部的管接头、阀门及其他附件的最高点应低于倾覆保护装置的最高点至少 20 mm。

12.11.3 罐式危险货物运输车的罐体及罐体上的管路和管路附件不得超出车辆的侧面及后下部防护装置，罐体后封头及罐体后封头上的管路和管路附件与后下部防护装置的纵向距离应大于等于 150 mm。

### 12.12 三轮汽车和拖拉机运输机组的特殊要求

12.12.1 三轮汽车正常起动和运行过程中可能触及的，且在环境温度为(23±3)℃下测定温度大于 80 ℃的热表面应有永久性联结或固定(不使用工具无法拆卸)的防护装置或挡板。

12.12.2 三轮汽车和拖拉机运输机组的传动皮带、风扇、起动爪和动力输出轴等外露旋转件应加防护罩，并应符合 GB/T 8196 的规定。

12.12.3 三轮汽车的踏板、脚踏板必要时应采取防滑措施。

### 12.13 其他要求

12.13.1 汽车驾驶室内应设置防止阳光直射而使驾驶人产生眩目的装置，且该装置在汽车碰撞时，不应对驾驶人造成伤害。

12.13.2 汽车(无驾驶室的三轮汽车除外)应装备符合 GB 19151 规定的三角警告牌，三角警告牌在车上应妥善放置。

12.13.3 乘用车、专用校车和车长小于 6 m 的其他客车前后部应设置保险杠，货车(三轮汽车除外)和货车底盘改装的专项作业车应设置前保险杠。

12.13.4 乘用车、专用校车的前风窗玻璃应装有除雾、除霜装置。

12.13.5 校车应配备急救箱，急救箱应放置在便于取用的位置并确保有效适用。

12.13.6 对装备有辅助正面和/或侧面防撞安全气囊系统的汽车，驾乘人员如已按照制造厂家规定正确使用了安全带等安全装置，在发生正面或侧面碰撞时不应由于安全气囊系统未正常展开而遭受不合理伤害。

12.13.7 机动车发动机的排气管口不得指向车身右侧(如受结构限制排气管口必须偏向右侧时，排气管口中心线与机动车纵向中心线的夹角应小于等于 15°)和正下方；客车的排气尾管如为直式的，排气管口应伸出车身外蒙皮。

## 13 消防车、救护车、工程救险车和警车的附加要求

13.1 消防车的车身颜色应符合相关标准的规定。

13.2 救护车的车身颜色应为白色，左、右侧及车后正中应喷符合规定的图案。

13.3 工程救险车的车身颜色应为符合 GB/T 3181 规定的 Y07 中黄色，其车身两侧应喷“工程救险”字样。

13.4 警车的外观制式应分别符合 GA 524 和 GA 525 的规定。

13.5 消防车、救护车、工程救险车和警车应装备与其功能相适应的装置，各装置应布局合理、固定可靠、便于使用。

13.6 消防车、救护车、工程救险车和警车安装使用的警报器应符合 GB 8108 的规定，安装使用的标志灯具应符合 GB 13954 的规定，警报器和标志灯具应固定可靠。

## 14 残疾人专用汽车的附加要求

14.1 应根据驾驶人的残疾类型，在采用自动变速器的乘用车上，加装相应类型的、符合相关规定的驾驶辅助装置。加装的驾驶辅助装置安装应牢固可靠，位置应适宜操纵，且不应与车辆的其他操纵指示系统冲突或妨碍车辆其他操纵指示系统的操作。

14.2 驾驶辅助装置加装后，不应改变原车结构的完整性和安全性及影响原车操纵件的电器功能、机械性能，且不应使驾驶人驾驶时受到视野内产品部件的反光眩目。

14.3 加装的方向盘控制辅助手柄应间隙适当，操纵灵活、方便，无阻滞现象。

14.4 加装的制动和加速辅助装置应具有制动、加速互锁功能并保证制动灵活、方便，不会发生失效现象。制动和加速迁延控制手柄传动到制动踏板表面的正压力达到 500 N 时，控制手柄表面的正压力应小于等于 300 N。

14.5 加装的转向信号迁延开关及驻车制动辅助手柄应刚性固定。转向信号迁延开关应开关自如，功能可靠，不会因振动和其他外力条件而自行开关；驻车制动辅助手柄应操纵轻便、锁止可靠，操纵力应小于等于 200 N。

14.6 加装的驾驶辅助装置的各部件应完好有效，表面不应有影响使用的凹凸、划伤、返锈等，在接触人体的表面部位不得有毛刺、刃口、棱角或其他有害使用者的缺陷。

14.7 残疾人专用汽车应设置符合规定的残疾人机动车专用标志。

## 15 标准实施的过渡期要求

15.1 8.4.1 关于车辆尾部标志板的要求，自 2014 年 1 月 1 日起对新生产的总质量大于等于 12 000 kg 的货车底盘改装的专项作业车，最大设计车速小于等于 40 km/h 的汽车和车长小于等于 8 m 的挂车实施。

15.2 8.6.5 关于部分汽车应安装行驶记录仪的要求，对于未设置乘客站立区的公共汽车、半挂牵引车、总质量大于等于 12 000 kg 的货车，自本标准实施之日起第 7 个月开始对新注册车实施。

15.3 4.16.7 关于机动车的产品使用说明书的所有文字性内容均应有中文的要求，自本标准实施之日起第 7 个月开始对新进口车实施。

15.4 以下要求自本标准实施之日起第 7 个月开始对新生产车实施：

——4.1.2 关于机动车产品标牌应标明项目的要求对于纯电动汽车、混合动力汽车、燃料电池汽车、电动摩托车、专项作业车和特型机动车；

——4.1.4 关于纯电动汽车、插电式混合动力汽车、燃料电池汽车和电动摩托车应在(主驱动)电动机壳体上打刻电动机型号、编号的要求；

——4.1.5 关于乘用车和总质量小于等于 3 500 kg 的货车(低速汽车除外)应在靠近风窗立柱的位置永久地标识车辆识别代号的要求；

——4.16 关于机动车的产品使用说明书的要求；

——6.1 关于摩托车使用方向盘转向时的特殊要求；
——8.6.4 关于车长大于等于 6 m 的客车应设置手动机械断电开关的要求；
——11.5.5 关于应在驾驶人座位附近设置乘客门应急开关的要求，对于车长大于等于 6 m 的客车（公共汽车除外）；
——11.8.2 关于机动车每面号牌板（架）上应设有至少 2 个号牌安装孔的要求；
——12.9.3 关于发动机后置的客车应装备发动机舱自动灭火装置的要求。

15.5 以下要求自本标准实施之日起第 13 个月开始对新生产车实施：
——4.1.6 关于乘用车还应在后备箱（或行李区）及 5 个主要部件上标示车辆识别代号或零部件编号的要求；
——7.2.6 关于部分汽车的前轮应装备盘式制动器的要求，对于车长大于 9 m 的未设置乘客站立区的公共汽车；
——7.2.11 关于部分汽车应安装防抱制动装置的要求，对于车长大于 9 m 的未设置乘客站立区的公共汽车；
——7.7.4 关于气压制动系应安装保持压缩空气干燥、油水分离的装置的要求；
——9.4.4 关于三轴公路客车的随动轴应具有随动转向或主动转向的功能的要求；
——12.1.5 关于乘用车应装备驾驶人汽车安全带佩戴提醒装置的要求，对于 5 座及 5 座以下乘用车；
——12.4.3.2 关于应急锤取下时应能通过声响信号实现报警的要求及设有乘客站立区的公共汽车设置的应急窗均应为推拉式应急窗或外推式应急窗的要求；
——12.6.15 关于气体燃料车辆应安装泄露报警装置的要求。

15.6 以下要求自本标准实施之日起第 13 个月开始对新定型车实施：
——8.2.1 关于部分货车、专项作业车和挂车的后部照明和信号装置透光面面积的要求。

15.7 以下要求自本标准实施之日起第 19 个月开始对新生产车实施：
——4.1.5 关于应能从乘用车的 ECU 或电子数据接口读取车辆识别代号等特征信息的要求；
——12.1.5 关于乘用车应装备驾驶人汽车安全带佩戴提醒装置的要求，对于 5 座以上乘用车；
——12.5.5 关于发动机后置的公路客车和旅游客车燃料箱的前端面应位于前轴之后的要求。

15.8 以下要求自本标准实施之日起第 25 个月开始对新生产车实施：
——4.1.3 关于车辆识别代号打刻位置及打刻的车辆识别代号可见性的要求；
——7.2.11 关于部分汽车应安装防抱制动装置的要求，对于总质量大于等于 12 000 kg 的货车和专项作业车；
——7.5 关于部分汽车应装备缓速器或其他辅助制动装置的要求，对于总质量大于等于 12 000 kg 的专项作业车；
——8.2.1 关于部分货车、专项作业车和挂车的后部照明和信号装置透光面面积的要求；
——10.5 关于车长大于等于 6 m 的客车应具有超速报警功能的要求，对于除公路客车、旅游客车、未设置乘客站立区的公共汽车外的其他客车；
——11.5.4 关于紧急情况下乘客门开启的要求，对于车长小于 6 m 的客车；
——12.4.1.2 关于部分车长大于等于 6 m 的客车应设置应急门的要求。

15.9 自本标准实施之日起第 43 个月开始，新生产机动车（摩托车除外）的每面号牌板（架）[三轮汽车的前号牌板（架）除外]均应设有 4 个号牌安装孔。

15.10 本标准关于专用校车的技术要求，其实施日期按 GB 24407 的规定执行。

# 附　录　A
（规范性附录）
## 驾驶人耳旁噪声检验方法

测量驾驶人耳旁噪声时：

a） 汽车空载，处于静止状态且置变速器于空挡，发动机应处于额定转速状态，门窗紧闭。

b） 测量位置应符合 GB/T 18697—2002 的规定。

c） 环境噪声应低于被测噪声值至少 10 dB(A)。

d） 声级计置于“A”计权、“快”档。

# 附 录 B
# (规范性附录)
# 典型车型车身反光标识粘贴示例及要求

## B.1 粘贴基本要求

### B.1.1 粘贴施工要求

车身反光标识均应粘贴在无遮挡、易见、平整、连续,且无灰尘、无水渍、无油渍、无锈迹、无漆层起翘的车身表面。

粘贴前应将待粘贴表面灰尘擦净。有油渍、污渍的部位,应用软布蘸脱脂类溶剂或清洗剂进行清除,干燥后进行粘贴。对于油漆已经松软、粉化、锈蚀或起翘的部位,应除去这部分油漆,用砂纸对该部位进行打磨并做防锈处理,然后再粘贴车身反光标识。

### B.1.2 通用粘贴要求

车身后部的车身反光标识应由白色单元开始、白色单元结束。侧面可以由红色单元开始,但靠近车辆尾部的最后一个单元应为白色单元。

粘贴车身反光标识后,不应影响本标准规定的车辆照明和信号装置的性能。

粘贴车身反光标识后,不应在车身反光标识上钻孔、开槽。

车身表面无法直接粘贴车身反光标识时,应先将车身反光标识粘贴在具有一定刚度、强度、抗老化的条形衬板上,再将条形衬板牢固地粘贴或铆接到车身上。

车身反光标识离地面的高度最低为 380 mm。

### B.1.3 后部车身反光标识粘贴要求

**B.1.3.1** 后部车身反光标识应尽可能体现车辆后部宽度和高度,水平粘贴的车身反光标识体现车辆后部宽度,沿后部两侧边缘垂直粘贴的车身反光标识体现车辆后部高度,货厢后部边角相交部分应为白色单元。部分总质量小于等于 4 500 kg 的货车,因后部货厢结构不能满足白色单元相交要求时,可红、白相交,但垂直粘贴的单元上部应为白色单元。厢式货车和厢式挂车后部的车身反光标识应能体现货厢轮廓。

**B.1.3.2** 不同级别的车身反光标识材料不应同时应用于车辆后部。采用一级车身反光标识材料时,其与后反射器的面积之和应大于等于 0.1 $m^2$;采用二级车身反光标识材料时,其与后反射器的面积之和应大于等于 0.2 $m^2$。

**B.1.3.3** 后部车身反光标识应连续粘贴,无法连续粘贴时可断续粘贴,但每一连续段长度应大于等于 300 mm,且应包含红、白色车身反光标识至少各一个单元,粘贴间隔应小于等于 100 mm。特殊情况下,允许红、白单元分开粘贴,但应保持红、白相间,每一连续段长度应大于等于 150 mm,粘贴间隔应小于等于 100 mm。如果不能沿车厢后部两侧边缘垂直粘贴,应在最接近边缘的宽度达到 50 mm 的可粘贴表面粘贴,车身反光标识的上边缘尽可能接近车厢后部的上边缘。

### B.1.4 侧面车身反光标识粘贴要求

侧面车身反光标识的粘贴允许中断,但其总长度(不含间隔部分)应大于等于车长的 50%,每一连续段长度应大于等于 300 mm,且应包含红、白色车身反光标识至少各一个单元,二级车身反光标识材料粘贴间隔应小于等于 150 mm，一级车身反光标识材料粘贴间隔应小于等于 300 mm，粘贴应尽可能纵向均匀分布。特殊情况下，允许红、白单元分开粘贴，但仍应保持红、白相间，每一连续段长度应大于等于 150 mm，二级车身反光标识材料粘贴间隔应小于等于 150 mm，一级车身反光标识材料粘贴间隔应小于等于 300 mm。

侧面车身反光标识的长度对三轮汽车应大于等于 1.2 m；对货厢长度不足车长 50%的货车应为货厢长度；侧面车身结构无连续表面的混凝土搅拌运输车和专项作业车，其粘贴总长度应大于等于车长的 30%。厢式货车和厢式挂车侧面的车身反光标识应能体现货厢轮廓。

侧面车身反光标识材料的级别可不同于后部车身反光标识材料。

## B.2 栏板货车、栏板挂车、低速汽车粘贴

对总质量大于 4 500 kg 的栏板货车，应在驾驶室后方围栏上方两侧或驾驶室后部上方两侧边角用白色车身反光标识拼接成"倒 L"，"倒 L"水平方向和垂直方向均由 2 个长度为 150 mm 的白色单元拼接而成。对总质量小于等于 4 500 kg 的栏板货车，后部栏板高度不足以粘贴连续长度为 300 mm 的车身反光标识（含红、白各 1 个单元）时，可只粘贴长 150 mm 的白色单元。

栏板货车、栏板挂车、低速汽车粘贴示例见图 B.1。其中，图 B.1b）为二级车身反光材料粘贴示例，对总质量小于等于 4 500 kg 的货车可粘贴成"□"形以满足粘贴面积的要求；后部使用一级车身反光标识材料时，可以断续粘贴，但垂直方向最上方和最下方及水平方向最左侧、最右侧和中间部位应粘贴。

a） 侧面粘贴示例　　　b） 后部粘贴示例

**图 B.1 栏板货车、栏板挂车、低速汽车粘贴示例**

## B.3 厢式货车（含厢式低速货车）、厢式挂车粘贴

厢式货车（含厢式低速货车）的侧面车身反光标识应沿车厢下边缘粘贴，在侧面车厢上部两侧边角用白色车身反光标识拼接成"倒 L"，"倒 L"水平方向和垂直方向均由 2 个长度为 150 mm 的白色单元拼接而成。后部车身反光标识应勾勒出车厢后部的轮廓，四个角应为白色单元相接。

厢式货车（含厢式低速货车）、厢式挂车粘贴示例见图 B.2。其中，图 B.2b）是二级车身反光标识材料的粘贴示例；使用一级车身反光标识材料时，货厢后部四角应用白色单元勾勒轮廓，其他部位可断续粘贴。

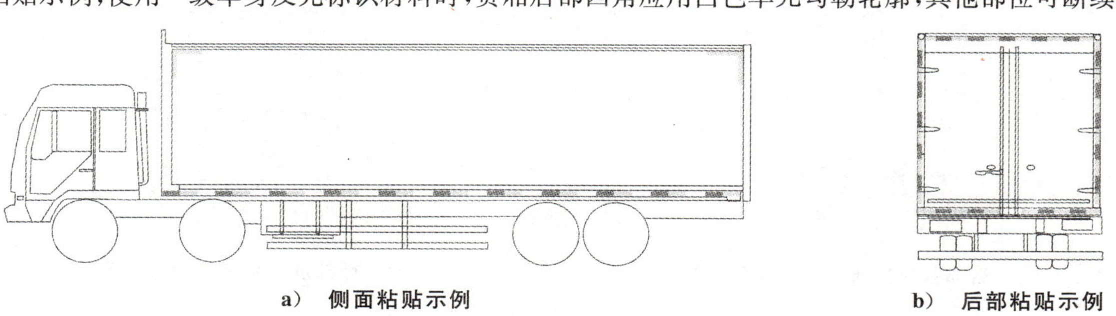

a） 侧面粘贴示例　　　b） 后部粘贴示例

**图 B.2 厢式货车（含厢式低速货车）、厢式挂车粘贴示例**

## B.4 封闭式货车粘贴

封闭式货车的后部车身反光标识应勾勒出车辆后部轮廓，四个角应为白色单元相接。因铰链等无法连续粘贴时，允许断续粘贴。

封闭式货车粘贴示例见图 B.3。其中，图 B.3b)是二级车身反光标识材料的粘贴示例；使用一级车身反光标识材料时，货厢后部四角应用白色单元勾勒轮廓，其他部位可断续粘贴。

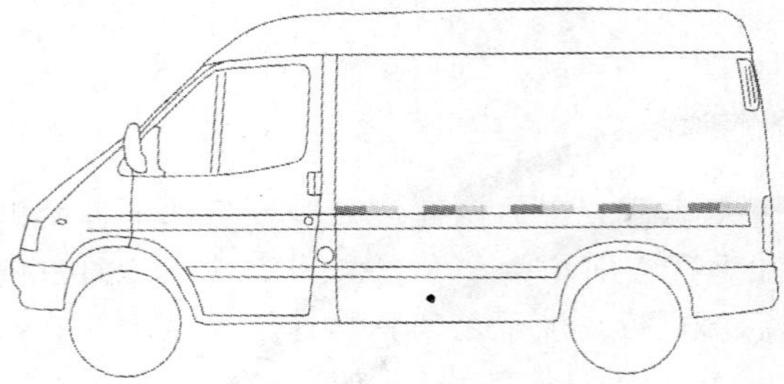

a) 侧面粘贴示例

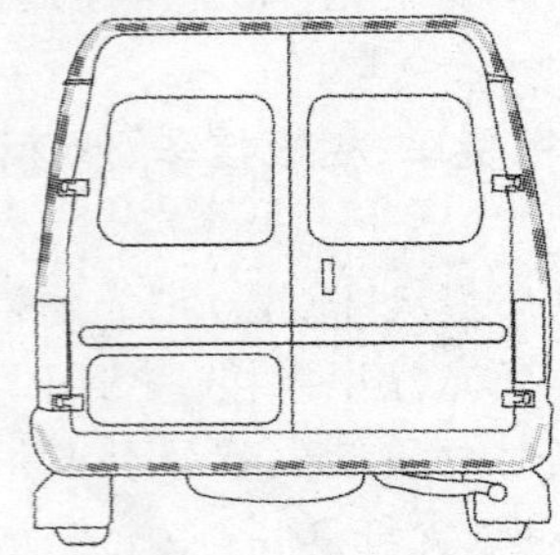

b) 后部粘贴示例

图 B.3 封闭式货车粘贴示例

## B.5 仓栅式货车、仓栅式挂车粘贴

仓栅式货车、仓栅式挂车粘贴示例见图 B.4。其中，图 B.4b)和 B.4c)是二级车身反光标识材料的粘贴示例；使用一级车身反光标识材料时，货厢后部四角应用白色单元勾勒轮廓，其他部位可断续粘贴；侧面车身反光标识可断续粘贴，但垂直方向最上方和最下方及水平方向最左侧、最右侧和中间部位应粘贴。

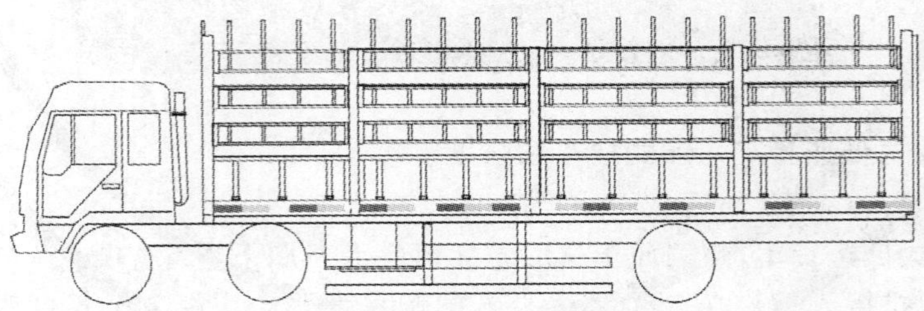

a) 侧面粘贴示例

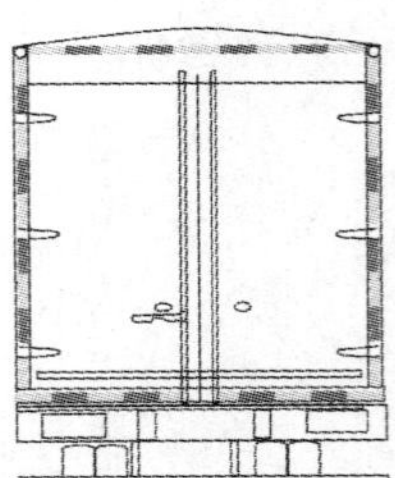

b) 后部装有货厢门的粘贴示例

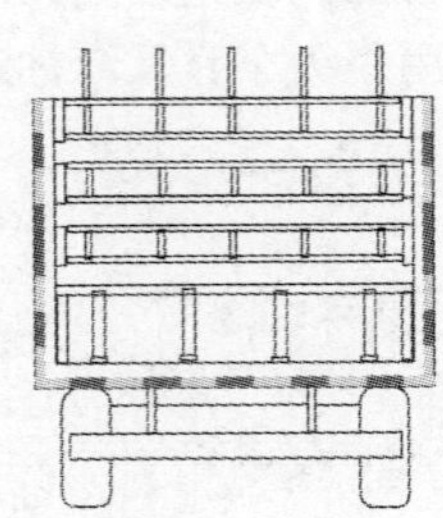

c) 后部没有货厢门的粘贴示例

图 B.4 仓栅式货车、仓栅式挂车粘贴示例

## B.6 自卸车(含自卸式低速货车)粘贴

后部水平方向粘贴除了栏板上部,还可粘贴在栏板下部或后下部防护装置等其他位置。

自卸车(含自卸式低速货车)粘贴示例见图 B.5。其中,图 B.5b)是二级车身反光标识材料的粘贴示例;使用一级车身反光标识材料时,在确保体现车辆后部宽度和高度的前提下,可断续粘贴,但垂直方向最上方和最下方及水平方向最左侧、最右侧和中间部位应粘贴。

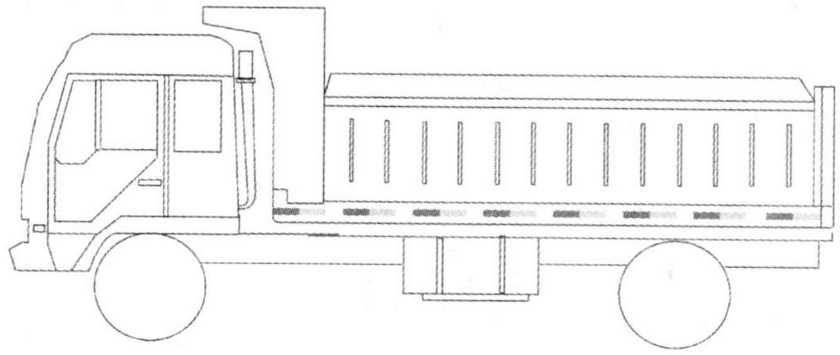

a) 侧面粘贴示例

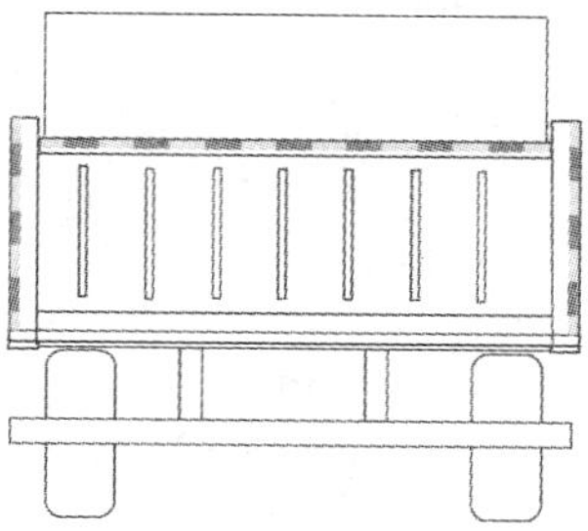

b) 后部粘贴示例

图 B.5 自卸车(含自卸式低速货车)粘贴示例

## B.7 平板货车、平板挂车、低平板挂车、集装箱挂车粘贴

### B.7.1 平板货车粘贴

平板货车、平板挂车、低平板挂车、集装箱挂车粘贴示例见图 B.6。其中,图 B.6b)是二级车身反光标识材料粘贴示例,如果平板后部无法粘贴,应在后下部防护装置上水平并列连续粘贴两排车身反光标识,粘贴面积应大于等于 0.2 $m^2$;后部使用一级车身反光标识材料时,可在平板后部或后下部防护装置上水平连续粘贴,粘贴面积应大于等于 0.1 $m^2$。

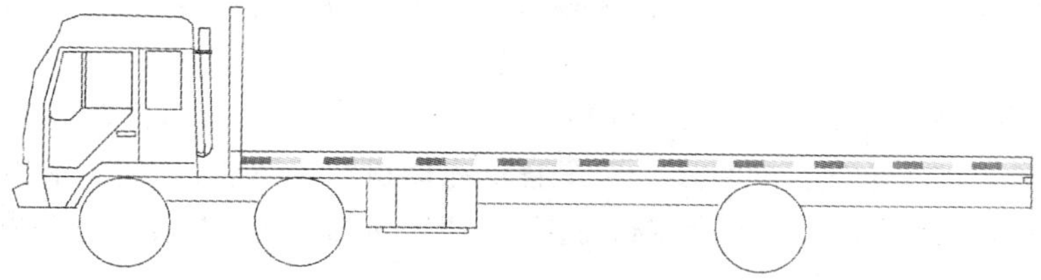

a) 侧面粘贴示例

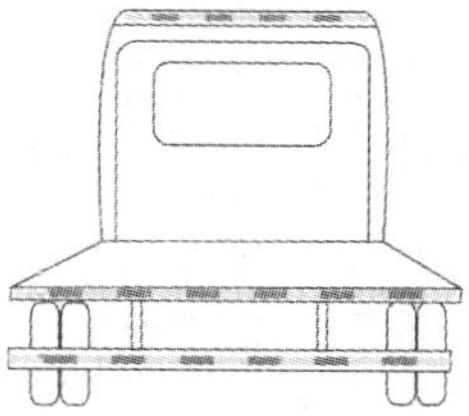

b) 后部粘贴示例

图 B.6 平板货车粘贴示例

### B.7.2 平板挂车、低平板挂车、集装箱挂车粘贴

平板挂车、集装箱挂车的侧面车身反光标识应沿车架侧面水平粘贴,其中低平板半挂车应沿车架平整的连续表面粘贴。因车架结构原因,侧面粘贴的车身反光标识可不在同一水平面上。

后部有后下部防护装置时,后下部防护装置上应粘贴车身反光标识。低平板挂车后部如有爬梯,还应在两个爬梯最外侧的爬梯架上(至少应在爬梯架的最上端、中间和最下端)粘贴车身反光标识。

集装箱挂车装载集装箱时,应在集装箱后部和侧面至少水平固定一块 2 000 mm×150 mm 的柔性反光标识,安装部位应尽可能接近集装箱顶部。

平板挂车、集装箱挂车粘贴示例见图 B.7,低平板挂车粘贴示例见图 B.8。其中,图 B.7b)和图 B.8b）为二级车身反光标识粘贴示例，平板后部、后下部防护装置应连续粘贴；使用一级车身反光标识材料时，可断续粘贴。

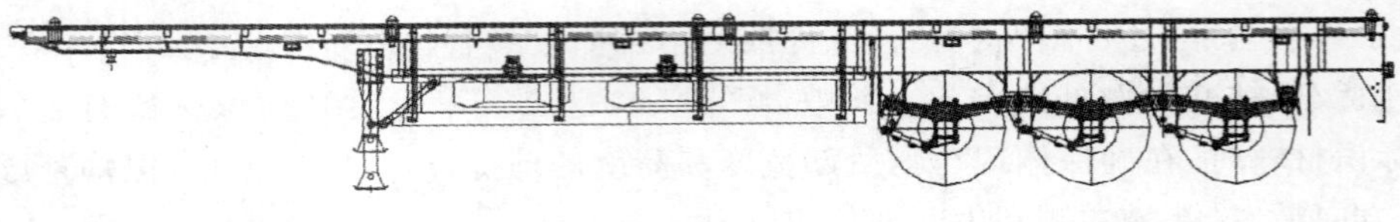

a） 侧面粘贴示例

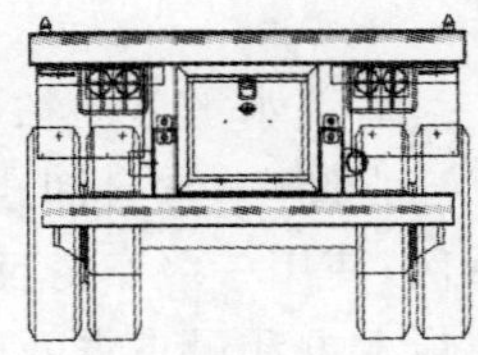

b） 后部粘贴示例

**图 B.7 平板挂车、集装箱挂车粘贴示例**

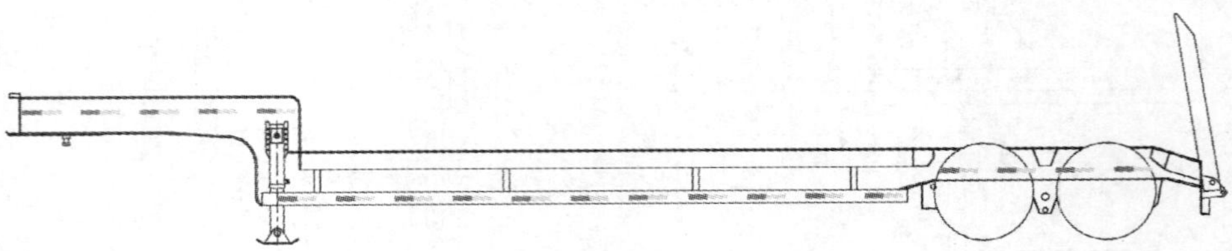

a） 侧面粘贴示例

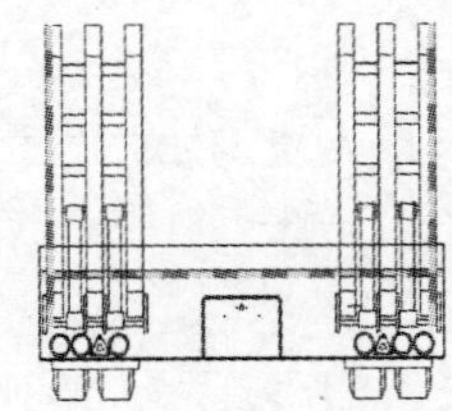

b） 后部粘贴示例

**图 B.8 低平板挂车粘贴示例**

## B.8 罐式货车、罐式挂车粘贴

罐式货车、罐式挂车侧面车身反光标识应在车身侧面车架或罐体中间部位水平粘贴，体现罐体长度。不规则罐式挂车侧面车身反光标识应粘贴在罐体侧面中间位置，体现罐体长度。罐体后部应用车身反光标识勾勒罐体轮廓，二级车身反光标识材料的粘贴间隔应小于等于 50 mm，一级车身反光标识材料的粘贴间隔应小于等于 100 mm。

对运输剧毒化学品或爆炸品的罐式货车，侧面车身反光标识应在车身侧面的车架部位水平粘贴，体现车架长度，并在罐体侧面用边长为 300 mm（2 个 150 mm 长的单元拼接）白色车身反光标识拼接成“L”和“倒 L”，上部车身反光标识最下沿与橙色反光带的距离应在 100 mm 至 300 mm 内，下部车身反光标识最上沿与橙色反光带的距离应在 100 mm 至 300 mm 内，车身反光标识与罐体前、后端的最大距离应小于等于 300 mm。罐体后部应用白色车身反光标识勾勒轮廓，二级车身反光标识材料的粘贴间隔应小于等于 50 mm，一级车身反光标识材料的粘贴间隔应小于等于 100 mm。

罐式货车、罐式挂车粘贴示例见图 B.9，其中运输剧毒化学品或爆炸品的罐式货车粘贴示例见图 B.10。

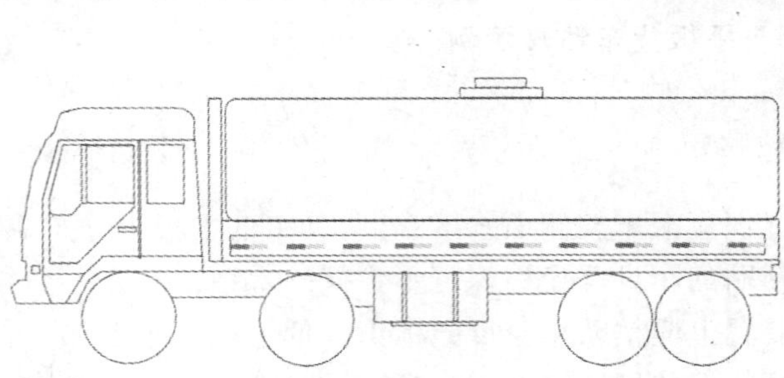

a） 侧面粘贴示例

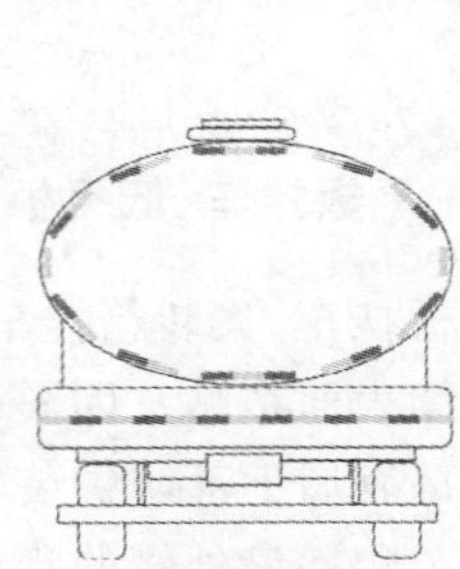

b） 后部粘贴示例

**图 B.9 罐式货车、罐式挂车粘贴示例**

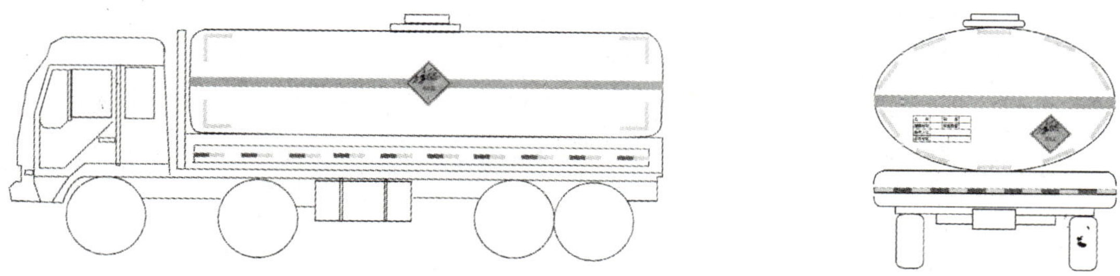

a） 侧面粘贴示例　　b） 后部粘贴示例

**图 B.10　运输剧毒化学品或爆炸品的罐式货车粘贴示例**

## B.9　混凝土搅拌运输车粘贴

混凝土搅拌运输车侧面车身反光标识应在可粘贴部位（如侧防护装置）连续粘贴，粘贴总长度可小于车长的 50%，但应大于等于车长的 30%，此时断开间隔不受限制。车辆后部应尽可能选取能够体现车身后部宽度和高度的连续平面粘贴，如后下部防护装置、金属挡泥板等固定结构件。

混凝土搅拌运输车粘贴示例见图 B.11。

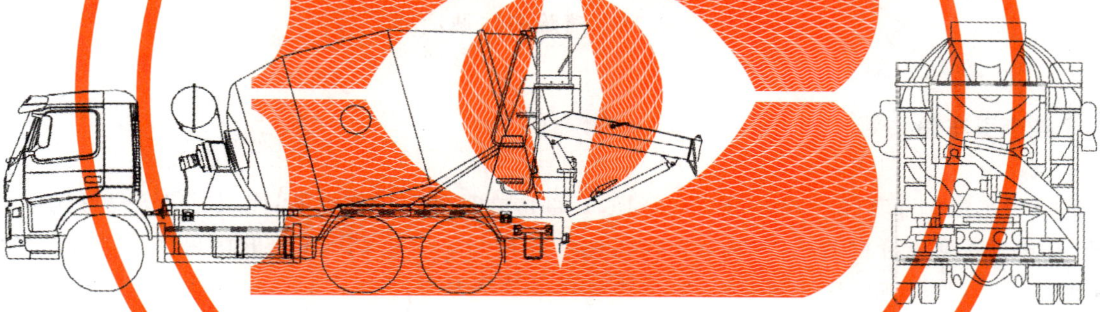

a） 侧面粘贴示例　　b） 后部粘贴示例

**图 B.11　混凝土搅拌运输车粘贴示例**

## B.10　专项作业车粘贴

专项作业车上车身反光标识的粘贴应尽可能按前述基本粘贴要求进行粘贴，部分专项作业车除驾驶室外的车身结构无连续平面，不能满足要求时，车辆后部应尽可能选取能够体现车身后部宽度和高度的连续平面粘贴，如后下部防护装置、金属挡泥板等固定结构件；侧面车身反光标识应在可粘贴部位（如侧防护装置）连续粘贴，粘贴总长度可小于车辆长度的 50%，但应大于等于车辆长度的 30%，此时断开间隔不受限制。

汽车起重机粘贴示例见图 B.12，清障车粘贴示例见图 B.13。

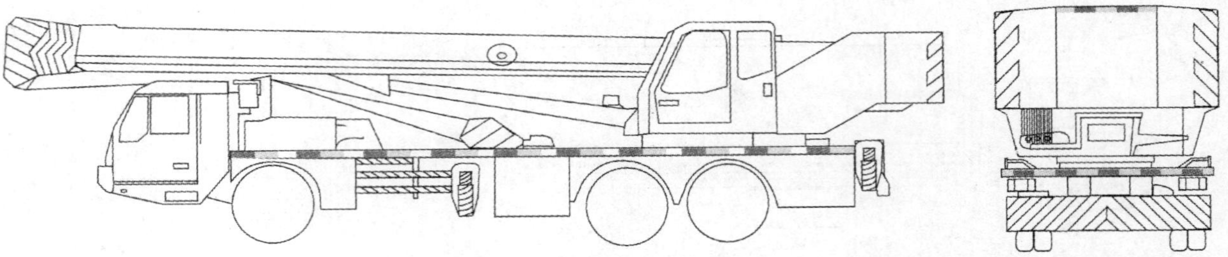

a） 侧面粘贴示例　　　　b） 后部粘贴示例

图 B.12　汽车起重机粘贴示例

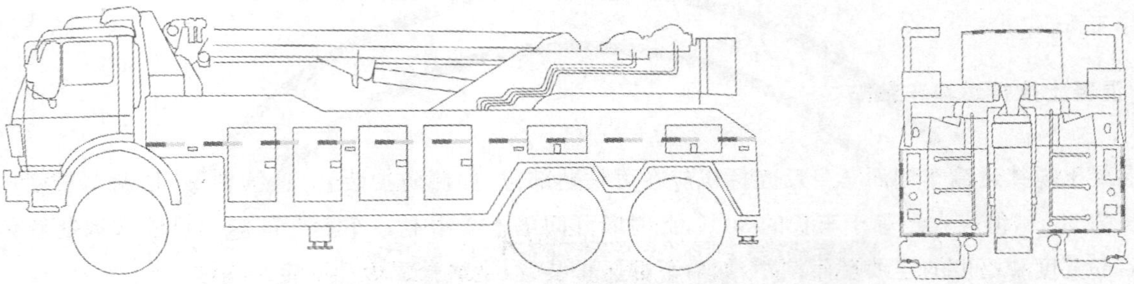

a） 侧面粘贴示例　　　　b） 后部粘贴示例

图 B.13　清障车粘贴示例

## B.11　半挂牵引车粘贴

半挂牵引车的侧面无须粘贴车身反光标识，后部应在驾驶室后部粘贴；使用二级车身反光标识材料时，水平方向应并列连续粘贴 2 排，垂直方向每侧应各粘贴 2 个长 150 mm 的白色单元；使用一级车身反光标识材料时，水平方向应连续粘贴，垂直方向每侧应各粘贴 1 个长 150 mm 的白色单元。

半挂牵引车粘贴示例见图 B.14。

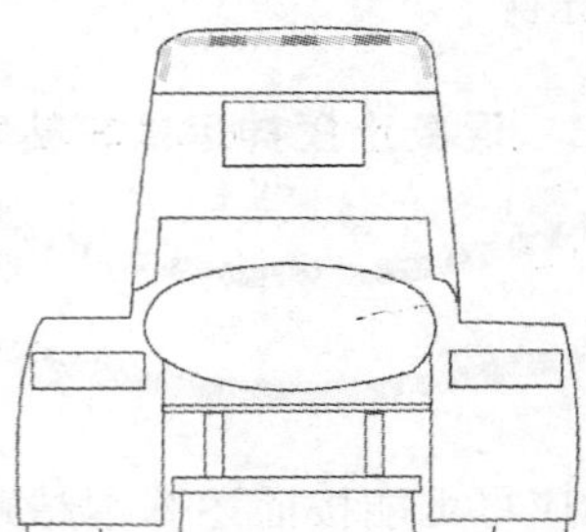

图 B.14　半挂牵引车粘贴示例

## 参 考 文 献

[1] 《中华人民共和国道路交通安全法》

[2] 《中华人民共和国道路交通安全法实施条例》

[3] 香港《道路交通(车辆构造及保养)规例》

[4] 新加坡《道路交通(机动车,灯光)规则》

[5] GA 802—2008 机动车类型 术语和定义

[6] GB/T 3730.1—2001 汽车和挂车类型的术语和定义

[7] GB/T 5359.1—2008 摩托车和轻便摩托车术语 第1部分:车辆类型

[8] GB/T 19596—2004 电动汽车术语

[9] GB/T 21055—2007 肢体残疾人驾驶汽车的操纵辅助装置

[10] 欧盟指令《on the approximation of the laws of the Member States relating to roadworthiness tests for motor vehicles and their trailers》(96/96/EC)

# 前　言

本标准全部技术内容为强制性要求。

本标准仅对GB 11567—1994《汽车和挂车侧面及后下部防护装置要求》中有关侧面防护装置的内容进行了修订。

本标准等同采用了联合国欧洲经济委员会(ECE)1988年2月29日发布的ECE R73《关于就侧面防护装置方面批准载货车、挂车和半挂车的统一规定》的全部技术内容。

本标准与GB 11567—1994的主要差异有：

① 对侧面防护装置的形状和侧面防护装置在车辆横向位置的要求比GB 11567—1994更为具体、详细。

② 对侧面防护装置前端的结构和位置要求重新进行了规定。

③ 对侧面防护装置后端的位置限值进行了调整。

④ 对侧面防护装置距车辆上部的距离要求进行了调整和完善。

⑤ 对侧面防护装置的构成,增加了不允许侧面防护装置作为制动元件、气体或液体管路的要求。

⑥ 增加了对特种车辆的补充规定。

本标准自实施之日起,替代GB 11567—1994中有关侧面防护装置的内容。

本标准由国家机械工业局提出。

本标准由全国汽车标准化技术委员会归口。

本标准起草单位:中国汽车技术研究中心、长春汽车研究所。

本标准主要起草人:朱彤、朱西产、崔光滨。

本标准委托全国汽车标准化技术委员会负责解释。

本标准首次发布于1989年,1994年第一次修订,本次为第二次修订。

# 中华人民共和国国家标准

GB 11567.1—2001

代替 GB 11567—1994 部分内容

# 汽车和挂车侧面防护要求

**Motor vehicles and trailers—Lateral protection requirements**

## 1 范围

本标准规定了对汽车和挂车侧面防护的技术要求,以有效地保护无防御行人,以免其跌于车侧而被卷入车轮下面。

本标准适用于 $N_2$、$N_3$、$O_3$ 和 $O_4$ 类车辆,但本标准不适用于:

——半挂牵引车;

——为搬运无法分段的长货物而专门设计和制造的特殊用途车,如运输木材、钢材棒料等货物的车辆;

——为了专门目的设计和制造的、由于客观原因而无法安装侧面防护装置的车辆。

## 2 定义

本标准采用下列定义。

2.1 无防御行人

是指可能跌于车侧而被卷入车轮下的行人、骑自行车或骑摩托车的人。

2.2 侧面防护装置

能有效地保护无防御行人,以免其跌于车侧而被卷入车轮下的装置。

## 3 侧面防护要求

3.1 总则

3.1.1 对于 $N_2$、$N_3$、$O_3$ 和 $O_4$ 类车辆,必须从全长范围考虑提供有效的侧面防护,避免无防御行人跌于车侧而卷入车轮下。当符合下列情况之一时,视为满足该要求:

a) 如果车辆按照第 4 章的要求安装了一种专门的侧面防护装置;

b) 如果车辆侧面的设计和(或)装备,根据其构成部件的形状和特性可取代侧面防护装置。

3.2 车辆试验条件

a) 车辆应安置在一个水平的平面上;

b) 转向轮应处于直线行驶位置;

c) 车辆应处于整车整备质量状态;

d) 半挂车应放置在支承装置上,基本处于水平状态。

## 4 侧面防护装置的技术条件

4.1 侧面防护装置不应增加车辆的总宽,其外表面的主要部分位于车辆最外沿(最大宽度)以内不大于 120 mm 的位置。对某些车辆,装置的前缘允许按 4.4.3 和 4.4.4 向内弯曲。装置后端至少有 250 mm 位于后轮胎最外侧(不包括轮胎接触地面胀出的部分)以内不大于 30 mm 的位置。

中华人民共和国国家质量监督检验检疫总局 2001-08-22 批准　　2002-05-01 实施

4.2 侧面防护装置的外表面应光滑，并尽可能前后连续；相邻部件允许搭接，但搭接的外露边沿应向后或向下；相邻部件可沿纵向留出不大于 25 mm 的间隙，但后部不能超出前部的外侧。螺栓和铆钉的圆头允许凸出外表面不超过 10 mm，其他零件只要其光滑并倒圆，也可凸出外表面不超过 10 mm。所有外露的棱边和转角皆应倒圆，且半径不小于 2.5 mm。

4.3 侧面防护装置可以是一个连续平面，或由一根或多根横杆构成，或者是平面与横杆的组合体；当采用横杆结构时，横杆间距不大于 300 mm，且截面高度：

a) $N_2$ 和 $O_3$ 类车辆不小于 50 mm；

b) $N_3$ 和 $O_4$ 类车辆不小于 100 mm。

平面和横杆的组合结构应形成一个实际连续的侧面防护装置，应满足 4.2 的规定。

4.4 侧面防护装置的前缘的构造应满足的要求

4.4.1 位置

4.4.1.1 对于 $N_2$ 和 $N_3$ 类汽车：前缘应处在最靠近它的轮胎周向切面之后 300 mm 的范围之内，该切面是与车辆纵向平面垂直的铅垂面；

4.4.1.2 对于全挂车：前缘应处在 4.4.1.1 所述平面之后 500 mm 范围之内；

4.4.1.3 对于半挂车：若安装有支腿，则前缘位于支腿的中心横截面之后不大于 250 mm 处。但是在任何情况下前缘到转向中心销位于最后位置时的中心横截面之间的距离不能超过 2.7 m。

4.4.2 当侧面防护装置的前缘位于开阔空间时，侧面防护装置的前缘应具有一个连续的、贯穿其整个高度的垂直构件；对于 $N_2$ 和 $O_3$ 类车辆，该垂直构件的外侧面向内弯曲 100 mm，垂直构件的前端面向后弯曲至少 50 mm，对于 $N_3$ 和 $O_4$ 类车辆，该垂直构件的外侧面向内弯曲 100 mm，垂直构件的前端面向后弯曲至少 100 mm。

4.4.3 对于 $N_2$ 和 $N_3$ 类汽车，若 4.4.1.1 中所述 300 mm 尺寸落在驾驶室区域，则前缘与驾驶室后壁板件间的间隙不超过 100 mm，若有必要，应向内弯成一个不大于 45°的角度。此时 4.4.2 的要求不再适用。

4.4.4 对于 $N_2$ 和 $N_3$ 类汽车，若 4.4.1.1 中所述 300 mm 尺寸落在驾驶室以后，并且侧面防护装置的前缘向前延伸，进入到驾驶室区域，则前缘与驾驶室后壁板件间的间距不超过 100 mm，必须满足 4.4.3 的规定。

4.5 侧面防护装置的后缘应处在最靠近它的轮胎周向切面之前 300 mm 的范围之内，该切面是与车辆纵向平面垂直的铅垂面。

4.6 侧面防护装置的下缘任何一点的离地高度不应大于 550 mm。

4.7 侧面防护装置的上缘与其上部的车辆构件相距应不超过 350 mm，该构件是指与切于轮胎外侧表面(不包括轮胎接触地面胀出的部分)的铅垂平面交割或接触的零部件。下述情况例外：

a) 当 4.7 中所述平面没有与车辆构件相交，则装置的上缘应与货台平面持平或距离地面至少 950 mm 高，视其小者而定；

b) 当与 4.7 中所述平面相交的车辆构件距离地面超过 1.3 m，则装置上缘的离地高度不应小于 950 mm；

c) 针对集装箱运输或车厢可拆卸式结构专门设计制造的车辆，侧面防护装置的上缘允许按上述 a) 和 b)确定，将集装箱和可拆卸式车厢视为车辆构件。

4.8 侧面防护装置应具有一定的刚度，固定牢固(不因振动而松动)，除 4.9 中所述零部件外，应采用金属或其他适当材料制造。当用直径 220 mm±10 mm 的圆形平压头施以 1 kN 的静压力垂直作用于该装置外表面的各部分时，其因受力而产生的变形应满足下述要求：侧面防护装置在最后 250 mm 段的变形量不超过 30 mm；其余部分变形量不超过 150 mm。

4.9 固定地安装在车辆上的各种设施，如备胎、蓄电池架、储气筒、燃油箱、灯具、反射镜、工具箱等可以作为侧面防护装置的一部分，但其要满足本标准的要求。侧面防护装置与固定安装设施的间隙应符合

4.2 的要求。

4.10 制动元件，气体或液体的管路不允许作为侧面防护装置。

## 5 关于某些特种结构车辆的补充规定

5.1 可伸缩式挂车压缩为最短时，侧面防护装置应符合第4章所有的要求；而在伸长后，应符合4.6、4.7和4.8的要求，4.4或4.5不需全部满足，只需满足其中任意一条；挂车伸长不应使装置沿长度方向产生间隙。

5.2 罐式汽车，即具有固定安装于车辆的封闭容罐，并备有用于装卸的软管或管路接口，为运输液态物料而专门设计的车辆，侧面防护装置除因操作功能而无法满足的规定外，应尽可能符合第4章的所有要求。

5.3 对于安装有伸缩支腿的车辆，允许侧面防护装置留出供支腿伸出的相应空隙。

5.4 对于安装有绳缆固定装置，具备卷扬输送功能的车辆，侧面防护装置允许留有供绳缆通过并拉紧的空隙。

# 前　言

本标准全部技术内容为强制性要求。

本标准仅对GB 11567—1994《汽车和挂车侧面及后下部防护装置要求》中有关后下部防护装置的内容进行了修订。

本标准参照采用了联合国欧洲经济委员会(ECE)1983年7月11日发布的ECE R58《关于1:批准后下部防护装置　2:批准安装有已批准的后下部防护装置的车辆　3:批准就具有后下部防护的车辆的统一规定》的全部技术内容。本标准修订的内容与ECE R58的主要差异在于增加了具有吸能性能的后下部防护装置的技术要求和移动壁障追尾碰撞试验条件与程序。

本标准的附录A、附录B、附录C为标准的附录。

本标准与GB 11567—1994的主要差异有:

① 分别对后下部防护装置、安装了符合本标准第I部分要求的后下部防护装置的$N_2$、$N_3$、$O_3$和$O_4$类车辆、具有后下部防护的车辆进行了规定。

② 本标准仅仅保留了GB 11567—1994中关于后下部防护装置外形的要求(GB 11567—1994中的3.2.5),对GB 11567—1994中其他关于后下部防护装置的要求全部进行了修改。

③ 本标准以附录的形式规定了后下部防护装置的静态加载试验条件与程序、移动壁障追尾碰撞试验条件与程序和测量仪器。

本标准自实施之日起,替代GB 11567—1994中有关后下部防护装置的内容。

关于标准实施日期的建议:

1) 对于新定型的车辆:自本标准实施之日起开始实施。

2) 对于新生产的车辆:自2002年7月1日起开始实施。

本标准由国家机械工业局提出。

本标准由全国汽车标准化技术委员会归口。

本标准起草单位:中国汽车技术研究中心、长春汽车研究所。

本标准主要起草人:朱彤、朱西产、崔光滨。

本标准委托全国汽车标准化技术委员会负责解释。

本标准首次发布于1989年,1994年第一次修订,本次为第二次修订。

中华人民共和国国家标准

# 汽车和挂车后下部防护要求

**Motor vehicles and trailers—Rear underrun protection requirements**

GB 11567.2—2001

代替 GB 11567—1994 部分内容

## 1 范围

本标准规定了汽车和挂车后下部防护装置的技术要求和试验方法。

1.1 本标准适用于：

第Ⅰ部分：将要安装到 $N_2$、$N_3$、$O_3$ 和 $O_4$ 类车辆的后下部防护装置；

第Ⅱ部分：安装了符合本标准第Ⅰ部分要求的后下部防护装置的 $N_2$、$N_3$、$O_3$ 和 $O_4$ 类车辆；

第Ⅲ部分：安装了没有按照本标准第Ⅰ部分进行检验的后下部防护装置的 $N_2$、$N_3$、$O_3$ 和 $O_4$ 类车辆，或其组成部件被设计成具有后下部防护功能或装备了其他具有后下部防护功能的部件的 $N_2$、$N_3$、$O_3$ 和 $O_4$ 类车辆。

本标准不适用于：

——半挂牵引车；

——为搬运无法分段的长货物而专门设计和制造的特殊用途车，如运输木材、钢材棒料等货物的车辆；

——为了专门目的设计和制造的、由于客观原因而无法安装后下部防护装置的车辆。

1.2 本标准的目的在于如果 $M_1$ 和 $N_1$ 类车辆与本标准 1.1 中涉及的车辆发生碰撞时能够提供有效的保护，以防止发生钻撞。

## 2 定义

本标准采用下列定义。

2.1 后下部防护

后下部防护是指专门的后下部防护装置或者依靠自身的外形与特性能够具有后下部防护装置功能的车辆的车体、车架部件或其他部件。

2.2 后下部防护装置

通常是由横梁组成的安装或连接在车架边梁或车辆其他结构件上的装置。

## 第Ⅰ部分
## 后下部防护装置

## 3 后下部防护装置的技术要求

3.1 后下部防护装置的横向构件的端部不得弯向车辆后方，尖锐部分不得朝后。横向构件的端部成圆角状，其端头圆角半径不小于 2.5 mm，横向构件的截面高度不小于 100 mm。

3.2 后下部防护装置在车辆后部可以被设计成具有不同的安装位置。此时，应具有可靠的方法以保证

中华人民共和国国家质量监督检验检疫总局 2001-08-22 批准　　2002-05-01 实施

其安装后在安装位置上不会随意移动。操作员要改变装置位置时须施加的力最大不能超过 400 N。

3.3 后下部防护装置对追尾碰撞的车辆必须具有足够的阻挡能力,以防止发生钻入碰撞。该阻挡功能应按照 3.3.1 的静态加载试验或 3.3.2 的移动壁障碰撞试验进行考核。

3.3.1 按附录 A(标准的附录)中静态加载试验过程与试验条件规定进行试验,在指定的试验力作用期间和之后,可观测到的后下部防护装置的最大水平变形量应做记录。

3.3.2 按附录 B(标准的附录)中移动壁障碰撞试验过程与试验条件规定进行试验,在指定的碰撞过程中可观测到的移动壁障碰撞过程中的钻入量、最大减速度值及碰撞后的反弹速度应做记录,并且应满足 3.3.2.1 和 3.3.2.2 的要求。

3.3.2.1 在附录 B 中指定的碰撞过程中,后下部防护装置可以变形、开裂,但是不许整体脱落。

3.3.2.2 在附录 B 中指定的碰撞过程中,后下部防护装置应能够吸收碰撞能量以缓和冲击。要求移动壁障的最大减速度不大于 40 $g$,反弹速度不大于 2 m/s。

## 第Ⅱ部分

## 安装了符合第Ⅰ部分要求的后下部防护装置的 $N_2$、$N_3$、$O_3$ 和 $O_4$ 类车辆

### 4 安装了符合第Ⅰ部分要求的后下部防护装置的 $N_2$、$N_3$、$O_3$ 和 $O_4$ 类车辆的技术要求

4.1 在空载状态下,车辆的后下部防护装置的下边缘离地高度及按照 3.3.1 进行试验时施加于后下部防护装置的试验力的作用点离地高度应满足 4.1.1 或 4.1.2 的要求,并应做记录。

4.1.1 对于后下部防护装置的状态可以调整的车辆:车辆的后下部防护装置整个宽度上的下边缘离地高度应不大于 450 mm,同时按照 3.3.1 进行试验时施加于装置的试验力的作用点离地高度不能超过 500 mm。

4.1.2 对于后下部防护装置的状态不能调整的车辆:车辆的后下部防护装置整个宽度上的下边缘离地高度应不大于 550 mm,同时按照 3.3.1 进行试验时施加下装置的试验力的作用点离地高度不能超过 600 mm。

4.2 后下部防护装置的宽度不可大于车辆后轴两侧车轮最外点之间的距离(不包括轮胎的变形量),并且后下部防护装置任一端的最外缘与这一侧车辆后轴车轮最外端的横向水平距离不大于 100 mm。如果车辆有两个以上的后轴,应以最长的后轴为准。另外,符合附录 A 中 A3.1.2 要求的试验力的作用点与后轴最外端的距离必须测量,并应做记录。

4.3 在按照 3.3.1 或 3.3.2 的要求进行试验后,由于静态加载力的作用或移动壁障的碰撞,使后下部防护装置发生变形,则在变形后装置的后部与车辆最后端(在测量时处于空载状态下车辆上与地面的垂直距离大于 3 m 的部分除外)的纵向水平距离不能超过 400 mm。

4.4 待检验的车辆在安装了符合本标准第Ⅰ部分要求的后下部防护装置之后,其最大设计总质量不应超过车辆说明书上所标明的最大设计总质量。

4.5 车辆的后下部防护装置应不影响车辆的通行能力:或者可通过适当的措施暂时改变后下部防护装置的状态以保证车辆的离去角,满足通行的要求。

## 第Ⅲ部分

## 具有后下部防护的车辆

### 5 具有后下部防护的车辆的技术要求

5.1 在空载状态下,车辆的后下部防护的下边缘离地高度应满足 5.1.1 或 5.1.2 的要求。

5.1.1 对于后下部防护的状态可以调整的车辆:车辆的后下部防护整个宽度上的下边缘离地高度应不大于 450 mm。

5.1.2 对于后下部防护的状态不能调整的车辆:车辆的后下部防护整个宽度上的下边缘离地高度应不大于 550 mm。

5.2 后下部防护应尽可能的位于靠近车辆后部的位置。

5.3 后下部防护的宽度不可大于车辆后轴两侧车轮最外点之间的距离(不包括轮胎的变形量),并且后下部防护任一端的最外缘与这一侧车辆后轴车轮最外端的横向水平距离不大于 100 mm。如果车辆有两个以上的后轴,应以最长的后轴为准。如果装置属于车体或车体同时也是装置的一部分,即使车体超出后轴宽度,那么后下部防护同样不能超出后轴宽度。

5.4 后下部防护的横向构件的端部不得弯向车辆后方,尖锐部分不得朝后。横向构件的端部成圆角状,其端头圆角半径不小于 2.5 mm,横向构件的截面高度不小于 100 mm。

5.5 后下部防护在车辆后部可以被设计为具有不同的安装位置。此时,应具有可靠的方法以保证其安装后在安装位置上不会随意移动。操作员要改变装置位置时所须施加的力最大不能超过 400 N。

5.6 后下部防护无论在任何位置上,都应与车架或其他类似部件相连接,后下部防护对追尾碰撞的车辆必须具有足够的阻挡能力,以防止发生钻入碰撞。该阻挡功能应按照 5.6.1 的静态加载试验或 5.6.2 的移动壁障碰撞试验进行考核。

5.6.1 按附录 A 静态加载试验过程与试验条件规定进行试验时,在指定的试验力作用期间和之后,记录可观测到的后下部防护的最大水平变形量。

5.6.2 按附录 B 移动壁障碰撞试验过程与试验条件规定进行试验时,在指定的碰撞过程中可观测到的移动壁障碰撞过程中的钻入量、最大减速度值及碰撞后的反弹速度,并且应满足 5.6.2.1 和 5.6.2.2 的要求。

5.6.2.1 在附录 B 中指定的碰撞过程中,后下部防护可以变形、开裂,但是不许整体脱落。

5.6.2.2 在附录 B 中指定的碰撞过程中,后下部防护应能够吸收碰撞能量以缓和冲击。要求移动壁障的最大减速度不大于 40 $g$,反弹速度不大于 2 m/s。

5.7 在按照 5.6.1 或 5.6.2 的要求进行试验后,由于静态加载力的作用或移动壁障的碰撞,使后下部防护发生变形,则在变形后装置的后部与车辆最后端(在测量时处于空载状态下车辆上与地面的垂直距离大于 3 m 的部分除外)的纵向水平距离不能超过 400 mm。

5.8 车辆的后下部防护应不影响车辆的通行能力;或者可通过适当的措施暂时改变后下部防护的状态以保证车辆的离去角,满足通行的要求。

## 附 录 A
（标准的附录）
## 静态加载试验条件与程序

### A1 后下部防护装置的试验条件

A1.1 在进行试验时可任选以下之一的方式进行：

a）在预计安装后下部防护装置的车辆上进行；

b）在预计安装后下部防护装置的车辆车架部件上进行；

c）在刚性试验台上进行。

A1.2 在按照 b)和 c)进行试验时，用于连接后下部防护装置和车辆车架部件或刚性试验台的连接部件应与实际用来将后下部防护装置安装到车辆上的连接部件相同。

### A2 车辆试验条件

A2.1 车辆应处于空载状态，固定在水平、平坦、刚性、平滑的平面上。

A2.2 前轮处于直线行驶位置。

A2.3 轮胎应充气到车辆制造商所推荐的压力。

A2.4 为了达到下面 A3.2 所规定的试验力，应按照车辆制造商指定的方法制动车辆。

A2.5 装备有液压气动、液压或气压悬架或根据负载自动平衡的装置的车辆应处于车辆制造商规定的正常运行状态下。

### A3 试验程序

A3.1 加载点的位置

本标准 3.3.1 和 5.6.1 的要求应通过使用适当的试验设备进行检验，在后下部防护装置横梁结构的中心平面上有 5 个载荷作用点，如图 A1 所示。5 个载荷作用点位于同一水平面上，并且其离地面的高度为：对于后下部防护装置的状态可以调节的车辆，加载点的中心距离地面的高度不能超过 500 mm；对于后下部防护装置的状态不能调节的车辆，加载点的中心距离地面的高度不能超过 600 mm。

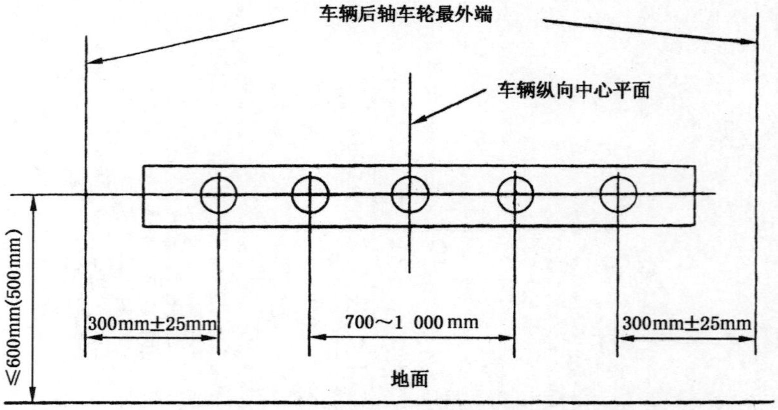


图 A1 加载点位置示意图

载荷通过图 A2 所示的加载装置将规定的载荷施加到后下部防护装置上，该加载装置的加载面高度不大于 250 mm（确切的高度由制造商来指定），宽度为 200 mm，加载面与其他侧面的倒角直径为 5 mm±1 mm。

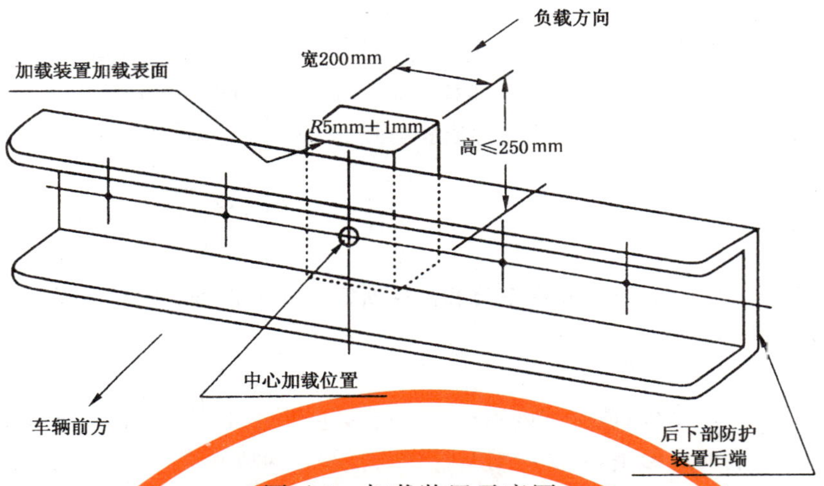


图 A2　加载装置示意图

**A3.1.1**　两点加载

两个作用点之间的距离在 700～1 000 mm 之间，作用点的具体位置由制造商给定。

**A3.1.2**　三点加载

其中左右两边外侧两个作用点，分别距离车辆后轴轮胎的最外端相切并且平行于车辆纵向中心线的垂直平面 300 mm±25 mm，如果车辆有两个以上的后轴，车辆后轴轮胎的最外端应以距离车辆纵向中心面最远的点（不包括轮胎的变形量）为准；第三个作用点位于上述两点连线之间，并且处于车辆中央垂直平面上。

**A3.2**　试验载荷

**A3.2.1**　两点加载时为 100 kN 或者相当于车辆最大总质量的 50%的水平载荷（取两者较小值），分别持续作用于上述规定的左侧加载点或右侧加载点上。

**A3.2.2**　三点加载时为 25 kN 或者相当于车辆最大总质量的 12.5%的水平载荷（取两者较小值），分别持续作用于上述规定的左侧作用点上或右侧作用点上，然后持续作用在车辆纵向中心平面上的加载点上。

**A3.3**　加载程序

**A3.3.1**　试验可以顺次进行两点加载和三点加载。在试验过程中，允许使用不同的试验样品。

**A3.3.2**　两点加载时与加载顺序无关。

**A3.3.3**　三点加载时，先进行两端加载点的加载试验，然后进行车辆纵向中心平面上的点的加载试验，左右两边外侧点加载的顺序无关。

## 附　录　B
（标准的附录）
## 移动壁障追尾碰撞试验条件与程序

### B1　概述

本部分试验使用移动壁障撞击载货汽车后下部防护装置，考核后下部防护装置的：

**B1.1**　阻挡功能——防止追尾碰撞时钻入载货汽车下部而造成车内乘员伤害；

**B1.2**　缓冲吸能功能——缓和冲击，减轻对碰撞车辆车内乘员的伤害，改善碰撞相容性。

**B2 移动壁障**

移动壁障质量为 1 100 kg±25 kg，前端碰撞表面为刚性，宽 1 700 mm，高 400 mm，离地间隙 240 mm。在碰撞表面前面覆盖一层 20 mm 厚的优质胶合板。

**B3 试验条件及试验准备**

B3.1 试验场地

试验场地应足够大，以容纳跑道、固定壁障和试验所需的技术设备。在固定壁障前至少 5 m 的跑道应水平、平坦和光滑。

B3.2 固定壁障

固定壁障由钢筋混凝土制成，前端宽度不小于 3 m，高度不小于 1.5 m。壁障厚度应保证其质量不低于 $7\times10^4$ kg。壁障前表面应铅垂，其法线与车辆直线行驶方向成 0°夹角，壁障前表面应具有适当的结构以便安装试件。

B3.3 试件准备

B3.3.1 从载货汽车的车架上取下一段车尾部结构，用于安装待试验的后下部防护装置。

B3.3.2 采用与实际相同的安装方式将防护装置固定在载货汽车的尾部结构上。

B3.3.3 按照载货汽车空载时的尺寸将制备好的试件用螺栓刚性地固定在固定壁障前端，后下部防护装置的前表面与固定壁障的水平距离不应小于 1 000 mm，刚性的车尾部结构的下表面与地面的垂直距离不小于 800 mm（如果载货汽车空载时车尾部车架的下表面与地面的垂直距离小于 800 mm 的话，将其调节到 800 mm）。

B3.3.4 在试件和移动壁障上贴上易于高速摄影分析用的醒目的标志，作为钻入量、反弹速度测量的测点和标尺。

**B4 碰撞试验的实施**

B4.1 移动壁障在碰撞瞬间应不再承受任何附加转向或驱动装置的作用。

B4.2 移动壁障到达后下部防护装置的路线的过程中，在横向任一方向偏离理论轨迹均不得超过 15 cm。

B4.3 碰撞速度

在碰撞瞬间，移动壁障的速度应为 $32_{-2}^{\ 0}$ km/h。当然如果试验在更高的速度下进行，并且后下部防护装置满足要求，也认为试验合格。

**B5 测量项目**

B5.1 移动壁障碰撞车速的测量

在碰撞前 2 m 范围内测量移动壁障的运动速度。

B5.2 移动壁障钻入量的测量

使用不低于 500 幅/s 的高速摄影（像）机从正侧面拍摄碰撞过程，由图像分析测量碰撞过程中移动壁障的钻入量。光学测量系统必须有确定碰撞零时刻的装置，以便确定钻入量测量的初始位置。

B5.3 移动壁障碰撞过程最大减速度值的测量

从移动壁障的纵向安装 2 个加速度测量通道。采用符合附录 C（标准的附录）的要求且 CFC 为 60 的数据通道。

B5.4 移动壁障碰撞后反弹速度的测量

使用不低于 500 幅/s 的高速摄影（像）机从正侧面拍摄碰撞过程，由图像分析测量碰撞后移动壁障的反弹车速。反弹车速的测量从最大钻入量位置为初始位置，测量反弹到约 0.2 m 位置的平均速度；如果反弹距离小于 0.2 m，反弹速度以 0 计，认为移动壁障的动能在碰撞过程中被后下部防护装置的塑性变形能吸收，没有发生反弹。

# 附　录　C
（标准的附录）
**测试技术：仪器**

## C1　定义

C1.1　数据通道

数据通道包括从传感器（或以某种特定方式结合在一起输出信号的复合传感器）到数据分析仪器（可以分析数据的频率成分和幅值成分）的所有设备。

C1.2　传感器

数据通道的第一环节，用来将被测的物理量转换成为其他的量（如电压），以便其后接设备的处理。

C1.3　通道的幅值等级：CAC

满足本附录规定的某些幅值特性的数据通道的表示方法。CAC 值在数值上等于测量范围的上限。

C1.4　特征频率 $F_H$，$F_L$，$F_N$

这些频率的定义如图 C1 所示。

C1.5　通道的频率等级：CFC

通道的频率等级由某一数值表示，该值表明通道的频率响应位于图 C1 规定的限值内。CFC 值在数值上等于 $F_H$(Hz)值。

C1.6　灵敏度系数

在通道的频率等级内，采用最小二乘法对标定值拟合，所得直线的斜率即为灵敏度系数。

C1.7　数据通道的标定系数

在对数坐标上，位于 $F_L$ 与 $F_H/2.5$ 之间，用等间隔频率点的灵敏度系数的平均值表示。

C1.8　线性误差

标定值与 C1.6 定义的直线上对应读数之间的最大差值同通道幅值等级的比，用百分数表示。

C1.9　横向灵敏度

当一个激励施加于与测量轴线垂直的传感器上时的输出信号与输入信号的比值。该值表示为主测量轴向的灵敏度的百分数。

C1.10　相位滞后时间

数据通道的相位滞后时间等于某正弦信号的相位滞后（用弧度表示）除以该信号的角频率（用 rad/s 表示）。

C1.11　环境

在给定的时刻，数据通道所处的外部条件与受到的影响的总称。

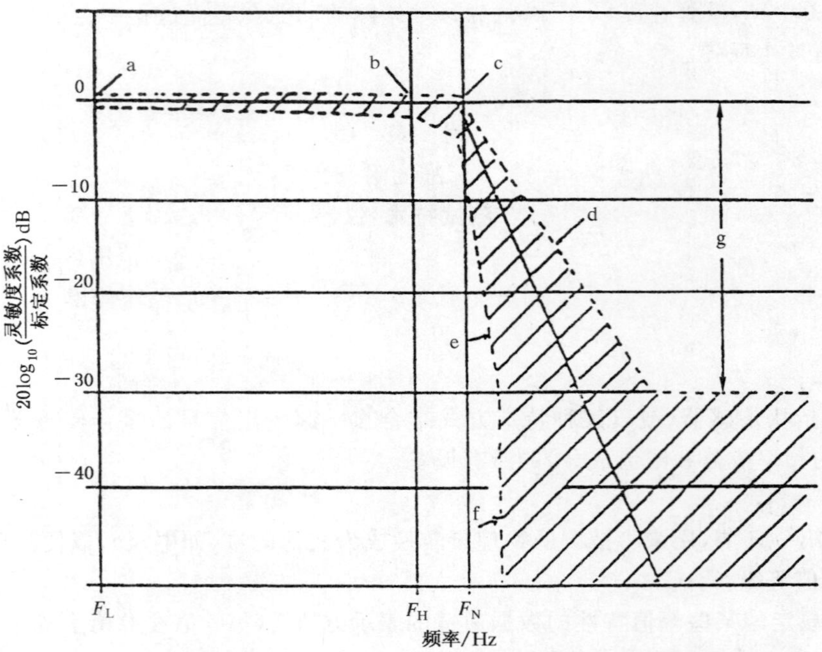


| CFC | $F_L$ Hz | $F_H$ Hz | $F_N$ Hz | N | 对数坐标 | | |
|---|---|---|---|---|---|---|---|
| 1 000 | ≤0.1 | 1 000 | 1 650 | a | ±0.5 | | dB |
| 600 | ≤0.1 | 600 | 1 000 | b | +0.5 | −1 | dB |
| 180 | ≤0.1 | 180 | 300 | c | +0.5 | −4 | dB |
| 60 | ≤0.1 | 60 s | 100 | d | −9 | | dB/倍频程 |
| | | | | e | −24 | | dB/倍频程 |
| | | | | f | ∞ | | |
| | | | | g | −30 | | |

图 C1 频率响应曲线

## C2 性能要求

### C2.1 线性误差

CFC 中任何频率下数据通道的线性误差的绝对值，在整个测量范围内，应等于或小于 CAC 值的 2.5%。

### C2.2 幅值对频率的关系

数据通道的频率响应应位于图 C1 给定的限定曲线内。0 dB 线由标定系数确定。

### C2.3 相位滞后时间

数据通道的输入与输出信号之间的相位滞后时间，在 0.03 $F_H$ 与 $F_H$ 之间，不得超过$1/(10F_H)$秒。

### C2.4 时间

#### C2.4.1 时基

时基应予记录并至少给出 1/100 s，精度为 1%。

#### C2.4.2 相对时间延迟

两个或多个数据通道信号之间的相对时间延迟，不管何频率等级，不应超过 1 ms，除去因相位漂移而产生的滞后。

信号混合在一起的两个或多个数据通道应具有相同的频率等级且相对时间延迟不得超过 $1/(10F_H)$秒。

这一要求适用于模拟信号以及同步脉冲和数字信号。

C2.5 传感器横向灵敏度

传感器横向灵敏度在任何方向应小于5%。

C2.6 校准

C2.6.1 概述

数据通道用可追朔到已知标准的基准设备进行标定，每年至少一次。与基准设备进行比较的方法不应导致大于CAC的1%的误差。基准设备的使用应限定在已标定的频率范围内。数据采集系统的子系统可以单独标定，然后换算成总系统的精度。比如，可以用已知幅值的电信号模拟传感器的输出对系统进行标定，而不需要传感器。

C2.6.2 用于标定的基准设备的精度

基准设备的精度应由官方计量机关予以检定或确认。

C2.6.2.1 静态校准

C2.6.2.1.1 加速度

误差应小于通道幅值等级的±1.5%。

C2.6.2.1.2 力

误差应小于通道幅值等级的±1%。

C2.6.2.1.3 位移

误差应小于通道幅值等级的±1%。

C2.6.2.2 动态校准

C2.6.2.2.1 加速度

基准加速度的误差表示成通道幅值等级的百分数，要求：

400 Hz以下时不超过±1.5%；

400 Hz～900 Hz之间不超过±2%；

大于900 Hz时不超过±2.5%。

C2.6.2.3 时间

基准时间的相对误差应不超过$10^{-5}$。

C2.6.3 灵敏度系数和线性误差

测量数据通道的输出信号与已知变化幅值的输入信号的关系即可确定灵敏度系数和线性误差。数据通道的标定应覆盖整个幅值等级。

对双向幅值通道，正值、负值均应标定。

如果标定设备不能产生要求的输入，标定应该在相应标准的限制内进行，限值应该记录在测试报告中。

在$F_L$与$F_H/2.5$之间，整个数据通道应在有重要值的频率处或某一段频率范围内进行标定。

C2.6.4 频率响应的标定

幅频特性和相频特性由数据通道的输出信号与已知输入信号的关系确定，输入信号在$F_L$与10倍的CFC或3 000 Hz(取较小者)之间变化。

C2.7 环境影响

应进行定期检查以确定环境的影响(诸如电或磁通量等)。这通常可以通过记录装备了模拟传感器的备用数据通道的输出来进行。如果输出信号过大，即应采取纠正措施，例如更换电线。

C2.8 数据采集通道的选择与确定

通过CAC与CFC确定数据通道。

CAC应是$1\times10^N$，$2\times10^N$或$5\times10^N$，其中$N$为整数。

## C3 传感器的安装

传感器应刚性固定以使其记录受振动的影响尽可能小。安装的谐振频率至少为数据通道所考虑的 $F_H$ 频率的 5 倍。尤其是加速度传感器的安装应保证实际测量轴线相对于基准轴线的偏离角不得大于 5°,除非为分析安装的影响而采集数据。测量某一点的多轴向加速度时,每个加速度传感器轴线应距该点 10 mm 内,每个加速度计的惯性质量中心应距该点 30 mm 内。

## C4 记录

C4.1 模拟磁带记录仪

带速应稳定,带速误差不超过使用带速的 0.5%。在最大带速时,记录仪信噪比应不低于 42 dB。总谐波失真应小于 3%,并且线性误差应小于量程的 1%。

C4.2 数字式磁带记录仪

带速应稳定,带速误差不超过使用带速的 10%。

C4.3 纸带式记录仪

在直接式数据记录情况下,纸带速度(以 mm/s 表示)应至少为 $F_H$ 值(以 Hz 为单位)的 1.5 倍。在其他情况下,纸带速度应保证获得相同的分辨率。

## C5 数据处理

C5.1 滤波

在数据记录或处理过程中,都要进行相应于数据通道的频率等级的滤波。然而,在记录之前,应进行比 CFC 级别高的模拟滤波,以便使用记录器至少 50%的动态范围,而且降低了记录仪器高频饱和或导致数字处理过程中的频率混淆的危险。

C5.2 数字化

C5.2.1 采样频率

采样频率应至少等于 $8F_H$。对于模拟记录仪,当记录和回放速度不同时,采样频率能被速比整除。

C5.2.2 幅值分辨率

数字长度至少为 7 位和一个符号位。

## C6 试验结果的表示

试验结果应以 A4 幅面纸(ISO/R216)给出。以图形表示的试验结果应有坐标轴,坐标轴采用相应于所选单位的适当倍数的测量单位来定标(如 1 mm,2 mm,5 mm,10 mm,20 mm)。应使用标准国际单位制,但车辆速度可以使用 km/h,而碰撞加速度则可以用 $g$ 来表示,这里 $g=9.81\ m/s^2$。

ICS 43.020
T 09

# 中华人民共和国国家标准

GB 13094—2007
代替 GB 13094—1997

# 客车结构安全要求

## The safety requirements for bus construction

2007-07-19 发布　　　　2008-02-01 实施

中华人民共和国国家质量监督检验检疫总局
中国国家标准化管理委员会　发布

# 前 言

**本标准全部技术内容为强制性。**

本标准与欧洲议会和欧盟理事会2001年11月20日颁布的2001/85/EC指令《对除驾驶员座位外座位数超过8个的载客车辆的特殊规定》(英文版)一致性程度为非等效。

本标准代替GB 13094—1997《客车结构安全要求》。

本标准与GB 13094—1997相比，主要变化如下：

a) 标准的范围按乘员数重新界定，与GB 18986—2003《轻型客车结构安全要求》的范围相衔接，并明确规定不含卧铺客车(1997年版第1章；本版第1章)。

b) 对下列术语和定义进行了修改：

——通道(1997版3.5；本版3.1)；

——引道(1997版3.6；本版3.2)；

——出口(1997版3.4；本版3.6)；

——应急出口(1997版3.3；本版3.7)；

——应急窗(1997版3.1；本版3.9)；

——撤离舱口(1997版3.2；本版3.11)。

c) 增加了下列术语和定义：

——驾驶区(见3.3)；

——分隔舱(见3.4)；

——双引道门(见3.5)；

——应急门(见3.8)；

——双窗或多窗(见3.10)；

——动力控制乘客门(见3.12)；

——自动控制乘客门(见3.13)；

——起步阻止装置(见3.14)；

——车组人员(见3.15)；

——行动不便乘客(见3.16)；

——轮椅使用者(见3.17)；

——优先座位(见3.18)；

——可拆式座椅(见3.19)；

——辅助上车装置(见3.20)；

——车身降低系统(见3.21)；

——举升装置(见3.22)；

——导板(见3.23)；

——可携式导板(见3.24)；

——整车运行状态质量(见3.25)；

——为了便于对标准条款中多次出现的“前”、“后”、“向前”、“最前”、“向后”、“最后”的正确理解，特别加以明确规定(见3.26)。

d) 增加了为行动不便乘客提供方便设施的技术要求(见4.1.3、4.5.5.4、附录A)。

e) 修改了对客车上部结构强度的要求及验证方法(见1997版4.2；本版4.2)。

f) 增加了车辆侧倾稳定性的要求及验证方法(见 4.3 及附录 B)。

g) 增加了对导线阻燃性的要求(见 4.4.4.1)。

h) 修改了出口最少数量的划分方式及要求(见 1997 版 4.4.1.2;本版 4.5.1.1)。

i) 修改了对乘客门最少数量的要求(见 1997 版 4.4.1.1;本版 4.5.1.2)。

j) 修改了乘客门开设位置的规定(见 1997 版 4.4.2.1;本版 4.5.1.3 和 4.5.1.4)。

k) 增加了双引道门、双窗或多窗分别计为两个车门、两个应急窗的规定(见 4.5.1.5)。

l) 增加了对前围、后围的应急出口或设置撤离舱口的规定(见 4.5.1.7)。

m) 将对安全顶窗最少数量的规定修改为对撤离舱口(即安全顶窗和/或地板出口)最少数量的规定(见 1997 版 4.4.1.3;本版 4.5.1.8)。

n) 增加了对驾驶区出口、驾驶员旁附加座椅的相关规定(见 4.5.1.11～4.5.1.13)。

o) 修改了出口的最小尺寸、双引道门的最小宽度及应急窗、撤离舱口的洞口净面积(见 1997 版 4.4.3.1;本版 4.5.2)。

p) 增加了对城市客车的乘客门在紧急情况下也能从车外打开的规定(见 1997 版 4.4.4.3;本版 4.5.3.1)。

q) 修改/补充了动力控制乘客门防夹的具体要求,增加了关闭力的测量方法(见 1997 版 4.4.5.3;本版 4.5.4.6 及附录 C)。

r) 增加了对自动控制乘客门的附加技术要求(见 4.5.5)。

s) 对应急门、应急窗、撤离舱口和伸缩式踏步的要求更加全面(见 1997 版 4.4.6、4.4.7、4.4.8、4.4.9;本版 4.5.6、4.5.7、4.5.8、4.5.9)。

t) 增加了车辆侧窗的下边缘距其下方地板的高度要求(4.5.7.5)。

u) 修改了对车内布置和扶手的规定(见 1997 版 4.5.4.7;本版 4.6、4.10)。

v) 增加了对铰接客车的铰接段及方向的保持、车厢内采暖装置、活动盖板、视觉娱乐方面的规定(见 4.8、4.9、4.12.2、4.13、4.14)。

w) 增加了行李质量标识的规定(见 4.15)。

x) 删除了对轴载质量、装载质量和车辆通过性的要求(见 1997 版 4.1、4.6)。

y) 删除对车厢内人均清洁空气的定量要求(见 1997 版 4.5.4.3;本版 4.16)。

本标准实施的过渡期要求:

a) 对于新定型的客车产品,下列条款自本标准实施之日起 36 个月后实施:
——第 4.2 条对Ⅱ级和Ⅲ级客车应符合 GB/T 17578 的规定;
——第 4.3 条对侧倾稳定性的规定。

b) 对于已定型的客车产品,自本标准实施之日起 36 个月后实施。

c) 4.5.9.4 对伸缩式踏步的规定,自标准实施之日起 12 个月后执行。

本标准的附录 A、附录 B、附录 C 为规范性附录。

本标准由国家发展和改革委员会提出。

本标准由全国汽车标准化技术委员会(SAC/TC 114)归口。

本标准负责起草单位:建设部科学技术委员会城市车辆技术专家委员会、中国公路车辆机械总公司。

本标准参加起草单位:郑州宇通客车股份有限公司、国家汽车质量监督检验中心(襄樊)、西安西沃客车有限公司、丹东黄海汽车有限责任公司、厦门金龙联合汽车工业有限公司、东风汽车有限公司商用车研发中心、金龙联合汽车工业(苏州)有限公司、上海申沃客车有限公司、中通客车控股股份有限公司、一汽客车有限公司、东风杭州汽车有限公司、扬州亚星客车股份有限公司、安徽安凯汽车股份有限公司、成都客车股份有限公司、桂林大宇客车有限公司、牡丹汽车股份有限公司、厦门金龙旅行车有限公司、北京北方华德尼奥普兰客车股份有限公司、浙江青年尼奥普兰汽车集团有限公司、四川一汽丰田汽车有限公司、亚星-奔驰有限公司、重庆交通科研设计院。

本标准主要起草人：李世豪、王云耀、孙鹰、周慧慈、闫仕军、张炳荣、颜祥、王咏炜、房连琨、高春、刘学琼、严则进、曹铠震、王晓鲁、周建国、陈鹰、沈之雄、洪洋、杨敏、许伦斌、邓佩云、车兆华、文雄、李冬梅、谭文江、马汉平、王欣。

本标准所代替标准的历次版本发布情况为：

——GB/T 13094—1991、GB 13094—1997。

# 客车结构安全要求

## 1 范围

本标准规定了客车结构的安全要求。

本标准适用于 $M_2$ 类和 $M_3$ 类中的Ⅰ级、Ⅱ级和Ⅲ级单层客车。

本标准不适用于卧铺客车、学童客车和专用客车。

## 2 规范性引用文件

下列文件中的条款通过本标准的引用而成为本标准的条款。凡是注日期的引用文件，其随后所有的修改单（不包括勘误的内容）或修订版均不适用于本标准，然而，鼓励根据本标准达成协议的各方研究是否可使用这些文件的最新版本。凡是不注日期的引用文件，其最新版本适用于本标准。

GB/T 3730.2—1996 道路车辆 质量 词汇和代码(idt ISO 1176:1990)

GB/T 4780—2000 汽车车身术语

GB 8410 汽车内饰材料的燃烧特性

GB/T 10001.1 标志用公共信息图形符号 第1部分：通用符号(GB/T 10001.1—2006，ISO 7001:1990，Public information symbols，NEQ)

GB/T 12428 客车装载质量计算方法

GB/T 15089 机动车辆及挂车分类

GB/T 17578 客车上部结构强度的规定

GB 18986 轻型客车结构安全要求

GB/T 19260—2003 低地板及低入口城市客车结构要求

QC/T 730—2005 汽车用薄壁绝缘低压电线

## 3 术语和定义

GB/T 3730.2—1996、GB/T 15089、GB 18986 中确立的以及下列术语和定义适用于本标准。

### 3.1

**通道 gangway**

乘客从某个(排)座椅到其他(排)座椅、乘客门引道以及乘客站立区域的行走空间。它不包括：

a) 座椅前方 300 mm 的空间，对位于轮罩上方的侧向座椅，该尺寸可减小到 225 mm；

b) 踏步上方的空间；

c) 仅供进入某个(排)座椅或者相向布置的横排座椅的行走空间。

注：有别于 GB/T 4780—2000 中 3.56。

### 3.2

**引道 access passage**

从乘客门向车内直到最上一级踏步的外边缘(通道的边缘)的延伸空间。当车门处无踏步时，引道为从乘客门向内 300 mm 的空间(按 4.6.1.1～4.6.1.3)。

### 3.3

**驾驶区 driver's compartment**

除紧急情况外由驾驶员专用的空间，包括驾驶员座椅、方向盘、控制器、仪表及其他驾驶或操纵车辆必须的装置所占用的空间。

注：有别于 GB/T 4780—2000 中 3.21。

3.4

**分隔舱　separate compartment**

在车辆行驶时可由乘客或车组人员使用的车内某一空间，该空间与相邻的乘员区相互隔离，但允许有门相通。

3.5

**双引道门　double door**

可提供两个或相当于两个引道的车门。

3.6

**出口　exit**

指乘客门或应急出口。

3.7

**应急出口　emergency exit**

指应急门、应急窗或撤离舱口。

3.8

**应急门　emergency door**

仅在异常、紧急情况下作为乘客出口的车门。

3.9

**应急窗　emergency window**

仅在紧急情况下作为乘员出口的车窗，该车窗可以不装玻璃。

3.10

**双窗或多窗　double or multiple window**

能被设想的垂线(或垂面)分为两个或多个部分，而每一部分均符合一个应急窗的尺寸和通过性要求的应急窗。

3.11

**撤离舱口　escape hatch**

仅在紧急情况下供乘客作为应急出口的车顶或地板上的开口，即安全顶窗和地板出口。

3.12

**动力控制乘客门　power-operated service door**

用人力以外的能量驱动的乘客门，如果其开启和关闭不是自动的，则由驾驶员或车组人员远距离控制。

3.13

**自动控制乘客门　automatically operated service door**

驾驶员启动控制件后，由乘客开启并再自动关闭的动力控制乘客门。

3.14

**起步阻止装置　starting prevention device**

能自动防止处于静止状态的车辆被开动的装置。

3.15

**车组人员　member of the crew**

除驾驶员外的辅助人员(如副驾驶员、乘务员、导游)。

3.16

**行动不便乘客　passenger with reduced mobility**

乘坐交通工具有困难的人，如残疾人(包括视觉障碍、智力障碍、肢体损伤)、病人、轮椅使用者、身材矮小者、老人、孕妇和抱婴幼儿者等乘客。

3.17

**轮椅使用者　wheelchair user**

受身体条件限制而使用轮椅活动的人。

3.18

**优先座位　priority seat**

为行动不便乘客提供特殊乘坐空间并有相应标记的座位。

3.19

**可拆式座椅　demountable seat**

能容易地从车上拆下的座椅。

3.20

**辅助上车装置　boarding device**

便于轮椅使用者上车的装置，如举升装置、导板等。

3.21

**车身降低系统　kneeling system**

能使车身降低和恢复正常运行位置高度的系统。

3.22

**举升装置　lift**

带有可升降的平台以供乘客和轮椅在地面(或路沿/肩)和乘客区地板之间无障碍进出的装置或系统。

3.23

**导板　ramp**

在乘客区地板和地面(或路沿/肩)之间搭桥的装置。

3.24

**可携式导板　portable ramp**

可以从车辆结构上分开，并能被驾驶员或车组人员拆走的导板。

3.25

**整车运行状态质量　mass of the vehicle in running order**

车辆在可运行状态下未载运乘客和/或装载货物时的质量，包括整车整备质量、驾驶员和车组人员(如设有车组人员座位)的质量。

3.26

**"前"和"后"　'front' and 'rear'**

按正常行驶方向的车辆的前或后，"向前"、"最前"、"向后"、"最后"等应作相应解释。

## 4　要求

### 4.1　一般要求

4.1.1　如果车辆同时属于Ⅰ级、Ⅱ级和Ⅲ级中一种以上的类别，则该车应根据其所属的每一类别而分别符合本标准中相应的条款。

4.1.2　除非另作规定，本标准中的测量应在车辆处于整车运行状态质量(车组人员就座或有相应配重)、停止在平整的水平地面上进行。如装有车身降低系统，应设置于车辆行驶时的正常高度。

当本标准要求在整车运行状态质量时车内某一表面应水平或处于一定角度，对于采用机械悬架的车辆，只要车辆在制造厂声明的装载条件下能够满足要求，则允许车辆在整车运行状态质量时该表面倾斜或超过所规定的角度。如果车辆装有车身降低系统，则该系统不应处于工作状态。

4.1.3 如客车设有协助行动不便乘客和/或轮椅使用者的装置，应符合附录A的规定。

**4.2 上部结构强度**

客车的上部结构应具有足够的强度和刚度，Ⅱ级和Ⅲ级客车应符合GB/T 17578的规定。

**4.3 侧倾稳定性**

4.3.1 车辆的侧倾稳定性是指车辆水平停放在试验平台上，向左右两边倾斜28°，而不会翻转。

4.3.2 进行车辆侧倾稳定性试验时，车辆应处于整车运行状态质量，并且有：

4.3.2.1 每个乘客座椅上载荷$Q$；如果车辆预定有站立乘客和一名站立的车组人员，对应的载荷应均布在相应的站立区，质心高度位于地板上方875 mm；如车辆装有车顶行李架，应按照制造厂规定的质量装载，其值不小于$RV_x$；车内行李架及行李舱内应无任何行李。

其中，$Q$、$R$、$V_x$的数值按GB/T 12428核定。

4.3.2.2 如果车辆有可变的座椅数量、站立乘员数和设计运载一个或多个轮椅，涉及发生变化的乘客区，4.3.2.1中的载荷应是以下规定中的较大者：

a) 这个区域内乘客数的质量，包括任何可拆式座椅的质量；
b) 这个区域内站立乘客数的质量；
c) 这个区域内轮椅和其使用者质量，总质量250 kg，质心高度在每个轮椅空间中心地板上500 mm；
d) 座位乘客、站立乘客和轮椅使用者的质量及在这些可能情况下的组合质量。

4.3.3 用来防止车辆滑动的挡块，其高度应不大于侧翻前轮胎平面（车辆在4.3.2规定的载荷下）和轮辋之间距离的2/3。

4.3.4 车辆侧倾试验时，正常使用情况下不接触的车辆零件不应接触，也不应损坏或移位。

4.3.5 可用计算的方法进行验证（计算方法见附录B），在4.3.1和4.3.2的条件下，车辆应不发生翻转，进行计算时应考虑下列参数：

a) 质量和尺寸；
b) 质心高度；
c) 弹簧刚度；
d) 轮胎垂直刚度和横向刚度；
e) 空气弹簧中空气压力的控制特性；
f) 力矩中心的位置；
g) 车身的抗扭强度。

**4.4 防火措施**

**4.4.1 发动机舱**

4.4.1.1 发动机舱应使用符合GB 8410规定的隔音、隔热材料，不应使用易浸吸燃料、润滑油或其他易燃物而又无防渗透覆盖层的材料。

4.4.1.2 应合理布置发动机舱并采取设置泄油孔等预防措施，尽可能避免燃料、润滑油或其他易燃物积聚在发动机舱内。

4.4.1.3 发动机舱或其他热源（如缓速器或车内采暖装置，但不包括热水循环装置）与车辆其他部分之间应安装隔热材料。用于联接隔热材料的固定夹、垫圈等也应防火。

**4.4.2 燃油箱**

4.4.2.1 燃油箱应固定牢靠，其安装位置应使其在车辆遭到前、后碰撞的事故中受到车身结构的保护，同时，燃油箱的任何部位距车辆前端应不小于600 mm，距车辆后端应不小于300 mm。

4.4.2.2 燃油箱的任何部位均不应凸出于车身总宽。

4.4.2.3 燃油加注口应只能从车外使用，并且与乘客门或应急门的距离，应不小于500 mm（对汽油箱）或250 mm（对柴油箱）；其位置不应设在加油时燃油可能滴溅到发动机或排气系统的位置。

4.4.2.4 如果燃油加注口位于车辆侧面，加注口盖关闭时，不应凸出于邻近的车身表面。

4.4.2.5 加注口盖应不能意外开启。

**4.4.3 燃油供给系统**

4.4.3.1 燃油供给系统不应设置在驾驶区或乘客区内。

4.4.3.2 燃油供给系统的油管和其他部件应布置合理，并可靠保护。

4.4.3.3 车身结构或动力总成的扭转、弯曲及振动，不应使供油管路处于非正常受力状态。

4.4.3.4 燃油供给系统的刚性零件与柔性管路组合时，应保证在车辆的各种使用工况下均不泄漏。

4.4.3.5 燃油供给系统的任何部位一旦有燃油泄漏，应能顺利地流向地面，不应滴落到排气系统或高压电器设备上。

**4.4.4 电气设备与导线**

4.4.4.1 导线应满足负荷要求，具有良好的绝缘性能，并符合 QC/T 730—2005 中对导线的抗延燃性的要求。电气设备及导线应能耐受其环境温度和湿度，尤其能耐受发动机舱内的温度和各种污染物可能带来的损害。

4.4.4.2 除起动机、点火线圈(强制点火)、电热塞、发动机停机装置、充电线路和蓄电池地线外，每个电气设备的供电线路都应有保险丝或断路器。但对于低耗电设备的供电线路，如额定电流总和不超过 16A，可设置公共保险丝或公共断路器来保护。

4.4.4.3 导线应妥善防护，安全地固定在不会被划伤、磨损、腐蚀的位置，除非提供专门的绝缘和保护(例如对控制排气阀的电磁线圈)，否则不应与油管、排气系统接触或承受过高温度。

4.4.4.4 当车内有电压超过 100 V(均方根值)的线路时，应在该线路的火线上装设能将该线路与主电源断开的手动断路开关，以便能将这些线路从主电源上断开，但不能断开车外强制照明的供电线路。该开关应位于车内驾驶员容易接近的位置。本规定不适用于高压点火线路或车上设备单元的内部电路。

**4.4.5 蓄电池**

4.4.5.1 所有蓄电池应安装牢固且易于接近。

4.4.5.2 蓄电池箱应与乘客区、驾驶区隔开，并与外界通风。

4.4.5.3 蓄电池接线柱应无短路危险。

**4.4.6 灭火器**

4.4.6.1 应提供安装一个或多个灭火器的、不小于 $1.5\times10^{7}$ $mm^{3}$ 的空间，其中一个靠近驾驶员座椅。

4.4.6.2 灭火器的安装位置应清晰易见或清楚标识，在紧急情况易于取用。

**4.4.7 材料**

4.4.7.1 在排气系统或其他明显的热源周围 100 mm 内不允许有可燃材料，除非将其有效屏蔽。

4.4.7.2 车身内饰材料应符合 GB 8410 的规定。

**4.5 出口**

**4.5.1 出口数量及位置**

4.5.1.1 出口的最少数量

为满足紧急情况下的乘员撤离和车外救助，每个分隔舱(不含卫生间或烹调间)的出口最少数量均应符合表 1 的规定。

**表 1 每个分隔舱出口的最少数量**

| 每个分隔舱内的乘员数量 | 出口的最少数量 |
|---|---|
| 1～8 | 2 |
| 9～16 | 3 |
| 17～30 | 4 |

表 1(续)

| 每个分隔舱内的乘员数量 | 出口的最少数量 |
|---|---|
| 31～45 | 5 |
| 46～60 | 6 |
| 61～75 | 7 |
| 76～90 | 8 |
| 91～110 | 9 |
| 111～130 | 10 |
| >130 | 11 |
| 不论撤离舱口数量有多少,只能计为一个应急出口。 | |

4.5.1.2 乘客门的最少数量见表 2。

表 2 乘客门的最少数量

| 客车类型 | Ⅰ级 | | | Ⅱ级、Ⅲ级 | |
|---|---|---|---|---|---|
| 车长 $L$/m | $L \leqslant 10$ | $10 < L \leqslant 13.7$ | $L > 13.7$ | $L \leqslant 12$ | $L > 12$ |
| 乘客门最少数量 | 1 | 2 | 3 | 1 | 2 |

4.5.1.3 表 2 中所要求的乘客门为两个时,应分开设置,通过其面积中心的横向垂直面之间的距离应不小于乘客区总长的 40%。若两车门之一是双引道门,则此距离应在相距最远的两个车门之间测量。

4.5.1.4 乘客门应位于车辆右侧,其中至少应有一个乘客门在车辆的前半部。但对在道路中央设置的公共汽车专用道上运营使用的公共汽车,由于公交站台位置的原因需在车身左侧上下乘客时,允许在车身左侧开设乘客门,而车身右侧则不允许再设乘客门。允许在客车的后围设置一个车门(非乘客门),但允许轮椅乘客使用。

4.5.1.5 双引道门应计为两个车门,每个双窗或多窗应计为两个应急窗。

4.5.1.6 客车左右两侧的出口数量应基本相同,同一侧面的出口之间应沿车辆长度方向留有适当的空间。

4.5.1.7 至少应有一个应急出口位于客车的前围或后围,也可通过设置撤离舱口来满足此要求。

4.5.1.8 Ⅱ级和Ⅲ级客车应设撤离舱口,其最少数量见表 3。

表 3 Ⅱ级和Ⅲ级客车撤离舱口的最少数量

| 乘客数量 | 撤离舱口数量 |
|---|---|
| ≤50 | 1 |
| >50 | 2 |

4.5.1.9 若在车顶或地板上设有一个撤离舱口,应位于车辆中部范围内(该范围的长度等于车长的 1/2);若设有两个撤离舱口,二者相邻两边之间距离(平行于车辆纵轴线测量)至少 2 m。

4.5.1.10 铰接客车的每个刚性段按单车来确定其出口的最少数量和位置(4.5.1.7 的规定除外)。

4.5.1.11 若驾驶区没有符合 4.6.5.2 所述条件之一的通道进入乘客区,则视为一个分隔舱,并应符合:

4.5.1.11.1 驾驶区应有不在同一侧围上的两个出口。当出口之一是车窗时,应符合 4.5.2 和 4.5.7 对应急窗的规定。

4.5.1.11.2 如果上述两个出口均为车门,则允许驾驶员近旁有 1～2 个附加的乘员座椅。若驾驶员座椅、方向盘、发动机罩、变速杆和手制动控制件等不构成太大的障碍,则驾驶员门应视为这些座位上乘员的应急门,为这些附加乘员提供的车门应视为驾驶员的应急门。如果驾驶区与乘客区之间设有符合

4.5.2中应急门尺寸的门或过道，则允许最多5个附加座椅安装在与驾驶员临近的区域内。上述附加座椅及其座椅空间应符合本标准的所有要求。

4.5.1.11.3 在4.5.1.11.2中所述的车门不应计入4.5.1.2要求的乘客门数量，也不必满足4.5.2～4.5.6、4.6.1、4.6.2和4.6.7的要求。

4.5.1.12 若驾驶员座椅及其邻近的任何座椅可以通过符合4.6.5.2所述条件之一的通道与主乘客区相通，则不要求驾驶区有外部出口。如果驾驶区设有驾驶员门或其他出口（无论几个），则可以计为主乘客区的一个出口，但需满足：

——使用这种出口时不需要从方向盘和驾驶员座椅之间挤过去；

——满足4.5.2对应急出口的尺寸要求。

4.5.1.13 在4.5.1.12情况下，允许在驾驶员座椅和乘客区之间有一道门或隔离设施（该设施在紧急情况下能被驾驶员迅速排除），但此驾驶员门不应计为乘客的出口。

### 4.5.2 出口最小尺寸

各种出口的最小尺寸应符合表4的规定。

**表4 出口的最小尺寸**

| 车辆类别 | | Ⅰ级 | Ⅱ、Ⅲ级 | 备注 |
|---|---|---|---|---|
| 乘客门 | 净高/mm | 1 800 | 1 650 | |
| | 净宽/mm | 单引道门:650<br>双引道门:1 100 | | 在距地面800 mm～1 100 mm范围内测量；<br>该尺寸在扶手处可减少100 mm |
| 应急门 | 净高/mm | 1 250 | | |
| | 净宽/mm | 550 | | 在应急门高度的1/2处测量 |
| 应急窗 | 面积/mm² | $4.0\times10^5$ | | 在此面积可内接一个500 mm×700 mm长方形；<br>对于车辆后围上应急窗，也可以内接一个高350 mm、宽1 550 mm、四角曲率半径不超过250 mm的长方形 |
| 撤离舱口 | 舱口净面积/mm² | $4.0\times10^5$ | | 在此面积内可内接一个500 mm×700 mm、四角曲率半径为200 mm的长方形 |
| 注：上述尺寸在测量时，允许包括密封条可压缩变形的部分。 | | | | |

### 4.5.3 乘客门技术要求

4.5.3.1 当客车静止时，乘客门应易于从车内开启。紧急情况时乘客门还应能从车外开启，即使车外将门锁住时，仍能从车内开启车门。车外开门装置离地高度不大于1 800 mm。

4.5.3.2 采用铰链或转轴的单扇手控乘客门，当车辆向前移动，打开的车门碰到静止物体时应趋于关闭。

4.5.3.3 若手控乘客门装用的是弹簧锁，则应是双级型的。

4.5.3.4 在乘客门内侧不应有任何机构在车门关闭时遮盖内踏步，此要求并不排除车门操纵机构和安装在车门内侧的其他装置在车门关闭时侵入踏步凹入部分，但侵入部分不应形成乘客可能站立的附加地板，并且该机构和设备对乘客不应产生危险。

4.5.3.5 驾驶员在座位上应能观察到每扇非自动操纵乘客门内外附近的乘客情况，如果不能直接观察到，则应安装光学或其他形式的辅助装置。

4.5.3.6 在正常使用情况下，乘客门向车内开启时，其结构应保证开启运动不致伤害乘客。必要时，应装有适当的保护装置。

4.5.3.7 若乘客门与卫生间或其他内舱门相邻，此乘客门应能防止误操作。此要求不适用于车速超过

5 km/h 时能自动锁住的乘客门。

**4.5.4 动力控制乘客门的附加技术要求**

4.5.4.1 在紧急情况下，当车辆静止时，每扇动力控制乘客门无论是否有动力供应，都应能通过车门应急控制器从车内打开；当车门未锁住时，也能从车外打开。要求车门应急控制器：

a) 在操纵时优先于启闭车门的其他所有控制；
b) 车内控制件应安装在车门上或距车门不大于 300 mm、从第一级踏步向上不小于 1 600 mm 的高度处；
c) 临近车门的乘客容易看见并清楚识别；如果控制件附加于正常的车门开启装置，则应清楚标示为紧急情况下使用；
d) 能由位于车门前的人操纵；
e) 直接打开车门，或者用手能很容易地打开；
f) 可由易于被移开或打破(以便操纵应急控制器)的装置来保护。操纵应急控制器或移开应急控制器上的保护盖，都应通过声响和视觉信号提醒驾驶员；
g) 当驾驶员操纵的车门不符合 4.5.4.6.2 要求时，应满足：操纵控制器打开车门后使车门处于正常开启位置，在驾驶员未操纵关门控制件前，车门不再关闭。

4.5.4.2 可提供一种装置，驾驶员在其座位上操纵，使外部应急控制器不起作用，以便从外部锁住乘客门。在发动机启动或车速达到 20 km/h 前，外部应急控制器应自动再起作用。同时，其作用的解除不应自动发生，除非驾驶员再次操作。

4.5.4.3 每扇驾驶员操纵的乘客门，驾驶员应能在其座位上用控制件操纵，控制件(不包括用脚操纵的控制件)应标识清晰并明显区别于其他标识。

4.5.4.4 每扇动力控制乘客门应能启动一个视觉警示装置，驾驶员在正常驾驶位置及任何照明环境下，均应能明显看到此装置，以提醒驾驶员车门没有完全关闭。此警示装置应在车门的刚性结构完全打开位置和距完全关闭位置 30 mm 处之间给出信号。多个车门可以共用一个警示装置。但不符合 4.5.4.6.1要求的前乘客门可以不装这种警示装置。

4.5.4.5 供驾驶员启闭动力控制乘客门的控制件，应能使驾驶员在关门或开门过程的任何时候使车门反向运动。

4.5.4.6 每扇动力控制乘客门的结构和控制系统应使乘客在关门时，不被车门伤害或夹住。

4.5.4.6.1 除前乘客门外，若达到下列两项要求，则满足本规定：

4.5.4.6.1.1 在附录 C 所述任一测量点，车门关闭时的夹持力不得超过 150 N，否则车门应自动再完全打开(自动控制乘客门除外)，并保持打开位置直至操纵关门控制。测试方法见附录 C，峰值力可短时间高于 150 N，但不得超过 300 N。重新开启系统可用断面高 60 mm、宽 30 mm、圆角半径 5 mm 的试棒检查。

4.5.4.6.1.2 当车门夹住乘客的手腕或手指时：

a) 车门应自动重新开启至完全打开(自动控制乘客门除外)并保持打开直到操纵关门控制，或者
b) 乘客手腕和手指能容易地抽出而无伤害。此要求可用手或试棒(见 4.5.4.6.1.1)检查，将试棒的厚度在 300 mm 长度上由 30 mm 逐渐减小到 5 mm，且不应抛光处理或加润滑油，如果门夹住试棒，应能轻易地抽出，或者
c) 车门保持在允许试棒在高 60 mm、宽 20 mm、圆角半径 5 mm 的截面处自由通过的位置，此位置与车门完全关闭位置相差不大于 30 mm。

4.5.4.6.2 对前乘客门，若达到下列要求之一，也满足本规定：

a) 满足 4.5.4.6.1 的要求；或
b) 装用软密封条，但不应太软，以确保当车门关在 4.5.4.6.1.1 所述的试棒上时，车门的刚性结构不能达到完全关闭位置。

4.5.4.7 当动力控制乘客门只依靠动力的持续供应保持关闭时，应有视觉警示装置通知驾驶员车门动力供应的任何故障。

4.5.4.8 若装有起步阻止装置，车门打开时车辆应不能起步。

4.5.4.9 如车辆未装起步阻止装置，当任何动力控制乘客门未完全关闭时车辆起步，应启动对驾驶员的声响警示；对符合4.5.4.6.1.2 c)要求的乘客门，该声响警示装置应在车速超过5 km/h时起作用。

**4.5.5 自动控制乘客门的附加技术要求**

**4.5.5.1 开门控制件的启用**

a) 除4.5.4.1所规定的车门应急控制器外，每扇自动控制乘客门的开门控制件应只能由驾驶员在其座位上启用和解除。

b) 开门控制件的启用和解除可用一个开关直接控制，也可以间接控制，例如打开和关闭前乘客门。

c) 驾驶员对开门控制件的启用应有车内显示，从车外打开车门时，也应有车外显示，显示器(如光显按钮、光显信号)应在相应的车门上或车门附近。

d) 当用开关直接启用时，系统的功能状况应通过开关的位置、显示器灯或光显开关等清晰地显示给驾驶员。开关应予特别标志，并不得与其他控制件混淆布置。

**4.5.5.2 自动控制乘客门的开启**

4.5.5.2.1 驾驶员启用开门控制件以后，乘客可按以下方式打开车门：

a) 从车内操作，例如，按下按钮或通过一个光栅；

b) 从车外操作(标明只用作出口的车门除外)，例如，可按光显按钮、光显信号下面的按钮或者标有相应说明的类似装置。

4.5.5.2.2 按下在4.5.5.2.1 a)提及的按钮，可以发出一个贮存信号，并在驾驶员启用开门控制件之后打开车门。

**4.5.5.3 自动控制乘客门的关闭**

a) 自动控制乘客门开启后，经过一个时间间隔应再自动关闭，若乘客在此时间间隔中进出车门，安全装置(即踏步接触器、光栅或单向阀等)应确保有足够的关门顺延时间。

b) 车门正在关闭时如有乘客进出，则关闭过程应自动中止，车门应返回开启位置，返回动作是由4.5.5.3 a) 所述的安全装置之一或其他装置启动的。

c) 已经依照4.5.5.3 a)自动关闭的乘客门，除非驾驶员解除了开门控制件的启用，否则应能再被乘客按4.5.5.2打开。

d) 自动控制乘客门开门控制件的启用被驾驶员解除后，开启的车门应按4.5.5.3 a)和4.5.5.3 b)关闭。

**4.5.5.4 标明特殊用途的乘客门(如：为行动不便乘客专用等)自动关闭过程的延迟**

a) 驾驶员和乘客应能各自操纵特定按钮实现自动关门过程的延迟。

b) 自动关闭过程的延迟应显示(例如，通过可见指示器)给驾驶员。

c) 驾驶员应能随时恢复自动关门过程。

d) 随后车门的关闭应符合4.5.5.3的要求。

**4.5.6 应急门技术要求**

4.5.6.1 当车辆停止时，应急门应能从车内和车外方便地打开。允许从车外将门锁住，但必须保证始终能用正常的开启装置从车内将其打开。

4.5.6.2 应急门在使用时不应是动力控制的型式，除非启动4.5.4.1所述的应急控制器后车门打开并保持在正常开启位置，直到驾驶员再次操纵关门控制；应急门也不应是滑动式。

4.5.6.3 应急门的车外开启装置距地高度应在1 000 mm～1 800 mm，且距该门不大于500 mm；车内开启装置应距其下方地板(或踏步)的上表面1 000 mm～1 500 mm，且距该门不大于500 mm。开启装置的控制件位于驾驶区内时，不适用于本规定。

4.5.6.4 车辆侧面的铰接式应急门应铰接于前端并向外开启。应急门打开后应保证满足以下两条中的任一条：

——保持至少100°的开启角度（允许采用限位带、链条或其他约束装置）；

——引道的测试量具能自由通过该门至车外。

4.5.6.5 若应急门位于卫生间或其他内舱门的附近，应能防止误操作。此要求对车速超过5 km/h时能自动锁住的应急门不适用。

4.5.6.6 所有应急门都应提供声响装置，在应急门未完全关闭时提醒驾驶员。该警示装置应由门的锁止装置（例如，门闩或把手）的运动、而不是门本身的运动来启动。

**4.5.7 应急窗技术要求**

4.5.7.1 铰接式或弹射式应急窗应向外开启。弹射的型式不应是操作时整个从车辆上分离。弹射式应急窗应有效地防止误操作。

4.5.7.2 应急窗应易于从车内和车外迅速打开；或者采用易击碎的安全玻璃（而不是夹层玻璃或塑料），并在每扇应急窗的邻近处提供一个方便用来击碎应急窗的工具。

4.5.7.3 能从车外锁住的应急窗，应在结构上保证总能从车内打开。

4.5.7.4 水平铰接于上端的应急窗，应有一个适当的机构保持其充分开启。铰接式应急窗的开启应保证车内外进出的畅通。

4.5.7.5 车辆侧窗的下边缘距其下方地板平面（不算任何局部改变，如车轮或传动装置等引起的局部变形）的高度应不大于1 200 mm，不小于650 mm。若侧窗洞口距地板650 mm高度处有防护装置以防乘客坠落车外，则允许其底边距地板最小高度为500 mm，但对于应急窗，其防护装置上方的洞口面积应不小于对应急窗规定的最小尺寸。

4.5.7.6 对驾驶员不能从其座位处清楚看见的铰接式应急窗，应安装声响报警装置，该警示装置应由窗锁（并非窗子本身）的运动来启动，当应急窗未完全关闭时提醒驾驶员。

**4.5.8 撤离舱口技术要求**

4.5.8.1 撤离舱口的开启应保证车内外进出的畅通。

4.5.8.2 安全顶窗应是弹射式、铰接式或采用易击碎的安全玻璃；地板出口应是铰接式或弹射式，并装有声响报警装置，当其未完全关闭时提醒驾驶员。该警示装置应由地板出口的锁止装置（而不是地板出口本身）的运动来启动。地板出口应防止无意操作，此要求对车速超过5 km/h时能自动锁住的地板出口不适用。

4.5.8.3 撤离舱口的弹射型式不允许操作时整个从车辆上分离，并不应对车外人员构成危险。弹射式撤离舱口应有效地防止误操作。弹射式地板出口应只能弹向乘客舱。

4.5.8.4 铰接式撤离舱口应铰接于朝向车辆前或后的一端，并应开启至少100°。铰接式地板出口应折向乘客舱。

4.5.8.5 撤离舱口应易于从车内、车外打开或移开。允许锁住撤离舱口，但必须保证始终能用正常的开启或移开机构将其从车内打开或移开。对易于击碎的安全顶窗，应在邻近处提供一个方便用来击碎安全顶窗的工具。

**4.5.9 伸缩式踏步的技术要求**

如装有伸缩式踏步，应符合下列要求：

4.5.9.1 伸缩式踏步应与相应的乘客门或应急门同时工作。

4.5.9.2 当车门关闭时，伸缩式踏步不应凸出邻近车身表面10 mm。

4.5.9.3 当车门开启时，伸缩式踏步应处于伸出位置，其面积应符合4.6.7的要求。

4.5.9.4 伸缩式踏步处于伸出位置时，车辆应不能靠自身动力起步。

4.5.9.5 动力操纵伸缩式踏步在车辆行驶时应不能伸出。若操纵装置失效，踏步应缩回并保持在收起位置。操纵装置失效或踏步损坏时，不应妨碍相应车门工作。

4.5.9.6 当一名乘客站在动力操纵的伸缩式踏步上，相应的车门应不能关闭，可用 15kg 的重块放在踏步中心来检查。此要求不适用于在驾驶员直接视野内的任何车门。

4.5.9.7 伸缩式踏步的运动不应对车内外人员的身体造成伤害，伸缩式踏步表面应有黄黑相间的警示。

4.5.9.8 伸缩式踏步的外角应采用半径不小于 5 mm 的圆角过渡，其上下边缘应采用半径不小于 2.5 mm的圆角过渡。

4.5.9.9 乘客门打开时，伸缩式踏步应可靠地保持在伸出位置。用 136 kg 的重块放在单引道门的伸缩式踏步中心或 272 kg 的重块放在双引道门的伸缩式踏步中心时，踏步任何点的变形量不应超过 10 mm。

4.5.10 标志

4.5.10.1 每个应急出口处应在车内标示“应急出口”或国际通用符号。

4.5.10.2 乘客门和所有应急出口的应急控制器应在车内用符号或清晰字样标示。

4.5.10.3 在出口的每个应急控制器处或附近，应有关于操作方法的清晰说明。

4.6 车内布置

4.6.1 乘客门引道

4.6.1.1 从乘客门向车内的延伸空间应允许垂直平板 1[见图 1 a)和表 5]自由通过。垂直平板 1 在起始位置时，靠近车辆内侧的板面应切于车门开口的最外边缘，移动时应保持与乘客的出入方向垂直。

4.6.1.2 可以用垂直平板 2[见图 1 b)]替代垂直平板 1。

单位为毫米

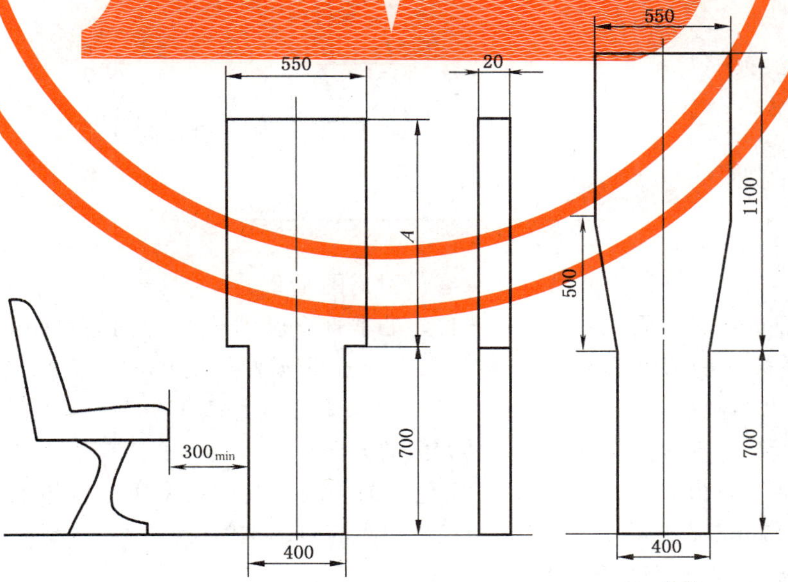


a) b) 替代

注：顶部宽度可由 550 mm 减为 400 mm，其过渡斜面与水平面夹角不应超过 30°。

图 1 乘客门引道图示 1

表 5 垂直平板 1 的上板高度 *A* 单位为毫米

| 车辆类别 | Ⅰ级 | Ⅱ级 | Ⅲ级 |
|---|---|---|---|
| *A* 值 | 1 100 | 950 | 850 |

4.6.1.3 当垂直平板 1（或 2）的中心线从起始位置移过 300 mm，将平板底部接触踏步表面并保持在此位置。

4.6.1.4 用来检查通道空间的圆柱体（见图 4 和表 6）从通道开始沿乘客离开车辆的运动方向移动，直到其中心线达到最上一级踏步外边缘所在的垂直平面或上圆柱接触垂直平板 1（或 2）（以先出现为准），并保持在此位置（见图 2）。

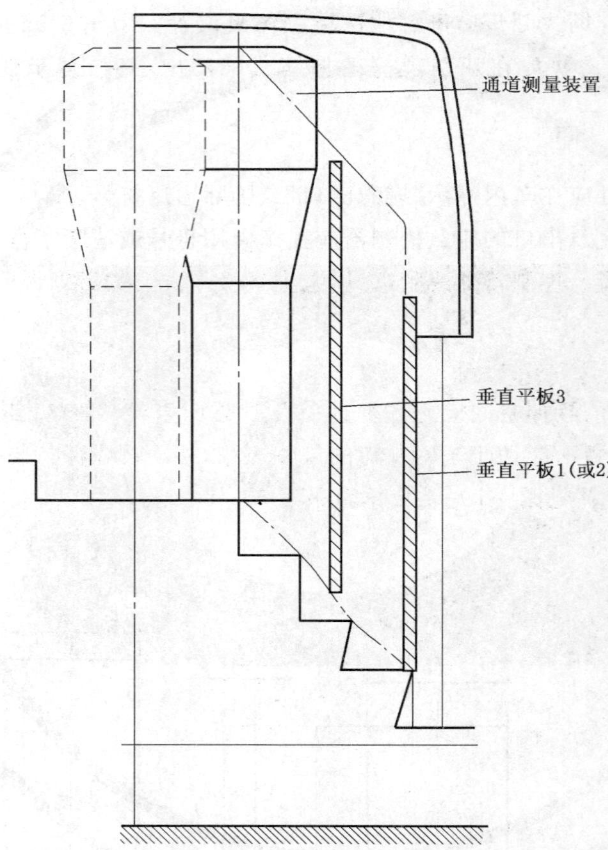


图 2 乘客门引道图示 2

4.6.1.5 在上述位置的圆柱体同 4.6.1.3 所述位置的垂直平板 1（或 2）之间应允许垂直平板 3 自由通过（见图 2）。垂直平板 3 的形状和尺寸与 4.6.5.1 所述的圆柱体的中心截面相同，其厚度不大于 20 mm。垂直平板 3 从与圆柱体相切的位置移动到其外侧板面与垂直平板 1（或 2）接触，其底部触及由踏步外边缘形成的平面，移动方向与乘客出入乘客门的方向一致。

4.6.1.6 上述测量装置自由通过的净空间，不应包括前向或后向座椅未压缩座垫前 300 mm、或安装在轮罩上的座椅前 225 mm 范围内，高度从地板至座垫最高点的空间。

4.6.1.7 对折叠座椅，应在座椅打开位置时测量。

4.6.1.8 对车组人员专用的折叠座椅，若符合下列要求，则允许在其折叠位置测量：

a) 在车上清楚地标示，此座椅仅供车组人员使用；

b) 座椅不使用时应能自动折叠，以便满足 4.6.1.1 ～ 4.6.1.5 的要求；

c) 无论该座椅处于使用位置或折叠状态，其任何部位均不得位于驾驶员座椅（处于最后位置时）

座垫上表面中心与车外右后视镜中心连线所在的垂直平面的前方。

4.6.1.9 当车辆处于整车运行状态质量且车身降低系统不工作时，引道处地板的坡度不应超过5%。

4.6.2 应急门引道

4.6.2.1 在通道和应急门之间的自由空间应允许叠加圆柱(见图3)自由通过。

单位为毫米

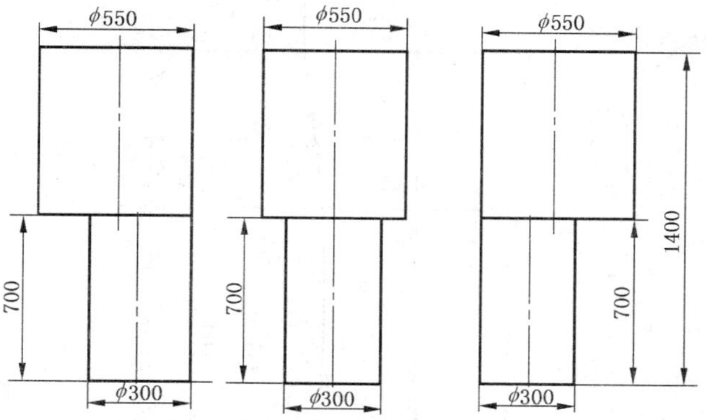


注:上圆柱直径可在顶部减为400 mm，其过渡斜面与水平面夹角不超过30°。

图3 应急门引道测量装置

4.6.2.2 下圆柱体的底部应在上圆柱体的投影内，二者可以相对位移。

4.6.2.3 沿引道侧面设有折叠座椅时，叠加圆柱通过的自由空间应在该座椅打开位置时测量。如该座椅在不使用时能自动折叠，则允许在其折叠位置测量。

4.6.2.4 可用4.6.5.1规定的圆柱体(见图4)替代叠加圆柱。

4.6.3 应急窗的通过性

4.6.3.1 每个应急窗应能满足相应的测试量具从通道经应急窗移到车外。

4.6.3.2 测试量具的运动方向应与乘客从车辆撤出的方向一致，其正面(最大端面)应与运动方向保持垂直。

4.6.3.3 测试量具是尺寸为600 mm×400 mm、圆角半径200 mm的薄板，但若应急窗在车辆后围，其尺寸可改为1 400 mm×350 mm、圆角半径175 mm。

4.6.4 撤离舱口的通过性

4.6.4.1 安全顶窗

除Ⅰ级客车外，至少一个安全顶窗应满足如下可接近性:用侧面与垂面成20°角、高1 600 mm(边长不限定)的正四棱台测量:保持棱台轴线垂直，当其上底面位于安全顶窗的开口区域内、并且不低于车顶外表面高度处时，其下底面应能接触到座椅或相应的支撑件上。支撑件可以折叠或移动，但应能锁止在其所需使用的位置。

4.6.4.2 地板出口

4.6.4.2.1 地板出口上方应有相当于通道高度(见图4)的净空间，并应满足测试量具(600 mm×400 mm、圆角半径200 mm的薄板)从地板上方1 m的高度处畅通无阻地直接到达地面，通过时板面保持水平。

4.6.4.2.2 任何热源或运动部件距地板出口应不小于500 mm。

4.6.5 通道

4.6.5.1 通道应允许测量装置(见图4及表6)自由通过。通过时若同站立乘客用的拉手或其他柔性物(如座椅安全带)接触，可将其移开。

单位为毫米

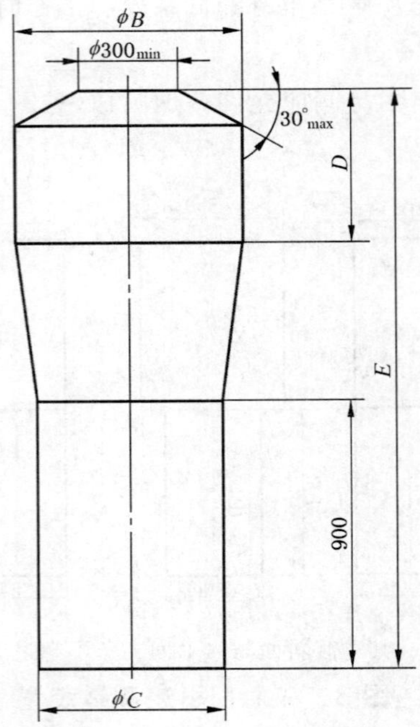


图 4　通道测量装置

表 6　通道测量装置尺寸

单位为毫米

| 车辆类别 | Ⅰ级 | Ⅱ级 | Ⅲ级 |
| --- | --- | --- | --- |
| 下圆柱直径 $C$ | 450 | 350 | 300 |
| 上圆柱直径 $B$ | 550 | 550 | 450 |
| 上圆柱高度 $D$ | 500[a] | | |
| 总高度 $E$ | 1 900[a] | 1 800[a] | |

[a] 在下述位置后面的通道，上圆柱体的高度 $D$ 可减少(测量装置总高度 $E$ 也随之减少)100 mm。
——后轴(多于一个后轴时，为最前面的后轴)中心线前 1.5 m 的横向垂直平面；
——乘客门(多于一个乘客门时，为最后一个乘客门)的后边缘处的横向垂直平面。

4.6.5.2　如果座椅前面没有出口：

a)　若是前向座椅，4.6.5.1 规定的通道测量装置至少应前移至与最前排座椅靠背最前点的横向垂直平面相切并保持在此位置。垂直平板 4 从与通道测量装置接触位置开始，板面向前，前移 660 mm[见图 5 a)]。

b)　若是侧向座椅，通道测量装置至少应前移至与最前面座椅中心的垂直平面相切[见图 5 b)]。

c)　若是后向座椅，通道测量装置至少应前移至与前排座椅的座垫前端的横向垂直平面相切[见图 5 c)]。

d)　对小于 7.5 m 的前置发动机的Ⅱ级和Ⅲ级客车，4.6.5.1 规定的通道测量装置至少应前移至发动机罩后 300 mm，余下的测量由垂直平板 4 完成，测量过程中保持板面向前。

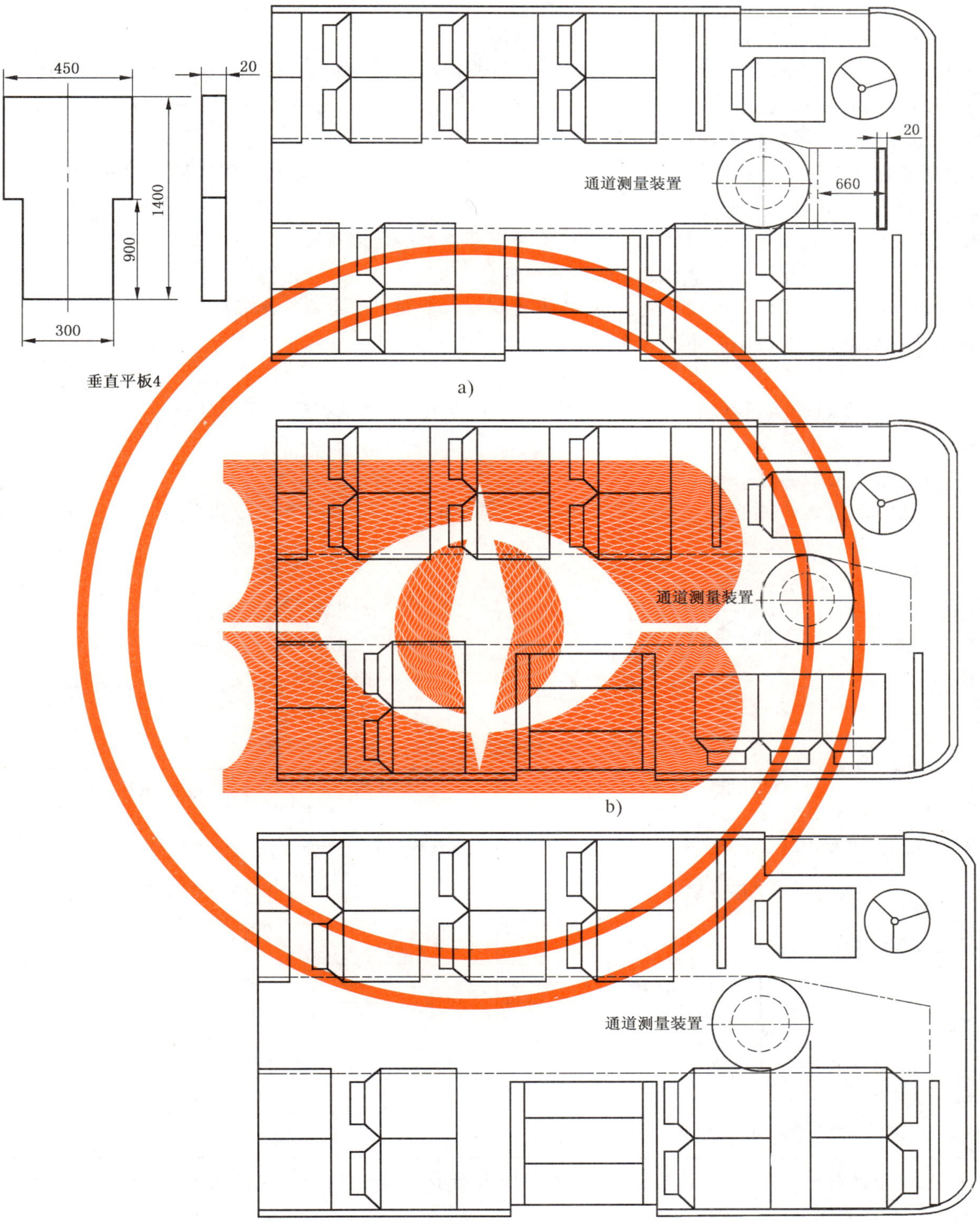


图 5　通道的前界限

4.6.5.3 对Ⅰ级客车，在下述位置后面的通道，通道测量装置的下圆柱体直径可由 450 mm 减小到 400 mm：

——后轴中心线前 1.5 m 处的横向垂直平面（多于一个后轴时，为最前面的后轴）；

——最后面的乘客门后边缘处的横向垂直平面。

4.6.5.4 对Ⅲ级客车，若通道一侧或两侧的座椅可横向移动，且站在通道上的人易于接近并操纵每个座椅的控制件使座椅（甚至在坐人时）返回（如可能，应自动回位）到通道最小宽度为 300 mm 的位置，则通道测量装置的下圆柱体直径可减少到 220 mm。

4.6.5.5 在铰接客车上，4.6.5.1 规定的通道测量装置应能无阻碍地通过铰接段。铰接段的软盖蓬（包括折叠蓬）不允许突入通道。

4.6.5.6 通道内允许有台阶，台阶的宽度应不小于其顶部的通道宽度。

4.6.5.7 通道中不允许设置乘客使用的折叠座椅。

4.6.5.8 横向移动座椅不得侵占通道空间，满足 4.6.5.4 规定的Ⅲ级客车除外。

4.6.5.9 通道和引道表面应防滑。

**4.6.6 通道坡度**

当车辆处于整车运行状态质量且车身降低系统不工作时，通道坡度不应超过：

4.6.6.1 纵向坡度：

——Ⅰ级、Ⅱ级客车：8%；

——Ⅰ级、Ⅱ级低地板客车，在第二轴和第三轴（如果有第三轴）的中心线旁总长度 2 m 的通道：12.5%；

——Ⅲ级客车：12.5%。

4.6.6.2 横向坡度（垂直于车辆纵向轴线的平面上）：5%。

**4.6.7 踏步**

4.6.7.1 乘客门及车内乘客踏步的最大高度、最小高度（车身降低系统不工作）及最小深度见表 7 及图 6。

**表 7 踏步的最大高度、最小高度和最小深度**

单位为毫米

| 客车类型 | | Ⅰ级 | Ⅱ级、Ⅲ级 |
|---|---|---|---|
| 第一级踏步 | 距地面最大高度 $D_{max}$ | 360[a] | 380[b,c] |
| | 最小深度 $A_{min}$ | 300 | |
| 其他踏步 | 最大高度 $E_{max}$ | 250[d] | 350 |
| | 最小高度 $E_{min}$ | 120 | |
| | 最小深度 $A_{min}$ | 200 | |

a 如采用机械悬架：$D_{max}$ 为 380。

b 至少一个乘客门的 $D_{max}$ 为 380，其他乘客门的 $D_{max}$ 为 400。

c 如采用机械悬架：$D_{max}$ 为 430。

d 对最后轴之后的乘客门，其 $E_{max}$ 为 300。

4.6.7.2 下凹的通道与座位区之间的过渡不应作为踏步，但通道表面与座位区地板之间的垂直距离不应超过 350 mm。

4.6.7.3 踏步高度应在其宽度中央测量。制造商应特别考虑行动不便乘客的进入，尤其应考虑踏步高度的最小化。

4.6.7.4 第一级踏步距地面的高度应在车辆处于整车运行状态质量停在水平地面上时测量，测量时轮胎配置和气压应符合制造厂对最大设计装载质量时的规定。

4.6.7.5 其他踏步处，每级踏步可以延伸到相邻踏步的垂直投影区最多 100 mm，且下级踏步的投影应至少保留 200 mm 深度的自由表面（见表 7 和图 6）。所有踏步外边缘的设计应最大程度降低乘客绊倒的风险且有明显的颜色标记。

单位为毫米

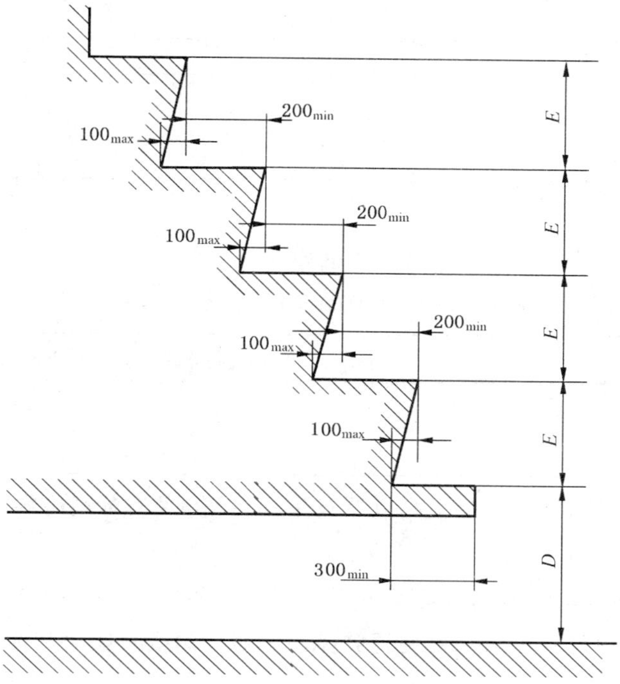


图 6 乘客用踏步

4.6.7.6 踏步的尺寸应满足：在每级踏步上放置表 8 给出的对应矩形时，矩形超出踏步部分的面积不得大于 5%。双引道门处的踏步，其每一半应分别满足此要求。

表 8 测量踏步的矩形尺寸

单位为毫米

| 踏步 | | 矩形尺寸 |
|---|---|---|
| 面积 | 第一级踏步 | 400×300 |
| | 其他踏步 | 350×200 |

4.6.7.7 踏步表面应能防滑。

4.6.7.8 车辆处于整车运行状态质量停在平整的水平面上，在其正常行驶条件（车身降低装置应未工作）下，踏步的最大坡度在任何方向均不应超过 5%。

4.6.8 乘客座椅及乘坐空间

4.6.8.1 座垫高度

未压缩座垫距地板的高度 I（从地板到座垫上表面的水平切面之间的距离）应不小于 400 mm，不大于 500 mm，但在轮罩和发动舱处，此高度可减至不小于 350 mm（见图 7）。

4.6.8.2 座间距

4.6.8.2.1 同向座椅：在座垫上表面最高点所处平面与地板上方 620 mm 高度范围内水平测量，座椅靠背的前面与前排座椅靠背后面之间的距离 $H$，应不小于表 9 规定的数值。

单位为毫米

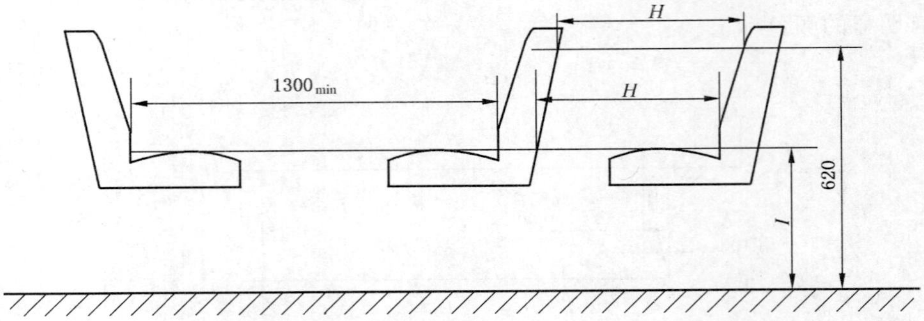


图 7　座间距

表 9　同向座椅的座间距 *H*

单位为毫米

| 车辆类别 | *H* 值 |
|---|---|
| Ⅰ级 | 650 |
| Ⅱ级、Ⅲ级 | 680 |

4.6.8.2.2　相向布置的横排座椅，通过座垫最高点所处平面测量，两相对座椅靠背的前表面之间的最小距离应不小于 1 300 mm。

4.6.8.2.3　所有数据均在通过（单人）座椅中心线的垂直平面内测量，且座垫和靠背都未被压陷。

4.6.8.2.4　测量时，靠背角度可调式座椅和可调驾驶座椅的靠背角度及座椅其他调整量应处于制造厂规定的正常使用位置。

4.6.8.2.5　测量时，安装在座椅背部的折叠桌应处于折叠位置。

4.6.8.3　**就座乘客的空间**

4.6.8.3.1　位于隔离物或其他非座椅的刚性结构后面的乘客座椅应满足图 8 所示的座椅前最小净空间的要求，前方外形近似于倾斜靠背的隔板可以侵入此空间，若为乘客保留适当的脚部空间，则允许椅脚的局部侵入。

单位为毫米

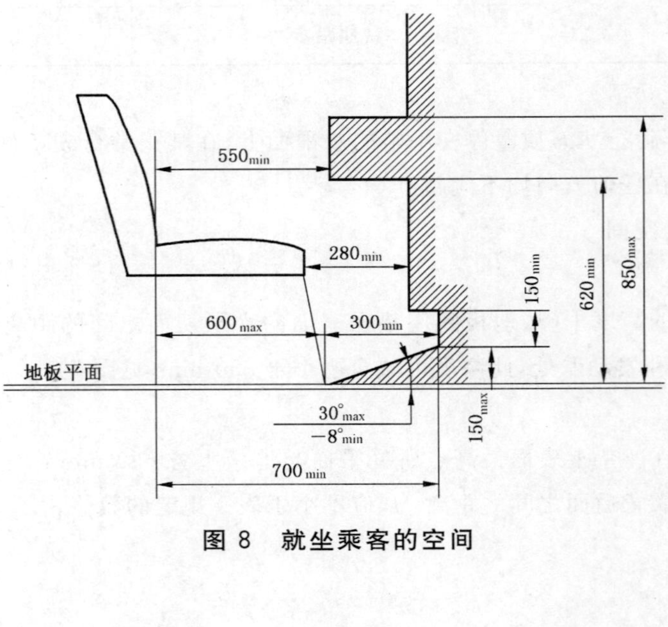


图 8　就坐乘客的空间

4.6.8.3.2　如设有3.18所定义的优先座位，应符合附录A中A.1.2的规定，其最小净空间应不小于图8所示最小净空间的110%。

4.6.8.4　**座位上方的自由空间**

4.6.8.4.1　每个座位均应有一垂直净空间，它是从未压陷座垫的最高点所处平面向上不小于900 mm，以及从就座乘客搁脚的地板处向上不小于1 350 mm（见图9），对于轮罩处和后排座椅处，可减小为1 250 mm。

4.6.8.4.2　这个净空间应包括下述的全部水平区域：

a)　横向区域：座位中心垂直平面两侧各200 mm处的纵向垂直平面之间。

b)　纵向区域：通过座椅靠背上部最后点的横向垂直平面和通过未压缩座垫前端向前280 mm的横向垂直平面之间。测量在座位中心垂直平面进行。

4.6.8.4.3　该净空间可以不包括下列区域：

a)　外侧座椅上方邻靠侧围的横截面为150 mm高、100 mm宽的矩形区域（见图10）。

b)　外侧座椅上方邻靠侧围的横截面为一个倒置直角三角形的区域，三角形顶点位于地板上方650 mm，底边宽100 mm（见图9）。

c)　外侧座椅的椅脚靠近侧围处，横截面积不超过$2\times10^4$ $mm^2$（Ⅰ级低地板客车$3\times10^4$ $mm^2$）、最大宽度不超过100 mm（Ⅰ级低地板客车150 mm）的区域（见图10）。

4.6.8.4.4　该净空间应允许另一座椅靠背及其支撑件和附属装置（例如折叠桌）的侵入。

4.6.9　**驾驶员与车组人员舱的联络**

对设有与驾驶区或乘客区之间没有通路的车组人员舱的客车，应提供驾驶区和车组人员舱之间的通讯联络手段。

单位为毫米

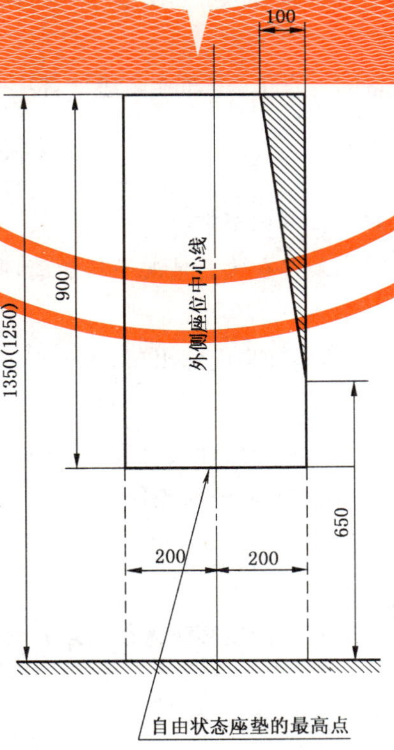


图9　座位上方的自由空间

单位为毫米

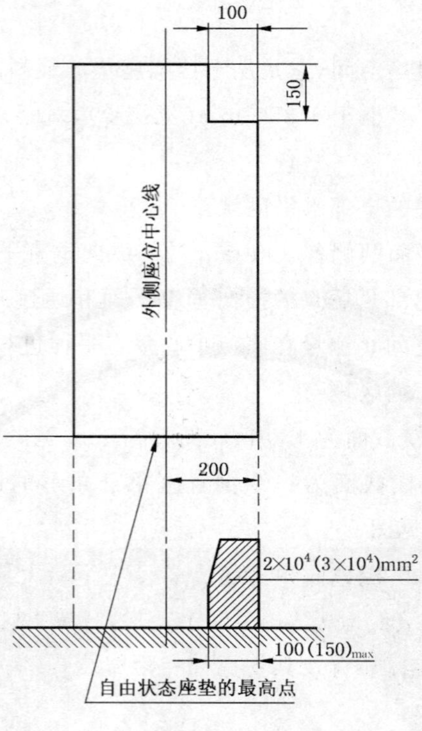


图 10　外侧座椅空间的允许侵入

4.6.10　冷热饮机和烹调设备

4.6.10.1　冷热饮机和烹调设备应有防护设施，防止在紧急制动或转向时，高温食物或饮料洒到乘客身上。

4.6.10.2　在装有热饮机或烹调设备的客车上，全部乘客座椅都应有在车辆行驶中供乘客放置热食或热饮的适当装置。

4.6.11　内舱门

每扇通卫生间或其他内舱的门应符合下列要求：

4.6.11.1　内舱门如果在打开时会阻碍乘客在紧急情况下的撤离，则应能自动关闭，且不应安装任何保持其开启状态的装置。

4.6.11.2　内舱门打开时不应遮掩任何乘客门、应急出口、灭火器或急救箱的开启手柄、控制件或必要的标志。

4.6.11.3　应提供能在紧急情况下将门从舱外打开的方法。

4.6.11.4　应保证总能从里面打开，否则不能从外面锁住。

4.7　车内照明

4.7.1　车内照明应覆盖如下区域：

——全部乘客区、车组人员舱、卫生间和铰接客车的铰接段；

——所有踏步；

——所有出口的引道和靠近乘客门的区域；

——所有出口的内部标志和内部控制件；

——所有存在障碍物之处。

4.7.2 至少应有两条内部照明线路，当一条线路出故障时不应影响另一条线路的照明。一条只用于进出口处常规照明的线路可作为其中之一。

4.7.3 应采取措施，保护驾驶员免受车内照明和反射光的影响。

**4.8 铰接客车的铰接段**

4.8.1 连接车辆各刚性段的铰接段在结构上应至少绕一个水平轴线和一个垂直轴线旋转。

4.8.2 铰接式客车以整车运行状态质量静止在水平面上时，刚性段地板与转动部位地板（或其代替部件）之间未遮盖的缝隙宽度不应超过：

——10 mm（当车辆所有车轮在同一平面时）；

——20 mm（当邻近铰接段的车轴的车轮停放面比其他车轴的车轮停放面高 150 mm 时）。

4.8.3 刚性段地板与转动部位地板之间的水平高度差（在铰接点测量），不应超过：

——20 mm（当车辆所有车轮在同一平面时）；

——30 mm（当邻近铰接段的车轴的车轮停放面比其他车轴的车轮停放面高 150 mm 时）。

4.8.4 在铰接客车上应提供设施，避免乘客接触铰接段的以下部位：

——不符合 4.8.2 要求的未遮盖地板缝隙处；

——不能承载乘客质量的地板处；

——围栏/板的运动对乘客构成危险之处。

**4.9 铰接客车的方向保持**

铰接客车直线运动时，各刚性部分的纵向中心平面应相同并组成一个无任何倾斜的连续平面。

**4.10 扶手和把手**

**4.10.1 一般要求**

4.10.1.1 扶手和把手应有足够的强度。

4.10.1.2 扶手和把手不应有伤害乘客的危险。

4.10.1.3 扶手和把手的截面应使乘客易于抓紧，每个扶手应有至少 100 mm 的长度以容纳手部，且截面最小边长尺寸不小于 20 mm，不大于 45 mm。车门和座椅上的扶手及Ⅱ级、Ⅲ级客车引道内的扶手，允许其截面最小尺寸为 15 mm，同时另一方向尺寸至少应 25 mm。扶手弯曲处应过渡圆滑，不应有急剧弯折。

4.10.1.4 扶手或把手与车身相邻部件或侧围的间隙不应小于 40 mm。但车门和座椅上的扶手及Ⅱ级、Ⅲ级客车引道内的扶手，该最小间隙可以是 35 mm。

4.10.1.5 每个扶手、把手或立柱的表面应有醒目的颜色并防滑。

**4.10.2 站立乘客的扶手和把手**

4.10.2.1 对应于乘客站立区域的每个位置，应有足够数量的扶手或把手。如采用吊带或吊环，可视为把手，但要用适当方法保持在其位置。将图 11 所示测量装置（其活动臂可以自由地绕其铰接轴线转动）放置在乘客站立区域的每个位置，如果活动臂至少可以碰到两个扶手或把手，则满足此项要求。

4.10.2.2 在 4.10.2.1 中所要求的两个扶手或把手距地板高度应不小于 800 mm，不大于 1 900 mm，且二者中至少有一个距地板高度应不大于 1 500 mm。对于邻近车门的区域，如果车门或车门机构在打开位置时会妨碍扶手或把手的使用，则此处不要求 1 500 mm 的最大高度。

4.10.2.3 在与客车侧围或后围之间无座椅相隔的乘客站立区域，应设置平行于侧围或后围的水平扶手，其高度在地板上方 800 mm 至 1 500 mm。

单位为毫米

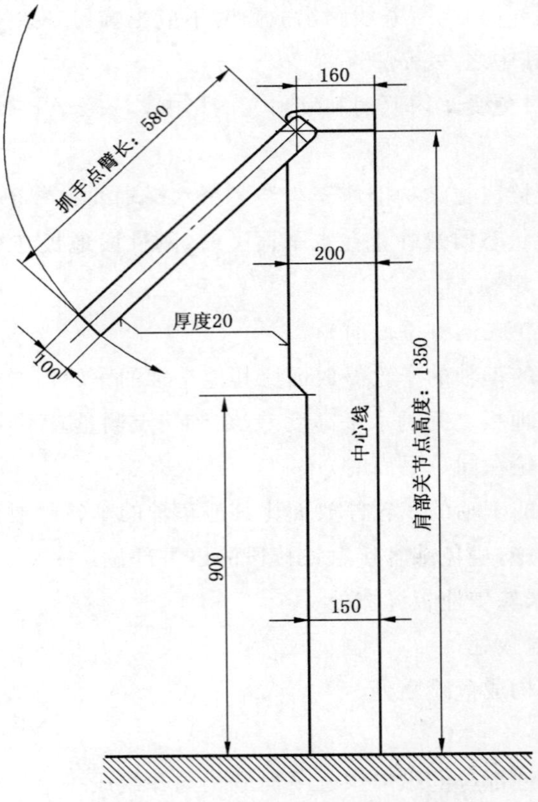


图 11　模拟站立乘客的测量装置

4.10.3　乘客门扶手和把手

4.10.3.1　车门开口的每侧都应安装扶手和/或把手，双引道门可安装中央立柱或扶手。

4.10.3.2　乘客门的扶手应为相邻地面上或每级踏步上的站立乘客提供抓握点，这些抓握点应处于地面或每级踏步上表面上方垂直高度 700 mm～1 200 mm 之间。在水平方向上：

——为方便站在地面上的乘客，从第一级踏步的外边缘向内不超过 400 mm；

——为方便踏步上的乘客，抓握点的位置向外不应超过该级踏步的外边缘，向内不应超过其外边缘 600 mm。

4.10.4　优先座椅的扶手

在 4.6.8.3.2 所述的优先座位与乘客门之间位于地板平面上方 800 mm～900 mm 的高度处，应设置一个方便上下车的扶手。允许扶手出现间断以提供进入轮椅区、轮罩上座椅、引道或通道的过道，但其间断不应超过 1 050 mm，而在间断处至少一侧应设垂直扶手。

4.11　踏步区的防护

为防止就座乘客可能因紧急刹车而摔向踏步区域，应设置防护装置或安全带。防护装置的最小高度为从乘客搁脚的地板向上 800 mm，并应从车身侧围向车内延伸至超出该座椅的纵向中心线至少 100 mm，或者延伸至最里面一级踏步的竖板(取两者之中的较小尺寸)。

4.12　乘员保护

4.12.1　如果设有车内行李架或行李舱，应合理设计并采取防护措施，以避免在转向力或制动力(尤其在紧急刹车时)作用下，行李坠落伤害乘员。

4.12.2　如散热表面由隔热材料包覆，不产生有毒气体，且热表面不能被乘客直接接触，则乘客区内可以装设非热水循环的采暖装置。

4.12.3　Ⅱ级、Ⅲ级客车应提供安装一个或多个急救箱的、不小于 $7\times10^{6}$ $mm^{3}$ 的空间，其长、宽、高中的最小尺寸应不小于 80 mm，安装位置应清晰易见或清楚标识，易于取用。

**4.13　活动盖板**

车辆地板上如果设置活动盖板（不是作为撤离舱口的地板出口），应安装紧固，需借助工具或钥匙方能移动或开启，提升或关闭装置凸出于地板平面以上不得超过 8 mm（若处于乘客不使用的位置，可不满足此项要求），突出的边缘应圆角过渡。

**4.14　视觉娱乐装置**

乘客视觉娱乐装置应放在驾驶员正常驾驶位置时的视野以外。

**4.15　行李质量的标识**

应在清楚可见的位置标志出：当车辆载有最大数量的乘客和车组人员，并不超过最大设计装载质量或允许轴荷时，可运载的行李质量。行李质量应包括：

——行李舱内的行李质量 $B$；

——车顶行李架的行李质量 $B_x$（如设有车顶行李架）。

**4.16　车厢内通风**

如果车厢内不能进行自然通风，应装设强制通风装置。

# 附　录　A
（规范性附录）
为行动不便乘客提供方便设施车辆的附加技术要求

## A.1　要求

### A.1.1　踏步

踏步高度应符合表 A.1 的要求。

表 A.1　踏步高度

| 踏步位置 | 客车类型 | 踏步高度/mm |
| --- | --- | --- |
| 至少一个乘客门从地面起的一级踏步[a] | Ⅰ级 | ≤250[b] |
| | Ⅱ级、Ⅲ级 | ≤320 |
| 乘客门其他踏步、引道和通道内踏步[c] | Ⅰ级、Ⅱ级、Ⅲ级 | ≤250 |

a　可以结合使用一种车身降低系统和/或伸缩踏步达到此要求。

b　双引道门(一个进口和一个出口)的Ⅰ级车，从地面起的一级踏步高度≤270 mm。

c　从通道到乘坐区的过渡台阶不计为踏步。

### A.1.2　优先座位及其相邻装置

A.1.2.1　为行动不便乘客提供的优先座位应设计为前向或后向，并靠近乘客门处。Ⅰ级车的优先座位数应不少于 4 个，Ⅱ级和Ⅲ级车的优先座位数应不少于 2 个。

A.1.2.2　邻近优先座处应安装扶手或把手，并方便乘客抓握。

### A.1.3　通讯装置

A.1.3.1　任何优先座位的邻近处和轮椅区内应设有通讯装置，其中心高度应在距地板 700 mm～1 200 mm范围内。

A.1.3.2　安装在无座椅的低地板区域的通讯装置，其中心高度应在距地板 800 mm～1 500 mm 范围内。

A.1.3.3　所有车内部通讯装置的控制应能用手掌操作，并通过两种有对比的颜色(或多种颜色)和音调显示。

A.1.3.4　如车辆装有导板或举升机构，则在车外邻近车门处，应装设一个与驾驶员联络的通讯装置，其离地面高度不超过 1 300 mm。

### A.1.4　标志

A.1.4.1　设有轮椅区和优先座位的车辆，除在车辆右侧前部和邻近乘客门处设有从车外可见的标志，还应在车内邻近轮椅区和优先座位处设有标志。

A.1.4.2　轮椅使用者的标志应符合 GB/T 10001.1 的规定。优先座位使用者的标志应符合图 A.1 的要求。

图 A.1　优先座位车标志

**A.1.5　坡度**

优先座位(或轮椅区)到至少一个进口和一个出口(或一个组合的进出口)之间的通道及优先座位区(或轮椅区)地板,纵向坡度应不超过 8%。这些坡度区的地板表面应防滑。

**A.1.6　轮椅适应性**

A.1.6.1　应为每位轮椅使用者在乘客舱内提供一个至少宽 750 mm、长 1 300 mm 的特殊空间,其长边应是前后方向,地板表面应防滑。为前向轮椅使用者设计的轮椅空间,前面座椅靠背的顶部可突入轮椅区空间,但突入后剩余的轮椅使用空间应满足图 A.2 的要求。

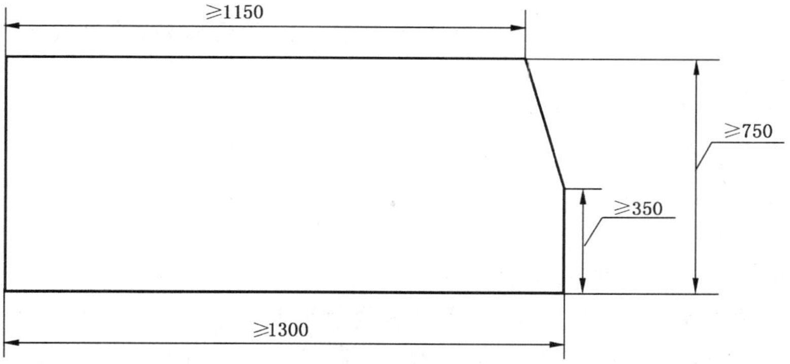


图 A.2　为前向轮椅使用者设计的轮椅空间

A.1.6.2　应至少有一个门能让轮椅使用者通过。Ⅰ级车至少应有一个乘客门可供轮椅进出,轮椅进出门应与符合本附件要求的车身降低系统、举升器或导板组合使用。

A.1.6.3　非乘客门的轮椅进出门最小高度为 1 400 mm;所有供轮椅进出的门最小宽度为 900 mm,在扶手处测量时,宽度可减少 100 mm。

A.1.6.4　轮椅的基本尺寸见图 A.3。

**A.1.7　轮椅空间的座椅**

A.1.7.1　装设在轮椅区的折叠座椅,不使用时不应侵入轮椅区。

A.1.7.2　轮椅区可安装驾驶员或车组乘员易于拆卸的可拆式座椅。

A.1.7.3　如果座椅的伸脚空间侵入轮椅区或折叠座椅部件在使用时侵入轮椅区,则应在邻近处易见部位设置“请将此处让给轮椅使用者”的标识,标识应清晰,字高不小于 50 mm。

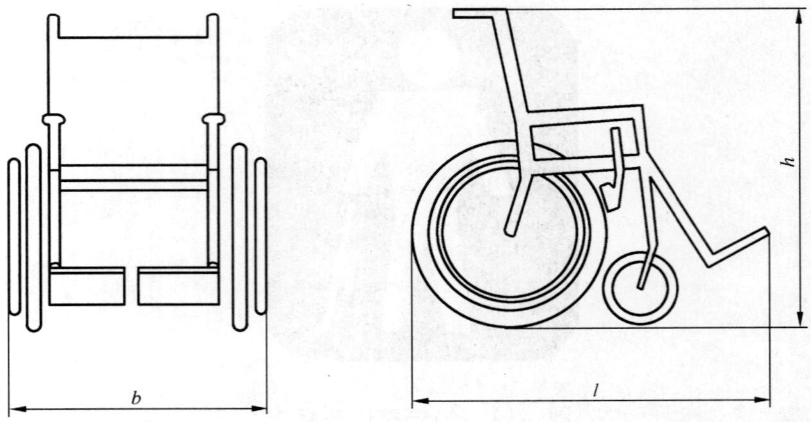


$l$=1 200 mm；

$b$=700 mm；

$h$=1 090 mm。

注：轮椅使用者坐在轮椅上时，总长 $l$ 增加 50 mm，从地板算起高度 $h$ 为 1 350 mm。

**图 A.3 轮椅基本尺寸**

**A.1.8 轮椅及其使用者的约束系统**

**A.1.8.1 约束系统的结构**

**A.1.8.1.1** 对乘客座椅不要求有成员约束系统的车辆，轮椅的约束系统应符合 a)或者 b)的规定：

a) 轮椅区应装备约束系统，以保证轮椅的稳定性。

b) 轮椅区的设计应满足：有一个支撑件或靠背供后向轮椅依靠，轮椅使用者的活动不受约束。具体要求如下：

——轮椅区应位于车辆一边或侧壁；

——垂直于车辆纵轴线的支撑件或靠背应位于轮椅区的前端；

——支撑件或靠背的用途应是停靠轮椅的车轮或靠背，以避免轮椅翻倒；

——支撑件或前排座椅的靠背应能承受每个轮椅 2 500 N±200 N 的力，该力应水平向前施加在支撑件或靠背中部，并保持不少于 1.5 s；

——在轮椅区的纵向边或内壁上，应安装轮椅使用者易于把握的扶手或把手；

——在轮椅区的后横向边上，应安装轮椅使用者易于抓握的可伸缩的扶手或相当的装置，以避免轮椅翻倒；

——在邻近轮椅区处应固定一个标志，标志的内容为“此区域供轮椅专用，轮椅必须向后停靠在支撑件或靠背上并制动”。

**A.1.8.1.2** 当乘客座椅要求有约束系统时，每个轮椅区应提供能约束轮椅及其乘员的约束系统。此约束系统及其固定件应设计成能承受相当于乘客座椅及其乘员约束系统要求的力。可采用轮椅与轮椅使用者分开的约束系统形式，也可采用轮椅与轮椅使用者组合的约束系统形式。

**A.1.8.1.3** 轮椅空间的任何约束系统在紧急情况下均应易于解开。

**A.1.8.2 约束系统性能要求**

**A.1.8.2.1** 符合 A.1.8.1.1a)规定的约束系统，应能完成 A.2.1 的试验，并符合 A.1.8.2.3 的要求。

**A.1.8.2.2** 符合 A.1.8.1.2 规定的约束系统，应能完成 A.2.2 中对应结构的前向和后向加力试验，并符合 A.1.8.2.3 的要求。

**A.1.8.2.3** 在试验过程中，约束系统应能在规定的时间内承受维持要求的力；试验后，允许约束系统产生永久变形、部分开裂或损坏。如果采用锁止机构，当力撤销后，应保证用手操作即可使轮椅离开车辆。

**A.1.9 门控制件**

邻近轮椅进出车门的任何开启控制件，无论在车内或车外，从地板或地面测量其中心高度均应不大于 1 300 mm。

**A.1.10 照明**

应在车内和车外邻近处提供适当的照明设备，使行动不便乘客安全上下车。任何可能影响驾驶员视觉的照明设备应只能在停车时起作用。

**A.1.11 辅助上车装置**

**A.1.11.1 总则**

**A.1.11.1.1** 启动辅助上车装置的控制件应有清晰标记，辅助上车装置的伸出和下降应用警示灯指示给驾驶员。

**A.1.11.1.2** 若安全装置发生故障，则举升器、导板和车身降低系统应不工作，除非它们可用手安全操作。应急操作机构的型式和位置应清晰标记。如果动力有故障，举升器和导板必须能用手操作。

**A.1.11.1.3** 当乘客门或应急门之一的引道被上车协助装置挡住时，从车内和车外应满足以下两个条件：

——辅助上车装置不阻碍开启车门的手柄或其他装置；

——在紧急情况下，辅助上车装置应能迅速从车门入口处移开。

**A.1.11.2 车身降低系统**

**A.1.11.2.1** 车身降低系统应有专用开关，并能清晰识别，且在驾驶员的直接控制下。

**A.1.11.2.2** 车身升降系统的动作应在驾驶员的直接控制下完成，且清楚显示升降状态。

**A.1.11.2.3** 下降或上升过程应能停止且迅速返回。开关应位于驾驶员在其座位上伸手可及的范围内，且靠近操纵车身下降系统的其他操纵件。

**A.1.11.2.4** 当车辆低于正常高度时，车速不应超过 5 km/h；当乘客门的运动受阻时，车身升降系统不应工作。

**A.1.11.3 举升装置**

**A.1.11.3.1 总则**

**A.1.11.3.1.1** 举升装置仅能在车辆静止时操作。在平台上升和下降之前，防止轮椅滚落的装置应能自动工作。

**A.1.11.3.1.2** 举升平台宽度应不小于 800 mm，长度不小于 1 200 mm，负载能力应不小于 300 kg。

**A.1.11.3.2 动力举升装置的附加要求**

**A.1.11.3.2.1** 在动力举升装置控制过程中，松开操作控制件，运动应立即停止，而且能再次向任一方向位移。

**A.1.11.3.2.2** 应设有安全机构（如反向机构），当举升装置的运动受到限制或碰撞物体时，安全机构应起作用。

**A.1.11.3.2.3** 任一安全机构开始工作时，举升装置应立即停止工作并立即开始向反方向运动。

**A.1.11.3.3 动力举升装置的操作**

**A.1.11.3.3.1** 当举升装置设在驾驶员直接视野内的乘客门处时，举升装置可由驾驶员在其座位上进行操作。

**A.1.11.3.3.2** 在其他情况下，控制件应邻近举升装置，且只能由驾驶员启闭。

**A.1.11.3.4 手动举升装置**

手动举升装置的控制件应邻近于举升装置，且操作轻便。

**A.1.11.4 导板**

**A.1.11.4.1 总则**

**A.1.11.4.1.1** 导板应只能在车辆静止时使用。乘客门关闭时，导板不应工作。导板未收回时，乘客门或轮椅进出门不应关闭。

A.1.11.4.1.2　导板周边圆角半径不小于 2.5 mm，拐角处的圆角半径不小于 5 mm。

A.1.11.4.1.3　导板宽度应不小于 800 mm。当导板搁在高度 150 mm 的路肩上时，其坡度应不大于 12%，可借助车身升降装置达到该坡度。

A.1.11.4.1.4　当导板使用长度超过 1 200 mm 时，应设有防止轮椅从边缘滚出的装置。

A.1.11.4.1.5　导板负载能力应不小于 300 kg。

A.1.11.4.1.6　导板的伸缩可用手动或动力操纵。

**A.1.11.4.2　动力操纵导板的附加技术要求**

A.1.11.4.2.1　导板的伸缩应用闪光黄灯和声响信号指示，导板外边缘应标有清晰的红白相间的警示标志。

A.1.11.4.2.2　应设有安全装置保护导板水平伸展运动。

A.1.11.4.2.3　安全装置起作用时，导板的运动应能立即停止。

A.1.11.4.2.4　在承载不小于 15 kg 质量时，导板的水平运动应中止。

A.1.11.4.2.5　导板伸出时，遇到 150 N 的阻力应能自动收回。

A.1.11.4.2.6　若导板位于驾驶员直接视野内的乘客门处，宜由驾驶员在其座位上操纵；其他情况下，控制件应邻近于导板，且仅能由驾驶员启闭。

**A.1.11.4.3　手动导板的操作**

手动导板应操作轻便。

## A.2　约束系统试验方法

A.2.1　对乘客座椅不要求有乘员约束系统的车辆，轮椅区约束系统的静态试验按下列要求进行：

a) 按每轮椅 2 500 N±200 N 的力施加在约束系统上；

b) 若约束系统未与地板相连，则此力水平向前施加。若与地板相连，则力与水平面成 45°±10°向前施加；

c) 试验力保持时间应不少于 1.5 s。

A.2.2　乘客座椅要求有约束系统时，每个轮椅区约束系统的静态试验按下列要求进行：

a) 试验力分别分别向前和向后施加在约束系统上；

b) 试验力保持时间应不少于 0.2 s。

A.2.2.1　轮椅与轮椅使用者约束系统分开的情况下，向前施加力：

a) $M_2$ 类车：

——腰带：11 100 N±200 N 试验力加在轮椅使用者约束系统上，若约束系统未与地板相连，试验力在车辆水平面内向前施加，若约束系统与地板相连，试验力与车辆水平面成 45°±10°向前；

——三点式安全带：腰部 6 750 N±200 N 试验力在车辆水平面内向前。躯干部 6 750 N±200 N 试验力在车辆水平面内向前；

——轮椅约束系统：17 150 N±200 N 试验力向前施加在与车辆水平面成 45°±10°向前；

——诸力应同时施加。

b) $M_3$ 类车：

——腰带：7 400 N±200 N 试验力加在轮椅使用者约束系统上，若约束系统未与地板相连，试验力在车辆水平面内向前施加，若约束系统与地板相连，试验力与车辆水平面成 45°±10°向前；

——三点式安全带：腰部 4 500 N±200 N 试验力在车辆水平面内向前，躯干部 4 500 N±200 N 试验力在车辆水平面内向前；

——轮椅约束系统：11 300 N±200 N 试验力与车辆水平面成 45°±10°向前施加；

——诸力应同时施加。

A.2.2.2 对轮椅和轮椅使用者组合的约束系统，向前施加力：

a) $M_2$ 类车：

——腰带：11 100 N±200 N 试验力加在轮椅使用者约束系统上，与车辆水平面成 45°±10°向前施加；

——三点式安全带：腰部 6 750 N±200 N 试验力与车辆水平面成 45°±10°向前施加，躯干部 6 750 N±200 N 试验力在车辆水平面内向前施加；

——轮椅约束系统：17 150 N±200 N 试验力与车辆水平面成 45°±10°向前施加；

——诸力应同时施加。

b) $M_3$ 类车：

——腰带：7 400 N±200 N 试验力加在轮椅使用者约束系统上，与车辆水平面成 45°±10°向前施加；

——三点式安全带：腰部 4 500 N±200 N 试验力与车辆水平面成 45°±10°向前施加，躯干部 4 500 N±200 N 试验力在车辆水平面内向前施加；

——轮椅约束系统：11 300 N±200 N 试验力与车辆水平面成 45°±10°向前施加；

——诸力应同时施加。

A.2.2.3 向后施加力：8 100 N±200 N 试验力与车辆水平面成 45°±10°，向车后加在轮椅使用者约束系统上。

# 附　录　B
（规范性附录）
## 静态侧倾极限计算的验证

**B.1**　可以采用经过验证的计算方法来证明车辆符合本标准4.3的要求。

**B.2**　检测机构可以在车辆的某些部件上进行试验，来验证计算过程中的某些假设。

**B.3**　计算的准备

**B.3.1**　车辆应由一空间系统来代表。

**B.3.2**　由于车身重心位置和车辆悬架、轮胎刚度的不同，在侧向加速度作用下，车辆一侧的车轴不会同时升起。所以，车身在单根车轴上的侧倾应假设其他车轴的车轮仍保持在地面上来确定。

**B.3.3**　为了简化问题，应假设非悬挂质量的重心位于车辆纵向中心平面内。由于车轴偏转，车辆翻转中心位置的较小移动可以忽略。空气悬架的调节不予考虑。

**B.3.4**　至少下列参数应在计算中予以考虑：

车辆参数如轴距、轮距和悬挂/非悬挂质量；车辆重心位置；车辆悬架弹簧刚度、挠度和回弹，且考虑非线性的影响；轮胎的水平和垂直刚度；上部结构的扭转；车轴翻转中心的位置。

**B.4**　计算方法的正确性

**B.4.1**　计算方法的正确性应得到检测机构认同，如根据相似车辆的同等试验为基础。

# 附　录　C
（规范性附录）
动力操纵门夹持力测量

## C.1　适用范围

本附录适用于动力操纵门。

## C.2　定义

**C.2.1**　动力操纵门关闭是一个动态过程。当门关闭过程中碰到障碍时，便产生动态反作用力，这个过程（相对时间）取决于若干因素（即门的质量、加速度、尺寸等）。夹持力 $F(t)$ 是一个时间函数，在门的关闭边缘测量（见 C.3.2）。

**C.2.2**　峰值力 $F_S$ 是夹持力的最大值。

**C.2.3**　有效力 $F_E$ 是夹持力相对脉冲期间的平均值

$$F_E = \frac{1}{T}\int_{t_1}^{t_2} F(t)\,\mathrm{d}t \qquad \text{(C.1)}$$

**C.2.4**　脉冲时间 $T$ 是 $t_1$ 到 $t_2$ 之间的时间：

$$T = t_2 - t_1 \qquad \text{(C.2)}$$

式中：

$t_1$——感应开始处，夹持力超过 50 N 这一刻的时间；

$t_2$——消失终点处，夹持力小于 50 N 这一刻的时间。

**C.2.5**　上述参数脉冲的关系示于图 C.1。

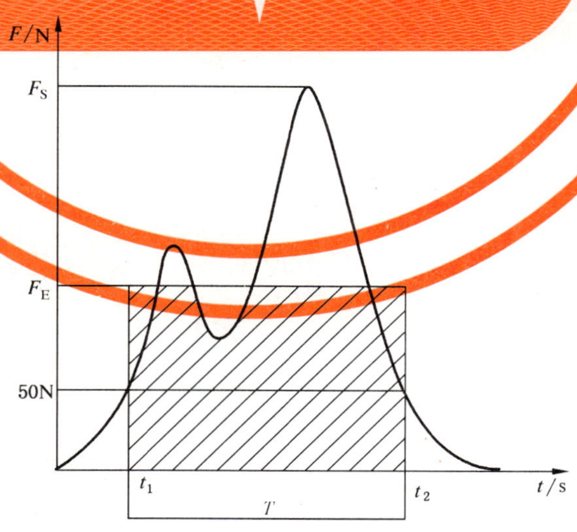


**图 C.1　夹持力 $F(t)$ 与时间的函数关系**

**C.2.6**　夹持力 $F_c$ 为有效技术平均值，在相同测量点重复多次测量：

$$F_c = \frac{\sum_{i=1}^{n} F_{(E)i}}{n} \qquad \text{(C.3)}$$

## C.3 测量

C.3.1 测量条件

C.3.1.1 测量温度为10℃～30℃。

C.3.1.2 车辆应停在水平面上。

C.3.2 测量点

C.3.2.1 车门的主要关闭边：其中一点在车门中部；另外一点在车门底边以上150 mm。

C.3.2.2 车门装有开启过程中防夹持装置，在车门的从属关系边，此点是最危险的夹持处。

C.3.3 在每个测量点至少测量3次，按C.2.6确定夹持力。

C.3.4 读数与额定值的偏差为±3%。

## C.4 测量装置

C.4.1 夹持力测量可采用数字测力仪。

ICS 43.040.60
T 26

# 中华人民共和国国家标准

GB 15084—2013
代替 GB 15084—2006

# 机动车辆　间接视野装置性能和安装要求

## Motor vehicles—Devices for indirect vision—Requirements of performance and installation

2013-09-18 发布　　2014-07-01 实施

中华人民共和国国家质量监督检验检疫总局
中国国家标准化管理委员会　发布

# 前　言

**本标准第 4 章、第 5 章、第 6 章为强制性的，其余为推荐性的。**

本标准按照 GB/T 1.1—2009 给出的规则起草。

本标准代替 GB 15084—2006《机动车辆后视镜的性能和安装要求》，与 GB 15084—2006 相比，主要技术变化如下：

——在适用范围中，增加了至少驾驶室被部分封闭的 L 类机动车辆的间接视野装置要求和安装。

——增加了“间接视野装置”、“用于间接视野的摄像机-监视器装置”、“摄像机”、“监视器”、“分辨率”、“临界物体”、“临界视觉”、“发现距离”“临界视野”、“观察基准点”、“可见光谱”、“其他间接视野装置”、“摄像机-监视器-记录装置”、“间接视野装置型式”、“平头式”名词定义(见 3.1、3.17～3.22、3.24～3.31)。

——增加了“Ⅵ”类前视镜的技术要求、试验方法、安装要求，以及视野要求(本版的 4.1.2.1.5、4.1.2.2.2.3d)、表 2、6.3.7、6.5.7)；

——增加了“Ⅶ”类至少驾驶室被部分封闭的 L 类机动车辆的视镜技术要求、试验方法、安装要求，以及视野要求(见 4.1.1.5、4.1.2.1.6、4.1.2.2.2.3e)、6.2.1.3、6.2.1.4、6.5.8、6.5.8.1、6.5.8.2、图 10)；

——修改了Ⅱ类、Ⅳ类和Ⅴ类视镜的曲率半径[本版的 4.1.2.2.2.3b)、4.1.2.2.2.3c)，见 2006 年版 5.2.3.2、5.2.3.3]；

——增加了视镜之外的间接视野装置的要求(本版的 4.2)；

——修改了视镜的安装数量和视野要求(本版的表 2，见 2006 年版的表 2)；

——修改了试验要求中内容，删除了“除补盲后视镜(Ⅴ类)外，所有后视镜均须经受 6.2 和 6.3 中所规定的试验。”增加了“从Ⅰ类到Ⅵ类的视镜还包括用于 L 类车型的Ⅶ类视镜(同Ⅲ类镜一样的安装模式)，应符合 5.2 中的试验描述，带支撑杆的Ⅶ类视镜应该符合 5.3 中的试验描述。”(见本版的 5.1.1，2006 年版 6.1)。

本标准参照了 ECE R46 /Rve.1/Add.45/Rev.3/2009《关于间接视野装置及安装间接视野装置车辆认证的统一规定》起草。

本标准与 ECE-R46 法规技术性差异及原因如下：

——修改了 ECE R46 法规的 5.2.2.6.b).1)、6.2.2.6、6.3.6、6.3.7、6.6.4、6.6.6、表 2 中的“2 m”为“1 800 mm”，其原因是我国人体平均身高因素及单位的表述形式不同。

——删除了 ECE R46 法规中的第 3 章申请批准、第 4 章标识、第 5 章审批、第 7 章间接视野装置的改造和批准的推广、第 8 章生产一致性、第 9 章处罚非生产一致性、第 10 章停止生产、第 11 章负责进行测试的技术服务名称和地址及进行批准的行政机关、第 13 章报批、第 14 章批准、第 15 章要求、第 16 章批准的车型和范围、第 17 章生产一致性、第 18 章处罚非生产一致性、第 19 章停止生产、第 20 章负责进行测试的技术服务名称和地址及进行批准的行政机关、第 21 章过渡性条文，附录 1 关于间接视野装置型式认证的申报资料、附录 2 关于安装间接视野装置车辆型式认证的申报资料、附录 3 通知书、附录 4 通知书、附录 8 汽车乘坐位置“H”点以及实际靠背角的确定程序、附录 8 的附件 1 三维“H”点装置描述(3 DH 装置)、附录 8 的附件 2 三维坐标参照系、附录 8 的附件 3 关于乘坐位置的基准数据，其原因是采用我国现行的相关标准及本标准不涉及有关认证的内容。

本标准与 ECE R46 法规相比在结构上有调整，附录 A 列出了本标准与 ECE R46 法规章条编号对照一览表。

考虑到我国国情，在采用 ECE R46 法规时，本标准做了下列编辑性修改：

——“本法规”改为“本标准”；

——本标准中涉及到的单位“m”均改为“mm”；

——增加资料性附录 A。

本标准由中华人民共和国工业和信息化部提出。

本标准由全国汽车标准化技术委员会(SAC/TC 114)归口。

本标准起草单位：中国质量认证中心武汉分中心、武汉理工大学、上海干巷汽车镜(集团)有限公司、鹰潭市科速达电子塑胶有限公司、桂林京达科技有限公司。

本标准主要起草人：李再华、孔军、干毛第、潘宾、赵红。

本标准所代替标准的历次版本发布情况为：

——GB 15084—1994、GB 15084—2006。

# 机动车辆　间接视野装置<br>性能和安装要求

## 1　范围

本标准规定M和N类以及少于四轮并至少驾驶室被部分封闭的L类机动车辆的间接视野装置。

本标准适用于M和N类及至少驾驶室被部分封闭的L类机动车辆的间接视野装置安装。

## 2　规范性引用文件

下列文件对于本文件的应用是必不可少的。凡是注日期的引用文件，仅注日期的版本适用于本文件。凡是不注日期的引用文件，其最新版本(包括所有的修改单)适用于本文件。

GB/T 15089　机动车辆及挂车的分类

ISO 15008:2003　道路车辆　交通信息和控制系统环境学　车内可视信号的一致性和技术要求(Road vehicles—Traffic information and control systems,environmental studies—Vehicle visual signal consistency and technical requirements)

EN 12368: 2006　交通控制设备信号(Traffic control device signal)

## 3　术语和定义

下列术语和定义适用于本文件。

3.1

**间接视野装置　devices for indirect vision**

用来观察直接视野无法观察到的车辆邻近交通区域的装置。可包括传统的光学视镜、摄像机-监视器或其他能够向驾驶员提供间接视野信息的装置。

3.2

**视镜　view mirror**

通过反射面在规定视野内看清车辆后方和侧面图像的间接视野装置，不包含潜望镜这类复杂光学系统。

3.3

**内视镜　interior view mirror**

装在车辆乘员舱内部的视镜。

3.4

**外视镜　exterior view mirror**

装在车辆外部的视镜。

3.5

**监视镜　surveillance view mirror**

不同于3.2中定义的，且能安装在车辆的内部或外部，以提供不同于6.5中规定范围之外的视野。

3.6

**视镜的类别　class of view mirror**

具有不同功能的视镜,可分为以下几类:

Ⅰ类:内视镜(interior view mirrors),在6.5.2中规定了其视野。

Ⅱ、Ⅲ类:主外视镜(main exterior view mirror),在6.5.3、6.5.4中规定了其视野。

Ⅳ类:广角外视镜(wide-angle exterior view mirror),在6.5.5中规定了其视野。

Ⅴ类:补盲外视镜(close-proximity exterior view mirror),在6.5.6中规定了其视野。

Ⅵ类:前视镜(front mirror),在6.5.7中规定了其视野。

Ⅶ类:至少驾驶室被部分封闭的L类机动车辆的视镜。

3.7

**视镜型式　view mirror type**

以下主要特性没有差别的视镜:

——视镜反射面的尺寸和曲率半径;

——视镜的设计、形状及材料。

3.8

**曲率半径　radius of curvature**

***r***

用附录C规定的方法在反射面上测得的曲率半径平均值。

3.9

**在反射面某一点的基本曲率半径　principal radii of curvature at one point obtained on the reflecting surface**

$r_i$

用附录C规定的仪器,通过反射面中心,并平行于视镜b线段或垂直于该线段方向上测得的曲率半径。

3.10

**在反射面某一点的曲率半径　radius of curvature at one point on the reflecting surface**

$r_p$

基本曲率半径的算术平均值。见式(1)。

$$r_p = \frac{r_i + r'_i}{2} \quad \cdots\cdots\cdots\cdots (1)$$

3.11

**镜面中心　centre of the mirror**

反射面可见区域的几何中心。

3.12

**视镜组成部件的曲率半径　radius of curvature of the constituent parts of the view mirror**

***c***

形状最接近视镜组成部件某一部位曲线形状的圆弧的半径。

3.13

**与视镜相关的车辆型式　type of vehicle as regards view mirrors**

在下列基本特征方面相同的机动车辆:

——导致减小视野范围的车身特征;

——驾驶员座椅的$R$点坐标;

——强制安装和选装间接视野装置视镜(若已安装)的安装位置和类别。

3.14

**驾驶员眼点　driver's ocular points**

通过汽车制造厂设计确定的驾驶员乘坐位置中心，作一平行于汽车纵向基准面的平面。从该平面内的驾驶员座椅 *R* 点向上 635 mm，作垂直于该平面的一条直线段。在直线段与该平面交点的两侧各 32.5 mm 处(总距离 65 mm)作两个点。这两个点分别是驾驶员的左眼和右眼的中心点。

3.15

**双眼总视野　ambinocular vision**

左、右眼视野重合而获得的总视野(见图 1)。

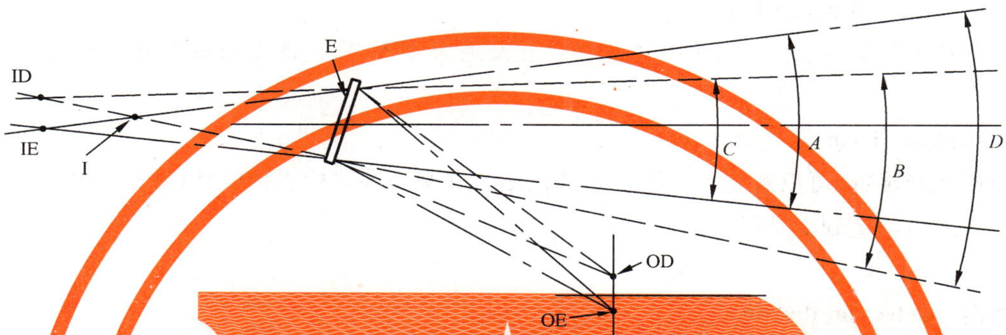


说明：

E——内视镜；

OD、OE——驾驶员眼点；

ID、IE——单眼虚像；

I——左右单眼总虚像；

*A*——左眼视角；

*B*——右眼视角；

*C*——双眼视角；

*D*——左右单眼总视角。

**图 1　双眼总视野**

3.16

**空载质量　unladen kerb mass**

车辆未载人员、货物，但包括驾驶员可行驶的质量，相当于汽车制造厂指定燃料箱容积 90%燃料质量和冷却液、润滑油、随车工具、备胎(若装备的话)的质量等。

3.17

**用于间接视野的摄像机-监视器装置　camera-monitor device for indirect vision**

通过摄像机与监视器组成的系统，在规定视野内看清车辆后方和侧面图像的间接视野装置。

3.18

**摄像机　camera**

通过摄像头和感光电子器件将外部世界的影像转变为视频信号的装置。

3.19

**监视器　monitor**

将一种信号转变为可见光光谱的影像的装置。

3.20

**分辨率　resolution**

通过成像系统能够辨清物体的最小细节，即所能辨清的整体上的最小部分。

注：人眼的分辨率称为“视觉灵敏度”。

3.21

**临界物体 critical object**

直径 $D_0$ 为 800 mm 的圆形物体。

注：用间接视野系统来观测代表相关道路使用者的目标物。道路使用者的相关性由其所处的位置和(可能的)速度界定。道路使用者的尺寸会随着其速度的提高而加大。就观察而言，规定处于 40 000 mm 距离的摩托车手（$D$=800 mm）相当于处于 25 000 mm 远的行人($D$=500 mm)。考虑到速度方面的原因，将摩托车手的尺寸确定为观察目标物尺寸的标准；基于这一原因，确定直径为 800 mm 的圆形物体为观察目标物的标准尺寸。

3.22

**临界视觉 critical perception**

人眼在各种条件下一般能达到的视觉水平。在交通条件下，临界视觉的限值为视角的 8 弧分。

3.23

**视野 field of vision**

借助间接视野装置，可以观察到三维空间的范围。它基于装置所提供的地面视图，并且可以在装置适用最大发现距离的基础上予以限定。

3.24

**发现距离 detection distance**

在地面上从观察基准点到刚好还能看到临界物体的最远点之间的测定距离(刚刚达到临界视觉的限值)。

3.25

**临界视野 critical field of vision**

通过间接视野装置能观察到临界物体的区域，其由一个角度与一个或多个以上发现距离予以界定。

3.26

**观察基准点 viewing reference point**

车辆上所规定视野相关的点。该点是通过驾驶员眼点垂面与平行于车辆纵向中心面(车外20 cm处)相交点于地面上的投射点。

3.27

**可见光谱 visual spectrum**

波长位于人眼视觉限值范围内的光，即波长，380 nm～780 nm。

3.28

**其他间接视野装置 other devices for indirect vision**

3.1 所界定的，不是通过镜面或摄像机-监视器等间接视野装置获得视野的装置。

3.29

**监视摄像机-监视器-记录装置 surveillance camera-monitor-recording device**

安装于车内或车外可用来提供 6.5 所规定视野范围以外的视野，或用来提供车内或车辆周边安全系统所用之摄影机、监视器及屏幕和记录装置，其有别于 3.17 中定义的摄像机-监视器装置。

3.30

**间接视野装置型式 type of device for indirect vision**

在以下主要特征上没有差别的装置：

——装置(如果相关，包括装置与车身的连接件)的设计；

——对于镜面而言，类型、形状、尺寸以及反射面的曲率半径；

——对于摄像机-监视器装置而言，发现距离和视野范围。

3.31

**平头式　flat type**

发动机全长的50%以上位于风窗玻璃基座前端最远点的驾驶室内，并且转向盘毂也位于车辆总长的前1/4内。

## 4　技术要求

### 4.1　视镜

#### 4.1.1　一般要求

4.1.1.1　所有的视镜均能调节。

4.1.1.2　反射面的边缘应包于保护框架(如支架等)内，保护框周边上所有点的曲率半径 $c$ 值在任何方向上都应大于或等于2.5 mm。如果反射面超出保护框架，则突出部分边缘上的曲率半径 $c$ 不应小于2.5 mm，且突出部位在50 N的作用力下，能回到框架内，该力应近似平行汽车纵向基准面，且水平施加到反射面突出保持框架最高的点上。

4.1.1.3　视镜按5.2试验后，将视镜安放在水平面上，用直径为165 mm的球型触及内视镜可接触到的部位，用直径为100 mm的球型触及外视镜可接触到的部位，这些所有可接触部位，包括与支撑框架相连接零件的部位(不论其调节位置如何)，其曲率半径 $c$ 均不应小于2.5 mm。

4.1.1.4　对于视镜上直径或最大对角线小于12 mm的固定孔或凹座的边缘，若已经过圆滑处理，则不必满足4.1.1.3曲率半径 $c$ 的要求。

4.1.1.5　将视镜连接到车辆上的连接件应按下述方法设计，即以保证视镜顺着撞击方向偏移的转动轴或旋转中心，或两者之一为轴线，作一半径为70 mm的圆柱体(L类车辆为50 mm)，该圆柱体至少应切到连接件所连接的表面部分。

4.1.1.6　对外视镜来说，若4.1.1.2和4.1.1.3涉及的零件是用不大于邵尔硬度为A60的材料制成，则不必满足上述要求。

4.1.1.7　对内视镜来说，若视镜上的零件是用小于邵尔硬度A50的材料制成，并安装在刚性支持件上，则4.1.1.2和4.1.1.3的试验只适用于该支持件。

#### 4.1.2　特殊要求

4.1.2.1　**尺寸**

4.1.2.1.1　**内视镜(Ⅰ类)**

能在其反射面上绘出一个矩形，该矩形的高度为40 mm，底边长为 $a$，$a$ 尺寸的计算方法如式(2)：

$$a=\frac{150}{1+\frac{1\ 000}{r}}(\text{mm}) \qquad \cdots\cdots(2)$$

4.1.2.1.2　**主外视镜(Ⅱ和Ⅲ类)**

反射面尺寸应满足以下要求：

——能在反射面上绘出以 $a$ 为底边，高为40 mm的矩形；

——在反射面上还能绘出与矩形高平行的线段，其长度为 $b$；

表1中给出了 $a$ 和 $b$ 的最小值。

**表 1　*a* 和 *b* 的最小值**

单位为毫米

| 主外视镜类别 | $a$ | $b$ |
|---|---|---|
| Ⅱ | $\dfrac{170}{1+\dfrac{1\,000}{r}}$ | 200 |
| Ⅲ | $\dfrac{130}{1+\dfrac{1\,000}{r}}$ | 70 |

**4.1.2.1.3　广角外视镜(Ⅳ类)**

反射面的外廓应形状简单,其尺寸应满足 6.5.5 中所规定的视野要求。

**4.1.2.1.4　补盲外视镜(Ⅴ类)**

反射面的外廓应形状简单,其尺寸应满足 6.5.6 中所规定的视野要求。

**4.1.2.1.5　前视镜(Ⅵ类)**

反射面的轮廓应形状简单,其尺寸应满足 6.5.7 规定的视野要求。

**4.1.2.1.6　至少驾驶室被部分封闭的 L 类机动车辆所适用的视镜(Ⅶ类)**

反射面的最小尺寸应符合如下要求:

a)　面积应不小于 6 900 $mm^2$;

b)　当视镜为圆形时,其直径应不小于 94 mm;

c)　当视镜不为圆形时,其反射面内应能容纳一个直径为 78 mm 的圆。

反射面的最大尺寸应符合如下要求:

a)　任何圆形视镜的直径应不大于 150 mm;

b)　任何非圆形视镜的反射面应该在 120 mm×200 mm 的矩形内。

**4.1.2.2　反射面和反射率**

**4.1.2.2.1　反射面要求**

视镜的反射面应为平面或球状凸面。外视镜反射面可以附加与其非球面部分,只要主视镜能满足间接视野的要求。

按附录 B 规定的方法测定的标态反射面的反射率数值不应低于 40%。若视镜有两个工作位置(白天和夜间),则处于白天位置时应能正确辨认道路交通的彩色信号,处于夜间位置时的反射面的反射率数值不应低于 4%。

除视镜长期在极端恶劣的天气条件下,在正常使用过程中,其反射面应能满足以上规定的反射率数值。

**4.1.2.2.2　曲率半径要求**

4.1.2.2.2.1　曲率半径之差要求如下:

a)　曲率半径 $r_i'$ 或 $r_i$ 值与 $r_p$ 值之差不得大于 $0.15r$;

b) 任一点的 $r_p$($r_{p1}$、$r_{p2}$和 $r_{p3}$)值与 $r$ 值之差不得大于 0.15$r$;

c) 当后视镜反射面的 $r$ 值不小于 3 000 mm 时,a)和 b)中所述的 0.15$r$ 可用 0.25$r$ 替换。

4.1.2.2.2.2 反射面附加非球面部分的要求如下:

a) 附加的非球面部分面应具备充分的尺寸和适当的形状,以便于向驾驶员提供有用的信息。一般情况下,曲面的宽度至少应为 30 mm;

b) 附加非球面部分的曲率半径 $r_i$ 不应小于 150 mm。

4.1.2.2.2.3 球面镜面 $r$ 值不应小于下列要求:

a) Ⅰ类内视镜为 1 200 mm;

b) Ⅱ类和Ⅲ类主外视镜为 1 200 mm;

c) 广角外视镜(Ⅳ类)和补盲外视镜(Ⅴ类)为 300 mm;

d) 前视镜(Ⅵ类) 为 200 mm;

e) Ⅶ类视镜应不小于 1 000 mm,且不大于 1 500 mm。

### 4.2 除视镜之外的间接视野装置

#### 4.2.1 一般要求

4.2.1.1 如果需要用户进行调节,那么应在不使用工具的条件下即可以调整间接视野装置。

4.2.1.2 如果某一间接视野装置只能通过对视野进行扫描的方式来观察所规定的整个视野,那么进行扫描、成像并返回至初始位置所需的总时间不得超过 2 s。

#### 4.2.2 用于间接视野的摄像机-监视器装置

##### 4.2.2.1 一般要求

4.2.2.1.1 当用于间接视野的摄像机-监视器装置安装在一个平面上,所有部件(不考虑装置的调整位置;对于监视器的情况,这些部件有可能同直径为 165 mm 的球体发生静态接触,对于摄像机的情况,可能同直径为 100 mm 的球体发生静态接触)的 $c$ 值不得小于 2.5 mm。

4.2.2.1.2 如果固定孔或凹孔的直径或最长对角线小于 12 mm,那么固定孔或凹孔边缘不要求遵守 4.2.2.1.1 关于 $c$ 值的要求,但应倒圆角。

4.2.2.1.3 如果摄像机和监视器部件制作材料的邵氏硬度 A 低于 60 并且安装在一个硬质托架上,那么 4.2.2.1.1 的要求仅适用于托架。

##### 4.2.2.2 功能要求

4.2.2.2.1 摄像机在光照较弱条件下应正常发挥功能。在光照较弱条件下,对于图像部分之外的、采用光源重现的部分,摄像机应达到至少 1∶3 的亮度对比度(条件见 EN 12368:2006 中的 8.4 规定)。

摄像机光源的照度应为 40 000 lx。传感器平面法线与连接传感器中点和光源的线段之间的夹角应为 10°。

4.2.2.2.2 监视器应在各种光线条件下,达到国际标准 ISO 15008:2003 所规定的最低对比度要求。

4.2.2.2.3 应能够通过手动或自动方式按照环境条件调整监视器的平均明亮度。

4.2.2.2.4 亮度对比度的测量应按照 ISO 15008:2003 进行。

#### 4.2.3 其他间接视野装置

其他间接视野装置应证明装置符合以下要求:

a) 该装置应能感测到可见光谱,并且在一般条件下不需要转换成可见光谱就可以成像。

b) 在该系统正常使用环境条件下，应能保证其正常发挥功能。根据实际使用的图像获得、展示技术，应全部或部分适用4.2.2.2的要求。对于其他情况，可通过等同于4.2.2.2的系统敏感性方式确定并证明其功能与所要求的大体相当，或超出要求，并且证明其功能发挥的保证效果等同于或优于对于后视镜或摄像机－监视器类间接视野装置的要求。

## 5 试验方法

### 5.1 试验要求

5.1.1 从Ⅰ类到Ⅵ类的视镜还包括用于L类车型的Ⅶ类视镜(同Ⅲ类镜一样的安装模式)，应符合5.2中的试验描述，带支撑杆的Ⅶ类视镜应该符合5.3中的试验描述。

5.1.2 对M和N类所有外视镜，如果当车辆满载处于最大技术允许质量状态时，且视镜上所有零部件离地面高度均大于1 800 mm(不论其调节位置如何)，则可免除5.2中所规定的试验。

若视镜的连接件(如连接板、支撑臂、旋转轴等)不超过车辆投影宽度，且离地面高度小于1 800 mm，则测量应在视镜连接件底边的垂直横截面上进行，如果后面超过车宽较多，则以向前方向横截面上的点为准。在这种情况下，应提供连接件在车辆上安装位置条件的说明。

对不进行撞击试验的视镜，应在支架臂上标明1 800 mm标识，在试验报告中还应注明该结果。

### 5.2 撞击试验

#### 5.2.1 试验装置

5.2.1.1 撞击试验台由视镜固定架和可绕两个成直角的水平轴摆动的摆组成，其中之一在垂直释放轨迹的平面内。摆的末端是一直径为165 mm±1 mm的刚性球型，其表面包有一层邵尔硬度为A50、厚度为5 mm的橡胶。以及用来测定释放平面内支承臂所处最大角度的指示器。按5.2.2.6中规定的撞击要求，用于保持样品的支座应被牢固地固定在支撑摆的工作台上。图2给出了试验设备的尺寸和特殊设计要求。

单位为毫米

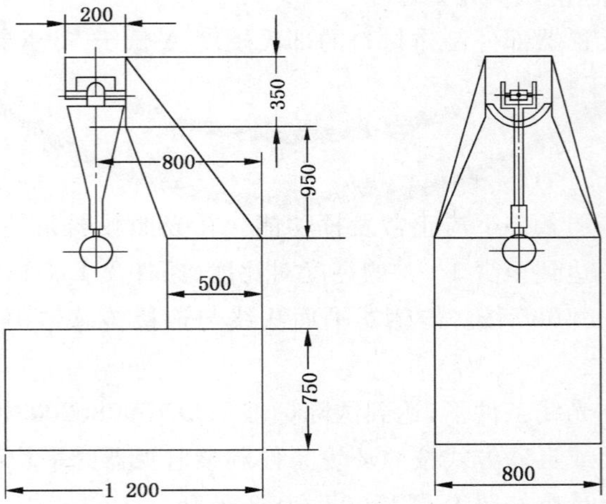


图2 撞击试验设备示例

5.2.1.2 摆的撞击中心与球型的中心重合。球头模型的中心距旋转轴线的距离为 $I$，$I$=1 000 mm±5 mm。摆换算到撞击中心的质量为 $m_o$，$m_o$=6.8 kg±0.05 kg，摆的质量中心到旋转轴轴线间的距离为 $d$，其关系如式(3)所示：

$$m_o = m\frac{d}{I} \qquad \cdots\cdots(3)$$

### 5.2.2 试验说明

5.2.2.1 夹紧视镜的装置由视镜制造厂或汽车制造厂提供。

5.2.2.2 视镜试验时的定位应满足以下要求：

a) 视镜应按视镜制造厂或汽车制造厂所推荐的方法固定在试验台上，其水平和垂直位置的轴线应与实际装车状态相同。

b) 若视镜能相对其基座可调，则它应位于视镜制造厂或汽车制造厂所规定的调节范围内，且撞击时对转动最不利的位置。

c) 若视镜能相对其基座可调，则应将调节装置调到使保持件离其基座最近的位置。

d) 若反射面能在保护壳体内调节，则应将离车身最远的上角调至突出保护壳体最大的位置。

5.2.2.3 除了视镜按 5.2.2.6a)的规定进行试验 2 外，当摆处于垂直位置时，球型中心的水平面和纵向铅垂平面应穿过 3.11 中定义的镜面中心，摆的纵向摆动方向应平行于汽车纵向基准面。

5.2.2.4 按 5.2.2.2a)和 5.2.2.2b) 的规定进行安装和调节时，若视镜的零件限制了球型的返回，则应将撞击点沿垂直于转轴或旋转中心方向调节，但应确定这种调节对完成试验是必要的，且要满足下列要求之一：

a) 球型的外廓线至少应保证与 4.1.1.5 中所述圆柱体表面相切；

b) 球型的接触点至少距反射面的边缘 10 mm。

5.2.2.5 试验时，使球型从相对于摆的铅垂线 60°的角度处自由下落，当摆到铅垂位置时，球型打击视镜。

5.2.2.6 视镜应在下列不同条件下经受撞击：

a) 内视镜：

  1) 试验 1：撞击点应符合 5.2.2.3 的规定，球头模型应撞击在反射面上。

  2) 试验 2：视镜反射面应与撞击点处球上该点原运动方向成 45°角，撞击方向应对着反射面，撞击点应过视镜反射面中心水平面的保护壳体边缘处。

b) 外视镜：

  1) 试验 1：撞击点应符合 5.2.2.3 或 5.2.2.4 的规定。应使球型撞击视镜的反射面。

  2) 试验 2：撞击点应符合 5.2.2.3 或 5.2.2.4 的规定。应使球型撞击到视镜反射面的背面。

  3) 如果Ⅱ类或Ⅲ类视镜与Ⅳ类视镜安装在同一支架上，则试验仅对下方的视镜。如果上方的视镜距离地面小于 1 800 mm，负责试验的技术部门可以决定是否重复一次与上部的视镜一起进行试验。

## 5.3 安装在固定件上保护壳体的弯曲试验

5.3.1 保护壳体水平地置于试验台上，并夹紧调节件。在保护壳体的最大尺寸方向且离调节件固定点最近的一端，用 15 mm 宽的固定挡块覆盖在该壳体的整个宽度上，使之不能转动。

5.3.2 在另一端，也在该壳体上放置一块与上述作用相同的挡块，以便按规定在上面施加试验载荷(见图 3)。

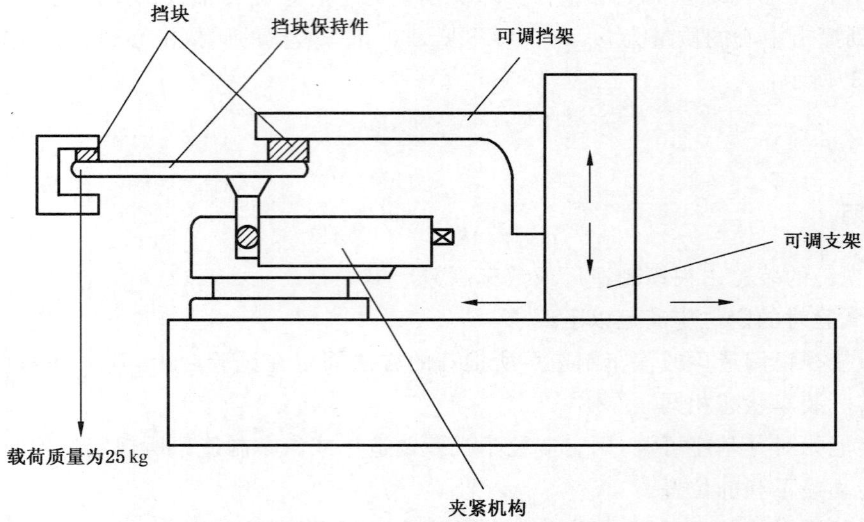


图 3　视镜保护壳体弯曲试验设备示例

5.3.3　可在施加载荷的另一端予以夹紧。

5.3.4　施加试验载荷的质量为 25 kg，保持时间为 1 min。

### 5.4　试验结果

5.4.1　当按 5.2 的规定进行撞击试验时，摆在撞击视镜后应能在摆臂的释放平面内继续摆动 20°以上。角度测量的准确度应为±1°。

本要求不适用于粘在风窗玻璃上的视镜，这类视镜在 5.4.2 中予以规定。

对所有Ⅱ类、Ⅳ类，以及Ⅲ类和Ⅳ类共同安装的视镜，所要求的角度可从 20°减少到 10°。

5.4.2　对于粘在风窗玻璃上的视镜，按照 5.2 的规定进行试验时，视镜的支撑件若损坏，则其突出底座的残余部分不应大于 10 mm，外形仍应满足 4.1.1.3 的要求。

5.4.3　当按 5.2 和 5.3 的规定试验时，视镜的反射面不应破碎，但下述两种情况可认为符合要求：

a)　玻璃碎片仍然粘在保护壳体上，或粘在与保护壳体牢固相连的物体上。允许玻璃局部脱离上述部位，但破裂处任何一个边的边长不应超过 2.5 mm。在撞击点上，允许有小碎片脱离上述部位。

b)　反射面用安全玻璃制成。

## 6　安装要求

### 6.1　一般要求

6.1.1　安装在车辆上的视镜应为已符合本标准的视镜。

6.1.2　视镜的固定方式应使它不致移动而明显改变其视野区域，或因振动而使驾驶员对图像产生错觉。

6.1.3　当车辆以不超过最高设计车速的 80%（但不超过 150 km/h）的车速行驶时，视镜应符合 6.1.2 的要求。

### 6.2　视镜的数量要求

#### 6.2.1　强制安装视镜最少数量

6.2.1.1　视野在 6.5 中规定，能满足该视野必装视镜的最少数量如表 2 所示。如果有选装视镜，那么就不再强制要求安装其他间接视野装置。

**表 2　视镜最少安装数量**

| 车辆类型 | 内视镜 | 外视镜 | | | | |
|---|---|---|---|---|---|---|
| | | 主外视镜 | | 广角外视镜 | 补盲外视镜 | 前视镜 |
| | Ⅰ类 | Ⅱ类(大) | Ⅲ类(小) | Ⅳ类 | Ⅴ类 | Ⅵ类 |
| $M_1$ | 必装<br>除非车辆在6.5.2规定的视野范围内,安装了非玻璃材料的东西 | 选装 | 必装<br>驾驶员和乘员一侧各1个;也可安装Ⅱ类视镜作为替代 | 选装<br>驾驶员一侧1个和/或乘员一侧1个 | 选装<br>驾驶员一侧和乘员一侧各1个(两个视镜的安装位置至少应高于地面1 800 mm) | 选装<br>(前视镜的安装位置至少应高于地面1 800 mm) |
| $M_2$ | 选装<br>(对于视野无要求) | 必装<br>驾驶员一侧和乘员一侧各1个 | 不允许安装 | 选装<br>驾驶员一侧和乘员一侧各1个 | 选装<br>驾驶员一侧和乘员一侧各1个(两个视镜的安装位置至少应高于地面1 800 mm) | 选装<br>(前视镜的安装位置至少应高于地面1 800 mm) |
| $M_3$ | 选装<br>(对于视野无要求) | 必装<br>驾驶员一侧和乘员一侧各1个 | 不允许安装 | 选装<br>驾驶员一侧和/或乘员一侧各1个 | 选装<br>驾驶员一侧和乘员一侧各1个(两个视镜的安装位置至少应高于地面1 800 mm) | 选装<br>(前视镜的安装位置至少应高于地面1 800 mm) |
| $N_1$ | 必装<br>除非机动车按6.2.1.2规定的视野范围内,安装了非玻璃材料之类的东西 | 选装 | 必装<br>驾驶员一侧和乘员一侧各1个;也可安装Ⅱ类视镜作为替代 | 选装<br>驾驶员一侧和/或乘员一侧各1个 | 选装<br>驾驶员一侧和乘员一侧各1个(两个视镜的安装位置至少均应高于地面1 800 mm) | 选装<br>(前视镜的安装位置至少应高于地面1 800 mm) |
| $N_2 \leq$ 7 500 kg | 选装<br>(对于视野无要求) | 必装<br>驾驶员一侧和乘员一侧各1个 | 不允许安装 | 如果Ⅴ类补盲外视镜能够被安装,则两侧都须安装;如果Ⅴ类补盲外视镜不能被安装,则两侧可选装此类镜 | 必装:<br>乘员一侧1个[见6.3.7和6.5.6e)]。<br>选装:<br>驾驶员一侧1个。<br>(如安装,两边应离地面至少1 800 mm)。公差为+100 mm | 选装<br>前视镜,1个(前视镜的安装位置至少应高于地面1 800 mm) |
| $N_2 >$ 7 500 kg | 选装<br>(对于视野无要求) | 必装<br>驾驶员一侧和乘员一侧各1个 | 不允许安装 | 必装<br>驾驶员一侧和乘员一侧各1个 | 必装:<br>见6.3.7和6.5.6e)乘员一侧1个。<br>备选:<br>驾驶员一侧1个。(两个视镜的安装位置至少应高于地面1 800 mm) | 必装<br>见6.3.7和6.5.6e)前视镜(前视镜的安装位置至少应高于地面1 800 mm) |
| $N_3$ | 选装<br>(对于视野无要求) | 必装<br>驾驶员一侧和乘员一侧各1个 | 不允许安装 | 必装<br>驾驶员一侧和乘员一侧各1个 | 必装:<br>见6.3.7和6.5.6e)乘员一侧1个。<br>选装:<br>驾驶员一侧1个。<br>(两个视镜的安装位置至少应高于地面1 800 mm) | 必装<br>见6.3.7和6.5.6e)前视镜(前视镜的安装位置至少应高于地面1 800 mm) |

6.2.1.2 按照 6.5.7 前视镜(Ⅵ类)所描述的车辆前视镜及/或 6.5.6 所描述补盲外视镜(Ⅴ类)视野能够被其他间接视野装置获得,如果符合 4.2 及第 6 章安装要求规定,则其他间接视野装置可用以替代相关的视镜和组合镜。

若使用摄影-监视装置,该装置应能完全独立地显示:

a) 当补盲外视镜被替代时,应显示 6.5.6 所规定的视野。
b) 当车辆以 10 km/h 以下速度向前行驶,车前视镜被替代时,应显示 6.5.7 所规定的视野,或
c) 当补盲外视镜及车辆前视镜被同时替代,应能同时显示 6.5.6 及 6.5.7 所规定的视野。当车辆以 10 km/h 以上速度向前或倒车行驶,6.5.6 所规定的视野为固定显示,监视装置可用做提供其他的信息。

6.2.1.3 带封闭式车体 L 类视镜的数量要求如表 3 所示。

**表 3 带封闭式车体 L 类视镜的数量要求**

单位为只

| 车辆的类别 | 视镜类别 | |
|---|---|---|
| | 内视镜(Ⅰ类)<br>安装数量 | 主外视镜(Ⅲ和Ⅶ类)<br>安装数量 |
| 安装有全封闭或部分封闭驾驶员的车体的 L 类车辆 | 1[a] | 1(如果有一个内视镜)<br>2(如果没有内视镜) |

[a] 参照 6.5.2 所描述的视野条件不能满足的话,内视镜的安装不作要求,但两侧外视镜应按规定安装。

单个主外视镜应该安装在左侧。

6.2.1.4 为 L 类车辆选装视镜

按照 6.2.1.3 的规定,车辆一侧强制安装了一个外视镜,另一侧可以选装一个外视镜,但应符合本标准的要求。

### 6.2.2 监视镜安装要求

本条不适用于 3.5 定义的监视镜;如果安装该类装置后,在技术许可总重下该类装置至少距离地面 1 800 mm。

## 6.3 视镜的位置要求

6.3.1 视镜的位置应保证驾驶员在正常驾驶状态下,能看清汽车后方和两侧道路上的路况。

6.3.2 外视镜应能从车辆侧窗或前风窗玻璃刮水器刮刷到的区域中看到。但考虑到设计上的缘故,本条规定不适用于:

a) $M_2$、$M_3$ 类机动车辆驾驶员一侧的选装视镜及外视镜在乘员一侧;
b) Ⅵ类前视镜。

6.3.3 对于二类底盘类型的车辆,在测定视野时,汽车制造商应提供车身最大和最小宽度尺寸。必要时可以采用模拟前箱板进行。在试验期间,被考虑到的所有车辆和视镜布置均应在试验报告中予以注明。

6.3.4 在确定车辆驾驶员一侧外视镜的位置时,应保证车辆垂直纵向中间平面与通过视镜中心和连接驾驶员两眼点 65 mm 线段中心的垂直平面之间的夹角不大于 55°。

6.3.5 视镜突出汽车车身外侧的程度不能超过满足 6.5 中关于视野要求所规定的程度。

6.3.6 当车辆处于最大设计满载质量状态下,且外视镜的最低边缘距地面高度小于 1 800 mm 时,其单侧视镜外伸尺寸比未装视镜时车辆的最大宽度不应超出 250 mm。

6.3.7 在将Ⅴ类补盲外视镜和Ⅵ类前视镜安装在车辆上时,应保证,当车辆处于最大设计满载质量条

件下，这些镜面或其托架(不论其调整位置如何)的任何部分距离地面的高度不应小于 1 800 mm。

但是，对于驾驶舱高度无法符合这一要求的车辆，不应安装这两类镜面。在这种情况下，不要求安装其他间接视野装置。

6.3.8 依据 6.3.5、6.3.6 和 6.3.7 的要求，视镜可以超出车辆最大允许宽度。

6.3.9 所有Ⅶ类视镜在车辆正常的驾驶条件下，能够处在稳定的位置。

## 6.4 视镜的调节要求

6.4.1 内视镜应能允许驾驶员在其驾驶位置上调节。

6.4.2 在驾驶员一侧的外视镜应能允许驾驶员在车门关闭，车窗开启时进行调节，而且能从车外锁紧位置。

6.4.3 上述 6.4.2 不适用于被撞击后无需调节又能恢复到原位置的视镜。

## 6.5 视镜的视野要求

### 6.5.1 后视野要求

按 3.15 中的定义确定驾驶员的眼点位置。下述后视野要求是在“双眼总视野”条件下的视野。当测定汽车后视野时，所试车辆为 3.16 规定的空载质量加一个前排乘客的质量(75 kg)。视野应透过车窗玻璃进行测定，其可见光的垂直总透过率至少为 70%。但当安装了两个外视镜时，后窗玻璃的透光率可小于 70%。

### 6.5.2 内视镜(Ⅰ类)

视野应满足：驾驶员借助内视镜应能在水平路面上看见一段宽度至少为 20 000 mm 的视野区域，其中心平面为汽车纵向基准面，并从驾驶员的眼点后 60 000 mm 处延伸至地平线(见图 4)。

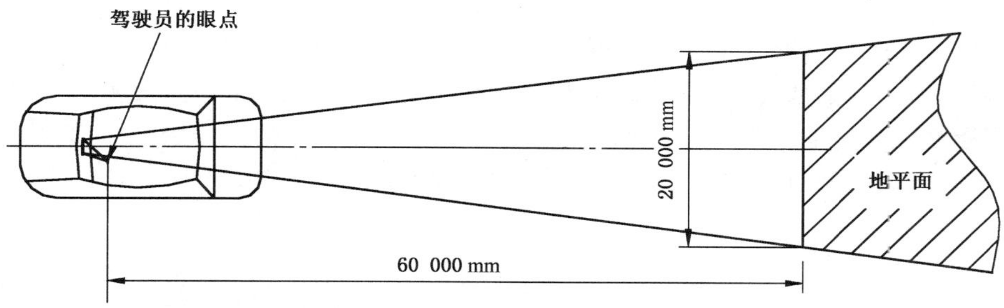


图 4 Ⅰ类内视镜视野

### 6.5.3 主外视镜(Ⅱ类)

#### 6.5.3.1 驾驶员一侧的外视镜

视野应满足以下要求：驾驶员至少能看到 5 000 mm 宽、由平行于车辆垂直纵向中间平面并且通过驾驶员一侧车辆最远点的平面所界定，并延伸至驾驶员眼点后方 30 000 mm 的水平路面部分。同时，驾驶员应能够看到从通过驾驶员两眼点的垂面后方 4 000 mm 的点开始、宽 1 000 mm，由平行于车辆垂直纵向中间平面并通过车辆最远点的平面所限定的路面(见图 5)。

#### 6.5.3.2 乘员一侧的外视镜

视野应满足以下要求：驾驶员至少能看到 5 000 mm 宽、由乘员一侧平行于车辆垂直纵向中间平面并且通过乘员一侧车辆最远点的平面所界定，并延伸至驾驶员眼点后方 30 000 mm 的水平路面部分。同时，驾驶员应能够看到从通过驾驶员两眼点的垂面后方 4 000 mm 的点开始、宽 1 000 mm、由平行于车辆垂直纵向中间平面并通过车辆最远点的平面所限定的路面(见图 5)。

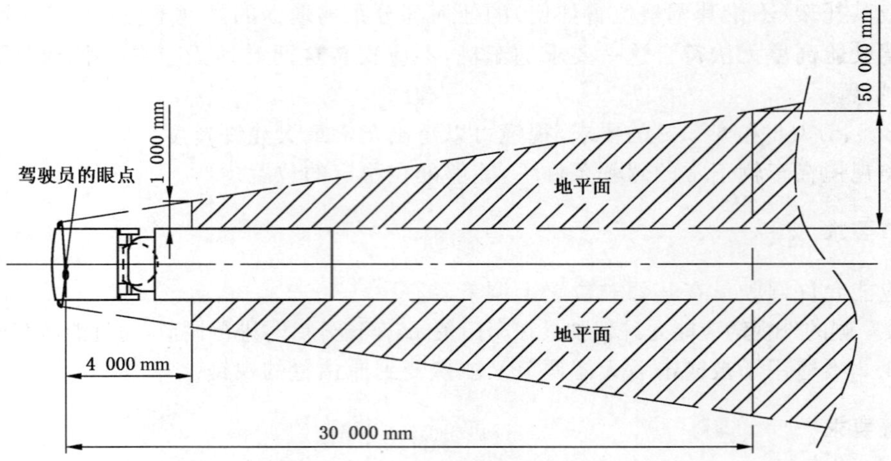


图 5 Ⅱ类主外视镜的视野

6.5.4 主外视镜（Ⅲ类）

6.5.4.1 驾驶员一侧的外视镜

视野应满足以下要求：驾驶员至少能看到 4 000 mm 宽、由平行于车辆垂直纵向中间平面并且通过驾驶员一侧车辆最远点的平面所界定，并延伸至驾驶员眼点后方 20 000 mm 的水平路面部分（见图 6）。同时，驾驶员应能够看到从通过驾驶员两眼点的垂面后方 4 000 mm 的点开始、宽 1 000 mm、由平行于车辆垂直纵向中间平面并通过车辆最远点的平面所限定的路面。

6.5.4.2 乘员一侧的外视镜

视野应满足以下要求：驾驶员至少能看到 4 000 mm 宽、由平行于车辆垂直纵向中间平面并且通过乘员一侧车辆最远点的平面所界定，并延伸至驾驶员眼点后方 20 000 mm 的水平路面部分（见图 6）。同时，驾驶员应能够看到从通过驾驶员两眼点的垂面后方 4 000 mm 的点开始、宽 1 000 mm、由平行于车辆垂直纵向中间平面并通过车辆最远点的平面所限定的路面。

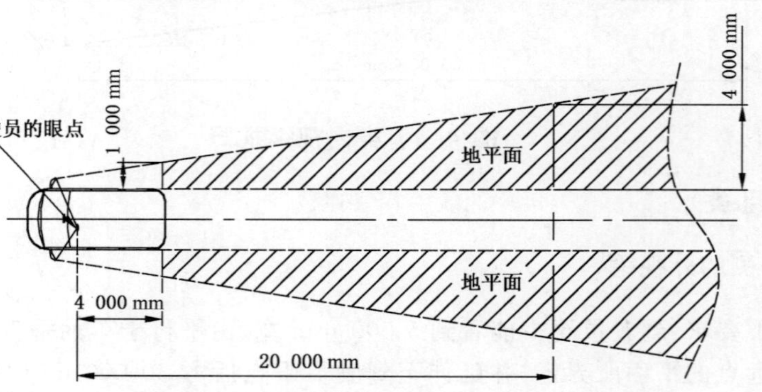


图 6 Ⅲ类主外视镜的视野

6.5.5 广角外视镜（Ⅳ类）

6.5.5.1 驾驶员一侧广角外视镜

视野应满足以下要求：驾驶员至少能看到 15 000 mm 宽、由平行于车辆垂直纵向中间平面并且通过驾驶员一侧车辆最远点的平面所界定，并延伸至驾驶员眼点后方至少 10 000 mm～25 000 mm 的水平路面部分。同时，驾驶员应能够看到从通过驾驶员两眼点的垂面后方 1 500 mm 的点开始、宽 4 500 mm、由平行于车辆垂直纵向中间平面并通过车辆最远点的平面所限定的路面（见图 7）。

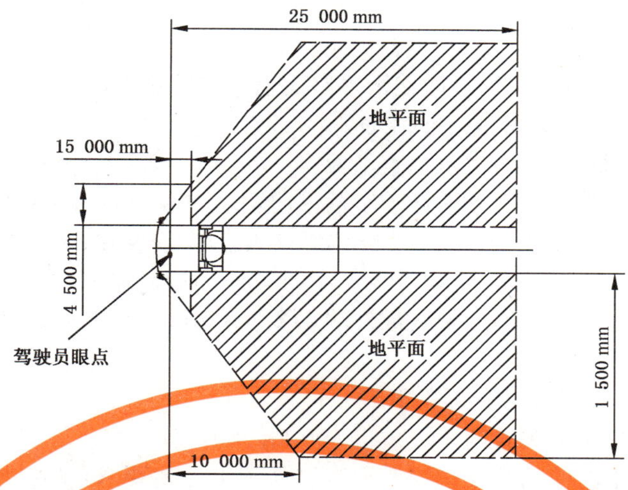


图 7　Ⅳ类广角外视镜的视野

6.5.5.2　乘员一侧广角外视镜(Ⅳ类)

视野应满足以下要求:驾驶员借助外视镜能在水平路面上看见一段宽至少为 15 000 mm 的区域,由平行于车辆垂直纵向中间平面并且通过乘员一侧车辆最远点的平面所界定,并延伸至驾驶员眼点后方至少 10 000 mm~25 000 mm 的水平路面部分。同时,驾驶员应能够看到从通过驾驶员两眼点的垂面后方 1 500 mm 的点开始、宽 4 500 mm,由平行于车辆垂直纵向中间平面并通过车辆最远点的平面所限定的路面(见图 7)。

6.5.6　补盲外视镜(Ⅴ类)

视野应达到以下要求:驾驶员借助补盲外视镜(Ⅴ类)能在水平路面上看到的路段,其界限由下列垂直平面来确定(见图 8):

a)　平行于车辆垂直纵向中间平面、通过乘客一侧驾驶室最外端的平面;
b)　横向,在 a)所述的平面横向外 2 000 mm 处的一个平面;
c)　向后,通过驾驶员两眼点的垂面后方 1 750 mm 处作一平行平面;
d)　向前,通过驾驶员两眼点的垂面前方 1 000 mm 处作一平行平面。如果车辆保险杠前端的横向垂面与驾驶员两眼点垂面之间的距离小于 1 000 mm,视野应限定到横向平面内;
e)　如果通过Ⅳ类广角外视镜以及Ⅵ类前视镜可以获得图 8a)和图 8b)所给出的视野,那么不强制要求安装Ⅴ类补盲外视镜。

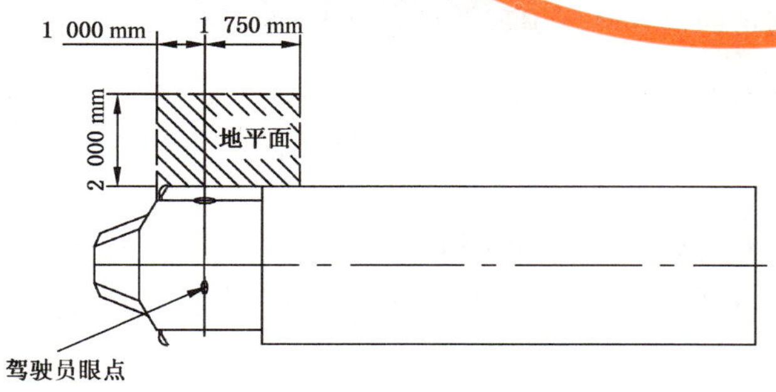


a)

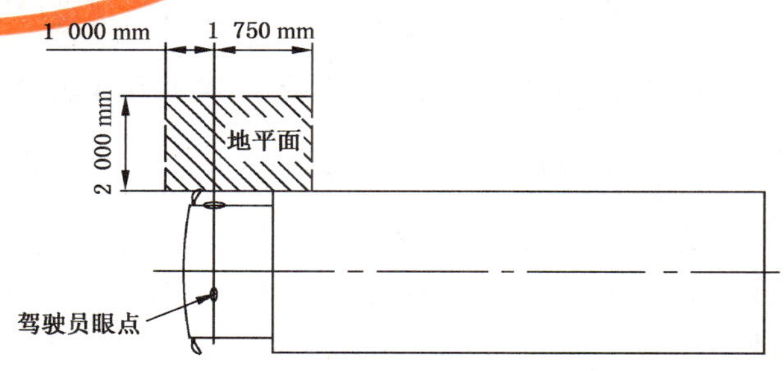


b)

图 8　Ⅴ类补盲外视镜的视野

### 6.5.7 前视镜(Ⅵ类)

6.5.7.1 驾驶员的视野范围借助前视镜能在水平路面上看到的路段,其视野范围由以下限定:

a) 过车身前部最外端前点的横向垂直平面;
b) 上述 a)平面前 2 000 mm 的横向垂直平面;
c) 过驾驶员一侧驾驶室最外端点平行于车辆纵向垂直中心平面的纵向垂直平面;
d) 过副驾驶员一侧驾驶室最外端点平行于车辆纵向垂直中心平面的纵向垂直平面,再向外 2 000 mm 的纵向垂直平面;
e) 在车身前和离副驾驶员一侧驾驶室最外端点 2 000 mm 处的视野区域,允许半径 2 000 mm 的圆角过渡(见图 9);
f) 视野的定义区域见 6.5.8.2;
g) 此前视镜规定适用于平头式的车 $N_2$>7 500 kg 及 $N_3$ 车;
h) 如果这两类车上不能使用前视镜或监视装置来满足上述要求,就必须另外使用其他视野支持系统,而这个视野支持系统所用的装置必须能够检测到在图 9 定义的视野区域内高 50 mm 直径 300 mm 的物体。

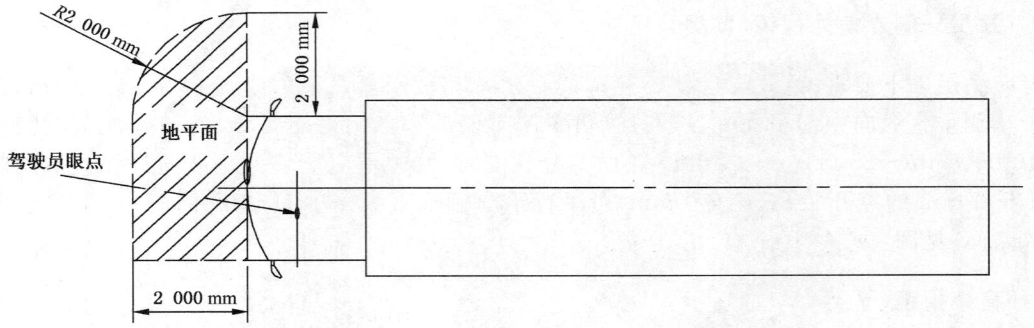


图 9 Ⅵ类前视镜的视野

6.5.7.2 但是,在将 A 柱的遮挡因素考虑在内的情况下,如果驾驶员能够看到车辆正前方 300 mm 长、1 200 mm 高,并由以下平面限定的视野范围,那么不强制要求安装Ⅵ类前视镜:平行于车辆垂直纵向中间平面并通过驾驶员一侧车辆最外端的垂直纵向平面,以及平行于车辆纵向垂直中间平面、距离乘客一侧车辆最外远端外部 900 mm 垂直纵向垂直平面。

6.5.7.3 为满足 6.5.7.1、6.5.7.2 的要求,确定车辆前部时,不考虑永久固定在车辆上,且位于驾驶员眼点前上面以及车辆前保险杠最前面的部件。

6.5.7.4 如果视镜同时有几个反射面,这些反射面的曲率半径互不相同或者反射面相互之间相互形成不同夹角,那么至少一个反射面应提供这类视镜应满足的视野并且满足其尺寸要求(见 4.1.2.1.2)。

### 6.5.8 至少驾驶室被部分封闭的 L 类机动车辆的视镜(Ⅶ类)

#### 6.5.8.1 驾驶员一侧的外视镜

视野应满足以下要求:驾驶员至少能看到 2 500 mm 宽、由平行于车辆垂直纵向中间平面并且通过驾驶员一侧车辆最远点的平面所界定,并延伸至驾驶员眼点后方 10 000 mm 的水平路面部分。(见图 10)

#### 6.5.8.2 乘员一侧的外视镜

视野应满足以下要求:驾驶员至少能看到 4 000 mm 宽、由乘员一侧平行于车辆垂直纵向中间平面并且通过乘员一侧车辆最远点的平面所界定,并延伸至驾驶员眼点后方 20 000 mm 的水平路面部分。

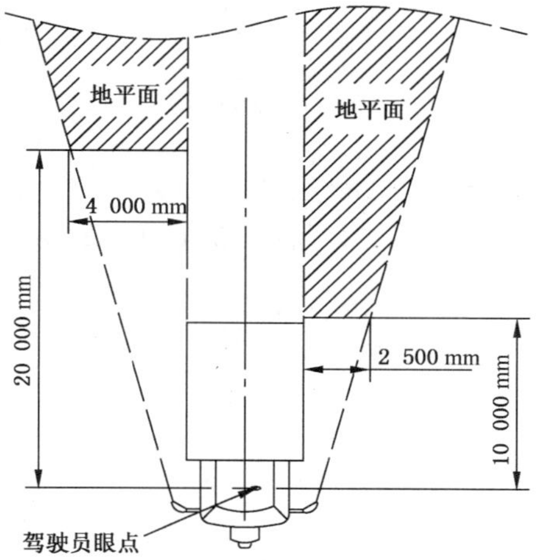


图 10 Ⅶ类视镜视野

6.5.9 障碍物

6.5.9.1 内视镜(Ⅰ类)

视野有可能因部件影响而降低,如遮阳板、后刮雨刷、除雾部件、S3 类制动灯,这些装置遮挡部分投影在与车辆纵向中心面垂直的铅垂面上时,其总和不大于所规定视野的 15%就可以。头枕、框架或车身结构,如后面的对开门立柱、后窗框应不计算在内,测量阻挡程度时应将遮阳板处于收回位置。

6.5.9.2 外视镜(Ⅱ类、Ⅲ类、Ⅳ类、Ⅴ类、Ⅵ类和Ⅶ类)

外视镜视野指定的视野区域内可能被像车体及其上的零件等障碍物遮挡,如其他驾驶室视镜、门把手、示廓标志灯、转向信号灯、前后保险杠以及反射面清洗部件等,如遮挡不超过 10%的规定视野,应该不必考虑;如果在设计和结构上是针对特殊目的的车辆,由于特殊特征,不可能达到 10%的要求,Ⅵ类前视镜视野内遮挡物由于特殊特征的原因允许大于 10%,但不要超过特殊功能之外的要求。

6.6 测定视野区域要求

测定视野区域时,应在驾驶员眼点处设置大功率光源,并检测在监视屏上的反射光束来确定。也可以采用其他等效方法。

6.7 视镜之外的间接视野装置

6.7.1 任何间接视野装置应达到以下性能要求:在临界视野条件下,能够在所述规定的视野内观测发现到临界物体。

6.7.2 应最大程度地降低间接视野装置安装对驾驶员直接视野造成的遮挡。

6.7.3 按附录 D 的方法确定摄像机-监视器类间接视野装置观察的距离。

6.7.4 监视器的安装要求

监视器的观察方向大致应同其中一个主视镜保持一致。

6.7.5 车辆可以加装其他间接视野装置。

6.7.6 本条不适用于 3.29 定义的监视摄像机-监视器-记录装置。外部摄像监视设备应该安装在车辆最大技术允许质量状态时,离地面至少 1 800 mm 处,或者,当其下边缘离地,也就是设备最底边离地会小于 1 800 mm 时,突出未装此装置时车辆总宽不超过 50 mm,且其圆角半径不小于 2.5 mm。

## 7 实施过渡期

本标准实施的过渡期要求：

a) 对于新定型的产品，自本标准实施之日起开始执行；

b) 对于已定型的产品，自本标准实施之日起第 13 个月开始执行。

# 附 录 A
（资料性附录）
本标准章条编号与 ECE R46 章条编号对照

表 A.1 给出了本标准章条编号与 ECE R46 章条编号对照一览表。

**表 A.1 本标准章条编号与 ECE R46 章条编号对照**

| 本标准章条编号 | ECE R46 章条编号 |
|---|---|
| 1 | 1 |
| 2 | — |
| 3 | 2，12 |
| 4 | 6 |
| 5 | 6.13 |
| 6 | 15 |
| — | 附录 1～附录 5 |
| 附录 A | — |
| 附录 B | 附录 6 |
| 附录 C | 附录 7 |
| 附录 D | 附录 10 |
| — | 3～5 |
| — | 7～11 |
| — | 13～14 |
| — | 16～21 |
| — | 附录 8 |
| — | 附录 8 的附件 1 |
| — | 附录 8 的附件 2 |
| — | 附录 8 的附件 3 |
|  | 附录 9 |

# 附 录 B
（规范性附录）
# 确定反射率的方法

## B.1 定义解词

**B.1.1** CIE 标准发光体 A[1)]（见表 B.1）：

**表 B.1 CIE 标准发光体 A**

| λ/mm | $\bar{x}(\lambda)$ |
|---|---|
| 600 | 1.062 2 |
| 620 | 0.854 4 |
| 650 | 0.283 5 |

**B.1.2** CIE 标准光源 A[1)]：在相关色温 $T_{68}$＝2 855.6 K 时的充气钨丝灯。
**B.1.3** CIE(1931)标准色度观测仪[1)]：是一种辐射感应器，其色度特性相当于光谱三色激励值 $\bar{x}(\lambda)$、$\bar{y}(\lambda)$、$\bar{z}(\lambda)$（见表 B.2）。

**表 B.2 CIE 标准色度观测仪的光谱三色激励值**

| λ/mm | $\bar{x}(\lambda)$ | $\bar{y}(\lambda)$ | $\bar{z}(\lambda)$ | λ/mm | $\bar{x}(\lambda)$ | $\bar{y}(\lambda)$ | $\bar{z}(\lambda)$ |
|---|---|---|---|---|---|---|---|
| 380 | 0.001 4 | 0.000 0 | 0.006 5 | 590 | 1.026 3 | 0.757 0 | 0.001 1 |
| 390 | 0.004 2 | 0.000 1 | 0.020 1 | 600 | 1.062 2 | 0.631 0 | 0.000 8 |
| 400 | 0.014 3 | 0.000 4 | 0.067 9 | 610 | 1.002 6 | 0.503 0 | 0.000 3 |
| 410 | 0.043 5 | 0.001 2 | 0.067 9 | 620 | 0.854 4 | 0.381 0 | 0.000 2 |
| 420 | 0.134 4 | 0.004 0 | 0.645 6 | 630 | 0.642 4 | 0.265 0 | 0.000 0 |
| 430 | 0.283 9 | 0.011 6 | 1.385 6 | 640 | 0.447 9 | 0.175 0 | 0.000 0 |
| 440 | 0.348 3 | 0.023 0 | 1.747 1 | 650 | 0.283 5 | 0.107 0 | 0.000 0 |
| 450 | 0.336 2 | 0.038 0 | 1.772 1 | 660 | 0.164 9 | 0.061 0 | 0.000 0 |
| 460 | 0.290 8 | 0.060 0 | 1.669 2 | 670 | 0.087 4 | 0.032 0 | 0.000 0 |
| 470 | 0.195 4 | 0.091 0 | 1.287 6 | 680 | 0.046 8 | 0.017 0 | 0.000 0 |
| 480 | 0.095 6 | 0.139 0 | 0.813 0 | 690 | 0.022 7 | 0.008 2 | 0.000 0 |
| 490 | 0.032 0 | 0.208 0 | 0.465 2 | 700 | 0.011 4 | 0.004 1 | 0.000 0 |
| 500 | 0.004 9 | 0.323 0 | 0.272 0 | 710 | 0.005 8 | 0.002 1 | 0.000 0 |
| 510 | 0.009 3 | 0.503 0 | 0.158 2 | 720 | 0.002 9 | 0.001 0 | 0.000 0 |
| 520 | 0.063 3 | 0.710 0 | 0.078 2 | 730 | 0.001 4 | 0.000 5 | 0.000 0 |
| 530 | 0.165 5 | 0.862 0 | 0.042 2 | 740 | 0.000 7 | 0.000 2[a] | 0.000 0 |
| 540 | 0.290 4 | 0.954 0 | 0.020 3 | 750 | 0.000 3 | 0.000 1 | 0.000 0 |
| 550 | 0.433 4 | 0.995 0 | 0.008 7 | 760 | 0.000 2 | 0.000 1 | 0.000 0 |
| 560 | 0.594 5 | 0.995 0 | 0.003 9 | 770 | 0.000 1 | 0.000 0 | 0.000 0 |
| 570 | 0.762 1 | 0.952 0 | 0.002 1 | 780 | 0.000 0 | 0.000 0 | 0.000 0 |
| 580 | 0.916 3 | 0.870 0 | 0.001 7 | | | | |
| [a] 1966 年修改时，将 3 改为 2。 | | | | | | | |

1) 定义摘自 CIE(国际照明委员会)出版物 50(45)、国际电子词汇、45 组：照明。

**B.1.4** CIE 光谱三色激励值[1]：在 CIE($x$、$y$、$z$)系统中，等能量光谱分量的三色激励值。

**B.1.5** 明视觉[1]：正常眼睛适应了每平方米至少几坎德拉亮度时的视觉。

## B.2 仪器

### B.2.1 概述

**B.2.1.1** 试验仪器由光源、试镜支架、带有光检测器和指示仪表的接收单元，以及能消除外来光影响的装置组成(见图 B.1)。

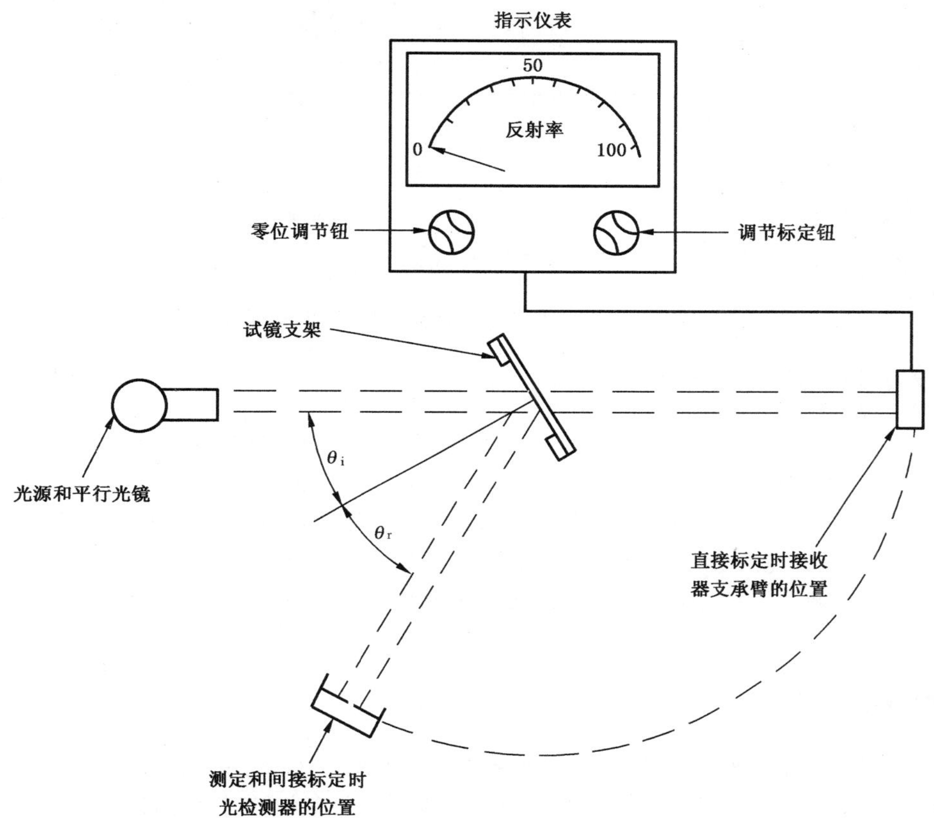


**图 B.1 两种标定方法所用反射率测定仪的几何关系**

**B.2.1.2** 接收单元可以包括一个光积分球体，以便测量非平面镜(凸镜)(见图 B.2)。

1) 定义接自 CIE(国际照明委员会)出版物 50(45)、国际电子词汇、45 组：照明。

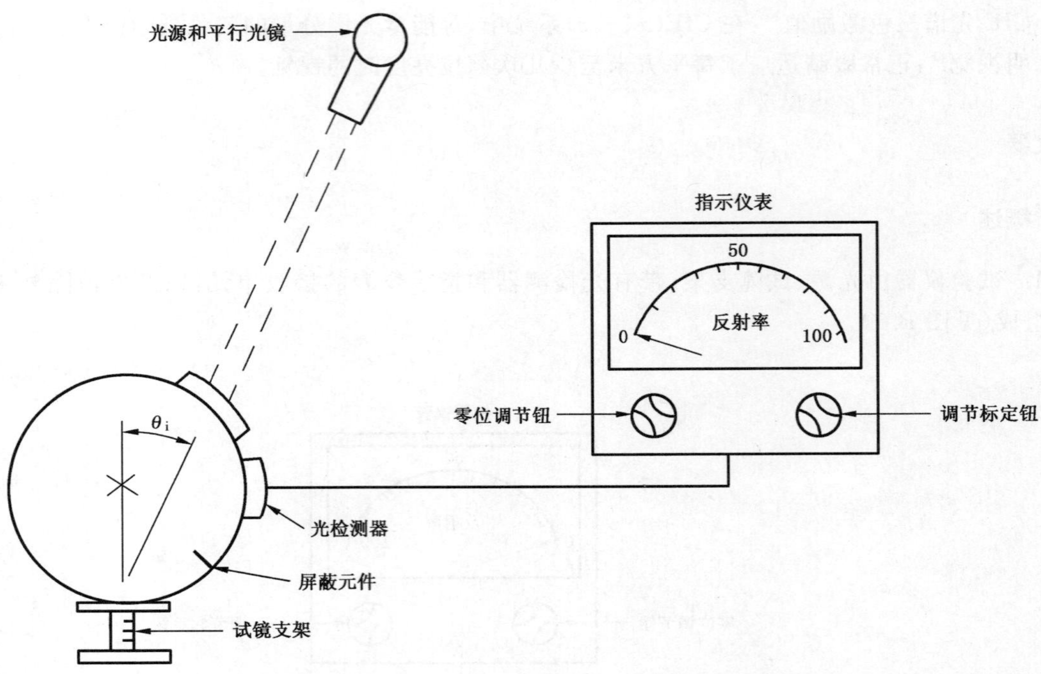


**图 B.2 在接收单元中加装光积分球体的反射率测定仪**

**B.2.2 光源和光检测器的光谱特性**

**B.2.2.1** 光源由 CIE 标准光源 A 和能使光源发出的光成为平行光束的镜片所组成。为使仪器工作时光源电压保持稳定，推荐使用稳压电源。

**B.2.2.2** 接收单元所带光检测器的光谱响应与 CIE(1931)标准色度观测仪的适光亮度函数成正比(见表 B.1)。也可以使用其他产生效果能完全等效于 CIE 标准发光体 A 和明视觉的发光体-滤光片-接收器的组合方式。在接收单元中使用光积分球体时，球体的内表面应涂上一层无光泽的(漫反射的)、对光谱无选择性的白色涂料。

**B.2.3 几何条件**

**B.2.3.1** 入射光束角($\theta$)最好是与垂直于试验表面的垂线成 0.44 弧度±0.09 弧度(25°±5°)，并不得超过角度上限(0.53 弧度或 30°)。接收器轴线与该垂线所成角度($\theta$)应等于入射光束角(见图 B.1)。入射光束在试验表面上的直径不得小于 19 mm，反射光束覆盖在光检测器上的面积应小于其感光面积，但不得小于该感光面积的 50%，并尽可能接近仪器标定时的覆盖面积。

**B.2.3.2** 当光积分球体用于接收单元时，球体直径不得小于 127 mm。在球体上，试镜和球壁入射光束的孔径应使入射光束和反射光束全部通过。光检测器应置于不受入射和反射光束直射的位置。

**B.2.4 光检测器——指示仪表装置的电特性**

在指示仪表上，光检测器输出的读数为感光区域上光亮度的线性函数。为了便于调零和标定，可采用光、电或光和电组合的方法，但该方法不得影响仪器线性度和光谱特性。接收器——指示系统的准确度应在全刻度的±2%范围内，或在读数值的±10%范围内，以较小者为准。

**B.2.5 试镜支架**

试镜支架应便于试镜定位，使光源支承臂与接收器的轴线在反射面上相交。反射面可能位于镜片的中间，或任何一面，视其为第一个面、第二个面，或是“转换”型棱镜而定。

## B.3 方法

### B.3.1 直接标定法

**B.3.1.1** 在直接标定法中，大气作为参考标准，该方法适用于其结构上允许将接收器调节到光源的光路上，进行100%测量标定的仪器(见图B.1)。

**B.3.1.2** 在某些情况下(如测定低反射率表面)，要求用该方法标定一个中间值(在刻度盘0%～100%之间)。这时，将一个已知透光率的中性密度滤光片插入光路中，然后调节标定钮，直至仪器读数为中性密度滤光片的透光百分率为止。在测定试镜反射率之前，必须拿掉滤光片。

### B.3.2 间接标定法

间接标定法适用于光源和接收器的几何位置为固定的仪器。该方法需要有经过严格标定和保持其反射率不变的参考标样。该标样最好是与试镜反射率很接近的平面镜。

### B.3.3 平面镜的测定

平面镜的反射率可以用直接或间接标定法测定。反射率的数值可直接从仪器的指示仪表上读出。

### B.3.4 非平面镜(凸面镜)的测定

用带光积分球体的仪器测定非平面镜(凸面镜)的反射率(见图B.3)。当用反射率为$E$%的参考标样时，仪器的指示仪表指在$n_E$刻度上，因而，一个未知反射率镜子的刻度为$n_X$，则相应的反射率$X$%可用式(B.1)计算：

$$X = E\frac{n_X}{n_E} \qquad \text{(B.1)}$$

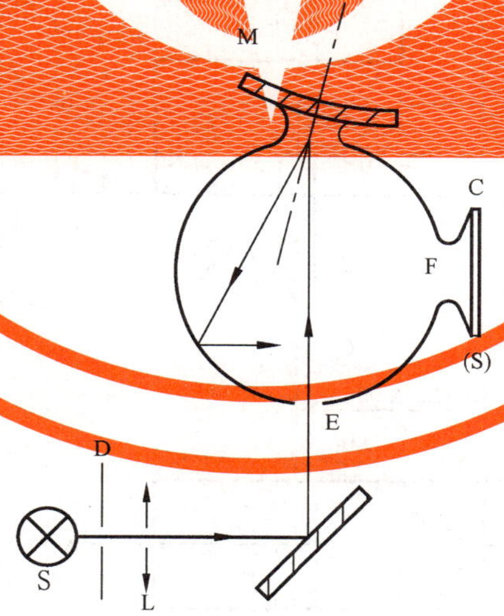


说明：
C ——接收器；
D ——光圈；
E ——入射窗口；
F ——测定窗口；
L ——镜头；
M ——试镜窗口；
S ——光源；
(S)——积分球体。

**图B.3 球面镜反射率测量装置**

# 附 录 C
（规范性附录）
测定视镜反射面曲率半径 $r$ 的程序

## C.1 测量

### C.1.1 设备

采用图 C.1 规定的球面计。

单位为毫米

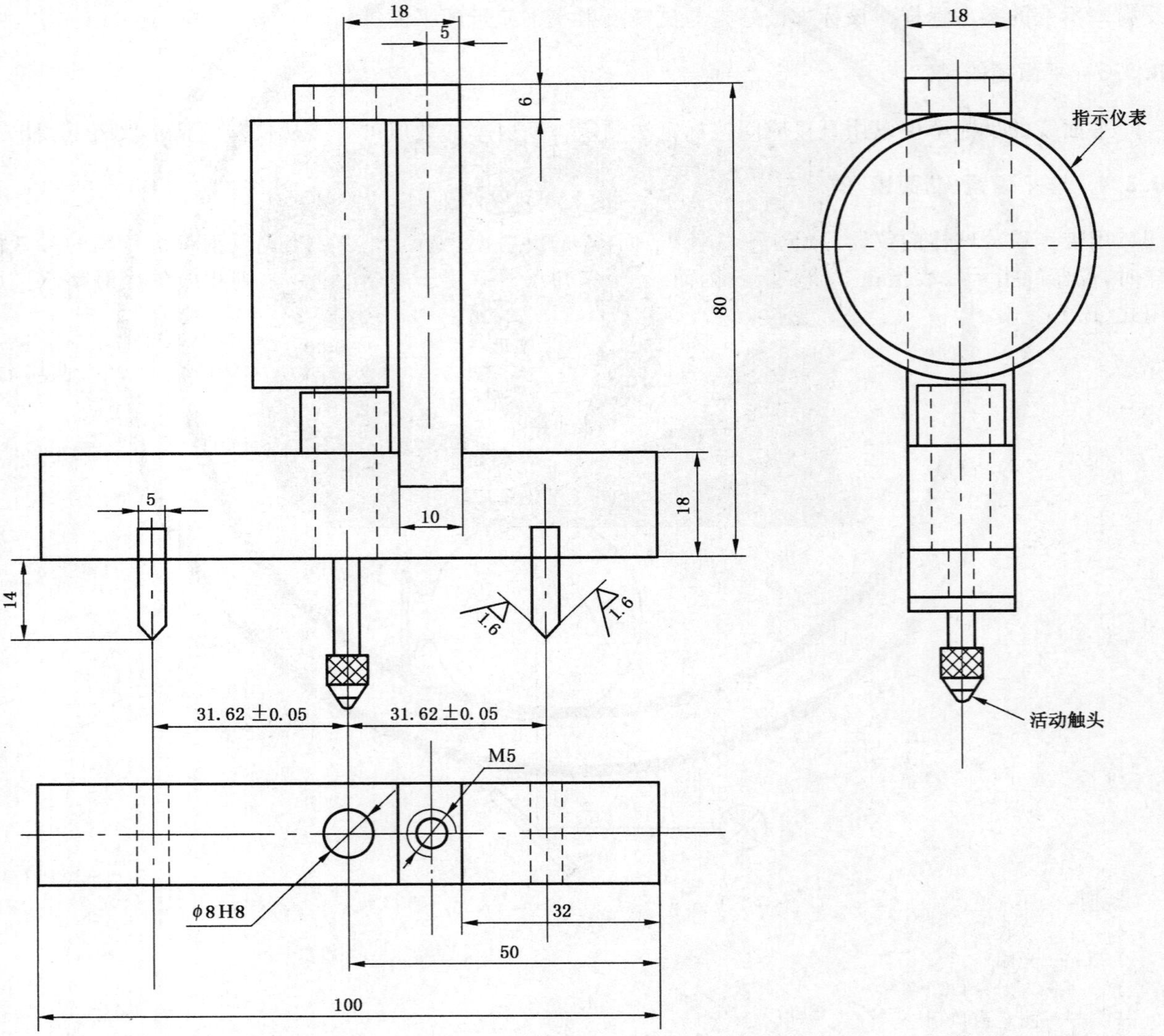


图 C.1 球面计示意图

### C.1.2 测点

C.1.2.1 基本点的曲率半径应在三个点上测得，其位置位于过镜面中心，并与 $b$ 线段平行的线段上，距离约为全长的1/3、1/2和2/3处。如果垂直镜子$b$线段方向上的尺寸为最长，则测点应位于垂直于$b$线段，且过镜子镜面中心的线段上。

C.1.2.2 若由于镜子尺寸的关系，不能按C.1.2.1规定的方法进行测量，则负责试验的技术人员可以在两个相互垂直的方向，并尽可能接近上述规定的点上进行测量。

## C.2 曲率半径的计算

曲率半径$r$用mm表示，计算公式如式(C.1)：

$$r=\frac{r_{p1}+r_{p2}+r_{p3}}{3} \qquad \text{(C.1)}$$

式中：

$r_{p1}$——第一测点的曲率半径；

$r_{p2}$——第二测点的曲率半径；

$r_{p3}$——第三测点的曲率半径。

# 附 录 D
（规范性附录）
发现距离的计算

## D.1 摄像机-监视器类间接视野装置

### D.1.1 摄像机的分辨率阈值

摄像机的分辨率阈值由式(D.1)界定：

$$\omega_c = 60\frac{\beta_c}{2N_c} \qquad \cdots\cdots\cdots\cdots(D.1)$$

式中：

$\omega_c$ ——摄像机的分辨率阈值(弧分)；

$\beta_c$ ——摄像机视角(°)；

$N_c$——摄像机的视频线路数量(#)。

注：制造商应提供 $\beta_c$ 和 $N_c$ 的值。

### D.1.2 监视器临界观察距离的确定

对于具备一定尺寸和特征的监视器，可以计算出至该监视器的距离，在计算中发现距离完全取决于摄像机的性能。其临界观察距离 $r_{m,c}$ 由式(D.2)界定：

$$r_{m,c} = \frac{H_m}{N_m \times 2\tan[\omega_{eye}/(2 \times 60)]} \qquad \cdots\cdots\cdots\cdots(D.2)$$

式中：

$r_{m,c}$——临界观察距离，单位为米(m)；

$H_m$——监视器图像高度，单位为米(m)；

$N_m$——监视器视频线路数量(-)；

$\omega_{eye}$——观察器分辨率阈值，单位为弧分(弧分)；$\omega_{eye}=1$；

60 ——用来将弧分换算为度。

注：制造商应提供 $H_m$ 和 $N_m$ 的值。

### D.1.3 发现距离的确定

D.1.3.1 最大发现距离小于临界观察距离。在这种情况下，由于安装方面的原因，监视器的发现距离小于临界观察距离，可获得的最大发现距离由式(D.3)确定：

$$r_d = \frac{D_0}{\tan(f \times \omega_c/60)} = \frac{D_0}{\tan[f \times \beta_c/(2 \times N_c)]} \qquad \cdots\cdots\cdots\cdots(D.3)$$

式中：

$r_d$ ——发现距离，单位为米(m)；

$D_0$——物体直径，单位为米(m)；

$f$ ——阈值增加系数；

$\omega_c$、$\beta_c$ 和 $N_c$ 的值见 D.1.1；

$D_0=0.8$，单位为米(m)；

$f=8$。

**D.1.3.2** 发现距离大于临界观察距离。在这种情况下，由于安装方面的原因，监视器的发现距离大于临界观察距离，可获得的最大发现距离由式(D.4)确定：

$$r_d = \frac{D_0}{\tan\dfrac{f \times \beta_c}{2N_c} \times \dfrac{N_m}{0.152\,4 \times D_m} \times r_m \tan\dfrac{\omega_{eye}}{60}} \quad \cdots\cdots\cdots\cdots\cdots\cdots (D.4)$$

式中：

$r_m$ ——至监视器的观察距离，单位为米(m)；

$D_m$——监视器屏幕的对角线长度，单位为英寸；

$N_m$——监视器视频线路的数量(-)；

$\beta_c$ 和 $N_c$ 的值见 D.1.1；

$N_m$ 和 $\omega_{eye}$ 的值见 D.1.2。

## D.2 辅助功能要求

根据实际的安装条件，应确定整个装置在安装后是否仍能达到 4.2.2 所列出的要求，尤其是监视器的炫光校正、最小及最大亮度等。同时，也应该确定解决炫光校正问题的度数、阳光照射到监视器的角度，并且将这些数值与系统测量所获得的对应结果进行对比。在执行过程中，既可以基于 CAD 生成的模型(当装置安装到相关车辆上之后，确定该装置的光线角度)，也可以按 4.2.2.2 的说明在相应车辆上进行相关的测量。

ICS 43.020
T 09

# 中华人民共和国国家标准

GB 18986—2003

# 轻型客车结构安全要求

The safety requirements for light bus construction

2003-03-06 发布　　2003-09-01 实施

中华人民共和国
国家质量监督检验检疫总局　发布

# 前言

本标准的全部技术内容为强制性。

本标准非等效采用联合国欧洲经济委员会52号法规(ECE R52)《关于小型公用车辆结构的统一规定》1995年版的技术内容。

本标准对ECE R52中与客车的结构安全关系不是很大的内容或目前不宜作为我国强制性标准来执行的内容未予采纳，如：急救箱、座椅尺寸、座垫、残疾人座椅、安全开关、自动控制乘客门；对国内已有相关标准规定或可以列入相关标准中的内容未予采纳，如：燃油箱的耐腐蚀、耐压要求、动力乘客门防夹的具体要求和试验方法、倒车灯、外部灯光信号等；对与人体尺寸、重量密切相关的内容，综合考虑了我国人体特点和相关标准的规定，并参考了美国联邦机动车安全标准(FMVSS)第217号标准《客车车窗的固定与放松》的规定予以调整。

本标准实施的过渡期要求：

a) 4.5.4.1关于乘客门第一级踏步板距地面最大高度的规定，对车长不大于6 m的已定型生产的客车不强制执行；对车长不大于6 m的新定型客车，自标准实施之日起24个月后执行。

b) 4.5.4.1关于乘客门踏步板的最小深度和4.5.5.3关于乘客座椅前最小净空间的要求，对已定型生产的客车不强制执行；对新定型客车，自标准实施之日起24个月后执行。

c) 4.5.5.1.1关于同向座椅的最小座间距，自标准实施之日起6个月后执行。

d) 4.5.2.2和4.5.3.3关于折叠座椅的要求，自标准实施之日起36个月后执行。

本标准由中华人民共和国交通部提出。

本标准由全国汽车标准化技术委员会(CSBTS/TC114)归口。

本标准主要起草单位：中国公路车辆机械总公司。

本标准参加起草单位：南京依维柯汽车有限公司、江铃汽车股份有限公司、沈阳金杯客车制造有限公司、江苏牡丹汽车集团有限公司、河北拓达车门有限公司。

本标准主要起草人：孙鹰、张炳荣、王东萍、郭志才、王刚、陈景贤、柳群、郑喜来、王云耀。

# 轻型客车结构安全要求

## 1 范围

本标准规定了轻型客车结构的安全要求。

本标准适用于 $M_2$ 类和 $M_3$ 类中的 A 级和 B 级单层客车(不含卧铺客车)。

## 2 规范性引用文件

下列文件中的条款通过本标准的引用而成为本标准的条款。凡是注日期的引用文件,其随后所有的修改单(不包括勘误的内容)或修订版均不适用于本标准,然而,鼓励根据本标准达成协议的各方研究是否可使用这些文件的最新版本。凡是不注日期的引用文件,其最新版本适用于本标准。

GB/T 4780—2000 汽车车身术语

GB 8410—1994 汽车内饰材料的燃烧特性

GB/T 12428 客车装载质量计算方法

GB 14166—1993 汽车安全带性能要求和试验方法

## 3 术语和定义

GB/T 4780—2000 中的术语和定义以及下列术语和定义适用于本标准。

3.1

**滑移门 sliding door**

仅能沿直线(或接近直线)轨道移动而启闭的车门。

3.2

**驾驶员操纵的乘客门 driver operated service door**

在正常情况下由驾驶员启闭的乘客门。

3.3

**双窗 double window**

能被一虚拟的垂线(或垂面)划分两半,每一半的尺寸和通过性均符合普通安全窗要求的安全窗。

## 4 技术要求

### 4.1 轴荷分配和装载条件

#### 4.1.1 轴荷分配

4.1.1.1 水平地面上静止的车辆,其前轴载荷占总质量的百分比应不小于表 1 的规定。

**表 1 前轴载荷占总质量的最小百分比**

| 承载状态 | A 级 | B 级 |
|---|---|---|
| 空　载 | 20% | 25% |
| 满　载 | 25% | 25% |

4.1.1.2 各轴轴载质量不应超过其最大允许轴荷。

#### 4.1.2 装载条件

客车装载质量及乘客数按 GB/T 12428 的规定。

### 4.2 上部结构强度

对于B级客车，应通过计算或其他适当的方法表明，车辆结构足以承受施加在车顶上、其值相当于该车最大设计总质量的均布静载荷。

**4.3 防火措施**

**4.3.1 发动机舱**

4.3.1.1 发动机舱内不应使用易燃的隔音、隔热材料，或易浸吸燃料、润滑油而又无防渗透表皮的材料。

4.3.1.2 应采取预防措施(如合理布置发动机舱、设置泄油孔等)，以尽可能避免燃料或润滑油积聚在发动机舱内。

**4.3.2 供油系统**

4.3.2.1 车厢内不应安装供油装置。

4.3.2.2 供油系统的供油管路和其他部件应布置在车辆上能得到充分保护的位置。

4.3.2.3 车身结构或动力总成的扭转、弯曲和振动不应使供油管路处于非正常受力状态。

4.3.2.4 在车辆的正常使用条件下，供油系统的管路及部件之间的接头均应保证不发生渗漏。

4.3.2.5 供油系统的任何部位一旦发生泄漏，燃油应能顺利地流向地面，不允许流到排气系统。

**4.3.3 燃油箱**

4.3.3.1 燃油箱应固定牢靠，其安装位置应使其在车辆遭到前、后碰撞的事故中受到车身结构的保护。燃油箱的任何部位距车辆前端应不小于600 mm，距车辆后端应不小于300 mm。油箱附近不得有突出部件、尖棱等。

4.3.3.2 燃油箱的任何部位均不应凸出于车身总宽。

4.3.3.3 加油口应从车外使用，且不应位于车门下及乘客区或驾驶区，也不应设在加油时燃油可能滴溅到发动机或排气系统的位置。

4.3.3.4 如果加油口位于车辆侧面，当加油口盖关闭时，不应凸出于邻近的车身表面。

4.3.3.5 加油口盖不能意外开启。

**4.3.4 电器与导线**

4.3.4.1 导线应绝缘良好，固定牢靠，防止遭受机械损伤或腐蚀，并不允许超负荷使用。导线与电气设备应能耐受其环境温度和湿度，尤其能耐受发动机舱内的温度、油和蒸气。

4.3.4.2 除起动机、点火线圈(强制点火)、火花塞、发动机熄火装置、充电线路和蓄电池地线外，每个电气设备供电电路应包括熔断丝和电路断电器。但对向低耗电设备供电的电路可设置公用熔断丝或公用断电器，其提供的额定电流不超过16 A。

**4.3.5 蓄电池**

4.3.5.1 蓄电池应安装牢靠并易于更换和维修。

4.3.5.2 蓄电池舱应与车厢隔开，并通风良好。

**4.3.6 灭火器**

4.3.6.1 应在驾驶员座椅附近提供一处不小于600 mm×200 mm×200 mm的空间，用来安装一个灭火器。或者提供两处不小于400 mm×100 mm×100 mm的空间，用来安装两个灭火器，其中一个靠近驾驶员座椅。

4.3.6.2 灭火器应方便取用并妥善保护，以免丢失或毁坏。应在其存放处清晰标注。

**4.3.7 材料**

4.3.7.1 在距排气管100 mm的范围内不允许有易燃材料，除非该材料被有效地防护。

4.3.7.2 车厢内壁、内顶、内外装饰件应采用阻燃材料，其阻燃性应符合GB 8410—1994的规定。

**4.4 出口**

**4.4.1 出口数量**

4.4.1.1 每辆车至少有两个车门，其中至少有一个乘客门。

4.4.1.2 安全出口的最少数量见表 2。

**表 2 安全出口的最少数量**

| 乘客数 | 安全出口的最少数量 |
| --- | --- |
| ≤16 | 3 |
| ＞16 | 4 |

4.4.1.3 动力控制乘客门一般不视为安全门，只有当必要时启动 4.4.5.1 所规定的控制器，该门可用手从车内外打开时，才能视为安全门。

4.4.1.4 与车厢不相通的驾驶区应有两个出口，但不应位于车身的同一侧。

4.4.1.5 双通道门应视为两个门，双窗应视为两个安全窗。

**4.4.2 出口位置**

4.4.2.1 乘客门应设置在车辆右侧或后围。

4.4.2.2 车辆的左侧、右侧至少各有一个出口。

4.4.2.3 乘客区的前半部和后半部应至少各设一个出口。

4.4.2.4 客车的前围和后围应至少有一个出口，否则应在车顶设置一个安全顶窗。

4.4.2.5 如果驾驶员座位及其旁边的乘客座位所在的空间与主乘客区之间没有合适的过道，则应按下列要求：

a) 主乘客区的出口数量应符合 4.4.1 的规定，其位置应符合 4.4.2.1～4.4.2.3 的规定。

b) 如果驾驶员座椅、转向盘、发动机罩、变速器操纵手柄和驻车制动手柄等不造成太大障碍，驾驶员门应视为驾驶员旁边乘客的安全门。乘客门应设在驾驶员门对面的车身一侧，并可作为驾驶员的安全门。

c) b)所规定的车门可不满足 4.4.3、4.5.1、4.5.2、4.5.4 和 4.8.1 的要求。

**4.4.3 最小尺寸**

各种出口的最小尺寸见表 3。

**表 3 各种出口的最小尺寸**

| 名 称 | | 最 小 尺 寸 |
| --- | --- | --- |
| 乘客门 | 高度/mm | A 级客车：1 650<br>适合于 4.5.1.6 的 B 级客车：1 100<br>其他 B 级客车：1 500(如门洞宽可达 750，则允许门洞高在 1 350～1 500) |
| | 宽度/mm | 单通道门：650；双通道门：1 000<br>扶手高度处：门洞宽可减少 100<br>轮罩凸出处、车门的驱动机构处、风窗立柱的倾角等部位：门洞宽可减少 250 |
| 安全门 | 高度/mm | 适合于 4.5.1.6 的 B 级客车：1 100<br>其他客车：1 250 |
| | 宽度/mm | 550，如果自门洞最低处向上 400 以内有轮罩凸出，则在轮罩凸出处，宽度可减至 300。 |
| 安全窗 | 洞口面积 | 应能通过一个长轴 500 mm、短轴(旋转轴)330 mm 的椭圆体。 |
| 安全顶窗 | | |

注 1：乘客门高度是从第一级踏步板的上表面到门洞顶部中点的垂直距离。

注 2：对于乘客门和安全门，允许门洞上部的两顶角采用半径不大于 150 mm 的圆弧过渡而导致该处高度降低。

注 3：表中门的高度和宽度均指门洞的高度和宽度。

4.4.4 **乘客门技术要求**

4.4.4.1 乘客门应锁止可靠，在客车行驶时不允许自行开启。

4.4.4.2 车辆静止时，乘客门应便于从车内外开启。如果车门始终能从车内开启，则允许从车外锁住车门。

4.4.4.3 车外开门装置距水平地面高度(空载时)应不大于1 800 mm。

4.4.4.4 铰接式车门应保证当车辆向前移动时，打开的车门碰到固定物体应趋于关闭。

4.4.4.5 当车门关闭时，车门内侧的任何装置均不应遮盖车内踏步板。

4.4.4.6 驾驶员在座位上应能清楚地观察到非自动控制乘客门的门内和门外附近的情况，否则应设置光学设备或其他装置来扩大视野。

4.4.5 **动力控制乘客门附加技术要求**

4.4.5.1 在紧急情况下，当客车静止时，每扇动力控制乘客门无论动力传送是否起作用，都应能通过应急控制器从车内或车外打开。控制器应满足如下要求：

a) 优先于其他开启乘客门的控制器并便于操作；

b) 车内应急控制器应布置在距车门300 mm内且不易被误操作处；

c) 应急控制器可以由易于打开或击碎的装置来保护。操纵应急控制器或是打开(击碎)保护装置时应使驾驶员能够看到或听到。

4.4.5.2 每扇动力控制乘客门在未完全关闭时，应由一个直观的信号装置告知驾驶员。每个信号装置可以用于一个或数个乘客门。

4.4.5.3 动力控制乘客门启闭时，其结构和控制系统应做到乘客不会被门伤害或夹住。

4.4.6 **安全门技术要求**

4.4.6.1 安全门应易于从车内外开启，如果始终能用正常开启装置从车内开门，则允许从车外锁门。

4.4.6.2 安全门外手柄距地面高度(空载时)不大于1 800 mm。

4.4.6.3 车辆侧面的铰接式安全门应在前端铰接，且向外开启。

4.4.6.4 驾驶员在座位上不易看到的安全门应设置信号装置，用以在安全门未安全关闭时警告驾驶员。该装置应由门的锁止装置(而非门本身)的运动来启动。

4.4.7 **安全窗技术要求**

4.4.7.1 铰接式安全窗应向车外开启或弹射出去。

4.4.7.2 安全窗应能够方便地从车内外迅速开启，或采用易击碎的安全玻璃(该规定排除了使用夹层玻璃或塑料材料的可能性)。

4.4.7.3 安全窗的底边距下方地板平面的高度应不大于1 000 mm，不小于650 mm(对铰接式安全窗)或500 mm(对易击碎玻璃的安全窗)。若铰接式安全窗洞口距地板650 mm高度处有防护装置以防乘客坠落车外，则允许其底边距地板最小高度为500 mm，但防护装置上方的洞口面积应不小于4.4.3的规定。

4.4.7.4 驾驶员在座位上不易看到的铰接式安全窗应设置信号装置，用以在安全窗未完全关闭时警告驾驶员。该装置应由安全窗的锁止装置(而非窗本身)的运动来启动。

4.4.8 **安全顶窗技术要求**

4.4.8.1 安全顶窗开启时应保证进出车辆过道的畅通。弹射式安全顶窗应能防止误操作。

4.4.8.2 安全顶窗应易于从车内或车外开启或移去，如果始终能用常规的开启或移去装置从车内打开，则为车辆安全起见，允许在无人看管时锁上安全顶窗。

4.4.9 **伸缩式踏步板**

4.4.9.1 动力操纵的伸缩式踏步板，其动作应与相应的乘客门或安全门同步。

4.4.9.2 车门关闭时，伸缩式踏步板不应超出车身侧围垂直投影以外10 mm。车门开启且踏步板处于伸展位置时，其表面面积应符合4.5.4.4中的规定。

4.4.9.3 踏步板未完全收缩时，应有信号装置警告驾驶员。

4.4.9.4 对于不在驾驶员直接视野内的车门，当乘客站在动力操纵的伸缩式踏步板上时，相应的车门应不能关闭，可用 15 kg 物体放在踏步板上检验。

4.4.9.5 车辆行驶过程中，踏步板应不能伸展。如果动力踏步板的操纵装置失效，踏步板应收回并保持在收缩位置。即使踏步板发生故障或损坏，也不应妨碍其相应车门的启闭。

4.4.9.6 踏步板的运动不应对乘客和候车者造成任何伤害。

4.4.9.7 踏步板的外角采用半径不小于 5 mm 的圆角过渡，其上下边缘采用半径不小于 2.5 mm 的圆角过渡。

4.4.9.8 当车门开启时，伸缩式踏步板应安全地保持在开启位置。此时在单通道门踏步板中心放置质量为 136 kg 的物体或在双通道门踏步板中心放置质量为 272 kg 的物体时，踏步板上任何一点的变形不应超过 10 mm。

4.4.10 标志

乘客门和所有安全出口的应急控制器均以典型的符号或清晰的文字予以标识并注明其操作方法。

### 4.5 车内布置

4.5.1 至乘客门的引道

4.5.1.1 从乘客门至向内 300 mm(水平方向)处的引道，应允许铅垂平板 1 或铅垂平板 2(见图 1 及表 4)自由通过。铅垂平板正面的移动方向与乘客出入方向一致。

单位为毫米

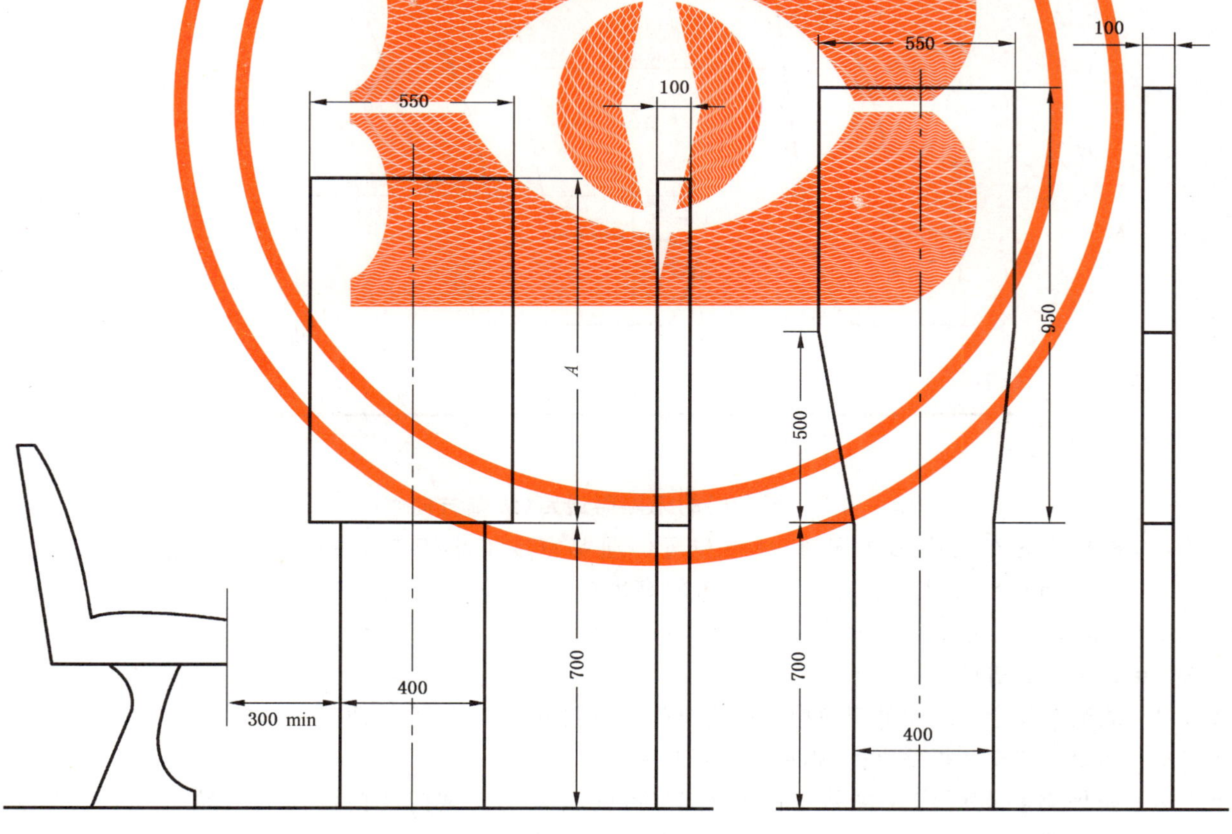


注：铅垂平板 1 为双联板，其下板应位于上板的垂直投影内，并允许上板与下板在同一方向的相对位移。

**图 1 铅垂平板**

表 4 铅垂平板 1 的 A 值

单位为毫米

| A 级客车 | 950 |
|---|---|
| B 级客车 | 650 |

4.5.1.2 从乘客门内 300 mm 处至最上一级踏步板边缘的引道，应允许铅垂平板 3 自由通过。该平板形状和尺寸与 4.5.3.1 规定的通道测量装置(参见图 5 及表 5)的中心截面相同，厚度为 20 mm。

4.5.1.3 铅垂平板测量时，不允许进入未压陷座垫前方 300 mm 及座垫上方的区域(见图 1)。

4.5.1.4 如装有可折叠座椅，应在其打开位置时测量。

4.5.1.5 对于能够自动折叠的乘务员座椅，在使用位置时允许阻碍乘客门引道。但不使用时，该座椅应能自动折叠并满足 4.5.1.1 和 4.5.1.2 的要求。

4.5.1.6 对于最大设计总质量不超过 3.5 t 和座位数不大于 12 座的 B 级客车，如果每个座椅均有可抵达至少 2 个车门的无阻碍通路，则不必满足 4.5.1.1～4.5.1.4、4.5.2.1、4.5.3.1、4.5.5.3 的要求。

4.5.1.7 在 4.5.1.6 中所述的无阻碍通路应满足如下要求：

a) 平行于客车的纵轴线测量，任意位置的通路宽度不小于 220 mm，在地板或踏步板上方500 mm 高度以上的任意位置的通路宽度不小于 550 mm，见图 2；

单位为毫米

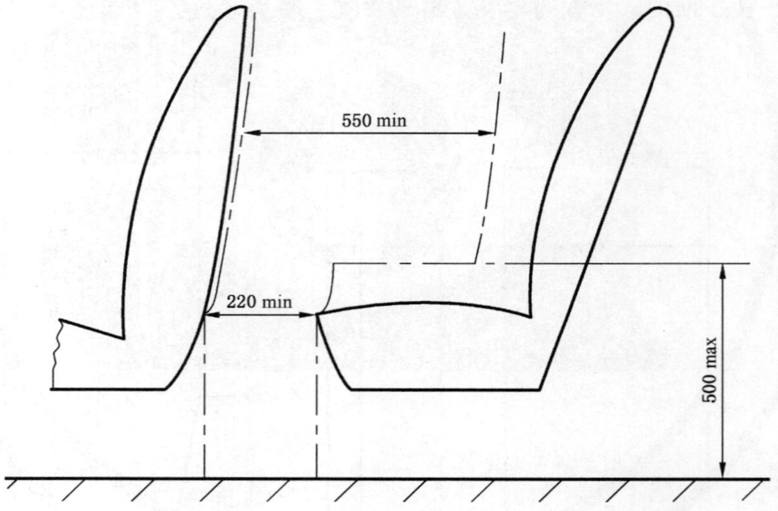


图 2 至车门的无阻碍通路(纵轴方向)

b) 垂直于客车的纵轴线测量，任意位置的通路宽度不小于 300 mm，在地板或踏步板上方 1 200 mm与顶棚下方 300 mm 之间的高度范围内，任意位置的通路宽度不小于 550 mm，见图 3。

**4.5.2 至安全门的引道**

4.5.2.1 通道与安全门之间的引道应允许安全门引道测量装置(见图 4)通过。

4.5.2.2 如沿引道安装折叠座椅，则在其打开时测量。

4.5.2.3 如果驾驶员门作为主乘客区的安全门，则应满足安全门的门洞尺寸并符合 4.5.2.1 或 4.4.2.5b)的要求，并且在驾驶员座位与主乘客区之间不受阻碍。

4.5.2.4 如果在驾驶员门对面有一个车门，且驾驶员旁最多有一个乘客座位，该门也适用于 4.5.2.3 的规定。

4.5.2.5 对于最大设计总质量不超过 3.5 t 和座位数不大于 12 座的 B 级客车，至安全门的通路按 4.5.1.6 的规定。

单位为毫米

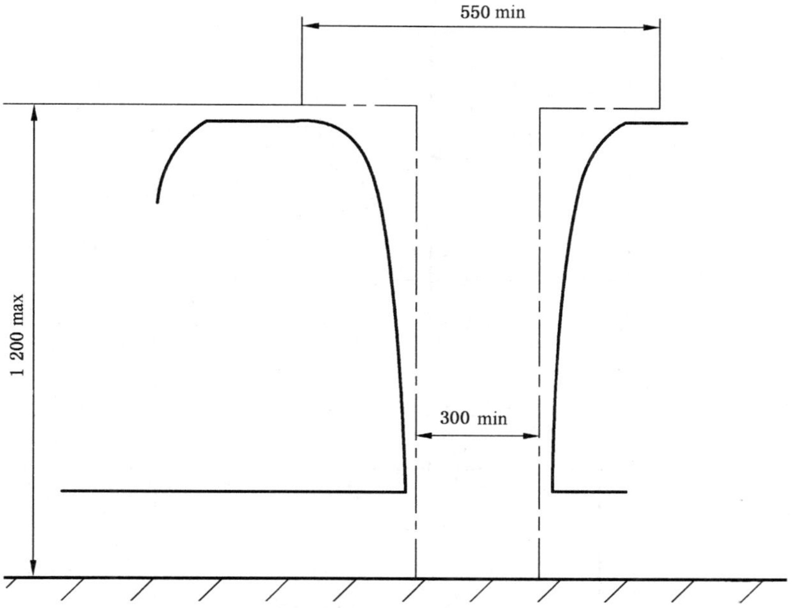


图 3 至车门的无阻碍通路（横轴方向）

单位为毫米

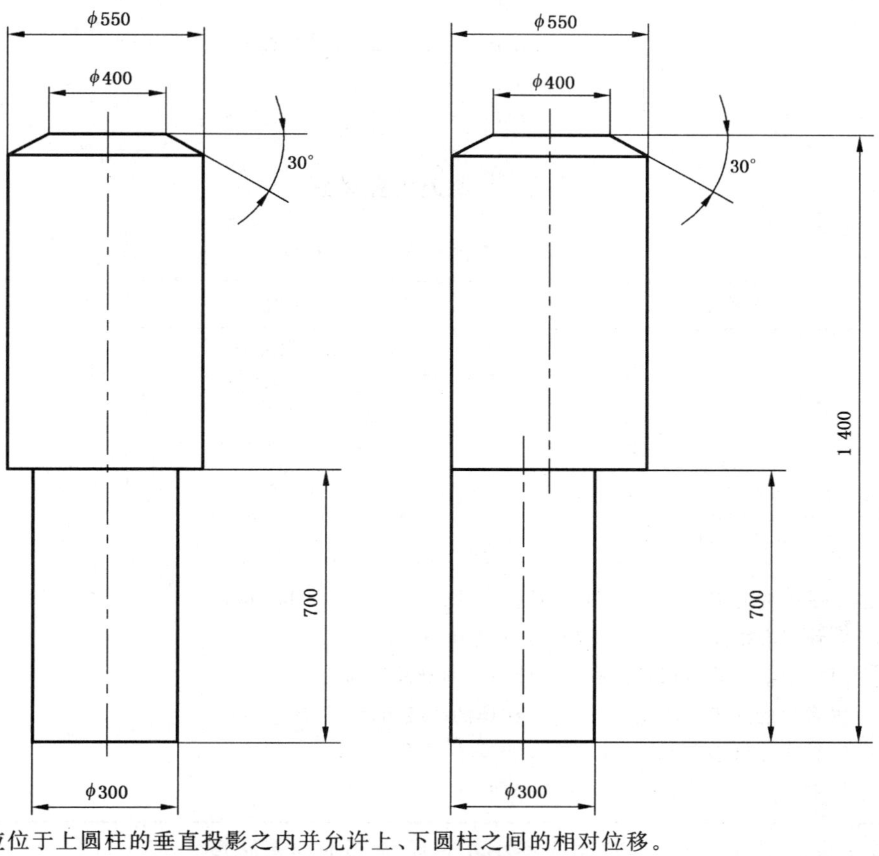


注：下圆柱应位于上圆柱的垂直投影之内并允许上、下圆柱之间的相对位移。

图 4 安全门引道测量装置

4.5.3 通道

4.5.3.1 通道应允许图 5 和表 5 所示的测量装置通过。

单位为毫米

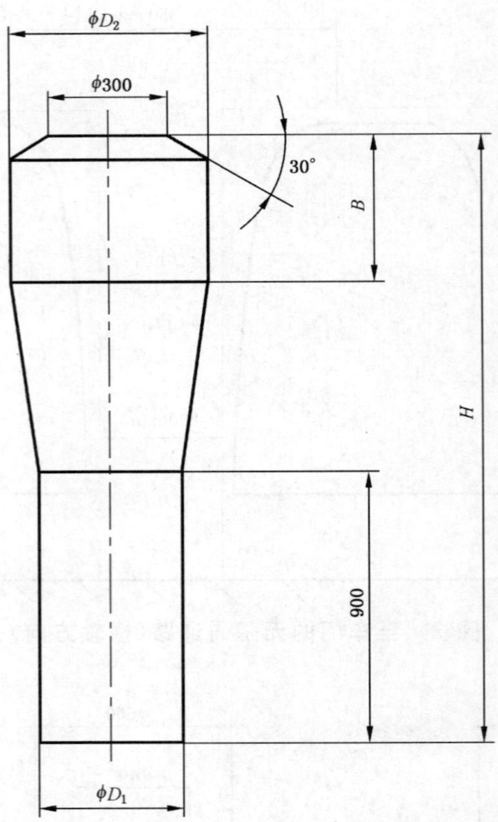


图 5 通道测量装置

表 5 通道测量装置尺寸

单位为毫米

| 客车类型 | | A 级 | B 级 |
|---|---|---|---|
| 下圆柱体 | 直径 $D_1$ | 350(300)[a] | 300 |
| | 高度 | 900 | |
| 上圆柱体 | 直径 $D_2$ | 550 | 450 |
| | 高度 $B$ | 500(400)[b] | 300 |
| 总高度 $H$ | | 1 900(1 800)[b] | 1 500 |

a 在下列位置后面的通道，A 级客车的下圆柱体的直径可减小为 300 mm：

——位于后轴中心线前 1 500 mm 处的横向垂直平面；

——位于前后轴之间的后乘客门后边缘处的横向垂直平面。

b 在下列位置后面的通道，A 级客车的上圆柱体的高度可减小 100 mm：

——位于后轴中心线前 1 500 mm 处的横向垂直平面；

——位于后乘客门后边缘处的横向垂直平面。

4.5.3.2 通道中允许设置台阶，其宽度应不小于台阶顶部的通道宽度。

4.5.3.3 通道中如设置供乘客使用的折叠座椅，则在其打开时满足通道宽度的要求。

4.5.3.4 对于适用于 4.5.1.6 并满足其所规定的通路尺寸的 B 级客车，则不需要通道。

4.5.3.5 通道的坡度不应超过表 6 的规定。

**表 6　通道允许的最大坡度**

| 客车类型 | A 级 | B 级 |
|---|---|---|
| 纵向坡度 | 8% | 12.5% |
| 横向坡度 | 5% | |

### 4.5.4　踏步板

4.5.4.1　踏步板的最大高度、最小高度和最小深度见图 6 和表 7。

单位为毫米

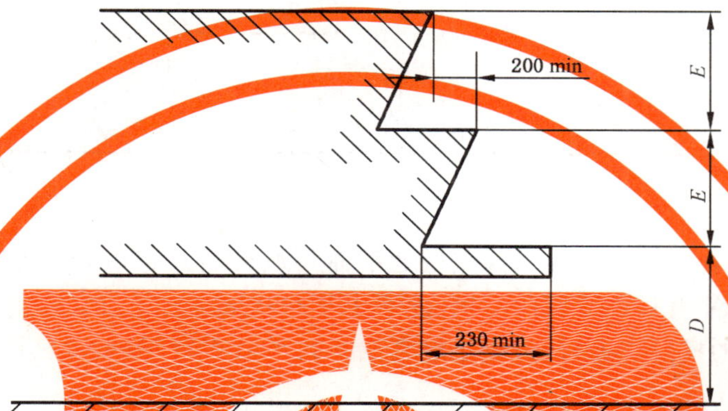


图 6　踏步板尺寸

**表 7　踏步板的最大高度、最小高度和最小深度**

单位为毫米

| 客车类型 | | A 级客车 | | B 级客车 | |
|---|---|---|---|---|---|
| 位　置 | | 乘客门 | 安全门 | 乘客门 | 安全门 |
| 第一级踏步板 | 距地面最大高度 $D_{max}$ | 380[a] | 700 | 400[a] | 700 |
| | 最小深度 $A_{min}$ | 230 | | | |
| 其他踏步板 | 最大高度 $E_{max}$ | 250[b] | | 350[c] | |
| | 最小高度 $E_{min}$ | 120 | | | |
| 最 小 深 度 $A_{min}$ | | 200 | | | |
| 注：踏步板高度应在每级踏步板的中间处测量。 | | | | | |

a　如采用机械悬架：B 级客车的乘客门，其 $D_{max}$ 为 430；
A 级客车位于前轴之前的乘客门，其 $D_{max}$ 为 390；位于后轴之后的乘客门，其 $D_{max}$ 为 410。

b　对后轴之后的乘客门，其 $E_{max}$ 为 300。

c　对通道内的台阶，其 $E_{max}$ 为 250。

4.5.4.2　第一级踏步板高度应在整车装备质量时测量，此时轮胎的配备和气压应按制造厂的规定。

4.5.4.3　对多于一级的连续踏步板，允许每一级踏步板深入到上一级踏步板的垂直投影区域不大于 100 mm 的深度，并且投影区域以外的自由表面的深度不小于 200 mm，见图 6 和表 7。

4.5.4.4　每级踏步板的面积应不小于 $8\times10^4$ mm²，在任何方向上的坡度应不大于 5%。

### 4.5.5　乘客座椅的空间

4.5.5.1 座间距(见图7)

单位为毫米

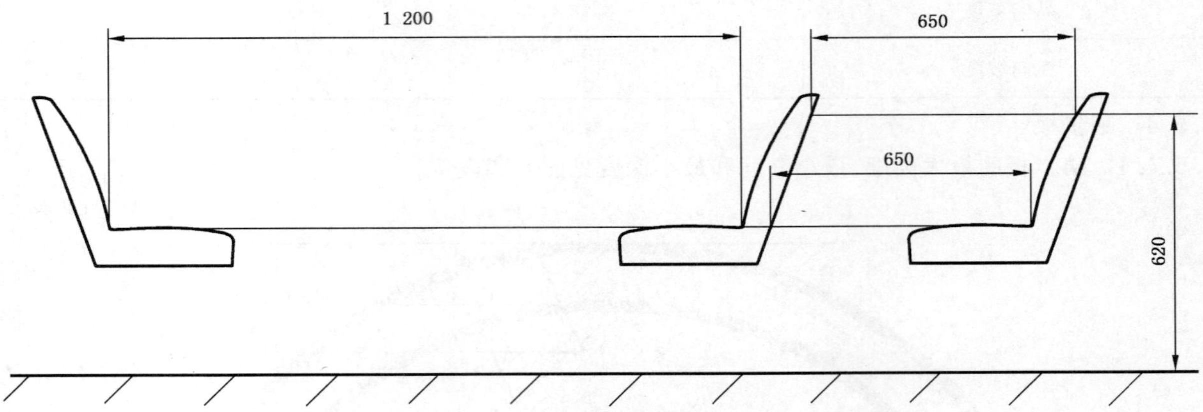


图7 最小座间距

4.5.5.1.1 同向座椅,在座垫上表面最高点所处平面与地板上方620 mm高度范围内水平测量,座椅靠背的前面与前排座椅靠背后面之间的距离,应不小于650 mm。

4.5.5.1.2 相向布置的横排座椅,通过座垫最高点所处平面测量,两相对座椅靠背的前表面之间的最小距离应不小于1 200 mm。

4.5.5.1.3 所有数据均在通过(单人)座椅中心线的垂直平面内测量,且座垫和靠背都未被压陷。

4.5.5.1.4 前排座椅及B级客车的座椅前无护栏或其他遮挡物时,应安装座椅安全带,并符合GB 14166—1993的规定。

4.5.5.2 垂直净空间

4.5.5.2.1 每个座位均应有一垂直净空间,它是从未压陷座垫的最高点所处平面向上不小于900 mm,以及从就座乘客搁脚的地板处向上不小于1 350 mm,对于轮罩处及适用于4.5.1.6的B级客车,可减小为1 200 mm;凸入位置不超过座位垂直中心面的轮罩处,该值从地板上表面起测量。

4.5.5.2.2 这个净空间应包括下述的全部水平区域:

a) 以座位中心垂直平面为对称的宽400 mm、长为$L$(见图8)的矩形区域,它是座位中心截面的垂直平面;

b) 就座乘客搁脚的区域,宽400 mm,深300 mm(参见图11)。

4.5.5.2.3 该净空间不包括紧靠车壁上部的150 mm高、100 mm宽的矩形区(见图9)。

4.5.5.2.4 在4.5.5.2.2b)所述的区域上方的延伸空间应允许下列凸入:

a) 其他座椅靠背的凸入;

b) 在该空间上方邻近车身侧围处的倒置三角形区域(见图9)内允许构件凸入;

c) 在该空间下部邻近车身侧围处,横截面积不超过$2\times10^4$ $mm^2$,最大宽度100 mm的区域(见图9),允许管道凸入;

d) 在该空间下部邻近车身侧围处,允许轮罩的凸入,但必须满足4.5.5.2.1的要求;

e) 对于前排座位,仅在距地板高度大于650 mm处允许仪表板凸入不大于100 mm。

4.5.5.2.5 对于后排的两个边座,位于4.5.5.2.2a)所述区域上方空间的靠近车身侧围的后边缘可由半径为150 mm的扇形柱体来代替(见图10)。

4.5.5.2.6 对于前排座椅,4.5.5.2.2b)所述区域的延伸空间的前上边缘,可由平行于该边缘的平面代替,此平面通过该空间的后上边缘并与水平面成45°角。(参见图11的点划线部分)

4.5.5.3 就座乘客的空间

每个乘客座椅前面的最小净空间见图11。

单位为毫米

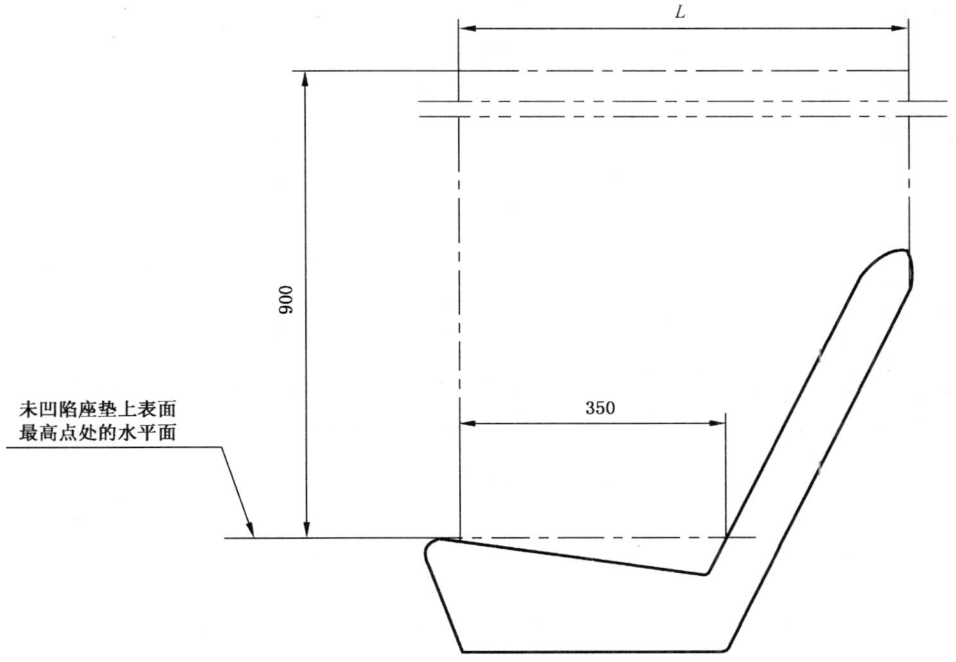


图 8 座椅上方区域的纵深长度

单位为毫米

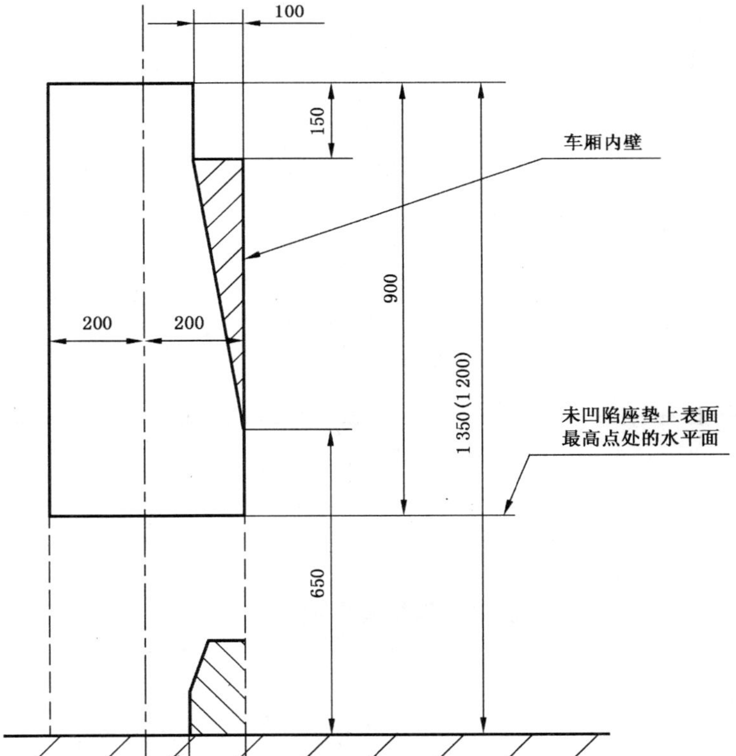


图 9 允许构件、管道凸入的部位

单位为毫米

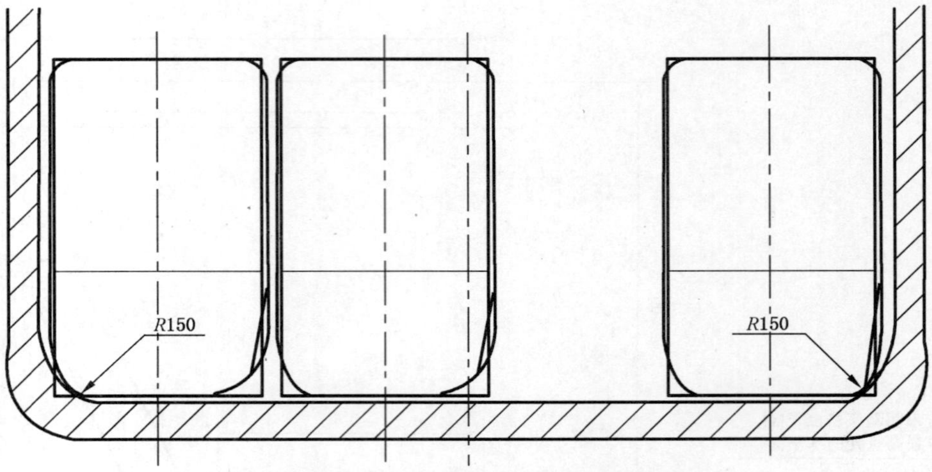


图 10　后排边座净空间的允许缩小量

单位为毫米

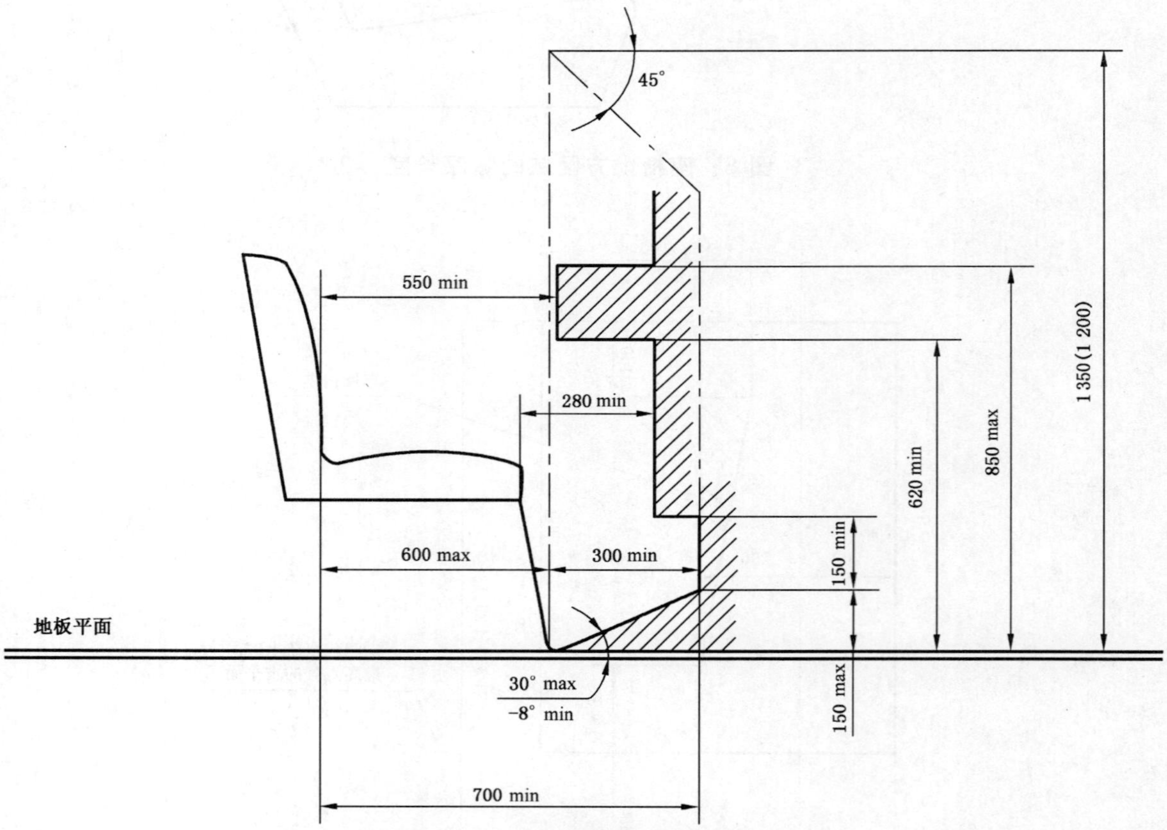


图 11　座椅前面最小净空间

## 4.6　车内照明

车内照明应覆盖如下区域：

a）乘客区；

b）每一级踏步板；

c）通往各出口的引道；

d）各出口的内部标志及内部控制器；

e）所有存在障碍物之处。

## 4.7 扶手

### 4.7.1 一般要求

扶手应具有足够的强度，便于抓握，并无伤害乘客的危险。

### 4.7.2 A级客车的扶手

4.7.2.1 将图12所示的测量装置放在GB/T 12428所允许的乘客站立的位置，该装置可绕垂直轴自由转动，摇臂旋转时至少应触及两个扶手。如扶手为带式吊环，则测试时允许视为由乘客将其保持在某合适位置。

单位为毫米

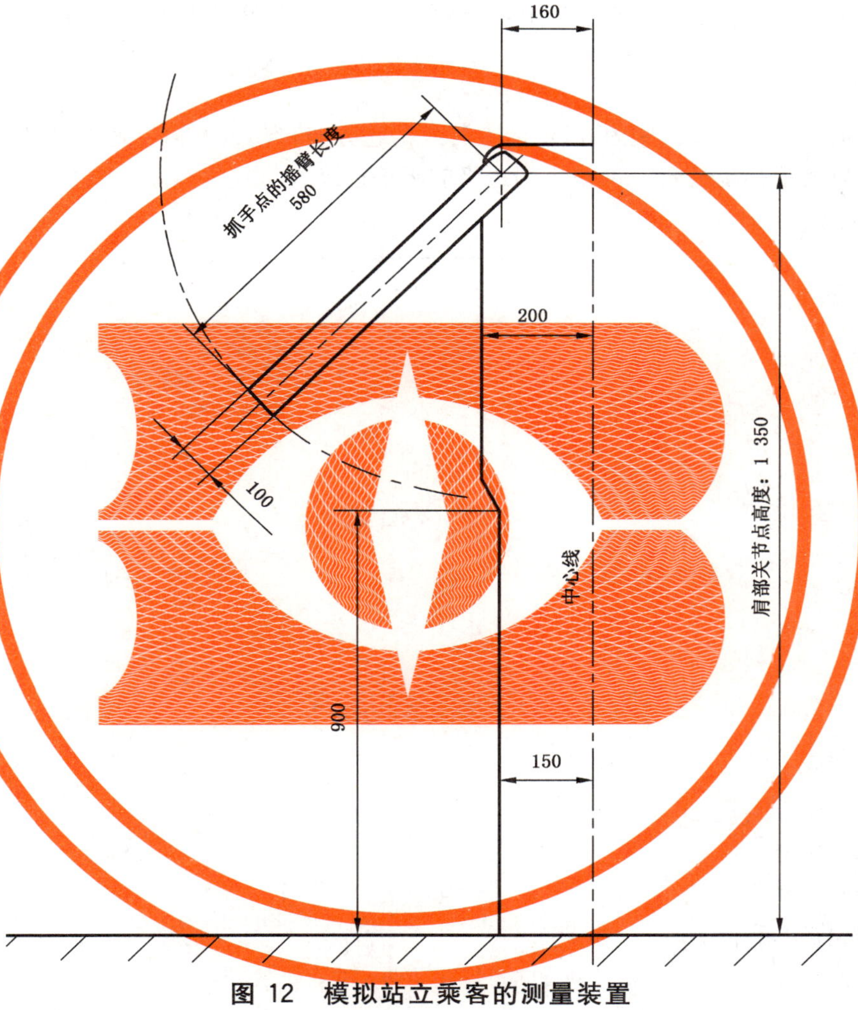


图12 模拟站立乘客的测量装置

4.7.2.2 在4.7.2.1中所要求的两个扶手距地板高度应不小于800 mm，不大于1 900 mm，且二者中至少有一个距地板高度应不大于1 500 mm。

4.7.2.3 在与客车侧围或后围之间无座椅相隔的乘客站立处，应设置平行于侧围或后围的水平扶手，其高度在地板上方800 mm至1 500 mm。

### 4.7.3 乘客门扶手

4.7.3.1 乘客门引道应安装扶手。如乘客门为滑移门，可不满足此要求；对于双通道门，可安装中央支柱或扶手。

4.7.3.2 乘客门的扶手应为相邻地面上或每级踏步板上的站立乘客提供抓握点，这些抓握点应处于地面或每级踏步板上表面的垂直上方800 mm至1 100 mm之间；在水平方向上：

a) 为方便站在地面上的乘客，从第一级踏步板的外边缘向内不超过400 mm；

b) 为方便站在每级踏步板上的乘客，抓握点的位置向外不应超过该级踏步板的外缘，向内不超过其内缘 400 mm。

4.8 其他

4.8.1 踏步板区域的防护装置

在就座乘客可能会由于紧急刹车而摔向踏步板区域，应设置防护装置或安全带。防护装置的最小高度为从乘客搁脚的地板向上 800 mm，并应从侧围向车内延伸至超出该座椅的纵向中心线至少 100 mm，或者延伸至最里面一级踏步板的竖板。

4.8.2 行李架

如果设有车内行李架，应采取防护措施，以避免紧急刹车时物体从行李架上坠落伤害驾驶员及乘员。

4.8.3 活板门

车辆地板上的活板门应安装紧固，需借助工具或钥匙方能移动或开启。通路处的提升或关闭装置凸出于地板平面以上不得超过 8 mm，凸出的边缘应圆角过渡。

ICS 01.110
T 01

# 中华人民共和国国家标准

GB/T 21085—2007

# 机动车出厂合格证

**Certificate of vehicle**

2007-09-10 发布　　2008-04-01 实施

中华人民共和国国家质量监督检验检疫总局
中国国家标准化管理委员会　发布

# 前 言

本标准的附录 A、附录 B、附录 C 为规范性附录。

本标准由国家发展和改革委员会提出。

本标准由全国汽车标准化技术委员会归口。

本标准起草单位:中国汽车技术研究中心、公安部交通管理科学研究所。

本标准主要起草人:耿磊、孙正良、朱彤、陈平、孙晓平、王学平。

# 机 动 车 出 厂 合 格 证

## 1 范围

本标准规定了《机动车出厂合格证》的样式及项目内容。

本标准适用于各类汽车(含三轮汽车和低速货车)、摩托车(含轻便摩托车)、挂车、轮式专用机械等各类机动车及非完整车辆(包括二类底盘、三类底盘)在制造完毕并检验合格后配发的《机动车出厂合格证》。

## 2 规范性引用文件

下列文件中的条款通过本标准的引用而成为本标准的条款。凡是注日期的引用文件,其随后所有的修改单(不包括勘误的内容)或修订版均不适用于本标准,然而,鼓励根据本标准达成协议的各方研究是否可使用这些文件的最新版本。凡是不注日期的引用文件,其最新版本适用于本标准。

GB/T 788 图书杂志开本及其幅面尺寸(GB/T 788—1999,neq ISO 6716:1983)

GB/T 3730.1 汽车和挂车类型的术语和定义

GB/T 3730.2 道路车辆 质量 词汇和代码(GB/T 3730.2—1996,idt ISO 1176:1990)

GB/T 5359.1 摩托车和轻便摩托车术语 车辆类型

GB 7258—2004 机动车运行安全技术条件

GB/T 15089 机动车辆及挂车分类

GB 16735 道路车辆 车辆识别代号(VIN)

GB/T 18284—2000 快速响应矩阵码(neq ISO/IEC 18004:2000)

## 3 术语和定义

GB/T 3730.1、GB/T 3730.2、GB/T 5359.1、GB 7258—2004、GB/T 15089、GB 16735 确立的术语和定义及下列术语和定义适用于本标准。

3.1

**机动车出厂合格证 certificate of vehicle**

车辆制造企业在车辆制造完毕、检验合格后随车配发的机动车出厂合格证明。

3.2

**机动车注册登记技术参数表 vehicle registration technology parameter table**

供车辆注册登记使用,用以说明车辆的主要技术特征的规范性技术文件,是《机动车出厂合格证》的组成部分。

3.2.1

**机动车整车注册登记技术参数表 completed vehicle registration technology parameter table**

用以说明完整车辆的主要技术特征的规范性技术文件,是《机动车整车出厂合格证》的组成部分。

3.2.2

**机动车底盘注册登记技术参数表 incomplete vehicle registration technology parameter table**

用以说明非完整车辆的主要技术特征的规范性技术文件,是《机动车底盘出厂合格证》的组成部分。

3.3

**车辆 vehicle**

GB 7258—2004 第 3.1 条定义的机动车及非完整车辆的统称。

3.4

**非完整车辆　incomplete vehicle**

至少包括车架、动力装置、转向装置、悬架系统和制动系统的车辆。车辆装配到这种程度，除了增添易于安装的部件（如后视镜或轮胎与车轮总成）或进行小的精整作业（如补漆）外，还需要进行制造作业才能成为具有预期功能的车辆。包括二类底盘、三类底盘。其中：

二类底盘是指具有驾驶室、不具有容纳货物的装置或者专用作业装置的非完整车辆。

三类底盘是指不具有车身的非完整车辆。

## 4　合格证的配发要求

4.1　在中华人民共和国境内制造的车辆，应在车辆制造完毕且检验合格后随车配发《机动车出厂合格证》。

4.1.1　机动车需要配发《机动车整车出厂合格证》。

4.1.2　非完整车辆需要配发《机动车底盘出厂合格证》。

4.2　对于采用非完整车辆后续制造形成的车辆，应保留原非完整车辆配发的《机动车底盘出厂合格证》（采用进口非完整车辆后续制造形成的车辆除外）。

4.3　对于采用完整车辆后续制造形成的车辆，应保留原完整车辆配发的《机动车整车出厂合格证》（采用进口完整车辆后续制造形成的车辆除外）。

## 5　合格证的样式和一般要求

5.1　《机动车出厂合格证》采用 GB/T 788 规定的 A 系列规格纸张的 A4 幅面（210 mm×297 mm）制作。

5.2　用于制作《机动车出厂合格证》纸张的规格不小于 120 $g/m^2$。

5.3　《机动车出厂合格证》分为《机动车整车出厂合格证》和《机动车底盘出厂合格证》两种。

5.4　《机动车出厂合格证》正面应按照第 6 章的规定印制；背面应按照第 7 章的规定打印生成《机动车注册登记技术参数表》。

5.5　《机动车出厂合格证》包含车辆制造企业信息、车辆产品技术参数信息、车辆产品质量声明等内容。

## 6　《机动车出厂合格证》正面要求

### 6.1　一般要求

6.1.1　《机动车出厂合格证》正面上部 1/3 幅面分两行居中印制"中华人民共和国"和"机动车整车出厂合格证"（或"机动车底盘出厂合格证"），字体采用宋体，字号采用 1 号字，颜色采用红色。

6.1.2　《机动车出厂合格证》正面中部 1/3 幅面居中印制车辆制造企业厂标或车辆产品商标。

6.1.3　《机动车出厂合格证》正面下部 1/3 幅面居中印制车辆制造企业名称，字体、字号、颜色由车辆制造企业自行决定，但必须保证字迹清晰可辨。

6.1.4　车辆制造企业需要在《机动车出厂合格证》正面印制防伪标记。具体的防伪方案由车辆制造企业自行确定。

### 6.2　其他要求

6.2.1　车辆制造企业在满足 6.1 要求的同时，可以在《机动车出厂合格证》下部 1/3 幅面增加其他信息，例如：《机动车出厂合格证》纸张编号、企业英文名称等内容，但必须保证《机动车出厂合格证》整体样式的相对统一。

6.2.2　车辆制造企业在满足 6.1.4 要求的同时，还可以在《机动车出厂合格证》正面粘贴防伪标识。

6.3　《机动车出厂合格证》正面样式见附录 A。

## 7 机动车注册登记技术参数表

### 7.1 一般要求

7.1.1 《机动车注册登记技术参数表》底色采用白色,不能印制其他任何内容、图案、底纹。

7.1.2 使用分辨率 300 dpi 以上的黑白激光打印机打印《机动车注册登记技术参数表》。

7.1.3 《机动车注册登记技术参数表》分为《机动车整车注册登记技术参数表》(见附录 B 的图 B.1),和《机动车底盘注册登记技术参数表》(见附录 B 的图 B.2)两种型式。其中《机动车整车注册登记技术参数表》适用于机动车;《机动车底盘注册登记技术参数表》适用于非完整车辆。

7.1.4 《机动车注册登记技术参数表》中所填写的项目内容是车辆的实际状态或者数值,不能采用可选择项目或区间值等方式填写,不得涂改。填写项目为空时,以"-"占位。

### 7.2 《机动车注册登记技术参数表》项目要求

#### 7.2.1 合格证编号

为了识别任一《机动车出厂合格证》,由车辆制造企业为该《机动车出厂合格证》指定的一组字码。

合格证编号由 15 位字码构成,第 1 至 4 位为企业或集团代码,第 5 位为检验位,第 6 至 15 位为合格证顺序号。合格证编号 30 年内不得重复。合格证编号中不能使用字母"I、O、Q"。其中:

企业或集团代码用来识别任一车辆制造企业,由国家汽车主管部门或其授权机构统一分配。

检验位用来核对合格证编号记录的准确性。

合格证顺序号是车辆制造企业为其制造完毕且检验合格的车辆配发的《机动车出厂合格证》的流水号。

#### 7.2.2 发证日期

车辆制造企业为其制造完毕且检验合格的车辆配发《机动车出厂合格证》的时间。

发证日期应按照 YYYY 年 MM 月 DD 日格式填写,例如:"2006 年 05 月 08 日"。

#### 7.2.3 车辆制造企业名称

填写车辆制造企业名称全称。例如:"中国第一汽车集团公司四平专用汽车厂"。

#### 7.2.4 车辆品牌

车辆品牌填写格式为:中英文车辆品牌(中英文之间用"/"分隔)或中文车辆品牌。中文车辆品牌必须填写,后面应有"牌"字。英文车辆品牌可不填。例如:"宝来牌/BORA","王牌牌"。

#### 7.2.5 车辆名称

填写用于描述车辆类型及车辆用途特征的并经主管部门认定的车辆名称。例如:对于"CDW1050A4 型载货汽车"需填写"载货汽车"。

#### 7.2.6 底盘类别

对于非完整车辆,填写二类底盘或者三类底盘。

#### 7.2.7 车辆型号

完整填写车辆型号。例如:对于 CA1047EL2 型载货汽车需填写"CA1047EL2"。

#### 7.2.8 车辆识别代号/车架号

填写车辆上实际打刻的车辆识别代号或车架号,车辆识别代号应符合 GB 16735 的要求。

#### 7.2.9 车身颜色

填写描述车身颜色的汉字。对于单一颜色车辆,车身颜色宜按照"白、灰、黄、粉、红、紫、绿、蓝、棕、黑"颜色归类填写,也可按照车辆制造企业规定的颜色名称填写;对于多颜色车辆,车身颜色应按照面积较大的三种颜色填写,颜色为上下结构时,从上向下填写,颜色为前后结构时,从前向后填写,颜色与颜色之间加"/";车身上安装的装饰线、装饰条的颜色,不列入车身颜色。

非完整车辆中的三类底盘,不需填写车身颜色。

7.2.10 **底盘型号和底盘ID**

对于整车产品(不包括改装车产品),不填写底盘ID。对于改装车产品,如果上一阶段为整车产品,填写原整车产品型号,不填写底盘ID;如果上一阶段为二类或三类底盘,则填写原底盘型号,同时填写底盘ID。

非完整车辆产品填写底盘ID。

7.2.11 **底盘合格证编号**

为了识别任一《机动车底盘出厂合格证》,由车辆制造企业为该《机动车底盘出厂合格证》指定的一组字码。

合格证编号由15位字码构成,第1至4位为企业或集团代码,第5位为检验位,第6至15位为合格证顺序号。合格证编号30年内不得重复。合格证编号中不能使用字母“I、O、Q”。其中:

企业或集团代码用来识别任一车辆制造企业,由国家汽车主管部门或其授权机构统一分配。

检验位用来核对合格证编号记录的准确性。

合格证顺序号是车辆制造企业为其制造完毕且检验合格的车辆配发的《机动车底盘出厂合格证》的流水号。

对于整车产品(不包括改装车产品)不填写底盘合格证编号。对于改装车产品,如果上一阶段为整车产品,填写原整车产品合格证编号;如果上一阶段为二类或三类底盘,填写原底盘合格证编号。

7.2.12 **发动机型号**

完整填写发动机型号。

7.2.13 **发动机号**

填写车辆发动机的发动机顺序号(不含发动机型号)。

7.2.14 **燃料种类**

按照车辆实际使用的燃料种类填写相应汉字。燃料种类可分为汽油、柴油、电、混合油、天然气、液化石油气、甲醇、乙醇、太阳能、氢等,对于混合动力车辆填写混合动力。

对于安装有可采用多种燃料分别工作的发动机的车辆,分别填写多种燃料种类,多种燃料种类之间加“/”。

7.2.15 **油耗(L/100 km)**

对于总质量≤3.5 t的$M_1$类车辆,无论选装几种发动机只填写一个综合燃料消耗量。对于总质量≤3.5 t的$M_1$类车辆以外的轻型车仅对实测工况排放的车型填写综合燃料消耗量。对于摩托车及轻便摩托车填写经济车速的燃料消耗量。单位L/100 km。

7.2.16 **排量和功率(mL/kW)**

填写发动机的排量和功率,单位分别为毫升(mL)和千瓦(kW)。

对于可采用多种燃料分别工作的发动机,分别填写对应的发动机功率,多个发动机功率之间加“/”。

7.2.17 **排放标准**

填写车辆满足相应要求的排放标准的标准号及年代号。如满足多个排放标准,多个排放标准之间以半角的“,”隔开,中间不留空格。如果车辆仅满足不同阶段的排放标准要求,需要注明第几阶段,例如:“GB 18352.3—2005(国Ⅲ)”。

7.2.18 **外廓尺寸(mm)**

填写车辆的外廓长、宽、高,单位为毫米(mm)。

7.2.19 **货厢内部尺寸(mm)**

具有货箱/货厢的车辆填写车辆的货厢内部长、宽、高,单位为毫米(mm)。其中对于厢式车应填写车厢内部最大尺寸,客厢式货车可不填写货厢内部尺寸,对于仓栅式、篷式车货厢内部高应填写栏板高度。

7.2.20 **钢板弹簧片数(片)**

对于采用钢板弹簧的车辆,按照"前轴钢板弹簧片数/第二轴钢板弹簧片数/第三轴钢板弹簧片数/……"的形式填写单侧钢板弹簧片数,非钢板弹簧用"-"代替。对于采用主副簧钢板弹簧结构的车辆,按照"主簧片数+副簧片数"的形式填写。对于半挂车,按照"-/第一轴钢板弹簧片数/第二轴钢板弹簧片数/第三轴钢板弹簧片数/……"的形式填写。单位为片。

7.2.21 **轮胎数**

填写安装在车辆上的轮胎总数(不包括备胎)。

7.2.22 **轮胎规格**

当各轴轮胎规格相同时,轮胎型号填写一次;当各轴轮胎规格不相同时,应以"第一轴轮胎规格/第二轴轮胎规格/第三轴轮胎规格/……"的形式填写。

7.2.23 **轮距(前/后)(mm)**

按车轴的位置依次填写轮距,中间用"/"分隔;采用轴线结构的车辆情况按照"同线轴距+单轴轮距"的方式填写,对于半挂车牵引销处该值用"-"表示。对于边三轮摩托车,后轮距指边轮中心平面到车辆中心平面的距离;对于正三轮摩托车,后轮距指两个后轮中心平面间的距离。单位为毫米(mm)。

7.2.24 **轴距(mm)**

填写车辆的轴距。对于多轴的车辆,分别填写相邻两轴之间的轴距,之间用"+"隔开,单位为毫米(mm)。对于半挂车,第一个轴距数值为半挂车牵引销与第一轴之间的距离。对于摩托车及轻便摩托车,应填写前后轮间的中心距离。

7.2.25 **轴荷**

填写车辆最大总质量时的轴荷,单位为千克(kg),并且轴荷应与轴数相对应,并以"/"隔开。当为并装轴时应填写该并装轴各轴承载质量的总和,并在数值后注明并装双轴或并装三轴,如:17 500 并装双轴。双转向轴不属于并装双轴,轴荷应分别填写。对于半挂车,牵引销处轴荷用"-"表示,并填写最大总质量时各轴轴荷,并且轴荷应与轴数相对应,当为并装轴时应填写该并装轴各轴承载质量的总和,并在数值后注明并装双轴或并装三轴,如:-/17 500 并装双轴。采用轴线结构的车辆应按轴线填写,如:-/24 000/24 000 二线四轴。

对于底盘填写最大允许总质量时相应轴荷。

7.2.26 **轴数**

填写车辆的轴数。对于采用轴线结构的车辆可填写一线两轴或二线四轴。摩托车、三轮汽车、低速货车填写"2",半挂车的牵引销不计入轴数。

7.2.27 **转向形式**

填写"方向盘"或"方向把"。

7.2.28 **总质量(kg)**

填写车辆的最大允许总质量,单位为千克(kg)。

货车总质量应为额定载质量、整备质量、驾驶室准乘人数(按 65 kg/人核算)之和;半挂牵引车总质量为鞍座最大允许载质量、驾驶室准乘人数(按 65 kg/人核算)、整备质量和牵引车自身最大设计装载质量(若有的话)之和;专用作业车辆总质量为额定载质量(若有的话)、驾驶室准乘人数(按 65 kg/人核算,消防车按 75 kg/人核算)、整备质量之和;乘用车及客车总质量应不小于整备质量与乘员质量之和;清障车总质量为整备质量、驾驶室准乘人数(按 65 kg/人核算)、托举质量之和;两轮摩托车为额定载质量与整备质量之和;三轮载货摩托车为额定载质量与整备质量之和;三轮载客摩托车为整备质量与额定载客人数(按 65 kg/人核算)之和。

对于底盘填写最大允许总质量,单位为千克(kg)。

7.2.29 **整备质量(kg)**

填写整车整备质量,单位为千克(kg)。

7.2.30 **额定载质量(kg)**

填写车辆的最大允许装载质量,单位为千克(kg)。

货车及货车类专用汽车额定载质量为载货质量(不含人);越野货车额定载质量分别填写公路载货质量和越野载货质量,之间以"/"隔开,如没有规定公路载质量用"-"代替。

7.2.31 **载质量利用系数**

填写载质量利用系数,计算公式如下:

$$\text{载质量利用系数}=\frac{\text{装载质量(最大允许装载质量}+\text{额定乘员质量)(kg)}}{\text{整车整备质量(kg)}}$$

7.2.32 **准牵引总质量(kg)**

半挂牵引车填写最大允许牵引质量;具有拖挂功能的车辆也应填写最大允许牵引质量,单位为千克(kg)。

7.2.33 **半挂车鞍座最大允许总质量(kg)**

半挂牵引车填写其最大允许静载荷;半挂车填写最大总质量时牵引销处垂直静载荷,单位为千克(kg)。

7.2.34 **驾驶室准乘人数(人)**

按照"驾驶室前排准乘人数+驾驶室其他排准乘人数"的形式填写驾驶室准乘人数(不含卧铺核定人数),单位为人。客厢式货车应填写驾驶区乘坐人数。正三轮载货摩托车填写"1",其他摩托车不填写。

7.2.35 **额定载客(人)**

客车填写允许乘员数(包括驾驶员),单位为人;乘用车、正三轮载客摩托车填写乘坐人数(包括驾驶员);对于城市客车或公共汽车,允许乘员数和座位数分别填写,中间用"/"分隔。客厢式工程车应填写座位数。两轮轻便摩托车填写"1",两轮普通摩托车填写"2",正三轮载货摩托车不填写,其他三轮摩托车必须填写。

7.2.36 **最高设计车速(km/h)**

填写车辆的设计最大车速,单位为千米每小时(km/h)。对于安装有可采用多种燃料分别工作的发动机的车辆,填写各种燃料各自对应的最高设计车速,之间加"/"。

7.2.37 **车辆制造日期**

车辆制造完成时的时间。

车辆制造日期应按照 YYYY 年 MM 月 DD 日格式填写,例如:"2006 年 05 月 06 日"。

7.2.38 **二维条码**

《机动车注册登记技术参数表》中使用的二维条码应符合 GB/T 18284—2000 的规定。

7.2.39 **备注**

a) 罐式汽车填写运输介质名称、密度、总容积、罐体有效容积及罐体外形尺寸。混凝土搅拌车填写搅拌容积。容积单位为立方米($m^3$)。

b) 仓栅车、篷式车的车厢底板到顶部高度。

c) 随车起重运输车的起重机型号、质量(kg)、最大起升载荷(kg)。

d) 带盖自卸车的顶盖质量。

e) 车长超过 13 m 的车辆运输半挂车应注明所配半挂牵引车型号。

f) 车长超过 10 m 的二轴罐式半挂车应注明牵引车为三轴。

g) 三轴框架式集装箱半挂车运送大于 12.2 m(40 ft)集装箱时,应注明运送 45(或 48、53)ft 集装箱。

h) 厢式车应注明车厢顶部封闭,不可开启;篷式运输车注明两侧均无门。

i) 净功率值。

j) 清障车的托举质量。

k) 按照要求需要加装行驶记录仪的车辆，应注明“装行驶记录仪”。

l) 客厢式厢式货车注明驾驶区与货仓有效隔离。

m) 低平板半挂车货台离地高度。

n) 对于委托加工产品，应注明“本产品是委托加工产品，生产地址为：××××××××××”。

o) 选装部件名称及其他内容。

备注填写的内容不得超过240个字符。

**7.2.40 车辆制造企业信息**

7.2.40.1 填写车辆产品所符合的企业标准，格式为：本产品经过检验，符合“企业标准代号”—“年代”“企业标准名称”的要求，准予出厂，特此证明。

7.2.40.2 车辆生产单位名称

填写车辆制造完成的生产单位名称(制造企业、子公司、分公司、分厂)。

对于委托加工生产的产品，填写受托企业的名称全称。

7.2.40.3 车辆生产单位地址

填写车辆制造完成的生产单位(制造企业、子公司、分公司、分厂)地址。

对于委托加工生产的产品，填写受托企业的生产地址。

7.2.40.4 车辆制造企业也可填写其他信息，具体内容由车辆制造企业自行决定。

7.3 车辆分类与填写项目之间的对应关系见附录C。

# 附 录 A
（规范性附录）
《机动车出厂合格证》正面样式

单位为毫米

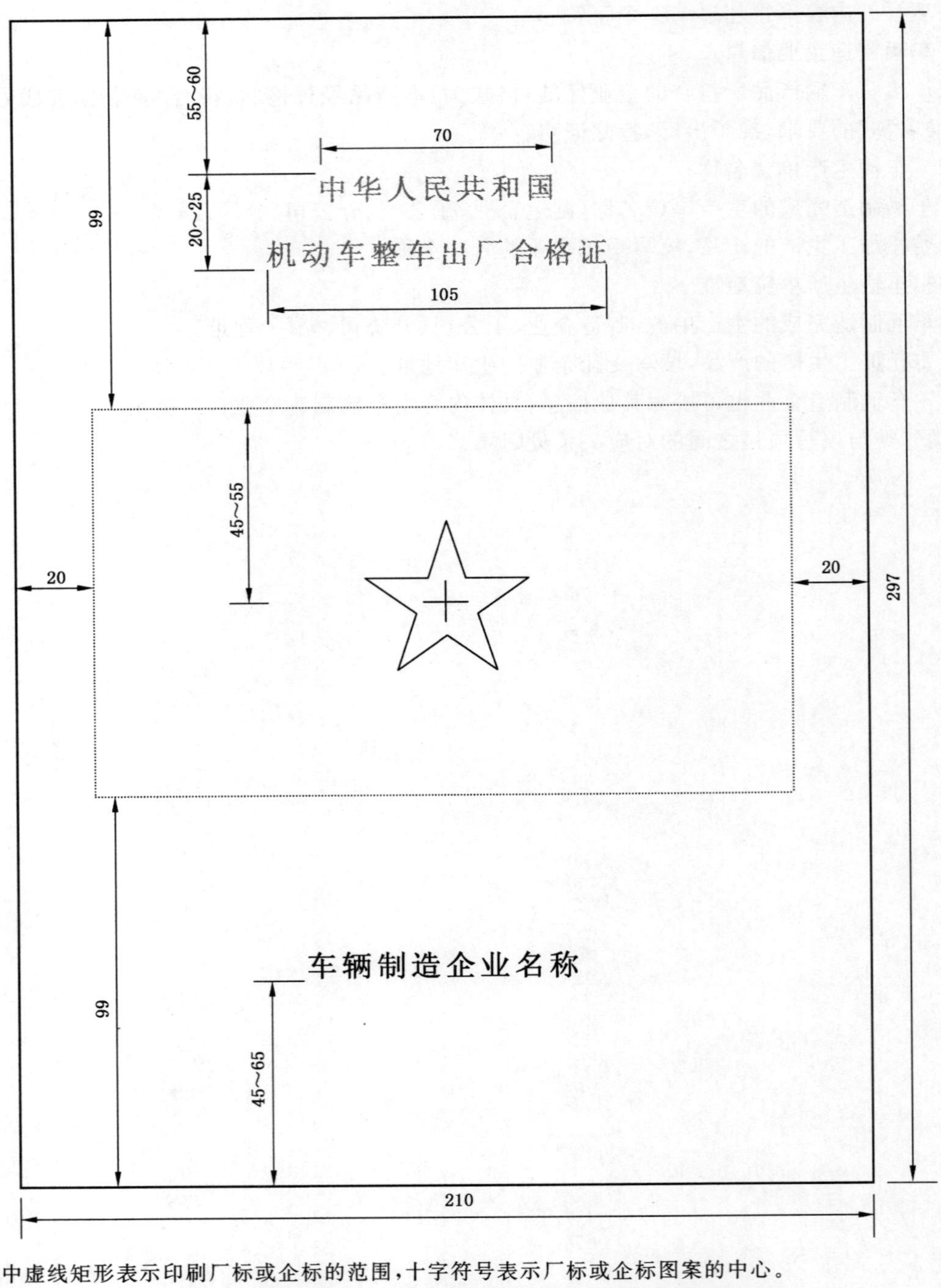


注：图中虚线矩形表示印刷厂标或企标的范围，十字符号表示厂标或企标图案的中心。

**图 A.1 机动车整车出厂合格证（正面）尺寸示意图**

单位为毫米

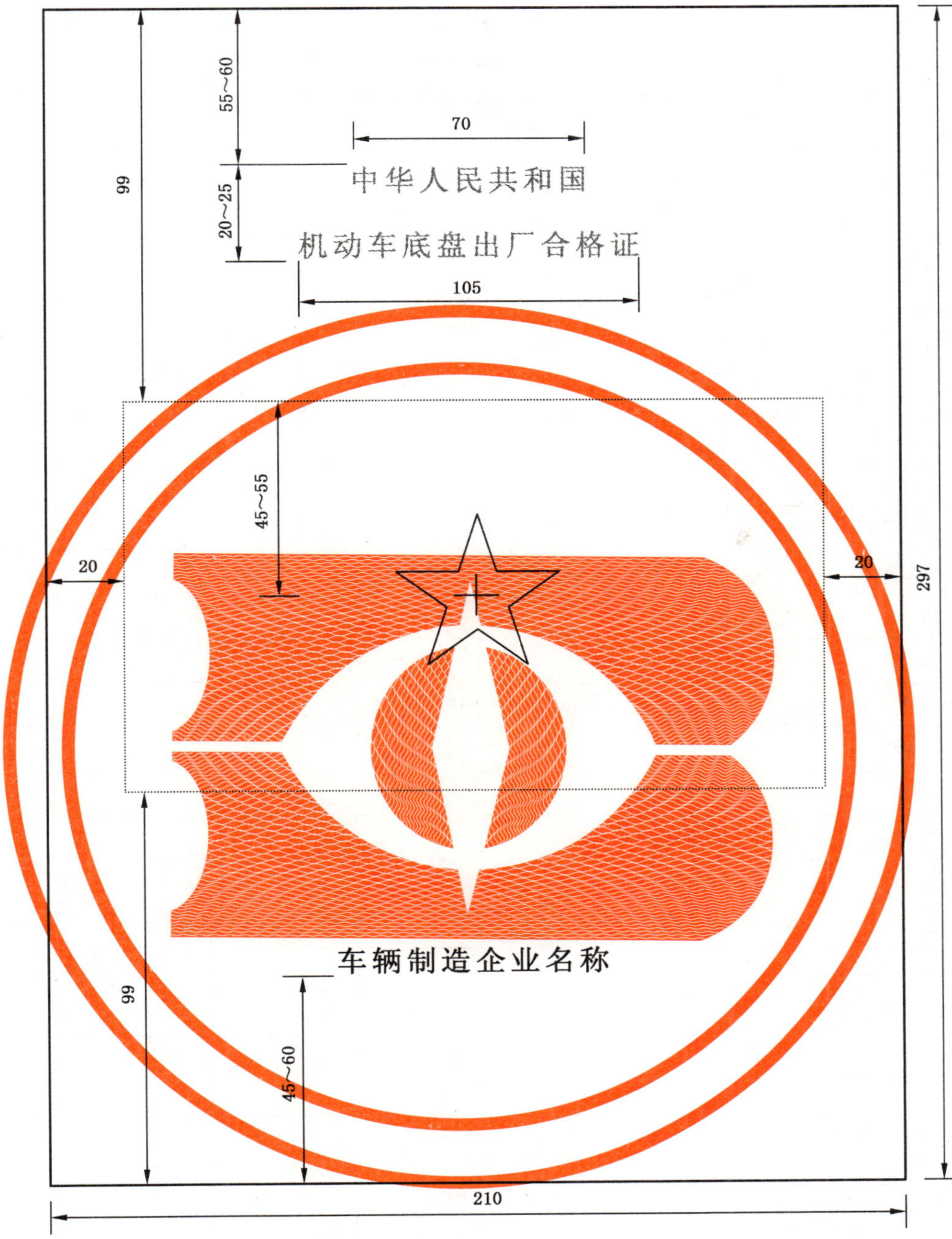


注：图中虚线矩形表示印刷厂标或企标的范围，十字符号表示厂标或企标图案的中心。

**图 A.2　机动车底盘出厂合格证（正面）尺寸示意图**

# 附 录 B
## （规范性附录）
## 《机动车注册登记技术参数表》样式

| 1. 合格证编号 | | 2. 发证日期 | |
|---|---|---|---|
| 3. 车辆制造企业名称 | | | |
| 4. 车辆品牌/车辆名称 | | | |
| 5. 车辆型号 | | 6. 车辆识别代号/车架号 | |
| 7. 车身颜色 | | | |
| 8. 底盘型号/底盘 ID | | | |
| 9. 底盘合格证编号 | | 10. 发动机型号 | |
| 11. 发动机号 | | | |
| 12. 燃料种类 | | 13. 排量和功率/(mL/kW) | |
| 14. 排放标准 | | | |
| 15. 油耗 | | | |
| 16. 外廓尺寸/mm | | 17. 货厢内部尺寸/mm | |
| 18. 钢板弹簧片数/片 | | 19. 轮胎数 | |
| 20. 轮胎规格 | | | |
| 21. 轮距(前/后)/mm | | | |
| 22. 轴距/mm | | | |
| 23. 轴荷/kg | | | |
| 24. 轴数 | | 25. 转向形式 | |
| 26. 总质量/kg | | 27. 整备质量/kg | |
| 28. 额定载质量/kg | | 29. 载质量利用系数 | |
| 30. 准牵引总质量/kg | | 31. 半挂车鞍座最大允许总质量/kg | |
| 32. 驾驶室准乘人数/人 | | 36. 二维条码 | |
| 33. 额定载客/人 | | | |
| 34. 最高设计车速/(km/h) | | | |
| 35. 车辆制造日期 | | | |
| 备注： | | | |
| 车辆制造企业信息：<br>本产品经过检验，符合企业标准代号—年代《企业标准名称》的要求，准予出厂，特此证明。<br>车辆生产单位名称：<br>车辆生产单位地址：<br>车辆制造企业其他信息： | | | |

图 B.1 《机动车整车注册登记技术参数表》示意图

| 1. 合格证编号 | | 2. 发证日期 | |
|---|---|---|---|
| 3. 车辆制造企业名称 | | | |
| 4. 车辆品牌/车辆名称 | | | |
| 5. 底盘类别 | | 6. 车辆型号 | |
| 7. 底盘 ID | | | |
| 8. 车身颜色 | | | |
| 9. 车辆识别代号 | | 10. 燃料种类 | |
| 11. 发动机型号 | | 12. 排量和功率/(mL/kW) | |
| 13. 发动机号 | | | |
| 14. 排放标准 | | | |
| 15. 转向形式 | | 16. 轮胎数 | |
| 17. 轮胎规格 | | | |
| 18. 轮距(前/后)/mm | | | |
| 19. 轴距/mm | | | |
| 20. 轴荷/kg | | | |
| 21. 轴数 | | 22. 钢板弹簧片数/片 | |
| 23. 外廓尺寸/mm | | 24. 总质量/kg | |
| 25. 整备质量/kg | | 26. 准牵引总质量/kg | |
| 27. 半挂车鞍座最大允许总质量/kg | | 31. 二维条码 | |
| 28. 驾驶室准乘人数/人 | | | |
| 29. 最高设计车速/(km/h) | | | |
| 30. 车辆制造日期 | | | |
| 备注： | | | |

车辆制造企业信息：

本产品经过检验，符合企业标准代号—年代《企业标准名称》的要求，准予出厂，特此证明。

车辆生产单位名称：

车辆生产单位地址：

车辆制造企业其他信息：

**图 B.2 《机动车底盘注册登记技术参数表》示意图**

# 附 录 C
## （规范性附录）
## 车辆分类与填写项目之间的对应关系

| 完整车辆产品 | | | | | | | | | | | 非完整车辆产品 | | |
|---|---|---|---|---|---|---|---|---|---|---|---|---|---|
| 项 目 | 车 辆 分 类 | | | | | | | | | | 项 目 | 车辆分类 | |
| | A | B | C | D | E | F | G | H | I | J | | K | L |
| 1. 合格证编号 | √ | √ | √ | √ | √ | √ | √ | √ | √ | √ | 1. 合格证编号 | √ | √ |
| 2. 发证日期 | √ | √ | √ | √ | √ | √ | √ | √ | √ | √ | 2. 发证日期 | √ | √ |
| 3. 车辆制造企业名称 | √ | √ | √ | √ | √ | √ | √ | √ | √ | √ | 3. 车辆制造企业名称 | √ | √ |
| 4. 车辆品牌/车辆名称 | √ | √ | √ | √ | √ | √ | √ | √ | √ | √ | 4. 车辆品牌/车辆名称 | √ | √ |
| 5. 车辆型号 | √ | √ | √ | √ | √ | √ | √ | √ | √ | √ | 5. 底盘类别 | √ | √ |
| 6. 车辆识别代号 | √ | √ | √ | √ | √ | √ | √ | √ | √ | —[a] | 6. 车辆型号 | √ | √ |
| 车架号 | × | × | × | × | × | × | × | × | × | —[a] | 7. 底盘 ID | √ | √ |
| 7. 车身颜色 | √ | √ | √ | √ | √ | √ | √ | √ | √ | √ | 8. 车身颜色 | √ | × |
| 8. 底盘型号 | — | — | — | × | × | × | × | × | — | — | 9. 车辆识别代号 | √ | √ |
| 底盘 ID | — | — | — | × | × | × | × | × | — | — | 10. 燃料种类 | √ | √ |
| 9. 底盘合格证编号 | — | — | — | × | × | × | × | × | — | — | 11. 发动机型号 | √ | √ |
| 10. 发动机型号 | √ | √ | √ | × | √ | √ | √ | √ | — | — | 12. 排量 | √ | — |
| 11. 发动机号 | √ | √ | √ | × | √ | √ | √ | √ | — | — | 功率 | √ | √ |
| 12. 燃料种类 | √ | √ | √ | × | √ | √ | √ | √ | — | — | 13. 发动机号 | √ | √ |
| 13. 排量 | — | √ | √ | × | — | — | — | — | — | — | 14. 排放标准 | √ | — |
| 功率 | √ | √ | √ | × | √ | √ | √ | √ | — | — | 15. 转向形式 | √ | √ |
| 14. 排放标准 | — | √ | √ | × | √ | √ | √ | √ | — | — | 16. 轮胎数 | √ | √ |
| 15. 油耗 | — | — | — | — | — | — | — | — | — | — | 17. 轮胎规格 | √ | √ |
| 16. 外廓尺寸长 | √ | √ | √ | √ | √ | √ | √ | √ | √ | √ | 18. 轮距 前 | √ | √ |
| 外廓尺寸宽 | √ | √ | √ | √ | √ | √ | √ | √ | √ | √ | 轮距 后 | √ | √ |
| 外廓尺寸高 | √ | √ | √ | √ | √ | √ | √ | √ | √ | √ | 19. 轴距 | √ | √ |
| 17. 货厢内部尺寸长 | — | — | × | — | × | × | √ | √ | — | — | 20. 轴荷 | — | — |
| 货厢内部尺寸宽 | — | — | × | — | × | × | √ | √ | — | — | 21. 轴数 | √ | √ |
| 货厢内部尺寸高 | — | — | × | — | × | × | √ | √ | — | — | 22. 钢板弹簧片数 | — | — |
| 18. 钢板弹簧片数 | — | — | — | — | × | × | — | — | — | — | 23. 外廓尺寸长 | √ | √ |
| 19. 轮胎数 | √ | √ | √ | √ | √ | √ | √ | √ | √ | — | 外廓尺寸宽 | √ | √ |
| 20. 轮胎规格 | √ | √ | √ | √ | √ | √ | √ | √ | √ | — | 外廓尺寸高 | √ | × |
| 21. 轮距 前 | √ | √ | √ | × | × | × | × | √ | √ | — | 24. 总质量 | √ | √ |
| 轮距 后 | √ | √ | √ | √ | × | √ | √ | √ | √ | — | 25. 整备质量 | √ | √ |

| 完整车辆产品 | | | | | | | | | | | 非完整车辆产品 | | |
|---|---|---|---|---|---|---|---|---|---|---|---|---|---|
| 项　目 | 车　辆　分　类 | | | | | | | | | | 项　目 | 车辆分类 | |
| | A | B | C | D | E | F | G | H | I | J | | K | L |
| 22. 轴距 | √ | √ | √ | √ | √ | √ | √ | √ | √ | √ | 26. 准牵引总质量 | — | — |
| 23. 轴荷 | — | — | — | — | × | × | — | — | — | — | 27. 半挂车鞍座最大允许总质量 | — | × |
| 24. 轴数 | √ | √ | √ | √ | √ | √ | √ | √ | √ | √ | 28. 驾驶室准乘人数 | √ | × |
| 25. 转向形式 | √ | √ | √ | × | √ | √ | √ | √ | — | — | 29. 最高设计车速 | √ | √ |
| 26. 总质量 | √ | √ | √ | √ | √ | √ | √ | √ | √ | √ | 30. 车辆制造日期 | √ | √ |
| 27. 整备质量 | √ | √ | √ | √ | √ | √ | √ | √ | √ | √ | 31. 二维条码 | √ | √ |
| 28. 额定载质量 | — | √ | × | √ | √ | — | √ | √ | — | — | 备注： | — | — |
| 29. 载质量利用系数 | × | — | × | × | × | × | × | × | — | — | 企业标准 | √ | √ |
| 30. 准牵引总质量 | — | — | √ | × | × | × | × | × | — | — | 车辆生产单位名称 | √ | √ |
| 31. 半挂车鞍座最大允许总质量 | × | × | √ | √ | × | × | × | × | — | — | 车辆生产单位地址 | √ | √ |
| 32. 驾驶室准乘人数 | × | √ | √ | × | × | — | √ | √ | — | — | 其他信息 | — | — |
| 33. 额定载客 | √ | — | × | × | √ | — | × | × | — | — | | | |
| 34. 最高设计车速 | √ | √ | √ | × | √ | √ | √ | √ | — | — | | | |
| 35. 车辆制造日期 | √ | √ | √ | √ | √ | √ | √ | √ | √ | √ | | | |
| 36. 二维条码 | √ | √ | √ | √ | √ | √ | √ | √ | √ | √ | | | |
| 备注： | — | — | — | — | — | — | — | — | — | — | | | |
| 企业标准 | √ | √ | √ | √ | √ | √ | √ | √ | √ | √ | | | |
| 车辆生产单位名称 | √ | √ | √ | √ | √ | √ | √ | √ | √ | √ | | | |
| 车辆生产单位地址 | √ | √ | √ | √ | √ | √ | √ | √ | √ | √ | | | |
| 其他信息 | — | — | — | — | — | — | — | — | — | — | | | |

注1：车辆分类代号：A——乘用车及客车，B——货车，C——半挂牵引车，D——半挂车，E——两轮摩托车和两轮轻便摩托车，F——三轮摩托车和三轮轻便摩托车，G——三轮汽车，H——低速货车，I——专用汽车，J——轮式专用机械等类未列入《车辆生产企业及产品公告》车辆产品，K——二类底盘，L——三类底盘。

注2："√"表示必须填写，"×"表示不得填写，"—"表示根据产品技术状态及生产情况选择填写。

[a] 应该根据WMI(世界制造厂识别代号)的授予情况，选择填写VIN或车架号(必须填写其中之一)。

ICS 43.020
T 59

# 中华人民共和国国家标准

GB 24407—2012
代替 GB 24407—2009

# 专用校车安全技术条件

**The safety technique specifications of special school**

2012-04-10 发布　　　　2012-05-01 实施

中华人民共和国国家质量监督检验检疫总局
中国国家标准化管理委员会　发布

# 前　言

**本标准的全部技术内容为强制性的。**

本标准按照 GB/T 1.1—2009 给出的规则起草。

本标准代替 GB 24407—2009《专用小学生校车安全技术条件》。与 GB 24407—2009 相比，除编辑性修改外主要技术变化如下：

——标准名称修改为《专用校车安全技术条件》；

——标准范围（见第 1 章）进行了修改，修改为“本标准适用于幼儿园阶段 3 周岁以上及九年制义务教育阶段受教育的群体所乘坐的专用校车。”；

——修改了术语和定义（见第 3 章）：删除了 GB 24407—2009 中的 4 个术语“校车 school bus”、“小学生校车 school bus for schoolchildren”、“专用小学生校车 special school bus for schoolchildren”、“护板 fender”；修改了“专用校车 special school bus”；增加了“幼儿专用校车 special school buses for infants”、“小学生专用校车 special school buses for primary students”、“中小学生专用校车 special school buses for primary and junior middle school students”、“停车指示牌 stopping signal plate”；

——增加了“专用校车类型划分”（见第 4 章）；

——修改了前碰撞结构的要求和外观标识、车高限值、行李舱体顶部离地高度限值（见 5.1）；

——增加了动力性要求（见 5.2）；

——增加了幼儿专用校车的幼儿质量和中小学生专用校车的学生质量，修改了照管人员的质量，新增了各类专用校车的最大乘员数（见 5.3）；

——增加了转向系统（见 5.4）、制动系统（见 5.5）、传动系统（见 5.6）、行驶系统（见 5.7）、前后保险杠（见 5.8）、侧倾稳定性（见 5.9）、车身结构（见 5.10.1）、顶部结构强度（见 5.10.2）的要求；

——修改了上部结构强度的要求（见 5.10.3）；

——修改了出口的种类、位置、数量和尺寸的规定（见 5.10.4.1.1）：重新规定了乘客门的数量和位置，乘客门尺寸按照轻型和大中型分别进行了规定；增加了“应急门和应急窗不应位于排气管出口的上方，应急窗也不应位于停车指示牌的上方。”的要求；重新规定应急出口的种类和最少数量，其中应急门为基本应急出口；应急门、应急窗和撤离舱口的最小尺寸按 GB 13094 规定；

——修改了侧窗的结构要求（见 5.10.4.1.2）：增加了侧窗透明度的要求；

——修改了出口的技术要求（见 5.10.4.1.3）：增加了车辆后围上的应急门开启方式；乘客门和应急门上装玻璃窗的要求；高度小于 1 700 mm 的乘客门和应急门对乘员的安全防护要求；出口技术要求按轻型和大中型分别规定；加严了大中型专用校车对乘客门的要求；

——修改了踏步的要求（见 5.10.4.2）：补充了踏步的其他要求和伸缩踏步的要求；

——修改了乘客门引道（见 5.10.4.3.1）的要求：删除了 GB 24407—2009 图 1 中铅垂平板 2 对应的模型；删除了 GB 24407—2009 中 4.6.1.5 中对安装在轮罩上座椅前方范围的要求；删除了 GB 24407—2009 中 4.6.1.8 和 4.6.1.9；增加了引道处地板的坡度要求；

——修改了应急门引道（见 5.10.4.3.2）的要求：删除了 GB 24407—2009 中 4.6.2.2 的要求；

——修改了应急窗的通过性（见 5.10.4.3.3）：删除了 GB 24407—2009 中 4.6.3.3 中关于乘员数小于 33 人的车辆的应急出口的规定；

——修改了撤离舱口的通过性（见 5.10.4.3.4）：删除了地板出口的要求（见 GB 24407—2009 中 4.6.4.2）；

——修改了通道的要求(见 5.10.4.4):修改通道内对台阶的要求,要求车内通道内无台阶;要求 8 m 及以上专用校车通道测量装置下圆柱直径加大到 350 mm(GB 24407—2009 规定为 300 mm);要求大中型专用校车的通道高度不小于 1 800 mm;增加了通道坡度的要求;删除了GB 24407—2009 中 4.6.5.4 的规定;

——增加了驾驶员安全带及其固定点的要求(见 5.10.5.1.1.1 和 5.10.5.1.1.3);

——修改了照管人员座椅的要求(5.10.5.1.2):增加了幼儿专用校车和中小学生专用校车照管人员座位数量的要求,修改了照管人员座位位置的要求,修改了小学生专用校车上照管人员座位数量的要求;

——增加了幼儿座椅的要求,并修改了学生座椅的要求(见 5.10.5.1.3):修改了小学生安全带及其车辆固定点的要求,要求必须为 2 点式安全带,要求最多采用 2+3 座椅布置形式,增加了靠背厚度、靠背最大高度、靠背宽度的要求,调整了座椅扶手高度范围,要求驾驶员座椅 R 点所处的横向垂直平面以前不得设置幼儿及学生座椅,要求座椅必须软化处理;调整了单人座椅的宽度要求;增加了幼儿和中小学生座椅的相关项目要求;单人座椅的座垫宽度最小值由 400 mm 调整为 380 mm;删除了行动不便乘客的相应要求(GB 24407—2009 中 4.3.6);

——修改了就坐乘客空间的要求(见 5.10.5.1.4):增加了幼儿专用校车座椅座间距、中小学生专用校车座椅座间距、照管人员座椅座间距的要求,修改了座间距测量示意图;新增了位于隔离物或其他非座椅的刚性结构后面的乘客座椅座垫前沿到前部障碍物的水平距离最小限值;新增了幼儿座椅、中小学生专用校车座椅和照管人员座椅的就坐乘客的上方空间的要求;轮罩处的自由空间由1 200 mm 修改为 1 250 mm,外侧座椅椅脚靠近侧围处删除了一组尺寸;

——修改了座椅前方约束隔板的要求(见 5.10.5.2):约束隔板的位置确定由 GB 24407—2009 中的 R 点确定修改为根据 G 点确定,G 点按比 R 点靠后 100 mm;增加了幼儿专用校车座椅的约束隔板位置、中小学生专用校车座椅的约束隔板位置、照管人员座椅的约束隔板位置;增加了约束隔板软化的要求;修改细化了约束隔板下缘离地的高度要求;修改了约束隔板的要求;

——增加了适用于幼儿和小学生的扶手,完善细化了扶手的要求(见 5.10.5.3);

——增加了急救箱(见 5.10.5.5)、内装饰件(见 5.10.5.7)、信号系统(见 5.11)的要求;

——修改了火灾预防和火灾控制措施的要求(见 5.12):修改了导线耐高温和阻燃性的要求;修改了发动机舱、电涡流缓速器旁的材料阻燃性要求;增加了缓速器旁的温度报警装置配置要求;增加了电源总开关的布置要求;增加了应急开关;增加了排气系统、油路、电路的相对位置要求;增加了发动机舱灭火装备和报警装置配备要求;增加了乘员舱灭火器的要求;

——修改了驾驶员视野的要求(见 5.13):增加了乘客门关闭后驾驶员应能观察到车外乘客门附近情况的要求;增加了辅助倒车装置和前风窗除霜雾装置的要求;修改了车内视野装置的要求;

——修改了车内空气质量的要求(见 5.14):增加了车内空气成分的要求;

——修改了行车信息记录及处理系统的要求(见 5.15):增加了对行驶记录仪功能的要求和车内外录像监控系统的要求;

——增加了专用校车后围板上的停车提醒标示的要求(见 5.16);

——删除了 GB 24407—2009 中 4.10 视觉娱乐装置的位置要求;

——增加了标准实施的过渡期要求(见第 6 章);

——增加了“附录 A　顶部结构强度试验方法”、“附录 B　停车指示牌”。

本标准由中华人民共和国工业和信息化部提出。

本标准由全国汽车标准化技术委员会(SAC/TC 114)归口。

本标准负责起草单位:郑州宇通客车股份有限公司、中国汽车技术研究中心、中国公路学会客车分会。

本标准参加起草单位:国家客车质量监督检验中心、东风襄樊旅行车有限公司、南京依维柯汽车有限公司、丹东黄海汽车有限责任公司、金华青年汽车制造有限公司、扬州亚星客车股份有限公司、保定长安客车制造有限公司、中国第一汽车股份有限公司、金龙联合汽车工业(苏州)有限公司、厦门金龙联合汽车工业有限公司、北汽福田汽车股份有限公司、安徽安凯汽车股份有限公司、成都客车股份有限公司、泰乐玛汽车制动系统(上海)有限公司、江苏旷达汽车织物集团有限公司。

本标准主要起草人:周慧慈、汤望、吴晓光、马春新、张长庚、李维菁、董晓坤、张喆、卢长军、司俊德、王向阳、乔慧琳、孙鹰、刁薇、曹飞、李弢、邝勇、邓玉林、李桂兰、陈新弟、周建国、苏亮、赵天红、邓海。

本标准于 2009 年首次发布,本次为第一次修订。

# 专用校车安全技术条件

## 1 范围

本标准规定了专用校车术语和定义、类型划分、要求及试验方法。

本标准适用于幼儿园阶段3周岁以上及九年制义务教育阶段受教育的群体所乘坐的专用校车。

## 2 规范性引用文件

下列文件对于本文件的应用是必不可少的。凡是注日期的引用文件，仅注日期的版本适用于本文件。凡是不注日期的引用文件，其最新版本(包括所有的修改单)适用于本文件。

GB/T 2406.2 塑料 用氧指数法测定燃烧行为 第2部分:室温试验

GB/T 2408—2008 塑料 燃烧性能的测定 水平法和垂直法

GB 4351.1 手提式灭火器 第1部分:性能和结构要求

GB/T 5454 纺织品 燃烧性能试验氧指数法

GB 5768.2—2009 道路交通标志和标线 第2部分:道路交通标志

GB 8410—2006 汽车内饰材料的燃烧特性

GB/T 8627—2007 建筑材料燃烧或分解的烟密度试验方法

GB/T 12428—2005 客车装载质量计算方法

GB 12676 汽车制动系统 结构、性能和试验方法

GB 13057 客车座椅及其车辆固定件的强度

GB 13094—2007 客车结构安全要求

GB/T 13594 机动车和挂车防抱制动性能和试验方法

GB 13954—2009 警车、消防车、救护车、工程救险车标志灯具

GB 14166 机动车乘员用安全带、约束系统、儿童约束系统和ISOFIX 儿童约束系统

GB 14167 汽车安全带安装固定点、ISOFIX固定点及上固定点系统

GB/T 14172 汽车静侧翻稳定性台架试验方法

GB 15083 汽车座椅、座椅固定装置及头枕强度要求和试验方法

GB 15084 机动车辆后视镜的性能和安装要求

GB 17578 客车上部结构强度要求

GB/T 17729 长途客车内空气质量要求

GB/T 18833 公路交通标志反光膜

GB 18986 轻型客车结构安全要求

GB/T 19056 汽车行驶记录仪

GB/T 19596—2004 电动汽车术语

GB 24315 校车标识

GB 24406 专用校车学生座椅系统及其车辆固定件的强度

GB/T 24545 车辆车速限制系统技术要求

GB/T 28370 长途客车内空气质量检测方法

JT/T 782 营运客车爆胎应急安全装置技术要求

## 3 术语和定义

GB/T 12428—2005 和 GB 13094—2007 中界定的以及下列术语和定义适用于本文件。为了便于使用,以下重复列出了 GB/T 12428—2005 和 GB 13094—2007 中的某些术语和定义。

3.1

**专用校车 special school buses**

设计和制造上专门用于运送幼儿或学生的校车。

3.2

**幼儿专用校车 special school buses for infants**

运送 3 周岁以上学龄前幼儿上下学的专用校车。

3.3

**小学生专用校车 special school buses for primary school students**

运送小学生上下学的专用校车。

3.4

**中小学生专用校车 special school buses for primary and junior middle school students**

运送九年制义务教育阶段学生(小学生和初中生)上下学的专用校车。

3.5

**停车指示牌 stopping signal plate**

用于警示其他车辆不得超越已停驻、待学生上下车的校车的标牌。

3.6

**出口 exit**

乘客门或应急出口。

[GB 13094—2007,定义 3.6]

3.7

**应急出口 emergency exit**

应急门、应急窗或撤离舱口。

[GB 13094—2007,定义 3.7]

3.8

**应急门 emergency door**

仅在异常、紧急情况下作为乘客出口的车门。

[GB 13094—2007,定义 3.8]

3.9

**应急窗 emergency window**

仅在紧急情况下作为乘员出口的车窗,该车窗可以不装玻璃。

[GB 13094—2007,定义 3.9]

3.10

**撤离舱口 escape hatch**

仅在紧急情况下供乘客作为应急出口的车顶或地板上的开口,即安全顶窗和地板出口。

[GB 13094—2007,定义 3.11]

3.11

**"前"和"后" 'front' and 'rear'**

按正常行驶方向的车辆的前或后,"向前"、"最前"、"向后"、"最后"等应作相应解释。

[GB 13094—2007,定义 3.26]

3.12

**乘员　passengers and crew**

客车上乘客、驾驶员和车组人员的总称。

[GB/T 12428—2005,定义 3.1]

## 4　专用校车类型划分

专用校车按车辆结构和用途划分的分类见表 1。

**表 1　专用校车分类及基本特征**

| 结构类型 | 用　　途 | 基本特征 |
|---|---|---|
| 轻型专用校车 | 幼儿专用校车 | 车长大于 5 m 且小于等于 6 m |
| | 小学生专用校车 | |
| | 中小学生专用校车 | |
| 大中型专用校车 | 幼儿专用校车 | 车长大于 6 m 且小于等于 12 m |
| | 小学生专用校车 | |
| | 中小学生专用校车 | |

## 5　要求和试验方法

### 5.1　外观标识和主要结构尺寸

5.1.1　专用校车应喷涂符合 GB 24315 要求的专用校车外观标识。

5.1.2　专用校车前部应设置碰撞安全结构。若为前横置发动机,则发动机曲轴中心线应位于前风窗玻璃最前点以前;若为前纵置发动机,则发动机第一缸和第二缸的中心线应位于前风窗玻璃最前点以前;若大中型专用校车其前部碰撞性能不低于前两种结构,可以不限定发动机布置形式。

注:发动机第一缸和第二缸的中心线指发动机第一缸和第二缸缸心距的中心线。

5.1.3　铰接客车和双层客车不应作为专用校车。

5.1.4　专用校车车高不得大于 3.7 m。

5.1.5　如果有侧围行李舱体,则行李舱体顶部离地面高度应小于 1.0 m。

5.1.6　专用校车不得设置车外行李架。

5.1.7　车内外不得有容易卡住幼儿和小学生手指的孔洞,并不应存在可能致人员受伤的突起、凹陷、尖角等缺陷。

### 5.2　动力性

专用校车(电动专用校车除外)的比功率应不小于 9.0 kW/t。

注 1:电动专用校车指 GB/T 19596—2004 中所定义的电动汽车种类:纯电动汽车、混合动力(电动)汽车、燃料电池电动汽车。

注 2:比功率为发动机最大净功率(或 0.9 倍的发动机额定功率或 0.9 倍的发动机标定功率)与机动车最大允许总质量之比。

### 5.3　乘员质量和最大乘员数

5.3.1　幼儿专用校车的每个幼儿的质量按 30 kg 计算,小学生专用校车的每个学生的质量按 48 kg 计算，中小学生专用校车的每个学生的质量按 53 kg 计算，每个照管人员的质量按 68 kg 计算，驾驶员的质量按 75 kg 计算。

5.3.2 幼儿专用校车的最大乘员数应不超过 45 人；小学生专用校车和中小学生专用校车的最大乘员数应不超过 56 人。

### 5.4 转向系统

专用校车应采用助力转向装置。

### 5.5 制动系统

5.5.1 专用校车应安装符合 GB/T 13594 规定的防抱制动装置。

5.5.2 前轮应安装盘式制动器。

5.5.3 长度大于 8 m 的专用校车应安装缓速器或其他辅助制动装置，辅助制动装置性能应符合 GB 12676 规定的ⅡA 型试验要求。

### 5.6 传动系统

5.6.1 专用校车应安装符合 GB/T 24545 规定的限速装置，出厂时调定的最高车速应不大于 80 km/h。

5.6.2 传动轴应有防止因传动轴滑动连接(花键或其他类似装置)脱离或断裂等故障而引起危险的防护装置。

### 5.7 行驶系统

5.7.1 专用校车应使用无内胎子午线轮胎。

5.7.2 总质量大于 4.5 t 的专用校车，后轮应安装双轮胎。

5.7.3 若安装轮胎爆胎应急安全装置，应符合 JT/T 782 的要求。

### 5.8 前后保险杠

5.8.1 专用校车应安装前、后保险杠。

5.8.2 保险杠应连接到车架或车身骨架上。前保险杠应向前伸出到散热器格栅、前照灯、引擎盖部分等的前面，向外延伸到轮罩的外缘，以提供最大的保护；后保险杠应包住车身后角。

5.8.3 保险杠上不应存在可能致人员受伤的突起、凹陷、尖角。

### 5.9 侧倾稳定性

按 GB/T 14172 规定的方法测试，在每个座椅的座垫上平面按 5.3.1 规定的乘员质量加载(若有行李舱，行李舱不应加载)，且载荷要牢固固定到座椅上，测得的侧倾稳定角应不小于 32°；同时在空载状态下测量，测得的侧倾稳定角应不小于 35°。

### 5.10 车身结构、强度、出口及车内布置

#### 5.10.1 车身结构

5.10.1.1 大中型专用校车应为车身骨架结构，同一横截面上的顶梁、立柱和底架主横梁应形成封闭环(轮罩与顶风窗处除外)，从侧窗上纵梁到底横梁之间的车身立柱应采用整体结构，中间不得通过拼焊连接。若轻型专用校车车身结构未采用上述结构，则应采用覆盖件与加强梁共同承载的结构。

5.10.1.2 幼儿专用校车乘客区应采用平地板结构，除轮罩、检修口盖等的局部结构凸起外，地板上不

得有台阶。

5.10.1.3 乘坐区、过道区和引道区域的地板覆盖层应防滑、耐磨。

### 5.10.2 顶部结构强度

顶部结构强度按附录 A 进行试验，应满足以下要求：

a) 试验中，车身结构应能够承受规定的载荷，车门没有开启，车身与底架没有分离；

b) 试验中和试验后，每一座垫上方应有不小于 900 mm 的净高度（从未下陷座垫的最高点所在平面向上测量）；就座乘客搁脚的地板处向上应有不小于 1 350 mm 的净高度（对于轮罩处和质量小于等于 3.5 t 和座椅数小于等于 12 个的专用校车，地板处向上应有不小于 1 200 mm 的净高度）；轻型专用校车的通道高度应不小于 1 440 mm，大中型专用校车的通道净高度应不小于 1 670 mm；乘客门、应急门、应急窗和撤离舱口应能正常打开，位于车顶的撤离舱口不要求在试验过程中打开。

### 5.10.3 上部结构强度

在每个座椅上的乘员质量按 5.3.1 的规定，并按 GB 17578 的规定进行加载和测试，侧翻过程中和侧翻后的乘员生存空间均应符合 GB 17578 的规定。

### 5.10.4 出口、踏步、引道、通道

#### 5.10.4.1 出口

##### 5.10.4.1.1 出口的种类、位置、数量和尺寸

5.10.4.1.1.1 专用校车应只有一个乘客门并位于右侧前后轮之间。轻型专用校车的乘客门尺寸应符合 GB 18986 的规定。大中型专用校车的乘客门尺寸应符合 GB 13094 的规定。

5.10.4.1.1.2 车辆的左侧、右侧应至少各有一个出口。乘客区的前半部和后半部应至少各设一个出口。后围应至少有一个出口。

5.10.4.1.1.3 为满足紧急情况下的乘员撤离和车外救助，应急出口的种类、位置、最少数量应符合表 2 的规定。若车顶或地板上设有一个撤离舱口，应位于车辆中部范围内（该范围的长度等于车长的 1/2）；若设有两个撤离舱口，二者相邻两边之间的距离（平行于车辆纵轴线测量）应至少为 2 m。应急门和应急窗不应位于排气管出口的上方，应急窗也不应位于停车指示牌的上方。应急门、应急窗和撤离舱口的最小尺寸应符合 GB 13094 的规定。

**表 2 应急出口的种类、位置和最少数量**

| 车长 $L$/m | 基本应急出口 | 基本应急出口对应的附加应急出口 |
|---|---|---|
| $L<6$ | “后围应急门”，或者“左侧应急门＋后围应急窗” | 1 个左侧应急窗＋1 个右侧应急窗 |
| $6\leqslant L<9$ | “后围应急门”，或者“左侧应急门＋后围应急窗” | 1 个左侧应急窗＋1 个右侧应急窗＋1 个顶部撤离舱口 |
| $9\leqslant L<12$ | “后围应急门”，或者“左侧应急门＋后围应急窗” | 2 个左侧应急窗＋2 个右侧应急窗＋2 个顶部撤离舱口 |

##### 5.10.4.1.2 侧窗的结构

专用校车乘客区侧窗的结构应为高度方向上至少下部 1/2 封闭。所有车窗玻璃的可见光透射比均

应不小于50%，且不得张贴有不透明和带任何镜面反光材料的色纸或隔热纸。

5.10.4.1.3　出口的技术要求

5.10.4.1.3.1　车辆后围上的应急门应铰接于侧面并向外开启。

5.10.4.1.3.2　乘客门和应急门上应装玻璃窗，玻璃窗应采用安全玻璃。

5.10.4.1.3.3　乘客门和应急门的高度小于1 700 mm时，门洞顶部内侧整个宽度范围内应安装宽度不小于75 mm、厚度不小于20 mm、邵氏硬度不大于50的防撞垫。

5.10.4.1.3.4　应急出口的锁止装置应能从车内和车外手动解锁开启，解锁力和开启力应不超过178 N。

5.10.4.1.3.5　出口的其他技术要求，对轻型专用校车应符合GB 18986的相关规定，对大中型专用校车应符合GB 13094的相关规定。

5.10.4.2　踏步

5.10.4.2.1　乘客门踏步

在车辆整备质量状态下，从地面至乘客门的第一级踏步高度 $D$(图1)应不大于350 mm，允许使用伸缩踏步达到要求，其他各级踏步的高度 $E$ 应不大于250 mm。一级踏步深度 $F$，对轻型专用校车应不小于230 mm，对大中型专用校车应不小于300 mm。踏步的其他要求应符合GB 13094的规定。

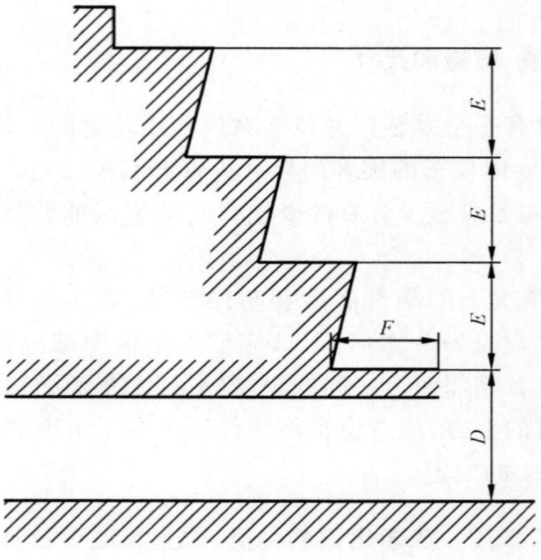


图1　乘客门踏步尺寸

5.10.4.2.2　伸缩踏步的技术要求

轻型专用校车的伸缩踏步的技术要求应符合GB 18986的规定；大中型专用校车的伸缩踏步的技术要求应符合GB 13094的规定。

5.10.4.3　引道

5.10.4.3.1　乘客门引道

5.10.4.3.1.1　从乘客门向车内的延伸空间应允许厚度20 mm的垂直平板1(见图2)自由通过。垂直平板1在起始位置时，靠近车辆内侧的板面应切于车门开口的最外边缘，移动时板面应保持与乘客的出入方向垂直,移动方向与乘客的出入方向一致。

单位为毫米

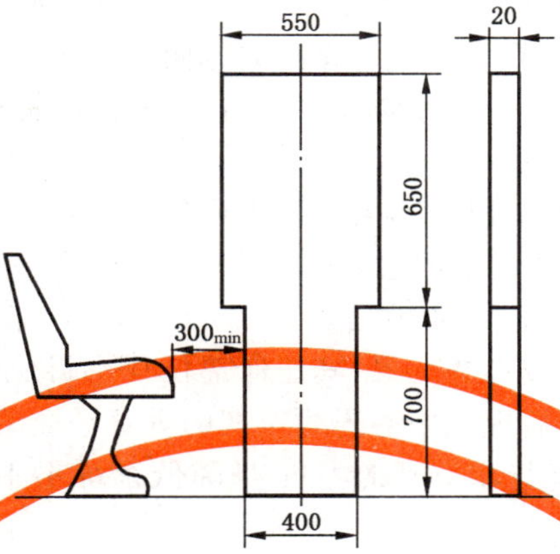


图 2　乘客门引道和垂直平板 1 图示

5.10.4.3.1.2　当垂直平板 1 的中心线从起始位置移过 300 mm 时,将平板底部接触踏步表面并保持在此位置。

5.10.4.3.1.3　用来检查通道空间的圆柱体(见图 5 和表 3)从通道开始沿乘客离开车辆的运动方向移动,直到其中心线达到最上一级踏步外边缘所在的垂直平面或上圆柱接触垂直平板 1 并保持在此位置(见图 3)。

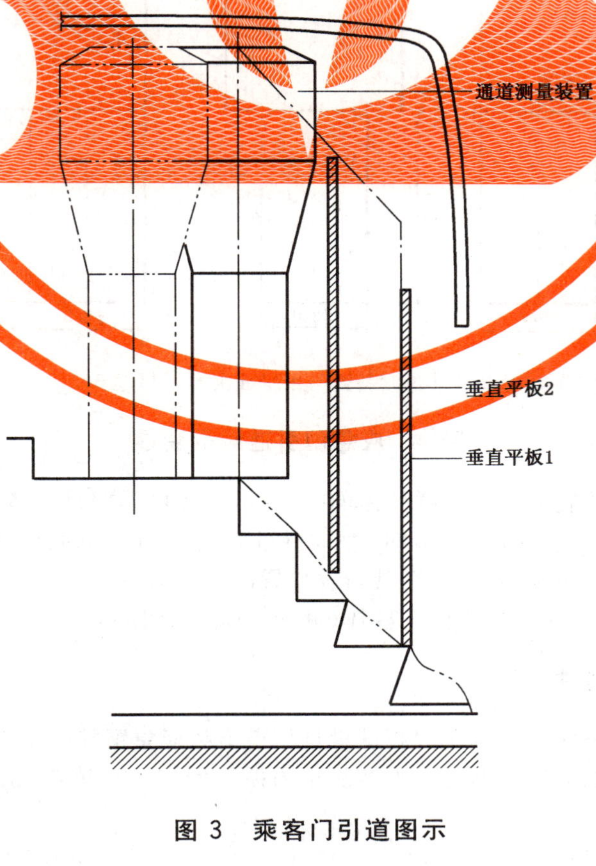


图 3　乘客门引道图示

5.10.4.3.1.4 在上述位置的圆柱体同 5.10.4.3.1.2 所述位置的垂直平板 1 之间应允许垂直平板 2 自由通过(见图 3)。垂直平板 2 的形状和尺寸与 5.10.4.4.1 所述的圆柱体的中心截面相同,其厚度不大于 20 mm。垂直平板 2 从与圆柱体相切的位置移动到其外侧板面与垂直平板 1 接触,其底部触及由踏步外边缘形成的平面,移动方向与乘客出入乘客门的方向一致。

5.10.4.3.1.5 上述测量装置自由通过的净空间,不应包括前向座椅未压缩座垫前 300 mm 的范围内,高度从地板至座垫最高点的空间。

5.10.4.3.1.6 对照管人员专用的折叠座椅,若符合下列要求,则允许在其折叠位置测量:

a) 在车上清楚地标示,此座椅仅供照管人员使用;
b) 座椅不使用时应能自动折叠,以便满足 5.10.4.3.1.1～5.10.4.3.1.5 的要求;
c) 无论该座椅处于使用位置或折叠位置,其任何部位均不得位于驾驶员座椅(处于最后位置时)座垫上表面中心与车外右后视镜中心连线所在的垂直平面的前方。

5.10.4.3.1.7 当车辆处于整车运行状态质量且车身降低系统不工作时,引道处地板的坡度不应超过 5%。

5.10.4.3.2 应急门引道

5.10.4.3.2.1 在通道和应急门之间的自由空间应允许叠加圆柱(见图 4)自由通过。

单位为毫米

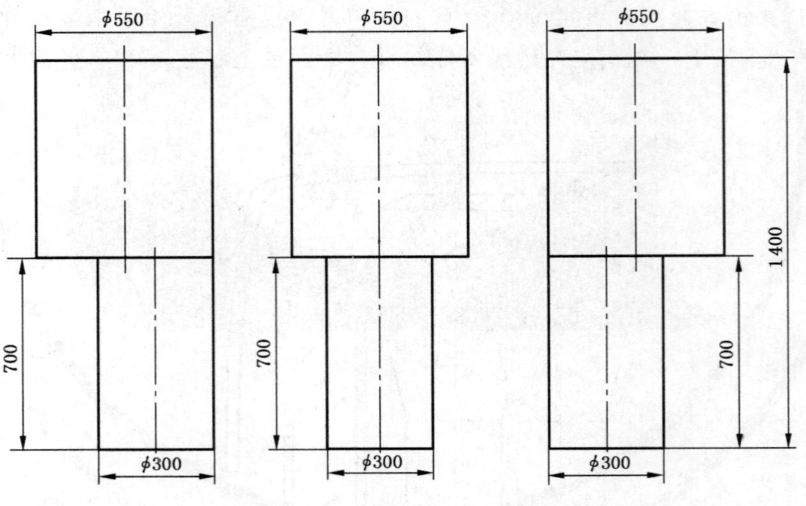


注:上圆柱直径可在顶部减为 400 mm,其过渡斜面与水平面夹角不超过 30°。

图 4 应急门引道测量装置

5.10.4.3.2.2 下圆柱体的底部应在上圆柱体的投影内,二者可以相对位移。

5.10.4.3.2.3 沿引道侧面设有折叠座椅时,叠加圆柱通过的自由空间应在该座椅打开位置时测量。如该座椅在不使用时能自动折叠,则允许在其折叠位置测量。

5.10.4.3.2.4 可用 5.10.4.4.1 规定的圆柱体(见图 5)替代叠加圆柱。

5.10.4.3.3 应急窗的通过性

5.10.4.3.3.1 每个应急窗应能使相应的测试量具从通道经应急窗移到车外。

5.10.4.3.3.2 测试量具的运动方向应与乘客从车内撤出的方向一致,其正面(最大端面)应与运动方向保持垂直。

5.10.4.3.3.3 测试量具是尺寸为 600 mm×400 mm、圆角半径 200 mm 的薄板,但若应急窗在车辆后围,其尺寸可改为 1 400 mm×350 mm、圆角半径 175 mm。

5.10.4.3.4 **撤离舱口的通过性**

大中型专用校车撤离舱口的通过性应符合 GB 13094 的规定。

5.10.4.4 **通道**

5.10.4.4.1 对于轻型专用校车，通道应允许Ⅰ型通道测量装置自由通过；对于长度小于 8 m 的大中型专用校车，通道应允许Ⅱ型通道测量装置自由通过；对于长度大于或等于 8 m 的专用校车，通道应允许Ⅲ型通道测量装置自由通过(通道测量装置见图 5 和表 3)。通道内不应有台阶，通道应防滑，通道内的盖板高出通道表面应不大于 8 mm。

单位为毫米

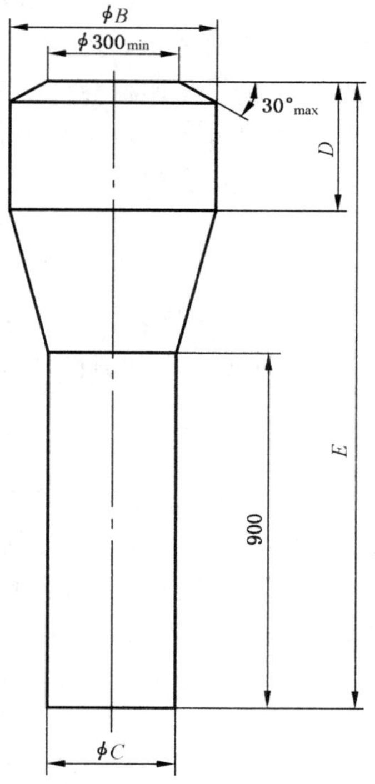


**图 5 通道测量装置**

**表 3 通道测量装置尺寸**

| 项　　目 | Ⅰ型通道测量装置 | Ⅱ型通道测量装置 | Ⅲ型通道测量装置 |
|---|---|---|---|
| 下圆柱直径 $C$/mm | 300 | 300 | 350 |
| 上圆柱直径 $B$/mm | 450 | 450 | 550 |
| 上圆柱高度 $D$/mm | 300 | 300 | 300 |
| 总高 $E$/mm | 1 500 | 1 800 | 1 800 |

5.10.4.4.2 当车辆处于整车运行状态质量且车身降低系统不工作时，通道纵向坡度不应大于 8%，横向坡度(垂直于车辆纵向轴线的平面上)不应大于 5%。

5.10.5 车内布置

5.10.5.1 座椅

5.10.5.1.1 驾驶员座椅

5.10.5.1.1.1 驾驶员座椅应配备3点式安全带。
5.10.5.1.1.2 驾驶员座椅及其车辆固定件的强度应符合GB 15083的规定。
5.10.5.1.1.3 驾驶员座椅的安全带及其固定点应分别符合GB 14166和GB 14167的规定。

5.10.5.1.2 照管人员座椅

5.10.5.1.2.1 专用校车应至少安装一个照管人员座椅。当幼儿专用校车上的幼儿座椅数大于等于20个且小于40个时应安装2个或3个照管人员座椅,大于等于40个时应安装3个或4个照管人员座椅。当小学生专用校车、中小学生专用校车上的学生座椅数大于等于40个时应安装2个或3个照管人员座椅。当只有1个照管人员座椅时,照管人员座椅应位于车辆通道前端并靠近乘客门;当照管人员座椅超过1个时,应至少有1个照管人员座椅靠近应急门。
5.10.5.1.2.2 照管人员座椅应有标识。
5.10.5.1.2.3 照管人员座椅应配备安全带。
5.10.5.1.2.4 前向安装的照管人员座椅及其车辆固定件的强度应符合GB 13057的规定。
5.10.5.1.2.5 照管人员座椅的安全带及其固定点应分别符合GB 14166和GB 14167的规定。

5.10.5.1.3 幼儿及学生座椅

5.10.5.1.3.1 幼儿及学生座椅应前向布置。幼儿及学生座椅不应是折叠座椅,驾驶员座椅R点所处的横向垂直平面以前不得设置幼儿及学生座椅。幼儿及学生座椅在车辆横向上最多采用“2+3”布置。
5.10.5.1.3.2 幼儿及学生座椅及其车辆固定件的强度应符合GB 24406的要求。
5.10.5.1.3.3 每个幼儿及学生座椅应配备满足GB 14166规定的两点式安全带。
5.10.5.1.3.4 单人幼儿及学生座椅的座垫宽度应不小于380 mm。若为长条幼儿及学生座椅,应符合表4的规定。

表4 幼儿及学生座椅的尺寸

| 车型 | 幼儿专用校车 | 小学生专用校车 | 中小学生专用校车 |
|---|---|---|---|
| 每人座垫宽/mm | ≥330 | ≥350 | ≥380 |
| 座垫深/mm | ≥300 | ≥350 | ≥350 |
| 座垫高/mm | 220～300 | 280～380 | 300～450 |
| 靠背厚度/mm | ≥40 | ≥40 | ≥40 |
| 靠背高度 $H$/mm | $600 \leqslant H \leqslant 710$ | $710 \leqslant H \leqslant 860$ | $710 \leqslant H \leqslant 860$ |

5.10.5.1.3.5 每个幼儿及学生座椅应带有靠背,靠背高度和厚度按表4的规定,靠背宽不应小于座垫宽度,座椅靠背在座垫上平面与座垫上方510 mm处的水平面之间的部分在车身横向垂直平面内的投影面积不应小于0.9×510 mm×座垫宽。幼儿及学生座椅应软化。
5.10.5.1.3.6 靠近通道的幼儿及学生座椅应在通道一侧设置平行于椅垫面的座椅扶手,扶手距离座垫上平面150 mm～230 mm,并应软化处理,扶手应有足够的强度,并应使乘坐幼儿及学生易于抓握,

且每个扶手的表面应防滑。幼儿及学生座椅靠背后不应有扶手等硬质物品。

#### 5.10.5.1.4 就坐乘客空间

##### 5.10.5.1.4.1 座间距

座间距为座椅靠背的前面与前排座椅靠背后面之间的距离（$H$），在座垫上表面最高点所处水平面与其上方 200 mm 高度范围内水平测量（见图 6），幼儿专用校车座椅的座间距应不小于 500 mm，小学生专用校车座椅的座间距应不小于 550 mm，中小学生专用校车座椅的座间距应不小于 650 mm，照管人员座椅的座间距应不小于 650 mm。所有数据均在通过（单人）座椅中心线的垂直平面内测量，且座垫和靠背都未被压陷。

单位为毫米

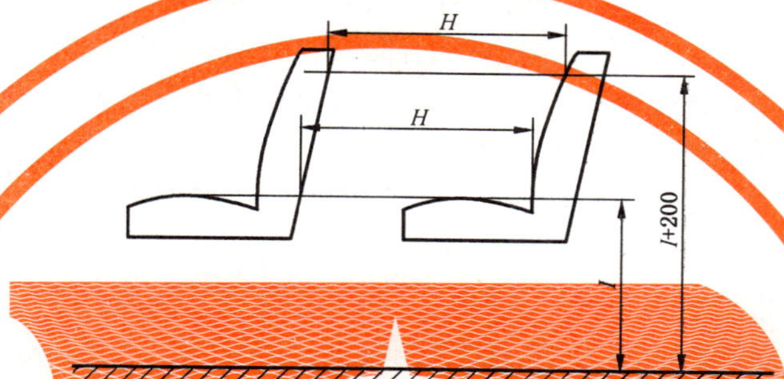


注：$I$ 为座垫上平面最高点距离地板的高度。

图 6 座间距的测量方法示意图

##### 5.10.5.1.4.2 就坐乘客的前方空间

位于隔离物或其他非座椅的刚性结构后面的乘客座椅座垫前沿到前部障碍物的水平距离为 $L$（见图 7），幼儿专用校车就坐乘客的前方空间不小于 220 mm，小学生专用校车就坐乘客的前方空间不小于 250 mm，中小学生专用校车就坐乘客的前方空间不小于 280 mm。

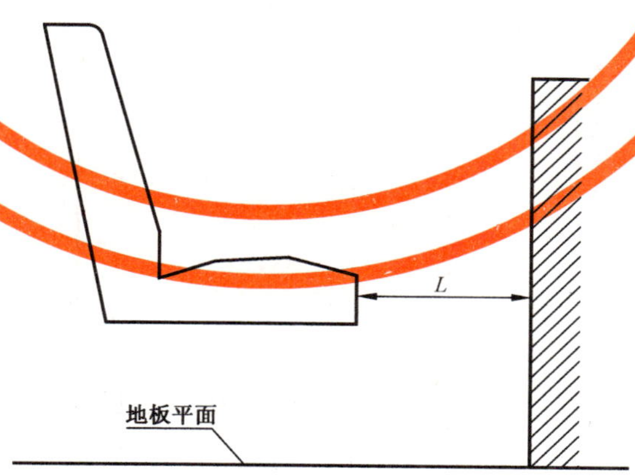


图 7 就坐乘客前方的自由空间

##### 5.10.5.1.4.3 座椅上方的自由空间

每个座位上方的自由空间：

a) 每个座椅均应有一垂直净空间，从未压陷座垫的最高点所处平面向上应不小于 900 mm，从就坐乘客搁脚的地板处向上应不小于 1 350 mm(见图 8),对于轮罩处和后排座椅处,可减小为 1 250 mm。

b) 这个净空间应包括下述的全部水平区域:
   1) 横向区域:幼儿专用校车学生座椅中心垂直平面两侧各 165 mm 处的纵向垂直平面之间;小学生专用校车学生座椅中心垂直平面两侧各 175 mm 处的纵向垂直平面之间;中小学生专用校车学生座椅中心垂直平面两侧各 190 mm 处的纵向垂直平面之间;照管人员座椅中心垂直平面两侧各 200 mm 处的纵向垂直平面之间;
   2) 纵向区域:幼儿专用校车通过座椅靠背上部最后点的横向垂直平面和通过未压缩座垫前端向前 200 mm 的横向垂直平面之间;小学生专用校车通过座椅靠背上部最后点的横向垂直平面和通过未压缩座垫前端向前 200 mm 的横向垂直平面之间;中小学生专用校车通过座椅靠背上部最后点的横向垂直平面和通过未压缩座垫前端向前 280 mm 的横向垂直平面之间;通过照管人员座椅靠背上部最后点的横向垂直平面和通过未压缩座垫前端向前 280 mm 的横向垂直平面之间。测量在座椅中心垂直平面进行。

c) 该净空间可以不包括下列区域:
   1) 靠窗座椅上方邻靠侧围的横截面为一个倒置直角三角形的区域,三角形顶点位于地板上方 650 mm,底边宽 100 mm(见图 8)。
   2) 靠窗座椅上方邻靠侧围的横截面为 150 mm 高、100 mm 宽的矩形区域(见图 9)。
   3) 靠窗座椅的椅脚靠近侧围处,横截面积不超过 $3\times10^4$ mm²、最大宽度不超过 150 mm 的区域(见图 9)。

d) 该净空间应允许另一座椅靠背的侵入。

单位为毫米

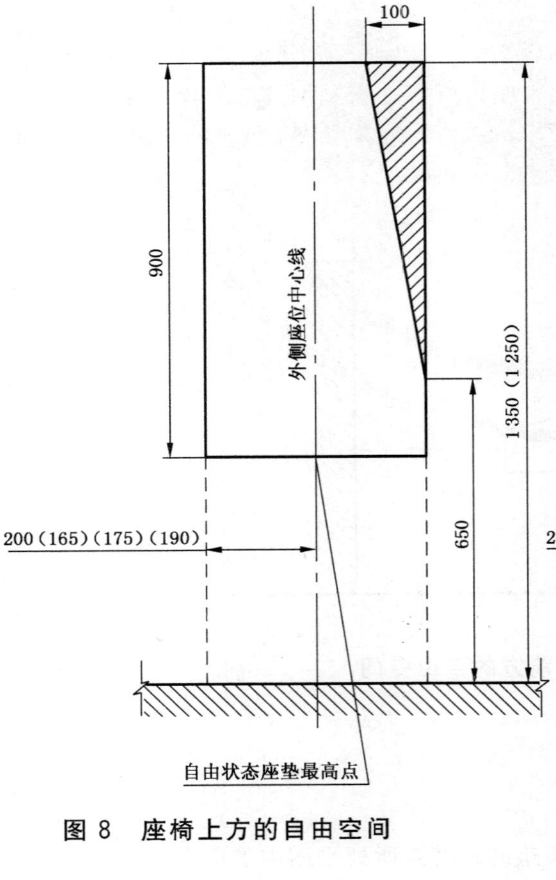


图 8 座椅上方的自由空间

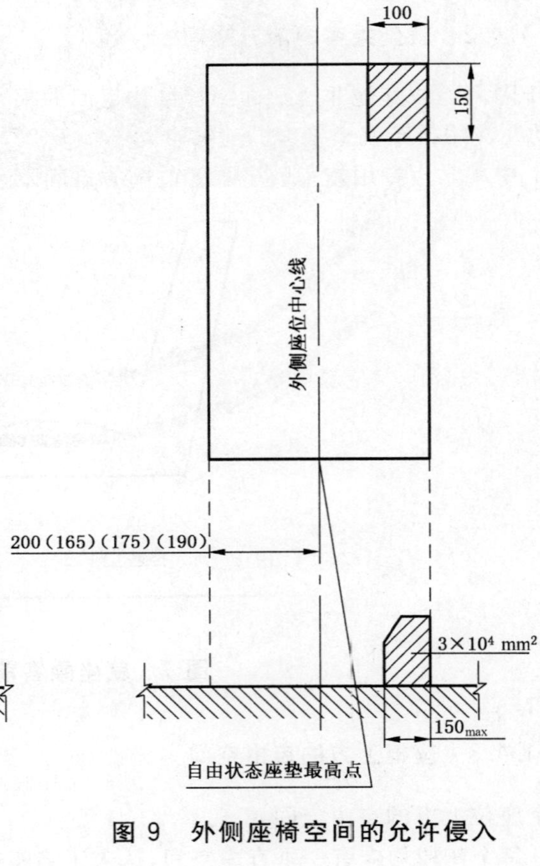


图 9 外侧座椅空间的允许侵入

5.10.5.2 **座椅前方约束隔板**

5.10.5.2.1 从座椅G点沿纵向水平方向向前一定距离(该距离对幼儿专用校车和小学生专用校车座椅为710 mm,对中小学生专用校车座椅为800 mm,对照管人员座椅为850 mm)内没有另一座椅的后表面时,应在该座椅前安装约束隔板,约束隔板应使用外敷厚度不小于20 mm且邵氏硬度不大于50的软化材料。

5.10.5.2.2 约束隔板上缘距地板高度应不小于其后座椅高度,幼儿专用校车约束隔板下缘应紧贴地板,小学生专用校车和中小学生专用校车约束隔板下缘距离地板高度应不大于200 mm并避免卡住脚部,宽度应不小于前排此类座椅靠背对应的宽度。

5.10.5.2.3 按GB 24406规定的试验方法进行试验后,约束隔板应满足:

a) 隔板的变形不应影响车门正常开关;

b) 隔板的任何安装固定点不得脱开;

c) 隔板的任何部件不得分离。

5.10.5.3 **乘客门扶手**

专用校车乘客门处应安装高、低扶手,扶手上不应存在可能致伤的凸起、毛刺。

大中型专用校车高扶手应符合GB 13094的规定,轻型专用校车高扶手应符合GB 18986的规定。

低扶手应符合图10的规定,要求:

a) 在垂直方向:位于地面或每一级踏步(不包括伸缩踏步)上方600 mm~800 mm之间;

b) 在水平方向:

1) 对地面上的乘客:由第一级踏步板(不包括伸缩踏步)向里不超过250 mm;

2) 对任一级踏步板(不包括伸缩踏步)上的乘客:由踏步板外缘向里不超过450 mm。

单位为毫米

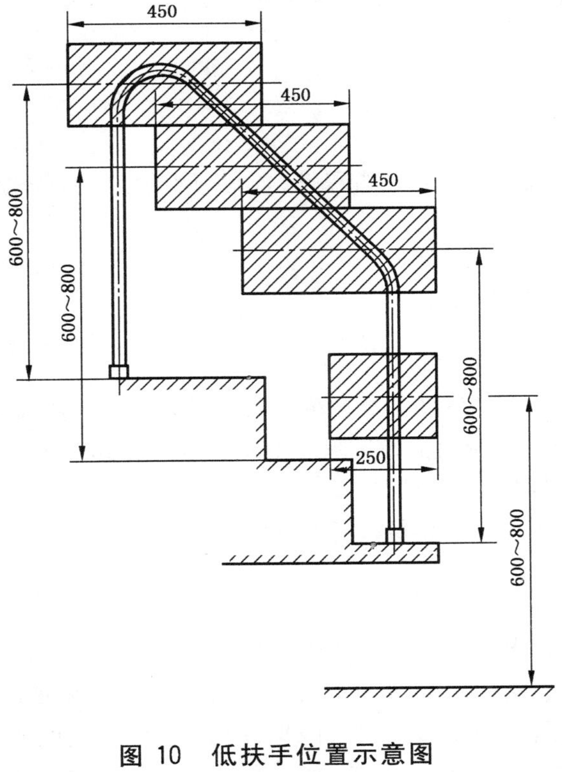


**图10 低扶手位置示意图**

5.10.5.4 地板上的活动盖板

车辆地板上如果设置活动盖板(如用于检修的口盖),但不是作为撤离舱口的地板出口,应安装紧固,需借助工具或钥匙方能移动或开启,提升或关闭装置凸出于地板平面以上不应超过 8 mm(若处于乘客不使用的位置,可不满足此项要求),突出的边缘应圆角过渡。

5.10.5.5 急救箱

专用校车内应设计至少一个急救箱的安装位置和安装支架。急救箱外形尺寸应不小于 240 mm×200 mm×200 mm,其安装位置处应清晰标示"急救箱"或国际通用符号,安装支架应保证医药箱安装牢靠,且便于取用。安装支架上不应存在可能使人致伤的尖角、锐边、毛刺。

5.10.5.6 车内照明

5.10.5.6.1 车内照明应覆盖如下区域:
——全部乘客区、车组人员区;
——所有踏步;
——所有出口的引道和靠近乘客门的区域;
——所有出口的内部标志和内部控制件;
——所有存在障碍物之处。

5.10.5.6.2 至少应有两条内部照明线路,当一条线路出故障时不应影响另一条线路的照明。用于进出口处常规照明的线路可作为其中之一。

5.10.5.6.3 应采取防护措施,避免驾驶员受车内照明和反射光的影响。

5.10.5.7 内装饰件

内装饰件应牢固固定在车辆上,并不应存在可能使人致伤的尖角、锐边、毛刺。

5.11 信号系统

5.11.1 停车指示牌

专用校车应按附录 B 的规定安装停车指示牌,当上、下学生时,停车指示牌应伸出以提醒后方车辆停车等候。

5.11.2 专用校车标志灯

5.11.2.1 安装位置和数量

专用校车应在车外顶部前后各安装 2 个黄色专用校车标志灯,前标志灯与车顶前部最边缘的距离应不大于 400 mm;后标志灯与车顶后部最边缘的距离应不大于 400 mm。左右两个标志灯应尽量靠近车身左右侧外缘,并与车辆纵向中心线对称。

专用校车标志灯安装后不应高出车顶蒙皮上表面 200 mm。

5.11.2.2 技术要求

5.11.2.2.1 灯具应有一个圆形透明灯罩且绕其垂直轴线 360°发光。

5.11.2.2.2 发光强度应符合 GB 13954—2009 的 5.7 中规定的二级发光强度要求。

5.11.2.2.3 外观、光源、电气性能、色度特性、闪烁特性、电源适应性、防水性能、防尘性能、耐高温性能、耐低温性能、耐盐雾腐蚀性能、耐碰撞性能、耐振动性能、机械强度、表面硬度、耐人工加速老化性能应符合 GB 13954—2009 的要求。

#### 5.11.2.3 电路控制

专用校车标志灯由驾驶员通过手动或脚动进行控制，当处于开启状态时应通过声觉或视觉对驾驶员进行报警，以提示标志灯处于工作状态。

### 5.11.3 倒车信号

专用校车应有倒车语音提示系统。

## 5.12 火灾预防和火灾控制措施

### 5.12.1 燃油箱及燃油供给系统

燃油箱及燃油供给系统应符合 GB 13094 的规定。

### 5.12.2 电器系统

#### 5.12.2.1 电器及导线

电器设备及导线应能耐受其环境温度和湿度，尤其能耐受发动机舱内的温度和各种污染物可能带来的损害。导线应满足负荷要求、绝缘良好并具有阻燃性能，发动机舱内和其他热源附近的线束应采用耐温不低于 125 ℃ 的阻燃导线，其他部位应采用耐温不低于 105 ℃ 的阻燃导线，波纹管应达到 GB/T 2408—2008 中表 1 规定的 V-0 级，所有电器导线均应捆扎成束、布置整齐、固定卡紧、接头牢固并在接头处有绝缘套，在导线穿越孔洞时应装设阻燃耐磨绝缘套管，电器元件应连接可靠，乘员舱外部的接插件应有防水要求。导线应妥善防护，安全地固定在不会被划伤、磨损、腐蚀的位置，除非提供专门的绝缘和保护(例如对控制排气阀的电磁线圈)，否则不应与油管、排气系统接触或承受过高温度。蓄电池安装应符合 GB 13094 的规定。

#### 5.12.2.2 电路保护

除起动机、点火线圈(强制点火)、电热塞、发动机停机装置、充电线路和蓄电池地线外，每个电气设备的供电线路都应有熔断器或断路器。但对于低耗电设备的供电线路，如额定电流总和不超过 16 A，可设置公共熔断器或公共断路器来保护。

#### 5.12.2.3 电源总开关

专用校车应设置电源总开关，但如在蓄电池端对所有供电线路均设置了保险装置，或车辆用电设备由电子控制单元直接驱动且具有负载监控功能、电子控制单元供电线路和个别直接供电的线路均设置有保险装置时，可不设电磁式电源总开关。车长不小于 6 m 的专用校车，还应设置能切断蓄电池和所有电路连接的手动机械断电开关。

#### 5.12.2.4 应急开关

为降低火灾发生后造成的损失，应在驾驶员座椅附近安装有安全应急开关，可使驾驶员在其座椅上进行操作，并应采用保护盖或其他方式避免误操作，将操作方法清晰标示在应急开关处，例如“移开罩盖，打开开关！仅当车辆停稳后操作！”。

启动应急开关后，应能同时实现以下功能：

——发动机迅速停止工作；

——加热器的冷却风扇能够延时关闭；

——乘客门开启和关闭的控制系统能够正常工作；

——起动车内应急照明(部分厢灯和乘客门踏步灯)；

——接通车辆危险警告信号；

——切断电磁式电源总开关，如果没有电磁式电源总开关，在满足 5.12.2.4 上述要求的功能外所有电路都应该切断；

——以上功能的实现不仅可以通过应急开关实现，而且还可以通过独立的操作来完成，但在紧急状态下这些操作不能影响应急开关功能的实现。

### 5.12.3 电涡流缓速器

若安装电涡流缓速器，则电涡流缓速器与车辆其他部分之间应安装隔热材料，使用的隔热材料、用于联接隔热材料的固定夹、垫圈等的燃烧特性应达到 GB 8410—2006 中 4.6 规定的 A 级要求；安装部位应设置温度报警系统或自动灭火装置。

### 5.12.4 排气系统

在排气系统周围 100 mm 内不应有可燃材料，除非将其有效屏蔽。排气系统不应布置在燃油系统下方，且排气系统和燃油系统之间应适当屏蔽。排气尾管不应从加油口下面伸出。

### 5.12.5 发动机舱

#### 5.12.5.1 发动机舱油路

应合理布置发动机舱并采取设置泄油孔等预防措施，尽可能避免燃料、润滑油或其他易燃物积聚在发动机舱内。

#### 5.12.5.2 发动机舱隔热材料

发动机舱应安装隔热材料，并不应使用易浸吸燃料、润滑油或其他易燃而又无防渗透覆盖层的材料；使用的隔热材料、用于联接隔热材料的固定夹、垫圈等的燃烧特性应达到 GB 8410—2006 中 4.6 规定的 A 级要求。

#### 5.12.5.3 发动机舱灭火装备

发动机舱应安装自动灭火装置，其灭火剂喷射范围应包括发动机舱至少两处具有着火隐患的热源(如增压器、排气管等)，启动工作时应能通过视觉或声觉信号向驾驶员报警。

### 5.12.6 乘员舱内饰材料及灭火器

#### 5.12.6.1 内饰材料

5.12.6.1.1 按 GB 8410—2006 规定的方法进行试验时，材料的最大水平燃烧速度应不大于 70 mm/min。

5.12.6.1.2 内饰材料的氧指数 OI≥22%，对于不同材料的试验方法按以下执行：

a) 针对纺织品及塑料、橡胶类涂附织物，试样应从距离布边 1/10 幅宽的部位剪取，每个试样的尺寸为 150 mm×58 mm。对因尺寸太小无法按照规定尺寸制样的产品不做此条要求。试验方法按 GB/T 5454 的规定执行。

b) 其他塑料材料，试样应按照表 5 规定取样。对因尺寸太小无法按照规定尺寸制样的产品不做此要求。试验方法按 GB/T 2406.2 的规定执行。

表 5　其他塑料材料取样要求

<table>
<tr><th rowspan="2">类型</th><th rowspan="2">型式</th><th colspan="2">长/mm</th><th colspan="2">宽/mm</th></tr>
<tr><th>基本尺寸</th><th>极限偏差</th><th>基本尺寸</th><th>极限偏差</th></tr>
<tr><td rowspan="4">自撑材料</td><td>Ⅰ</td><td rowspan="3">80～150</td><td rowspan="4">—</td><td rowspan="3">10</td><td rowspan="5">±0.5</td></tr>
<tr><td>Ⅱ</td></tr>
<tr><td>Ⅲ</td></tr>
<tr><td>Ⅳ</td><td>70～150</td><td>6.5</td></tr>
<tr><td>非自撑材料</td><td>Ⅴ</td><td>140</td><td>−5</td><td>52</td></tr>
</table>

5.12.6.1.3　塑料类内饰材料烟密度等级(SDR)≤75,试验方法按 GB/T 8627—2007 的规定执行。

5.12.6.2　**灭火器**

乘员舱内应配备灭火器,应保证至少一个照管人员座椅附近和驾驶员座椅附近各有 1 只至少 2 kg 重的 ABC 型干粉灭火器,其要求应符合 GB 4351.1 的规定。灭火器的安装位置应清晰或清楚标识,在紧急情况易于取用。灭火器的压力表应在不移动灭火器的条件下能观察到压力情况。

## 5.13　驾驶员视野

### 5.13.1　车外视野装置

按 GB 15084 的规定确定驾驶员视野的眼点位置。驾驶员视野应满足附录 C 的要求。不应设置影响驾驶员车外视野的装置;乘客门关闭后,驾驶员应能观察到乘客门车外附近的情况。

### 5.13.2　辅助倒车装置

专用校车应安装后视系统,以保证驾驶员在正常驾驶状态下能看清后风窗玻璃后缘正下方地面上长 3.6 m、宽 2.5 m 范围内的情况。

### 5.13.3　车内视野装置

驾驶员在正常驾驶状态下,应能通过内视镜观察到所有乘客区。内视镜边缘无尖角、锐边。

### 5.13.4　前风窗除霜雾装置

专用校车应安装前风窗除霜雾装置。

## 5.14　车内空气质量

如果不能自然通风,则应安装强制通风装置。车内空气中的成分应符合 GB/T 17729 的规定,测试方法按 GB/T 28370 的规定。允许采用具有杀菌、消除有害气体功能的空气净化装置达到空气质量的要求。

## 5.15　行车信息记录及处理系统

专用校车应安装具有卫星定位功能并符合 GB/T 19056 规定的行驶记录仪;行驶记录仪的显示部分应易于观察,数据接口应便于移动存储介质的插拔。

专用校车应安装车内和车外录像监控系统。车内监控系统应能监控到驾驶员行为和车内通道的状况;车外监控系统应能监控到车辆前方和乘客门外的状况。

### 5.16 专用校车后围板上的停车提醒标示

专用校车应在车后围板外表面、后方车辆接近时可以看到的区域,清晰标示“请停车等候”及“当停车指示牌伸出时”红色字样。

“当停车指示牌伸出时”字样应在“请停车等候”字样的下方;“请停车等候”字样高度至少应为200 mm。“当停车指示牌伸出时”字样高度至少为130 mm,见图11。

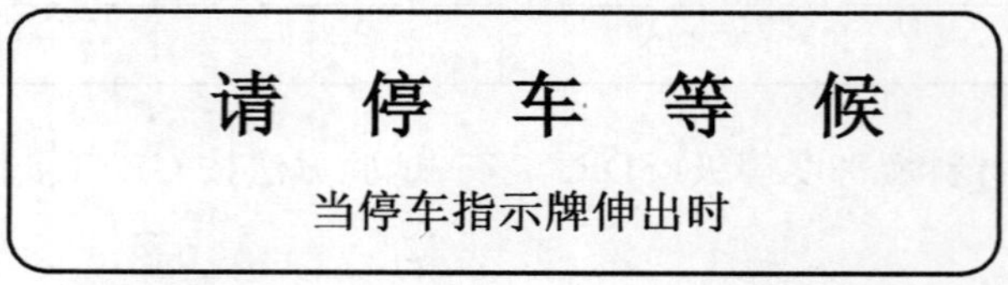


**图11 后围板上的停车提醒标示示意图**

## 6 标准实施的过渡期要求

已获得许可或通过认证的产品自本标准实施之日起第13个月开始执行。

# 附 录 A
## （规范性附录）
## 顶部结构强度试验方法

### A.1 试验条件

#### A.1.1 环境温度

环境温度介于 0 ℃～40 ℃之间。

#### A.1.2 车辆条件

车窗、车门和应急出口处于完全关闭，且为拴上而不是锁住的状态。

### A.2 试验装备

试验设备应能以不超过 13 mm/s 的加载速度自动完成加载及载荷保持。

### A.3 试验过程

**A.3.1** 试验样品为整车，或按实车结构焊装在底架上并包含有车门和地板的车身骨架（骨架结构的车辆可不装内外蒙皮、附件等）。

**A.3.2** 试验载荷通过一个长度和宽度不小于试验车身长度和宽度的刚性平板均匀、垂直地施加在试验样品顶部结构上。

**A.3.3** 将施力板置于车顶，使其刚性面与垂直纵平面垂直，且与车顶的接触点不少于两处，且若从车顶向下投影观察，其纵向中心线应与车辆纵向中心线重合，施力板投影应覆盖所有乘员区。

**A.3.4** 试验样品安装：试验样品为整车时，应通过多处刚性支撑车辆底（车）架下平面的方式消除悬架和轮胎的变形，试验车辆的安装应保证底（车）架固定牢固；试验样品为骨架车身时，样品的安装应保证底（车）架固定牢固。

**A.3.5** 试验时，以不超过 13 mm/s 的加载速度沿垂直向下方向进行加载，直至达到整备质量 1.5 倍的试验载荷，并保持不少于 5 s 直至变形稳定为止。

**A.3.6** 检查试验期间车身结构变形状态，车门状态，车身与底架联接状态等。

# 附　录　B
## （规范性附录）
## 停车指示牌

### B.1　安装要求

在车辆左侧应装有一个停车指示牌。停车指示牌伸出时应在如下位置：

a）　垂直于车辆侧边，其安装允差为±5°。

b）　停车指示牌上边缘平行于与驾驶员后面乘员窗下边缘相切的水平面并位于其下方，且相距不超过 150 mm。停车指示牌的纵向安装位置，应在驾驶员能观察到的区域内。

c）　停车指示牌伸出时，其外边缘距离车辆与停车指示牌安装接触处不大于 610 mm。

d）　停车指示牌收起时，其外边缘距离车辆与停车指示牌安装接触处不大于 160 mm，且应该往车辆的后方收起。

### B.2　停车指示牌技术要求

**B.2.1**　停车指示牌的颜色、形状、字符、图形按 GB 5768.2—2009 的图 71 执行，外接圆直径为 500 mm 或 450 mm，白边宽度为 20 mm，表面不应有可能导致伤害的尖锐凸起或拐角。

**B.2.2**　停车指示牌的两面应一致，其使用的逆反射材料符合 GB/T 18833 规定的二级或一级反光膜的要求。

**B.2.3**　在停车指示牌的外边缘沿旋转轨迹相切处施加 50 N 的力时，停车指示牌应该沿施加力的方向旋转，当旋转到与车辆平行时，停车指示牌应停止旋转；外力消除后应该能够通过电动或手动操作使停车指示牌回到正常位置。

**B.2.4**　如果停车指示牌出现损坏或控制系统失效，则可以通过手动使其回到收起位置。

**B.2.5**　停车指示牌伸出或收起时间应不超过 10 s。

### B.3　控制要求

**B.3.1**　停车指示牌的伸出和收起由驾驶员通过手动或脚动进行控制，操作机构应在驾驶员坐在驾驶员座椅上可触及的位置。当停车指示牌伸出时，应能通过视觉或声觉信号向驾驶员报警。

**B.3.2**　若车辆起步时停车指示牌未收起，当车速超过 5 km/h 时，停车指示牌应能自动收起。

# 附　录　C
（规范性附录）
驾驶员视野的试验方法

## C.1　试验条件

C.1.1　专用校车应保证驾驶员能看清图C.1所示圆柱体的整个顶面。
C.1.2　圆柱体A～O的高度和直径均为0.3 m；圆柱体P的直径为0.3 m，高度为0.91 m。
C.1.3　圆柱体的颜色应与车辆所停靠路面形成强烈的对比。

## C.2　试验步骤

将圆柱体放置在C.2.1～C.2.7规定的位置上，如图C.1所示。图C.1中所示距离为一个圆柱体到另一个圆柱体的俯视图的中心距离。

C.2.1　放置圆柱体G、H和I，使它们与一个横向垂直平面相切，该横向垂直平面是与车辆前保险杠最前方表面相切的平面。放置圆柱体D、E和F，使它们的中心位于一个横向垂直平面内，该横向垂直平面在穿过圆柱体G、H和I中心的横向垂直平面前方1.8 m处。放置圆柱体A、B和C，使它们的中心位于一个横向垂直平面内，该横向垂直平面在穿过圆柱体G、H和I中心的横向垂直平面前方3.6 m处。

C.2.2　放置圆柱体B、E和H，使它们的中心位于一个纵向垂直平面上，该纵向垂直平面穿过车辆纵向中心线。

C.2.3　放置圆柱体A、D和G，使它们的中心位于一个纵向垂直平面上，该纵向垂直平面与汽车前保险杠左侧最外侧边缘相切。

C.2.4　放置圆柱体C、F和I，使它们的中心位于一个纵向垂直平面上，该纵向垂直平面与汽车前保险杠右侧最外侧边缘相切。

C.2.5　放置圆柱体J，使它的中心在一个纵向垂直平面上，该纵向垂直平面在穿过圆柱体A、D和G的纵向垂直平面的左方0.3 m处，且J的中心在穿过车辆前轮轴中心线的横向垂直平面上。

C.2.6　放置圆柱体K，使它的中心在一个纵向垂直平面上，该纵向垂直平面在穿过圆柱体C、F和I的纵向垂直平面的右方0.3 m处，且K的中心在穿过车辆前轮轴中心线的横向垂直平面上。

C.2.7　放置圆柱体L、M、N、O和P，使它们的中心位于通过车辆后轴中心线的横向垂直平面上。放置圆柱体L，使它的中心在距离相切于车辆左边最外侧表面（包括后视镜系统）的纵向垂直平面1.8 m的纵向垂直平面上。放置圆柱体M，使它的中心在距离相切于车辆左边最外侧表面的纵向垂直平面0.3 m的纵向垂直平面上。放置圆柱体N，使它的中心在距离相切于车辆右边最外侧表面的纵向垂直平面0.3 m的纵向垂直平面上。放置圆柱体O，使它的中心在距离相切于车辆右边最外侧表面的纵向垂直平面1.8 m的纵向垂直平面上。放置圆柱体P，使它的中心在距离相切于车辆右边最外侧表面的纵向垂直平面3.6 m的纵向垂直平面上。

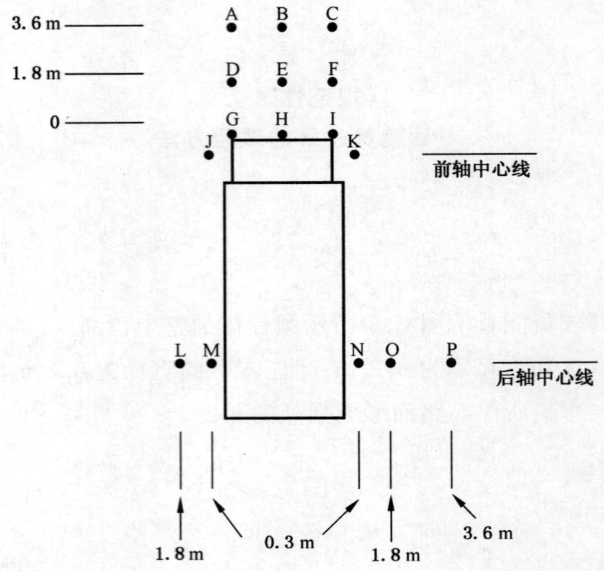


说明：

●——试验圆柱。

**图 C.1 视野检验中检验圆柱体的位置**

ICS 43.020
R 80

# 中华人民共和国国家标准

GB/T 26765—2011

# 机动车安全技术检验业务信息系统及联网规范

Specifications for power-driven vehicle safety inspection business information system and networking

2011-07-20 发布　　　　2012-02-01 实施

中华人民共和国国家质量监督检验检疫总局
中国国家标准化管理委员会　发布

# 前　言

本标准按照 GB/T 1.1—2009 给出的规则起草。

本标准由中华人民共和国国家质量监督检验检疫总局提出。

本标准由中华人民共和国国家质量监督检验检疫总局产品质量监督司归口。

本标准负责起草单位：公安部交通管理科学研究所。

本标准参加起草单位：深圳市安车检测技术有限公司、成都成保股份有限公司、石家庄华燕交通科技有限公司、深圳市公安局交通警察支队车辆管理所。

本标准主要起草人：孙正良、张捷、吴晓东、包勇强、黄金、是建荣、罗伟国、潘康、贺宪宁、高建国、郝庆温、沈继春。

# 机动车安全技术检验业务信息系统及联网规范

## 1 范围

本标准规定了机动车安全技术检验业务信息系统的检验业务办理、检验过程控制、检验过程监控、系统管理等模块功能要求和联网技术要求。

本标准适用于机动车安全技术检验机构的机动车安全技术检验业务信息系统的开发、建设和应用。

## 2 规范性引用文件

下列文件对于本文件的应用是必不可少的。凡是注日期的引用文件,仅注日期的版本适用于本文件。凡是不注日期的引用文件,其最新版本(包括所有的修改单)适用于本文件。

GB 7258 机动车运行安全技术条件

GB 14050 系统接地的型式及安全技术要求

GB/T 20271 信息安全技术 信息系统通用安全技术要求

GB 21861 机动车安全技术检验项目和方法

GA 24.2 机动车登记信息代码 第2部分:定期检验情况代码

GA 24.7 机动车登记信息代码 第7部分:号牌种类代码

GA 24.8 机动车登记信息代码 第8部分:车身颜色基本色调代码

GA 24.9 机动车登记信息代码 第9部分:燃料(能源)种类代码

GA 36 中华人民共和国机动车号牌

GA/T 134 机动车安全检测站条件

GA 329.2 全国道路交通管理信息数据库规范 第2部分:机动车登记信息数据结构

GA 380 全国公安机关机构代码编制规则

GA 408.1 道路交通违法管理信息代码 第1部分:交通违法行为分类与代码

GA/T 708 信息安全技术 信息系统安全等级保护体系框架

GA 801 机动车查验工作规程

GA 811 机动车检验合格标志

ISO/IEC 15444.1 信息技术 JPEG 2000图像编码系统:核心编码系统(Information technology—JPEG 2000 image coding system:Core coding system)

IEEE 802.3 信息技术标准 系统间通信和信息交换 局域和城域网 专门要求 第3部分:带碰撞探测的载波侦听多通路访问(CSMA/CD)访问方法和物理层规范(Standard for Information Technology—Telecommunications and Information Exchange Between Systems—Local and Metropolitan Area Networks—Specific Requirements—Part 3:Carrier Sense Multiple Access with Collision Detection (CSMA/CD) Access Method and Physical Layer Specifications)

IEEE 802.11 信息技术标准 系统间的远程通讯和信息交换 局域网和城域网 特殊要求 第11部分:无线局域网媒体访问控制(MAC)和物理层(PHY)规范(Standard for Information Technology—Telecommunications and Information Exchange Between Systems—Local and Metropolitan Area Networks—Specific Requirements—Part 11:Wireless LAN Medium Access Control (MAC) and Physical Layer (PHY) Specifications)

## 3 术语和定义

下列术语和定义适用于本文件。

3.1

**工位 station**

检验通道上的一段可以容纳一辆受检机动车进行一个或多个项目检验的区域。

3.2

**工位控制计算机 station computer**

控制一个或多个工位的检验设备进行检验的计算机。

3.3

**总控计算机 center computer**

与工位控制计算机连接，对机动车安全技术检验业务过程进行总体控制的计算机。

3.4

**检验业务信息系统 inspection business information system**

对机动车安全技术检验业务全过程进行管理的信息系统，由检验业务办理、检验过程控制、检验过程监控和系统管理等四个模块组成。

3.4.1

**检验业务办理模块 inspection business transact module**

具有检验业务信息登录、联网查询、检验结果处理、机动车外观远程查验信息采集和数据交换等功能的模块。

3.4.2

**检验过程控制模块 inspection process control module**

具有控制检验设备进行项目检验、检验设备校准、检验结果数据存储等功能的模块。

3.4.3

**检验过程监控模块 inspection process monitoring module**

具有机动车安全技术检验过程视频监控和图片监控等功能的模块。

3.4.4

**系统管理模块 system manager module**

具有检验业务信息系统用户管理、参数管理、日志记录、内部查询和统计分析等功能的模块。

3.5

**一般故障 general failure**

需要重新启动检验业务信息系统部分软/硬件并在 30 min 内能恢复正常工作的故障。

3.6

**重大故障 major failure**

任何导致机动车安全技术检验工作停顿 30 min 以上的软/硬件故障。

## 4 检验业务信息系统架构

检验业务信息系统总体架构见图 1。检验业务信息系统通过规定的接口，与行政管理部门信息系统实现机动车注册登记、机动车交通违法、机动车检验结果、机动车安全技术检验图片、机动车安全技术检验机构信息、机动车交通事故责任强制保险等信息的交换。其中，检验过程监控模块用于传输机动车安全技术检验过程监控视频信息到行政管理部门信息系统;检验过程控制模块用于控制检验设备完成项目检验,获取并存储检验结果数据。

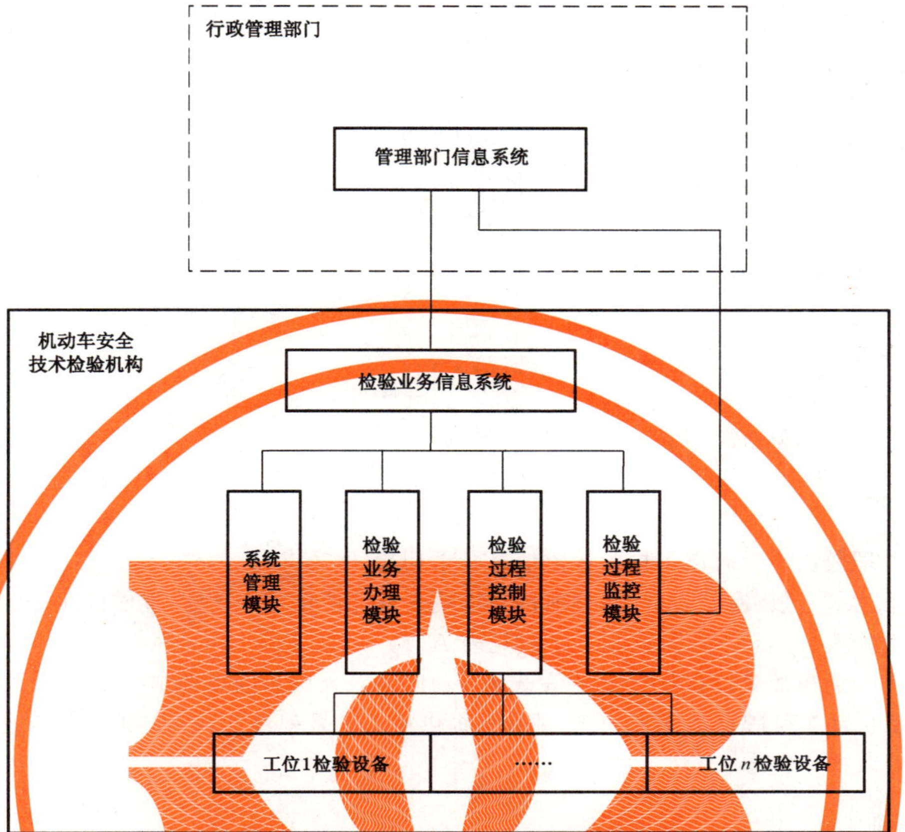


图1　系统总体架构图

## 5　检验业务信息系统运行基本要求

### 5.1　网络

采用基于IEEE 802.3标准的快速以太网或基于IEEE 802.11标准的无线通信网络。

### 5.2　操作系统

采用Windows、Unix操作系统或专用系统。

### 5.3　数据库管理系统软件

数据库管理系统软件应满足以下要求:

a)　应支持SQL和ODBC两种工业标准;

b)　应具有C2级安全性。

### 5.4　其他

检验业务信息系统运行还应满足以下要求:

a)　检验业务信息系统采集的所有数据应存储到机动车安全技术检验机构,数据保存时间不得小于 2 年；

b) 检验业务信息系统每年发生的一般故障不得多于 12 次；

c) 检验业务信息系统每年发生的重大故障不得多于 4 次。

## 6 检验业务信息系统功能要求

### 6.1 检验业务办理模块

#### 6.1.1 功能

检验业务办理模块应包括以下功能：

a) 信息登录；

b) 联网查询；

c) 检验结果处理；

d) 机动车外观远程查验信息采集。

#### 6.1.2 信息登录

检验业务办理模块应具有以下检验业务信息登录功能：

a) 机动车技术参数、检验类别、检验项目和检验人员等信息录入功能，能够随机分配引车员、外检员等检验人员。录入信息的数据格式见表 A.1。

b) 机动车交通事故责任强制保险单信息录入功能。录入信息的数据结构见表 B.3。

c) 宜具备机动车号牌自动识别功能。同时，提供机动车号牌自动识别结果人工修改功能，并记录人工修改操作日志。

#### 6.1.3 联网查询

检验业务办理模块应具有以下联网查询功能：

a) 机动车登记信息联网查询功能。对已注册登记的检验机动车，能够通过附录 D 中机动车注册信息关联接口，从行政管理部门获取机动车登记信息。

b) 机动车道路交通违法信息联网查询功能。对已注册登记的检验机动车，能够通过附录 D 中机动车道路交通违法信息查询接口，从行政管理部门确认机动车有无尚未处理完毕的道路交通违法行为。

c) 缺陷机动车召回信息查询功能。能够通过附录 D 中缺陷机动车信息查询接口，从行政管理部门确认机动车是否属于缺陷召回机动车，对属于缺陷召回机动车的，获取缺陷召回原因。

#### 6.1.4 检验结果处理

检验业务办理模块应具有以下检验结果处理功能：

a) 路试结果录入功能。录入信息存储数据格式见表 A.5。

b) 检验结果自动判定功能。能够按照 GB 7258、GB 21861 和 GA 801 要求，对每个检验项目的检验结果自动进行合格性判定。

c) 检验结果自动判定信息上传功能。能够通过附录 B 中的机动车单项检验结果上传接口，实时将机动车每个检验项目的检验结果判定信息上传到行政管理部门。

d) 检验结果总体判定信息上传功能。全部检验项目完成、授权签字人签署总体判定意见后，能够通过附录 B 中的机动车安全技术检验判定结果上传接口，实时将检验结果总体判定信息上传到行政管理部门。

e） 机动车安全技术检验报告单打印功能。全部检验项目完成后，能够打印符合 GB 21861 要求的机动车安全技术检验报告单。同时，应在机动车安全技术检验报告单右上角增加打印包含号牌号码、号牌种类等信息的一维条码。

f） 机动车检验合格标志打印功能。代办核发检验合格标志的，应使用专用打印机和计算机设备打印符合 GA 811 要求的机动车检验合格标志。

g） 检验结果详细信息和制动力检验曲线信息上传功能。能够通过附录 B 中的机动车安全技术检验结果上传接口和机动车安全技术检验制动力曲线上传接口，实时将每个检验项目的检验结果详细信息和制动力检验曲线信息上传到行政管理部门。

h） 机动车交通事故责任强制保险信息上传功能。能够通过附录 B 中的机动车交通事故责任强制保险记录上传接口，将机动车交通事故责任强制保险信息上传到行政管理部门。

i） 机动车安全技术检验资料图片采集功能。机动车安全技术检验总体判定合格后，能够人工采集机动车行驶证、机动车牌证申请表（申请检验合格标志）、机动车交通事故责任强制保险凭证、机动车安全技术检验报告单和查验单等凭证的图片信息，并通过附录 B 中的机动车安全技术检验图片上传接口把信息上传到行政管理部门。图片采用符合 ISO/IEC 15444.1 编码要求的 JPEG 格式，图片存储数据结构见表 A.4。

### 6.1.5 机动车外观远程查验图片采集

检验业务办理模块应具有机动车外观远程查验图片采集功能。按照附录 E 要求采集机动车外观远程查验图片，并通过附录 B 中的机动车安全技术检验图片上传接口，把机动车外观远程查验图片上传到行政管理部门。图片采用符合 ISO/IEC 15444.1 编码要求的 JPEG 格式，图片存储数据结构见表A.4。

## 6.2 检验过程控制模块

### 6.2.1 功能

检验过程控制模块应包括以下功能：

a） 项目检验；

b） 系统校准。

### 6.2.2 项目检验

检验过程控制模块应具有以下项目检验功能：

a） 检验设备控制功能。能够控制检验设备进入检验工况，并通过指示器引导检验人员完成相关检验项目的检验工作。控制过程中不应改变检验设备的测试原理、分辨力、测量数据的有效位数和检验结果数据。检验项目和检验方法应符合 GB 21861 要求。

b） 检验结果数据自动采集功能。能够采集测量对象有效状态的全过程数据，但不提供人工输入或修改检验结果的功能。对于模拟量输出检验设备，能够自动去除零点漂移对检验结果造成的误差。在采集制动力曲线信息时，采集点时间间隔不大于 10 ms，左右轮制动力采集点同步误差不超过 0.5 ms，制动力曲线信息存储数据结构见表 A.3。

c） 标准的检验结果数据自动换算功能。能够将采集到检验结果数据按照 GB 7258、GB 21861 和 GA 801 要求自动换算成标准的检验结果数据。

d） 人工检验结果输入功能。能够输入外观检验、底盘动态检验和底盘检查等人工检验项目的检验结果。

### 6.2.3 系统校准

检验过程控制模块应具有对检验设备进行系统校准的功能。对模拟量输出检验设备进行校准时，能够显示检验设备各模拟输入通道的零点输出、AD值和校准值；对数字量输出检验设备进行校准时，能够显示检验设备的检验结果数字值。

## 6.3 检验过程监控模块

### 6.3.1 功能

检验过程监控模块包括以下功能模块：

a) 视频监控；

b) 图片监控。

### 6.3.2 视频监控

检验过程监控模块应具有以下视频监控功能：

a) 检验过程视频实时采集功能。能够通过视频监控制设备实时采集各工位在检机动车的检验过程视频信息。视频清晰度应能满足人工认定各工位检验过程的要求。

b) 机动车外观查验视频实时采集功能。能够通过视频监控设备实时采集检验员对机动车进行外观查验过程的视频信息。视频清晰度应能满足人工认定机动车外观查验过程和查验部位拍摄过程的要求。

c) 检验合格标志打印视频实时采集功能。具有检验合格标志打印功能的，能够实时采集检验合格标志打印过程的视频信息。视频清晰度应能满足人工认定打印过程的要求。

d) 监控视频上传功能。能够将监控信息实时上传到行政管理部门。

### 6.3.3 图片监控

检验过程监控模块应具有以下图片监控功能。监控图片采用符合 ISO/IEC 15444.1 编码要求的JPEG格式，图片存储数据结构见表A.4。

a) 灯光检验和制动检验图片自动采集功能。在灯光检验时，应具有在检机动车左前方图片的自动采集功能；在制动检验时，应具有在检机动车右后方图片的自动采集功能。图片清晰度应能满足人工对机动车类型、颜色和号牌号码等进行认定的要求。

b) 机动车外观查验和查验部位拍摄的工作场景图片采集功能。图片清晰度应能满足人工对工作人员外观查验和拍摄动作、机动车类型和颜色等进行认定的要求。

c) 监控图片上传功能。能够通过附录B中的机动车安全技术检验图片上传接口将监控图片信息传送至行政管理部门。

## 6.4 系统管理模块

### 6.4.1 功能

系统管理模块应包括以下功能：

a) 用户管理；

b) 参数管理；

c) 日志记录；

d) 内部查询；

e) 统计分析。

#### 6.4.2 用户管理

系统管理模块应具有以下用户管理功能：

a) 增加、删除和编辑检验业务信息系统管理员、信息登录员、引车员、外检员、底盘检验员、动态检验员等用户的功能；

b) 检验业务信息系统用户密码修改功能；

c) 检验业务信息系统用户权限管理功能。

#### 6.4.3 参数管理

系统管理模块应具有以下参数管理功能：

a) 检验合格标准、系统运行等参数增加、删除和编辑功能。

b) 机动车安全技术检验机构信息增加、删除和编辑功能。机动车安全技术检验机构信息存储数据格式见表 A.6。同时，能够通过附录 B 中的机动车安全技术检验机构信息上传接口将信息上传到行政管理部门。

c) 机动车安全技术检测线检验设备等信息增加、删除和编辑功能。机动车安全技术检测线检验设备等信息存储数据格式见表 A.7。同时，能够通过附录 B 中的机动车安全技术检测线信息上传接口将信息上传到行政管理部门。

#### 6.4.4 日志记录

系统管理模块应具有检验业务信息系统的系统管理、检验业务办理、检验设备校准等操作日志记录功能。

#### 6.4.5 内部查询

系统管理模块应具有检验业务信息系统用户、参数、日志、检验过程等信息的查询功能。

#### 6.4.6 统计分析

系统管理模块应具有初检机动车总数、初检合格率、上线检验总次数、分项初检次数、分项合格率、分项检验总次数、人员工作量和检验合格率等信息的统计功能。统计报表样式见附录 C。

## 7 检验业务信息系统资料要求

检验业务信息系统应具有以下资料：

a) 检验业务信息系统安装介质；

b) 用户手册；

c) 安装手册；

d) 软件设计文档；

e) 软件测试文档；

f) 其他必备的文件资料。

## 8 验证要求

### 8.1 验证一般要求

#### 8.1.1 验证条件

应在符合 5.1、5.2、5.3 要求的机动车安全技术检验机构实际环境中进行验证。

#### 8.1.2 验证设备

a) 机动车安全技术检验设备；
b) 视频监控和图片采集设备；
c) 打印设备；
d) 终端计算机；
e) 服务器；
f) 机动车。

#### 8.1.3 验证方法

验证方法包括以下方法：

a) 演示法：通过操作检验业务信息系统，查看检验业务办理、检验过程控制、检验过程监控和系统管理等模块实际运行情况及检验数据，验证功能是否达到规定的要求；
b) 审查法：对检验业务信息系统资料进行可视化检查，以确定有关功能是否达到规定的要求；
c) 实际运行法：将通过演示法和审查法验证合格的检验业务信息系统投入实际运行，在一定周期内检查系统运行情况，以确定有关功能及稳定性是否达到规定的要求。

### 8.2 验证详细过程

#### 8.2.1 检验业务办理模块

##### 8.2.1.1 信息登录

按照以下步骤对信息登录功能进行验证，结果应符合 6.1.2 要求：

a) 对按照第 7 章要求提供的资料，采用审查法检查信息登录功能内容；
b) 采用演示法，进行机动车技术参数、检验类别、检验项目和检验人员、机动车交通事故责任强制保险单等的信息登录操作。

##### 8.2.1.2 联网查询

按照以下步骤对联网查询功能进行验证，结果应符合 6.1.3 要求：

a) 对按照第 7 章要求提供的资料，采用审查法检查联网查询功能内容；
b) 采用演示法，在信息登录操作时，查看机动车登记信息、机动车交通违法信息和缺陷机动车召回信息联网查询结果。

##### 8.2.1.3 检验结果处理

按照以下步骤对检验结果处理功能进行验证，结果应符合 6.1.4 要求：

a) 对按照第 7 章要求提供的资料，采用审查法检查检验结果处理功能内容；
b) 采用演示法，进行路试结果录入和机动车安全技术检验资料图片采集操作；
c) 采用演示法，在机动车安全技术检验过程中，查看检验结果自动判定、检验结果自动判定信息上传、机动车安全技术检验报告单打印、检验结果详细信息和制动力检验曲线信息上传、检验结果总体判定信息上传、机动车交通事故责任强制保险信息上传、机动车安全技术检验资料图片上传结果。

##### 8.2.1.4 机动车外观远程查验图片采集

按照以下步骤对机动车外观远程查验图片采集功能进行验证，结果应符合 6.1.5 要求：

a) 对按照第 7 章要求提供的资料，采用审查法检查机动车外观远程查验图片采集功能内容；
b) 采用演示法，进行机动车外观远程查验图片采集操作；
c) 采用演示法，查看机动车外观远程查验图片上传结果。

### 8.2.2 检验过程控制模块

#### 8.2.2.1 项目检验

按照以下步骤对项目检验功能进行验证，结果应符合 6.2.2 要求：
a) 对按照第 7 章要求提供的资料，采用审查法检查项目检验功能内容；
b) 采用演示法，进行机动车安全技术检验操作。

#### 8.2.2.2 系统校准

按照以下步骤对系统校准功能进行验证，结果应符合 6.2.3 要求：
a) 对按照第 7 章要求提供的资料，采用审查法检查系统校准功能内容；
b) 采用演示法，进行检验设备系统校准操作。

### 8.2.3 检验过程监控模块

#### 8.2.3.1 视频监控

按照以下步骤对视频监控功能进行验证，结果应符合 6.3.2 要求：
a) 对按照第 7 章要求提供的资料，采用审查法检查视频监控功能内容；
b) 采用演示法，在机动车安全技术检验过程中，查看检验过程、机动车外观查验视频监控采集和监控视频上传结果。

#### 8.2.3.2 图片监控

按照以下步骤对图片监控功能进行验证，结果应符合 6.3.3 要求：
a) 对按照第 7 章要求提供的资料，采用审查法检查图片监控功能内容；
b) 采用演示法，在机动车安全技术检验过程中，查看灯光检验、制动检验、机动车外观查验和查验部位拍摄的工作场景图片采集及图片上传结果。

### 8.2.4 系统管理模块

#### 8.2.4.1 用户管理

按照以下步骤对用户管理功能进行验证，结果应符合 6.4.2 要求：
a) 对按照第 7 章要求提供的资料，采用审查法检查用户管理功能内容；
b) 采用演示法，进行用户增加、用户删除、用户编辑、密码修改和权限管理等操作。

#### 8.2.4.2 参数管理

按照以下步骤对参数管理功能进行验证，结果应符合 6.4.3 要求：
a) 对按照第 7 章要求提供的资料，采用审查法检查参数管理功能内容；
b) 采用演示法，进行检验合格标准、系统运行参数、机动车安全技术检验机构信息和检测线检验设备信息等的增加、删除和编辑操作。

#### 8.2.4.3 日志记录

按照以下步骤对日志记录功能进行验证，结果应符合 6.4.4 要求：

a) 对按照第 7 章要求提供的资料，采用审查法检查日志记录功能内容；

b) 采用演示法，进行系统管理、检验业务办理、检验设备校准等操作，并查看操作日志记录信息。

#### 8.2.4.4 内部查询

按照以下步骤对内部查询功能进行验证，结果应符合 6.4.5 要求：

a) 对按照第 7 章要求提供的资料，采用审查法检查内部查询功能内容；

b) 采用演示法，进行系统用户、参数、日志、检验过程等信息的查询操作。

#### 8.2.4.5 统计分析

按照以下步骤对统计分析功能进行验证，结果应符合 6.4.6 要求：

a) 对按照第 7 章要求提供的资料，采用审查法检查统计分析功能内容；

b) 采用演示法，进行初检机动车总数、初检合格率、上线检验总次数、分项初检次数、分项合格率、分项检验总次数、人员工作量和检验合格率等信息的统计分析操作。

### 8.2.5 其他

采用实际运行法对检验业务信息系统的数据保存时间、一般故障和重大故障发生情况等进行检查，结果应符合 5.4 要求。

# 附 录 A
# （规范性附录）
# 机动车安全技术检验业务信息系统数据结构

## A.1 机动车安全技术检验登录信息表

机动车安全技术检验登录信息见表A.1。

**表 A.1 机动车安全技术检验登录信息**

| 序号 | 名 称 | 类型 | 长度 | 是否可空 | 说 明 |
|---|---|---|---|---|---|
| 1 | 检验流水号 | 字符 | 17 | 可空 | 6位行政区划+YYMMDD+5位顺序号 |
| 2 | 检测线代号 | 字符 | 11 | 不可空 | 9位安检机构许可证号+2位代号 |
| 3 | 机动车序号 | 字符 | 14 | 可空 | |
| 4 | 号牌种类 | 字符 | 2 | 可空 | 按GA 24.7。在用车不可空 |
| 5 | 号牌号码 | 字符 | 15 | 可空 | 在用车不可空 |
| 6 | 车辆识别代号 | 字符 | 25 | 不可空 | 填写完整的VIN号或车架号 |
| 7 | 发动机/电动机号码 | 字符 | 30 | 可空 | |
| 8 | 车身颜色 | 字符 | 5 | 不可空 | 按GA 24.8 |
| 9 | 使用性质 | 字符 | 1 | 不可空 | 按GA 24.3 |
| 10 | 初次登记日期 | 日期 | 8 | 可空 | 按“YYYYMMDD”格式填写 |
| 11 | 最近定检日期 | 日期 | 8 | 可空 | 按“YYYYMMDD”格式填写 |
| 12 | 检验有效期止 | 日期 | 8 | 不可空 | 按“YYYYMMDD”格式填写 |
| 13 | 保险终止日期 | 日期 | 8 | 可空 | 按“YYYYMMDD”格式填写 |
| 14 | 燃料种类 | 字符 | 3 | 不可空 | 可同时输入三种，每种按GA 24.9 |
| 15 | 功率 | 数值 | 5 | 可空 | 单位为千瓦(kW)，四位整数，一位小数 |
| 16 | 轴数 | 数值 | 1 | 不可空 | |
| 17 | 轴距 | 数值 | 5 | 不可空 | 单位为毫米(mm) |
| 18 | 前轮距 | 数值 | 4 | 可空 | 单位为毫米(mm) |
| 19 | 后轮距 | 数值 | 4 | 可空 | 单位为毫米(mm) |
| 20 | 总质量 | 数值 | 8 | 不可空 | 单位为千克(kg) |
| 21 | 整备质量 | 数值 | 8 | 不可空 | 单位为千克(kg) |
| 22 | 出厂日期 | 日期 | 8 | 不可空 | 按“YYYYMMDD”格式填写 |
| 23 | 驱动形式(驱动轴位) | 字符 | 5 | 不可空 | 组合串：如1234(1表示一轴……) |
| 24 | 驻车轴数 | 数值 | 1 | 不可空 | |
| 25 | 驻车轴位 | 字符 | 5 | 不可空 | 组合串：如1234(1表示一轴……) |
| 26 | 主轴数 | 数值 | 1 | 不可空 | |

表 A.1（续）

| 序号 | 名　　称 | 类型 | 长度 | 是否可空 | 说　　明 |
|---|---|---|---|---|---|
| 27 | 制动力源 | 字符 | 1 | 不可空 | 0——气压制动，1——液压制动，2——气推油制动 |
| 28 | 前照灯制 | 字符 | 2 | 不可空 | 01——四灯远近光，02——四灯远光，03——二灯远近光，04——二灯近光，05——一灯远光 |
| 29 | 远光单独调整 | 字符 | 1 | 不可空 | 0——不能单独调整，1——单独调整 |
| 30 | 转向轴(前轴)悬架形式 | 字符 | 1 | 不可空 | 0——独立悬架，1——非独立悬架 |
| 31 | 里程表读数 | 数值 | 8 | 不可空 | 单位为千米(km) |
| 32 | 检验项目[a] | 字符 | 100 | 不可空 | |
| 33 | 检验类别 | 字符 | 2 | 不可空 | 00——注册登记检验；<br>01——在用车检验；<br>02——临时检验；<br>03——特殊检验。对肇事车和特殊用车等的检验。 |
| 34 | 不合格项 | 字符 | 50 | 可空 | |
| 35 | 初次登录时间 | 日期 | 8 | 不可空 | |
| 36 | 登录时间 | 日期 | 8 | 不可空 | |
| 37 | 检验次数 | 数值 | 2 | 不可空 | |
| 38 | 登录员 | 字符 | 30 | 可空 | |
| 39 | 引车员 | 字符 | 30 | 可空 | |
| 40 | 外检员 | 字符 | 30 | 可空 | |
| 41 | 动态检验员 | 字符 | 30 | 可空 | |
| 42 | 底盘检验员 | 字符 | 30 | 可空 | |
| 43 | 收费标志 | 字符 | 1 | 不可空 | |
| 44 | 检验状态 | 字符 | 1 | 不可空 | |

[a] 检验项目说明：项目代码1项目代码2……；各项目代码为：B1——一轴制动，B2——二轴制动，B3——三轴制动，B4——四轴制动，B0——驻车制动，H1——左外灯或二三轮机动车的左灯，H2——左内灯，H3——右内灯，H4——右外灯或二三轮机动车的右灯，X1——高怠速排放，X2——怠速排放，X3——烟度，S1——车速表，A1——侧滑或二三轮汽车的轮偏，P1——功率检验，R1——路试，F1——车辆外观检验，C1——底盘检验，DC——动态底盘检验。

## A.2 机动车安全技术检验结果信息表

机动车安全技术检验结果信息见表A.2。

**表 A.2　机动车安全技术检验结果信息**

| 序号 | 名　　称 | 类型 | 长度 | 是否可空 | 说　　明 |
|---|---|---|---|---|---|
| 1 | 检验流水号 | 字符 | 17 | 可空 | 6位行政区划+YYMMDD+5位顺序号 |
| 2 | 检测线代号 | 字符 | 11 | 不可空 | 9位安检机构许可证号+2位代号 |
| 3 | 机动车序号 | 字符 | 14 | 可空 | |
| 4 | 号牌种类 | 字符 | 2 | 可空 | 按GA 24.7。在用车不可空 |
| 5 | 号牌号码 | 字符 | 15 | 可空 | 在用车不可空 |
| 6 | 车辆品牌 | 字符 | 32 | 不可空 | |
| 7 | 车辆型号 | 字符 | 32 | 不可空 | |
| 8 | 车辆识别代号 | 字符 | 25 | 不可空 | 填写完整的VIN号或车架号 |
| 9 | 发动机/电动机码 | 字符 | 30 | 可空 | |
| 10 | 机动车所有人 | 字符 | 128 | 不可空 | |
| 11 | 燃料种类 | 字符 | 3 | 不可空 | 可同时输入三种,每种按GA 24.9 |
| 12 | 出厂日期 | 日期 | 8 | 不可空 | 按"YYYYMMDD"格式填写 |
| 13 | 初次登记日期 | 日期 | 8 | 可空 | 按"YYYYMMDD"格式填写 |
| 14 | 驱动形式(驱动轴位) | 字符 | 5 | 可空 | 组合串:如1234(1表示一轴……),摩托车无此参数 |
| 15 | 驻车轴数 | 字符 | 2 | 可空 | 摩托车无此参数 |
| 16 | 驻车轴位 | 字符 | 5 | 可空 | 组合串:如1234(1表示一轴……),摩托车无此参数 |
| 17 | 前照灯制 | 字符 | 2 | 不可空 | 01——四灯远近光,02——四灯远光,03——二灯远近光,04——二灯近光,05——一灯远光 |
| 18 | 前照灯远光光束能否单独调整 | 字符 | 1 | 不可空 | 0——不能,1——能 |
| 19 | 转向轴(前轴)悬架形式 | 字符 | 1 | 可空 | 0——独立悬架,1——非独立悬架,摩托车无此参数 |
| 20 | 里程表读数 | 数值 | 8 | 可空 | |
| 21 | 检验类别 | 字符 | 2 | 不可空 | 00——注册登记检验;<br>01——在用车检验;<br>02——临时检验;<br>03——特殊检验。对肇事车和特殊用车检验 |
| 22 | 检验项目 | 字符 | 100 | 不可空 | |
| 23 | 登录员 | 字符 | 30 | 可空 | |
| 24 | 引车员 | 字符 | 30 | 可空 | |
| 25 | 一轴左轮重值 | 数值 | 6 | 可空 | 单位为千克(kg) |
| 26 | 一轴右轮重值 | 数值 | 6 | 可空 | 单位为千克(kg) |
| 27 | 一轴求和时左制动力值 | 数值 | 6 | 可空 | 单位为daN |

表 A.2（续）

| 序号 | 名　　称 | 类型 | 长度 | 是否可空 | 说　　明 |
|---|---|---|---|---|---|
| 28 | 一轴求和时右制动力值 | 数值 | 6 | 可空 | 单位为 daN |
| 29 | 一轴求差时左制动力值 | 数值 | 6 | 可空 | 单位为 daN |
| 30 | 一轴求差时右制动力值 | 数值 | 6 | 可空 | 单位为 daN |
| 31 | 一轴制动率 | 数值 | 4 | 可空 | 包括一位小数(百分比) |
| 32 | 一轴不平衡率 | 数值 | 4 | 可空 | 包括一位小数(百分比) |
| 33 | 一轴左阻滞力值 | 数值 | 6 | 可空 | 单位为 daN |
| 34 | 一轴右阻滞力值 | 数值 | 6 | 可空 | 单位为 daN |
| 35 | 一轴左阻滞比值 | 数值 | 4 | 可空 | 包括一位小数(百分比) |
| 36 | 一轴右阻滞比值 | 数值 | 4 | 可空 | 包括一位小数(百分比) |
| 37 | 一轴制动判定 | 字符 | 1 | 可空 | 0——未检,1——合格,2——不合格 |
| 38 | 检验一轴制动次数 | 数值 | 2 | 可空 | |
| 39 | 二轴左轮重值 | 数值 | 6 | 可空 | 单位为千克(kg) |
| 40 | 二轴右轮重值 | 数值 | 6 | 可空 | 单位为千克(kg) |
| 41 | 二轴求和时左制动力值 | 数值 | 6 | 可空 | 单位为 daN |
| 42 | 二轴求和时右制动力值 | 数值 | 6 | 可空 | 单位为 daN |
| 43 | 二轴求差时左制动力值 | 数值 | 6 | 可空 | 单位为 daN |
| 44 | 二轴求差时右制动力值 | 数值 | 6 | 可空 | 单位为 daN |
| 45 | 二轴制动率 | 数值 | 4 | 可空 | 包括一位小数(百分比) |
| 46 | 二轴不平衡率 | 数值 | 4 | 可空 | 包括一位小数(百分比) |
| 47 | 二轴左阻滞力值 | 数值 | 6 | 可空 | 单位为 daN |
| 48 | 二轴右阻滞力值 | 数值 | 6 | 可空 | 单位为 daN |
| 49 | 二轴左阻滞比值 | 数值 | 4 | 可空 | 包括一位小数(百分比) |
| 50 | 二轴右阻滞比值 | 数值 | 4 | 可空 | 包括一位小数(百分比) |
| 51 | 二轴制动判定 | 字符 | 1 | 可空 | 0——未检,1——合格,2——不合格 |
| 52 | 检验二轴制动次数 | 数值 | 2 | 可空 | |
| 53 | 三轴左轮重值 | 数值 | 6 | 可空 | 单位为千克(kg) |
| 54 | 三轴右轮重值 | 数值 | 6 | 可空 | 单位为千克(kg) |
| 55 | 三轴求和时左制动力值 | 数值 | 6 | 可空 | 单位为 daN |
| 56 | 三轴求和时右制动力值 | 数值 | 6 | 可空 | 单位为 daN |
| 57 | 三轴求差时左制动力值 | 数值 | 6 | 可空 | 单位为 daN |
| 58 | 三轴求差时右制动力值 | 数值 | 6 | 可空 | 单位为 daN |
| 59 | 三轴制动率 | 数值 | 4 | 可空 | 包括一位小数(百分比) |
| 60 | 三轴不平衡率 | 数值 | 4 | 可空 | 包括一位小数(百分比) |
| 61 | 三轴左阻滞力值 | 数值 | 6 | 可空 | 单位为 daN |

表 A.2（续）

| 序号 | 名　称 | 类型 | 长度 | 是否可空 | 说　明 |
|---|---|---|---|---|---|
| 62 | 三轴右阻滞力值 | 数值 | 6 | 可空 | 单位为 daN |
| 63 | 三轴左阻滞比值 | 数值 | 4 | 可空 | 包括一位小数(百分比) |
| 64 | 三轴右阻滞比值 | 数值 | 4 | 可空 | 包括一位小数(百分比) |
| 65 | 三轴制动判定 | 字符 | 1 | 可空 | 0——未检,1——合格,2——不合格 |
| 66 | 检验三轴制动次数 | 数值 | 2 | 可空 | |
| 67 | 四轴左轮重值 | 数值 | 6 | 可空 | 单位为千克(kg) |
| 68 | 四轴右轮重值 | 数值 | 6 | 可空 | 单位为千克(kg) |
| 69 | 四轴求和时左制动力值 | 数值 | 6 | 可空 | 单位为 daN |
| 70 | 四轴求和时右制动力值 | 数值 | 6 | 可空 | 单位为 daN |
| 71 | 四轴求差时左制动力值 | 数值 | 6 | 可空 | 单位为 daN |
| 72 | 四轴求差时右制动力值 | 数值 | 6 | 可空 | 单位为 daN |
| 73 | 四轴制动率 | 数值 | 4 | 可空 | 包括一位小数(百分比) |
| 74 | 四轴不平衡率 | 数值 | 4 | 可空 | 包括一位小数(百分比) |
| 75 | 四轴左阻滞力值 | 数值 | 6 | 可空 | 单位为 daN |
| 76 | 四轴右阻滞力值 | 数值 | 6 | 可空 | 单位为 daN |
| 77 | 四轴左阻滞比值 | 数值 | 4 | 可空 | 包括一位小数(百分比) |
| 78 | 四轴右阻滞比值 | 数值 | 4 | 可空 | 包括一位小数(百分比) |
| 79 | 四轴制动判定 | 字符 | 1 | 可空 | 0——未检,1——合格,2——不合格 |
| 80 | 检验四轴制动次数 | 数值 | 2 | 可空 | |
| 81 | 驻车左制动力值 | 数值 | 6 | 可空 | 单位为 daN |
| 82 | 驻车右制动力值 | 数值 | 6 | 可空 | 单位为 daN |
| 83 | 驻车制动率 | 数值 | 4 | 可空 | 包括一位小数(百分比) |
| 84 | 驻车制动判定 | 字符 | 1 | 可空 | 0——未检,1——合格,2——不合格 |
| 85 | 检验驻车次数 | 数值 | 2 | 可空 | |
| 86 | 整车制动率 | 数值 | 4 | 可空 | 包括一位小数(百分比) |
| 87 | 整车制动判定 | 字符 | 1 | 可空 | 0——未检,1——合格,2——不合格 |
| 88 | 制动判定 | 字符 | 1 | 可空 | 0——未检,1——合格,2——不合格 |
| 89 | 检验制动次数 | 数值 | 2 | 可空 | |
| 90 | 一轴左轮动态轮荷 | 数值 | 6 | 可空 | 单位为千克(kg) |
| 91 | 一轴右轮动态轮荷 | 数值 | 6 | 可空 | 单位为千克(kg) |
| 92 | 二轴左轮动态轮荷 | 数值 | 6 | 可空 | 单位为千克(kg) |
| 93 | 二轴右轮动态轮荷 | 数值 | 6 | 可空 | 单位为千克(kg) |
| 94 | 三轴左轮动态轮荷 | 数值 | 6 | 可空 | 单位为千克(kg) |
| 95 | 三轴右轮动态轮荷 | 数值 | 6 | 可空 | 单位为千克(kg) |

表 A.2（续）

| 序号 | 名　　称 | 类型 | 长度 | 是否可空 | 说　　明 |
|---|---|---|---|---|---|
| 96 | 四轴左轮动态轮荷 | 数值 | 6 | 可空 | 单位为千克(kg) |
| 97 | 四轴右轮动态轮荷 | 数值 | 6 | 可空 | 单位为千克(kg) |
| 98 | 最大功率时速度 | 数值 | 4 | 可空 | 单位为千米/小时(km/h)，包括一位小数 |
| 99 | 定速时平均输出功率 | 数值 | 5 | 可空 | 单位为千瓦(kW)，四位整数，一位小数 |
| 100 | 左灯高 | 数值 | 4 | 可空 | 单位为毫米(mm) |
| 101 | 右灯高 | 数值 | 4 | 可空 | 单位为毫米(mm) |
| 102 | 左外远光强度值 | 数值 | 5 | 可空 | 单位为坎德拉(cd) |
| 103 | 左外远光水平偏差值 | 数值 | 3 | 可空 | 单位为 mm/10 m |
| 104 | 左外远光垂直偏差值 | 数值 | 3 | 可空 | 单位为 mm/10 m |
| 105 | 左近光水平偏差值 | 数值 | 3 | 可空 | 单位为 mm/10 m |
| 106 | 左近光垂直偏差值 | 数值 | 3 | 可空 | 单位为 mm/10 m |
| 107 | 左内远光强度值 | 数值 | 5 | 可空 | 单位为坎德拉(cd) |
| 108 | 左内远光水平偏差值 | 数值 | 3 | 可空 | 单位为 mm/10 m |
| 109 | 左内远光垂直偏差值 | 数值 | 3 | 可空 | 单位为 mm/10 m |
| 110 | 左外灯判定 | 字符 | 1 | 可空 | 0——未检，1——合格，2——不合格 |
| 111 | 左内灯判定 | 字符 | 1 | 可空 | 0——未检，1——合格，2——不合格 |
| 112 | 检验左外灯次数 | 数值 | 2 | 可空 | |
| 113 | 检验左内灯次数 | 数值 | 2 | 可空 | |
| 114 | 右外远光强度值 | 数值 | 5 | 可空 | 单位为坎德拉(cd) |
| 115 | 右外远光水平偏差值 | 数值 | 3 | 可空 | 单位为 mm/10 m |
| 116 | 右外远光垂直偏差值 | 数值 | 3 | 可空 | 单位为 mm/10 m |
| 117 | 右近光水平偏差值 | 数值 | 3 | 可空 | 单位为 mm/10 m |
| 118 | 右近光垂直偏差值 | 数值 | 3 | 可空 | 单位为 mm/10 m |
| 119 | 右内远光强度值 | 数值 | 5 | 可空 | 单位为坎德拉(cd) |
| 120 | 右内远光水平偏差值 | 数值 | 3 | 可空 | 单位为 mm/10 m |
| 121 | 右内远光垂直偏差值 | 数值 | 3 | 可空 | 包括二位小数 |
| 122 | 右外灯判定 | 字符 | 1 | 可空 | 0——未检，1——合格，2——不合格 |
| 123 | 右内灯判定 | 字符 | 1 | 可空 | 0——未检，1——合格，2——不合格 |
| 124 | 检验左外灯次数 | 数值 | 2 | 可空 | |
| 125 | 检验左内灯次数 | 数值 | 2 | 可空 | |
| 126 | 前照灯判定 | 字符 | 1 | 可空 | 0——未检，1——合格，2——不合格 |
| 127 | 高怠速 CO 值 | 数值 | 3 | 可空 | 包括一位小数(百分比) |
| 128 | 高怠速 HC 值 | 数值 | 5 | 可空 | |
| 129 | 高怠速 λ 值 | 数值 | 3 | 可空 | 两位小数，一位整数 |

表 A.2（续）

| 序号 | 名　　称 | 类型 | 长度 | 是否可空 | 说　　明 |
|---|---|---|---|---|---|
| 130 | 低怠速 CO 值 | 数值 | 3 | 可空 | 包括一位小数(百分比) |
| 131 | 低怠速 HC 值 | 数值 | 5 | 可空 | |
| 132 | 低怠速 λ 值 | 数值 | 3 | 可空 | 两位小数，一位整数 |
| 133 | 稳态工况法 CO 值 | 数值 | 3 | 可空 | 包括一位小数(百分比) |
| 134 | 稳态工况法 HC 值 | 数值 | 5 | 可空 | |
| 135 | 稳态工况法 λ 值 | 数值 | 3 | 可空 | 两位小数，一位整数 |
| 136 | 尾气判定 | 字符 | 1 | 可空 | 0——未检，1——合格，2——不合格 |
| 137 | 检验尾气次数 | 数值 | 2 | 可空 | |
| 138 | 平均烟度值 | 数值 | 3 | 可空 | 包括一位小数 |
| 139 | 烟度值 1 | 数值 | 3 | 可空 | 包括一位小数 |
| 140 | 烟度值 2 | 数值 | 3 | 可空 | 包括一位小数 |
| 141 | 烟度值 3 | 数值 | 3 | 可空 | 包括一位小数 |
| 142 | 烟度判定 | 字符 | 1 | 可空 | 0——未检，1——合格，2——不合格 |
| 143 | 检验烟度次数 | 数值 | 2 | 可空 | |
| 144 | 平均光吸收系数 | 数值 | 3 | 可空 | 包括一位小数 |
| 145 | 光吸收系数值 1 | 数值 | 3 | 可空 | 包括一位小数 |
| 146 | 光吸收系数值 2 | 数值 | 3 | 可空 | 包括一位小数 |
| 147 | 光吸收系数值 3 | 数值 | 3 | 可空 | 包括一位小数 |
| 148 | 光吸收系数判定 | 字符 | 1 | 可空 | 0——未检，1——合格，2——不合格 |
| 149 | 检验光吸收系数次数 | 数值 | 2 | 可空 | |
| 150 | 车速表实测值 | 数值 | 4 | 可空 | 单位为千米/小时(km/h)，包括一位小数 |
| 151 | 车速表判定 | 字符 | 1 | 可空 | 0——未检，1——合格，2——不合格 |
| 152 | 检验车速表次数 | 数值 | 2 | 可空 | |
| 153 | 侧滑量 | 数值 | 3 | 可空 | 单位为 m/km，对二、三轮车表示轮偏值，单位为毫米(mm) |
| 154 | 侧滑判定 | 字符 | 1 | 可空 | 0——未检，1——合格，2——不合格 |
| 155 | 检验侧滑次数 | 数值 | 2 | 可空 | |
| 156 | 路试制动性能 | 字符 | 1 | 可空 | 0——未检，1——合格，2——不合格 |
| 157 | 路试员姓名 | 字符 | 100 | 可空 | |
| 158 | 外检不合格项——否决 | 字符 | 300 | 可空 | 外检(每项用三位标识) |
| 159 | 外检不合格项——维护 | 字符 | 300 | 可空 | 外检(每项用三位标识) |
| 160 | 外检员 | 字符 | 30 | 可空 | |
| 161 | 底盘动态检验不合格项——否决 | 字符 | 200 | 可空 | 外检(每项用三位标识) |
| 162 | 底盘动态检验不合格项——维护 | 字符 | 200 | 可空 | 外检(每项用三位标识) |

表 A.2(续)

| 序号 | 名　　称 | 类型 | 长度 | 是否可空 | 说　　明 |
|---|---|---|---|---|---|
| 163 | 动态检验员 | 字符 | 30 | 可空 | |
| 164 | 底盘检验不合格项——否决 | 字符 | 200 | 可空 | 底盘检验(每项用三位标识) |
| 165 | 底盘检验不合格项——维护 | 字符 | 200 | 可空 | 底盘检验(每项用三位标识) |
| 166 | 底盘检验员 | 字符 | 30 | 可空 | |
| 167 | 检验结论 | 字符 | 1 024 | 可空 | |
| 168 | 批准人 | 字符 | 30 | 可空 | |
| 169 | 总检验次数 | 数值 | 2 | 可空 | |
| 170 | 检验的整车整备质量 | 数值 | 8 | 可空 | |
| 171 | 标准的整车整备质量 | 数值 | 8 | 可空 | |
| 172 | 整车整备质量百分比 | 数值 | 5 | 可空 | 第170项减去第171项的绝对值除以第171项,包括两位小数 |
| 173 | 检验时间 | 日期 | 8 | 不可空 | 按“YYYYMMDD”格式填写 |
| 174 | 备注 | 字符 | 1 024 | 可空 | |

## A.3 机动车制动力曲线表

机动车制动力曲线信息见表A.3。

表 A.3 机动车制动力曲线

| 序号 | 名　　称 | 类型 | 长度 | 是否可空 | 说　　明 |
|---|---|---|---|---|---|
| 1 | 检验流水号 | 字符 | 17 | 可空 | 6位行政区划+YYMMDD+5位顺序号 |
| 2 | 检测线代号 | 字符 | 11 | 不可空 | 9位安检机构许可证号+2位代号 |
| 3 | 机动车序号 | 字符 | 14 | 可空 | |
| 4 | 号牌号码 | 字符 | 15 | 可空 | |
| 5 | 号牌种类 | 字符 | 2 | 可空 | |
| 6 | 车辆识别代号 | 字符 | 25 | 不可空 | 填VIN号或车架号 |
| 7 | 检验次数 | 字符 | 2 | 不可空 | |
| 8 | 检验时间 | 日期 | 8 | 不可空 | |
| 9 | 被检轴数 | 数值 | 1 | 不可空 | 表示被检机动车的轴数 |
| 10 | 一轴制动力曲线 | 二进制数据流 | | 可空 | 曲线数据存储格式:<br>“[左制动力]#[右制动力]$[左制动力]#[右制动力]…”,制动力单位为daN |
| 11 | 二轴制动力曲线 | 二进制数据流 | | 可空 | 同上 |
| 12 | 三轴制动力曲线 | 二进制数据流 | | 可空 | 同上 |
| 13 | 四轴制动力曲线 | 二进制数据流 | | 可空 | 同上 |

## A.4 在检机动车照片表

在检机动车照片信息见表 A.4。

**表 A.4 机动车照片表**

| 序号 | 名　称 | 类型 | 长度 | 是否可空 | 说　明 |
|---|---|---|---|---|---|
| 1 | 检验流水号 | 字符 | 17 | 可空 | 6 位行政区划＋YYMMDD＋5 位顺序号 |
| 2 | 检测线代号 | 字符 | 11 | 不可空 | 9 位安检机构许可证号＋2 位代号 |
| 3 | 机动车序号 | 字符 | 14 | 可空 | |
| 4 | 号牌号码 | 字符 | 15 | 可空 | 在用车不可空 |
| 5 | 号牌种类 | 字符 | 2 | 可空 | 在用车不可空 |
| 6 | 车辆识别代号 | 字符 | 25 | 不可空 | 填 VIN 号或车架号 |
| 7 | 照片序号 | 数字 | 2 | 不可空 | |
| 8 | 照片 | 二进制数据流 | | 不可空 | 图片分辨率至少 300DPI |
| 9 | 拍摄时间 | 日期 | 8 | 不可空 | |
| 10 | 照片种类 | 字符 | 2 | 不可空 | 01——机动车行驶证，02——检验合格标志申请表，03——机动车交通事故责任强制保险凭证，04——机动车安全技术检验报告单，05——机动车查验单；<br>11——车前斜视 45 度照片，12——车后斜视 45 度照片，13——车辆识别代号照片，14——机动车侧面照片，15——车内最前方向后照片，16——灭火器照片，17——安全手锤照片，18——行驶记录仪照片；<br>21——灯光工位拍摄照片，22——制动工位拍摄照片；<br>99——其他 |

## A.5 机动车安全技术检验路试结果表

机动车安全技术检验路试结果信息见表 A.5。

**表 A.5 机动车安全技术检验路试结果表**

| 序号 | 名　称 | 类型 | 长度 | 是否可空 | 说　明 |
|---|---|---|---|---|---|
| 1 | 检验流水号 | 字符 | 17 | 不可空 | 6 位行政区划＋YYMMDD＋5 位顺序号 |
| 2 | 检测线代号 | 字符 | 11 | 不可空 | 9 位安检机构许可证号＋2 位代号 |
| 3 | 机动车序号 | 字符 | 14 | 可空 | |

表 A.5（续）

| 序号 | 名 称 | 类型 | 长度 | 是否可空 | 说 明 |
|---|---|---|---|---|---|
| 4 | 号牌号码 | 字符 | 15 | 可空 | 在用车不可空 |
| 5 | 号牌种类 | 字符 | 2 | 可空 | 在用车不可空 |
| 6 | 车辆识别代号 | 字符 | 25 | 不可空 | 即 VIN 号或车架号 |
| 7 | 发动机号 | 字符 | 30 | 不可空 | |
| 8 | 记录状态 | 字符 | 1 | 不可空 | |
| 9 | 最近定检日期 | 日期 | 8 | 不可空 | 按“YYYYMMDD”格式填写 |
| 10 | 初次检验时间 | 日期 | 8 | 不可空 | |
| 11 | 检验时间 | 日期 | 8 | 可空 | |
| 12 | 检验项目 | 字符 | 40 | 可空 | 初次检验时确定的检验项目 |
| 13 | 不合格项 | 字符 | 40 | 可空 | |
| 14 | 登录员 | 字符 | 30 | 可空 | |
| 15 | 引车员 | 字符 | 30 | 可空 | |
| 16 | 外检员 | 字符 | 30 | 可空 | |
| 17 | 动态检验员 | 字符 | 30 | 可空 | |
| 18 | 检验次数 | 数值 | 2 | 可空 | 填整数 |
| 19 | 外检不合格项 | 字符 | 200 | 可空 | 外检项目(每项用两位标识) |
| 20 | 行车空载制动距离 | 数值 | 4 | 可空 | 包括一位小数 |
| 21 | 行车满载制动距离 | 数值 | 4 | 可空 | 包括一位小数 |
| 22 | 行车空载 MFDD | 数值 | 3 | 可空 | 包括一位小数 |
| 23 | 行车满载 MFDD | 数值 | 3 | 可空 | 包括一位小数 |
| 24 | 路试驻车制动判定 | 字符 | 1 | 可空 | 0——未检,1——合格,2——不合格 |
| 25 | 应急制动距离 | 数值 | 4 | 可空 | 包括一位小数 |
| 26 | 应急 MFDD | 数值 | 3 | 可空 | 包括一位小数 |
| 27 | 路试制动判定 | 字符 | 1 | 可空 | 0——未检,1——合格,2——不合格 |
| 28 | 路试结果 | 字符 | 1 | 可空 | 0——未检,1——合格,2——不合格 |

## A.6 机动车安全技术检验机构信息表

机动车安全技术检验机构信息表见表 A.6。

表 A.6 机动车安全技术检验机构信息表

| 序号 | 名 称 | 类型 | 长度 | 是否可空 | 说 明 |
|---|---|---|---|---|---|
| 1 | 机动车安全技术检验机构编号 | 字符 | 10 | 不可空 | 由各省(直辖市、自治区)级管理机关对辖区内机动车安全技术检验机构进行编号 6 位序号头,4 位顺序号 |

表 A.6（续）

| 序号 | 名　　称 | 类型 | 长度 | 是否可空 | 说　　明 |
|---|---|---|---|---|---|
| 2 | 机动车安全技术检验机构名称 | 字符 | 128 | 不可空 | |
| 3 | 资格许可证书编号 | 字符 | 32 | 不可空 | |
| 4 | 资格许可有效期始 | 日期 | 8 | 不可空 | 按"YYYYMMDD"格式填写 |
| 5 | 资格许可有效期止 | 日期 | 8 | 不可空 | 按"YYYYMMDD"格式填写 |
| 6 | 设计日检验能力 | 数字 | 4 | 不可空 | |
| 7 | 实际日检验能力 | 数字 | 4 | 不可空 | |
| 8 | 检验人员总数 | 数字 | 3 | 不可空 | |
| 9 | 外检工位人数 | 数字 | 3 | 不可空 | |
| 10 | 录入工位人数 | 数字 | 3 | 不可空 | |
| 11 | 引车员人数 | 数字 | 3 | 不可空 | |
| 12 | 底盘工位人数 | 数字 | 3 | 不可空 | |
| 13 | 总检工位人数 | 数字 | 3 | 不可空 | |
| 14 | 其他工位人数 | 数字 | 3 | 不可空 | |
| 15 | 通过省级质检部门考核人数 | 数字 | 3 | 不可空 | |
| 16 | 未通过省级质检部门考核人数 | 数字 | 3 | 不可空 | |
| 17 | 备注 | 字符 | 128 | 可空 | |

## A.7 机动车检测线信息表

机动车检测线信息表见表 A.7。

表 A.7 机动车检测线信息表

| 序号 | 名　　称 | 类型 | 长度 | 是否可空 | 说　　明 |
|---|---|---|---|---|---|
| 1 | 机动车安全技术检验机构编号 | 字符 | 10 | 不可空 | 由各省(直辖市、自治区)级管理机关对辖区内机动车安全技术检验机构进行编号6位序号头,4位顺序号 |
| 2 | 检测线代号 | 字符 | 11 | 不可空 | 9位安检机构许可证号+2位代号 |
| 3 | 机动车安全技术检验机构名称 | 字符 | 128 | 不可空 | |
| 4 | 检测线名称 | 字符 | 128 | 可空 | |
| 5 | 检测线类别 | 字符 | 1 | 不可空 | 1——汽车,2——摩托车 |
| 6 | 检测线控制方式 | 字符 | 1 | 不可空 | 1——全自动,2——单工位检验,9——其他 |
| 7 | 制动检验设备名称 | 字符 | 128 | 可空 | |
| 8 | 汽油车尾气测量范围 | 字符 | 32 | 可空 | 按照设备设计的测量气值填写,如:HC、CO等 |

表 A.7（续）

| 序号 | 名　　称 | 类型 | 长度 | 是否可空 | 说　　明 |
|---|---|---|---|---|---|
| 9 | 汽油车尾气检验设备启用时间 | 日期 | 8 | 可空 | |
| 10 | 汽油车尾气检验设备检定有效期止 | 日期 | 8 | 可空 | |
| 11 | 汽油车尾气检验设备状态 | 字符 | 1 | 可空 | 1——正常，2——故障维修，3——报废 |
| 12 | 柴油车尾气检验设备名称 | 字符 | 128 | 可空 | |
| 13 | 柴油车尾气检验设备型号 | 字符 | 32 | 可空 | |
| 14 | 柴油车尾气检验设备生产厂家 | 字符 | 128 | 可空 | |
| 15 | 柴油车尾气检验最少时间 | 数字 | 4 | 可空 | 单位为秒(s) |
| 16 | 柴油车烟度测量范围 | 字符 | 32 | 可空 | 按照设备设计的测量气值填写，如：烟度、光吸收系数等 |
| 17 | 柴油车烟度检验设备启用时间 | 日期 | 8 | 可空 | 按“YYYYMMDD”格式填写 |
| 18 | 柴油车烟度检验设备检定有效期止 | 日期 | 8 | 可空 | 按“YYYYMMDD”格式填写 |
| 19 | 柴油车烟度检验设备状态 | 字符 | 1 | 可空 | 1——正常，2——故障维修，3——报废 |
| 20 | 速度检验设备名称 | 字符 | 128 | 可空 | |
| 21 | 速度检验设备型号 | 字符 | 32 | 可空 | |
| 22 | 速度检验设备生产厂家 | 字符 | 128 | 可空 | |
| 23 | 速度检验最少时间 | 数字 | 4 | 可空 | 单位为秒(s) |
| 24 | 速度检验设备启用时间 | 日期 | 8 | 可空 | 按“YYYYMMDD”格式填写 |
| 25 | 速度检验设备检定有效期止 | 日期 | 8 | 可空 | 按“YYYYMMDD”格式填写 |
| 26 | 速度检验设备状态 | 字符 | 1 | 可空 | 1——正常，2——故障维修，3——报废 |
| 27 | 侧滑检验设备名称 | 字符 | 128 | 可空 | |
| 28 | 侧滑检验设备型号 | 字符 | 32 | 可空 | |
| 29 | 侧滑检验设备生产厂家 | 字符 | 128 | 可空 | |
| 30 | 侧滑检验最少时间 | 数字 | 4 | 可空 | 单位为秒(s) |
| 31 | 侧滑检验设备启用时间 | 日期 | 8 | 可空 | 按“YYYYMMDD”格式填写 |
| 32 | 侧滑检验设备检定有效期止 | 日期 | 8 | 可空 | 按“YYYYMMDD”格式填写 |
| 33 | 侧滑检验设备状态 | 字符 | 1 | 可空 | 1——正常，2——故障维修，3——报废 |
| 34 | 称重设备名称 | 字符 | 128 | 可空 | |
| 35 | 称重检验设备型号 | 字符 | 32 | 可空 | |
| 36 | 称重检验设备生产厂家 | 字符 | 128 | 可空 | |
| 37 | 称重检验最少时间 | 数字 | 4 | 可空 | 单位为秒(s) |
| 38 | 制动检验设备型号 | 字符 | 32 | 可空 | |
| 39 | 制动检验设备生产厂家 | 字符 | 128 | 可空 | |
| 40 | 制动检验最少时间 | 数字 | 4 | 可空 | 单位为秒(s) |
| 41 | 制动检验方式 | 字符 | 1 | 可空 | 1——平板，2——滚筒 |

表 A.7(续)

| 序号 | 名　　称 | 类型 | 长度 | 是否可空 | 说　　明 |
|---|---|---|---|---|---|
| 42 | 平板制式 | 字符 | 1 | 可空 | 1——二板式,2——四板式 |
| 43 | 单平板长度 | 数字 | 5 | 可空 | 单位为毫米(mm) |
| 44 | 平板间距 | 数字 | 5 | 可空 | 单位为毫米(mm) |
| 45 | 滚筒式制动台制式 | 字符 | 1 | 可空 | 1——齿槽式,2——粘砂式 |
| 46 | 滚筒式制动台制式 | 字符 | 1 | 可空 | 1——第三滚筒,2——时间停机 |
| 47 | 制动检验设备启用时间 | 日期 | 8 | 可空 | 按"YYYYMMDD"格式填写 |
| 48 | 制动检验设备检定有效期止 | 日期 | 8 | 可空 | 按"YYYYMMDD"格式填写 |
| 49 | 制动检验设备状态 | 字符 | 1 | 可空 | 1——正常,2——故障维修,3——报废 |
| 50 | 灯光检测设备名称 | 字符 | 128 | 可空 | |
| 51 | 灯光检测设备型号 | 字符 | 32 | 可空 | |
| 52 | 灯光检测设备生产厂家 | 字符 | 128 | 可空 | |
| 53 | 灯光检测最少时间 | 数字 | 4 | 可空 | 单位为秒(s) |
| 54 | 灯光检测方式 | 字符 | 1 | 可空 | 1——双灯同检,2——单灯检测 |
| 55 | 灯光检验是否有车身偏移修正功能 | 字符 | 1 | 可空 | 1——有,2——无 |
| 56 | 灯光检测设备启用时间 | 日期 | 8 | 可空 | 按"YYYYMMDD"格式填写 |
| 57 | 灯光检测设备检定有效期止 | 日期 | 8 | 可空 | 按"YYYYMMDD"格式填写 |
| 58 | 灯光检测设备状态 | 字符 | 1 | 可空 | 1——正常,2——故障维修,3——报废 |
| 59 | 汽油车尾气检验设备名称 | 字符 | 128 | 可空 | |
| 60 | 汽油车尾气检验设备型号 | 字符 | 32 | 可空 | |
| 61 | 汽油车尾气检验设备生产厂家 | 字符 | 128 | 可空 | |
| 62 | 汽油车尾气检验最少时间 | 数字 | 4 | 可空 | 单位为秒(s) |
| 63 | 汽油车尾气检验方式 | 字符 | 1 | 可空 | 1——怠速法,2——工况法 |
| 64 | 称重范围 | 数字 | 6 | 可空 | 填写设备设计最大承受车辆轴重范围,单位为千克(kg) |
| 65 | 称重检验设备检定有效期止 | 日期 | 8 | 可空 | 按"YYYYMMDD"格式填写 |
| 66 | 称重检验设备启用时间 | 日期 | 8 | 可空 | 按"YYYYMMDD"格式填写 |
| 67 | 称重检验设备状态 | 字符 | 1 | 可空 | 1——正常,2——故障维修,3——报废 |
| 68 | 测功检验设备名称 | 字符 | 128 | 可空 | |
| 69 | 测功检验设备型号 | 字符 | 32 | 可空 | |
| 70 | 测功检验设备生产厂家 | 字符 | 128 | 可空 | |
| 71 | 测功检验最少时间 | 数字 | 4 | 可空 | 单位为秒(s) |
| 72 | 测功检验设备启用时间 | 日期 | 8 | 可空 | 按"YYYYMMDD"格式填写 |
| 73 | 测功检验设备检定有效期止 | 日期 | 8 | 可空 | 按"YYYYMMDD"格式填写 |
| 74 | 测功检验设备状态 | 字符 | 1 | 可空 | 1——正常,2——故障维修,3——报废 |

表 A.7（续）

| 序号 | 名　　称 | 类型 | 长度 | 是否可空 | 说　　明 |
|---|---|---|---|---|---|
| 75 | 全线检验时间 | 数字 | 4 | 可空 | 单位为秒(s) |
| 76 | 项目 1 | 字符 | 16 | 可空 | |
| 77 | 项目 2 | 字符 | 16 | 可空 | |
| 78 | 项目 3 | 字符 | 16 | 可空 | |
| 79 | 项目 4 | 字符 | 16 | 可空 | |
| 80 | 项目 5 | 字符 | 16 | 可空 | |
| 81 | 项目 6 | 字符 | 16 | 可空 | |
| 82 | 项目 7 | 字符 | 16 | 可空 | |
| 83 | 项目 8 | 字符 | 16 | 可空 | |
| 84 | 项目 9 | 字符 | 16 | 可空 | |
| 85 | 备注 | 字符 | 128 | 可空 | |

# 附 录 B
# （规范性附录）
# 机动车安全技术检验业务信息系统上传数据接口

## B.1 机动车单项检验结果上传接口

### B.1.1 输出过程

机动车安全技术检验机构通过调用行政管理部门提供的 WebService 接口，将机动车单项检验结果信息(各单项检验是否合格)上传到行政管理部门。

### B.1.2 接口数据格式

系统应将机动车安全检验各项目具体检验结果信息实时上传到行政管理部门。信息存储格式见表 B.1。

**表 B.1 机动车安全技术检验记录表**

| 序号 | 名 称 | 类型 | 长度 | 是否可空 | 说 明 |
|---|---|---|---|---|---|
| 1 | 检验流水号 | 字符 | 17 | 可空 | 6 位行政区划＋YYMMDD＋5 位顺序号 |
| 2 | 检测线代号 | 字符 | 11 | 不可空 | 9 位安检机构许可证号＋2 位代号 |
| 3 | 机动车序号 | 字符 | 14 | 可空 | |
| 4 | 号牌号码 | 字符 | 15 | 不可空 | |
| 5 | 号牌种类 | 字符 | 2 | 不可空 | 按 GA 24.7 |
| 6 | 车辆识别代号 | 字符 | 25 | 可空 | 即 VIN 号或车架号 |
| 7 | 检验日期 | 日期 | 8 | 不可空 | 按“YYYYMMDD”格式填写 |
| 8 | 检验有效期止 | 日期 | 8 | 不可空 | 按“YYYYMMDD”格式填写 |
| 9 | 承检单位 | 字符 | 64 | 不可空 | |
| 10 | 经办人 | 字符 | 30 | 不可空 | |
| 11 | 检验综合结果 | 字符 | 1 | 不可空 | 按 GA 24.2。以下为分项判定结果 |
| 12 | 外检判定 | 字符 | 1 | 可空 | 0——未检，1——合格，2——不合格，3——建议维护 |
| 13 | 底盘动态判定 | 字符 | 1 | 可空 | 0——未检，1——合格，2——不合格，3——建议维护 |
| 14 | 车速表判定 | 字符 | 1 | 可空 | 0——未检，1——合格，2——不合格，3——建议维护 |
| 15 | 汽油车尾气判定 | 字符 | 1 | 可空 | 0——未检，1——合格，2——不合格，3——建议维护 |
| 16 | 柴油车烟度判定 | 字符 | 1 | 可空 | 0——未检，1——合格，2——不合格，3——建议维护 |

**表 B.1（续）**

| 序号 | 名　　称 | 类型 | 长度 | 是否可空 | 说　　明 |
|---|---|---|---|---|---|
| 17 | 制动判定 | 字符 | 1 | 可空 | 0——未检，1——合格，2——不合格，3——建议维护 |
| 18 | 灯光发光强度判定 | 字符 | 1 | 可空 | 0——未检，1——合格，2——不合格，3——建议维护 |
| 19 | 灯光偏移判定 | 字符 | 1 | 可空 | 0——未检，1——合格，2——不合格，3——建议维护 |
| 20 | 功率判定 | 字符 | 1 | 可空 | 0——未检，1——合格，2——不合格，3——建议维护 |
| 21 | 侧滑判定 | 字符 | 1 | 可空 | 0——未检，1——合格，2——不合格，3——建议维护 |
| 22 | 底盘判定 | 字符 | 1 | 可空 | 0——未检，1——合格，2——不合格，3——建议维护 |
| 23 | 路试判定 | 字符 | 1 | 可空 | 0——未检，1——合格，2——不合格，3——建议维护 |
| 24 | 整车整备质量判定 | 字符 | 1 | 可空 | 0——未检，1——合格，2——不合格，3——建议维护 |

### B.1.3　接口定义

Public String　writeObjectOut (String xtlb，String jkxlh，String jkid，String WriteXmlDoc)。

### B.1.4　接口参数说明

xtlb：系统类别，“01”；

jkxlh：接口序列号，由行政管理部门信息系统授权生成下发；

jkid：接口标识，为"01C71"；

WriteXmlDoc：封装写入数据的 XML 格式文档。

WriteXmlDoc 的文档格式要求如下：

〈? xml version = "1.0" encoding = "GBK"?〉
〈root〉
〈vehInspection〉
……
〈jclsh〉-〈/jclsh〉
……
〈! -附表 B.1 的 1 到 24 项内容--〉
〈/vehInspection〉
〈/root〉

结果返回类 XML 文档定义：

〈? xml version = "1.0" encoding = "GBK"?〉
〈root〉

〈head〉
〈code〉1〈/code〉　〈! --0:写入失败,1:写入成功--〉
〈message〉数据保存成功〈/message〉　〈! --如果失败,表示失败描述--〉
〈/head〉
〈/root〉

## B.2 机动车安全技术检验判定结果上传接口

### B.2.1 输出过程

机动车安全技术检验机构通过调用行政管理部门提供的 WebService 接口,将机动车安全技术检验判定结果(该车检验是否合格)记录上传到行政管理部门。

### B.2.2 接口数据格式

机动车安全技术检验结果见表 B.2。

**表 B.2 机动车安全技术检验结果表**

| 序号 | 名　称 | 类型 | 长度 | 是否可空 | 说　明 |
|---|---|---|---|---|---|
| 1 | 号牌号码 | 字符 | 15 | 不可空 | |
| 2 | 号牌种类 | 字符 | 2 | 不可空 | 按 GA 24.7 |
| 3 | 车辆识别代号 | 字符 | 25 | 可空 | 即 VIN 号或车架号 |
| 4 | 检验结果 | 字符 | 1 | 不可空 | 1——合格,2——不合格,3——建议维护 |
| 5 | 检验日期 | 日期 | 8 | 不可空 | 按“YYYYMMDD”格式填写 |
| 6 | 承检单位 | 字符 | 64 | 不可空 | |

### B.2.3 接口定义

Public String writeObjectOut (String xtlb,String jkxlh,String jkid,String WriteXmlDoc)。

### B.2.4 接口参数说明

xtlb:系统类别,“01”;
jkxlh:接口序列号,由行政管理部门信息系统授权生成下发;
jkid:接口标识,为“01C72”;
WriteXmlDoc:封装写入数据的 XML 格式文档。
WriteXmlDoc 的文档格式要求如下:

〈? xml version = "1.0" encoding = "GBK"?〉
〈root〉
〈vehInspection〉
……
〈hphm〉-〈/hphm〉

```
        ……
        〈! -附表 B.2 的 1 到 6 项内容--〉
    〈/vehInspection〉
    〈/root〉
```

结果返回类 XML 文档定义：

```
    〈? xml version = "1.0" encoding = "GBK"?〉
    〈root〉
    〈head〉
      〈code〉1〈/code〉                          〈! --0:写入失败,1:写入成功--〉
      〈message〉数据保存成功〈/message〉          〈! --如果失败,表示失败描述--〉
    〈/head〉
    〈/root〉
```

上传机动车安全技术检验判定信息时，根据根据“输入参数 clsbdh”或“输入参数 hpzl 和 hphm”可以唯一确定该机动车安全技术检验判定结果信息，实际调用该接口时，只需输入其中一个条件即可。

## B.3 机动车安全技术检验机构信息上传接口

### B.3.1 输出过程

机动车安全技术检验机构通过调用行政管理部门提供的 WebService 接口，把新增或更新后的机动车安全技术检验机构信息上传到行政管理部门。

### B.3.2 接口定义

Public String writeObjectOut (String xtlb,String jkxlh,String jkid,String WriteXmlDoc)。

### B.3.3 接口参数说明

xtlb：系统类别，“01”；

jkxlh：接口序列号，由行政管理部门信息系统授权生成下发；

jkid：接口标识，为“01C73”；

WriteXmlDoc：封装写入数据的 XML 格式文档。

WriteXmlDoc 的文档格式要求以下：

```
    〈? xml version = "1.0" encoding = "GBK"?〉
    〈root〉
    〈InspectionStation〉
        ……
        〈jczdh〉-〈/jczdh〉
        ……
        〈! -附表 A.6 的所有内容--〉
    〈/InspectionStation 〉
    〈/root〉
```

结果返回类 XML 文档定义：

```
<? xml version = "1.0" encoding = "GBK"?>
<root>
<head>
  <code>1</code>                              <! --0:写入失败,1:写入成功-->
  <message>数据保存成功</message>             <! --如果失败,表示失败描述-->
</head>
</root>
```

## B.4 机动车检测线信息上传接口

### B.4.1 输出过程

机动车安全技术检验机构通过调用行政管理部门提供的 WebService 接口,把新增或更新后的机动车安全检测线信息上传到行政管理部门。

### B.4.2 接口定义

Public String writeObjectOut (String xtlb,String jkxlh,String jkid,String WriteXmlDoc)。

### B.4.3 接口参数说明

xtlb:系统类别,“01”;

jkxlh:接口序列号,由行政管理部门信息系统授权生成下发;

jkid:接口标识,为“01C74”;

WriteXmlDoc:封装写入数据的 XML 格式文档。

WriteXmlDoc 的文档格式要求如下:

```
<? xml version = "1.0" encoding = "GBK"?>
<root>
<InspectionLine>
    ……
    <jczdh>-</jczdh>
    ……
    <! -附表 A.7 的所有内容-->
</InspectionLine >
</root>
```

结果返回类 XML 文档定义:

```
<? xml version = "1.0" encoding = "GBK"?>
<root>
<head>
  <code>1</code>                              <! --0:写入失败,1:写入成功-->
  <message>数据保存成功</message>             <! --如果失败,表示失败描述-->
</head>
</root>
```

## B.5 机动车交通事故责任强制保险记录上传接口

### B.5.1 输出过程

机动车安全技术检验机构通过调用行政管理部门提供的 WebService 接口，将可以采集到的机动车交通事故责任强制保险记录上传到行政管理部门。

### B.5.2 接口数据格式

对于已经采集的机动车交通事故责任强制保险记录信息，机动车安全技术检验业务信息系统应将该信息上传到行政管理部门。信息存储格式见表 B.3。

**表 B.3 机动车交通事故责任强制保险信息表**

| 序号 | 名 称 | 类型 | 长度 | 是否可空 | 说 明 |
|---|---|---|---|---|---|
| 1 | 机动车序号 | 字符 | 14 | 可空 | |
| 2 | 号牌种类 | 字符 | 2 | 可空 | 按 GA 24.7。在用车不可空 |
| 3 | 号牌号码 | 字符 | 15 | 可空 | |
| 4 | 车辆识别代号 | 字符 | 25 | 不可空 | 即 VIN 号或车架号 |
| 5 | 保险凭证号 | 字符 | 20 | 可空 | |
| 6 | 保险金额 | 数字 | 10 | 可空 | |
| 7 | 保险公司 | 字符 | 64 | 可空 | 保险公司名称 |
| 8 | 生效日期 | 日期 | 8 | 不可空 | 按“YYYYMMDD”格式填写 |
| 9 | 终止日期 | 日期 | 8 | 不可空 | 按“YYYYMMDD”格式填写 |

### B.5.3 接口定义

Public String writeObjectOut (String xtlb,String jkxlh,String jkid,String WriteXmlDoc)。

### B.5.4 接口参数说明

xtlb:系统类别,“01”;
jkxlh:接口序列号，由行政管理部门信息系统授权生成下发；
jkid:接口标识，为“01C75”；
WriteXmlDoc:封装写入数据的 XML 格式文档。
WriteXmlDoc 的文档格式要求如下：

```
〈? xml version = "1.0" encoding = "GBK"?〉
〈root〉
〈vehInspection〉
    ……
    〈bxpzbh〉-〈/bxpzbh〉
    ……
    〈! -附表 B.3 的 1 到 9 项内容--〉
〈/vehInspection〉
```

```
〈/root〉
```

结果返回类 XML 文档定义：

```
〈? xml version = "1.0" encoding = "GBK"?〉
〈root〉
〈head〉
  〈code〉1〈/code〉                              〈! --0:写入失败,1:写入成功--〉
  〈message〉数据保存成功〈/message〉            〈! --如果失败,表示失败描述--〉
〈/head〉
〈/root〉
```

## B.6 机动车安全技术检验结果上传接口

### B.6.1 输出过程

机动车安全技术检验机构调用行政管理部门提供的 WebService 接口,实时上传机动车的整个检验详细结果记录。

### B.6.2 接口定义

Public String writeObjectOut(String xtlb,String jkxlh,String jkid,String WriteXmlDoc)。

### B.6.3 接口参数说明

xtlb:系统类别,“01”;

jkxlh:接口序列号,由行政管理部门信息系统授权生成下发;

jkid:接口标识,为“01C81”;

WriteXmlDoc:封装写入数据的 XML 格式文档。

WriteXmlDoc 的文档格式要求如下:

```
〈? xml version = "1.0" encoding = "GBK"?〉
〈root〉
〈vehInspection〉
    ……
    〈jclsh〉-〈/jclsh〉
    ……
    〈! -附表 A.2 的 1 到 174 项内容--〉
〈/vehInspection〉
〈/root〉
```

结果返回类 XML 文档定义：

```
〈? xml version = "1.0" encoding = "GBK"?〉
〈root〉
〈head〉
  〈code〉1〈/code〉                              〈! --0:写入失败,1:写入成功--〉
  〈message〉数据保存成功〈/message〉            〈! --如果失败,表示失败描述--〉
〈/head〉
```

〈/root〉

## B.7 机动车安全技术检验制动力曲线上传接口

### B.7.1 输出过程

机动车安全技术检验机构调用行政管理部门提供的 WebService 接口，实时上传机动车的制动力曲线记录。

### B.7.2 接口定义

Public String writeObjectOut(String xtlb,String jkxlh,String jkid,String WriteXmlDoc)。

### B.7.3 接口参数说明

xtlb：系统类别，“01”；
jkxlh：接口序列号，由行政管理部门信息系统授权生成下发；
jkid：接口标识，为“01C82”；
WriteXmlDoc：封装写入数据的 XML 格式文档。
WriteXmlDoc 的文档格式要求如下：

```
〈? xml version = "1.0" encoding = "GBK"?〉
〈root〉
〈vehBrake〉
    ……
    〈jclsh〉-〈/jclsh〉
    ……
    〈! -附表 A.3 的 1 到 13 项内容，其中 1 到 4 轴的制动力曲线是对二进制数据流经 Base64 编码后的字符串--〉
〈/vehBrake〉
〈/root〉
```

结果返回类 XML 文档定义：

```
〈? xml version = "1.0" encoding = "GBK"?〉
〈root〉
〈head〉
  〈code〉1〈/code〉                              〈! --0：写入失败，1：写入成功--〉
  〈message〉数据保存成功〈/message〉              〈! --如果失败，表示失败描述--〉
〈/head〉
〈/root〉
```

## B.8 机动车安全技术检验图片上传接口

### B.8.1 输出过程

机动车安全技术检验机构通过调用行政管理部门提供的 WebService，上传保存的机动车资料和机动车安全技术检验的图片信息。

**B.8.2 接口定义**

Public String writeObjectOut (String xtlb,String jkxlh,String jkid,String WriteXmlDoc)。

**B.8.3 接口参数说明**

xtlb:系统类别,"01";

jkxlh:接口序列号,由行政管理部门信息系统授权生成下发;

jkid:接口标识,为"01C83";

WriteXmlDoc:封装写入数据的 XML 格式文档。

WriteXmlDoc 的文档格式要求如下:

```
〈? xml version = "1.0" encoding = "GBK"?〉
〈root〉
〈vehPhoto〉
    ……
    〈jclsh〉-〈/jclsh〉
    ……
    〈! -附表 A.4 的 1 到 9 项内容,其中照片是对二进制数据流经 Base64 编码后的字符串--〉
〈/vehPhoto〉
〈/root〉
```

结果返回类 XML 文档定义:

```
〈? xml version = "1.0" encoding = "GBK"?〉
〈root〉
〈head〉
  〈code〉1〈/code〉                          〈! --0:写入失败,1:写入成功--〉
  〈message〉数据保存成功〈/message〉        〈! --如果失败,表示失败描述--〉
〈/head〉
〈/root〉
```

# 附　录　C
（资料性附录）
# 机动车安全技术检验业务信息系统统计报表

## C.1　车辆类型分类合格率汇总表

机动车车辆类型分类合格率统计表样式见表C.1。

**表C.1　车辆类型分类合格率汇总表**

机动车安全技术检验机构名称：　　　　　　　　　　统计范围：　年　月　日—　年　月　日

| 序号 | 车辆类型 | 总检 | | | | | 一次合格 | | 复检合格 | |
|---|---|---|---|---|---|---|---|---|---|---|
| | | 车辆数 | 合格数 | 合格率 | 不合格数 | 不合格率 | 车辆数 | 合格率 | 车辆数 | 合格率 |
| | | | | | | | | | | |
| | | | | | | | | | | |
| 合　计 | | | | | | | | | | |

## C.2　检验类别分类合格率汇总表

机动车安全技术检验类别分类合格率统计表样式见表C.2。

**表C.2　检验类别分类合格率汇总表**

机动车安全技术检验机构名称：　　　　　　　　　　统计范围：　年　月　日—　年　月　日

| 序号 | 检验类别 | 总检 | | | | | 一次合格 | | 复检合格 | |
|---|---|---|---|---|---|---|---|---|---|---|
| | | 车辆数 | 合格数 | 合格率 | 不合格数 | 不合格率 | 车辆数 | 合格率 | 车辆数 | 合格率 |
| | | | | | | | | | | |
| | | | | | | | | | | |
| 合　计 | | | | | | | | | | |

## C.3　区县分类合格率汇总表

机动车区县分类合格率统计表样式见表C.3。

**表C.3　区县分类合格率汇总表**

机动车安全技术检验机构名称：　　　　　　　　　　统计范围：　年　月　日—　年　月　日

| 序号 | 区县名称 | 总检 | | | | | 一次合格 | | 复检合格 | |
|---|---|---|---|---|---|---|---|---|---|---|
| | | 车辆数 | 合格数 | 合格率 | 不合格数 | 不合格率 | 车辆数 | 合格率 | 车辆数 | 合格率 |
| | | | | | | | | | | |
| | | | | | | | | | | |
| 合　计 | | | | | | | | | | |

## C.4 检验项目分类合格率汇总表

机动车安全技术检验项目分类合格率统计表样式见表 C.4。

**表 C.4 检验项目分类合格率汇总表**

机动车安全技术检验机构名称：　　　　　　　　　　　　　　　　统计范围：　年　月　日—　年　月　日

| 序号 | 检验项目 | 总检 | | | | | 一次合格 | | 复检合格 | |
|---|---|---|---|---|---|---|---|---|---|---|
| | | 车辆数 | 合格数 | 合格率 | 不合格数 | 不合格率 | 车辆数 | 合格率 | 车辆数 | 合格率 |
| | | | | | | | | | | |
| | | | | | | | | | | |
| 合　计 | | | | | | | | | | |

## C.5 客车和危货车辆检验情况月报表

客车和危货车辆检验情况统计月报表式样见表 C.5。

**表 C.5 客车和危货车辆检验情况月报表**

机动车安全技术检验机构名称：　　　　　　　　　　　　　　　　统计范围：　年　月　日—　年　月　日

| 车辆类别 | 检验车辆数量(辆) | 复检一次合格数 | 复检率最高外检项目 | 复检率(%) |
|---|---|---|---|---|
| 客车(座椅) | | | | |
| 客车(卧铺) | | | | |
| 危货(易燃易爆) | | | | |
| 危货(非易燃易爆) | | | | |
| 校车 | | | | |
| 合计 | | | | |

## C.6 各检测线车辆数分布统计表

检测线车辆数分布统计报表式样见表 C.6。

**表 C.6 检测线车辆数分布统计表**

机动车安全技术检验机构名称：　　　　　　　　　　　　　　　　统计范围：　年　月　日—　年　月　日

| 线号 | 初检(辆) | 合格(辆) | 合格率 | 一次复检(辆) | 合格率 | 二次复检(辆) | 合格率 | 三次以上复检(辆) | 合格率 |
|---|---|---|---|---|---|---|---|---|---|
| | | | | | | | | | |
| | | | | | | | | | |

# 附 录 D
(规范性附录)
# 机动车安全技术检验业务信息系统关联数据接口

## D.1 机动车注册信息关联接口

### D.1.1 输入过程

机动车安全技术检验机构通过调用行政管理部门提供的 WebService 接口,从行政管理部门获取机动车注册信息。

### D.1.2 接口数据格式

行政管理部门提供的机动车注册信息见表 D.1。

表 D.1 机动车注册信息表

| 序号 | 名称 | 类型 | 长度 | 是否可空 | 说明 |
|---|---|---|---|---|---|
| 1 | 机动车序号 | 字符 | 14 | 不可空 | 按 GA 24.7 |
| 2 | 号牌种类 | 字符 | 2 | 不可空 | |
| 3 | 号牌号码 | 字符 | 15 | 不可空 | |
| 4 | 车辆识别代号 | 字符 | 25 | 不可空 | 即 VIN 号或车架号 |
| 5 | 发动机/电动机码 | 字符 | 30 | 可空 | 按 GA 24.8 |
| 6 | 车身颜色 | 字符 | 5 | 不可空 | |
| 7 | 使用性质 | 字符 | 1 | 不可空 | 按 GA 24.3 |
| 8 | 初次登记日期 | 日期 | 8 | 可空 | 按"YYYYMMDD"格式填写 |
| 9 | 车辆型号 | 字符 | 32 | 不可空 | 按 GA 24.9 |
| 10 | 燃料种类 | 字符 | 3 | 可空 | |
| 11 | 功率 | 数值 | 5 | 可空 | 单位为千瓦(kW) |
| 12 | 轴数 | 数值 | 1 | 不可空 | |
| 13 | 轴距 | 数值 | 5 | 不可空 | 单位为毫米(mm) |
| 14 | 前轮距 | 数值 | 4 | 可空 | 单位为毫米(mm) |
| 15 | 后轮距 | 数值 | 4 | 可空 | 单位为毫米(mm) |
| 16 | 总质量 | 数值 | 8 | 可空 | 单位为千克(kg) |
| 17 | 整备质量 | 数值 | 8 | 可空 | 单位为千克(kg) |
| 18 | 出厂日期 | 日期 | 8 | 可空 | 按"YYYYMMDD"格式填写 |
| 19 | 强制报废期止 | 日期 | 8 | 可空 | 按"YYYYMMDD"格式填写 |

### D.1.3 接口定义

Public String queryObjectOut(String xtlb,String jkxlh,String jkid,String QueryXmlDoc)。

### D.1.4 接口参数说明

xtlb:系统类别,“01”;

jkxlh:接口序列号,由行政管理部门信息系统授权生成下发;

jkid:接口标识。为“01C01”;

QueryXmlDoc:封装查询条件的 XML 格式文档。

QueryXmlDoc 的文档格式要求如下:

〈? xml version = "1.0" encoding = "GBK"?〉
〈root〉
〈QueryConditon〉
〈hpzl〉-〈/hpzl〉〈! —号牌种类--〉
〈hphm〉-〈/hphm〉〈! —号牌号码,包含汉字,发证机关身份头,如“京”、“津”等--〉
〈clsbdh〉-〈/clsbdh 〉〈! —车辆识别代号--〉
〈fdjh〉-〈/fdjh〉〈! —发动机号--〉
〈/QueryConditon〉
〈/root〉

查询返回结果 ResultXML 文档格式如下:

〈? xml version = "1.0" encoding = "GBK"?〉
〈root〉
〈head〉
〈code〉1〈/code〉〈! --0:未查询到结果,1:已查询到结果--〉
〈message〉数据下载成功〈/message〉〈! --如果失败,表示失败描述--〉
〈rownum〉1〈/rownum〉
〈/head〉
〈body〉
〈veh id = "0"〉
〈xh〉51010000000002〈/xh〉
......
〈! --如果查询成功,则输出附表 D.1 的 1 到 19 项内容--〉
〈/veh〉
〈/body〉
〈/root〉

## D.2 机动车交通违法信息查询接口

### D.2.1 输入过程

机动车安全技术检验机构通过调用行政管理部门提供的 WebService 接口,从行政管理部门查询机动车有无尚未处理完毕道路交通安全违法行为。

### D.2.2 接口定义

Public String queryObjectOut(String xtlb,String jkxlh,String jkid,String QueryXmlDoc)。

### D.2.3 接口参数说明

xtlb:系统类别,"04";

jkxlh:接口序列号,由行政管理部门信息系统授权生成下发;

jkid:接口标识,为"04C01";

QueryXmlDoc:封装查询条件的 XML 格式文档。

QueryXmlDoc 的文档格式要求如下:

```
〈? xml version = "1.0" encoding = "GBK"?〉
〈root〉
〈QueryConditon〉
    〈hpzl〉-〈/hpzl〉〈! —号牌种类--〉
    〈hphm〉-〈/hphm〉〈! —号牌号码,包含汉字,发证机关身份头,如"京"、"津"等--〉
〈/QueryConditon〉
〈/root〉
```

查询结果 ResultXML 文档格式

```
〈? xml version = "1.0" encoding = "GBK"?〉
〈root〉
〈head〉
〈code〉1〈/code〉〈! --0:未查询到结果,1:已查询到结果--〉
〈message〉数据查询成功〈/message〉〈! --如果失败,表示失败描述--〉
〈rownum〉1〈/rownum〉
〈/head〉
〈body〉
〈vio id = "0"〉
    〈wfbj〉0〈/wfbj〉〈! --1-有未处理完毕道路交通安全违法行为,0-没有--〉
〈/vio〉
〈/body〉
〈/root〉
```

## D.3 缺陷机动车信息查询接口

### D.3.1 输入过程

机动车安全技术检验机构通过调用行政管理部门提供的 WebService 接口,从行政管理部门查询机动车是否属于缺陷召回机动车。

### D.3.2 接口定义

Public String queryObjectOut(String xtlb,String jkxlh,String jkid,String QueryXmlDoc)。

### D.3.3 接口参数说明

xtlb:系统类别,"01";

jkxlh:接口序列号,由行政管理部门信息系统授权生成下发;

jkid:接口标识,为"01C84";

QueryXmlDoc:封装查询条件的 XML 格式文档。

QueryXmlDoc 的文档格式要求如下:

```
〈? xml version = "1.0" encoding = "GBK"?〉
〈root〉
〈QueryConditon〉
    〈zzcmc〉-〈/zzcmc〉〈! —制造厂名称--〉
    〈clpp〉-〈/clpp〉〈! —车辆中文品牌--〉
    〈clxh〉-〈/clxh〉〈! —车辆型号--〉
    〈clzzrq〉-〈/clzzrq〉〈! —车辆制造日期--〉
〈/QueryConditon〉
〈/root〉
```

查询结果 ResultXML 文档格式:

```
〈? xml version = "1.0" encoding = "GBK"?〉
〈root〉
〈head〉
〈code〉1〈/code〉〈! --0:未查询到结果,1:已查询到结果--〉
〈message〉数据查询成功〈/message〉〈! --如果失败,表示失败描述--〉
〈rownum〉1〈/rownum〉
〈/head〉
〈body〉
〈veh id = "0"〉
    〈zhcl〉1〈/zhcl〉〈! --0:不属于召回车辆,1:属于召回车辆--〉
〈zhyy〉 〈/zhyy〉〈! --如果属于召回车辆,表示召回原因--〉
〈/veh〉
〈/body〉
〈/root〉
```

# 附 录 E
（规范性附录）
机动车外观远程查验拍照要求

## E.1 各车型外观远程查验拍照要求

表 E.1 机动车外观远程查验拍照要求

| 序号 | 车辆类型 | 拍摄照片 | 要 求 |
|---|---|---|---|
| 1 | 所有车辆 | 车左前斜视 45°拍照 | 能清晰显示车辆的前外观、车辆号牌和轮胎；对三轮汽车以外的车辆同时拍摄三角警告牌；对货车和挂车应能清晰辨别车身反光标识；除半挂牵引车外的总质量大于 3 500 kg 的载货汽车和挂车，能清晰辨别侧面防护装置；对危险化学品运输车、专用校车、燃气汽车能清晰辨别外部标识、文字；对警车、消防车、救护车和工程救险车，能清晰辨别车辆外观制式、标志灯具和车用电子警报器 |
| | | 车右后斜视 45°拍照 | 能清晰显示车辆的后外观、车辆号牌、轮胎；对货车和挂车应能清晰辨别车身反光标识；除半挂牵引车外的总质量大于 3 500 kg 的载货汽车和挂车，能清晰辨别侧面及后下部防护装置；对危险化学品运输车、专用校车、燃气汽车能清晰辨别外部标识、文字；对警车、消防车、救护车和工程救险车，能清晰辨别车辆外观制式、标志灯具和车用电子警报器 |
| | | 车辆识别代号拍照 | 能清晰显示车辆识别代号，对于无法清晰拍摄的机动车，允许拍摄车辆识别代号的拓印膜 |
| 2 | 微、小型载客汽车 | 侧面拍照 | 能清晰显示侧窗完整性和车内安全带 |
| 3 | 中型载客汽车 | 车内最前方向后拍照 | 能清晰显示车内座位数；对于公路客运载客汽车和旅游客运载客汽车能辨别汽车安全带 |
| | | 灭火器拍照 | 能清晰显示灭火器的安装情况及器身表明的有效期限 |
| 4 | 大型载客汽车 | 车内最前方向后拍照 | 能清晰显示车厢内座位数和汽车安全带；车长大于 6 000 mm 的，应能清晰显示车辆的安全出口；车长大于 7 000 mm 的，应清晰显示车顶安全出口 |
| | | 灭火器拍照 | 能清晰显示灭火器的安装情况及器身表明的有效期限 |
| | | 安全手锤拍照 | 能清晰显示安全手锤及安装情况 |
| | | 行驶记录仪拍照 | 对 2005 年 2 月 1 日起注册登记且车长大于 9 000 mm 的公路客运载客汽车和旅游客运载客汽车进行拍照，能清晰显示行驶记录装置及安装情况 |
| 5 | 载货汽车（包括半挂牵引车） | 侧面拍照 | 对最大设计车速大于 100 km/h 的车辆进行拍照，能清晰辨别车内安全带 |
| 6 | 危险化学品运输车 | 灭火器拍照 | 能清晰显示灭火器的安装情况及器身表明的有效期限 |
| | | 行驶记录仪拍照 | 对 2006 年 11 月 1 日起出厂的道路运输爆炸品和剧毒化学品车辆进行拍照，能清晰显示行驶仪装置及安装情况 |

# 参 考 文 献

[1] GB/T 2260 中华人民共和国行政区划代码
[2] GB 9245 信息技术设备的无线电骚扰限值和测量方法
[3] GB 9361 计算站场地安全要求
[4] GA 648 交通技术监控信息数据规范

ICS 43.020
R 04

GA

# 中华人民共和国公共安全行业标准

GA 801—2014
代替 GA 801—2013

# 机动车查验工作规程

## Code of practice for motor vehicle inspection

2014-09-15 发布　　2014-12-01 实施

中华人民共和国公安部　发布

# 前　　言

**本标准中第2章、第3章及6.19、6.20、8.6为推荐性的，其余为强制性的。**

本标准按照GB/T 1.1—2009给出的规则起草。

本标准代替GA 801—2013《机动车查验工作规程》。与GA 801—2013相比，除编辑性修改外主要技术变化如下：

——修改了标准的适用范围(见第1章，2013年版的第1章)；

——修改了“查验员”的术语和定义(见3.2，2013年版的3.2)；

——增加了“所有从事机动车查验工作的人员均应具有查验员资格证书，并获得设区的市公安机关交通管理部门授权”的要求(见4.1)；

——增加了查验员的分类及各级查验员可以查验的机动车类型和工作职责(见4.2)；

——修改了查验员的培训、考试和核发查验员资格证书的要求(见4.3，2013年版的4.1)；

——增加了查验员资格证书的有效期要求及有效期内应每年审验一次的要求(见4.4)；

——增加了省级公安机关交通管理部门的职责(见4.5)；

——增加了对申请注册登记的所有货车、货车底盘改装的专项作业车、挂车和带驾驶室的正三轮摩托车应查验整备质量的要求[见5.1.2 c)]；

——删除了核发机动车检验合格标志时的查验项目要求(见2013年版的5.2)；

——修改了对申请转移登记或者变更迁出的机动车的查验项目(见5.3.1，2013年版的5.4.1)；

——修改了申领、补领机动车登记证书环节的查验项目(见5.3.2，2013年版的5.4.2)；

——修改了需要监督解体的报废机动车的具体车辆类型(见5.3.3，2013年版的5.4.3)；

——修改了查验场地和设施的要求(见6.1，2013年版的6.1)；

——增加了专门查验区的要求(见6.2)；

——增加了查验员随身查验工具和装备要求，以及查验员查验机动车的基本要求(见6.3、6.4)；

——增加了公安机关交通管理部门车辆管理所查验机动车时应视频录像或拍摄照片的要求(见6.6)；

——增加了确定车辆类型的要求(见6.9)；

——修改了查验车辆外廓尺寸的要求(见6.12、2013年版的6.5)；

——增加了查验车辆整备质量的要求(见6.13)；

——修改了查验安全装置的要求(见6.14，2013年版的6.11)；

——修改了审核安全技术检验合格证明的要求(见6.15，2013年版的6.6)；

——增加了“使用便携式查验智能终端时，《机动车查验记录表》应通过计算机软件打印生成”的要求[见6.17 g)]；

——增加了“监督报废机动车解体时，应现场或远程视频监督车辆的五大总成解体”的要求(见6.18)；

——增加了“申请转移登记或者变更迁出的已注册登记机动车，不方便回机动车号牌核发地公安机关交通管理部门车辆管理所查验的，转入/迁入地公安机关交通管理部门车辆管理所按照5.3.1的规定查验机动车”的要求(见6.19)；

——增加了机动车查验监督管理的相关要求(见6.21、6.22和6.23)；

——删除了“更换车身或者车架时不属于打刻原车辆识别代号的，在《机动车查验记录表》的备注栏内记录新的车辆识别代号”的要求(见2013年版的6.3)；

——删除了“省、自治区、直辖市和设区的市公安机关交通管理部门，可以根据 GB 7258 等机动车国家安全技术标准增加查验项目，根据地方性法规或地方政府规章扩大安全装置的配置和查验范围”的要求（见 2013 年版的 6.8）；

——修改了《违规机动车产品通报表》的上报要求（见 7.2，2013 年版的 7.2）；

——增加了检验监督工作要求（见第 8 章）；

——修改了表 A.1 中“车辆外观形状”“核定载人数”“车辆外廓尺寸”“安全技术检验合格证明”等项目的查验合格要求（见附录 A，2013 年版的附录 A）；

——增加了表 A.1 中“整备质量”项目的查验合格要求（见附录 A）；

——修改了“表 C.1 违规机动车产品通报表”（见附录 C，2013 年版的附录 C）；

——增加了附录 D（见附录 D）。

本标准由公安部道路交通管理标准化技术委员会提出并归口。

本标准负责起草单位：公安部交通管理科学研究所。

本标准参加起草单位：北京市公安局公安交通管理局车辆管理所、沈阳市公安局交警支队车辆管理所、成都市公安局交通管理局车辆管理所。

本标准主要起草人：应朝阳、吴云强、孙巍、张军、李健、赵卫兴、是建荣、罗跃、包威、张宝文。

本标准所代替标准的历次版本发布情况为：

——GA 801—2008、GA 801—2013。

# 机动车查验工作规程

## 1 范围

本标准规定了机动车查验员资格管理、查验项目和查验工作要求以及公安机关交通管理部门对机动车安全技术检验进行监督的工作要求。

本标准适用于公安机关交通管理部门和经公安机关交通管理部门考核合格并取得认可的单位对机动车进行查验，本标准也适用于公安机关交通管理部门对机动车查验员进行资格管理及对机动车安全技术检验进行监督。

## 2 规范性引用文件

下列文件对于本文件的应用是必不可少的。凡是注日期的引用文件，仅注日期的版本适用于本文件。凡是不注日期的引用文件，其最新版本(包括所有的修改单)适用于本文件。

GB 1589 道路车辆外廓尺寸、轴荷及质量限值

GB 7258—2012 机动车运行安全技术条件

GA 802 机动车类型 术语和定义

机动车登记规定(公安部令第102号)

## 3 术语和定义

GB 7258界定的以及下列术语和定义适用于本文件。

3.1

**查验 inspection**

办理机动车业务时，查验员依据道路交通安全法律法规和相关标准确认机动车。

3.2

**查验员 inspector**

具有相应的知识和技能，经公安机关交通管理部门培训考试合格并获得查验员资格证书，根据公安机关交通管理部门授权从事机动车查验工作的人员。

## 4 查验员资格管理

4.1 所有从事机动车查验工作的人员均应具有查验员资格证书，并获得设区的市公安机关交通管理部门授权。

4.2 查验员分为初级查验员、中级查验员和高级查验员。各级查验员可以查验的机动车类型及工作职责如下：

a) 初级查验员可以对摩托车、小型和微型载客汽车、轻型和微型载货汽车、低速汽车(包括三轮汽车和低速货车)进行查验；

b) 中级查验员可以对所有类型机动车进行查验，进行嫌疑车辆调查取证、违规机动车产品上报初审，指导初级查验员的查验工作；

c) 高级查验员可以对所有类型机动车进行查验,进行嫌疑车辆调查取证、违规机动车产品上报审查,指导中级和初级查验员工作,对中级和初级查验员进行培训。

4.3 公安部交通管理局负责组织对全国高级查验员进行培训、考试并核发查验员资格证书,省级公安机关交通管理部门负责对本省(自治区、直辖市)范围内的中级查验员和初级查验员进行培训、考试、核发查验员资格证书。

4.4 查验员资格证书有效期为三年,有效期内应每年审验一次。

4.5 省级公安机关交通管理部门,应结合本地实际细化查验员资格管理规定,明确查验员培训考试、查验员资格证书年度审验及查验员日常管理等要求。

## 5 查验项目

### 5.1 注册登记

5.1.1 对申请注册登记的机动车,应核对机动车标准照片,确定车辆类型、车身颜色及核定载人数,并查验以下项目:

a) 基本信息:车辆识别代号(或整车出厂编号,下同)、发动机(电动机)号码[包括发动机(电动机)型号和出厂编号,下同]、车辆品牌和型号;

b) 主要特征:车辆号牌板(架)、车辆外观形状、轮胎完好情况。

5.1.2 根据申请注册登记机动车的车辆类型和使用性质的不同,还应查验以下项目:

a) 对汽车(无驾驶室的三轮汽车除外),查验机动车用三角警告牌;

b) 对乘用车、公路客车、旅游客车、未设置乘客站立区的公共汽车和旅居车的所有座椅及其他汽车(低速汽车除外)的驾驶人座椅和前排乘员座椅,查验汽车安全带;

c) 对总质量大于或等于 4 500 kg 的(即中型和重型)货车和货车底盘改装的专项作业车及所有低速汽车、挂车、危险货物运输车,查验外廓尺寸、轴数、轴距和轮胎规格,对所有货车和货车底盘改装的专项作业车、挂车、带驾驶室的正三轮摩托车,查验整备质量;其他类型的机动车在有疑问时查验;

d) 对所有货车、货车底盘改装的专项作业车和挂车,查验车身反光标识;对总质量大于或等于 12 000 kg 的(即重型)货车(半挂牵引车除外)和货车底盘改装的专项作业车,车长大于 8.0 m 的挂车,查验车辆尾部标志板;

e) 对除半挂牵引车外的总质量大于 3 500 kg 的货车、货车底盘改装的专项作业车和挂车,查验侧面及后下部防护装置;

f) 对危险货物运输车、客车[即中型(含)以上载客汽车],查验灭火器;

g) 对公路客车、旅游客车、未设置乘客站立区的公共汽车、危险货物运输车、半挂牵引车和总质量大于或等于 12 000 kg 的货车,查验行驶记录装置;

h) 对车长大于或等于 6 m 的客车,查验应急出口和应急锤;对车长大于 9 m 的公路客车、旅游客车和未设置乘客站立区的公共汽车,还应查验乘客门数量;

i) 对危险货物运输车、燃气汽车(包括气体燃料汽车、两用燃料汽车和双燃料汽车,下同),查验外部标识、文字;对货车和专项作业车,查验是否喷涂了总质量(或最大允许牵引质量)、栏板高度、罐体容积和允许装运货物的种类或名称;对客车(专用校车和设有乘客站立区的公共汽车除外),查验是否喷涂了该车提供给乘员(包括驾驶人)的座位数;对教练车,查验是否在车身两侧及后部喷涂了"教练车"等字样;对残疾人专用汽车(即残疾人专用自动挡载客汽车),查验是否设置了残疾人机动车专用标志;

j) 对警车、消防车、救护车和工程救险车,查验车辆外观制式、标志灯具和车用电子警报器;

k) 对残疾人专用汽车,查验操纵辅助装置加装合格证明及操纵辅助装置的产品型号和产品编号;

l) 对专用校车，查验车身外观标识、校车标志灯和停车指示标志(停车指示牌)、具有行驶记录功能的卫星定位装置、干粉灭火器、急救箱和车内外录像监控系统、辅助倒车装置、学生座椅(位)和照管人员座椅(位)、汽车安全带、应急出口和应急锤(逃生锤)；
m) 对公路客车、旅游客车、专用校车，危险货物运输车和车长大于 9 m 的未设置乘客站立区的公共汽车，查验是否具有限速功能或装备限速装置，以及限速功能或限速装置调定的最大车速对公路客车、旅游客车和未设置乘客站立区的公共汽车是否超过 100 km/h，对专用校车、危险货物运输车是否大于 80 km/h；
n) 对车长大于 8 m 的专用校车和车长大于 9 m 的其他客车、总质量大于或等于 12 000 kg 的货车和专项作业车、所有危险货物运输车，查验辅助制动装置。对专用校车、车长大于 9 m 的其他客车及所有危险货物运输车，查验前轮是否装备了盘式制动器；
o) 对专用校车，车长大于 9 m 的公路客车、旅游客车和未设置乘客站立区的公共汽车，所有危险货物运输车和半挂牵引车，总质量大于或等于 12 000 kg 的货车和专项作业车及总质量大于 10 000 kg 的挂车，查验防抱死制动装置；
p) 对专用校车及发动机后置的其他客车，查验发动机舱自动灭火装置；
q) 对校车和公路客车、旅游客车，查验车窗玻璃的可见光透射比是否大于或等于 50%及是否张贴有不透明和带任何镜面反光材料的色纸或隔热纸。

5.1.3 对按照《机动车登记规定》在申请注册登记前应进行安全技术检验的机动车，还应审核安全技术检验合格证明。

## 5.2 变更登记和变更备案

5.2.1 对因变更车身颜色或使用性质申请变更登记的机动车，核对变更颜色(或使用性质)后的机动车标准照片，查验车辆识别代号、车辆号牌(包括号牌放大号)、车辆外观形状和轮胎完好情况，确认车身颜色，并按 5.1.2 d)、5.1.2 e)、5.1.2 i)、5.1.2 j)的规定查验机动车。对因变更使用性质申请变更登记的机动车，还应按 5.1.2 g)、5.1.2 h)、5.1.2 m)～5.1.2 q)的规定查验机动车。

5.2.2 对因更换车身或者车架申请变更登记的机动车，核对变更后的机动车标准照片，查验车辆识别代号、发动机号码、车身颜色、车辆号牌(包括号牌放大号)、车辆外观形状和轮胎完好情况，审核安全技术检验合格证明，并按 5.1.2 d)、5.1.2 e)、5.1.2 g)、5.1.2 h)、5.1.2 i)、5.1.2 j)、5.1.2 m)～5.1.2 q)的规定查验机动车；有疑问时还应查验核定载人数及外廓尺寸、整备质量。

5.2.3 对因更换发动机申请变更登记的机动车，查验车辆识别代号、发动机号码、车辆号牌，审核安全技术检验合格证明。

5.2.4 对因质量问题更换整车申请变更登记的，按 5.1 的规定查验机动车。

5.2.5 对转入的机动车进行查验时，按 5.1 的规定查验机动车；对属于卧铺客车的，还应查验车内外录像监控装置。

5.2.6 对因重新打刻车辆识别代号申请变更备案的机动车，查验车辆识别代号、发动机号码，车身颜色、车辆号牌(包括号牌放大号)、车辆外观形状和轮胎完好情况，并按 5.1.2 d)、5.1.2 e)、5.1.2 i)、5.1.2 j)的规定查验机动车；有疑问时还应查验核定载人数及外廓尺寸、整备质量。

5.2.7 对因重新打刻发动机号申请变更备案的机动车，查验车辆识别代号、发动机号码和车辆号牌。

5.2.8 对自动挡乘用车加装肢体残疾人操纵辅助装置申请变更备案的，查验车辆识别代号、车辆号牌、操纵辅助装置加装合格证明、操纵辅助装置的产品型号和产品编号及安全技术检验合格证明。对残疾人专用汽车拆除肢体残疾人操纵辅助装置申请变更备案的，查验车辆识别代号、车辆号牌，确认是否已拆除操纵辅助装置。

## 5.3 其他业务

5.3.1 对申请转移登记或者变更迁出的机动车，按 5.1 的规定查验机动车；属于卧铺客车的，还应查验车内外录像监控装置。对非专用校车，还应查验校车标志灯、停车指示标志是否已拆除，以及是否已消除喷涂粘贴的专用校车车身外观标识，但办理转移登记的非专用校车，现机动车所有人为辖区内学校或者已取得县级或者设区的市级人民政府校车使用许可的校车服务提供者的除外。

5.3.2 对申领、补领机动车登记证书的机动车，查验车辆识别代号、发动机号码、车身颜色、车辆号牌（包括号牌放大号）、车辆外观形状及 5.1.2 d)、5.1.2 e)、5.1.2 i)、5.1.2 j)、5.1.2 q)规定的项目；对车辆外廓尺寸、整备质量、轮胎规格等主要特征和技术参数存在疑问时，应增加查验。

5.3.3 监督解体报废的大型客车、中型（含）以上货车、其他营运机动车和校车时，应查验被解体报废机动车的车辆识别代号，确认车辆发动机、方向机、变速器、前后桥、车架（车身）等五大总成。

5.3.4 教育行政部门征求申请校车使用许可审查意见阶段查验机动车时，应查验车辆识别代号、车辆号牌、校车标志灯和停车指示标志、具有行驶记录功能的卫星定位装置、应急锤、干粉灭火器、急救箱和安全技术检验合格证明；对专用校车和喷涂粘贴有专用校车车身外观标识的非专用校车，还应查验车身外观标识、照管人员座椅和汽车安全带；对专用校车，还应查验车内外录像监控系统、辅助倒车装置；对非专用校车，应分别核定乘坐幼儿、小学生、中小学生和初中生时的学生数和成人数。

5.3.5 对不再作为校车使用的非专用校车，应查验车辆识别代号、车辆号牌，确认校车标志灯、停车指示标志是否已拆除，以及是否已消除专用校车车身外观标识。

## 6 查验工作要求

6.1 公安机关交通管理部门车辆管理所查验机动车应在专门查验区进行，但特殊情况下不能在专门查验区进行查验并经省级公安机关交通管理部门批准的除外。

6.2 专门查验区的视线应良好，其场地应平坦、硬实，长度、宽度和高度应能满足查验车型的实际需要。专门查验区应施划有标志标线，安装有视频监控系统，配备有查验工具柜（箱），工具柜（箱）内应包括铅锤、轮胎花纹深度计、透光率计、探伤仪、铁钩、轮胎气压表、逆反射系数检测仪（或反光标识检测仪）等常用查验工具。

6.3 公安机关交通管理部门车辆管理所的查验员应配备查验工具包（内配钢尺、强光电筒、手锤等随身查验工具）、便携式智能查验终端和执法记录仪。便携式查验智能终端应具有远程比对《道路机动车辆生产企业及产品公告》（以下简称《公告》）照片和数据、向机动车查验监管系统无线上传数据及生成《机动车查验记录表》（见附录 A）的功能；执法记录仪应符合相关标准及规定。

6.4 查验员在查验机动车时，应佩带全省统一式样的证卡，按照规定使用便携式查验智能终端和执法记录仪，依法依规履行相关法律法规、技术标准赋予的职责。

6.5 查验员应按照规定的项目查验机动车，按照相关法律法规和 GB 1589、GB 7258 等机动车国家安全技术标准确认所查验项目是否符合规定（查验合格的主要要求参见附录 B）。与车辆结构或安全装置相关的查验项目，应按照机动车出厂时所执行版本的机动车国家安全技术标准确认是否符合规定，但法律法规和强制性国家标准另有规定的除外。

6.6 公安机关交通管理部门车辆管理所查验机动车时应进行视频录像或拍摄照片。视频或照片应能确认查验是否在专门查验区进行并识别车辆特征（对申请注册登记的机动车应能确认车辆识别代号，对已注册登记机动车应能识别号牌号码）。

注：一张照片能同时确认查验是否在专门查验区进行并识别车辆特征的，视为满足要求。

6.7 机动车登记服务站查验机动车时应通过视频录像或拍摄照片等方式记录查验过程，并通过计算机网络实时向公安机关交通管理部门上传关键项目查验照片（或视频）和查验结果。

6.8 进口机动车、校车、危险货物运输车、专项作业车、挂车、中型（含）以上载客汽车、中型（含）以上载货汽车的注册登记、变更登记、申领和补领机动车登记证书及校车使用许可、报废机动车法定监督解体、嫌疑车辆调查取证等业务的机动车查验应由民警查验员负责；其他车辆类型和业务种类的机动车查验由非民警查验员独立承担时，公安机关交通管理部门车辆管理所或民警查验员应进行监督。

注：民警查验员是指具有公安机关人民警察身份的查验员；非民警查验员是指不具有公安机关人民警察身份的查验员，如汽车品牌销售商、二手车交易市场、机动车报废回收企业等单位的查验员，也包括公安机关交通管理部门车辆管理所不具有人民警察身份的查验员。

6.9　确定车辆类型时，机动车实车车长符合 GB 1589 等机动车国家安全技术标准的规定且实车车长与《公告》、机动车整车出厂合格证明记载的名义车长的偏差在允许范围内时，按照《公告》、机动车整车出厂合格证明记载的名义车长核定车辆类型。

6.10　查验车辆识别代号时，应实车查看车辆识别代号的号码，核对是否与机动车整车出厂合格证明、货物进口证明书或者机动车行驶证等凭证一致，确认车辆识别代号有无被凿改等嫌疑。办理机动车注册登记、转入、转移登记、变更迁出、更换车身或者车架、更换整车、申领机动车登记证书业务及重新打刻车辆识别代号变更备案时，还应核对车辆识别代号拓印膜。

6.11　查验发动机(电动机)号码时，应实车查看打刻(或铸出)的发动机(电动机)型号和出厂编号，核对是否与机动车整车出厂合格证明、货物进口证明书或机动车行驶证等凭证一致，确认发动机(电动机)号码有无被凿改等嫌疑。如打刻(或铸出)的发动机型号和出厂编号不易见，则只查看发动机易见部位或电动机覆盖件上能永久保持的标有发动机(电动机)型号和出厂编号的标识。对 2004 年 4 月 30 日前注册登记的机动车，有疑问时可核对发动机出厂编号拓印膜。更换发动机时不属于打刻原发动机号码的，在《机动车查验记录表》的备注栏内记录新的发动机型号和出厂编号。

6.12　查验车辆外廓尺寸时，应使用量具测量相关尺寸参数；使用机动车外廓尺寸自动测量装置的，测得的外廓尺寸数值应实时上传至计算机管理系统并自动判别是否合格；对侧面及后下部防护装置离地高度、车身反光标识和车辆尾部标志板尺寸、面积等参数有疑问时，也应使用量具测量相关尺寸。机动车查验所使用的量具应按照规定进行计量检定或校准。

6.13　查验整备质量时，应采用具备资质的机构按照规定测得的整备质量，并与《公告》、机动车整车出厂合格证明等凭证和技术资料记载的数值进行比对，确认是否在允许的误差范围内。

6.14　查验安全装置时，应：

a)　查看《公告》、机动车整车出厂合格证明、产品使用说明书、安全技术检验合格证明等技术资料凭证，确认机动车是否具有限速功能或限速装置；

b)　查看驾驶室(区)内的辅助制动装置操纵开关及车辆相关凭证和技术资料，有疑问时实车操作检查，确认机动车是否安装了辅助制动装置；

c)　实车查看机动车前轮(实车无法查看时只查看车辆相关凭证和技术资料)，确认机动车前轮是否安装了盘式制动器；

d)　打开机动车电源，观察“ABS”指示灯并判断 ABS 自检功能是否正常，有疑问时查看车辆相关凭证和技术资料、实车查看半挂车，确认机动车是否安装了防抱死制动装置；

e)　打开发动机盖并目视检查，确认机动车是否安装了发动机自动灭火装置。

6.15　审核机动车安全技术检验合格证明时，应审查安全技术检验合格证明上是否有本市行政辖区内具有资质的机动车安全技术检验机构的签章和授权签字人的签字，确认安全技术检验的项目是否齐全。

6.16　除按照规定应查验的项目外，查验过程中发现机动车有不符合 GB 1589、GB 7258 等机动车国家安全技术标准和相关法律法规的其他情形时，应在《机动车查验记录表》的“备注”栏内记录相关情况。

6.17　《机动车查验记录表》的填写要求如下：

a)　《机动车查验记录表》所列查验项目查验合格的，在对应的判定栏内签注“√”；查验不合格的，在对应的判定栏内签注“×”，必要时还应在备注栏简要说明不合格的情形；对按照规定不须查验的项目，在对应的判定栏内签注“—”。

b)　安全装置查验结果表明按照规定应安装的安全装置均已安装时，在“备注”栏中记录“安全装置符合要求”；安全装置查验结果表明至少有一种安全装置未按规定安装，或者发现实车未按规定安装安全装置的，在“备注”栏中记录“安全装置不符合要求”并说明具体情形。

c) 对申请注册登记的机动车进行查验时，查验员应在对应的判定栏内签注确定的“车身颜色”“核定载人数”及根据GA 802核定的“车辆类型”。

d) 对申请变更车身颜色的机动车进行查验时，查验员应在对应的判定栏内签注确定的“车身颜色”。

e) 对残疾人专用汽车进行查验时，操纵辅助装置加装合格证明、操纵辅助装置的产品型号和产品编号的查验结果在“备注”栏中签注。

f) 按规定应查验的项目全部合格且未发现其他不合格情形时，查验员应在《机动车查验记录表》对应的位置签注“合格”、签字并签注日期；按照规定查验的项目具有不合格情形时，查验员应签注“不合格”、签字并签注日期；发现其他不合格情形时，查验员应签注“不合格”、签字和签注日期，并在“备注”栏中说明不合格情形。查验不合格的机动车复检合格时，查验员在《机动车查验记录表》对应的位置签字并签注日期；复检仍不合格的，不签注。

g) 使用便携式查验智能终端时，《机动车查验记录表》应通过计算机软件打印生成。

h) 办理校车使用许可相关业务查验机动车时，查验结果应填写在《校车查验记录表》中，备注栏中应注明提交校车日期。非专用校车申请校车使用许可查验时，应按照幼儿校车、小学生校车、中小学生校车、初中生校车四种情形分别核定乘坐的学生数和成人数，并签注在“备注”栏中。

i) 教育行政部门征求申请校车使用许可审查意见时，机动车查验结束后，应将填写完毕（或通过计算机软件打印生成）的《校车查验记录表》交机动车所有人或申请人（或被委托的经办人）签字。

6.18 监督报废机动车解体时，应现场或远程视频监督车辆的五大总成解体；如发现车辆的五大总成不齐全，应要求机动车所有人出具相应的书面材料予以说明，但车架（车身）缺失时应认定为车辆缺失。

6.19 申请转移登记或者变更迁出的已注册登记机动车，不方便回机动车号牌核发地公安机关交通管理部门车辆管理所查验的，转入/迁入地公安机关交通管理部门车辆管理所按照5.3.1的规定查验机动车。

6.20 省、自治区、直辖市和设区的市公安机关交通管理部门，可以根据需要对在辖区内首次注册登记的新车型进行技术参数确认，建立新车型的技术参数库。

6.21 设区的市公安机关交通管理部门，应建设完善机动车查验监管系统，严格对查验机动车工作的监督和管理。

6.22 公安机关交通管理部门车辆管理所应通过现场或视频监管、拍摄照片、核查智能查验终端或执法记录仪、事后抽查复核等方式对机动车查验工作进行监督，定期对查验照片（或视频）进行审查，监督查验员是否按照规定的项目进行查验、查验结果是否符合规定。

6.23 省级公安机关交通管理部门应结合本地实际制定实施机动车查验监督管理的具体要求。

## 7 特殊情形的处理

7.1 查验中发现机动车存在被盗抢嫌疑、走私嫌疑、非法改装、拼装等情形时，应详细记录机动车基本信息并在计算机系统中注明。属于被盗抢嫌疑和走私嫌疑的，进入嫌疑车辆调查程序；属于非法改装的，应责令机动车车主将机动车恢复原状；属于拼装的，应按照相关规定移交有关部门予以拆解、报废。

7.2 查验申请注册登记的机动车时，发现机动车不符合GB 1589、GB 7258等机动车国家安全技术标准或与《公告》、机动车整车出厂合格证明的数据不一致时，或发现《公告》、机动车整车出厂合格证明的技术参数不符合GB 1589、GB 7258等机动车国家安全技术标准时，车辆管理所应做好取证工作，在计算机系统中详细记录机动车的基本信息及整车生产厂家、生产日期、公告批次（对进口机动车为进口证明凭证名称、编号）及违规原因初步调查等信息，填写《违规机动车产品通报表》（见附录C），向当地质量技术监督部门通报并通过网络逐级上报至省级公安机关交通管理部门。省级公安机关交通管理部门应定期组织高级查验员审核后上报至公安部交通管理局。

7.3 7.1 和 7.2 所述情形中,属于办理业务前经机动车安全技术检验机构安全技术检验合格的,应按规定对机动车安全技术检验机构予以处罚,并将相关信息通报给当地质量技术监督部门。

## 8 检验监督工作要求

8.1 公安机关交通管理部门车辆管理所应通过计算机联网核查机动车安全技术检验数据、审核机动车安全技术检验机构上传的检验照片(包括检验项目照片和检验资料照片)或视频,以及现场或远程视频抽查安全技术检验过程、查阅原始检验记录和报告等方式对机动车安全技术检验机构的安全技术检验行为进行监督。

8.2 设区的市公安机关交通管理部门车辆管理所应建设机动车安全技术检验远程视频监管中心,安排专门的工作人员,统一使用机动车安全技术检验监管系统对机动车安全技术检验机构上传的检验照片(或视频)、检验数据和结果进行审核:

a) 机动车安全技术检验远程视频监管中心的面积及从事审核的工作人员的数量应与需审核的检验业务量相适应;

b) 从事审核的工作人员应具备相应机动车车型的查验员资格,其负责人应为民警中级查验员或民警高级查验员;

c) 机动车安全技术检验监管系统应具备检验备案信息下载、转发和下发、机动车检验登录信息和复检登录信息接收、检验过程信息接收和转发、检验异常情况预警和报警、检验结果和检验照片(或视频)接收、检验审核、远程核发机动车检验合格标志等功能;能对检验数据和结果进行分析和统计,确认机动车安全技术检验项目是否齐全、所有人工检验项目的检验结果是否均为合格、所有仪器设备检验项目的检验结果是否均符合 GB 7258 的规定,及时核查多车检测数据雷同、重点车辆检验合格率异常等综合统计分析及异常情况预警功能。

8.3 审核机动车安全技术检验机构上传的检验照片(或视频)时,工作人员应确认检验照片(或视频)的数量及要求是否符合附录 D 的规定。检验照片(或视频)的审核结果为合格且机动车安全技术检验监管系统无检验异常情况预警或报警提示的,应远程核发机动车检验合格标志。

8.4 审核机动车安全技术检验机构上传的检验照片(或视频)时,发现检验照片(或视频)的数量及要求不符合附录 D 的规定的,应通过机动车安全技术检验监管系统告知机动车安全技术检验机构不符合规定的具体情形,并要求机动车安全技术检验机构重新上传整改后的检验照片(或视频);目测能确认检验照片(或视频)所反映检验项目不符合 GB 7258 及其他相关规定的,审核结果为不合格,经调查核实机动车安全技术检验机构存在不按机动车国家安全技术标准进行检验的行为的,应按规定对机动车安全技术检验机构予以处罚。

8.5 机动车安全技术检验监管系统出现检验异常情况预警报警提示时,应及时分析原因,告知机动车安全技术检验机构预警报警提示信息的具体内容并要求机动车安全技术检验机构查清核实;属于机动车安全技术检验机构不按机动车国家安全技术标准和国家机动车安全技术检验标准检验、出具虚假检验报告等情形的,应按规定对机动车安全技术检验机构予以处罚。

8.6 对申请核发机动车检验合格标志的摩托车和非营运小型、微型载客汽车(面包车及 7 座和 7 座以上的除外),在机动车安全技术检验监管系统无检验异常情况预警和报警提示时,可先行核发机动车检验合格标志,但机动车安全技术检验远程视频监管中心应在检验照片(或视频)上传后的 24 h 内将检验照片(或视频)审核完毕。审核结果表明检验项目不符合 GB 7258 及其他相关规定的,应要求机动车安全技术检验机构通知送检的机动车重新进行检验,并按规定对机动车安全技术检验机构予以处罚。先行核发机动车检验合格标志,应经省级公安机关交通管理部门根据机动车安全技术检验机构的检验业务量和规范化程度批准后实施。

8.7 审核中发现机动车存在被盗抢嫌疑、走私嫌疑、非法改装、拼装等情形时，按 7.1 和 7.3 的规定执行。

8.8 设区的市公安机关交通管理部门车辆管理所应定期分析本地机动车安全技术检验情况，每月将参检率、检验合格率、异地检验率等数据及机动车安全技术检验机构违规信息上报省级公安机关交通管理部门；省级公安机关交通管理部门应每月分析机动车安全技术检验异常数据，每季度向公安部交通管理局上报本省机动车安全技术检验情况。数据分析发现异常的，公安机关交通管理部门应及时组织核查；发现机动车安全技术检验机构存在违规情形的，应按规定对机动车安全技术检验机构予以处罚并通报。

8.9 省级公安机关交通管理部门，应结合本地实际细化机动车安全技术检验监督相关规定，明确机动车安全技术检验远程视频监管中心的建设和运行要求。

## 9 标准实施的过渡期要求

6.1 中公安机关交通管理部门车辆管理所查验机动车应在专门查验区进行的要求，以及 6.3 中公安机关交通管理部门车辆管理所的查验员应配备便携式智能查验终端的要求，自本标准实施之日起第 7 个月开始实施。

# 附　录　A
## （规范性附录）
## 机动车查验记录表

机动车查验记录表见表 A.1，校车查验记录表见表 A.2。

**表 A.1　机动车查验记录表**

号牌号码（流水号或其他与车辆能对应的号码）：　　　　号牌种类：　　　　使用性质：

<table>
<tr><td colspan="8">业务类型：□注册登记　□转入　□转移登记　□变更迁出　□变更车身颜色　□更换车身或者车架<br>□更换整车　□更换发动机　□变更使用性质　□重新打刻 VIN　□重新打刻发动机号<br>□加装/拆除操纵辅助装置　□申领登记证书　□补领登记证书　□监督解体　□其他</td></tr>
<tr><td>类别</td><td>序号</td><td>查验项目</td><td>判定</td><td>类别</td><td>序号</td><td>查验项目</td><td>判定</td></tr>
<tr><td rowspan="9">通用项目</td><td>1</td><td>车辆识别代号</td><td></td><td rowspan="4">大中型客车、危险化学品运输车等</td><td>15</td><td>灭火器</td><td></td></tr>
<tr><td>2</td><td>发动机型号/号码</td><td></td><td>16</td><td>行驶记录装置、车内外录像监控装置</td><td></td></tr>
<tr><td>3</td><td>车辆品牌/型号</td><td></td><td>17</td><td>应急出口/应急锤、乘客门</td><td></td></tr>
<tr><td>4</td><td>车身颜色</td><td></td><td>18</td><td>外部标识/文字、喷涂</td><td></td></tr>
<tr><td>5</td><td>核定载人数</td><td></td><td rowspan="2">其他</td><td>19</td><td>标志灯具、警报器</td><td></td></tr>
<tr><td>6</td><td>车辆类型</td><td></td><td>20</td><td>检验合格证明</td><td></td></tr>
<tr><td>7</td><td>号牌/车辆外观形状</td><td></td><td colspan="4" rowspan="3">查验结论：</td></tr>
<tr><td>8</td><td>轮胎完好情况</td><td></td></tr>
<tr><td>9</td><td>安全带、三角警告牌</td><td></td></tr>
<tr><td rowspan="5">货车挂车</td><td>10</td><td>外廓尺寸、轴数、轴距</td><td></td><td colspan="4" rowspan="3">查验员：<br>年　月　日</td></tr>
<tr><td>11</td><td>整备质量</td><td></td></tr>
<tr><td>12</td><td>轮胎规格</td><td></td></tr>
<tr><td>13</td><td>侧后部防护装置</td><td></td><td rowspan="2">复检合格</td><td colspan="3" rowspan="2">查验员：<br>年　月　日</td></tr>
<tr><td>14</td><td>车身反光标识和车辆尾部标志板、喷涂</td><td></td></tr>
<tr><td colspan="5">机动车照片<br>（注册登记、转移登记、需要制作照片的变更登记、转入、监督解体）</td><td colspan="3">备注：<br>年　月　日</td></tr>
<tr><td colspan="8">车辆识别代号（车架号）拓印膜<br>（注册登记、转移登记、转出、转入、更换车身或者车架、更换整车、<br>申领登记证书、重新打刻 VIN）</td></tr>
</table>

说明：1）填表时在对应的业务类型名称上划"√"；2）对按照规定不须查验的项目，在对应的判定栏内划"—"；3）表 A.1 所列查验项目判定合格时在对应栏划"√"，判定不合格时在对应栏划"×"，表 A.1 以外的查验项目不合格时，在备注栏内注明情况，查验结论签注为"不合格"；所有查验项目合格，查验结论签注为"合格"；4）复检合格时，查验员签字并签注日期；复检仍不合格的，不签注；5）注册登记查验时，"车身颜色""核定载人数""车辆类型"判定栏内签注查验确定的相应内容；变更车身颜色查验时签注车身颜色。

**表 A.2　校车查验记录表**

号牌号码(流水号或其他与车辆能对应的号码)：　　　　　　　　车种类：□专用校车　□非专用校车

<table>
<tr><td colspan="8">业务类型：□注册登记　□转入　□更换整车　□转移登记　□变更迁出　□更换车身或者车架<br>□申请校车使用许可　□期满换发校车标牌　□非专用校车不再作为校车使用</td></tr>
<tr><td>类别</td><td>序号</td><td>查验项目</td><td>判定</td><td>类别</td><td>序号</td><td>查验项目</td><td>判定</td></tr>
<tr><td rowspan="9">通用项目</td><td>1</td><td>车辆识别代号</td><td></td><td rowspan="6">校车专用项目</td><td>16</td><td>车身外观标识</td><td></td></tr>
<tr><td>2</td><td>发动机型号/号码</td><td></td><td>17</td><td>照管人员座位</td><td></td></tr>
<tr><td>3</td><td>车辆品牌/型号</td><td></td><td>18</td><td>汽车安全带</td><td></td></tr>
<tr><td>4</td><td>车身颜色</td><td></td><td>19</td><td>车内外录像监控系统</td><td></td></tr>
<tr><td>5</td><td>核定载人数(学生/成人)</td><td>/</td><td>20</td><td>辅助倒车装置</td><td></td></tr>
<tr><td>6</td><td>车辆类型</td><td></td><td>21</td><td>校车标牌</td><td></td></tr>
<tr><td>7</td><td>号牌/车辆外观形状</td><td></td><td>其他</td><td>22</td><td>检验合格证明</td><td></td></tr>
<tr><td>8</td><td>轮胎完好情况</td><td></td><td colspan="4" rowspan="6">查验结论：<br><br>查验员：<br><br>年　月　日</td></tr>
<tr><td>9</td><td>三角警告牌</td><td></td></tr>
<tr><td rowspan="6">校车专用项目</td><td>10</td><td>校车标志灯</td><td></td></tr>
<tr><td>11</td><td>停车指示标志</td><td></td></tr>
<tr><td>12</td><td>具有行驶记录功能的卫星定位装置</td><td></td></tr>
<tr><td>13</td><td>应急出口/应急锤</td><td></td></tr>
<tr><td>14</td><td>干粉灭火器</td><td></td><td rowspan="2">复检合格</td><td colspan="3" rowspan="2">查验员：<br>年　月　日</td></tr>
<tr><td>15</td><td>急救箱</td><td></td></tr>
<tr><td colspan="5">机动车照片<br>(期满换发校车标牌及专用校车变更迁出除外)</td><td colspan="3">备注：<br><br>机动车所有人/申请人：<br><br>年　月　日</td></tr>
<tr><td colspan="8">车辆识别代号(车架号)拓印膜<br>(注册登记、转入、更换整车、转移登记、变更迁出、更换车身或者车架)</td></tr>
</table>

说明：1)填表时在对应的校车类型和业务类型名称上划"√"；2)对按照规定不须查验的项目，在对应的判定栏内划"—"；3)表 A.2 所列查验项目判定合格时在对应栏划"√"，判定不合格时在对应栏划"×"，表 A.2 以外的查验项目不合格时，在备注栏内注明情况，查验结论签注为"不合格"；所有查验项目合格，查验结论签注为"合格"；4)复检合格时，查验员签字并签注日期；复检仍不合格的，不签注；5)专用校车注册登记查验时，"车身颜色、核定载人数、车辆类型"判定栏内签注查验确定的相应内容；6)非专用校车申请校车使用许可查验时，按照幼儿校车、小学生校车、中小学生校车、初中生校车四种情形分别核定乘坐的学生数和成人数，并签注在备注栏内。

# 附　录　B
（资料性附录）
# 机动车查验合格主要要求

机动车查验合格的主要要求见表 B.1。

**表 B.1　机动车查验合格主要要求**

| 序号 | 项目 | 合格要求 |
|---|---|---|
| 1 | 车辆识别代号（整车出厂编号） | 汽车、摩托车、半挂车和 2012 年 9 月 1 日起出厂的中置轴挂车应具有唯一的车辆识别代号，应至少有一个车辆识别代号打刻在车架（无车架的机动车为车身主要承载且不能拆卸的部件）能防止锈蚀、磨损的部位上，2013 年 3 月 1 日起出厂的乘用车和总质量小于或等于 3 500 kg 的货车（低速汽车除外）还应在靠近风窗玻璃立柱的位置设置能永久保持的、从车外能清晰识读的车辆识别代号标识；其他机动车应打刻整车型号和出厂编号，型号在前，出厂编号在后，出厂编号两端应打刻起止标记。2007 年 4 月 1 日起出厂的低速汽车，应按照规定打刻车辆识别代号。<br>同一辆车上不允许既打刻车辆识别代号，又打刻整车型号和出厂编号。同一辆车上标识的所有车辆识别代号（或整车出厂编号，下同）内容应相同。2004 年 10 月 1 日前出厂的改装汽车，可能有两个不同内容的车辆识别代号，此时应有一个车辆识别代号的内容与相关凭证相同。<br>打刻的车辆识别代号应易见且易于拓印，其内容应与相关凭证（机动车整车出厂合格证明、货物进口证明书或《机动车行驶证》）记载及整车产品标牌标明的车辆识别代号内容一致，并且不应有明显的更改、变动、凿改、挖补、打磨痕迹或垫片、擅自另外打刻等异常情形。2014 年 9 月 1 日起出厂的汽车、摩托车、半挂车和中置轴挂车，打刻的车辆识别代号从上（前）方观察时打刻区域周边足够大面积的表面不应有任何覆盖物；如有覆盖物，覆盖物的表面应明确标示“车辆识别代号”或“VIN”字样，且覆盖物在不使用任何专用工具的情况下能直接取下（或揭开）及复原 |
| 2 | 发动机（电动机）型号和出厂编号 | 发动机型号和出厂编号应打刻（或铸出）在气缸体上且应能永久保持；打刻的发动机出厂编号不应有明显的凿改、挖补、打磨痕迹或擅自另外打刻等异常情形。若打刻（或铸出）的发动机型号和出厂编号不易见，则应在发动机易见部位增加能永久保持的发动机型号和出厂编号的标识。<br>2013 年 3 月 1 日起出厂的纯电动汽车、插电式混合动力汽车、燃料电池汽车和电动摩托车，应在主驱动电动机壳体上打刻电动机型号和编号；如打刻的电动机型号和编号被覆盖，应留出观察口，或在覆盖件上增加应永久保持的电动机型号和编号的标识。<br>相关凭证上记载的“发动机型号和出厂编号”应与发动机缸体上打刻或铸出（或标识上标明）及整车产品标牌上标明的发动机型号和出厂编号一致。<br>**注：**2004 年 10 月 1 日前出厂的机动车打刻的发动机型号和出厂编号不易见时，其发动机的易见部位不一定有发动机标识 |
| 3 | 车辆品牌/型号 | 注册登记查验时，机动车整车出厂合格证明（对国产机动车）、海关货物进口证明书（对进口机动车）等凭证上记载的“车辆品牌”和“车辆型号”与整车产品标牌上标明的车辆品牌、型号应相符 |
| 4 | 车身颜色 | 注册登记查验时，按照实车核定车身颜色；变更车身颜色时，按照实车填写车身颜色。<br>其他情况下，车身颜色应与《机动车行驶证》记载的车身颜色一致 |

表 B.1（续）

| 序号 | 项目 | 合格要求 |
| --- | --- | --- |
| 5 | 核定载人数 | 注册登记查验时，按照 GB 7258—2012 中 4.5.2～4.5.6 及 11.6 核定载客人数/驾驶室乘坐人数。对实行《公告》管理的国产机动车，载货汽车和专项作业车核定的驾驶室乘坐人数、载客汽车核定的乘坐人数与机动车整车出厂合格证明标明的数值应一致且符合《公告》管理的相关规定。其他情况下，座位/铺位数应与《机动车行驶证》记载的内容一致 |
| 6 | 号牌板（架）/车辆号牌 | 注册登记查验时，检查机动车号牌板（架）：前号牌板（架）（摩托车除外）应设于前面中部或右侧（按机动车前进方向），后号牌板（架）应设于后面中部或左侧，号牌板（架）应能安装符合 GA 36 要求的机动车号牌。2013 年 3 月 1 日起出厂的机动车每面号牌板（架）上应设有 2 个号牌安装孔，2016 年 3 月 1 日起出厂的机动车每面号牌板（架）[三轮汽车前号牌板（架）、摩托车后号牌板（架）除外]上应设有 4 个号牌安装孔；号牌安装孔应保证能用 M6 规格的螺栓将号牌直接牢固可靠地安装在车辆上。<br>其他情况下，检查车辆号牌：号牌应安装在号牌板（架）处，号牌应正置、横向水平、纵向基本垂直且使用符合 GA 804 的专用固封装置固封，号牌应无变形、遮盖和破损、涂改，号牌号码和种类应与《机动车行驶证》的记录一致，其汉字、字母和数字应清晰可辨、颜色应无明显色差。不允许使用可拆卸号牌架和可翻转号牌架 |
| 7 | 车辆外观形状 | 外部照明灯具的透光面均应齐全，对称设置、功能相同的外部照明灯具的透光面颜色不应有明显差异。机动车配备的后视镜和下视镜应完好。所有车窗玻璃应完好且未粘贴镜面反光遮阳膜。前风窗玻璃及风窗以外玻璃用于驾驶人视区部位的可见光透射比应大于或等于 70%，公路客车、旅游客车和校车（包括专用校车和非专用校车）所有车窗玻璃的可见光透射比均应大于 50%，且不得张贴有不透明和带任何镜面反光材料之色纸或隔热纸。<br>车辆上装备的商标、厂标等整车标志应与车辆品牌/型号相适应。<br>注册登记查验时，对实行《公告》管理的国产机动车，车辆外观形状应与《公告》的机动车照片一致，但装有公告允许选装的部件时除外；2012 年 9 月 1 日起出厂的厢式货车和封闭式货车，驾驶室（区）两旁应设置车窗，货厢部位不得设置车窗[但驾驶室（区）内用于观察货物状态的观察窗除外]。其他情况下，车辆外观形状应与《机动车行驶证》上机动车标准照片记载的车辆外观形状一致，但装有允许自行加装的部件时除外；机动车标准相片如悬挂有机动车号牌，其号牌号码和类型应与《机动车行驶证》记载的内容一致。<br>**注 1**：查验员可以通过采集机动车标准照片信息核对机动车标准照片。<br>**注 2**：2012 年 9 月 1 日前出厂的公路客车和旅游客车，侧窗玻璃的可见光透射比若小于 50%，不视为不符合标准规定 |
| 8 | 轮胎完好情况 | 轮胎胎冠花纹深度应符合 GB 7258—2012 中 9.1.6 中要求，轮胎胎面及胎壁应无影响使用的破裂、缺损、异常磨损和割伤，轮胎胎面不得因局部磨损而暴露出轮胎帘布层。轮胎螺母应完整齐全。公路客车、旅游客车和校车的所有车轮及其他机动车的转向轮不得装用翻新的轮胎。<br>注册登记查验时，轮胎数应与机动车整车出厂合格证明等相关凭证记载的数据一致；其他情况下，轮胎数应与《机动车行驶证》上机动车标准照片记载的轮胎数一致 |
| 9 | 机动车用三角警告牌 | 汽车（无驾驶室的三轮汽车除外）应配备机动车用三角警告牌，三角警告牌在车上应妥善放置，式样及尺寸应符合相关规定 |
| 10 | 汽车安全带 | 装备的汽车安全带应齐全且能正常使用。卧铺客车每一个铺位均应安装两点式汽车安全带。<br>注册登记查验时，2012 年 9 月 1 日起出厂的乘用车、公路客车、旅游客车、未设置乘客站立区的公共汽车、旅居车的所有座椅，其他汽车（低速汽车除外）的驾驶人座椅和前排乘员座椅 |

**表 B.1（续）**

| 序号 | 项目 | 合格要求 |
|---|---|---|
| 10 | 汽车安全带 | 均应装置汽车安全带；所有驾驶人座椅、前排乘员座椅（货车前排乘员的中间位置及设有乘客站立区的公共汽车除外）、客车位于踏步区的车组人员座椅以及乘用车除第二排及第二排以后的中间位置座椅外的所有座椅，装置的汽车安全带均应为三点式（或四点式）安全带 |
| 11 | 车辆外廓尺寸 | 汽车及汽车列车、挂车的实际外廓尺寸不得超出 GB 1589 规定的限值，摩托车的实际外廓尺寸不得超出 GB 7258—2012 中表 2 规定的限值。<br>注册登记查验时，车辆的长、宽、高应与机动车整车出厂合格证明等相关凭证上记载的数值一致；其他情况下，应与《机动车行驶证》上记载的数值一致。外廓尺寸参数公差允许范围对汽车（低速汽车除外）、挂车为±1%或±50 mm，对其他机动车为±3%或±50 mm。<br>测量外廓尺寸参数时，应考虑允许自行加装的部件及变更使用性质拆除标志灯具对测量结果的影响。判定车辆外廓尺寸参数是否在公差允许范围内时，应考虑测量误差 |
| 12 | 整备质量 | 对所有货车、货车底盘改装的专项作业车和挂车，以及带驾驶室的正三轮摩托车，实车整备质量与《公告》、机动车整车出厂合格证明等凭证、技术资料记载的整备质量的误差符合管理规定；误差符合管理规定且总质量也符合 GB 1589 的，按照相关凭证、技术资料核定载质量。判定整备质量误差是否符合管理规定时，应考虑测量误差 |
| 13 | 轴数/轴距 | 注册登记查验时，轴数、轴距应与机动车整车出厂合格证明等相关凭证上记载的数据一致；其他情况下，轴数应与《机动车行驶证》上机动车照片记载的轴数一致 |
| 14 | 轮胎规格 | 同一轴上的轮胎规格和花纹应相同，轮胎规格应与机动车整车出厂合格证明等相关凭证（或资料）记载的内容一致 |
| 15 | 车身反光标识和车辆尾部标志板 | 货车和货车底盘改装的专项作业车、最大设计车速小于或等于 40 km/h 的其他汽车、所有挂车应按照 GB 7258—2012 中 8.4.1 和 8.4.2 及其他相关规定设置后部车身反光标识和车辆尾部标志板、侧面车身反光标识。<br>反光膜型车身反光标识为红白单元相间的条状反光膜材料，表面应完好、无破损；红白单元每一单元的长度应不小于 150 mm 且不大于 450 mm，宽度可为 50 mm，75 mm 或 100 mm；白色单元上应加施有符合规定的“3C”标识。<br>后部车身反光标识应能体现机动车后部宽度和高度，其离地高度应不小于 380 mm。后部反光膜型车身反光标识与后反射器的面积之和，使用一级车身反光标识材料时应不小于 0.1 $m^2$，使用二级车身反光标识材料时应不小于 0.2 $m^2$。<br>侧面反光膜型车身反光标识允许分隔粘贴，但应保持红白单元相间；总长度（不含间隔部分）应不小于车长的 50%，但侧面车身结构无连续表面的混凝土搅拌运输车和专项作业车的侧面车身反光标识长度应不小于车长的 30%；三轮汽车的侧面车身反光标识长度不应小于 1 200 mm，货厢长度不足车长 50%的载货汽车的侧面车身反光标识长度应为货厢长度。<br>厢式货车和厢式挂车后部、侧面的车身反光标识应能体现货厢轮廓。2012 年 9 月 1 日起出厂的厢式货车和厢式挂车，装备的车身反光标识应为由红白相间的反射器单元组成的反射器型车身反光标识。反射器型车身反光标识的反射器单元应横向水平布置、固定可靠，红白单元相间且数量相当；相邻反射器的边缘距离对后部反射器型车身反光标识不应大于 100 mm，对侧面反射器型车身反光标识不应大于 150 mm。<br>车辆尾部标志板的形状、尺寸和结构应符合 GB 25990 的规定，部件应不易拆卸，其固定在车辆后部的方式应稳定、持久，例如使用螺钉或者铆合。<br>道路运输爆炸品和剧毒化学品车辆，还应在车辆的后部和两侧粘贴能标示车辆轮廓的、宽度为 150 mm±20 mm 的橙色反光带 |

表 B.1（续）

| 序号 | 项目 | 合格要求 |
|---|---|---|
| 16 | 侧面及后下部防护装置 | 所有总质量大于 3 500 kg 的货车(半挂牵引车除外)、货车底盘改装的专项作业车和挂车应按规定装备侧面及后下部防护装置。<br>侧面及后下部防护装置应固定可靠,与车架或车体的可靠部位有效连接。<br>后下部防护装置的宽度不可大于车辆后轴两侧车轮最外点之间的距离(不包括轮胎的变形量),并且后下部防护装置任一端的最外缘与这一侧车辆后轴车轮最外端的横向水平距离应不大于 100 mm;后下部防护装置整个宽度上的下边缘离地高度对于后下部防护装置状态可调整的车辆应不大于 450 mm,对后下部防护装置状态不可调整的车辆应不大于 550 mm;后下部防护装置的横向构件的截面高度(对格构式圆钢结构的后下部防护装置,截面高度为横向布置圆钢的直径之和)应不小于 100 mm,端部不应有尖锐边缘。<br>侧面防护装置的下缘任何一点的离地高度应不大于 550 mm,前缘和后缘应处在最靠近它的轮胎周向切面之后(前)300 mm 的范围之内;但全挂车前缘位于 500 mm 的范围之内即可,半挂车前缘与支腿中心横截面距离小于或等于 250 mm 即可,长头货车前缘与驾驶室后壁板件的间隙小于或等于 100 mm 即可。<br>罐式危险货物运输车的罐体及罐体上的管路和管路附件不得超出侧面及后下部防护装置,罐体后封头及罐体后封头上的管路和管路附件与后下部防护装置的纵向距离应大于或等于 150 mm |
| 17 | 灭火器 | 客车、危险货物运输车应配备处于有效期内的灭火器,灭火器在车身应安装牢靠并便于使用。<br>客车仅有一个灭火器时,应设置在驾驶人座椅附近;当有多个灭火器时,应在客厢内按前、后,或前、中、后分布,其中一个应靠近驾驶人座椅 |
| 18 | 行驶记录、车内外录像监控装置 | 公路客车、旅游客车、危险货物运输车及 2013 年 3 月 1 日起注册登记的未设置乘客站立区的公共汽车、半挂牵引车和总质量大于或等于 12 000 kg 的货车应安装符合规定的行驶记录仪、具有行驶记录功能的卫星定位装置等行驶记录装置。卧铺客车还应安装车内外录像监控系统。<br>行驶记录装置及其连接导线在车上应固定可靠。行驶记录装置应能正常显示;如使用行驶记录仪作为行驶记录装置,其显示部分应易于观察、数据接口应便于移动存储介质的插拔。2006 年 12 月 1 日起出厂汽车安装的汽车行驶记录仪,其主机外表面的易见部位应模压或印有符合规定的“3C”标识 |
| 19 | 应急出口/应急锤、乘客门 | 车长小于 6 m 的客车,在乘坐区的两侧应具有紧急时乘客易于逃生或救援的侧窗。车长大于或等于 6m 的客车,应按照 GB 7258、GB 13094、GB 18986 等标准的规定设置相应数量的应急出口。2012 年 9 月 1 日起出厂的车长大于 7 m 的客车均应设置撤离舱口;2013 年 9 月 1 日起出厂的设有乘客站立区的公共汽车,车身两侧的车窗如面积能达到设置为应急窗的要求,均应设置为推拉式或外推式应急窗;2014 年 9 月 1 日起出厂的车长大于或等于 6 m 的客车,如车身右侧仅有一个乘客门且在车身左侧未设置驾驶人门,应在车身左侧或后部设置应急门。<br>使用应急窗时,应采用易于迅速从车内、外开启的装置;或在钢化玻璃上标明易击碎的位置,并在每个应急窗的邻近处提供一个应急锤以方便击碎车窗玻璃。安全顶窗应易于从车内、外开启或用应急锤击碎。应急门应有锁止机构且锁止可靠,当车辆停止时不用工具即能从车内外方便地打开,并设有车门开启声响报警装置。<br>每个应急出口(包括应急门、应急窗和撤离舱口)应在其附近设有“安全出口”或“应急出口”字样。应急出口的应急控制器应在其附近标有清晰的符号或字样并注明其操作方法,字体高度应不小于 10 mm。 |

**表 B.1（续）**

| 序号 | 项目 | 合格要求 |
|---|---|---|
| 19 | 应急出口/应急锤、乘客门 | 2012 年 9 月 1 日起出厂的车长大于 9 m 的公路客车、旅游客车和未设置乘客站立区的公共汽车，应设置两个乘客门；但如其车身两侧所有应急窗均为外推式应急窗，也可只设一个乘客门。<br>客车除驾驶人门和应急门外，不应在车身左侧开设车门，但在沿道路中央车道设置的公共汽车专用道上运营使用的公共汽车除外。客车采用动力开启的乘客门，其车门应急控制器应能让临近车门的乘客容易看见并清楚识别，并应有醒目的标志和使用方法。公共汽车和 2013 年 3 月 1 日起出厂的车长大于或等于 6 m 的其他客车，还应在驾驶人座位附近驾驶人易于操作部位设置乘客门应急开关 |
| 20 | 外部标识/文字、喷涂 | 总质量大于或等于 4 500 kg 的货车（半挂牵引车除外）、所有挂车，均应在车身后部喷涂或粘贴放大的号牌号码（对无法喷涂或粘贴的平板挂车应设置有放大的号牌号码），放大的号牌号码字样应清晰。<br>所有货车和专项作业车均应在驾驶室（区）两侧喷涂总质量（半挂牵引车为最大允许牵引质量），栏板式货车和自卸车还应在驾驶室两侧喷涂栏板高度；罐式汽车和罐式挂车应在罐体上喷涂罐体容积及装运货物的种类，栏板挂车应在车厢两侧喷涂栏板高度；喷涂的中文和阿拉伯数字应清晰，高度应大于或等于 80 mm。<br>客车（专用校车和设有乘客站立区的公共汽车除外）应在乘客门附近车身外部易见位置，用高度大于或等于 100 mm 的中文和阿拉伯数字标明该车提供给乘员（包括）驾驶人的座位数。<br>危险货物运输车应装置符合 GB 13392 规定的标志（包括标志灯和标志牌）及规定的矩形安全标示牌。罐式危险货物运输车在罐体上喷涂的罐体容积和允许装运货物的名称应与《公告》及机动车整车出厂合格证明一致。<br>燃气汽车（包括气体燃料汽车、两用燃料汽车和双燃料汽车）应按规定在车辆前端和后端醒目位置分别设置标注其使用的气体燃料类型的识别标志，标志图形为有边框的菱形，在方框中分别居中匀称地布置有大写印刷体英文字母“CNG”（压缩天然气汽车）、“LNG”（液化天然气汽车）、“ANG”（吸附天然气汽车）、“LPG”（液化石油气汽车）。<br>教练车应在车身两侧及后部喷涂高度大于或等于 100 mm 的“教练车”等字样。<br>残疾人专用汽车应在车身前部和后部分别设置残疾人机动车专用标志 |
| 21 | 外观制式、标志灯具、电子警报器 | 警车外观制式应符合 GA 524 等公共安全行业标准的规定；消防车车身颜色应符合相关标准的规定；救护车车身颜色主体应为白色，左、右侧及车后正中应喷涂符合规定的图案；工程救险车车身颜色应为中黄色，车身两侧应喷“工程救险”字样；其他机动车不允许喷涂上述车辆专用的或与其类似的标志图案。<br>警车、消防车、救护车和工程救险车应安装符合规定的标志灯具和车用电子警报器，标志灯具和警报器应固定可靠；其他车辆不允许安装上述车辆专用的标志灯具和警报器 |
| 22 | 安全技术检验合格证明 | 安全技术检验合格证明应有本市行政辖区内具备资质的机动车安全技术检验机构的印章及已备案授权签字人的签字，其内容应包括人工检验项目（车辆外观检查、底盘动态检验和车辆底盘检查等）的检查结果、仪器设备检验项目（制动、灯光等）的检验结果（无法进行仪器设备检验的除外）、路试数据和判定结果（如进行）及整车检验结论，且所有检验项目及整车检验结论均应为合格。<br>机动车安全技术检验机构与车辆管理所已联网且车辆管理所通过机动车安全技术检验监管系统自动比对上述项目和数据的，查验员可不审核安全技术检验合格证明 |

**表 B.1（续）**

| 序号 | 项目 | 合格要求 |
|---|---|---|
| 23 | 校车 | 校车应按照 GB 24407—2012 及其他相关规定配备统一的校车标牌(教育行政部门征求申请校车使用许可审查意见阶段查验机动车时除外)、校车标志灯、停车指示标志,配备具有行驶记录功能的卫星定位装置、应急锤、干粉灭火器、急救箱等安全设备,设置照管人员座椅(座位)。<br>专用校车应喷涂粘贴符合 GB 24315 规定的专用校车车身外观标识,每一个座椅(包括驾驶人座椅、照管人员座椅和学生座椅)均应安装汽车安全带,照管人员座椅的数量和位置应符合 GB 24407—2012 中 5.10.5.1.2.1 的规定,每一个照管人员座椅均应有明显标识。2013 年 5 月 1 日起出厂的所有专用校车,还应安装符合 GB 24407—2012 中 5.15 规定的车内外录像监控系统和符合 GB 24407—2012 中 5.13.2 的辅助倒车装置。<br>非专用校车如喷涂粘贴有专用校车车身外观标识,车身外观标识应符合 GB 24315 关于专用校车车身外观标识的规定,每一个学生座椅应安装汽车安全带 |
| 24 | 安全装置 | 限速功能或限速装置:2012 年 9 月 1 日起出厂的公路客车、旅游客车和危险货物运输车及车长大于 9 m 的未设置乘客站立区的公共汽车应具有限速功能,否则应配备限速装置。限速功能或限速装置调定的最大车速对公路客车、旅游客车和未设置乘客站立区的公共汽车不得大于 100 km/h,对危险货物运输车不得大于 80 km/h。2013 年 5 月 1 日起出厂的专用校车应安装限速装置,且限速装置调定的最大车速不得大于 80 km/h。<br>辅助制动装置:2013 年 5 月 1 日起出厂的车长大于 8 m 的专用校车,2012 年 9 月 1 日起出厂的车长大于 9 m 的其他客车、总质量大于或等于 12 000 kg 的货车、所有危险货物运输车,以及 2014 年 9 月 1 日起出厂的总质量大于或等于 12 000 kg 的专项作业车,应装备缓速器或其他辅助制动装置。<br>盘式制动器:2013 年 5 月 1 日起出厂的专用校车,2012 年 9 月 1 日起出厂的所有危险货物运输车和车长大于 9 m 的其他客车(未设置乘客站立区的公共汽车除外),以及 2013 年 9 月 1 日起出厂的车长大于 9 m 的未设置乘客站立区的公共汽车,其前轮应装备盘式制动器。<br>防抱死制动装置:半挂牵引车,总质量大于 10 000 kg 的挂车,专用校车,车长大于 9 m 的公路客车和旅游客车,2012 年 9 月 1 日起出厂的所有危险货物运输车和 2013 年 9 月 1 日起出厂的车长大于 9 m 的未设置乘客站立区的公共汽车,以及 2014 年 9 月 1 日起出厂的总质量大于或等于 12 000 kg 的货车和专项作业车,均应安装符合规定的防抱死制动装置,且防抱死制动装置的自检功能应正常。<br>发动机舱自动灭火装置:2013 年 5 月 1 日起出厂的专用校车,2013 年 3 月 1 日起出厂的发动机后置的其他客车,应装备发动机舱自动灭火装置 |
| 25 | 残疾人专用汽车的操纵辅助装置 | 应根据驾驶人的残疾类型,在采用自动变速器的乘用车上,加装相应类型的、符合相关规定的驾驶操纵辅助装置。<br>汽车加装操纵辅助装置应到正规车辆生产、销售、维修企业进行,并由加装企业出具加装合格证明。驾驶操纵辅助装置加装后,不应改变原车结构的完整性和安全性及影响原车操纵件的电器功能、机械性能,且不应使驾驶人驾驶时受到视野内产品部件的反光眩目。<br>加装的驾驶操纵辅助装置安装应牢固可靠,位置应适宜操纵,且不应与车辆的其他操纵指示系统冲突或妨碍车辆其他操纵指示系统的操作。加装的驾驶操纵辅助装置的各部件应完好有效,表面不应有影响使用的凹凸、划伤、返锈等,在接触人体的表面部位不得有毛刺、刃口、棱角或其他有害使用者的缺陷。<br>驾驶操纵辅助装置的产品型号和产品编号应与加装合格证明或《机动车行驶证》上记载的产品型号和产品编号相符 |

# 附　录　C
（规范性附录）
违规机动车产品通报表

违规机动车产品通报表见表 C.1。

**表 C.1　违规机动车产品通报表**

编号：

<table>
<tr><td rowspan="2">通报单位</td><td colspan="4">1.(当地质量技术监督部门)</td></tr>
<tr><td colspan="4">2.(通过网络上级公安机关交通管理部门)</td></tr>
<tr><td rowspan="4">机动车<br>基本信息</td><td>车辆品牌</td><td>车辆型号</td><td>车辆识别代号</td><td>发动机号码</td></tr>
<tr><td></td><td></td><td></td><td></td></tr>
<tr><td>车辆生产厂家</td><td>生产日期</td><td>机动车整车出厂合格证编号(国产车)<br>/进口凭证名称、编号(进口车)</td><td>是否已整改合格<br>并注册登记</td></tr>
<tr><td></td><td></td><td></td><td>是□　否□</td></tr>
<tr><td rowspan="3">机动车<br>违规信息</td><td colspan="4">(一) 违规类型：<br>1)　主要特征和技术参数、技术指标不符合 GB 7258 等机动车国家安全技术标准；<br>2)　主要特征和技术参数、技术指标与公告数据不一致；<br>3)　公告数据不符合 GB 7258 等机动车国家安全技术标准；<br>4)　主要特征、技术参数与出厂合格证或进口凭证不一致；<br>5)　其他</td></tr>
<tr><td colspan="4">(二) 违规情形(详细准确描述违规项目涉及的参数、尺寸、特征等信息及判定违规的依据,并附相关资料和照片)</td></tr>
<tr><td colspan="4">(三) 违规原因初步调查</td></tr>
<tr><td>发现单位</td><td colspan="4"></td></tr>
<tr><td rowspan="3">填报信息</td><td>填报单位</td><td colspan="3"></td></tr>
<tr><td>填报人/电话</td><td colspan="3"></td></tr>
<tr><td>填报时间</td><td colspan="3"></td></tr>
<tr><td rowspan="2">省交警总队<br>审核信息</td><td>审核人</td><td colspan="3"></td></tr>
<tr><td>审核时间</td><td colspan="3"></td></tr>
</table>

（一式两份,加盖填报单位公章）

# 附 录 D
## (规范性附录)
## 机动车安全技术检验机构需上传检验照片要求

机动车安全技术检验机构需上传的检验项目照片要求见表 D.1,检验资料照片要求见表 D.2。

**表 D.1 检验项目照片要求**

| 序号 | 照片内容 | 要 求 | 适用车辆类型 |
|---|---|---|---|
| 1 | 车辆左前方斜视 45°拍照 | 能清晰显示车辆前外观、前号牌和轮胎。根据车辆类型,还应能:<br>1) 对所有货车、货车底盘改装的专项作业车和挂车,能清晰辨别(左)侧面车身反光标识;<br>2) 对总质量大于 3 500 kg 的货车(半挂牵引车除外)、货车底盘改装的专项作业车和挂车,能清晰辨别(左)侧面防护装置;<br>3) 对所有货车和专项作业车,能清晰辨别驾驶室(区)左侧喷涂的总质量(半挂牵引车为最大允许牵引质量);<br>4) 对栏板货车和自卸车,能清晰辨别在驾驶室(区)左侧喷涂的栏板高度,对栏板挂车,能清晰识别在车厢(左)侧面喷涂的栏板高度;<br>5) 对危险货物运输车,能清晰辨别道路运输危险货物车辆标志(包括标志灯和标志牌);<br>6) 对专用校车和专门用于接送学生上下学的非专用校车,能清晰辨别专用校车车身外观标识;<br>7) 对燃气汽车,能清晰辨别在车辆前端标注的其使用的气体燃料类型的识别标志;<br>8) 对教练车,能清晰辨别在车身(左)侧面喷涂的"教练车"字样;<br>9) 对警车、消防车、救护车和工程救险车,能清晰辨别车辆外观制式、标志灯具;<br>10) 对残疾人专用汽车,能清晰辨别在车辆前部设置的残疾人机动车专用标志 | 所有类型机动车 |
| 2 | 车辆右后方斜视 45°拍照 | 能清晰显示车辆后外观、后号牌和轮胎。根据车辆类型,还应能:<br>1) 对汽车(无驾驶室的三轮汽车除外),能清晰辨别机动车用三角警告牌(三角警告牌放置于车顶或车辆后部适当位置时拍照);<br>2) 对所有货车、货车底盘改装的专项作业车和挂车,能清晰辨别后部车身反光标识、车辆尾部标志板及(右)侧面车身反光标识;<br>3) 对总质量大于 3 500 kg 的货车(半挂牵引车除外)、货车底盘改装的专项作业车和挂车,能清晰辨别(右)侧面及后下部防护装置;<br>4) 对总质量大于或等于 4 500 kg 的货车(半挂牵引车除外)、所有挂车(无法喷涂或粘贴放大的号牌号码的平板挂车除外),能清晰辨别在车厢后部喷涂或粘贴的放大的号牌号码;<br>5) 对罐式汽车和罐式挂车,能清晰辨别在罐体右侧喷涂的罐体容积及允许装运货物的种类或名称;<br>6) 对危险货物运输车,能清晰识别道路运输危险货物车辆标志牌;<br>7) 对 2012 年 9 月 1 日起出厂的车长大于 9 m 的公路客车、旅游客车和未设置乘客站立区的公共汽车,能清晰显示两个处于开启状态的乘客门;或处于开启状态下的外推式应急窗和一个处于开启状态的乘客门;<br>8) 对专用校车和专门用于接送学生上下学的非专用校车,能清晰辨别专用校车车身外观标识;<br>9) 对燃气汽车,能清晰辨别在车辆后端标注的其使用的气体燃料类型的识别标志;<br>10) 对教练车,能清晰辨别在车身后部喷涂的"教练车"字样;<br>11) 对警车、消防车、救护车和工程救险车,能清晰辨别外观制式;<br>12) 对残疾人专用汽车,能清晰辨别在车辆后部设置的残疾人机动车专用标志 | 所有类型机动车 |

**表 D.1（续）**

| 序号 | 照片内容 | 要　求 | 适用车辆类型 |
|---|---|---|---|
| 3 | 车辆识别代号拍照 | 能清晰显示车辆识别代号，对于无法清晰拍摄的机动车，允许拍摄车辆识别代号的拓印膜 | 所有类型机动车 |
| 4 | 驾驶人座椅汽车安全带拍照 | 能清晰显示驾驶人座椅汽车安全带处于扣紧状态。<br>注：对小型、微型载客汽车和轻型、微型载货汽车，车辆左前方斜视45°拍照能清晰显示驾驶人座椅汽车安全带处于扣紧状态时，无须单独拍摄本照片 | 汽车(低速汽车除外) |
| 5 | 行驶记录装置拍照 | 对公路客车、旅游客车、危险货物运输车，校车，2013年3月1日起注册登记的未设置乘客站立区的公共汽车、半挂牵引车和总质量大于或等于12 000 kg的货车，能清晰显示行驶记录装置在车辆上的安装情况；对使用行驶记录仪作为行驶记录装置的，能确认其显示部分是否易于观察、主机外表面的易见部位是否模压或印有符合规定的“3C”标识。<br>对专用校车和卧铺客车，还应能清晰确认其安装的车内外录像监控装置的摄像头数量和安装位置 | 应安装行驶记录装置的汽车 |
| 6 | 灭火器拍照 | 能清晰显示灭火器在车辆上的安装固定情况及数量，能确认灭火器是否有效。<br>注：车厢内部拍照能清晰显示本照片要求的信息时，可不单独拍摄本照片 | 客车、危险货物运输车 |
| 7 | 车厢内部拍照 | 从车厢前部往后拍摄，能清晰显示车内座位数及布置形式。对校车，应能显示照管人员座位的位置和标识；对公路客车、旅游客车和专用校车的能观察到座垫平面的座椅(位)，应能识别是否配备了汽车安全带；对厢式、栅式货车和挂车，打开车厢门从后向前拍摄，应能清晰显示货厢内部和顶部状况及确认货厢是否改装、顶部是否开启 | 客车、校车、厢式、栅式货车和挂车 |
| 8 | 车辆正后方拍照 | 能清晰显示车辆后部外观情况和车辆号牌。根据车辆类型，还应能：<br>1) 对货车、货车底盘改装的专项作业车和挂车，能清晰显示后部车身反光标识、车辆尾部标志板、放大的号牌号码；<br>2) 对道路运输爆炸品和剧毒化学品车辆，能清晰显示安全标示牌；<br>3) 对专用校车，能清晰显示后围板上的停车提醒标示。<br>注：车辆右后方斜视45°拍照能清晰显示本照片要求的信息时，可不单独拍摄本照片 | 货车、挂车、专项作业车、校车 |
| 9 | 校车标牌拍照 | 能清晰显示校车标牌在前风窗玻璃右下角和后风窗玻璃适当位置的放置状态，以及校车标牌背面的签注内容。<br>注：车辆左前方斜视45°拍照和车辆右后方斜视45°拍照能清晰显示校车标牌在前、后风窗玻璃的放置状态时，可只拍摄校车标牌背面的签注内容 | 校车 |
| 10 | 校车标志灯拍照 | 能清晰显示校车标志灯打开状态下的车辆状态。<br>注：车辆左前方斜视45°拍照和车辆右后方斜视45°拍照能清晰显示本照片要求的信息时，可不单独拍摄本照片 | 校车 |
| 11 | 校车停车指示标志牌拍照 | 能清晰显示校车停车指示标志牌打开状态下的车辆状态。<br>注：车辆左前方斜视45°拍照能清晰显示本照片要求的信息时，可不单独拍摄本照片 | 校车 |
| 12 | 操纵辅助装置拍照 | 能清晰显示残疾人操纵辅助装置在车辆上的安装固定情况，能确认操纵辅助装置的产品型号和出厂编号 | 残疾人专用汽车 |

**表 D.2 检验资料照片要求**

| 序号 | 照片内容 | 要　求 | 适用车辆类型 |
|---|---|---|---|
| 1 | 机动车行驶证 | 资料摆放端正，能清晰显示文字、印章 | 所有类型机动车 |
| 2 | 交通事故责任强制保险单 | | |
| 3 | 车船税纳税或者免税证明 | | |
| 4 | 安全技术检验合格证明 | | |

## 参 考 文 献


[1] GB 13094—2007 客车结构安全要求

[2] GB 13392—2005 道路运输危险货物车辆标志

[3] GB 18986—2003 轻型客车结构安全要求

[4] GB 20300—2006 道路运输爆炸品和剧毒化学品车辆安全技术条件

[5] GB 24315—2009 校车标识

[6] GB 24407—2012 专用校车安全技术条件

[7] GB 25990—2010 车辆尾部标志板

[8] GA 36—2014 中华人民共和国机动车号牌

[9] GA 37—2008 中华人民共和国机动车行驶证

[10] GA 524—2004 2004式警车汽车类外观制式涂装规范

[11] GA 804—2008 机动车号牌专用固封装置

[12] 关于进一步加强车辆公告管理和注册登记有关事项的通知(国经贸产业[2002]768号)

[13] 关于切实做好残疾人驾驶汽车相关工作的通知(残联发[2010]29号)

[14] 关于进一步加强道路机动车辆生产一致性监督管理和注册登记工作的通知(工信部联产业[2010]453号)

[15] 关于进一步提高大中型客货车安全技术性能加强车辆〈公告〉管理和注册登记管理工作的通知(工信部联产业[2011]632号)

[16] 关于印发〈加强和改进机动车检验工作的意见〉的通知(公交管[2014]138号)

[17] 关于严格重中型货车和挂车注册登记的通知(公交管[2014]196号)

[18] 关于贯彻实施〈加强和改进机动车检验工作的意见〉的通知(公交管[2014]219号)

[19] 公安部交通管理科学研究所,公安部道路交通管理标准化技术委员会.国家标准GB 7258—2012《机动车运行安全技术条件》实施指南.北京:中国质检出版社,2012

ICS 43.020
R 04

GA

# 中华人民共和国公共安全行业标准

GA 802—2014
代替 GA 802—2008

# 机动车类型 术语和定义

Types of motor vehicle—Terms and definitions

2014-07-24 发布 2014-09-01 实施

中华人民共和国公安部 发布

# 前　言

**本标准的第4章、第6章、第7章为强制性的，其余为推荐性的。**

本标准按照GB/T 1.1—2009给出的规则起草。

本标准代替GA 802—2008《机动车类型　术语和定义》。与GA 802—2008相比，除编辑性修改外，主要技术变化如下：

——增加了规范性引用文件(见第2章)；

——增加了“道路车辆”的术语和定义(见3.1)；

——修改了“机动车”的术语和定义(见3.2,2008年版的2.1)；

——修改了“汽车”的术语和定义(见3.3,2008年版的2.2)；

——修改了“载客汽车”“载货汽车”和“专项作业车”的术语和定义(见3.3.1、3.3.2、3.3.3,2008年版的2.2.1、2.2.2、2.2.3)；

——增加了“中置轴挂车”的术语和定义(见3.4.2)；

——修改了“半挂车”的术语和定义(见3.4.3,2008年版的2.5.2)；

——增加了“汽车列车”“乘用车列车”“货车列车”“全挂汽车列车”“中置轴挂车列车”“半挂汽车列车”的术语和定义(见3.5、3.5.1、3.5.2、3.5.2.1、3.5.2.2、3.5.3)；

——修改了“摩托车”的术语和定义(见3.6,2008年版的2.4)；

——修改了“有轨电车”的术语和定义(见3.8,2008年版的2.3)；

——修改了“特型机动车”的术语和定义(见3.9,2008年版的2.8)；

——增加了“拼装车”“非法改装车”的术语和定义(见3.12、3.13)；

——修改了机动车规格术语分类表中三轮汽车和低速货车的说明(见表1,2008年版的表1)；

——增加了“机动车实车的车长与《道路机动车辆生产企业及产品公告》或者其他技术资料记载的机动车车长的公差应符合相关管理规定”的规定(见表1的注c)；

——增加了“面包车”“专用校车”“车辆运输车”“无载货功能的专项作业车”“有载货功能的专项作业车”“中置轴挂车”“车辆运输半挂车”等机动车结构术语的说明(见表2)；

——修改了“普通客车”“专用客车”“厢式货车”“仓栅式货车”“集装箱车”“特殊结构货车”“自卸货车”“厢式全挂车”“仓栅式全挂车”“自卸全挂车”“厢式半挂车”“仓栅式半挂车”“自卸半挂车”“低平板半挂车”等机动车结构术语的说明(见表2,2008年版的表2)；

——增加了“货车、全挂车和半挂车的载货部位为非栏板结构时，若载货部位具有自动倾卸装置，结构术语确定为‘载货部位的结构特征＋自卸’,如‘平板自卸’”的规定(见表2的注c)；

——修改了机动车的使用性质分类(见6.1,2008年版的第5章)；

——机动车使用性质细类表中，修改了“运送幼儿”“运送小学生”的说明，增加了“运送中小学生”“运送初中生”的说明，删除了“其他校车”的说明(见表3,2008年版的表3)；

——增加了“生产经营性车辆”的说明(见表3的注a)。

本标准由公安部道路交通管理标准化技术委员会提出并归口。

本标准负责起草单位：公安部交通管理科学研究所。

本标准参加起草单位：公安部交通管理局。

本标准主要起草人：应朝阳、刘雪梅、张军、李毅、孙巍。

本标准的历次版本发布情况为：

——GA 802—2008。

# 机动车类型　术语和定义

## 1　范围

本标准规定了机动车类型分类的规格术语、结构术语及机动车使用性质术语。

本标准适用于道路交通管理。

## 2　规范性引用文件

下列文件对于本文件的应用是必不可少的。凡是注日期的引用文件，仅注日期的版本适用于本文件。凡是不注日期的引用文件，其最新版本(包括所有的修改单)适用于本文件。

GB 1589　道路车辆外廓尺寸、轴荷及质量限值

## 3　术语和定义

下列术语和定义适用于本文件。

3.1

**道路车辆　road vehicle**

设计和制造上用于在道路上载运人员、运送物品或进行专项作业，法律允许上道路行驶的车辆，包括机动车和非机动车。

3.2

**机动车　motor vehicle**

以动力装置驱动或者牵引，上道路行驶的供人员乘用或者用于运送物品以及进行工程专项作业的轮式车辆，包括汽车及汽车列车、摩托车、轮式专用机械车、挂车、有轨电车、特型机动车和上道路行驶的拖拉机，但不包括虽有动力装置但最大设计车速、整备质量、外廓尺寸符合有关国家标准的残疾人机动轮椅车、电动自行车。

3.3

**汽车　automobile**

由动力驱动，具有四个或四个以上车轮的非轨道承载的车辆，主要用于：

——载运人员和/或货物(物品)；

——牵引载运货物(物品)的车辆或特殊用途的车辆；

——专项作业。

本术语还包括：

a)　与电力线相联的车辆，如无轨电车；

b)　整车整备质量超过 400 kg 的不带驾驶室的三轮车辆；

c)　整车整备质量超过 600 kg 的带驾驶室的三轮车辆。

[GB 7258—2012，定义 3.2]

3.3.1

**载客汽车　passenger vehicle**

设计和制造上主要用于载运人员的汽车，包括装置有专用设备或器具但以载运人员为主要目的的汽车。

[GB 7258—2012,定义 3.2.1]

3.3.2

**载货汽车　goods vehicle**

设计和制造上主要用于载运货物或牵引挂车的汽车,包括装置有专用设备或器具但以载运货物为主要目的的汽车。

[GB 7258—2012,定义 3.2.2]

3.3.3

**专项作业车　special motor vehicle**

装置有专用设备或器具,在设计和制造上用于专项作业的汽车,如汽车起重机、消防车、混凝土泵车、清障车、高空作业车、扫路车、吸污车、钻机车、仪器车、检测车、监测车、电源车、通信车、电视车、采血车、医疗车、体检医疗车等,但不包括以载运人员或货物为主要目的的汽车。

[GB 7258—2012,定义 3.2.3]

3.4

**挂车　trailer**

设计和制造上需由汽车或拖拉机牵引,才能在道路上正常使用的无动力道路车辆,用于:

——载运货物;

——特殊用途。

注:改写 GB 7258—2012,定义 3.3。

3.4.1

**全挂车　draw-bar-trailer**

**牵引杆挂车　draw-bar-trailer**

至少有两根轴的挂车,具有:

——一轴可转向;

——通过角向移动的牵引杆与牵引车联结;

——牵引杆可垂直移动,联结到底盘上,因此不能承受任何垂直力。

[GB 7258—2012,定义 3.3.1]

3.4.2

**中置轴挂车　centre axle trailer**

均匀受载时挂车质心紧靠车轴位置,牵引装置相对于挂车不能垂直移动、与牵引车连接时只有较小的垂直载荷作用于牵引车的挂车。

[GB 7258—2012,定义 3.3.2]

3.4.3

**半挂车　semi-trailer**

均匀受载时挂车质心位于车轴前面,装有可将垂直力和/或水平力传递到牵引车的联结装置的挂车。

[GB 7258—2012,定义 3.3.3]

3.5

**汽车列车　combination vehicles**

由汽车(低速汽车除外)牵引挂车组成的机动车,包括乘用车列车、货车列车和铰接列车。

[GB 7258—2012,定义 3.4]

3.5.1

**乘用车列车　passenger/car trailer combination**

乘用车和中置轴挂车的组合。

[GB 7258—2012,定义 3.4.1]

3.5.2

**货车列车　goods road train**

货车和牵引杆挂车或中置轴挂车的组合。

[GB 7258—2012,定义 3.4.2]

3.5.2.1

**全挂汽车列车　draw-bar trailer combination**

**牵引杆挂车列车　draw-bar trailer combination**

**全挂拖斗车　draw-bar trailer combination**

货车和牵引杆挂车的组合。

[GB 7258—2012,定义 3.4.2.1]

3.5.2.2

**中置轴挂车列车　centre axle trailer combination**

货车和中置轴挂车的组合。

[GB 7258—2012,定义 3.4.2.2]

3.5.3

**半挂汽车列车　articulated vehicle**

**铰接列车　articulated vehicle**

半挂牵引车和半挂车的组合。

[GB 7258—2012,定义 3.4.3]

3.6

**摩托车　motorcycle and moped**

由动力装置驱动的,具有两个或三个车轮的道路车辆,但不包括:

a) 整车整备质量超过 400 kg 的不带驾驶室的三轮车辆;

b) 整车整备质量超过 600 kg 的带驾驶室的三轮车辆;

c) 最大设计车速、整车整备质量、外廓尺寸等指标符合相关国家标准和规定的,专供残疾人驾驶的机动轮椅车;

d) 电驱动的,最大设计车速不大于 20 km/h,具有人力骑行功能,且整车整备质量、外廓尺寸、电动机额定功率等指标符合相关国家标准规定的两轮车辆。

[GB 7258—2012,定义 3.5]

3.7

**轮式专用机械车　wheeled mobile machinery for special purpose**

**轮式自行机械车　wheeled mobile machinery for special purpose**

有特殊结构和专门功能,装有橡胶车轮可以自行行驶,最大设计车速大于 20 km/h 的轮式机械,如装载机、平地机、挖掘机、推土机等,但不包括叉车。

[GB 7258—2012,定义 3.7]

3.8

**有轨电车　tram**

以电动机驱动,有轨道承载的机动车。

3.9

**特型机动车　special size vehicle**

质量参数和/或尺寸参数超出 GB 1589 规定的汽车、挂车和汽车列车。

[GB 7258—2012,定义 3.8]

3.10

**上道路行驶的拖拉机　road tractor**

手扶拖拉机等最大设计车速小于或等于 20 km/h 的轮式拖拉机和最大设计车速小于或等于 40 km/h、牵引挂车方可从事道路运输的轮式拖拉机。

3.11

**车辆类型　vehicle type**

根据机动车规格术语和机动车结构术语确定的机动车分类。

3.12

**拼装车　illegally assembled vehicle**

未经国家机动车产品主管部门许可生产的机动车;或者使用了报废机动车的发动机(电动机)、方向机、变速器、前后桥、车架等五大总成之一组装的机动车。

3.13

**非法改装车　illegally retrofitted vehicle**

未经国家有关部门批准,改变了已认证或者已登记的结构、构造或者特征的机动车。

## 4　机动车规格术语

机动车规格术语见表 1。

**表 1　机动车规格术语分类表**

| 分类 | | | 说　明[c] |
|---|---|---|---|
| 汽车 | 载客汽车[a] | 大型 | 车长大于或等于 6 000 mm 或者乘坐人数大于或等于 20 人的载客汽车 |
| | | 中型 | 车长小于 6 000 mm 且乘坐人数为 10 人～19 人的载客汽车 |
| | | 小型 | 车长小于 6 000 mm 且乘坐人数小于或等于 9 人的载客汽车,但不包括微型载客汽车 |
| | | 微型 | 车长小于或等于 3 500 mm 且发动机气缸总排量小于或等于 1 000 mL 的载客汽车 |
| | 载货汽车 | 重型 | 最大允许总质量(以下简称“总质量”)大于或等于 12 000 kg 的载货汽车 |
| | | 中型 | 车长大于或等于 6 000 mm 或者总质量大于或等于 4 500 kg 且小于 12 000 kg 的载货汽车,但不包括低速货车 |
| | | 轻型 | 车长小于 6 000 mm 且总质量小于 4 500 kg 的载货汽车,但不包括微型载货汽车和低速汽车(三轮汽车和低速货车的总称,下同) |
| | | 微型 | 车长小于或等于 3 500 mm 且总质量小于或等于 1 800 kg 的载货汽车,但不包括低速汽车 |
| | | 三轮(三轮汽车) | 以柴油机为动力,最大设计车速小于或等于 50 km/h,总质量小于或等于 2 000 kg,长小于或等于 4 600 mm,宽小于或等于 1 600 mm,高小于或等于 2 000 mm,具有三个车轮的货车。其中,采用方向盘转向、由传递轴传递动力、有驾驶室且驾驶人座椅后有物品放置空间的,总质量小于或等于 3 000 kg,车长小于或等于 5 200 mm,宽小于或等于 1 800 mm,高小于或等于 2 200 mm。三轮汽车不应具有专项作业的功能 |
| | | 低速(低速货车) | 以柴油机为动力,最大设计车速小于 70 km/h,总质量小于或等于 4 500 kg,长小于或等于6 000 mm,宽小于或等于 2 000 mm,高小于或等于 2 500 mm,具有四个车轮的货车。低速货车不应具有专项作业的功能 |
| | | 专项作业车 | 专项作业车的规格术语分为重型、中型、轻型、微型,具体参照载货汽车的相关规定确定 |

**表 1（续）**

| 分类 | | 说　明[c] |
|---|---|---|
| 有轨电车 | | 有轨电车的规格术语参照载客汽车的相关规定确定 |
| 摩托车 | 普通 | 最大设计车速大于 50 km/h 或者发动机气缸总排量大于 50 mL 的摩托车 |
| | 轻便 | 最大设计车速小于或等于 50 km/h，且若使用发动机驱动，发动机气缸总排量小于或等于 50 mL 的摩托车 |
| 挂车[b] | 重型 | 总质量大于或等于 12 000 kg 的挂车 |
| | 中型 | 总质量大于或等于 4 500 kg 且小于 12 000 kg 的挂车 |
| | 轻型 | 总质量小于 4 500 kg 的挂车 |

[a] 对《道路机动车辆生产企业及产品公告》记载的乘坐人数为区间的国产载客汽车（包括以载运人员为主要目的的专用汽车），以《道路机动车辆生产企业及产品公告》上记载的乘坐人数上限确定其规格术语。乘坐人数包括驾驶人。

[b] 不适用于设计和制造上需由拖拉机牵引的挂车。

[c] 机动车实车的车长与《道路机动车辆生产企业及产品公告》或者其他技术资料记载的机动车车长的公差应符合相关管理规定。

## 5　机动车结构术语

机动车结构术语见表 2。

**表 2　机动车结构术语分类表**

| 分类 | | | 说　明 |
|---|---|---|---|
| 汽车 | 载客汽车 | 普通客车 | 车身为长方体或近似长方体，单层地板，一厢或两厢式结构，安装座椅的载客汽车，但不包括面包车 |
| | | 双层客车 | 车身为长方体或近似长方体，双层地板，一厢或两厢式结构，安装座椅的载客汽车 |
| | | 卧铺客车 | 车身为长方体或近似长方体，单层地板，一厢或两厢式结构，安装卧铺的载客汽车 |
| | | 铰接客车 | 车身为长方体或近似长方体，单层地板，由铰接装置连接两个车厢且连通，安装座椅的载客汽车 |
| | | 轿车 | 车身结构为两厢式且乘坐人数不超过 5 人，或者车身结构为三厢式且乘坐人数小于或等于 9 人的载客汽车 |
| | | 面包车 | 平头或短头车身结构，单层地板，发动机中置（指发动机缸体整体位于汽车前后轴之间的布置形式），宽高比（指整车车宽与车高的比值）小于或等于 0.90，乘坐人数小于或等于 9 人，安装座椅的载客汽车 |
| | | 专用校车 | 设计和制造上专门用于运送 3 周岁以上学龄前幼儿或义务教育阶段学生的载客汽车 |
| | | 专用客车 | 需经特殊布置安排后才能载运人员（通常为特定人员）的载客汽车，如囚车、殡仪车、救护车、客车整车改装的运钞车等，包括旅居车、乘坐人数大于 6 人的专用汽车（如电力工程车），但不包括专用校车 |
| | | 无轨电车[a] | 以电动机驱动，与电力线相连，具有四个或四个以上车轮的非轨道承载道路车辆 |
| | | 越野客车[a] | 车身结构为一厢式或者两厢式，所有车轮能够同时驱动，接近角、离去角、纵向通过角、最小离地间隙等技术参数按照高通过性设计的载客汽车 |

**表 2（续）**

| 分类 | | | 说明 |
|---|---|---|---|
| 汽车 | 载货汽车[b] | 普通货车 | 载货部位的结构为栏板的载货汽车(包括具有随车起重装置的栏板载货汽车),但不包括具有自动倾卸装置的载货汽车 |
| | | 厢式货车 | 载货部位的结构为厢体且与驾驶室各自独立的载货汽车;厢体的顶部应封闭、不可开启 |
| | | 仓栅式货车 | 载货部位的结构为仓笼式或栅栏式且与驾驶室各自独立的载货汽车;载货部位的顶部应安装有与侧面栅栏固定的、不能拆卸和调整的顶棚杆 |
| | | 封闭货车 | 载货部位的结构为封闭厢体且与驾驶室联成一体,车身结构为一厢式或两厢式的载货汽车 |
| | | 罐式货车 | 载货部位的结构为封闭罐体的载货汽车 |
| | | 平板货车 | 载货部位的地板为平板结构且无栏板的载货汽车 |
| | | 集装箱车 | 载货部位为框架结构,专门运输集装箱的载货汽车 |
| | | 车辆运输车 | 载货部位经过特殊设计和制造,专门用于运输商品车的载货汽车 |
| | | 特殊结构货车 | 载货部位为特殊结构、专门运输特定物品的载货汽车,但不包括车辆运输车。如:混凝土搅拌运输车 |
| | | 自卸货车[c] | 载货部位的结构为栏板且具有自动倾卸装置的载货汽车 |
| | | 半挂牵引车 | 不具有载货结构,专门用于牵引半挂车的载货汽车 |
| | | 全挂牵引车 | 不具有载货结构,专门用于牵引全挂车的载货汽车 |
| | 专项作业车 | 无载货功能的专项作业车(非载货专项作业车) | 不具有载货结构,或者虽具有载货结构但核定载质量小于 1 000 kg 的专项作业车 |
| | | 有载货功能的专项作业车(载货专项作业车) | 核定载质量大于或等于 1 000 kg 的专项作业车 |
| 摩托车 | 二轮摩托车 | | 装有两个车轮的摩托车 |
| | 正三轮载客摩托车 | | 装有与前轮对称分布的两个后轮,具有载客装置的摩托车 |
| | 正三轮载货摩托车 | | 装有与前轮对称分布的两个后轮,具有载货装置的摩托车 |
| | 侧三轮摩托车 | | 在二轮摩托车的右侧装有边车的摩托车 |
| 全挂车 | 普通全挂车 | | 载货部位为栏板结构的全挂车 |
| | 厢式全挂车 | | 载货部位为封闭厢体结构的全挂车;厢体的顶部应封闭、不可开启 |
| | 仓栅式全挂车 | | 载货部位的结构为仓笼式或栅栏式的全挂车;载货部位的顶部安装有与侧面栅栏固定的、不能拆卸和调整的顶棚杆 |
| | 罐式全挂车 | | 载货部位为封闭罐体结构的全挂车 |
| | 平板全挂车 | | 载货部位的地板为平板结构且无栏板的全挂车 |
| | 集装箱全挂车 | | 载货部位为框架结构且无地板,专门运输集装厢的全挂车 |
| | 自卸全挂车[c] | | 载货部位的结构为栏板且具有自动倾卸装置的全挂车 |
| | 旅居全挂车 | | 装备有必要的生活设施,用于旅游和野外工作人员宿营的全挂车 |
| | 专项作业全挂车 | | 装置有专用设备或器具,用于专项作业的全挂车 |

表 2（续）

| 分类 | | 说明 |
|---|---|---|
| 中置轴挂车 | 中置轴旅居挂车 | 装备有必要的生活设施，用于旅游和野外工作人员宿营的中置轴挂车 |
| | 中置轴车辆运输车 | 设计和制造上专门用于运输商品车的并装双轴框架式中置轴挂车 |
| | 中置轴普通挂车 | 中置轴旅居挂车和中置轴车辆运输车以外的其他中置轴挂车 |
| 半挂车 | 普通半挂车 | 载货部位为栏板结构的半挂车 |
| | 厢式半挂车 | 载货部位为封闭厢体结构的半挂车；厢体的顶部应封闭、不可开启 |
| | 仓栅式半挂车 | 载货部位的结构为仓笼式或栅栏式的半挂车；载货部位的顶部应安装有与侧面栅栏固定的、不能拆卸和调整的顶棚杆 |
| | 罐式半挂车 | 载货部位为封闭罐体结构的半挂车 |
| | 平板半挂车 | 载货部位的地板为平板结构且无栏板的半挂车 |
| | 集装箱半挂车 | 载货部位为框架结构且无地板，专门运输集装箱的半挂车 |
| | 自卸半挂车[c] | 载货部位的结构为栏板且具有自动倾卸装置的半挂车 |
| | 低平板半挂车 | 采用低货台（货台承载面离地高度不大于 1 150 mm）、轮胎规格最大为 8.25-20（8.25*R*20）、与牵引车的连接为鹅颈式，且车长大于或等于 13 m 时车轴为轴线结构（一线二轴或二线四轴等）的半挂车 |
| | 车辆运输半挂车 | 载货部位经过特殊设计和制造，专门用于运输商品车的半挂车 |
| | 特殊结构半挂车 | 载货部位为特殊结构，专门运输特定物品的半挂车，但不包括车辆运输半挂车 |
| | 旅居半挂车 | 装备有必要的生活设施，用于旅游和野外工作人员宿营的半挂车 |
| | 专项作业半挂车 | 装置有专用设备或器具，用于专项作业的半挂车 |
| 轮式专用机械车 | 轮式装载机械 | 具有装卸设备的轮胎式自行机械 |
| | 轮式挖掘机械 | 具有挖掘设备的轮胎式自行机械 |
| | 轮式平地机械 | 具有平地设备的轮胎式自行机械 |

[a] 符合无轨电车或越野客车结构术语定义的汽车，即使同时符合其他客车结构术语的定义，也应确定为无轨电车或越野客车；同时符合两者结构术语定义的汽车，应确定为无轨电车。

[b] 邮政车、冷藏车、保温车等以载运货物为主要目的的专用汽车，以及非客车整车改装的运钞车，根据其载货部位的结构特征确定为相对应的载货汽车。

[c] 货车、全挂车和半挂车的载货部位为非栏板结构时，若载货部位具有自动倾卸装置，结构术语确定为“载货部位的结构特征＋自卸”，如“平板自卸”。

## 6 机动车使用性质术语

6.1 机动车按使用性质分为营运、非营运和运送学生。营运机动车是指个人或者单位以获取利润为目的而使用的机动车，非营运机动车是指个人或者单位不以获取利润为目的而使用的机动车；运送学生机动车是指用于有组织地接送3周岁以上学龄前幼儿或义务教育阶段学生上下学的7座及7座以上的载客汽车，即校车。

6.2 机动车使用性质细类见表3。

表3 机动车使用性质细类表

| 分类 | | 说明[a] |
|---|---|---|
| 营运 | 公路客运 | 专门从事公路旅客运输的机动车 |
| | 公交客运 | 城市内专门从事公共交通客运的机动车 |
| | 出租客运 | 以行驶里程和时间计费，将乘客运载至其指定地点的机动车 |
| | 旅游客运 | 专门运载游客的机动车 |
| | 租赁 | 专门租赁给其他单位或者个人使用，以租用时间或者租用里程计费的机动车 |
| | 教练 | 专门从事驾驶技能培训的机动车 |
| | 货运 | 专门从事货物(危险货物除外)运输的机动车 |
| | 危化品运输 | 专门用于运输剧毒化学品、爆炸品、放射性物品、腐蚀性物品等危险货物的机动车 |
| 非营运 | 警用 | 公安机关、国家安全机关、监狱、劳动教养管理机关和人民法院、人民检察院用于执行紧急职务的机动车 |
| | 消防 | 公安消防部队和其他消防部门用于灭火的专用机动车和现场指挥机动车 |
| | 救护 | 急救、医疗机构和卫生防疫部门用于抢救危重病人或处理紧急疫情的专用机动车 |
| | 工程救险 | 防汛、水利、电力、矿山、城建、交通、铁道等部门用于抢修公用设施、抢救人民生命财产的专用机动车和现场指挥机动车 |
| | 营转非 | 原为营运机动车，现改为非营运机动车 |
| | 出租转非 | 原为出租客运机动车，现改为非营运机动车 |
| 运送学生 | 运送幼儿(幼儿校车) | 用于有组织地接送3周岁以上学龄前幼儿上下学的7座及7座以上载客汽车 |
| | 运送小学生(小学生校车) | 用于有组织地接送小学生上下学的7座及7座以上载客汽车 |
| | 运送中小学生(中小学生校车) | 用于有组织地接送义务教育阶段学生(小学生和初中生)上下学的7座及7座以上载客汽车 |
| | 运送初中生(初中生校车) | 用于有组织地接送初中生上下学的7座及7座以上载客汽车 |

[a] 非营运机动车没有对应细类的，使用性质确定为“非营运”。除使用性质确定为“非营运”“营转非”“出租转非”以外的机动车，为生产经营性车辆。

## 7 车辆类型

7.1 车辆类型根据机动车规格术语和机动车结构术语相加确定，规格术语在前，结构术语在后，如“大型普通客车”“中型罐式货车”“重型专项作业车”“重型集装箱半挂车”“普通二轮摩托车”等。但低速货车的结构术语在前，规格术语在后，如“普通低速货车”“厢式低速货车”“罐式低速货车”等。轿车按照其规格术语确定为“大型轿车”“小型轿车”和“微型轿车”。

7.2 无对应的规格术语时，车辆类型按照结构术语确定，如“轮式装载机械”。

7.3 三轮汽车无对应的结构术语，其车辆类型统一为“三轮汽车”。除三轮汽车外的其他汽车，其结构特征无对应的结构术语时，车辆类型按照机动车规格术语及最相近的结构术语相加确定。

7.4 有轨电车无对应的结构术语，其车辆类型根据规格术语确定，如“大型有轨电车”。

## 参 考 文 献

[1] GB 7258—2012 机动车运行安全技术条件

ICS 35.240
R 80

GA

# 中华人民共和国公共安全行业标准

GA 1186—2014

# 机动车安全技术检验监管系统通用技术条件

General technical specifications for monitoring system of vehicle safety inspection

2014-09-15 发布　　2014-12-01 实施

中华人民共和国公安部　　发 布

# 前 言

**本标准的第1章、第5章、附录C为强制性的,其余为推荐性的。**

本标准按照GB/T 1.1—2009给出的规则起草。

本标准由公安部道路交通管理标准化技术委员会提出并归口。

本标准起草单位:公安部交通管理科学研究所。

本标准主要起草人:是建荣、孙晓平、吴晓东、江海龙、王健峰、王显飞、张捷、潘康。

# 机动车安全技术检验监管系统<br>通用技术条件

## 1 范围

本标准规定了机动车安全技术检验监管系统功能、技术要求和试验方法。

本标准适用于机动车安全技术检验监管系统建设及使用。

## 2 规范性引用文件

下列文件对于本文件的应用是必不可少的。凡是注日期的引用文件，仅注日期的版本适用于本文件。凡是不注日期的引用文件，其最新版本(包括所有的修改单)适用于本文件。

GB 7258 机动车运行安全技术条件

GB/T 26765—2011 机动车安全技术检验业务信息系统及联网规范

GB/T 28452—2012 信息安全技术 应用软件系统通用安全技术要求

## 3 术语和定义

下列术语和定义适用于本文件。

3.1

**检验监管系统 monitoring system of vehicle safety inspection**

与机动车安全技术检验机构的检验业务信息系统对接，对机动车安全技术检验进行监督的计算机信息系统。

## 4 检验监管系统组成

4.1 检验监管系统由检验机构信息备案、边界数据交换、检验过程监督、检验合格标志远程核发等子系统组成。

4.2 与其他系统关系见图1。

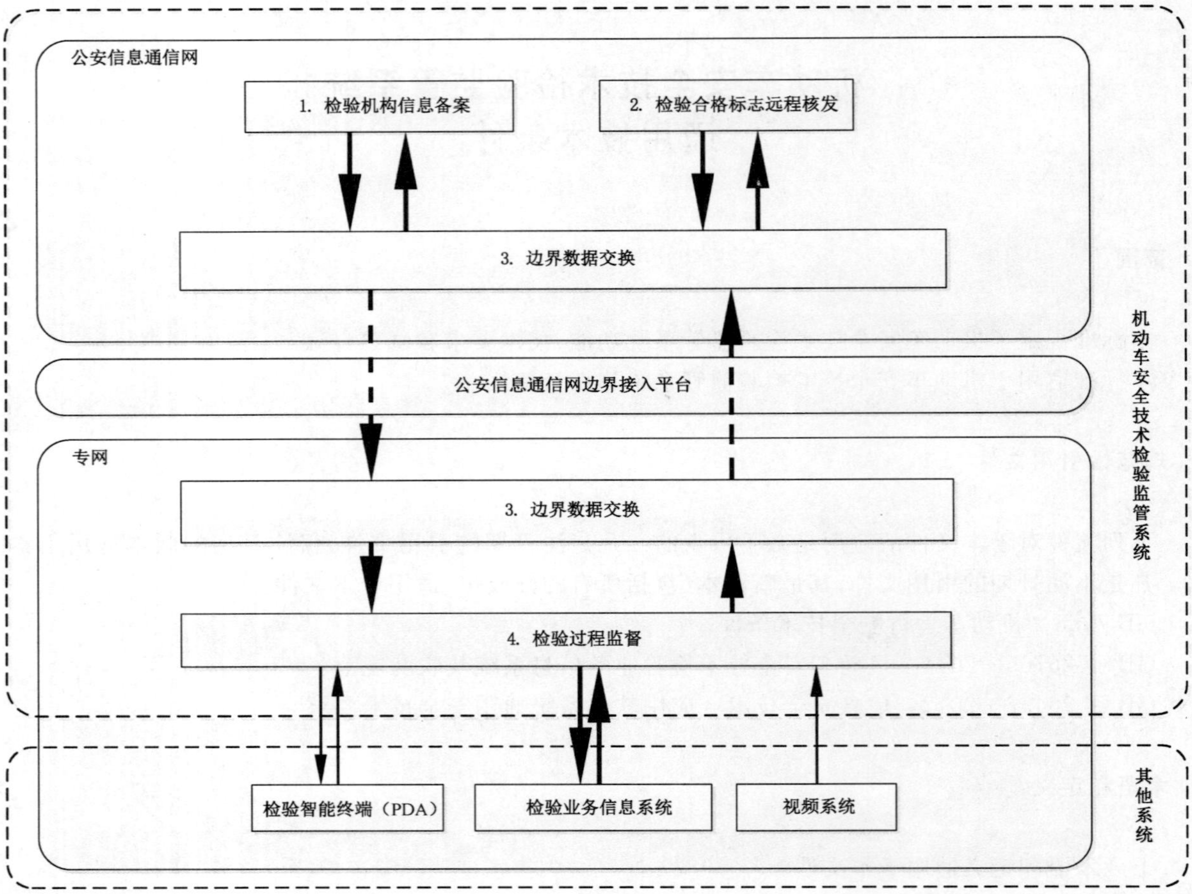


图 1　检验监管系统与其他系统关系图

## 5　要求

### 5.1　一般要求

5.1.1　检验机构信息备案、检验合格标志远程核发、公安网边界数据交换子系统应部署在公安信息通信网内；检验过程监督、专网边界数据交换子系统应部署在专网内；专网与公安信息通信网信息交换应符合边界接入的要求。

5.1.2　检验监管系统用户应实行分级管理，系统管理员、监督人员、机动车安全技术检验机构（以下简称检验机构）人员应授予不同的权限。

5.1.3　检验监管系统用户密码策略管理应符合以下要求：

a）所有用户的缺省密码或空密码应更改后使用；

b）系统管理员密码应由大写英文字母、小写英文字母、数字和特殊字符中三类以上组成，至少 10 位，不应包含用户名；

c）其他用户密码应由大写英文字母、小写英文字母、数字和特殊字符中两类以上组成，至少 6 位，不应包含用户名。

5.1.4　检验监管系统日志采集功能应符合公安信息系统应用日志安全审计平台日志采集规范。

5.1.5　检验监管系统软件应能在 Windows、Unix、Linux 等操作系统正常运行。

5.1.6 检验监管系统采用的数据库管理系统应支持SQL和ODBC两种工业标准，并具有C2级以上安全性。

5.1.7 检验监管系统运行环境应安装网络防火墙和防病毒软件。

## 5.2 安全性

检验监管系统安全性应符合GB/T 28452—2012中6.1的规定。

## 5.3 检验机构信息备案子系统

### 5.3.1 功能

检验机构信息备案子系统应具备以下功能：

a) 信息录入；
b) 信息审核；
c) 信息管理。包括撤销、修改、查询、统计等。

### 5.3.2 备案信息

备案信息应包括以下内容：

a) 检验机构信息，参见附录A中A.1；
b) 检测线信息，参见A.2；
c) 工作人员信息，参见A.3；
d) 检验业务信息系统信息，参见A.4。

## 5.4 边界数据交换子系统

系统应具备以下功能：

a) 机动车基本信息查询请求、查询结果数据交换；
b) 检验监管软件核发检验合格标志业务数据交换；
c) 检验监管软件接口定义数据下载；
d) 检验监管软件接口使用申请、接口授权信息交换；
e) 备案信息交换；
f) 检验监管软件统计结果数据交换；
g) 检验监管软件检验异常预警数据交换；
h) 违规机动车产品数据交换；
i) 交换数据自动清理功能。

## 5.5 检验过程监管子系统

### 5.5.1 功能

系统应具备以下功能：

a) 备案信息预录入；
b) 备案信息下载；
c) 备案信息下发；
d) 时间同步；
e) 检验登录信息接收；
f) 检验过程信息接收；

g) 检验照片和资料照片信息接收；
h) 检验结果信息接收；
i) 复检登录信息接收；
j) 异常情况预警和报警；
k) 检验数据研判分析；
l) 与公安交通管理综合应用平台数据交换；
m) 检验审核；
n) 检验合格标志申请及打印；
o) 违规机动车产品上报；
p) 检验数据信息、照片信息等存储；
q) 视频监督。

### 5.5.2 功能要求

#### 5.5.2.1 备案信息预录入

备案信息录入应符合以下要求：

a) 备案信息应符合5.3.2的要求；
b) 对预录入信息进行合规性检查，上传至检验机构备案子系统。

#### 5.5.2.2 备案信息下载

每日进行检查，有更新的下载新信息。

#### 5.5.2.3 备案信息下发

每日进行检查，有更新的下发新信息，下发接口如下：

a) 检验机构备案信息下发接口参数参见附录B中B.1；
b) 检测线备案信息下发接口参数参见B.2；
c) 检验机构工作人员备案信息下发接口参数参见B.3；
d) 检验业务信息系统备案信息下发接口参数参见B.4。

#### 5.5.2.4 时间同步

检验业务信息系统与检验过程监管子系统每日同步一次，时间同步接口参数参见B.5。

#### 5.5.2.5 检验登录信息接收

检验登录信息接收符合以下要求：

a) 提供机动车检验登录信息接口，信息接收接口参数参见B.6；
b) 比对道路交通违法、交通事故情况，以及嫌疑车辆信息，显示道路交通违法、交通事故比对结果并下发给检验业务信息系统，对有嫌疑的车辆预警；
c) 注册登记检验的，还应比对《道路机动车辆生产企业及产品公告》和机动车违规产品信息，存在问题的，下发给检验业务信息系统；
d) 在用车检验的，还应将机动车登记信息下发给检验业务信息系统。

#### 5.5.2.6 检验过程信息接收

应接收以下检验过程信息：

a) 检验过程开始信息,接口参数参见 B.7;
b) 检验项目开始信息,接口参数参见 B.8;
c) 人工检验项目检验结果详细信息,接口参数参见 B.9;
d) 仪器设备检验项目检验详细信息,接口参数参见 B.10;
e) 路试检验信息,接口参数参见 B.11;
f) 检验项目结束信息,接口参数参见 B.12;
g) 检验过程结束信息,接口参数参见 B.13。

#### 5.5.2.7 检验项目照片和检验资料照片信息接收

由检验智能终端拍摄的检验项目照片应拍摄后立即自动上传,检验项目照片和检验资料照片信息接收要求如下:

a) 人工检验项目照片拍摄项目及要求见附录 C 中 C.1.1、C.2.1;
b) 检验资料照片项目及要求见 C.1.2;
c) 仪器设备检验工位照片、视频要求见 C.2.2;
d) 照片信息接收接口参数参见 B.14。

#### 5.5.2.8 检验结果信息接收

检验结果信息接收要求如下:

a) 机动车检验结果信息内容和接口参数参见 B.15;
b) 机动车交通事故责任强制保险信息内容和接口参数参见 B.16;
c) 检验判定结果信息,接口参数参见 B.17;
d) 机动车检验结果资料申请审核信息,接口参数参见 B.18;
e) 检验视频异常信息,接口参数参见 B.19。

#### 5.5.2.9 复检登录信息接收

复检登录信息接收接口参数参见 B.20。

#### 5.5.2.10 异常情况预警及处置

检验监督项目预警和处置见附录 D。

#### 5.5.2.11 检验数据研判分析

检验数据研判分析应包括以下内容:

a) 检验过程信息查询;
b) 检验审核信息查询、抽查;
c) 检验机构、检验工作人员检验情况;
d) 多车检验数据雷同情况;
e) 综合统计分析及异常情况预警。

#### 5.5.2.12 检验审核

检验审核应符合以下要求:

a) 随机分配检验审核任务;
b) 按车型和查验员资质分配检验审核任务;
c) 超时重新随机分配检验审核任务。

#### 5.5.2.13 违规机动车产品上报

违规机动车产品上报功能应符合以下要求：

a) 违规机动车产品信息采集和上传；

b) 违规证据照片采集和上传。

#### 5.5.2.14 检验数据信息和照片信息存储

至少保存最近两个检验周期的检验信息。

#### 5.5.2.15 视频监督

视频监督应符合以下要求：

a) 调取的视频应符合 GB/T 26765—2011 中 6.3.2 a)～6.3.2 c)的要求；

b) 实时点播检验过程视频信息；

c) 按应能调取检验车辆点播检验过程历史视频信息；

d) 应能调取近 2 年内的检验过程视频信息。

### 5.6 检验合格标志远程核发子系统

系统应具备以下功能：

a) 接收检验合格标志核发申请；

b) 检验有效期、强制报废日期等自动检查；

c) 校车使用许可有效期、状态等自动检查；

d) 道路交通违法、交通事故自动核查；

e) 被盗抢车辆自动核查；

f) 交通事故责任强制保险信息有效性自动检查；

g) 核查通过的，自动生成核发检验合格标志指令；

h) 核查未通过的信息提示。

### 5.7 检验监管系统资料要求

检验监管系统资料应包括以下内容：

a) 软件安装介质；

b) 用户手册；

c) 安装手册；

d) 系统设计文档；

e) 系统测试文档；

f) 其他必备的文件资料。

## 6 试验方法

### 6.1 基本方法

试验方法如下：

a) 演示法：通过操作检验监管系统，查看备案登记子系统、检验监管子系统和检验过程视频监控子系统实际运行情况及检验数据，验证功能是否达到规定的要求；

b) 审查法：对检验监管系统进行可视化检查，以确定有关功能是否达到规定的要求。

## 6.2 备案登记子系统

按照以下试验步骤检查备案登记子系统：

a) 依据5.7要求提供的资料，采用审查法检查备案登记子系统功能内容；

b) 采用演示法，操作检查备案登记子系统各项功能。

## 6.3 检验过程监管子系统

按照以下试验步骤检查检验监管软件：

a) 依据5.7要求提供的资料，采用审查法检查检验监管软件基本要求内容；

b) 采用演示法，操作检查检验监管软件各项基本要求。

# 附 录 A
# （资料性附录）
# 检验监管系统数据表结构

## A.1 检验机构

检验机构信息备案数据结构表见表 A.1。

**表 A.1 检验机构信息备案数据结构表**

| 序号 | 名 称 | 类型 | 长度 | 是否可空 | 说 明 |
|---|---|---|---|---|---|
| 1 | 检验机构编号 | 字符 | 20 | 不可空 | |
| 2 | 检验机构名称 | 字符 | 128 | 不可空 | |
| 3 | 是否与公安网联网 | 字符 | 1 | 不可空 | 1——是；2——否 |
| 4 | 资格许可证书编号 | 字符 | 32 | 不可空 | |
| 5 | 资格许可有效期始 | 日期 | | 不可空 | |
| 6 | 资格许可有效期止 | 日期 | | 不可空 | |
| 7 | 设计日汽车检测能力 | 数字 | 4 | 不可空 | 单位为辆 |
| 8 | 实际日汽车检测能力 | 数字 | 4 | 不可空 | 单位为辆 |
| 9 | 设计日摩托车检测能力 | 数字 | 4 | 不可空 | 单位为辆 |
| 10 | 实际日摩托车检测能力 | 数字 | 4 | 不可空 | 单位为辆 |
| 11 | 检测人员总数 | 数字 | 4 | 可空 | |
| 12 | 外检工位人数 | 数字 | 4 | 可空 | |
| 13 | 录入工位人数 | 数字 | 4 | 可空 | |
| 14 | 引车员人数 | 数字 | 4 | 可空 | |
| 15 | 底盘工位人数 | 数字 | 4 | 可空 | |
| 16 | 总检工位人数 | 数字 | 4 | 可空 | |
| 17 | 其他工位人数 | 数字 | 4 | 可空 | |
| 18 | 通过省级质检部门考核人数 | 数字 | 4 | 可空 | |
| 19 | 未通过省级质检部门考核人数 | 数字 | 4 | 可空 | |
| 20 | 发证机关 | 字符 | 10 | 不可空 | |
| 21 | 管理部门 | 字符 | 12 | 不可空 | |
| 22 | 更新日期 | 日期 | | 可空 | |
| 23 | 传输标记 | 字符 | 1 | 不可空 | |
| 24 | 备注 | 字符 | 4 000 | 可空 | |
| 25 | 审核标记 | 字符 | 1 | 可空 | |
| 26 | 使用管理部门 | 字符 | 4 000 | 可空 | |

表 A.1（续）

| 序号 | 名　称 | 类型 | 长度 | 是否可空 | 说　明 |
|---|---|---|---|---|---|
| 27 | 校验位 | 字符 | 4 000 | 不可空 | |
| 28 | 审核意见 | 字符 | 4 000 | 可空 | |
| 29 | 状态标记 | 字符 | 1 | 不可空 | 0——撤销；1——正常；2——停用；3——首次备案申请；4——已过有效期 |
| 30 | 部级传输标记 | 字符 | 1 | 可空 | |
| 31 | 暂停原因 | 字符 | 512 | 可空 | |
| 32 | 单位地址 | 字符 | 300 | 可空 | |
| 33 | 邮政编码 | 字符 | 6 | 可空 | |
| 34 | 许可检验范围 | 字符 | 100 | 可空 | |
| 35 | 资格许可发放单位 | 字符 | 300 | 可空 | |
| 36 | 法人代表 | 字符 | 30 | 可空 | |
| 37 | 法人代表身份证号 | 字符 | 18 | 可空 | |
| 38 | 法人代表联系电话 | 字符 | 15 | 可空 | |
| 39 | 负责人 | 字符 | 30 | 可空 | |
| 40 | 负责人身份证号 | 字符 | 18 | 可空 | |
| 41 | 负责人联系电话 | 字符 | 15 | 可空 | |
| 42 | 日常联系人 | 字符 | 30 | 可空 | |
| 43 | 日常联系人身份证号 | 字符 | 18 | 可空 | |
| 44 | 日常联系人联系电话 | 字符 | 15 | 可空 | |

## A.2 检测线

检验线信息备案数据结构表见表 A.2。

表 A.2 检验线信息备案数据结构表

| 序号 | 名　称 | 类型 | 长度 | 是否可空 | 说　明 |
|---|---|---|---|---|---|
| 1 | 检验机构编号 | 字符 | 20 | 不可空 | |
| 2 | 检测线代号 | 字符 | 11 | 不可空 | |
| 3 | 检验机构名称 | 字符 | 128 | 不可空 | |
| 4 | 检测线名称 | 字符 | 128 | 不可空 | |
| 5 | 检测线类别 | 字符 | 1 | 不可空 | 1——汽车；2——摩托车 |
| 6 | 检测线控制方式 | 字符 | 1 | 不可空 | 1——全自动；2——单工位检测；9——其他 |
| 7 | 制动检测设备名称 1 | 字符 | 128 | 可空 | |

表 A.2（续）

| 序号 | 名　称 | 类型 | 长度 | 是否可空 | 说　明 |
|---|---|---|---|---|---|
| 8 | 制动检测设备型号 1 | 字符 | 32 | 可空 | |
| 9 | 制动检测设备生产厂家 1 | 字符 | 128 | 可空 | |
| 10 | 制动检测最少时间 1 | 数字 | 4 | 不可空 | 单位为秒(s) |
| 11 | 制动检测设备名称 2 | 字符 | 128 | 可空 | |
| 12 | 制动检测设备型号 2 | 字符 | 32 | 可空 | |
| 13 | 制动检测设备生产厂家 2 | 字符 | 128 | 可空 | |
| 14 | 制动检测最少时间 2 | 数字 | 4 | 不可空 | 单位为秒(s) |
| 15 | 制动检测方式 | 字符 | 1 | 可空 | 1——平板；2——滚筒；3——平板及滚筒 |
| 16 | 平板制式 | 字符 | 32 | 可空 | 1——二板式；2——四板式 |
| 17 | 单平板长度 | 数字 | 5 | 可空 | 单位为毫米(mm) |
| 18 | 平板间距 | 数字 | 5 | 可空 | 单位为毫米(mm) |
| 19 | 滚筒式制动台制式 | 字符 | 1 | 可空 | 1——开槽式；2——粘砂式 |
| 20 | 滚筒式制动台制式 | 字符 | 1 | 可空 | 1——第三滚筒；2——时间停机 |
| 21 | 制动检测设备启用时间 | 日期 | | 可空 | |
| 22 | 制动检测设备检定有效期止 | 日期 | | 不可空 | |
| 23 | 制动检测设备状态 | 字符 | 1 | 不可空 | 1——正常；2——故障维修；3——报废 |
| 24 | 灯光检测设备名称 | 字符 | 128 | 可空 | |
| 25 | 灯光检测设备型号 | 字符 | 32 | 可空 | |
| 26 | 灯光检测设备生产厂家 | 字符 | 128 | 可空 | |
| 27 | 灯光检测最少时间 | 数字 | 4 | 可空 | 单位为秒(s) |
| 28 | 灯光检测方式 | 字符 | 1 | 可空 | 1——双灯同检；2——单灯检测 |
| 29 | 灯光检测是否有车身偏移修正功能 | 字符 | 1 | 可空 | 1——有；2——无 |
| 30 | 灯光检测设备启用时间 | 日期 | | 可空 | |
| 31 | 灯光检测设备检定有效期止 | 日期 | | 不可空 | |
| 32 | 灯光检测设备状态 | 字符 | 1 | 不可空 | 1——正常；2——故障维修；3——报废 |
| 33 | 速度检测设备名称 | 字符 | 128 | 可空 | |
| 34 | 速度检测设备型号 | 字符 | 32 | 可空 | |
| 35 | 速度检测设备生产厂家 | 字符 | 128 | 可空 | |
| 36 | 速度检测最少时间 | 数字 | 4 | 可空 | 单位为秒(s) |
| 37 | 速度检测设备启用时间 | 日期 | | 可空 | |
| 38 | 速度检测设备检定有效期止 | 日期 | | 不可空 | |
| 39 | 速度检测设备状态 | 字符 | 1 | 不可空 | 1——正常；2——故障维修；3——报废 |

表 A.2（续）

| 序号 | 名　称 | 类型 | 长度 | 是否可空 | 说　明 |
|---|---|---|---|---|---|
| 40 | 侧滑检测设备名称 | 字符 | 128 | 可空 | |
| 41 | 侧滑检测设备型号 | 字符 | 32 | 可空 | |
| 42 | 侧滑检测设备生产厂家 | 字符 | 128 | 可空 | |
| 43 | 侧滑检测最少时间 | 数字 | 4 | 可空 | 单位为秒(s) |
| 44 | 侧滑检测设备启用时间 | 日期 | | 可空 | |
| 45 | 侧滑检测设备检定有效期止 | 日期 | | 不可空 | |
| 46 | 侧滑检测设备状态 | 字符 | 1 | 不可空 | 1——正常;2——故障维修;3——报废 |
| 47 | 称重设备名称 | 字符 | 128 | 可空 | |
| 48 | 称重检测设备型号 | 字符 | 32 | 可空 | |
| 49 | 称重检测设备生产厂家 | 字符 | 128 | 可空 | |
| 50 | 称重检测最少时间 | 数字 | 4 | 可空 | 单位为秒(s) |
| 51 | 称重范围 | 数字 | 6 | 可空 | 填写设备设计最大承受车辆轴重范围，单位为千克(kg) |
| 52 | 称重检测设备检定有效期止 | 日期 | | 可空 | |
| 53 | 称重检测设备启用时间 | 日期 | | 不可空 | |
| 54 | 称重检测设备状态 | 字符 | 1 | 不可空 | 1——正常;2——故障维修;3——报废 |
| 55 | 底盘间隙仪名称 | 字符 | 128 | 可空 | |
| 56 | 底盘间隙仪型号 | 字符 | 32 | 可空 | |
| 57 | 底盘间隙仪生产厂家 | 字符 | 128 | 可空 | |
| 58 | 底盘间隙检测最少时间 | 数字 | 4 | 可空 | 单位为秒(s) |
| 59 | 底盘间隙仪启用时间 | 日期 | | 可空 | |
| 60 | 底盘间隙仪检定有效期止 | 日期 | | 不可空 | |
| 61 | 底盘间隙仪状态 | 字符 | 1 | 不可空 | 1——正常;2——故障维修;3——报废 |
| 62 | 全线检测时间 | 数字 | 4 | 可空 | 单位为秒(s) |
| 63 | 工位 1 | 字符 | 16 | 可空 | |
| 64 | 工位 2 | 字符 | 16 | 可空 | |
| 65 | 工位 3 | 字符 | 16 | 可空 | |
| 66 | 工位 4 | 字符 | 16 | 可空 | |
| 67 | 工位 5 | 字符 | 16 | 可空 | |
| 68 | 工位 6 | 字符 | 16 | 可空 | |
| 69 | 工位 7 | 字符 | 16 | 可空 | |
| 70 | 工位 8 | 字符 | 16 | 可空 | |
| 71 | 工位 9 | 字符 | 16 | 可空 | |
| 72 | 备注 | 字符 | 128 | 可空 | |

表 A.2（续）

| 序号 | 名　称 | 类型 | 长度 | 是否可空 | 说　明 |
|---|---|---|---|---|---|
| 73 | 发证机关 | 字符 | 10 | 不可空 | |
| 74 | 管理部门 | 字符 | 12 | 不可空 | |
| 75 | 更新日期 | 日期 | | 可空 | |
| 76 | 传输标记 | 字符 | 1 | 可空 | |
| 77 | 部级传输标记 | 字符 | 1 | 可空 | |
| 78 | 制动检验设备编号 | 字符 | 30 | 可空 | |
| 79 | 制动检验设备检定/校准证书编号 | 字符 | 30 | 可空 | |
| 80 | 灯光检验设备编号 | 字符 | 30 | 可空 | |
| 81 | 灯光检测设备检定/校准证书标号 | 字符 | 30 | 可空 | |
| 82 | 速度检验设备编号 | 字符 | 30 | 可空 | |
| 83 | 速度检验设备检定/校准证书标号 | 字符 | 30 | 可空 | |
| 84 | 侧滑检验设备编号 | 字符 | 30 | 可空 | |
| 85 | 侧滑检验设备检定/校准证书编号 | 字符 | 30 | 可空 | |
| 86 | 称重检验设备编号 | 字符 | 30 | 可空 | |
| 87 | 称重检验设备检定/校准证书编号 | 字符 | 30 | 可空 | |
| 88 | 状态标记 | 字符 | 1 | 不可空 | 0——撤销；1——正常；2——停用；3——首次备案申请；4——已过有效期 |
| 89 | 暂停原因 | 字符 | 512 | 可空 | |

## A.3　检验机构工作人员

检验机构工作人员信息备案数据结构表见表 A.3。

表 A.3　检验机构工作人员信息备案数据结构表

| 序号 | 名　称 | 类型 | 长度 | 是否可空 | 说明 |
|---|---|---|---|---|---|
| 1 | 身份证明号码 | 字符 | 18 | 不可空 | |
| 2 | 姓名 | 字符 | 30 | 可空 | 符合 GA/T 543.1 公安数据元 DE00002 |
| 3 | 人员类别 | 字符 | 300 | 不可空 | |
| 4 | 管理部门 | 字符 | 12 | 可空 | |
| 5 | 发证机关 | 字符 | 10 | 可空 | |

表 A.3（续）

| 序号 | 名　称 | 类型 | 长度 | 是否可空 | 说　明 |
|---|---|---|---|---|---|
| 6 | 检验机构编号 | 字符 | 20 | 不可空 | |
| 7 | 更新日期 | 日期 | | 可空 | |
| 8 | 传输标记 | 字符 | 1 | 可空 | |
| 9 | 备注 | 字符 | 4 000 | 可空 | |
| 10 | 审核标记 | 字符 | 1 | 可空 | |
| 11 | 校验位 | 字符 | 4 000 | 可空 | |
| 12 | 审核意见 | 字符 | 4 000 | 可空 | |
| 13 | 状态标记 | 字符 | 1 | 不可空 | 0——撤销；1——正常；2——停用 |
| 14 | 部级传输标记 | 字符 | 1 | 可空 | |
| 15 | 上岗证编号 | 字符 | 32 | 可空 | |
| 16 | 上岗证有效期止 | 日期 | | 可空 | |
| 17 | 上岗证发放单位 | 字符 | 300 | 可空 | |
| 18 | 使用管理部门 | 字符 | 1 024 | 可空 | |

## A.4　检验业务信息系统

检验业务信息系统信息备案数据结构表见表 A.4。

表 A.4　检验业务信息系统信息备案数据结构表

| 序号 | 名　称 | 类型 | 长度 | 是否可空 | 说　明 |
|---|---|---|---|---|---|
| 1 | 备案编号 | 字符 | 10 | 不可空 | |
| 2 | 检验系统名称 | 字符 | 64 | 不可空 | |
| 3 | 检验系统说明 | 字符 | 256 | 不可空 | |
| 4 | 版本编号 | 字符 | 64 | 不可空 | |
| 5 | 开发单位 | 字符 | 256 | 不可空 | |
| 6 | 数据库版本 | 字符 | 128 | 不可空 | |
| 7 | 系统架构描述 | 字符 | 2 048 | 不可空 | |
| 8 | 检验机构编号 | 字符 | 10 | 不可空 | |
| 9 | 检测线代号 | 字符 | 100 | 不可空 | |
| 10 | 检测时间 | 日期 | | 可空 | |
| 11 | 验收时间 | 日期 | | 可空 | |
| 12 | 使用状态 | 字符 | 1 | 不可空 | A——正常，B——停用 |
| 13 | 暂停原因 | 字符 | 512 | 可空 | |
| 14 | 经办人 | 字符 | 30 | 可空 | |

**表 A.4（续）**

| 序号 | 名　称 | 类型 | 长度 | 是否可空 | 说　明 |
|---|---|---|---|---|---|
| 15 | 审核标记 | 字符 | 2 | 不可空 | 0——未审批；1——审批通过；2——审批未通过 |
| 16 | 审核意见 | 字符 | 4 000 | 可空 | |
| 17 | 审核人 | 字符 | 30 | 可空 | |
| 18 | 审核时间 | 日期 | | 可空 | |
| 19 | 发证机关 | 字符 | 10 | 不可空 | |
| 20 | 管理部门 | 字符 | 12 | 可空 | |
| 21 | 校验位 | 字符 | 256 | 不可空 | |
| 22 | 更新日期 | 日期 | | 可空 | |
| 23 | 传输标记 | 字符 | 1 | 可空 | |
| 24 | 部级传输标记 | 字符 | 1 | 可空 | |
| 25 | 使用管理部门 | 字符 | 1 024 | 可空 | |

# 附 录 B
# （资料性附录）
# 检验监管系统数据接口

## B.1 检验机构备案信息下载

### B.1.1 输出过程

根据检验机构编号、更新日期等信息下载检验机构备案信息。

### B.1.2 接口标识

接口标识 ID 为 18C01。

### B.1.3 传入参数

查询文档 QueryXmlDoc，节点标签 QueryCondition，传入参数见表 B.1。

**表 B.1 传入参数数据**

| 序号 | 参数项 | 参数描述 | 类型 | 长度 | 是否可空 | 备注 |
|---|---|---|---|---|---|---|
| 1 | jczbh | 检验机构编号 | varchar2 | 10 | 不可空 | |
| 2 | gxrq | 更新日期 | date | | 可空 | |

### B.1.4 返回结果

返回结果文档 ResultXML，节点标签 vehispara，查询结果数据字段见表 B.2。

**表 B.2 返回结果**

| 序号 | 参数项 | 参数描述 | 类型 | 长度 | 是否可空 | 备注 |
|---|---|---|---|---|---|---|
| 1 | jczbh | 检验机构编号 | varchar2 | 20 | 不可空 | |
| 2 | jczmc | 检验机构名称 | varchar2 | 128 | 不可空 | |
| 3 | sflw | 是否与公安网联网 | char | 1 | 不可空 | 1——是；2——否 |
| 4 | rdsbh | 资格许可证书编号 | varchar2 | 32 | 不可空 | |
| 5 | rdyxqs | 资格许可有效期始 | date | | 不可空 | |
| 6 | rdyxqz | 资格许可有效期止 | date | | 不可空 | |
| 7 | shejirjcnl | 设计日汽车检测能力 | number | 4 | 不可空 | |
| 8 | shijirjcnl | 实际日汽车检测能力 | number | 4 | 不可空 | |
| 9 | shejirjcmtsl | 设计日摩托车检测能力 | number | 4 | 不可空 | |
| 10 | shijirjcmtsl | 实际日摩托车检测能力 | number | 4 | 不可空 | |
| 11 | jcryzs | 检测人员总数 | number | 4 | 不可空 | |
| 12 | wjgwrs | 外检工位人数 | number | 4 | 不可空 | |

**表 B.2（续）**

| 序号 | 参数项 | 参数描述 | 类型 | 长度 | 是否可空 | 备注 |
|---|---|---|---|---|---|---|
| 13 | lrgwrs | 录入工位人数 | number | 4 | 不可空 | |
| 14 | ycyrs | 引车员人数 | number | 4 | 不可空 | |
| 15 | dpgwrs | 底盘工位人数 | number | 4 | 不可空 | |
| 16 | zjgwrs | 总检工位人数 | number | 4 | 不可空 | |
| 17 | qtgwrs | 其他工位人数 | number | 4 | 不可空 | |
| 18 | tgszjbmkhrs | 通过省级质检部门考核人数 | number | 4 | 不可空 | |
| 19 | wtgszjbmkhrs | 未通过省级质检部门考核人数 | number | 4 | 不可空 | |
| 20 | fzjg | 发证机关 | varchar2 | 10 | 不可空 | |
| 21 | glbm | 管理部门 | varchar2 | 12 | 不可空 | |
| 22 | gxrq | 更新日期 | date | | 不可空 | |
| 23 | bz | 备注 | varchar2 | 4 000 | 可空 | |
| 24 | shbj | 审核标记 | varchar2 | 2 | 可空 | 0——待审核；1——同意；2——不同意 |
| 25 | syglbm | 使用管理部门 | varchar2 | 4 000 | 可空 | |
| 26 | shyj | 审核意见 | varchar2 | 4 000 | 可空 | |
| 27 | zt | 状态标记 | char | 1 | 不可空 | 0——撤销；1——正常；2——停用；3——首次备案申请；4——过有效期 |
| 28 | ztyy | 暂停原因 | varchar2 | 512 | 可空 | |
| 29 | dwdz | 单位地址 | varchar2 | 300 | 不可空 | |
| 30 | yzbm | 邮政编码 | varchar2 | 6 | 不可空 | |
| 31 | xkjyfw | 许可检验范围 | varchar2 | 100 | 不可空 | |
| 32 | rdsffdw | 资格许可发放单位 | varchar2 | 300 | 不可空 | |
| 33 | frdb | 法人代表 | varchar2 | 30 | 不可空 | |
| 34 | frdbsfzh | 法人代表身份证号 | varchar2 | 18 | 不可空 | |
| 35 | frdblxdh | 法人代表联系电话 | varchar2 | 15 | 不可空 | |
| 36 | fzr | 负责人 | varchar2 | 30 | 不可空 | |
| 37 | fzrsfzh | 负责人身份证号 | varchar2 | 18 | 不可空 | |
| 38 | fzrlxdh | 负责人联系电话 | varchar2 | 15 | 不可空 | |
| 39 | rclxr | 日常联系人 | varchar2 | 30 | 不可空 | |
| 40 | rclxrsfzh | 日常联系人身份证号 | varchar2 | 18 | 不可空 | |
| 41 | rclxrlxdh | 日常联系人联系电话 | varchar2 | 15 | 不可空 | |

## B.2 检测线备案信息下载

### B.2.1 输出过程

根据检验机构编号、更新日期等信息下载检测线备案信息。

### B.2.2 接口标识

接口标识 ID 为 18C02。

### B.2.3 传入参数

查询文档 QueryXmlDoc，节点标签 QueryCondition，传入参数见表 B.3。

**表 B.3 传入参数数据**

| 序号 | 参数项 | 参数描述 | 类型 | 长度 | 是否可空 | 备注 |
|---|---|---|---|---|---|---|
| 1 | jczbh | 检验机构编号 | varchar2 | 10 | 不可空 | |
| 2 | gxrq | 更新日期 | date | | 可空 | |

### B.2.4 返回结果

返回结果文档 ResultXML，节点标签 vehispara，查询结果数据字段见表 B.4。

**表 B.4 返回结果**

| 序号 | 参数项 | 参数描述 | 类型 | 长度 | 是否可空 | 备注 |
|---|---|---|---|---|---|---|
| 1 | jczbh | 检验机构编号 | varchar2 | 20 | 不可空 | |
| 2 | jcxxh | 检测线代号 | varchar2 | 2 | 不可空 | |
| 3 | jczmc | 检验机构名称 | varchar2 | 128 | 不可空 | |
| 4 | jcxmc | 检测线名称 | varchar2 | 128 | 不可空 | |
| 5 | jcxlb | 检测线类别 | char | 1 | 不可空 | 1——汽车；2——摩托车 |
| 6 | jcxczfs | 检测线控制方式 | char | 1 | 不可空 | 1——全自动；2——单工位检测；9——其他 |
| 7 | zdsbmc | 制动检测设备名称 | varchar2 | 128 | 可空 | |
| 8 | zdsbxh | 制动检测设备型号 | varchar2 | 32 | 不可空 | |
| 9 | zdsbsccj | 制动检测设备生产厂家 | varchar2 | 128 | 不可空 | |
| 10 | zdjcsj | 制动检测最少时间 | number | 4 | 不可空 | |
| 11 | zdjcfs | 制动检测方式 | char | 1 | 可空 | 1——平板；2——滚筒 |
| 12 | pbzs | 平板制式 | varchar2 | 32 | 可空 | 1——二板式；2——四板式 |
| 13 | dpbcd | 单平板长度 | number | 5 | 可空 | |
| 14 | pbjj | 平板间距 | number | 5 | 可空 | |
| 15 | gtszdtzs | 滚筒式制动台制式 | char | 1 | 可空 | 1——开槽式；2——粘砂式 |

表 B.4（续）

| 序号 | 参数项 | 参 数 描 述 | 类型 | 长度 | 是否可空 | 备 注 |
|---|---|---|---|---|---|---|
| 16 | gtszdttjfs | 滚筒式制动台停机方式 | char | 1 | 可空 | 1——第三滚筒；2——时间停机；9——其他 |
| 17 | zdsbqysj | 制动检测设备启用时间 | date | | 可空 | |
| 18 | zdsbjdyxqz | 制动检测设备检定有效期止 | date | | 不可空 | |
| 19 | zdsbzt | 制动检测设备状态 | char | 1 | 不可空 | 1——正常；2——故障维修；3——报废 |
| 20 | dgsbmc | 灯光检测设备名称 | varchar2 | 128 | 可空 | |
| 21 | dgsbxh | 灯光检测设备型号 | varchar2 | 32 | 可空 | |
| 22 | dgsbsccj | 灯光检测设备生产厂家 | varchar2 | 128 | 可空 | |
| 23 | dgjcsj | 灯光检测最少时间 | number | 4 | 可空 | |
| 24 | dgjcfs | 灯光检测方式 | char | 1 | 可空 | 1——双灯同检；2——单灯检测 |
| 25 | dgcspyxz | 灯光检测是否有车身偏移修正功能 | char | 1 | 可空 | 1——有；2——无 |
| 26 | dgsbqysj | 灯光检测设备启用时间 | date | | 可空 | |
| 27 | dgsbjdyxqz | 灯光检测设备检定有效期止 | date | | 不可空 | |
| 28 | dgsbzt | 灯光检测设备状态 | char | 1 | 不可空 | 1——正常；2——故障维修；3——报废 |
| 29 | sdsbmc | 速度检测设备名称 | varchar2 | 128 | 可空 | |
| 30 | sdsbxh | 速度检测设备型号 | varchar2 | 32 | 可空 | |
| 31 | sdsbsccj | 速度检测设备生产厂家 | varchar2 | 128 | 可空 | |
| 32 | sdjcsj | 速度检测最少时间 | number | 4 | 可空 | |
| 33 | sdsbqysj | 速度检测设备启用时间 | date | | 可空 | |
| 34 | sdsbjdyxqz | 速度检测设备检定有效期止 | date | | 不可空 | |
| 35 | sdsbzt | 速度检测设备状态 | char | 1 | 不可空 | 1——正常；2——故障维修；3——报废 |
| 36 | chsbmc | 侧滑检测设备名称 | varchar2 | 128 | 可空 | |
| 37 | chsbxh | 侧滑检测设备型号 | varchar2 | 32 | 可空 | |
| 38 | chsbsccj | 侧滑检测设备生产厂家 | varchar2 | 128 | 可空 | |
| 39 | chjcsj | 侧滑检测最少时间 | number | 4 | 可空 | |
| 40 | chsbqysj | 侧滑检测设备启用时间 | date | | 可空 | |
| 41 | chsbjdyxqz | 侧滑检测设备检定有效期止 | date | | 不可空 | |

**表 B.4（续）**

| 序号 | 参数项 | 参数描述 | 类型 | 长度 | 是否可空 | 备注 |
|---|---|---|---|---|---|---|
| 42 | chsbzt | 侧滑检测设备状态 | char | 1 | 不可空 | 1——正常；2——故障维修；3——报废 |
| 43 | czsbmc | 称重设备名称 | varchar2 | 128 | 可空 | |
| 44 | czsbxh | 称重检测设备型号 | varchar2 | 32 | 可空 | |
| 45 | czsbsccj | 称重检测设备生产厂家 | varchar2 | 128 | 可空 | |
| 46 | czjcsj | 称重检测最少时间 | number | 4 | 可空 | |
| 47 | czjb | 称重范围 | number | 6 | 可空 | 设备设计最大承受车辆轴重范围，单位为千克(kg) |
| 48 | czsbjdyxqz | 称重检测设备检定有效期止 | date | | 可空 | |
| 49 | czsbqysj | 称重检测设备启用时间 | date | | 不可空 | |
| 50 | czsbzt | 称重检测设备状态 | char | 1 | 不可空 | 1——正常；2——故障维修；3——报废 |
| 51 | qxjcsj | 全线检测时间 | number | 4 | 可空 | |
| 52 | gw1 | 工位 1 | varchar2 | 16 | 可空 | |
| 53 | gw2 | 工位 2 | varchar2 | 16 | 可空 | |
| 54 | gw3 | 工位 3 | varchar2 | 16 | 可空 | |
| 55 | gw4 | 工位 4 | varchar2 | 16 | 可空 | |
| 56 | gw5 | 工位 5 | varchar2 | 16 | 可空 | |
| 57 | gw6 | 工位 6 | varchar2 | 16 | 可空 | |
| 58 | gw7 | 工位 7 | varchar2 | 16 | 可空 | |
| 59 | gw8 | 工位 8 | varchar2 | 16 | 可空 | |
| 60 | gw9 | 工位 9 | varchar2 | 16 | 可空 | |
| 61 | bz | 备注 | varchar2 | 128 | 可空 | |
| 62 | fzjg | 发证机关 | varchar2 | 10 | 不可空 | |
| 63 | glbm | 管理部门 | varchar2 | 12 | 不可空 | |
| 64 | gxrq | 更新日期 | date | | 可空 | |
| 65 | zdsbbh | 制动检验设备编号 | varchar2 | 30 | 可空 | |
| 66 | zdsbjdzsbh | 制动检验设备检定/校准证书编号 | varchar2 | 30 | 可空 | |
| 67 | dgsbbh | 灯光检验设备编号 | varchar2 | 30 | 可空 | |
| 68 | dgsbjdzsbh | 灯光检测设备检定/校准证书标号 | varchar2 | 30 | 可空 | |
| 69 | sdsbbh | 速度检验设备编号 | varchar2 | 30 | 可空 | |
| 70 | sdsbjdzsbh | 速度检验设备检定/校准证书标号 | varchar2 | 30 | 可空 | |

**表 B.4（续）**

| 序号 | 参数项 | 参数描述 | 类型 | 长度 | 是否可空 | 备注 |
|---|---|---|---|---|---|---|
| 71 | chsbbh | 侧滑检验设备编号 | varchar2 | 30 | 可空 | |
| 72 | chsbjdzsbh | 侧滑检验设备检定/校准证书编号 | varchar2 | 30 | 可空 | |
| 73 | czsbbh | 称重检验设备编号 | varchar2 | 30 | 可空 | |
| 74 | czsbjdzsbh | 称重检验设备检定/校准证书编号 | varchar2 | 30 | 可空 | |
| 75 | zt | 状态标记 | varchar2 | 1 | 不可空 | 0——撤销；1——正常；2——停用；3——首次备案申请；4——过有效期 |
| 76 | ztyy | 暂停原因 | varchar2 | 512 | 可空 | |

## B.3 检验机构工作人员备案信息下载

### B.3.1 输出过程

根据身份证明号码、姓名、检验机构编号、更新日期等信息下载检验机构工作人员的基本信息。

### B.3.2 接口标识

接口标识 ID 为 18C05。

### B.3.3 传入参数

查询文档 QueryXmlDoc，节点标签 QueryCondition，传入参数见表 B.5。

**表 B.5 传入参数数据**

| 序号 | 参数项 | 参数描述 | 类型 | 长度 | 是否可空 | 备注 |
|---|---|---|---|---|---|---|
| 1 | sfzmhm | 身份证明号码 | varchar2 | 30 | 可空 | |
| 2 | xm | 姓名 | varchar2 | 30 | 可空 | |
| 3 | jczbh | 检验机构编号 | varchar2 | 10 | 不可空 | |
| 4 | gxrq | 更新时间 | date | | 可空 | |

### B.3.4 返回结果

返回结果文档 ResultXML，节点标签 vehispara，查询结果数据字段见表 B.6。

表 B.6 返回结果

| 序号 | 参数项 | 参数描述 | 类型 | 长度 | 是否可空 | 备注 |
|---|---|---|---|---|---|---|
| 1 | sfzmhm | 身份证明号码 | varchar2 | 18 | 不可空 | |
| 2 | xm | 姓名 | varchar2 | 30 | 不可空 | |
| 3 | rylb | 人员类别 | varchar2 | 300 | 不可空 | |
| 4 | glbm | 管理部门 | varchar2 | 12 | 不可空 | |
| 5 | fzjg | 发证机关 | varchar2 | 10 | 不可空 | |
| 6 | jczbh | 检验机构编号 | varchar2 | 20 | 不可空 | |
| 7 | gxrq | 更新日期 | date | | 可空 | |
| 8 | bz | 备注 | varchar2 | 4 000 | 可空 | |
| 9 | shbj | 审核标记 | varchar2 | 1 | 可空 | 0——待审核；1——同意；2——不同意 |
| 10 | shyj | 审核意见 | varchar2 | 4 000 | 可空 | |
| 11 | zt | 状态标记 | char | 1 | 不可空 | 0——撤销；1——正常；2——停用；3——首次备案申请；4——过有效期 |
| 12 | sgzbh | 上岗证编号 | varchar2 | 32 | 不可空 | |
| 13 | sgzyxqz | 上岗证有效期止 | date | | 不可空 | |
| 14 | sgzffdw | 上岗证发放单位 | varchar2 | 300 | 不可空 | |
| 15 | syglbm | 使用管理部门 | varchar2 | 1 024 | 可空 | |

## B.4 检验业务信息系统备案信息下载

### B.4.1 输出过程

根据备案编号、更新日期等信息下载检验业务信息系统备案信息。

### B.4.2 接口标识

接口标识 ID 为 18C06。

### B.4.3 传入参数

查询文档 QueryXmlDoc，节点标签 QueryCondition，传入参数见表 B.7。

表 B.7 传入参数数据

| 序号 | 参数项 | 参数描述 | 类型 | 长度 | 是否可空 | 备注 |
|---|---|---|---|---|---|---|
| 1 | babh | 备案编号 | varchar2 | 10 | 不可空 | |
| 2 | gxrq | 更新日期 | date | | 可空 | |

### B.4.4 返回结果

返回结果文档 ResultXML，节点标签 vehispara，查询结果数据字段见表 B.8。

表 B.8 返回结果

| 序号 | 参数项 | 参数描述 | 类型 | 长度 | 是否可空 | 备注 |
|---|---|---|---|---|---|---|
| 1 | babh | 备案编号 | varchar2 | 10 | 不可空 | |
| 2 | jyxtmc | 检验系统名称 | varchar2 | 64 | 不可空 | |
| 3 | jyxtsm | 检验系统说明 | varchar2 | 256 | 不可空 | |
| 4 | bbbh | 版本编号 | varchar2 | 64 | 不可空 | |
| 5 | kfdw | 开发单位 | varchar2 | 256 | 不可空 | |
| 6 | sjkbb | 数据库版本 | varchar2 | 128 | 不可空 | |
| 7 | xtjgms | 系统架构描述 | varchar2 | 2 048 | 不可空 | |
| 8 | jczbh | 检验机构编号 | varchar2 | 10 | 不可空 | |
| 9 | jcxxh | 检测线代号 | varchar2 | 100 | 不可空 | |
| 10 | jcsj | 检测时间 | date | | 可空 | |
| 11 | yssj | 验收时间 | date | | 可空 | |
| 12 | syzt | 使用状态 | char | 1 | 不可空 | |
| 13 | ztyy | 暂停原因 | varchar2 | 512 | 可空 | |
| 14 | jbr | 经办人 | varchar2 | 30 | 可空 | |
| 15 | shbj | 审核标记 | varchar2 | 2 | 不可空 | |
| 16 | shyj | 审核意见 | varchar2 | 4 000 | 可空 | |
| 17 | shr | 审核人 | varchar2 | 30 | 可空 | |
| 18 | shsj | 审核时间 | date | | 可空 | |
| 19 | fzjg | 发证机关 | varchar2 | 10 | 不可空 | |
| 20 | glbm | 管理部门 | varchar2 | 12 | 可空 | |
| 21 | gxsj | 更新日期 | date | | 可空 | |
| 22 | syglbm | 使用管理部门 | varchar2 | 1 024 | 可空 | |

## B.5 时间同步

### B.5.1 输出过程

检验业务信息系统、检验视频监管系统等相关系统与检验监管系统进行时间同步。

### B.5.2 接口标识

接口标识 ID 为 18C50。

### B.5.3 传入参数

查询文档 QueryXmlDoc，节点标签 QueryCondition，传入参数见表 B.9。

**表 B.9 传入参数数据**

| 序号 | 参数项 | 参数描述 | 类型 | 长度 | 是否可空 | 备注 |
|---|---|---|---|---|---|---|
| 1 | babh | 备案编号 | varchar2 | 10 | 可空 | |

### B.5.4 返回结果

返回结果文档 ResultXML，节点标签 vehispara，查询结果数据字段见表 B.10。

**表 B.10 返回结果**

| 序号 | 参数项 | 参数描述 | 类型 | 长度 | 是否可空 | 备注 |
|---|---|---|---|---|---|---|
| 1 | sj | 检验监管系统时间 | date | | 不可空 | 精确到毫秒(ms)，格式为 yyyy-mm-dd hh24:mi:ss.ff3 |

## B.6 检验登录信息

### B.6.1 输出过程

机动车检验开始前，上传机动车检验登录信息。

### B.6.2 接口标识

接口标识 ID 为 18C51。

### B.6.3 传入参数

写入文档 WriteXmlDoc，节点标签 vehispara，传入参数见表 B.11。

**表 B.11 传入参数数据**

| 序号 | 参数项 | 参数描述 | 类型 | 长度 | 是否可空 | 备注 |
|---|---|---|---|---|---|---|
| 1 | jylsh | 检验流水号 | varchar2 | 17 | 不可空 | 对同一检验机构，此检验流水号必须唯一，下同 |
| 2 | jyjgbh | 检验机构编号 | varchar2 | 10 | 不可空 | 按检验机构备案信息，下同 |
| 3 | jcxdh | 检测线代号 | varchar2 | 2 | 可空 | 按检测线备案信息，下同，如：1，2，3，4，5，6，7，8，9，10，… |
| 4 | xh | 机动车序号 | varchar2 | 14 | 可空 | |
| 5 | hpzl | 号牌种类 | varchar2 | 2 | 可空 | 符合 GA/T 16.7。在用车不可空 |
| 6 | hphm | 号牌号码 | varchar2 | 15 | 可空 | 在用车不可空。填写格式如："苏 BAA345"填写"苏 BAA345""苏 B1234 挂"填写"苏 B1234"，下同 |

表 B.11（续）

| 序号 | 参数项 | 参数描述 | 类型 | 长度 | 是否可空 | 备注 |
|---|---|---|---|---|---|---|
| 7 | clsbdh | 车辆识别代号 | varchar2 | 25 | 不可空 | 填写完整的 VIN 号或车架号 |
| 8 | fdjh | 发动机/电动机号码 | varchar2 | 30 | 可空 | |
| 9 | csys | 车身颜色 | varchar2 | 5 | 可空 | 符合 GA/T 16.8 |
| 10 | syxz | 使用性质 | char | 1 | 可空 | 符合 GA/T 16.3 |
| 11 | ccdjrq | 初次登记日期 | date | | 可空 | 按"yyyy-mm-dd"格式填写 |
| 12 | jyrq | 最近定检日期 | date | | 可空 | 按"yyyy-mm-dd"格式填写 |
| 13 | jyyxqz | 检验有效期止 | date | | 可空 | 按"yyyy-mm-dd"格式填写 |
| 14 | bxzzrq | 保险终止日期 | date | | 可空 | 按"yyyy-mm-dd"格式填写 |
| 15 | rlzl | 燃料种类 | varchar2 | 3 | 可空 | 可同时输入三种，每种符合 GA/T 16.9 |
| 16 | gl | 功率 | number | 5,1 | 可空 | 单位为千瓦(kW)，四位整数，一位小数 |
| 17 | zs | 轴数 | number | 1 | 不可空 | |
| 18 | zj | 轴距 | number | 5 | 可空 | 单位为毫米(mm) |
| 19 | qlj | 前轮距 | number | 4 | 可空 | 单位为毫米(mm) |
| 20 | hlj | 后轮距 | number | 4 | 可空 | 单位为毫米(mm) |
| 21 | zzl | 总质量 | number | 8 | 不可空 | 单位为千克(kg) |
| 22 | zbzl | 整备质量 | number | 8 | 不可空 | 单位为千克(kg) |
| 23 | ccrq | 出厂日期 | date | | 不可空 | 按"yyyy-mm-dd"格式填写 |
| 24 | qdxs | 驱动形式（驱动轴位） | varchar2 | 5 | 不可空 | 组合串：如 1234(1 表示一轴，2 表示二轴，…) |
| 25 | zczs | 驻车轴数 | number | 1 | 可空 | 摩托车无此参数 |
| 26 | zczw | 驻车轴位 | varchar2 | 5 | 可空 | 组合串：如 1234(1 表示一轴，2 表示二轴，…) |
| 27 | zzs | 主轴数 | number | 1 | 可空 | |
| 28 | zzly | 制动力源 | char | 1 | 可空 | 0——气压制动；1——液压制动；2——气推油制动 |
| 29 | qzdz | 前照灯制 | varchar2 | 2 | 可空 | 01——四灯远近光；02——四灯远光；03——二灯远近光；04——二灯近光；05——一灯远光 |
| 30 | ygddtz | 远光单独调整 | char | 1 | 可空 | 0——否；1——是 |
| 31 | zxzxjxs | 转向轴（前轴）悬架形式 | char | 1 | 可空 | 0——独立悬架；1——非独立悬架 |
| 32 | lcbds | 里程表读数 | number | 8 | 可空 | 单位为千米(km) |

表 B.11（续）

| 序号 | 参数项 | 参数描述 | 类型 | 长度 | 是否可空 | 备注 |
|---|---|---|---|---|---|---|
| 33 | jylb | 检验类别 | varchar2 | 2 | 不可空 | 00——注册登记检验；01——在用车检验（定检）；02——临时检验；03——特殊检验；04——在用车检验（非定检） |
| 34 | ccdlsj | 初次登录时间 | date | | 可空 | 按“yyyy-mm-dd hh24：mi：ss”格式填写 |
| 35 | bhgx | 不合格项 | varchar2 | 50 | 可空 | |
| 36 | dlsj | 登录时间 | date | | 不可空 | 按“yyyy-mm-dd hh24：mi：ss”格式填写 |
| 37 | jycs | 检验次数 | number | 2 | 不可空 | |
| 38 | jyxm | 检验项目 | varchar2 | 100 | 不可空 | 多值，英文半角逗号分隔。各项目代码为：<br>F1——车辆外观检验<br>C1——底盘检验<br>DC——底盘动态检验<br>B1——一轴制动；B2——二轴制动；B3——三轴制动；B4——四轴制动；B5——五轴制动；B6——六轴制动；B0——驻车制动<br>H1——左外灯；H2——左内灯；H3——右内灯；H4——右外灯<br>S1——车速表<br>A1——侧滑<br>R1——路试制动；R2——路试坡道驻车；R3——路试车速表<br>M1——外廓尺寸自动测量 |
| 39 | dly | 登录员 | varchar2 | 30 | 不可空 | |
| 40 | ycy | 引车员 | varchar2 | 30 | 可空 | |
| 41 | wjy | 外检员 | varchar2 | 30 | 可空 | |
| 42 | dtjyy | 动态检验员 | varchar2 | 30 | 可空 | |
| 43 | dpjyy | 底盘检验员 | varchar2 | 30 | 可空 | |
| 44 | clpp1 | 车辆品牌 | varchar2 | 32 | 不可空 | |
| 45 | clxh | 车辆型号 | varchar2 | 32 | 不可空 | |
| 46 | syr | 机动车所有人 | varchar2 | 128 | 可空 | |
| 47 | cllx | 车辆类型 | varchar2 | 3 | 可空 | 在用车不可空 |
| 48 | cwkc | 车外廓长 | number | 5 | 不可空 | |
| 49 | cwkk | 车外廓宽 | number | 4 | 不可空 | |
| 50 | cwkg | 车外廓高 | number | 4 | 不可空 | |

表 B.11（续）

| 序号 | 参数项 | 参数描述 | 类型 | 长度 | 是否可空 | 备注 |
|---|---|---|---|---|---|---|
| 51 | clyt | 车辆用途 | char | 2 | 不可空 | |
| 52 | ytsx | 用途属性 | char | 1 | 不可空 | |
| 53 | dlysfzh | 登录员（身份证号） | varchar2 | 30 | 不可空 | |
| 54 | ycysfzh | 引车员（身份证号） | varchar2 | 30 | 可空 | |
| 55 | wjysfzh | 外检员（身份证号） | varchar2 | 30 | 可空 | |
| 56 | dtjyysfzh | 动态检验员（身份证号） | varchar2 | 30 | 可空 | |
| 57 | dpjyysfzh | 底盘检验员（身份证号） | varchar2 | 30 | 可空 | |
| 58 | clsslb | 车辆所属类别 | varchar2 | 2 | 不可空 | 01——常规（汽车）<br>02——全时四驱<br>03——超重<br>04——超宽<br>05——驱动防滑<br>06——双后轴驱动<br>07——挂车<br>08——灯位超高<br>09——多轴车<br>10——其他特种车<br>11——常规（摩托车） |
| 59 | jcxlb | 检测线类别 | char | 1 | 不可空 | 1——汽车；2——摩托车 |
| 60 | sjr | 送检人（姓名） | varchar2 | 30 | 可空 | |
| 61 | sjrsfzh | 送检人身份证号 | varchar2 | 30 | 可空 | |

**B.6.4　返回结果**

返回结果 XML 文档，retcode（标记，1 成功；小于 0 失败）、retdesc（描述信息）、keystr（加密串）。

## B.7　检验过程开始信息

**B.7.1　输出过程**

当初检或复检开始（人工检验外观检验项目开始前）时，上传检验过程开始信息。

**B.7.2　接口标识**

接口标识 ID 为 18C52。

**B.7.3　传入参数**

写入文档 WriteXmlDoc，节点标签 vehispara，传入参数见表 B.12。

表 B.12　传入参数数据

| 序号 | 参数项 | 参 数 描 述 | 类型 | 长度 | 是否可空 | 备　注 |
|---|---|---|---|---|---|---|
| 1 | jylsh | 检验流水号 | varchar2 | 17 | 不可空 | |
| 2 | jyjgbh | 检验机构编号 | varchar2 | 10 | 不可空 | |
| 3 | jcxdh | 检测线代号 | varchar2 | 2 | 可空 | 如:1,2,3,4,5,6,7,8,9,10,… |
| 4 | jycs | 检验次数 | number | 2 | 不可空 | |
| 5 | hpzl | 号牌种类 | varchar2 | 2 | 可空 | 符合 GA/T 16.7。在用车不可空 |
| 6 | hphm | 号牌号码 | varchar2 | 15 | 可空 | |
| 7 | clsbdh | 车辆识别代号 | varchar2 | 25 | 不可空 | |
| 8 | kssj | 检验过程开始时间 | date | | 不可空 | 填写检验业务信息系统时间 |

### B.7.4　返回结果

返回结果 XML 文档,retcode(标记,1 成功;小于 0 失败)、retdesc(描述信息)、keystr(加密串)。

## B.8　检验项目开始信息

### B.8.1　输出过程

机动车人工检验、仪器设备检验、路试检验项目开始时,上传检验项目开始信息。

### B.8.2　接口标识

接口标识 ID 为 18C55。

### B.8.3　传入参数

写入文档 WriteXmlDoc,节点标签 vehispara,传入参数见表 B.13。

表 B.13　传入参数数据

| 序号 | 参数项 | 参 数 描 述 | 类型 | 长度 | 是否可空 | 备　注 |
|---|---|---|---|---|---|---|
| 1 | jylsh | 检验流水号 | varchar2 | 17 | 不可空 | |
| 2 | jyjgbh | 检验机构编号 | varchar2 | 10 | 不可空 | |
| 3 | jcxdh | 检测线代号 | varchar2 | 2 | 可空 | 如:1,2,3,4,5,6,7,8,9,10,… |
| 4 | jycs | 检验次数 | number | 2 | 不可空 | |

表 B.13（续）

| 序号 | 参数项 | 参数描述 | 类型 | 长度 | 是否可空 | 备注 |
|---|---|---|---|---|---|---|
| 5 | jyxm | 检验项目 | varchar2 | 2 | 不可空 | F1——外观检验<br>C1——底盘检验<br>DC——底盘动态检验<br>B1——一轴制动；B2——二轴制动；B3——三轴制动；B4——四轴制动；B5——五轴制动；B6——六轴制动；B0——驻车制动<br>H1——左外灯或二三轮机动车的左灯；H2——左内灯；H3——右内灯；H4——右外灯或二三轮机动车的右灯<br>S1——车速表<br>A1——侧滑<br>R——路试<br>M1——外廓尺寸自动测量 |
| 6 | hpzl | 号牌种类 | varchar2 | 2 | 可空 | 在用车不可空 |
| 7 | hphm | 号牌号码 | varchar2 | 15 | 可空 | 在用车不可空 |
| 8 | clsbdh | 车辆识别代号 | varchar2 | 25 | 不可空 | |
| 9 | gwjysbbh | 工位检验设备编号 | varchar2 | 30 | 可空 | 仪器设备检验时不可空 |
| 10 | kssj | 检验项目开始时间 | date | | 不可空 | 填检验业务信息系统时间 |

#### B.8.4 返回结果

返回结果 XML 文档，retcode(标记，1 成功；小于 0 失败)、retdesc(描述信息)、keystr(加密串)。

### B.9 机动车人工检验项目检验结果详细信息

#### B.9.1 输出过程

机动车外观检验、底盘动态检验、底盘检查等人工检验项目完成后，上传人工检验结果详细信息。

#### B.9.2 接口标识

接口标识 ID 为 18C80。

#### B.9.3 传入参数

##### B.9.3.1 外观检验传入参数

写入文档 WriteXmlDoc，节点标签 vehispara，传入参数见表 B.14。

**表 B.14 传入参数数据**

| 序号 | 参数项 | 参数描述 | 类型 | 长度 | 是否可空 | 备注 |
|---|---|---|---|---|---|---|
| 1 | jylsh | 检验流水号 | varchar2 | 17 | 不可空 | |
| 2 | jyjgbh | 检验机构编号 | varchar2 | 10 | 不可空 | |
| 3 | jcxdh | 检测线代号 | varchar2 | 2 | 可空 | 如:1,2,3,4,5,6,7,8,9,10,… |
| 4 | jycs | 检验次数 | number | 2 | 不可空 | |
| 5 | jyxm | 检验项目 | varchar2 | 2 | 不可空 | 填写“F1” |
| 6 | hpzl | 号牌种类 | varchar2 | 2 | 可空 | 在用车不可空 |
| 7 | hphm | 号牌号码 | varchar2 | 15 | 可空 | 在用车不可空 |
| 8 | clsbdh | 车辆识别代号 | varchar2 | 25 | 不可空 | |
| 9 | rhplx | 号牌号码/车辆类型 | char | 1 | 不可空 | 人工检验项目1,判定结果:0——未检;1——合格;2——不合格。下同 |
| 10 | rppxh | 车辆品牌/型号 | char | 1 | 不可空 | 人工检验项目2 |
| 11 | rvin | 车辆识别代号(或整车出厂编号) | char | 1 | 不可空 | 人工检验项目3 |
| 12 | rfdjh | 发动机号码(或电动机号码) | char | 1 | 不可空 | 人工检验项目4 |
| 13 | rcsys | 车辆颜色和形状 | char | 1 | 不可空 | 人工检验项目5 |
| 14 | rwkcc | 外廓尺寸 | char | 1 | 不可空 | 人工检验项目6 |
| 15 | rzj | 轴距 | char | 1 | 不可空 | 人工检验项目7 |
| 16 | rzbzl | 整备质量 | char | 1 | 不可空 | 人工检验项目8 |
| 17 | rhdzrs | 核定载人数 | char | 1 | 不可空 | 人工检验项目9 |
| 18 | rhdzll | 核定载质量 | char | 1 | 不可空 | 人工检验项目10 |
| 19 | rlbgd | 栏板高度 | char | 1 | 不可空 | 人工检验项目11 |
| 20 | rhzgbthps | 后轴钢板弹簧片数 | char | 1 | 不可空 | 人工检验项目12 |
| 21 | rkcyjck | 客车应急出口 | char | 1 | 不可空 | 人工检验项目13 |
| 22 | rkccktd | 客车乘客通道和引道 | char | 1 | 不可空 | 人工检验项目14 |
| 23 | rhx | 货厢 | char | 1 | 不可空 | 人工检验项目15 |
| 24 | rcswg | 车身外观 | char | 1 | 不可空 | 人工检验项目16 |
| 25 | rwgbs | 外观标识、标注和标牌 | char | 1 | 不可空 | 人工检验项目17 |
| 26 | rwbzm | 外部照明和信号灯具 | char | 1 | 不可空 | 人工检验项目18 |
| 27 | rlt | 轮胎 | char | 1 | 不可空 | 人工检验项目19 |
| 28 | rhpaz | 号牌及号牌安装 | char | 1 | 不可空 | 人工检验项目20 |
| 29 | rjzgj | 加装/改装灯具 | char | 1 | 不可空 | 人工检验项目21 |
| 30 | rqcaqd | 汽车安全带 | char | 1 | 不可空 | 人工检验项目22 |

表 B.14（续）

| 序号 | 参数项 | 参数描述 | 类型 | 长度 | 是否可空 | 备注 |
|---|---|---|---|---|---|---|
| 31 | rsjp | 机动车用三角警告牌 | char | 1 | 不可空 | 人工检验项目 23 |
| 32 | rmhq | 灭火器 | char | 1 | 不可空 | 人工检验项目 24 |
| 33 | rxsjly | 行驶记录装置 | char | 1 | 不可空 | 人工检验项目 25 |
| 34 | rcsfgbs | 车身反光标识 | char | 1 | 不可空 | 人工检验项目 26 |
| 35 | rclwbzb | 车辆尾部标志板 | char | 1 | 不可空 | 人工检验项目 27 |
| 36 | rchfh | 侧后防护装置 | char | 1 | 不可空 | 人工检验项目 28 |
| 37 | ryjc | 应急锤 | char | 1 | 不可空 | 人工检验项目 29 |
| 38 | rjjx | 急救箱 | char | 1 | 不可空 | 人工检验项目 30 |
| 39 | rxsgn | 限速功能或限速装置 | char | 1 | 不可空 | 人工检验项目 31 |
| 40 | rfbs | 防抱死制动装置 | char | 1 | 不可空 | 人工检验项目 32 |
| 41 | rfzzd | 辅助制动装置 | char | 1 | 不可空 | 人工检验项目 33 |
| 42 | rpszdq | 盘式制动器 | char | 1 | 不可空 | 人工检验项目 34 |
| 43 | rjjqd | 紧急切断装置 | char | 1 | 不可空 | 人工检验项目 35 |
| 44 | rfdjcmh | 发动机舱自动灭火装置 | char | 1 | 不可空 | 人工检验项目 36 |
| 45 | rsddd | 手动机械断电开关 | char | 1 | 不可空 | 人工检验项目 37 |
| 46 | rfzdtb | 副制动踏板 | char | 1 | 不可空 | 人工检验项目 38 |
| 47 | rxcbz | 校车标志灯和校车停车指示标志牌 | char | 1 | 不可空 | 人工检验项目 39 |
| 48 | rwxhwbz | 危险货物运输车标志 | char | 1 | 不可空 | 人工检验项目 40 |
| 49 | rlwcx | 联网查询 | char | 1 | 不可空 | |
| 50 | cwkc | 车外廓长 | number | 5 | 可空 | 人工测量时填写 |
| 51 | cwkk | 车外廓宽 | number | 4 | 可空 | 人工测量时填写 |
| 52 | cwkg | 车外廓高 | number | 4 | 可空 | 人工测量时填写 |
| 53 | zbzl | 整备质量 | number | 8 | 可空 | |
| 54 | syr | 机动车所有人 | varchar2 | 128 | 可空 | |
| 55 | sjhm | 手机号码 | varchar2 | 20 | 可空 | |
| 56 | lxdz | 联系地址 | varchar2 | 128 | 可空 | |
| 57 | yzbm | 邮政编码 | varchar2 | 6 | 可空 | |
| 58 | jyyjy | 检验员建议 | varchar2 | 1 024 | 可空 | |
| 59 | wgjyy | 车辆外观检验员 | varchar2 | 30 | 不可空 | |
| 60 | wgjyysfzh | 车辆外观检验员(身份证号) | varchar2 | 30 | 不可空 | |

### B.9.3.2 底盘动态检验传入参数

写入文档 WriteXmlDoc,节点标签 vehispara,传入参数见表 B.15。

**表 B.15 传入参数数据**

| 序号 | 参数项 | 参数描述 | 类型 | 长度 | 是否可空 | 备注 |
|---|---|---|---|---|---|---|
| 1 | jylsh | 检验流水号 | varchar2 | 17 | 不可空 | |
| 2 | jyjgbh | 检验机构编号 | varchar2 | 10 | 不可空 | |
| 3 | jcxdh | 检测线代号 | varchar2 | 2 | 不可空 | |
| 4 | jycs | 检验次数 | number | 2 | 不可空 | |
| 5 | jyxm | 检验项目 | varchar2 | 2 | 不可空 | 填写“DC” |
| 6 | hpzl | 号牌种类 | varchar2 | 2 | 可空 | 在用车不可空 |
| 7 | hphm | 号牌号码 | varchar2 | 15 | 可空 | 在用车不可空 |
| 8 | clsbdh | 车辆识别代号 | varchar2 | 25 | 不可空 | |
| 9 | rzxs | 转向系 | char | 1 | 不可空 | |
| 10 | rcdx | 传动系 | char | 1 | 不可空 | |
| 11 | rzdx | 制动系 | char | 1 | 不可空 | |
| 12 | rybzsq | 仪表和指示器 | char | 1 | 不可空 | |
| 13 | jyyjy | 检验员建议 | varchar2 | 1 024 | 可空 | |
| 14 | dpdtjyy | 底盘动态检验员 | varchar2 | 30 | 不可空 | |
| 15 | dpdtjyysfzh | 底盘动态检验员(身份证号) | varchar2 | 30 | 不可空 | |

### B.9.3.3 底盘检验传入参数

写入文档 WriteXmlDoc,节点标签 vehispara,传入参数见表 B.16。

**表 B.16 传入参数数据**

| 序号 | 参数项 | 参数描述 | 类型 | 长度 | 是否可空 | 备注 |
|---|---|---|---|---|---|---|
| 1 | jylsh | 检验流水号 | varchar2 | 17 | 不可空 | |
| 2 | jyjgbh | 检验机构编号 | varchar2 | 10 | 不可空 | |
| 3 | jcxdh | 检测线代号 | varchar2 | 2 | 不可空 | |
| 4 | jycs | 检验次数 | number | 2 | 不可空 | |
| 5 | jyxm | 检验项目 | varchar2 | 2 | 不可空 | 填写“C1” |
| 6 | hpzl | 号牌种类 | varchar2 | 2 | 可空 | 在用车不可空 |
| 7 | hphm | 号牌号码 | varchar2 | 15 | 可空 | 在用车不可空 |
| 8 | clsbdh | 车辆识别代号 | varchar2 | 25 | 不可空 | |
| 9 | rzxsbj | 转向系部件 | char | 1 | 不可空 | |

表 B.16（续）

| 序号 | 参数项 | 参数描述 | 类型 | 长度 | 是否可空 | 备注 |
|---|---|---|---|---|---|---|
| 10 | rcdxbj | 传动系部件 | char | 1 | 不可空 | |
| 11 | rxsxbj | 行驶系部件 | char | 1 | 不可空 | |
| 12 | rzdxbj | 制动系部件 | char | 1 | 不可空 | |
| 13 | rqtbj | 其他部件 | char | 1 | 不可空 | |
| 14 | jyyjy | 检验员建议 | varchar2 | 1 024 | 可空 | |
| 15 | dpjyy | 车辆底盘检验员 | varchar2 | 30 | 不可空 | |
| 16 | dpjyysfzh | 车辆底盘检验员(身份证号) | varchar2 | 30 | 不可空 | |

**B.9.4　返回结果**

返回结果 XML 文档，retcode(标记，1 成功；小于 0 失败)、retdesc(描述信息)、keystr(加密串)。

## B.10　仪器设备检验项目检验结果详细信息

### B.10.1　输出过程

机动车仪器设备检验项目检验完成后，上传相应检验项目的检验结果详细信息。

### B.10.2　接口标识

接口标识 ID 为 18C81。

### B.10.3　传入参数

**B.10.3.1　一轴制动检验传入参数**

写入文档 WriteXmlDoc，节点标签 vehispara，传入参数见表 B.17。

表 B.17　传入参数数据

| 序号 | 参数项 | 参数描述 | 类型 | 长度 | 是否可空 | 备注 |
|---|---|---|---|---|---|---|
| 1 | jylsh | 检验流水号 | varchar2 | 17 | 不可空 | |
| 2 | jyjgbh | 检验机构编号 | varchar2 | 10 | 不可空 | |
| 3 | jcxdh | 检测线代号 | varchar2 | 2 | 不可空 | 如：1，2，3，4，5，6，7，8，9，10，… |
| 4 | jyxm | 检验项目 | varchar2 | 2 | 不可空 | 填写“B1” |
| 5 | jycs | 检验次数 | number | 2 | 不可空 | |
| 6 | yzzlz | 一轴左轮重值 | number | 6 | 可空 | 单位为千克(kg) |
| 7 | yzylz | 一轴右轮重值 | number | 6 | 可空 | 单位为千克(kg) |

**表 B.17（续）**

| 序号 | 参数项 | 参数描述 | 类型 | 长度 | 是否可空 | 备注 |
|---|---|---|---|---|---|---|
| 8 | yzqhzzdl | 一轴最大左行车制动力值 | number | 6 | 可空 | 单位为 10 N |
| 9 | yzqhyzdl | 一轴最大右行车制动力值 | number | 6 | 可空 | 单位为 10 N |
| 10 | yzqczzdl | 一轴最大左制动力差值 | number | 6 | 可空 | 单位为 10 N |
| 11 | yqqcyzdl | 一轴最大右制动力差值 | number | 6 | 可空 | 单位为 10 N |
| 12 | yzdll | 一轴行车制动率 | number | 4,1 | 可空 | 包括三位整数，一位小数(百分比) |
| 13 | yzzdlpd | 一轴行车制动率判定 | char | 1 | 可空 | 0——未检；1——合格；2——不合格 |
| 14 | yzbphl | 一轴不平衡率 | number | 4,1 | 可空 | 包括三位整数，一位小数(百分比) |
| 15 | yzbphlpd | 一轴不平衡率判定 | char | 1 | 可空 | 0——未检；1——合格；2——不合格 |
| 16 | yzjzzh | 一轴加载轴荷 | number | 6 | 可空 | 单位为千克(kg) |
| 17 | yzjzzzdl | 一轴加载轴制动率 | number | 4,1 | 可空 | 包括三位整数，一位小数(百分比) |
| 18 | yzjzbphl | 一轴加载不平衡率 | number | 4,1 | 可空 | 包括三位整数，一位小数(百分比) |
| 19 | yzjzbphlpd | 一轴加载不平衡率判定 | char | 1 | 可空 | 0——未检；1——合格；2——不合格 |
| 20 | yzzdpd | 一轴制动判定 | char | 1 | 不可空 | 0——未检；1——合格；2——不合格 |
| 21 | yzzldtlh | 一轴左轮动态轮荷 | number | 6 | 可空 | 单位为千克(kg) |
| 22 | yzyldtlh | 一轴右轮动态轮荷 | number | 6 | 可空 | 单位为千克(kg) |
| 23 | yzzdlqx | 一轴制动力曲线 | varchar2 | 4 000 | 不可空 | 曲线数据存储格式："[采样时间间隔(10 ms)]@[左制动力]#[右制动力]$[左制动力]#[右制动力]…"，制动力单位为 10 N，如：10@56#45$56#45$56#45$56#45$56#45$56#45 |

## B.10.3.2 二轴制动检验传入参数

写入文档 WriteXmlDoc，节点标签 vehispara，传入参数见表 B.18。

**表 B.18 传入参数数据**

| 序号 | 参数项 | 参数描述 | 类型 | 长度 | 是否可空 | 备注 |
|---|---|---|---|---|---|---|
| 1 | jylsh | 检验流水号 | varchar2 | 17 | 不可空 | |
| 2 | jyjgbh | 检验机构编号 | varchar2 | 10 | 不可空 | |
| 3 | jcxdh | 检测线代号 | varchar2 | 2 | 不可空 | 如:1,2,3,4,5,6,7,8,9,10,… |
| 4 | jyxm | 检验项目 | varchar2 | 2 | 不可空 | 填写“B2” |
| 5 | jycs | 检验次数 | number | 2 | 不可空 | |
| 6 | ezzlz | 二轴左轮重值 | number | 6 | 可空 | |
| 7 | ezylz | 二轴右轮重值 | number | 6 | 可空 | |
| 8 | ezqhzzdl | 二轴最大左行车制动力值 | number | 6 | 可空 | |
| 9 | ezqhyzdl | 二轴最大右行车制动力值 | number | 6 | 可空 | |
| 10 | ezqczzdl | 二轴最大左制动力差值 | number | 6 | 可空 | |
| 11 | ezqcyzdl | 二轴最大右制动力差值 | number | 6 | 可空 | |
| 12 | ezdll | 二轴行车制动率 | number | 4,1 | 可空 | |
| 13 | ezzdlpd | 二轴行车制动率判定 | char | 1 | 可空 | 0——未检;1——合格;2——不合格 |
| 14 | ezbphl | 二轴不平衡率 | number | 4,1 | 可空 | |
| 15 | ezbphlpd | 二轴不平衡率判定 | char | 1 | 可空 | 0——未检;1——合格;2——不合格 |
| 16 | ezjzzh | 二轴加载轴荷 | number | 6 | 可空 | 单位为千克(kg) |
| 17 | ezjzzzdl | 二轴加载轴制动率 | number | 4,1 | 可空 | 包括三位整数,一位小数(百分比) |
| 18 | ezjzbphl | 二轴加载不平衡率 | number | 4,1 | 可空 | 包括三位整数,一位小数(百分比) |
| 19 | ezjzbphlpd | 二轴加载不平衡率判定 | char | 1 | 可空 | 0——未检;1——合格;2——不合格 |
| 20 | ezzdpd | 二轴制动判定 | char | 1 | 不可空 | |
| 21 | ezzldtlh | 二轴左轮动态轮荷 | number | 6 | 可空 | |
| 22 | ezyldtlh | 二轴右轮动态轮荷 | number | 6 | 可空 | |
| 23 | ezzdlqx | 二轴制动力曲线 | varchar2 | 4 000 | 不可空 | 曲线数据存储格式:“[采样时间间隔(10 ms)]@[左制动力]#[右制动力]$[左制动力]#[右制动力]…”,制动力单位为10 N,如:10@56#45$56#45$56#45$56#45$56#45$56#45 |

### B.10.3.3 三轴制动检验传入参数

写入文档 WriteXmlDoc,节点标签 vehispara,传入参数见表 B.19。

**表 B.19 传入参数数据**

| 序号 | 参数项 | 参数描述 | 类型 | 长度 | 是否可空 | 备注 |
|---|---|---|---|---|---|---|
| 1 | jylsh | 检验流水号 | varchar2 | 17 | 不可空 | |
| 2 | jyjgbh | 检验机构编号 | varchar2 | 10 | 不可空 | |
| 3 | jcxdh | 检测线代号 | varchar2 | 2 | 不可空 | 如:1,2,3,4,5,6,7,8,9,10,… |
| 4 | jyxm | 检验项目 | varchar2 | 2 | 不可空 | 填写"B3" |
| 5 | jycs | 检验次数 | number | 2 | 不可空 | |
| 6 | sanzzlz | 三轴左轮重值 | number | 6 | 可空 | |
| 7 | sanzylz | 三轴右轮重值 | number | 6 | 可空 | |
| 8 | sanzqhzzdl | 三轴最大左行车制动力值 | number | 6 | 可空 | |
| 9 | sanzqhyzdl | 三轴最大右行车制动力值 | number | 6 | 可空 | |
| 10 | sanzqczzdl | 三轴最大左制动力差值 | number | 6 | 可空 | |
| 11 | sanzqcyzdl | 三轴最大右制动力差值 | number | 6 | 可空 | |
| 12 | sanzdll | 三轴行车制动率 | number | 4,1 | 可空 | |
| 13 | sanzzdlpd | 三轴行车制动率判定 | char | 1 | 可空 | 0——未检;1——合格;2——不合格 |
| 14 | sanzbphl | 三轴不平衡率 | number | 4,1 | 可空 | |
| 15 | sanzbphlpd | 三轴不平衡率判定 | char | 1 | 可空 | 0——未检;1——合格;2——不合格 |
| 16 | sanzjzzh | 三轴加载轴荷 | number | 6 | 可空 | 单位为千克(kg) |
| 17 | sanzjzzdl | 三轴加载轴制动率 | number | 4,1 | 可空 | 包括三位整数,一位小数(百分比) |
| 18 | sanzjzbphl | 三轴加载不平衡率 | number | 4,1 | 可空 | 包括三位整数,一位小数(百分比) |
| 19 | sanzjzbphlpd | 三轴加载不平衡率判定 | char | 1 | 可空 | 0——未检;1——合格;2——不合格 |
| 20 | sanzzdpd | 三轴制动判定 | char | 1 | 不可空 | |
| 21 | sanzzdlqx | 三轴制动力曲线 | varchar2 | 4 000 | 不可空 | 曲线数据存储格式:"[采样时间间隔(10 ms)]@[左制动力]#[右制动力]$[左制动力]#[右制动力]…",制动力单位为 10 N,如:10@56#45$56#45$56#45$56#45$56#45$56#45 |

#### B.10.3.4 四轴制动检验传入参数

写入文档 WriteXmlDoc，节点标签 vehispara，传入参数见表 B.20。

**表 B.20 传入参数数据**

| 序号 | 参数项 | 参数描述 | 类型 | 长度 | 是否可空 | 备注 |
|---|---|---|---|---|---|---|
| 1 | jylsh | 检验流水号 | varchar2 | 17 | 不可空 | |
| 2 | jyjgbh | 检验机构编号 | varchar2 | 10 | 不可空 | |
| 3 | jcxdh | 检测线代号 | varchar2 | 2 | 不可空 | 如:1,2,3,4,5,6,7,8,9,10,… |
| 4 | jyxm | 检验项目 | varchar2 | 2 | 不可空 | 填写“B4” |
| 5 | jycs | 检验次数 | number | 2 | 不可空 | |
| 6 | sizzlz | 四轴左轮重值 | number | 6 | 可空 | |
| 7 | sizylz | 四轴右轮重值 | number | 6 | 可空 | |
| 8 | sizqhzzdl | 四轴最大左行车制动力值 | number | 6 | 可空 | |
| 9 | sizqhyzdl | 四轴最大右行车制动力值 | number | 6 | 可空 | |
| 10 | sizqczzdl | 四轴最大左制动力差值 | number | 6 | 可空 | |
| 11 | sizqcyzdl | 四轴最大右制动力差值 | number | 6 | 可空 | |
| 12 | sizdll | 四轴行车制动率 | number | 4,1 | 可空 | |
| 13 | sizzdlpd | 四轴行车制动率判定 | char | 1 | 可空 | 0——未检；1——合格；2——不合格 |
| 14 | sizbphl | 四轴不平衡率 | number | 4,1 | 可空 | |
| 15 | sizbphlpd | 四轴不平衡率判定 | char | 1 | 可空 | 0——未检；1——合格；2——不合格 |
| 16 | sizjzzh | 四轴加载轴荷 | number | 6 | 可空 | 单位为千克(kg) |
| 17 | sizjzzzdl | 四轴加载轴制动率 | number | 4,1 | 可空 | 包括三位整数，一位小数(百分比) |
| 18 | sizjzbphl | 四轴加载不平衡率 | number | 4,1 | 可空 | 包括三位整数，一位小数(百分比) |
| 19 | sizjzbphlpd | 四轴加载不平衡率判定 | char | 1 | 可空 | 0——未检；1——合格；2——不合格 |
| 20 | sizzdpd | 四轴制动判定 | char | 1 | 不可空 | |
| 21 | sizzdlqx | 四轴制动力曲线 | varchar2 | 4 000 | 不可空 | 曲线数据存储格式：“[采样时间间隔(10 ms)]@[左制动力]#[右制动力]$[左制动力]#[右制动力]…”，制动力单位为 10 N，如：10@56#45$56#45$56#45$56#45$56#45$56#45 |

### B.10.3.5 五轴制动检验传入参数

写入文档 WriteXmlDoc，节点标签 vehispara，传入参数见表 B.21。

**表 B.21 传入参数数据**

| 序号 | 参数项 | 参数描述 | 类型 | 长度 | 是否可空 | 备注 |
|---|---|---|---|---|---|---|
| 1 | jylsh | 检验流水号 | varchar2 | 17 | 不可空 | |
| 2 | jyjgbh | 检验机构编号 | varchar2 | 10 | 不可空 | |
| 3 | jcxdh | 检测线代号 | varchar2 | 2 | 不可空 | 如：1，2，3，4，5，6，7，8，9，10，… |
| 4 | jyxm | 检验项目 | varchar2 | 2 | 不可空 | 填写“B5” |
| 5 | jycs | 检验次数 | number | 2 | 不可空 | |
| 6 | wzzlz | 五轴左轮重值 | number | 6 | 可空 | |
| 7 | wzylz | 五轴右轮重值 | number | 6 | 可空 | |
| 8 | wzqhzzdl | 五轴最大左行车制动力值 | number | 6 | 可空 | |
| 9 | wzqhyzdl | 五轴最大右行车制动力值 | number | 6 | 可空 | |
| 10 | wzqczzdl | 五轴最大左制动力差值 | number | 6 | 可空 | |
| 11 | wzqcyzdl | 五轴最大右制动力差值 | number | 6 | 可空 | |
| 12 | wzdll | 五轴行车制动率 | number | 4，1 | 可空 | |
| 13 | wzzdlpd | 五轴行车制动率判定 | char | 1 | 可空 | 0——未检；1——合格；2——不合格 |
| 14 | wzbphl | 五轴不平衡率 | number | 4，1 | 可空 | |
| 15 | wzbphlpd | 五轴不平衡率判定 | char | 1 | 可空 | 0——未检；1——合格；2——不合格 |
| 16 | wzjzzh | 五轴加载轴荷 | number | 6 | 可空 | 单位为千克(kg) |
| 17 | wzjzzzdl | 五轴加载轴制动率 | number | 4，1 | 可空 | 包括三位整数，一位小数(百分比) |
| 18 | wzjzbphl | 五轴加载不平衡率 | number | 4，1 | 可空 | 包括三位整数，一位小数(百分比) |
| 19 | wzjzbphlpd | 五轴加载不平衡率判定 | char | 1 | 可空 | 0——未检；1——合格；2——不合格 |
| 20 | wzzdpd | 五轴制动判定 | char | 1 | 不可空 | |
| 21 | wzzdlqx | 五轴制动力曲线 | varchar2 | 4 000 | 不可空 | 曲线数据存储格式：“[采样时间间隔(10 ms)]@[左制动力]#[右制动力]$[左制动力]#[右制动力]…”，制动力单位为 10 N，如：10@56#45$56#45$56#45$56#45$56#45$56#45 |

### B.10.3.6 六轴制动检验传入参数

写入文档 WriteXmlDoc,节点标签 vehispara,传入参数见表 B.22。

**表 B.22 传入参数数据**

| 序号 | 参数项 | 参数描述 | 类型 | 长度 | 是否可空 | 备注 |
|---|---|---|---|---|---|---|
| 1 | jylsh | 检验流水号 | varchar2 | 17 | 不可空 | |
| 2 | jyjgbh | 检验机构编号 | varchar2 | 10 | 不可空 | |
| 3 | jcxdh | 检测线代号 | varchar2 | 2 | 不可空 | 如:1,2,3,4,5,6,7,8,9,10,… |
| 4 | jyxm | 检验项目 | varchar2 | 2 | 不可空 | 填写“B6” |
| 5 | jycs | 检验次数 | number | 2 | 不可空 | |
| 6 | lzzlz | 六轴左轮重值 | number | 6 | 可空 | |
| 7 | lzylz | 六轴右轮重值 | number | 6 | 可空 | |
| 8 | lzqhzzdl | 六轴最大左行车制动力值 | number | 6 | 可空 | |
| 9 | lzqhyzdl | 六轴最大右行车制动力值 | number | 6 | 可空 | |
| 10 | lzqczzdl | 六轴最大左制动力差值 | number | 6 | 可空 | |
| 11 | lzqcyzdl | 六轴最大右制动力差值 | number | 6 | 可空 | |
| 12 | lzdll | 六轴行车制动率 | number | 4,1 | 可空 | |
| 13 | lzzdlpd | 六轴行车制动率判定 | char | 1 | 可空 | 0——未检;1——合格;2——不合格 |
| 14 | lzbphl | 六轴不平衡率 | number | 4,1 | 可空 | |
| 15 | lzbphlpd | 六轴不平衡率判定 | char | 1 | 可空 | 0——未检;1——合格;2——不合格 |
| 16 | lzjzzh | 六轴加载轴荷 | number | 6 | 可空 | 单位为千克(kg) |
| 17 | lzjzzzdl | 六轴加载轴制动率 | number | 4,1 | 可空 | 包括三位整数,一位小数(百分比) |
| 18 | lzjzbphl | 六轴加载不平衡率 | number | 4,1 | 可空 | 包括三位整数,一位小数(百分比) |
| 19 | lzjzbphlpd | 六轴加载不平衡率判定 | char | 1 | 可空 | 0——未检;1——合格;2——不合格 |
| 20 | lzzdpd | 六轴制动判定 | char | 1 | 不可空 | |
| 21 | lzzdlqx | 六轴制动力曲线 | varchar2 | 4 000 | 不可空 | 曲线数据存储格式:“[采样时间间隔(10 ms)]@[左制动力]#[右制动力]$[左制动力]#[右制动力]…”,制动力单位为10 N,如:10@56#45$56#45$56#45$56#45$56#45$56#45 |

**B.10.3.7　驻车制动检验传入参数**

写入文档 WriteXmlDoc，节点标签 vehispara，传入参数见表表 B.23。

**表 B.23　传入参数数据**

| 序号 | 参数项 | 参 数 描 述 | 类型 | 长度 | 是否可空 | 备　注 |
|---|---|---|---|---|---|---|
| 1 | jylsh | 检验流水号 | varchar2 | 17 | 不可空 | |
| 2 | jyjgbh | 检验机构编号 | varchar2 | 10 | 不可空 | |
| 3 | jcxdh | 检测线代号 | varchar2 | 2 | 不可空 | 如：1,2,3,4,5,6,7,8,9,10,… |
| 4 | jyxm | 检验项目 | varchar2 | 2 | 不可空 | 填写“B0” |
| 5 | jycs | 检验次数 | number | 2 | 不可空 | |
| 6 | yzzczdl | 一轴驻车制动力 | number | 6 | 可空 | 机动车（三轮汽车和摩托车除外）填写 |
| 7 | ezzczdl | 二轴驻车制动力 | number | 6 | 可空 | 机动车（三轮汽车和摩托车除外）填写 |
| 8 | sanzzczdl | 三轴驻车制动力 | number | 6 | 可空 | 机动车（三轮汽车和摩托车除外）填写 |
| 9 | sizzczdl | 四轴驻车制动力 | number | 6 | 可空 | 机动车（三轮汽车和摩托车除外）填写 |
| 10 | wzzczdl | 五轴驻车制动力 | number | 6 | 可空 | 机动车（三轮汽车和摩托车除外）填写 |
| 11 | lzzczdl | 六轴驻车制动力 | number | 6 | 可空 | 机动车（三轮汽车和摩托车除外）填写 |
| 12 | zczczdl | 整车驻车制动力 | number | 6 | 可空 | 机动车（三轮汽车和摩托车除外）填写 |
| 13 | tczzdl | 驻车左制动力值 | number | 6 | 可空 | 三轮汽车和摩托车填写 |
| 14 | tcyzdl | 驻车右制动力值 | number | 6 | 可空 | 三轮汽车和摩托车填写 |
| 15 | tczdl | 驻车制动率 | number | 4,1 | 可空 | 包括三位整数，一位小数 |
| 16 | tczdpd | 驻车制动判定 | char | 1 | 不可空 | |

**B.10.3.8　左外灯或二三轮机动车的左灯检验传入参数**

写入文档 WriteXmlDoc，节点标签 vehispara，传入参数见表 B.24。

表 B.24 传入参数数据

| 序号 | 参数项 | 参数描述 | 类型 | 长度 | 是否可空 | 备注 |
|---|---|---|---|---|---|---|
| 1 | jylsh | 检验流水号 | varchar2 | 17 | 不可空 | |
| 2 | jyjgbh | 检验机构编号 | varchar2 | 10 | 不可空 | |
| 3 | jcxdh | 检测线代号 | varchar2 | 2 | 不可空 | 如:1,2,3,4,5,6,7,8,9,10,… |
| 4 | jyxm | 检验项目 | varchar2 | 2 | 不可空 | 填写“H1” |
| 5 | jycs | 检验次数 | number | 2 | 不可空 | |
| 6 | zdg | 左外远光灯高 | number | 4 | 可空 | 单位为毫米(mm) |
| 7 | zwjgdg | 左外近光灯高 | number | 4 | 可空 | 单位为毫米(mm) |
| 8 | zwygqd | 左外远光强度值 | number | 6 | 可空 | 单位为坎德拉(cd) |
| 9 | zwygqdpd | 左外远光强度判定 | char | 1 | 可空 | |
| 10 | zwygszpz | 左外远光垂直偏差值 | number | 3 | 可空 | 单位为 mm/10 m。垂直偏差约定:偏上为正值(+),偏下为负值(-) |
| 11 | zjgszcz | 左外近光垂直偏差值 | number | 3 | 可空 | 单位为 mm/10 m。垂直偏差约定:偏上为正值(+),偏下为负值(-) |
| 12 | zwygczpy | 左外远光垂直偏移 | number | 4,1 | 可空 | 单位为 *.H。包括三位整数,一位小数(百分比) |
| 13 | zwjgczpy | 左外近光垂直偏移 | number | 4,1 | 可空 | 单位为 *.H。包括三位整数,一位小数(百分比) |
| 14 | zwygczpypd | 左外远光垂直偏移判定 | char | 1 | 可空 | |
| 15 | zwjgczpypd | 左外近光垂直偏移判定 | char | 1 | 可空 | |
| 16 | zwdpd | 左外灯判定 | char | 1 | 不可空 | |

### B.10.3.9 左内灯检验传入参数

写入文档 WriteXmlDoc,节点标签 vehispara,传入参数见表 B.25。

表 B.25 传入参数数据

| 序号 | 参数项 | 参 数 描 述 | 类型 | 长度 | 是否可空 | 备 注 |
|---|---|---|---|---|---|---|
| 1 | jylsh | 检验流水号 | varchar2 | 17 | 不可空 | |
| 2 | jyjgbh | 检验机构编号 | varchar2 | 10 | 不可空 | |
| 3 | jcxdh | 检测线代号 | varchar2 | 2 | 不可空 | 如:1,2,3,4,5,6,7,8,9,10,… |
| 4 | jyxm | 检验项目 | varchar2 | 2 | 不可空 | 填写“H2” |
| 5 | jycs | 检验次数 | number | 2 | 不可空 | |
| 6 | zndg | 左内远光灯高 | number | 4 | 可空 | |
| 7 | znjgdg | 左内近光灯高 | number | 4 | 可空 | 单位为毫米(mm) |
| 8 | znygqd | 左内远光强度值 | number | 6 | 可空 | 单位为坎德拉(cd) |
| 9 | znygqdpd | 左内远光强度判定 | char | 1 | 可空 | |
| 10 | znygszcz | 左内远光垂直偏差值 | number | 3 | 可空 | 单位为 mm/10 m。垂直偏差约定:偏上为正值(+),偏下为负值(—) |
| 11 | znjgszcz | 左内近光垂直偏差值 | number | 3 | 可空 | 单位为 mm/10 m。垂直偏差约定:偏上为正值(+),偏下为负值(—) |
| 12 | znygczpy | 左内远光垂直偏移 | number | 4,1 | 可空 | 单位为 *.H。包括三位整数,一位小数(百分比) |
| 13 | znjgczpy | 左内近光垂直偏移 | number | 4,1 | 可空 | 单位为 *.H。包括三位整数,一位小数(百分比) |
| 14 | znygczpypd | 左内远光垂直偏移判定 | char | 1 | 可空 | |
| 15 | znjgczpypd | 左内近光垂直偏移判定 | char | 1 | 可空 | |
| 16 | zndpd | 左内灯判定 | char | 1 | 不可空 | 0——未检;1——合格;2——不合格 |

**B.10.3.10 右内灯检验传入参数**

写入文档 WriteXmlDoc,节点标签 vehispara,传入参数见表 B.26。

表 B.26　传入参数数据

| 序号 | 参数项 | 参数描述 | 类型 | 长度 | 是否可空 | 备注 |
|---|---|---|---|---|---|---|
| 1 | jylsh | 检验流水号 | varchar2 | 17 | 不可空 | |
| 2 | jyjgbh | 检验机构编号 | varchar2 | 10 | 不可空 | |
| 3 | jcxdh | 检测线代号 | varchar2 | 2 | 不可空 | 如:1,2,3,4,5,6,7,8,9,10,… |
| 4 | jyxm | 检验项目 | varchar2 | 2 | 不可空 | 填写“H3” |
| 5 | jycs | 检验次数 | number | 2 | 不可空 | |
| 6 | yndg | 右内远光灯高 | number | 4 | 可空 | |
| 7 | ynjgdg | 右内近光灯高 | number | 4 | 可空 | 单位为毫米(mm) |
| 8 | ynygqd | 右内远光强度值 | number | 6 | 可空 | |
| 9 | ynygqdpd | 右内远光强度判定 | char | 1 | 可空 | |
| 10 | ynygszcz | 右内远光垂直偏差值 | number | 3 | 可空 | 单位为 mm/10 m。垂直偏差约定:偏上为正值(+),偏下为负值(−) |
| 11 | ynjgszcz | 右内近光垂直偏差值 | number | 3 | 可空 | 单位为 mm/10 m。垂直偏差约定:偏上为正值(+),偏下为负值(−) |
| 12 | ynygczpy | 右内远光垂直偏移 | number | 4,1 | 可空 | 单位为 *.H。包括三位整数,一位小数(百分比) |
| 13 | ynjgczpy | 右内近光垂直偏移 | number | 4,1 | 可空 | 单位为 *.H。包括三位整数,一位小数(百分比) |
| 14 | ynygczpypd | 右内远光垂直偏移判定 | char | 1 | 可空 | |
| 15 | ynjgczpypd | 右内近光垂直偏移判定 | char | 1 | 可空 | |
| 16 | yndpd | 右内灯判定 | char | 1 | 不可空 | |

**B.10.3.11　右外灯或二三轮机动车的右灯检验传入参数**

写入文档 WriteXmlDoc,节点标签 vehispara,传入参数见表 B.27。

表 B.27 传入参数数据

| 序号 | 参数项 | 参数描述 | 类型 | 长度 | 是否可空 | 备注 |
|---|---|---|---|---|---|---|
| 1 | jylsh | 检验流水号 | varchar2 | 17 | 不可空 | |
| 2 | jyjgbh | 检验机构编号 | varchar2 | 10 | 不可空 | |
| 3 | jcxdh | 检测线代号 | varchar2 | 2 | 不可空 | 如:1,2,3,4,5,6,7,8,9,10,… |
| 4 | jyxm | 检验项目 | varchar2 | 2 | 不可空 | 填写"H4" |
| 5 | jycs | 检验次数 | number | 2 | 不可空 | |
| 6 | ydg | 右外远光灯高 | number | 4 | 可空 | 单位为毫米(mm) |
| 7 | ywjgdg | 右外近光灯高 | number | 4 | 可空 | |
| 8 | ywygqd | 右外远光强度值 | number | 6 | 可空 | |
| 9 | ywygqdpd | 右外远光强度判定 | char | 1 | 可空 | |
| 10 | ywygszpz | 右外远光垂直偏差值 | number | 3 | 可空 | 单位为 mm/10 m。垂直偏差约定:偏上为正值(+),偏下为负值(—) |
| 11 | yjgszcz | 右近光垂直偏差值 | number | 3 | 可空 | 单位为 mm/10 m。垂直偏差约定:偏上为正值(+),偏下为负值(—) |
| 12 | ywygczpy | 右外远光垂直偏移 | number | 4,1 | 可空 | 包括三位整数,一位小数(百分比) |
| 13 | ywjgczpy | 右外近光垂直偏移 | number | 4,1 | 可空 | 包括三位整数,一位小数(百分比) |
| 14 | ywygczpypd | 右外远光垂直偏移判定 | char | 1 | 可空 | |
| 15 | ywjgczpypd | 右外近光垂直偏移判定 | char | 1 | 可空 | |
| 16 | ywdpd | 右外灯判定 | char | 1 | 不可空 | |

**B.10.3.12 车速表检验传入参数**

写入文档 WriteXmlDoc,节点标签 vehispara,传入参数见表 B.28。

**表 B.28 传入参数数据**

| 序号 | 参数项 | 参数描述 | 类型 | 长度 | 是否可空 | 备注 |
|---|---|---|---|---|---|---|
| 1 | jylsh | 检验流水号 | varchar2 | 17 | 不可空 | |
| 2 | jyjgbh | 检验机构编号 | varchar2 | 10 | 不可空 | |
| 3 | jcxdh | 检测线代号 | varchar2 | 2 | 不可空 | 如:1,2,3,4,5,6,7,8,9,10,… |
| 4 | jyxm | 检验项目 | varchar2 | 2 | 不可空 | 填写“S1” |
| 5 | jycs | 检验次数 | number | 2 | 不可空 | |
| 6 | csdscz | 车速表实测值 | number | 4,1 | 可空 | 单位为千米/小时(km/h),包括三位整数,一位小数 |
| 7 | csbpd | 车速表判定 | char | 1 | 不可空 | 0——未检;1——合格;2——不合格 |

### B.10.3.13 侧滑检验传入参数

写入文档 WriteXmlDoc,节点标签 vehispara,传入参数见表 B.29。

**表 B.29 传入参数数据**

| 序号 | 参数项 | 参数描述 | 类型 | 长度 | 是否可空 | 备注 |
|---|---|---|---|---|---|---|
| 1 | jylsh | 检验流水号 | varchar2 | 17 | 不可空 | |
| 2 | jyjgbh | 检验机构编号 | varchar2 | 10 | 不可空 | |
| 3 | jcxdh | 检测线代号 | varchar2 | 2 | 不可空 | 如:1,2,3,4,5,6,7,8,9,10,… |
| 4 | jyxm | 检验项目 | varchar2 | 2 | 不可空 | 填写“A1” |
| 5 | jycs | 检验次数 | number | 2 | 不可空 | |
| 6 | chz | 侧滑量 | number | 5,1 | 可空 | 单位为 m/km,包括四位整数,一位小数 |
| 7 | chpd | 侧滑判定 | char | 1 | 不可空 | 0——未检;1——合格;2——不合格 |

### B.10.3.14 车辆外廓尺寸自动测量传入参数

写入文档 WriteXmlDoc,节点标签 vehispara,传入参数见表 B.30。

表 B.30 传入参数数据

| 序号 | 参数项 | 参数描述 | 类型 | 长度 | 是否可空 | 备注 |
|---|---|---|---|---|---|---|
| 1 | jylsh | 检验流水号 | varchar2 | 17 | 不可空 | |
| 2 | jyjgbh | 检验机构编号 | varchar2 | 10 | 不可空 | |
| 3 | jcxdh | 检测线代号 | varchar2 | 2 | 可空 | 如:1,2,3,4,5,6,7,8,9,10,… |
| 4 | jyxm | 检验项目 | varchar2 | 2 | 不可空 | 填写“M1” |
| 5 | jycs | 检验次数 | number | 2 | 不可空 | |
| 6 | cwkc | 车外廓长 | number | 5 | 可空 | |
| 7 | cwkk | 车外廓宽 | number | 4 | 可空 | |
| 8 | cwkg | 车外廓高 | number | 4 | 可空 | |
| 9 | clwkccpd | 车辆外廓尺寸判定 | char | 1 | 可空 | 0——未检;1——合格;2——不合格 |

### B.10.4 返回结果

返回结果 XML 文档,retcode(标记,1 成功;小于 0 失败)、retdesc(描述信息)、keystr(加密串)。

## B.11 路试检验信息

### B.11.1 输出过程

机动车路试检验项目完成后,上传车速表、制动等路试结果信息。

### B.11.2 接口标识

接口标识 ID 为 18C54。

### B.11.3 传入参数

写入文档 WriteXmlDoc,节点标签 vehispara,传入参数见表 B.31。

表 B.31 传入参数数据

| 序号 | 参数项 | 参数描述 | 类型 | 长度 | 是否可空 | 备注 |
|---|---|---|---|---|---|---|
| 1 | jylsh | 检验流水号 | varchar2 | 17 | 不可空 | |
| 2 | jyjgbh | 检验机构编号 | varchar2 | 10 | 不可空 | |
| 3 | jcxdh | 检测线代号 | varchar2 | 2 | 可空 | 如:1,2,3,4,5,6,7,8,9,10,… |
| 4 | jycs | 检验次数 | number | 2 | 不可空 | |
| 5 | jyxm | 检验项目 | varchar2 | 10 | 不可空 | 可填写多值,英文半角逗号分隔<br>R1——路试制动<br>R2——路试坡道驻车<br>R3——路试车速表 |

表 B.31（续）

| 序号 | 参数项 | 参数描述 | 类型 | 长度 | 是否可空 | 备注 |
|---|---|---|---|---|---|---|
| 6 | hpzl | 号牌种类 | varchar2 | 2 | 可空 | 在用车不可空 |
| 7 | hphm | 号牌号码 | varchar2 | 15 | 可空 | 在用车不可空 |
| 8 | clsbdh | 车辆识别代号 | varchar2 | 25 | 不可空 | |
| 9 | lsy | 路试员姓名 | varchar2 | 30 | 不可空 | |
| 10 | zdcsd | 行车制动初速度 | number | 3 | 可空 | |
| 11 | zdxtsj | 行车制动协调时间 | number | 5,2 | 可空 | 单位为秒(s) |
| 12 | zdwdx | 行车制动稳定性 | char | 1 | 可空 | 1——未跑偏；2——左跑偏；3——右跑偏 |
| 13 | xckzzdjl | 行车空载制动距离 | number | 4 | 可空 | |
| 14 | xcmzzdjl | 行车满载制动距离 | number | 4 | 可空 | |
| 15 | xckzmfdd | 行车空载制动 MFDD | number | 4,1 | 可空 | 单位为米每平方秒($m/s^2$) |
| 16 | xcmzmfdd | 行车满载制动 MFDD | number | 5,1 | 可空 | 单位为米每平方秒($m/s^2$) |
| 17 | xczdczlz | 行车制动踏板力值 | number | 5 | 可空 | |
| 18 | lszdpd | 行车路试制动判定 | char | 1 | 可空 | 0——未检；1——合格；2——不合格 |
| 19 | yjzdcsd | 应急制动初速度 | number | 4 | 可空 | |
| 20 | yjkzzdjl | 应急空载制动距离 | number | 4 | 可空 | |
| 21 | yjkzmfdd | 应急空载 MFDD | number | 4,1 | 可空 | 单位为米每平方秒($m/s^2$) |
| 22 | yjmzzdjl | 应急满载制动距离 | number | 4 | 可空 | |
| 23 | yjmzmfdd | 应急满载 MFDD | number | 5,1 | 可空 | 单位为米每平方秒($m/s^2$) |
| 24 | yjzdczlfs | 应急操纵力方式 | char | 1 | 可空 | 0——手操纵；1——脚操纵 |
| 25 | yjzdczlz | 应急操纵力值 | number | 5 | 可空 | |
| 26 | yjzdpd | 应急路试制动判定 | char | 1 | 可空 | 0——未检；1——合格，2——不合格 |
| 27 | zcpd | 驻车坡度 | char | 1 | 可空 | 0——20%；1——15% |
| 28 | lszczdpd | 路试驻车制动判定 | char | 1 | 可空 | 0——未检；1——合格；2——不合格 |
| 29 | csdscz | 车速表实测值 | number | 4 | 可空 | |
| 30 | csbpd | 车速表判定 | char | 1 | 可空 | |
| 31 | lsjg | 路试结果 | char | 1 | 不可空 | 0——未检；1——合格；2——不合格 |

**B.11.4 返回结果**

返回结果 XML 文档，retcode（标记，1 成功；小于 0 失败）、retdesc（描述信息）、keystr（加密串）。

## B.12 检验项目结束信息

### B.12.1 输出过程

机动车人工检验、仪器设备检验、路试检验项目结束时，上传检验项目结束信息。

### B.12.2 接口标识

接口标识 ID 为 18C58。

### B.12.3 传入参数

写入文档 WriteXmlDoc，节点标签 vehispara，传入参数见表 B.32。

**表 B.32 传入参数数据**

| 序号 | 参数项 | 参数描述 | 类型 | 长度 | 是否可空 | 备注 |
|---|---|---|---|---|---|---|
| 1 | jylsh | 检验流水号 | varchar2 | 17 | 不可空 | |
| 2 | jyjgbh | 检验机构编号 | varchar2 | 10 | 不可空 | |
| 3 | jcxdh | 检测线代号 | varchar2 | 2 | 可空 | 如：1,2,3,4,5,6,7,8,9,10,… |
| 4 | jycs | 检验次数 | number | 2 | 不可空 | |
| 5 | jyxm | 检验项目 | varchar2 | 2 | 不可空 | |
| 6 | hpzl | 号牌种类 | varchar2 | 2 | 可空 | 在用车不可空 |
| 7 | hphm | 号牌号码 | varchar2 | 15 | 可空 | 在用车不可空 |
| 8 | clsbdh | 车辆识别代号 | varchar2 | 25 | 不可空 | |
| 9 | gwjysbbh | 工位检验设备编号 | varchar2 | 30 | 可空 | |
| 10 | jssj | 检验项目结束时间 | date | | 不可空 | 填写检验业务信息系统时间 |

### B.12.4 返回结果

返回结果 XML 文档，retcode（标记，1 成功；小于 0 失败）、retdesc（描述信息）、keystr（加密串）。

## B.13 检验过程结束信息

### B.13.1 输出过程

当检验结束（人工检验、仪器设备检验、路试检验全部完成）后，上传检验过程结束信息。

### B.13.2 接口标识

接口标识 ID 为 18C59。

**B.13.3 传入参数**

写入文档 WriteXmlDoc，节点标签 vehispara，传入参数见表 B.33。

**表 B.33 传入参数数据**

| 序号 | 参数项 | 参数描述 | 类型 | 长度 | 是否可空 | 备注 |
|---|---|---|---|---|---|---|
| 1 | jylsh | 检验流水号 | varchar2 | 17 | 不可空 | |
| 2 | jyjgbh | 检验机构编号 | varchar2 | 10 | 不可空 | |
| 3 | jcxdh | 检测线代号 | varchar2 | 2 | 不可空 | |
| 4 | jycs | 检验次数 | number | 2 | 不可空 | |
| 5 | hpzl | 号牌种类 | varchar2 | 2 | 可空 | 在用车不可空 |
| 6 | hphm | 号牌号码 | varchar2 | 15 | 可空 | 在用车不可空 |
| 7 | clsbdh | 车辆识别代号 | varchar2 | 25 | 不可空 | |
| 8 | jssj | 检验过程结束时间 | date | | 不可空 | 填写检验业务信息系统时间 |

**B.13.4 返回结果**

返回结果 XML 文档，retcode(标记，1 成功；小于 0 失败)、retdesc(描述信息)、keystr(加密串)。

**B.14 机动车检验项目照片和检验资料照片信息**

**B.14.1 输出过程**

机动车人工检验外观检查时，拍摄外观照片上传；人工检验、仪器设备检验或路试检验过程中，随机拍摄照片上传；机动车检验过程结束后，扫描或拍摄相关资料照片上传。

**B.14.2 接口标识**

接口标识 ID 为 18C63。

**B.14.3 传入参数**

写入文档 WriteXmlDoc，节点标签 vehispara，传入参数见表 B.34。

**表 B.34 传入参数数据**

| 序号 | 参数项 | 参数描述 | 类型 | 长度 | 是否可空 | 备注 |
|---|---|---|---|---|---|---|
| 1 | jylsh | 检验流水号 | varchar2 | 17 | 不可空 | |
| 2 | jyjgbh | 检验机构编号 | varchar2 | 10 | 不可空 | |
| 3 | jcxdh | 检测线代号 | varchar2 | 2 | 可空 | 如:1,2,3,4,5,6,7,8,9,10,… |
| 4 | hphm | 号牌号码 | varchar2 | 15 | 可空 | 在用车不可空 |
| 5 | hpzl | 号牌种类 | varchar2 | 2 | 可空 | 在用车不可空 |

表 B.34（续）

| 序号 | 参数项 | 参数描述 | 类型 | 长度 | 是否可空 | 备注 |
|---|---|---|---|---|---|---|
| 6 | jyxm | 检验项目 | varchar2 | 2 | 可空 | 当照片种类为 23 时，填写人工检验项目 C1，DC；当照片种类为 21 时，填写灯光工位项目 H1，H2，H3，H4；<br>当照片种类为 22 时，填写制动工位项目 B1，B2，B3，B4，B5，B6，B0；<br>当照片种类为 41 时，填写路试项目 R1，R2 |
| 7 | jycs | 检验次数 | number | 2 | 不可空 | |
| 8 | clsbdh | 车辆识别代号 | varchar2 | 25 | 不可空 | |
| 9 | zp | 照片 | varchar2 | | 不可空 | 经 base64 编码后字符串 |
| 10 | pssj | 拍摄时间 | date | | 不可空 | |
| 11 | zpzl | 照片种类 | varchar2 | 2 | 不可空 | |

### B.14.4 返回结果

返回结果 XML 文档，retcode（标记，1 成功；小于 0 失败）、retdesc（描述信息）、keystr（加密串）。

## B.15 机动车检验结果信息

### B.15.1 输出过程

机动车检验过程结束之前，上传检验结果信息。

### B.15.2 接口标识

接口标识 ID 为 18C82。

### B.15.3 传入参数

写入文档 WriteXmlDoc，节点标签 vehispara，传入参数见表 B.35。

表 B.35 传入参数数据

| 序号 | 参数项 | 参数描述 | 类型 | 长度 | 是否可空 | 备注 |
|---|---|---|---|---|---|---|
| 1 | jylsh | 检验流水号 | varchar2 | 17 | 不可空 | |
| 2 | jyjgbh | 检验机构编号 | varchar2 | 10 | 不可空 | |
| 3 | jcxdh | 检测线代号 | varchar2 | 2 | 不可空 | 如：1，2，3，4，5，6，7，8，9，10，… |
| 4 | hphm | 号牌号码 | varchar2 | 15 | 可空 | 在用车不可空 |

表 B.35（续）

| 序号 | 参数项 | 参数描述 | 类型 | 长度 | 是否可空 | 备注 |
|---|---|---|---|---|---|---|
| 5 | hpzl | 号牌种类 | varchar2 | 2 | 可空 | 在用车不可空 |
| 6 | clsbdh | 车辆识别代号 | varchar2 | 25 | 不可空 | |
| 7 | ycyxm | 引车员 | varchar2 | 30 | 可空 | |
| 8 | ycysfzh | 引车员(身份证号) | varchar2 | 30 | 可空 | |
| 9 | zczdl | 整车制动率 | number | 5,1 | 可空 | |
| 10 | zczdpd | 整车制动判定 | char | 1 | 可空 | 0——未检；1——合格；2——不合格 |
| 11 | zdjccs | 整车制动次数 | number | 2 | 可空 | |
| 12 | zcpd | 整车判定 | char | 1 | 不可空 | |
| 13 | zczdjyjg | 主车制动检验结果 | char | 1 | 可空 | 对于主车(牵引车)和挂车一起检验时，上传挂车检验结果时填写。0——不适用；1——合格；2——不合格 |
| 14 | zjccs | 总检验次数 | number | 2 | 不可空 | |
| 15 | jczczbzl | 检验的整车整备质量 | number | 8 | 可空 | |
| 16 | bzzczbzl | 标准的整车整备质量 | number | 8 | 可空 | |
| 17 | zczbzlbfb | 整车整备质量百分比 | number | 4,1 | 可空 | 第17项减去第18项的绝对值除以第18项，包括三位整数，一位小数 |
| 18 | zbzlpd | 整备质量判定 | char | 1 | 可空 | |

**B.15.4 返回结果**

返回结果 XML 文档，retcode(标记，1 成功；小于 0 失败)、retdesc(描述信息)、keystr(加密串)。

## B.16 机动车交通事故责任强制保险信息

**B.16.1 输出过程**

机动车检验过程结束后，上传机动车交通事故责任强制保险信息。

**B.16.2 接口标识**

接口标识 ID 为 18C61。

**B.16.3 传入参数**

写入文档 WriteXmlDoc，节点标签 vehispara，传入参数见表 B.36。

表 B.36 传入参数数据

| 序号 | 参数项 | 参数描述 | 类型 | 长度 | 是否可空 | 备注 |
|---|---|---|---|---|---|---|
| 1 | jylsh | 检验流水号 | varchar2 | 17 | 不可空 | |
| 2 | jyjgbh | 检验机构编号 | varchar2 | 10 | 不可空 | |
| 3 | jcxdh | 检测线代号 | varchar2 | 2 | 可空 | 如:1,2,3,4,5,6,7,8,9,10,… |
| 4 | hpzl | 号牌种类 | varchar2 | 2 | 可空 | 在用车不可空 |
| 5 | hphm | 号牌号码 | varchar2 | 15 | 可空 | 在用车不可空 |
| 6 | clsbdh | 车辆识别代号 | varchar2 | 25 | 不可空 | |
| 7 | bxpzh | 保险凭证号 | varchar2 | 50 | 可空 | |
| 8 | bxje | 保险金额 | number | 10 | 可空 | |
| 9 | bxgs | 保险公司 | varchar2 | 64 | 可空 | |
| 10 | sxrq | 生效日期 | date | | 不可空 | |
| 11 | Zzrq | 终止日期 | date | | 不可空 | |

### B.16.4 返回结果

返回结果 XML 文档，retcode(标记，1 成功；小于 0 失败)、retdesc(描述信息)、keystr(加密串)。

## B.17 机动车检验判定结果信息

### B.17.1 输出过程

机动车检验过程结束后，上传检验判定结果信息。

### B.17.2 接口标识

接口标识 ID 为 18C62。

### B.17.3 传入参数

写入文档 WriteXmlDoc，节点标签 vehispara，传入参数见表 B.37。

表 B.37 传入参数数据

| 序号 | 参数项 | 参数描述 | 类型 | 长度 | 是否可空 | 备注 |
|---|---|---|---|---|---|---|
| 1 | jylsh | 检验流水号 | varchar2 | 17 | 不可空 | |
| 2 | jyjgbh | 检验机构编号 | varchar2 | 10 | 不可空 | |
| 3 | jcxdh | 检测线代号 | varchar2 | 2 | 不可空 | 如:1,2,3,4,5,6,7,8,9,10,… |
| 4 | jycs | 检验次数 | number | 2 | 不可空 | |
| 5 | hphm | 号牌号码 | varchar2 | 15 | 可空 | |

表 B.37（续）

| 序号 | 参数项 | 参 数 描 述 | 类型 | 长度 | 是否可空 | 备 注 |
|---|---|---|---|---|---|---|
| 6 | hpzl | 号牌种类 | varchar2 | 2 | 可空 | |
| 7 | clsbdh | 车辆识别代号 | varchar2 | 25 | 不可空 | |
| 8 | jyjl | 检验结论 | varchar2 | 1 024 | 不可空 | 填写合格，不合格 |
| 9 | pzrxm | 授权签字人 | varchar2 | 30 | 不可空 | |
| 10 | rgjyjgs | 人工检验项目结果 | varchar2 | 4 000 | 可空 | 可包含多个子节点，子节点标签为 rgjyjg，参数见表 B.38 |
| 11 | yqsbjyjgs | 仪器设备检验项目结果 | varchar2 | 4 000 | 可空 | 可包含多个子节点，子节点标签为 yqsbjyjg，参数见表 B.39 |
| 12 | jybgjy | 检验报告建议 | varchar2 | 1 024 | 可空 | |
| 13 | jybgbz | 检验报告备注 | varchar2 | 1 024 | 可空 | |

表 B.38　人工检验项目结果传入参数数据

| 序号 | 参数项 | 参 数 描 述 | 类型 | 长度 | 是否可空 | 备 注 |
|---|---|---|---|---|---|---|
| 1 | xh | 序号 | number | 2 | 不可空 | 如：1、2、3、… |
| 2 | rgjyxm | 检验项目 | varchar2 | 256 | 不可空 | 填写车辆唯一性检查、联网查询等 |
| 3 | rgjgpd | 结果判定 | char | 1 | 不可空 | |
| 4 | rgjysm | 不符合项目情况说明 | varchar2 | 1 024 | 可空 | |
| 5 | rgjybz | 备注 | varchar2 | 1 024 | 可空 | |

表 B.39　仪器设备检验项目结果传入参数数据

| 序号 | 参数项 | 参 数 描 述 | 类型 | 长度 | 是否可空 | 备 注 |
|---|---|---|---|---|---|---|
| 1 | xh | 序号 | number | 2 | 不可空 | 如：1、2、3、… |
| 2 | yqjyxm | 检验项目 | varchar2 | 256 | 不可空 | 填写一轴制动率、一轴不平衡率等 |
| 3 | yqjyjg | 检验结果 | varchar2 | 1 024 | 不可空 | |
| 4 | yqbzxz | 标准限值 | varchar2 | 1 024 | 不可空 | |
| 5 | yqjgpd | 结果判定 | char | 1 | 不可空 | |
| 6 | yqjybz | 备注 | varchar2 | 1 024 | 可空 | |

#### B.17.4 返回结果

返回结果 XML 文档，retcode(标记，1 成功；小于 0 失败)、retdesc(描述信息)、keystr(加密串)。

### B.18 机动车检验结果资料申请审核信息

#### B.18.1 输出过程

机动车检验过程信息、检验结果、照片及相关资料上传完成后，上传检验结果资料申请审核请求。

#### B.18.2 接口标识

接口标识 ID 为 18C64。

#### B.18.3 传入参数

写入文档 WriteXmlDoc，节点标签 vehispara，传入参数见表 B.40。

表 B.40 传入参数数据

| 序号 | 参数项 | 参数描述 | 类型 | 长度 | 是否可空 | 备注 |
|---|---|---|---|---|---|---|
| 1 | jylsh | 检验流水号 | varchar2 | 17 | 不可空 | |
| 2 | jyjgbh | 检验机构编号 | varchar2 | 10 | 不可空 | |
| 3 | jcxdh | 检测线代号 | varchar2 | 2 | 可空 | 如：1，2，3，4，5，6，7，8，9，10，… |
| 4 | sqlx | 申请类型 | char | 1 | 不可空 | 1——外观检验审核申请(启用二次审核时使用)；2——检验结果资料审核申请 |
| 5 | dqsj | 当前时间 | date | | 不可空 | |

#### B.18.4 返回结果

返回结果 XML 文档，retcode(标记，1 成功；小于 0 失败)、retdesc(描述信息)、keystr(加密串)。

### B.19 机动车检验视频异常信息

#### B.19.1 输出过程

检验过程音视频监管系统检测不到视频信号等异常信息时，写入预警信息。

#### B.19.2 接口标识

接口标识 ID 为 18C67。

#### B.19.3 传入参数

写入文档 WriteXmlDoc，节点标签 vehispara，传入参数见表 B.41。

表 B.41 传入参数数据

| 序号 | 参数项 | 参数描述 | 类型 | 长度 | 是否可空 | 备注 |
|---|---|---|---|---|---|---|
| 1 | jylsh | 检验流水号 | varchar2 | 17 | 不可空 | |
| 2 | jyjgbh | 检验机构编号 | varchar2 | 10 | 不可空 | |
| 3 | jcxdh | 检测线代号 | varchar2 | 2 | 可空 | 如:1,2,3,4,5,6,7,8,9,10,… |
| 4 | jyrq | 检验日期 | date | | 不可空 | |
| 5 | hpzl | 号牌种类 | varchar2 | 2 | 可空 | 在用车不可空 |
| 6 | hphm | 号牌号码 | varchar2 | 15 | 可空 | 在用车不可空 |
| 7 | yjlx | 预警类型 | varchar2 | 2 | 不可空 | 03——外检区域无视频信号<br>04——仪器设备检验无视频信号<br>05——路试区域无视频信号<br>06——打印区域无视频信号<br>07——遮挡摄像头<br>10——存在舞弊情形 |
| 8 | yjms | 预警描述信息 | varchar2 | 4 000 | 不可空 | |

### B.19.4 返回结果

返回结果 XML 文档,retcode(标记,1 成功;小于 0 失败)、retdesc(描述信息)、keystr(加密串)。

## B.20 复检登录信息

### B.20.1 输出过程

机动车复检开始前,上传机动车复检登录信息。

### B.20.2 接口标识

接口标识 ID 为 18C65。

### B.20.3 传入参数

写入文档 WriteXmlDoc,节点标签 vehispara,传入参数见表 B.42。

表 B.42 传入参数数据

| 序号 | 参数项 | 参数描述 | 类型 | 长度 | 是否可空 | 备注 |
|---|---|---|---|---|---|---|
| 1 | jylsh | 检验流水号 | varchar2 | 17 | 不可空 | |
| 2 | jyjgbh | 检验机构编号 | varchar2 | 10 | 不可空 | |
| 3 | jcxdh | 检测线代号 | varchar2 | 2 | 可空 | 如:1,2,3,4,5,6,7,8,9,10,… |
| 4 | xh | 机动车序号 | varchar2 | 14 | 可空 | |
| 5 | hpzl | 号牌种类 | varchar2 | 2 | 可空 | 在用车不可空 |
| 6 | hphm | 号牌号码 | varchar2 | 15 | 可空 | 在用车不可空 |
| 7 | clsbdh | 车辆识别代号 | varchar2 | 25 | 不可空 | 填写完整的 VIN 号或车架号 |
| 8 | fdjh | 发动机/电动机号码 | varchar2 | 30 | 可空 | |
| 9 | csys | 车身颜色 | varchar2 | 5 | 可空 | 符合 GA/T 16.8 |
| 10 | syxz | 使用性质 | char | 1 | 可空 | 符合 GA/T 16.3 |
| 11 | fjx | 复检项 | varchar2 | 50 | 不可空 | |
| 12 | fjdlsj | 复检登录时间 | date | | 不可空 | |
| 13 | jycs | 检验次数 | number | 2 | 不可空 | |
| 14 | dly | 登录员 | varchar2 | 30 | 不可空 | |
| 15 | ycy | 引车员 | varchar2 | 30 | 可空 | |
| 16 | wjy | 外检员 | varchar2 | 30 | 可空 | |
| 17 | dtjyy | 动态检验员 | varchar2 | 30 | 可空 | |
| 18 | dpjyy | 底盘检验员 | varchar2 | 30 | 可空 | |
| 19 | sjr | 送检人(姓名) | varchar2 | 30 | 可空 | |
| 20 | sjrsfzh | 送检人身份证号 | varchar2 | 30 | 可空 | |

### B.20.4 返回结果

返回结果 XML 文档,retcode(标记,1 成功;小于 0 失败)、retdesc(描述信息)、keystr(加密串)。

## B.21 机动车检验登录信息更正

### B.21.1 输出过程

对于上传的机动车检验登录信息有误或者缺少信息的,只能在线内检验之前调用此接口,对上传的检验登录信息进行更正。

### B.21.2 接口标识

接口标识 ID 为 18C66。

### B.21.3 传入参数

写入文档 WriteXmlDoc,节点标签 vehispara,传入参数见表 B.43。

**表 B.43 传入参数数据**

| 序号 | 参数项 | 参数描述 | 类型 | 长度 | 是否可空 | 备注 |
|---|---|---|---|---|---|---|
| 1 | jylsh | 检验流水号 | varchar2 | 17 | 不可空 | |
| 2 | jyjgbh | 检验机构编号 | varchar2 | 10 | 不可空 | |
| 3 | jcxdh | 检测线代号 | varchar2 | 2 | 不可空 | 如:1,2,3,4,5,6,7,8,9,10,… |
| 4 | hphm | 号牌号码 | varchar2 | 15 | 可空 | 在用车不可空 |
| 5 | hpzl | 号牌种类 | varchar2 | 2 | 可空 | 在用车不可空 |
| 6 | clsbdh | 车辆识别代号 | varchar2 | 25 | 不可空 | |
| 7 | fdjh | 发动机/电动机号码 | varchar2 | 30 | 可空 | |
| 8 | csys | 车身颜色 | varchar2 | 5 | 可空 | 符合 GA/T 16.8 |
| 9 | syxz | 使用性质 | char | 1 | 可空 | 符合 GA/T 16.3 |
| 10 | jyrq | 最近定检日期 | date | | 可空 | 按"yyyy-mm-dd"格式填写 |
| 11 | jyyxqz | 检验有效期止 | date | | 可空 | 按"yyyy-mm-dd"格式填写 |
| 12 | bxzzrq | 保险终止日期 | date | | 可空 | 按"yyyy-mm-dd"格式填写 |
| 13 | rlzl | 燃料种类 | varchar2 | 3 | 可空 | 可同时输入三种,每种符合 GA/T 16.9 |
| 14 | gl | 功率 | number | 5 | 可空 | 单位为千瓦(kW),四位整数,一位小数 |
| 15 | zs | 轴数 | number | 1 | 可空 | |
| 16 | zzl | 总质量 | number | 8 | 可空 | 单位为千克(kg) |
| 17 | zbzl | 整备质量 | number | 8 | 可空 | 单位为千克(kg) |
| 18 | ccrq | 出厂日期 | date | | 可空 | 按"yyyy-mm-dd"格式填写 |
| 19 | qdxs | 驱动形式(驱动轴位) | varchar2 | 5 | 可空 | 组合串:如 1234(1 表示一轴,2 表示二轴,…) |
| 20 | zczs | 驻车轴数 | number | 1 | 可空 | 摩托车无此参数 |
| 21 | zczw | 驻车轴位 | varchar2 | 5 | 可空 | 组合串:如 1234(1 表示一轴,2 表示二轴,…) |
| 22 | zzs | 主轴数 | number | 1 | 可空 | |
| 23 | zzly | 制动力源 | char | 1 | 可空 | 0——气压制动;1——液压制动;2——气推油制动 |
| 24 | qzdz | 前照灯制 | varchar2 | 2 | 可空 | 01——四灯远近光;02——四灯远光;03——二灯远近光;04——二灯近光;05——一灯远光 |

**表 B.43（续）**

| 序号 | 参数项 | 参数描述 | 类型 | 长度 | 是否可空 | 备注 |
|---|---|---|---|---|---|---|
| 25 | ygddtz | 远光单独调整 | char | 1 | 可空 | 0——不能单独调整；1——单独调整 |
| 26 | zxzxjxs | 转向轴(前轴)悬架形式 | char | 1 | 可空 | 0——独立悬架；1——非独立悬架 |
| 27 | lcbds | 里程表读数 | number | 8 | 可空 | 单位为千米(km) |
| 28 | jylb | 检验类别 | varchar2 | 2 | 可空 | 00——注册登记检验；01——在用车检验（定检）；02——临时检验；03——特殊检验；04——在用车检验（非定检） |
| 29 | clppl | 车辆品牌 | varchar2 | 32 | 可空 | |
| 30 | clxh | 车辆型号 | varchar2 | 32 | 可空 | |
| 31 | syr | 机动车所有人 | varchar2 | 128 | 可空 | |
| 32 | cllx | 车辆类型 | varchar2 | 3 | 可空 | 在用车不可空 |
| 33 | jyxm | 检验项目 | varchar2 | 100 | 可空 | 多值，英文半角逗号分隔。各项目代码为：<br>F1——车辆外观检验<br>C1——底盘检验<br>DC——底盘动态检验<br>B1——一轴制动；<br>B2——二轴制动；<br>B3——三轴制动；<br>B4——四轴制动；<br>B5——五轴制动；<br>B6——六轴制动；<br>B0——驻车制动<br>H1——左外灯或二三轮机动车的左灯；H2——左内灯；H3——右内灯；H4——右外灯或二三轮机动车的右灯<br>S1——车速表<br>A1——侧滑<br>R1——路试行车制动；R2——路试坡道驻车；R3——路试车速表<br>M1——外廓尺寸自动测量 |
| 34 | clyt | 车辆用途 | char | 2 | 可空 | |

表 B.43（续）

| 序号 | 参数项 | 参数描述 | 类型 | 长度 | 是否可空 | 备注 |
|---|---|---|---|---|---|---|
| 35 | ytsx | 用途属性 | char | 1 | 可空 | |
| 36 | clsslb | 车辆所属类别 | varchar2 | 2 | 可空 | 01——常规(汽车)<br>02——全时四驱<br>03——超重<br>04——超宽<br>05——驱动防滑<br>06——双后轴驱动<br>07——挂车<br>08——灯位超高<br>09——多轴车<br>10——其他特种车<br>11——常规(摩托车) |
| 37 | sjr | 送检人(姓名) | varchar2 | 30 | 可空 | |
| 38 | sjrsfzh | 送检人身份证号 | varchar2 | 30 | 可空 | |

### B.21.4 返回结果

返回结果 XML 文档，retcode(标记，1 成功；小于 0 失败)、retdesc(描述信息)、keystr(加密串)。

## B.22 获取车辆所属类别对应检验项目信息

### B.22.1 输出过程

根据检验机构编号、检验类别等信息获取车辆所属类别(由车辆类型、使用性质进行确定)对应的检验项目信息。

### B.22.2 接口标识

接口标识 ID 为 18C46。

### B.22.3 传入参数

查询文档 QueryXmlDoc，节点标签 QueryCondition，传入参数见表 B.44。

表 B.44 传入参数数据

| 序号 | 参数项 | 参数描述 | 类型 | 长度 | 是否可空 | 备注 |
|---|---|---|---|---|---|---|
| 1 | jyjgbh | 检验机构编号 | varchar2 | 10 | 不可空 | |
| 2 | jylb | 检验类别 | varchar2 | 2 | 不可空 | 00——注册登记检验；01——在用车检验(定检)；02——临时检验；03——特殊检验；04——在用车检验(非定检) |

### B.22.4 返回结果

返回结果文档 ResultXML，节点标签 vehispara，查询结果数据字段见表 B.45。

**表 B.45 返回结果**

| 序号 | 参数项 | 参数描述 | 类型 | 长度 | 是否可空 | 备注 |
|---|---|---|---|---|---|---|
| 1 | clsslb | 车辆所属类别 | varchar2 | 2 | 不可空 | 01——常规(汽车)<br>02——全时四驱<br>03——超重<br>04——超宽<br>05——驱动防滑<br>06——双后轴驱动<br>07——挂车<br>08——灯位超高<br>09——多轴车<br>10——其他特种车<br>11——常规(摩托车) |
| 2 | clsslbmc | 车辆所属类别名称 | varchar2 | 32 | 不可空 | |
| 3 | xjyxmdh | 须检验项目代号 | varchar2 | 128 | 不可空 | 多值，英文半角逗号分隔。如：F1，C1，…(F1——车辆外观检验；C1——底盘检验；DC——底盘动态检；B——制动；H——灯光；A1——侧滑；S1——车速表；R——路试) |

## B.23 获取机动车对应需拍摄照片和人工检验项目信息

### B.23.1 输出过程

根据检验流水号、检验机构编号、号牌号码、号牌种类等信息获取机动车检验项目和拍摄照片信息。

### B.23.2 接口标识

接口标识 ID 为 18C47。

### B.23.3 传入参数

查询文档 QueryXmlDoc，节点标签 QueryCondition，传入参数见表 B.46。

表 B.46 传入参数数据

| 序号 | 参数项 | 参 数 描 述 | 类型 | 长度 | 是否可空 | 备 注 |
|---|---|---|---|---|---|---|
| 1 | jylsh | 检验流水号 | varchar2 | 17 | 不可空 | |
| 2 | jyjgbh | 检验机构编号 | varchar2 | 10 | 不可空 | |
| 3 | hphm | 号牌号码 | varchar2 | 15 | 可空 | |
| 4 | hpzl | 号牌种类 | varchar2 | 2 | 可空 | |

### B.23.4 返回结果

返回结果文档 ResultXML，节点标签 vehispara，查询结果数据字段见表 B.47。

表 B.47 返回结果

| 序号 | 参数项 | 参 数 描 述 | 类型 | 长度 | 是否可空 | 备 注 |
|---|---|---|---|---|---|---|
| 1 | jylsh | 检验流水号 | varchar2 | 17 | 不可空 | |
| 2 | jyjgbh | 检验机构编号 | varchar2 | 10 | 不可空 | |
| 3 | hphm | 号牌号码 | varchar2 | 15 | 可空 | |
| 4 | hpzl | 号牌种类 | varchar2 | 2 | 可空 | |
| 5 | wgjyzp | 外观检验照片 | varchar2 | 512 | 可空 | 多值，英文半角逗号分隔。如:11,12,… |
| 6 | zlzp | 资料照片 | varchar2 | 512 | 可空 | 多值，英文半角逗号分隔。如:01,02,… |
| 7 | wgjcxm | 外观检验项目 | varchar2 | 512 | 可空 | 多值，英文半角逗号分隔。如:01,02,… |
| 8 | dpjyxm | 底盘检验项目 | varchar2 | 512 | 可空 | 多值，英文半角逗号分隔。如:45,46,… |
| 9 | dtdpjyxm | 底盘动态检验项目 | varchar2 | 512 | 可空 | 多值，英文半角逗号分隔。如:41,42,… |

## B.24 获取机动车检验审核不通过原因

### B.24.1 输出过程

根据检验流水号、检验机构编号、号牌号码、号牌种类等信息获取机动车检验审核不通过原因。

### B.24.2 接口标识

接口标识 ID 为 18C48。

### B.24.3 传入参数

查询文档 QueryXmlDoc，节点标签 QueryCondition，传入参数见表 B.48。

表 B.48　传入参数数据

| 序号 | 参数项 | 参数描述 | 类型 | 长度 | 是否可空 | 备注 |
|---|---|---|---|---|---|---|
| 1 | jylsh | 检验流水号 | varchar2 | 17 | 可空 | |
| 2 | jyjgbh | 检验机构编号 | varchar2 | 10 | 不可空 | |
| 3 | hphm | 号牌号码 | varchar2 | 15 | 可空 | |
| 4 | hpzl | 号牌种类 | varchar2 | 2 | 可空 | |
| 5 | cxzt | 查询状态 | char | 1 | 可空 | 0——外观未审核<br>1——正在外观审核<br>2——外观审核通过<br>3——外观审核不通过<br>4——核发未审核<br>5——正在核发审核<br>6——核发审核通过<br>7——核发审核不通过<br>8——待打印<br>9——已打印 |
| 6 | fhzdjls | 返回最大记录数 | number | 3 | 不可空 | |

## B.24.4　返回结果

返回结果文档 ResultXML，节点标签 vehispara，查询结果数据字段见表 B.49。

表 B.49　返回结果

| 序号 | 参数项 | 参数描述 | 类型 | 长度 | 是否可空 | 备注 |
|---|---|---|---|---|---|---|
| 1 | jylsh | 检验流水号 | varchar2 | 17 | 不可空 | |
| 2 | jyjgbh | 检验机构编号 | varchar2 | 10 | 不可空 | |
| 3 | hpzl | 号牌种类 | varchar2 | 2 | 可空 | |
| 4 | hphm | 号牌号码 | varchar2 | 15 | 可空 | |
| 5 | shjg | 审核结果 | char | 1 | 不可空 | 0——外观未审核<br>1——正在外观审核<br>2——外观审核通过<br>3——外观审核不通过<br>4——核发未审核<br>5——正在核发审核<br>6——核发审核通过<br>7——核发审核不通过<br>8——待打印<br>9——已打印 |
| 6 | bhgwgjyzp | 不合格外观检验照片 | varchar2 | 512 | 可空 | |

表 B.49（续）

| 序号 | 参数项 | 参数描述 | 类型 | 长度 | 是否可空 | 备注 |
|---|---|---|---|---|---|---|
| 7 | bhgwgjyxm | 不合格外观检验项目 | varchar2 | 512 | 可空 | |
| 8 | bhgdpjyxm | 不合格底盘检验项目 | varchar2 | 512 | 可空 | |
| 9 | bhgdtdpjyxm | 不合格底盘动态检验项目 | varchar2 | 512 | 可空 | |
| 10 | bhgjyxm | 不合格检验项目 | varchar2 | 512 | 可空 | |
| 11 | bhgzlzp | 不合格资料照片 | varchar2 | 512 | 可空 | |
| 12 | bhggwzp | 不合格工位照片 | varchar2 | 512 | 可空 | |
| 13 | shbtgyy | 审核不通过原因描述 | varchar2 | 4 000 | 可空 | |

## B.25 获取机动车基本信息

### B.25.1 输出过程

根据号牌号码、号牌种类等信息获取车辆基本信息。

### B.25.2 接口标识

接口标识 ID 为 18C49。

### B.25.3 传入参数

查询文档 QueryXmlDoc，节点标签 QueryCondition，传入参数见表 B.50。

表 B.50 传入参数数据

| 序号 | 参数项 | 参数描述 | 类型 | 长度 | 是否可空 | 备注 |
|---|---|---|---|---|---|---|
| 1 | hphm | 号牌号码 | varchar2 | 15 | 不可空 | 填写格式：如“苏BAA345”填写“苏BAA345”“苏 B1234 挂”填写“苏 B1234” |
| 2 | hpzl | 号牌种类 | varchar2 | 2 | 不可空 | |
| 3 | clsbdh | 车辆识别代号 | varchar2 | 25 | 不可空 | 可填写后四位 |
| 4 | jyjgbh | 检验机构编号 | varchar2 | 10 | 不可空 | |

### B.25.4 返回结果

返回结果文档 ResultXML，节点标签 vehispara，查询结果数据字段见表 B.51。

表 B.51 返回结果

| 序号 | 参数项 | 参数描述 | 类型 | 长度 | 是否可空 | 备注 |
|---|---|---|---|---|---|---|
| 1 | xh | 机动车序号 | char | 14 | 可空 | |
| 2 | hpzl | 号牌种类 | char | 2 | 可空 | |
| 3 | hphm | 号牌号码 | varchar2 | 15 | 可空 | |
| 4 | clpp1 | 中文品牌 | varchar2 | 32 | 可空 | |
| 5 | clxh | 车辆型号 | varchar2 | 32 | 可空 | |
| 6 | clpp2 | 英文品牌 | varchar2 | 32 | 可空 | |
| 7 | gcjk | 国产/进口 | char | 1 | 可空 | |
| 8 | zzg | 制造国 | char | 3 | 可空 | |
| 9 | zzcmc | 制造厂名称 | varchar2 | 64 | 可空 | |
| 10 | clsbdh | 车辆识别代号 | varchar2 | 25 | 可空 | |
| 11 | fdjh | 发动机号 | varchar2 | 30 | 可空 | |
| 12 | cllx | 车辆类型 | char | 3 | 可空 | |
| 13 | csys | 车身颜色 | varchar2 | 5 | 可空 | |
| 14 | syxz | 使用性质 | char | 1 | 可空 | |
| 15 | sfzmhm | 身份证明号码 | varchar2 | 18 | 可空 | |
| 16 | sfzmmc | 身份证明名称 | char | 1 | 可空 | |
| 17 | syr | 机动车所有人 | varchar2 | 128 | 可空 | |
| 18 | ccdjrq | 初次登记日期 | date | 7 | 可空 | |
| 19 | djrq | 最近定检日期 | date | 7 | 可空 | |
| 20 | yxqz | 检验有效期止 | date | 7 | 可空 | |
| 21 | qzbfqz | 强制报废期止 | date | 7 | 可空 | |
| 22 | fzjg | 发证机关 | varchar2 | 10 | 可空 | |
| 23 | glbm | 管理部门 | varchar2 | 12 | 可空 | |
| 24 | bxzzrq | 保险终止日期 | date | 7 | 可空 | |
| 25 | zt | 机动车状态 | varchar2 | 6 | 可空 | |
| 26 | dybj | 抵押标记 | char | 1 | 可空 | 0——未抵押；1——已抵押 |
| 27 | fdjxh | 发动机型号 | varchar2 | 64 | 可空 | |
| 28 | rlzl | 燃料种类 | varchar2 | 3 | 可空 | |
| 29 | pl | 排量 | number | 6 | 可空 | |
| 30 | gl | 功率 | number | 5,1 | 可空 | |
| 31 | zxxs | 转向形式 | char | 1 | 可空 | |
| 32 | cwkc | 车外廓长 | number | 5 | 可空 | |
| 33 | cwkk | 车外廓宽 | number | 4 | 可空 | |

表 B.51（续）

| 序号 | 参数项 | 参数描述 | 类型 | 长度 | 是否可空 | 备注 |
|---|---|---|---|---|---|---|
| 34 | cwkg | 车外廓高 | number | 4 | 可空 | |
| 35 | hxnbcd | 货箱内部长度 | number | 5 | 可空 | |
| 36 | hxnbkd | 货箱内部宽度 | number | 4 | 可空 | |
| 37 | hxnbgd | 货箱内部高度 | number | 4 | 可空 | |
| 38 | Gbthps | 钢板弹簧片数 | number | 3 | 可空 | |
| 39 | zs | 轴数 | number | 1 | 可空 | |
| 40 | zj | 轴距 | number | 5 | 可空 | |
| 41 | qlj | 前轮距 | number | 4 | 可空 | |
| 42 | hlj | 后轮距 | number | 4 | 可空 | |
| 43 | ltgg | 轮胎规格 | varchar2 | 64 | 可空 | |
| 44 | lts | 轮胎数 | number | 2 | 可空 | |
| 45 | zzl | 总质量 | number | 8 | 可空 | |
| 46 | zbzl | 整备质量 | number | 8 | 可空 | |
| 47 | hdzzl | 核定载质量 | number | 8 | 可空 | |
| 48 | hdzk | 核定载客 | number | 3 | 可空 | |
| 49 | zqyzl | 准牵引总质量 | number | 8 | 可空 | |
| 50 | qpzk | 驾驶室前排载客人数 | number | 1 | 可空 | |
| 51 | hpzk | 驾驶室后排载客人数 | number | 2 | 可空 | |
| 52 | hbdbqk | 环保达标情况 | varchar2 | 128 | 可空 | |
| 53 | ccrq | 出厂日期 | date | 7 | 可空 | |
| 54 | clyt | 车辆用途 | char | 2 | 可空 | |
| 55 | ytsx | 用途属性 | char | 1 | 可空 | |
| 56 | xszbh | 行驶证证芯编号 | varchar2 | 20 | 可空 | |
| 57 | jyhgbzbh | 检验合格标志 | varchar2 | 20 | 可空 | |
| 58 | xzqh | 管理辖区 | varchar2 | 10 | 可空 | |
| 59 | zsxzqh | 住所地址行政区划 | varchar2 | 10 | 可空 | |
| 60 | zzxzqh | 联系地址行政区划 | varchar2 | 10 | 可空 | |
| 61 | sgcssbwqk | 事故车损伤部位情况 | varchar2 | 4 000 | 可空 | |
| 62 | sfmj | 是否免检 | char | 1 | 可空 | 1——免检；2——不免检 |
| 63 | bmjyy | 不免检原因 | varchar2 | 4 000 | 可空 | |

## B.26 检验业务信息系统操作日志

### B.26.1 输出过程

上传检验业务信息系统操作日志信息。

### B.26.2 接口标识

接口标识 ID 为 18C69。

### B.26.3 传入参数

写入文档 WriteXmlDoc,节点标签 vehispara,传入参数见表 B.52。

**表 B.52 传入参数数据**

| 序号 | 参数项 | 参数描述 | 类型 | 长度 | 是否可空 | 备注 |
|---|---|---|---|---|---|---|
| 1 | jyjgbh | 检验机构编号 | varchar2 | 10 | 不可空 | |
| 2 | yhdh | 用户代号 | varchar2 | 18 | 不可空 | |
| 3 | xm | 用户姓名 | varchar2 | 30 | 不可空 | |
| 4 | czsj | 操作时间 | date | | 不可空 | |
| 5 | ipdz | IP 地址 | varchar2 | 40 | 不可空 | 填写其操作终端 IP 地址,如:10.2.1.1 |
| 6 | czlx | 操作类型 | char | 1 | 不可空 | 用户具体操作类型代码:1——查询;2——新增;3——修改;4——删除 |
| 7 | czjg | 操作结果 | varchar2 | 1 | 不可空 | 用户操作结果:1——成功;0——失败 |
| 8 | sbyy | 操作失败原因代码 | varchar2 | 4 | 不可空 | 当操作结果为失败时,可记录操作失败的原因代码:<br>1000——用户方面的错误<br>1001——无效输入<br>2000——应用系统方面的错误<br>3000——安全检查类方面的错误<br>3001——IP 受限<br>3002——时间受限<br>3003——操作次数受限<br>3007——无操作权限<br>3999——其他安全检查方面的错误 |

表 B.52（续）

| 序号 | 参数项 | 参数描述 | 类型 | 长度 | 是否可空 | 备注 |
|---|---|---|---|---|---|---|
| 9 | gnmk | 功能模块名称 | varchar2 | 30 | 不可空 | 操作类型为 0——登录时，置空；为其他类型时，可填写当时用户所操作的具体功能模块名称 |
| 10 | cztj | 操作条件 | varchar2 | 200 | 不可空 | 操作类型为 0——登录时，置空；为其他类型时，可记录用户进行操作时的数据筛选条件，填写数据操作 SQL 语句的 where 子句内容，如：name=‘张三’ |

**B.26.4　返回结果**

返回结果 XML 文档，retcode（标记，1 成功；小于 0 失败）、retdesc（描述信息）、keystr（加密串）。

## B.27　写入收费信息

**B.27.1　输出过程**

将机动车收费信息插入到收费核查表。

**B.27.2　接口标识**

接口标识 ID 为 18C70。

**B.27.3　传入参数**

写入文档 WriteXmlDoc，节点标签 vehispara，传入参数见表 B.53。

表 B.53　传入参数数据

| 序号 | 参数项 | 参数描述 | 类型 | 长度 | 是否可空 | 备注 |
|---|---|---|---|---|---|---|
| 1 | jylsh | 检验流水号 | varchar2 | 17 | 不可空 | |
| 2 | jyjgbh | 检验机构编号 | varchar2 | 10 | 不可空 | |
| 3 | hpzl | 号牌种类 | varchar2 | 2 | 可空 | |
| 4 | hphm | 号牌号码 | varchar2 | 15 | 可空 | |

**B.27.4　返回结果**

返回结果 XML 文档，retcode（标记，1 成功；小于 0 失败）、retdesc（描述信息）、keystr（加密串）。

## B.28 机动车检验审核通过信息获取回执

### B.28.1 输出过程

通过18C48接口批量获取机动车检验审核状态，对于核发审核通过的车辆，可通过本接口上传该车审核通过信息获取回执，以便通过18C48接口批量获取机动车检验审核状态时不再返回该车。

### B.28.2 接口标识

接口标识ID为18C71。

### B.28.3 传入参数

写入文档WriteXmlDoc，节点标签vehispara，传入参数见表B.54。

**表 B.54 传入参数数据**

| 序号 | 参数项 | 参数描述 | 类型 | 长度 | 是否可空 | 备注 |
|---|---|---|---|---|---|---|
| 1 | jylsh | 检验流水号 | varchar2 | 17 | 不可空 | |
| 2 | jyjgbh | 检验机构编号 | varchar2 | 10 | 不可空 | |
| 3 | hpzl | 号牌种类 | varchar2 | 2 | 可空 | 在用车不可空 |
| 4 | hphm | 号牌号码 | varchar2 | 15 | 可空 | 在用车不可空 |

### B.28.4 返回结果

返回结果XML文档，retcode(标记，1成功；小于0失败)、retdesc(描述信息)、keystr(加密串)。

## B.29 机动车检验业务退办

### B.29.1 输出过程

对于检验监管系统未审核或审核不通过的机动车检验信息，因某些原因需要退办的，可进行业务流水退办。

### B.29.2 接口标识

接口标识ID为18C72。

### B.29.3 传入参数

写入文档WriteXmlDoc，节点标签vehispara，传入参数见表B.55。

**表 B.55 传入参数数据**

| 序号 | 参数项 | 参数描述 | 类型 | 长度 | 是否可空 | 备注 |
|---|---|---|---|---|---|---|
| 1 | jylsh | 检验流水号 | varchar2 | 17 | 不可空 | |
| 2 | jyjgbh | 检验机构编号 | varchar2 | 10 | 不可空 | |
| 3 | hpzl | 号牌种类 | varchar2 | 2 | 可空 | 在用车不可空 |
| 4 | hphm | 号牌号码 | varchar2 | 15 | 可空 | 在用车不可空 |

**B.29.4 返回结果**

返回结果 XML 文档,retcode(标记,1 成功;小于 0 失败)、retdesc(描述信息)、keystr(加密串)。

## B.30 读取车管业务流水号

**B.30.1 输出过程**

根据检验流水号和检验机构编号获取综合应用平台业务中的流水号。

**B.30.2 接口标识**

接口标识 ID 为 18C21。

**B.30.3 传入参数**

查询文档 QueryXmlDoc,节点标签 QueryCondition,传入参数见表 B.56。

**表 B.56 传入参数数据**

| 序号 | 参数项 | 参数描述 | 类型 | 长度 | 是否可空 | 备注 |
|---|---|---|---|---|---|---|
| 1 | jylsh | 检验流水号 | varchar2 | 17 | 不可空 | |
| 2 | jyjgbh | 检验机构编号 | varchar2 | 10 | 不可空 | |

**B.30.4 返回结果**

返回结果文档 ResultXML,节点标签 vehispara,查询结果数据字段见表 B.57。

**表 B.57 返回结果**

| 序号 | 参数项 | 参数描述 | 类型 | 长度 | 是否可空 | 备注 |
|---|---|---|---|---|---|---|
| 1 | lsh | 检验监管系统流水号 | varchar2 | 20 | 可空 | |
| 2 | cglsh | 综合应用平台车管流水号 | varchar2 | 13 | 可空 | |

# 附 录 C
# （规范性附录）
# 检验照片拍摄项目及要求

## C.1 检验审核照片拍摄项目及要求

### C.1.1 人工检验照片拍摄项目及要求

人工检验照片拍摄项目及要求见表C.1。

**表C.1 人工检验项目照片要求**

| 序号 | 照片内容 | 要 求 | 适用车辆类型 |
| --- | --- | --- | --- |
| 1 | 车辆左前方斜视45°拍照 | 能清晰显示车辆前外观、前号牌和轮胎。根据车辆类型，还应能：<br>1） 对所有货车、货车底盘改装的专项作业车和挂车，能清晰辨别（左）侧面车身反光标识；<br>2） 对总质量大于3 500 kg的货车（半挂牵引车除外）、货车底盘改装的专项作业车和挂车，能清晰辨别（左）侧面防护装置；<br>3） 对所有货车和专项作业车，能清晰辨别驾驶室（区）左侧喷涂的总质量（半挂牵引车为最大允许牵引质量）；<br>4） 对栏板货车和自卸车，能清晰辨别在驾驶室（区）左侧喷涂的栏板高度，对栏板挂车，能清晰识别在车厢（左）侧面喷涂的栏板高度；<br>5） 对危险货物运输车，能清晰辨别道路运输危险货物车辆标志（包括标志灯和标志牌）；<br>6） 对专用校车和专门用于接送学生上下学的非专用校车，能清晰辨别专用校车车身外观标识；<br>7） 对燃气汽车，能清晰辨别在车辆前端标注的其使用的气体燃料类型的识别标志；<br>8） 对教练车，能清晰辨别在车身（左）侧面喷涂的“教练车”字样；<br>9） 对警车、消防车、救护车和工程救险车，能清晰辨别车辆外观制式、标志灯具；<br>10） 对残疾人专用汽车，能清晰辨别在车辆前部设置的残疾人机动车专用标志 | 所有类型机动车 |

表 C.1（续）

| 序号 | 照片内容 | 要　求 | 适用车辆类型 |
|---|---|---|---|
| 2 | 车辆右后方斜视 45°拍照 | 能清晰显示车辆后外观、后号牌和轮胎。根据车辆类型，还应能：<br>1)　对汽车(无驾驶室的三轮汽车除外)，能清晰辨别机动车用三角警告牌(三角警告牌放置于车顶或车辆后部适当位置时拍照)；<br>2)　对所有货车、货车底盘改装的专项作业车和挂车，能清晰辨别后部车身反光标识、车辆尾部标志板及(右)侧面车身反光标识；<br>3)　对总质量大于 3 500 kg 的货车(半挂牵引车除外)、货车底盘改装的专项作业车和挂车，能清晰辨别(右)侧面及后下部防护装置；<br>4)　对总质量大于或等于 4 500 kg 的货车(半挂牵引车除外)、所有挂车(无法喷涂或粘贴放大的号牌号码的平板挂车除外)，能清晰辨别在车厢后部喷涂或粘贴的放大的号牌号码；<br>5)　对罐式汽车和罐式挂车，能清晰辨别在罐体右侧喷涂的罐体容积及允许装运货物的种类或名称；<br>6)　对危险货物运输车，能清晰识别道路运输危险货物车辆标志牌；<br>7)　对 2012 年 9 月 1 日起出厂的车长大于 9 m 的公路客车、旅游客车和未设置乘客站立区的公共汽车，能清晰显示两个处于开启状态的乘客门；或处于开启状态下的外推式应急窗和一个处于开启状态的乘客门；<br>8)　对专用校车和专门用于接送学生上下学的非专用校车，能清晰辨别专用校车车身外观标识；<br>9)　对燃气汽车，能清晰辨别在车辆后端标注的其使用的气体燃料类型的识别标志；<br>10)　对教练车，能清晰辨别在车身后部喷涂的“教练车”字样；<br>11)　对警车、消防车、救护车和工程救险车，能清晰辨别外观制式；<br>12)　对残疾人专用汽车，能清晰辨别在车辆后部设置的残疾人机动车专用标志 | 所有类型机动车 |
| 3 | 车辆识别代号拍照 | 能清晰显示车辆识别代号，对于无法清晰拍摄的机动车，允许拍摄车辆识别代号的拓印膜 | 所有类型机动车 |
| 4 | 驾驶人座椅汽车安全带拍照 | 能清晰显示驾驶人座椅汽车安全带处于扣紧状态。<br>**注：**对小型、微型载客汽车和轻型、微型载货汽车，车辆左前方斜视 45°拍照能清晰显示驾驶人座椅汽车安全带处于扣紧状态时，无须单独拍摄本照片 | 汽车(低速汽车除外) |
| 5 | 行驶记录装置拍照 | 对公路客车、旅游客车、危险货物运输车、校车、2013 年 3 月 1 日起注册登记的未设置乘客站立区的公共汽车、半挂牵引车和总质量大于或等于 12 000 kg 的货车，能清晰显示行驶记录装置在车辆上的安装情况；对使用行驶记录仪作为行驶记录装置的，能确认其显示部分是否易于观察、主机外表面的易见部位是否模压或印有符合规定的“3C”标识。<br>对专用校车和卧铺客车，还应能清晰确认其安装的车内外录像监控装置的摄像头数量和安装位置 | 应安装行驶记录装置的汽车 |

**表 C.1（续）**

| 序号 | 照片内容 | 要　求 | 适用车辆类型 |
|---|---|---|---|
| 6 | 灭火器拍照 | 能清晰显示灭火器在车辆上的安装固定情况及数量，能确认灭火器是否有效。<br>**注：**车厢内部拍照能清晰显示本照片要求的信息时，可不单独拍摄本照片 | 客车、危险货物运输车 |
| 7 | 车厢内部拍照 | 从车厢前部往后拍摄，能清晰显示车内座位数及布置形式。对校车，应能显示照管人员座位的位置和标识；对公路客车、旅游客车和专用校车的能观察到座垫平面的座椅（位），应能识别是否配备了汽车安全带；对厢式、棚式货车和挂车，打开车厢门从后向前拍摄，应能清晰显示货厢内部和顶部状况及确认货厢是否改装、顶部是否开启 | 客车、校车、厢式、棚式货车和挂车 |
| 8 | 车辆正后方拍照 | 能清晰显示车辆后部外观情况和车辆号牌。根据车辆类型，还应能：<br>1）对货车、货车底盘改装的专项作业车和挂车，能清晰显示后部车身反光标识、车辆尾部标志板、放大的号牌号码；<br>2）对道路运输爆炸品和剧毒化学品车辆，能清晰显示安全标示牌；<br>3）对专用校车，能清晰显示后围板上的停车提醒标示。<br>**注：**车辆右后方斜视 45°拍照能清晰显示本照片要求的信息时，可不单独拍摄本照片 | 货车、挂车、专项作业车、校车 |
| 9 | 校车标牌拍照 | 能清晰显示校车标牌在前风窗玻璃右下角和后风窗玻璃适当位置的放置状态，以及校车标牌背面的签注内容。<br>**注：**车辆左前方斜视 45°拍照和车辆右后方斜视 45°拍照能清晰显示校车标牌在前、后风窗玻璃的放置状态时，可只拍摄校车标牌背面的签注内容 | 校车 |
| 10 | 校车标志灯拍照 | 能清晰显示校车标志灯打开状态下的车辆状态。<br>**注：**车辆左前方斜视 45°拍照和车辆右后方斜视 45°拍照能清晰显示本照片要求的信息时，可不单独拍摄本照片 | 校车 |
| 11 | 校车停车指示标志牌拍照 | 能清晰显示校车停车指示标志牌打开状态下的车辆状态。<br>**注：**车辆左前方斜视 45°拍照能清晰显示本照片要求的信息时，可不单独拍摄本照片 | 校车 |
| 12 | 操纵辅助装置拍照 | 能清晰显示残疾人操纵辅助装置在车辆上的安装固定情况，能确认操纵辅助装置的产品型号和出厂编号 | 残疾人专用汽车 |

### C.1.2 检验资料照片项目及要求

检验资料照片拍摄项目及要求见表 C.2。

**表 C.2 检验资料照片要求**

| 序号 | 照片内容 | 要 求 |
|---|---|---|
| 1 | 机动车行驶证 | 资料摆放端正,能清晰显示文字、印章 |
| 2 | 交通事故责任强制保险单 | |
| 3 | 车船税纳税或者免税证明 | |
| 4 | 安全技术检验合格证明 | |
| 5 | 机动车牌证申请表 | |
| 6 | 委托核发检验合格标志通知书 | 资料摆放端正,能清晰显示文字、印章 |
| 7 | 代理人授权书 | |
| 8 | 国产机动车整车出厂合格证和底盘合格证 | |
| 9 | 路试检验记录单 | |

## C.2 事后监管照片拍摄项目及要求

### C.2.1 事后监管人工检验照片拍摄项目及要求

事后监管人工检验照片拍摄项目及要求见表 C.3。

**表 C.3 事后监管人工检验项目照片要求**

| 序号 | 照片内容 | 要 求 | 适用车辆类型 |
|---|---|---|---|
| 1 | 发动机号码拍照 | 对注册登记、变更登记车辆能清晰显示发动机编号或柔性标签 | 除挂车外的其他机动车 |
| 2 | 发动机舱自动灭火装置拍照 | 能清晰显示发动机舱自动灭火装置 | 客车、校车 |
| 3 | 应急锤拍照 | 能清晰显示应急锤及安装情况 | 客车 |
| 4 | 急救箱拍照 | 能清晰显示配备的急救箱,急救箱应放置在便于取用的位置 | 校车 |
| 5 | 防抱死制动装置拍照 | 能清晰显示仪表盘上的防抱死制动装置处于点亮状态 | 客车、校车、货车、专项作业车 |
| 6 | 辅助制动装置拍照 | 能清晰显示辅助制动装置操纵开关 | 货车、专项作业车 |
| 7 | 紧急切断装置拍照 | 能清晰显示紧急切断装置操纵开关 | 危险货物运输车 |
| 8 | 手动机械断电开关拍照 | 能清晰显示手动机械断电操纵开关 | 客车 |
| 9 | 副制动踏板拍照 | 能清晰显示教练车副制动踏板 | 教练车 |
| 10 | 危险货物运输车标志拍照 | 能清晰显示危险货物运输车标志 | 危险货物运输车 |
| 11 | 轮胎规格拍照 | 能清晰显示转向轮轮胎规格型号和胎冠状态 | 客车、校车、货车、专项作业车、危险货物运输车 |

### C.2.2 事后监管仪器设备检验工位照片视频要求

事后监管仪器设备检验工位照片视频要求见表 C.4。

**表 C.4 事后监管仪器设备检验工位照片视频要求**

| 序号 | 照片内容 | 要 求 | 备注 |
|---|---|---|---|
| 1 | 一轴制动工位拍照 | 能清晰显示被检车辆一轴(轮)在制动设备上时的后号牌号码,视频应能清晰的显示检测全过程,特别是制动时制动灯情况 | |
| 2 | 二轴制动工位拍照 | 能清晰显示被检车辆二轴(轮)在制动设备上时的后号牌号码,视频应能清晰的观察到检测全过程,特别是制动时制动灯情况 | |
| 3 | 三轴制动工位拍照 | 能清晰显示被检车辆三轴(轮)在制动设备上时的后号牌号码,视频应能清晰的观察到检测全过程,特别是制动时制动灯情况 | |
| 4 | 四轴制动工位拍照 | 能清晰显示被检车辆四轴(轮)在制动设备上时的后号牌号码,视频应能清晰的观察到检测全过程,特别是制动时制动灯情况 | |
| 5 | 五轴制动工位拍照 | 能清晰显示被检车辆五轴(轮)在制动设备上时的后号牌号码,视频应能清晰的观察到检测全过程,特别是制动时制动灯情况 | |
| 6 | 六轴制动工位拍照 | 能清晰显示被检车辆六轴(轮)在制动设备上时的后号牌号码,视频应能清晰的观察到检测全过程,特别是制动时制动灯情况 | |
| 7 | 驻车制动工位拍照 | 能清晰显示被检车辆驻车轴(轮)在制动设备上时的后号牌号码,视频应能清晰的观察到检测全过程,特别是驻车制动时制动灯情况 | |
| 8 | 左灯光工位拍照 | 能清晰显示被检车辆的前号牌号码、车辆在打开远光灯条件下与前照灯设备的检测位置,视频应能清晰的观察到检测全过程,特别是远近光检测情况 | |
| 9 | 右灯光工位拍照 | 能清晰显示被检车辆的前号牌号码、车辆在打开远光灯条件下与前照灯设备的检测位置,视频应能清晰的观察到检测全过程,特别是远近光检测情况 | |
| 10 | 车速表工位拍照 | 能清晰的看到被检车辆在车速表设备上时的号牌号码,视频应能清晰的观察到检测全过程 | |
| 11 | 转向轮横向侧滑工位拍照 | 能清晰显示被检车辆在侧滑设备前时的前号牌号码,视频应能清晰的观察到车辆通过侧滑设备的全过程 | |

表 C.4（续）

| 序号 | 照片内容 | 要求 | 备注 |
|---|---|---|---|
| 12 | 路试行车制动开始拍照 | 能清晰显示被检车辆号牌号码，视频应能清晰的观察到车辆行车制动的行驶过程 | |
| 13 | 路试行车制动结束拍照 | 能清晰显示被检车辆号牌号码，视频应能清晰的观察到车辆行车制动的制动过程 | |
| 14 | 路试驻车制动拍照 | 能清晰显示被检车辆在检验时的号牌号码，视频应能清晰的观察到车辆在规定驻车坡度上检验时的全过程和车辆某轮与驻车坡度路面变化情况（视频装置应侧面安装） | |
| 15 | 底盘动态检验开始拍照 | 能清晰的看到被检车辆号牌号码，视频应能清晰的观察到车辆底盘动态检验的行驶过程 | |
| 16 | 路试动态检验结束拍照 | 能清晰的看到被检车辆的前号牌号码，视频应能清晰的观察到车辆制动过程 | |
| 17 | 车辆底盘检验拍照 | 能清晰的看到检验人员，视频应能清晰的观察检验人员在地沟中对车辆底盘检验的过程 | |

# 附　录　D
（规范性附录）
检验监督项目预警及处置方法

## D.1　仪器设备检验过程监管项目及处置方法

仪器设备检验过程监管项目及处置方法见表 D.1。

**表 D.1　仪器设备检验监管项目及处置方法**

| 序号 | 线内检阶段 | 预警内容 | 处置方法 |
|---|---|---|---|
| 1 | 工位检验项目开始 | 工位设备未备案 | 系统管理员检查检测设备备案信息或者需调整到其他已备案的检测设备进行检测 |
| 2 | | 工位设备与检验项目不符 | 调整到正确的检测设备进行检测 |
| 3 | | 工位设备备案检定日期过期 | 系统管理员检查检测设备状态 |
| 4 | 工位检测中（上传照片信息） | 无工位检验项目开始信息 | 检验业务信息系统重新进行工位检验项目开始操作 |
| 5 | | 照片拍摄时间小于工位检测开始时间 | 检查检验业务信息系统时间 |
| 6 | 工位检验项目结束 | 无工位检验项目开始信息 | 检验业务信息系统重新进行工位检验项目开始操作 |
| 7 | | 工位设备编号不正确 | 检验业务信息系统检查工位设备信息，填写正确工位设备信息后重新进行工位检验项目结束操作 |
| 8 | | 工位检验项目结束时间小于工位检验项目开始时间 | 检查检验业务信息系统时间 |
| 9 | | 制动、灯光工位检验中必须至少抓拍一张照片 | 检验业务信息系统进行检验过程照片抓拍操作并上传后再进行工位检验项目结束操作 |
| 10 | | 检验过程中时间漂移（检验业务信息系统延迟上报检验过程信息）（30 s） | 检查网络或检验业务信息系统时间 |
| 11 | | 工位检验项目重叠（同一机动车同一时间出现在不同工位检验） | 检查检验业务信息系统时间 |
| 12 | | 工位设备重叠（同一时间同一工位设备出现在不同车辆的仪器设备检验过程中） | 检查检验业务信息系统时间 |
| 13 | | 工位项目检验时间过短（灯光、制动、底盘） | 提交审核申请时预警提示 |
| 14 | | 检测工位无视频信号（机动车检验视频监管系统自动检测，并通过检验监管软件接口写入） | 检查视频摄像头工作情况 |
| 15 | | 检测过程中故意遮挡摄像头（检测过程中，机动车检验视频监管系统写入） | 检查视频摄像头工作情况 |
| 16 | | 根据检验过程数据校验检验上传结果数据是否正确，根据检验判定标准校验检验结果 | 审核时预警提示 |

表 D.1（续）

| 序号 | 线内检阶段 | 预警内容 | 处置方法 |
|---|---|---|---|
| 17 | 全程 | 外观检验区域无视频信号（机动车检验视频监管系统写入） | 检查视频摄像头工作情况 |
| 18 | | 证件打印区域无视频信号（机动车检验视频监管系统写入） | 检查视频摄像头工作情况 |

## D.2 备案信息监管项目及处置方法

备案信息监管项目及处置方法见表 D.2

表 D.2 备案信息监管项目及处置方法

| 序号 | 监管内容 | 处置方法 |
|---|---|---|
| 1 | 检验业务信息系统未备案 | 系统管理员检查检验业务信息系统状态 |
| 2 | 检验机构工作人员备案信息不正常 | 系统管理员检查检验机构工作人员备案信息 |
| 3 | 车辆实际车型与检测线检验车型范围不符 | 车辆与检测线检验车型范围不匹配，需调整至正确的检测线进行检测 |
| 4 | 检验机构备案信息资质有效期等过期 | 提示检验机构办理资质许可 |
| 5 | 检测线备案信息不正常（如：标定、计量认证已过有效期、人员不足等） | 系统进行预警，由监管民警核实后通报检验机构 |

## D.3 事后监管项目及处置方法

事后监管项目及处置方法见表 D.3

表 D.3 事后监管项目及处置方法

| 序号 | 监管内容 | 处置方法 |
|---|---|---|
| 1 | 查看视频，机动车存在舞弊情形，如替检、前后轴替换、手刹用脚刹、手刹＋脚刹、灯光距离不够、左右灯替换等 | 系统进行预警，由监管民警核查机动车检验情况 |
| 2 | 工位检测过程照片中机动车号牌号码与实际检验车辆不符 | 系统进行预警，由监管民警核查机动车检验情况 |
| 3 | 对线内检测有质疑进行路试的比率过高，符合检测条件的未上线的 | 系统进行预警，由监管民警核查机动车检验情况 |
| 4 | 引车员检测合格率异常 | 系统进行预警，由监管民警核查机动车检验情况 |
| 5 | 底盘静态检验员检测合格率异常 | 系统进行预警，由监管民警核查机动车检验情况 |
| 6 | 首次检测合格率过低但复检合格率过高 | 系统进行预警，由监管民警核查机动车检验情况 |
| 7 | 多车检测数据雷同 | 系统进行预警，由监管民警核查机动车检验情况 |

**表 D.3（续）**

| 序号 | 监管内容 | 处置方法 |
| --- | --- | --- |
| 8 | 异地检验业务量过高 | 系统进行预警，由监管民警核查机动车检验情况 |
| 9 | 路试数据制动初速度、空载检验制动距离要求、满载检验制动距离要求等不符合 GB 7258 的要求 | 系统进行预警，由监管民警核查路试情况 |
| 10 | 路试仪接口数据不符合要求 | 系统进行预警，核查数据是否真实 |
| 11 | 路试过程随机图片、视频不符合要求 | 系统进行预警，由监管民警核查路试情况 |
| 12 | 路试车辆灯光仪检测数据不符合要求 | 系统进行预警，由监管民警核查路试情况 |
| 13 | 其他预警信息 | |

# 参 考 文 献

[1] GA/T 16.3 道路交通管理信息代码 第3部分:机动车使用性质代码
[2] GA/T 16.7 道路交通管理信息代码 第7部分:机动车号牌种类代码
[3] GA/T 16.8 道路交通管理信息代码 第8部分:机动车车身颜色代码
[4] GA/T 16.9 道路交通管理信息代码 第9部分:机动车能源种类代码
[5] GA/T 543.1 公安数据元(1)

# 中华人民共和国主席令

**第八十一号**

《全国人民代表大会常务委员会关于修改〈中华人民共和国道路交通安全法〉的决定》已由中华人民共和国第十届全国人民代表大会常务委员会第三十一次会议于2007年12月29日通过，现予公布，自2008年5月1日起施行。

中华人民共和国主席　胡锦涛

2007年12月29日

# 全国人民代表大会常务委员会关于修改《中华人民共和国道路交通安全法》的决定

（2007年12月29日第十届全国人民代表大会常务委员会第三十一次会议通过）

第十届全国人民代表大会常务委员会第三十一次会议决定对《中华人民共和国道路交通安全法》作如下修改：

第七十六条修改为："机动车发生交通事故造成人身伤亡、财产损失的，由保险公司在机动车第三者责任强制保险责任限额范围内予以赔偿；不足的部分，按照下列规定承担赔偿责任：

"（一）机动车之间发生交通事故的，由有过错的一方承担赔偿责任；双方都有过错的，按照各自过错的比例分担责任。

"（二）机动车与非机动车驾驶人、行人之间发生交通事故，非机动车驾驶人、行人没有过错的，由机动车一方承担赔偿责任；有证据证明非机动车驾驶人、行人有过错的，根据过错程度适当减轻机动车一方的赔偿责任；机动车一方没有过错的，承担不超过百分之十的赔偿责任。

"交通事故的损失是由非机动车驾驶人、行人故意碰撞机动车造成的，机动车一方不承担赔偿责任。"

本决定自2008年5月1日起施行。

《中华人民共和国道路交通安全法》根据本决定作相应修改，重新公布。

# 中华人民共和国道路交通安全法

（2003年10月28日第十届全国人民代表大会常务委员会第五次会议通过根据2007年12月29日第十届全国人民代表大会常务委员会第三十一次会议《关于修改〈中华人民共和国道路交通安全法〉的决定》修正）

## 第一章　总　　则

**第一条**　为了维护道路交通秩序，预防和减少交通事故，保护人身安全，保护公民、法人和其他组织的财产安全及其他合法权益，提高通行效率，制定本法。

**第二条**　中华人民共和国境内的车辆驾驶人、行人、乘车人以及与道路交通活动有关的单位和个人，都应当遵守本法。

**第三条**　道路交通安全工作，应当遵循依法管理、方便群众的原则，保障道路交通有序、安全、畅通。

**第四条**　各级人民政府应当保障道路交通安全管理工作与经济建设和社会发展相适应。

县级以上地方各级人民政府应当适应道路交通发展的需要，依据道路交通安全法律、法规和国家有关政策，制定道路交通安全管理规划，并组织实施。

**第五条**　国务院公安部门负责全国道路交通安全管理工作。县级以上地方各级人民政府公安机关交通管理部门负责本行政区域内的道路交通安全管理工作。

县级以上各级人民政府交通、建设管理部门依据各自职责，负责有关的道路交通工作。

**第六条**　各级人民政府应当经常进行道路交通安全教育，提高公民的道路交通安全意识。

公安机关交通管理部门及其交通警察执行职务时，应当加强道路交通安全法律、法规的宣传，并模范遵守道路交通安全法律、法规。

机关、部队、企业事业单位、社会团体以及其他组织，应当对本单位的人员进行道路交通安全教育。

教育行政部门、学校应当将道路交通安全教育纳入法制教育的内容。

新闻、出版、广播、电视等有关单位，有进行道路交通安全教育的义务。

**第七条**　对道路交通安全管理工作，应当加强科学研究，推广、使用先进的管理方法、技术、设备。

## 第二章　车辆和驾驶人

### 第一节　机动车、非机动车

**第八条**　国家对机动车实行登记制度。机动车经公安机关交通管理部门登记后，方可上道路行驶。尚未登记的机动车，需要临时上道路行驶的，应当取得临时通行牌证。

**第九条**　申请机动车登记，应当提交以下证明、凭证：

（一）机动车所有人的身份证明；

（二）机动车来历证明；

（三）机动车整车出厂合格证明或者进口机动车进口凭证；

（四）车辆购置税的完税证明或者免税凭证；

（五）法律、行政法规规定应当在机动车登记时提交的其他证明、凭证。

公安机关交通管理部门应当自受理申请之日起五个工作日内完成机动车登记审查工作，对符合前款规定条件的，应当发放机动车登记证书、号牌和行驶证；对不符合前款规定条件的，应当向申请人说明不予登记的理由。

公安机关交通管理部门以外的任何单位或者个人不得发放机动车号牌或者要求机动车悬挂其他号牌，本法另有规定的除外。

机动车登记证书、号牌、行驶证的式样由国务院公安部门规定并监制。

**第十条** 准予登记的机动车应当符合机动车国家安全技术标准。申请机动车登记时，应当接受对该机动车的安全技术检验。但是，经国家机动车产品主管部门依据机动车国家安全技术标准认定的企业生产的机动车型，该车型的新车在出厂时经检验符合机动车国家安全技术标准，获得检验合格证的，免予安全技术检验。

**第十一条** 驾驶机动车上道路行驶，应当悬挂机动车号牌，放置检验合格标志、保险标志，并随车携带机动车行驶证。

机动车号牌应当按照规定悬挂并保持清晰、完整，不得故意遮挡、污损。

任何单位和个人不得收缴、扣留机动车号牌。

**第十二条** 有下列情形之一的，应当办理相应的登记：

（一）机动车所有权发生转移的；

（二）机动车登记内容变更的；

（三）机动车用作抵押的；

（四）机动车报废的。

**第十三条** 对登记后上道路行驶的机动车，应当依照法律、行政法规的规定，根据车辆用途、载客载货数量、使用年限等不同情况，定期进行安全技术检验。对提供机动车行驶证和机动车第三者责任强制保险单的，机动车安全技术检验机构应当予以检验，任何单位不得附加其他条件。对符合机动车国家安全技术标准的，公安机关交通管理部门应当发给检验合格标志。

对机动车的安全技术检验实行社会化。具体办法由国务院规定。

机动车安全技术检验实行社会化的地方，任何单位不得要求机动车到指定的场所进行检验。

公安机关交通管理部门、机动车安全技术检验机构不得要求机动车到指定的场所进行维修、保养。

机动车安全技术检验机构对机动车检验收取费用，应当严格执行国务院价格主管部门核定的收费标准。

**第十四条** 国家实行机动车强制报废制度，根据机动车的安全技术状况和不同用途，规定不同的报废标准。

应当报废的机动车必须及时办理注销登记。

达到报废标准的机动车不得上道路行驶。报废的大型客、货车及其他营运车辆应当在公安机关交通管理部门的监督下解体。

**第十五条** 警车、消防车、救护车、工程救险车应当按照规定喷涂标志图案，安装警报器、标志灯具。其他机动车不得喷涂、安装、使用上述车辆专用的或者与其相类似的标志图案、警报器或者标志灯具。

警车、消防车、救护车、工程救险车应当严格按照规定的用途和条件使用。

公路监督检查的专用车辆，应当依照公路法的规定，设置统一的标志和示警灯。

**第十六条** 任何单位或者个人不得有下列行为：

（一）拼装机动车或者擅自改变机动车已登记的结构、构造或者特征；

（二）改变机动车型号、发动机号、车架号或者车辆识别代号；

（三）伪造、变造或者使用伪造、变造的机动车登记证书、号牌、行驶证、检验合格标志、保险标志；

（四）使用其他机动车的登记证书、号牌、行驶证、检验合格标志、保险标志。

**第十七条**　国家实行机动车第三者责任强制保险制度，设立道路交通事故社会救助基金。具体办法由国务院规定。

**第十八条**　依法应当登记的非机动车，经公安机关交通管理部门登记后，方可上道路行驶。

依法应当登记的非机动车的种类，由省、自治区、直辖市人民政府根据当地实际情况规定。

非机动车的外形尺寸、质量、制动器、车铃和夜间反光装置，应当符合非机动车安全技术标准。

### 第二节　机动车驾驶人

**第十九条**　驾驶机动车，应当依法取得机动车驾驶证。

申请机动车驾驶证，应当符合国务院公安部门规定的驾驶许可条件；经考试合格后，由公安机关交通管理部门发给相应类别的机动车驾驶证。

持有境外机动车驾驶证的人，符合国务院公安部门规定的驾驶许可条件，经公安机关交通管理部门考核合格的，可以发给中国的机动车驾驶证。

驾驶人应当按照驾驶证载明的准驾车型驾驶机动车；驾驶机动车时，应当随身携带机动车驾驶证。

公安机关交通管理部门以外的任何单位或者个人，不得收缴、扣留机动车驾驶证。

**第二十条**　机动车的驾驶培训实行社会化，由交通主管部门对驾驶培训学校、驾驶培训班实行资格管理，其中专门的拖拉机驾驶培训学校、驾驶培训班由农业（农业机械）主管部门实行资格管理。

驾驶培训学校、驾驶培训班应当严格按照国家有关规定，对学员进行道路交通安全法律、法规、驾驶技能的培训，确保培训质量。

任何国家机关以及驾驶培训和考试主管部门不得举办或者参与举办驾驶培训学校、驾驶培训班。

**第二十一条**　驾驶人驾驶机动车上道路行驶前，应当对机动车的安全技术性能进行认真检查；不得驾驶安全设施不全或者机件不符合技术标准等具有安全隐患的机动车。

**第二十二条**　机动车驾驶人应当遵守道路交通安全法律、法规的规定，按照操作规范安全驾驶、文明驾驶。

饮酒、服用国家管制的精神药品或者麻醉药品，或者患有妨碍安全驾驶机动车的疾病，或者过度疲劳影响安全驾驶的，不得驾驶机动车。

任何人不得强迫、指使、纵容驾驶人违反道路交通安全法律、法规和机动车安全驾驶要求驾驶机动车。

**第二十三条**　公安机关交通管理部门依照法律、行政法规的规定，定期对机动车驾驶证实施审验。

**第二十四条**　公安机关交通管理部门对机动车驾驶人违反道路交通安全法律、法规的行为，除依法给予行政处罚外，实行累积记分制度。公安机关交通管理部门对累积记分达到规定分值的机动车驾驶人，扣留机动车驾驶证，对其进行道路交通安全法律、法规教育，重新考试；考试合格的，发还其机动车驾驶证。

对遵守道路交通安全法律、法规，在一年内无累积记分的机动车驾驶人，可以延长机动车驾驶证的审验期。具体办法由国务院公安部门规定。

## 第三章　道路通行条件

**第二十五条**　全国实行统一的道路交通信号。

交通信号包括交通信号灯、交通标志、交通标线和交通警察的指挥。

交通信号灯、交通标志、交通标线的设置应当符合道路交通安全、畅通的要求和国家标准，并保持清晰、醒目、准确、完好。

根据通行需要，应当及时增设、调换、更新道路交通信号。增设、调换、更新限制性的道路交通信号，应当提前向社会公告，广泛进行宣传。

**第二十六条** 交通信号灯由红灯、绿灯、黄灯组成。红灯表示禁止通行，绿灯表示准许通行，黄灯表示警示。

**第二十七条** 铁路与道路平面交叉的道口，应当设置警示灯、警示标志或者安全防护设施。无人看守的铁路道口，应当在距道口一定距离处设置警示标志。

**第二十八条** 任何单位和个人不得擅自设置、移动、占用、损毁交通信号灯、交通标志、交通标线。

道路两侧及隔离带上种植的树木或者其他植物，设置的广告牌、管线等，应当与交通设施保持必要的距离，不得遮挡路灯、交通信号灯、交通标志，不得妨碍安全视距，不得影响通行。

**第二十九条** 道路、停车场和道路配套设施的规划、设计、建设，应当符合道路交通安全、畅通的要求，并根据交通需求及时调整。

公安机关交通管理部门发现已经投入使用的道路存在交通事故频发路段，或者停车场、道路配套设施存在交通安全严重隐患的，应当及时向当地人民政府报告，并提出防范交通事故、消除隐患的建议，当地人民政府应当及时作出处理决定。

**第三十条** 道路出现坍塌、坑漕、水毁、隆起等损毁或者交通信号灯、交通标志、交通标线等交通设施损毁、灭失的，道路、交通设施的养护部门或者管理部门应当设置警示标志并及时修复。

公安机关交通管理部门发现前款情形，危及交通安全，尚未设置警示标志的，应当及时采取安全措施，疏导交通，并通知道路、交通设施的养护部门或者管理部门。

**第三十一条** 未经许可，任何单位和个人不得占用道路从事非交通活动。

**第三十二条** 因工程建设需要占用、挖掘道路，或者跨越、穿越道路架设、增设管线设施，应当事先征得道路主管部门的同意；影响交通安全的，还应当征得公安机关交通管理部门的同意。

施工作业单位应当在经批准的路段和时间内施工作业，并在距离施工作业地点来车方向安全距离处设置明显的安全警示标志，采取防护措施；施工作业完毕，应当迅速清除道路上的障碍物，消除安全隐患，经道路主管部门和公安机关交通管理部门验收合格，符合通行要求后，方可恢复通行。

对未中断交通的施工作业道路，公安机关交通管理部门应当加强交通安全监督检查，维护道路交通秩序。

**第三十三条** 新建、改建、扩建的公共建筑、商业街区、居住区、大（中）型建筑等，应当配建、增建停车场；停车泊位不足的，应当及时改建或者扩建；投入使用的停车场不得擅自停止使用或者改作他用。

在城市道路范围内，在不影响行人、车辆通行的情况下，政府有关部门可以施划停车泊位。

**第三十四条** 学校、幼儿园、医院、养老院门前的道路没有行人过街设施的，应当施划人行横道线，设置提示标志。

城市主要道路的人行道，应当按照规划设置盲道。盲道的设置应当符合国家标准。

# 第四章 道路通行规定

## 第一节 一般规定

**第三十五条** 机动车、非机动车实行右侧通行。

**第三十六条** 根据道路条件和通行需要，道路划分为机动车道、非机动车道和人行道的，机动车、非机动车、行人实行分道通行。没有划分机动车道、非机动车道和人行道的，机动车在道路中间通行，非机动车和行人在道路两侧通行。

**第三十七条** 道路划设专用车道的，在专用车道内，只准许规定的车辆通行，其他车辆不得进入专用车道内行驶。

**第三十八条** 车辆、行人应当按照交通信号通行；遇有交通警察现场指挥时，应当按照交通警察的指挥通行；在没有交通信号的道路上，应当在确保安全、畅通的原则下通行。

**第三十九条** 公安机关交通管理部门根据道路和交通流量的具体情况，可以对机动车、非机动车、行人采取疏导、限制通行、禁止通行等措施。遇有大型群众性活动、大范围施工等情况，需要采取限制交通的措施，或者作出与公众的道路交通活动直接有关的决定，应当提前向社会公告。

**第四十条** 遇有自然灾害、恶劣气象条件或者重大交通事故等严重影响交通安全的情形，采取其他措施难以保证交通安全时，公安机关交通管理部门可以实行交通管制。

**第四十一条** 有关道路通行的其他具体规定，由国务院规定。

## 第二节 机动车通行规定

**第四十二条** 机动车上道路行驶，不得超过限速标志标明的最高时速。在没有限速标志的路段，应当保持安全车速。

夜间行驶或者在容易发生危险的路段行驶，以及遇有沙尘、冰雹、雨、雪、雾、结冰等气象条件时，应当降低行驶速度。

**第四十三条** 同车道行驶的机动车，后车应当与前车保持足以采取紧急制动措施的安全距离。有下列情形之一的，不得超车：

（一）前车正在左转弯、掉头、超车的；

（二）与对面来车有会车可能的；

（三）前车为执行紧急任务的警车、消防车、救护车、工程救险车的；

（四）行经铁路道口、交叉路口、窄桥、弯道、陡坡、隧道、人行横道、市区交通流量大的路段等没有超车条件的。

**第四十四条** 机动车通过交叉路口，应当按照交通信号灯、交通标志、交通标线或者交通警察的指挥通过；通过没有交通信号灯、交通标志、交通标线或者交通警察指挥的交叉路口时，应当减速慢行，并让行人和优先通行的车辆先行。

**第四十五条** 机动车遇有前方车辆停车排队等候或者缓慢行驶时，不得借道超车或者占用对面车道，不得穿插等候的车辆。

在车道减少的路段、路口，或者在没有交通信号灯、交通标志、交通标线或者交通警察指挥的交叉路口遇到停车排队等候或者缓慢行驶时，机动车应当依次交替通行。

**第四十六条** 机动车通过铁路道口时，应当按照交通信号或者管理人员的指挥通行；没有交通信号或者管理人员的，应当减速或者停车，在确认安全后通过。

**第四十七条** 机动车行经人行横道时，应当减速行驶；遇行人正在通过人行横道，应当停车让行。

机动车行经没有交通信号的道路时，遇行人横过道路，应当避让。

**第四十八条** 机动车载物应当符合核定的载质量，严禁超载；载物的长、宽、高不得违反装载要求，不得遗洒、飘散载运物。

机动车运载超限的不可解体的物品，影响交通安全的，应当按照公安机关交通管理部门指定的时间、路线、速度行驶，悬挂明显标志。在公路上运载超限的不可解体的物品，并应当依照公路法的规定执行。

机动车载运爆炸物品、易燃易爆化学物品以及剧毒、放射性等危险物品，应当经公安机关批准后，按指定的时间、路线、速度行驶，悬挂警示标志并采取必要的安全措施。

**第四十九条** 机动车载人不得超过核定的人数，客运机动车不得违反规定载货。

**第五十条** 禁止货运机动车载客。

货运机动车需要附载作业人员的，应当设置保护作业人员的安全措施。

**第五十一条** 机动车行驶时，驾驶人、乘坐人员应当按规定使用安全带，摩托车驾驶人及乘坐人员应当按规定戴安全头盔。

**第五十二条** 机动车在道路上发生故障，需要停车排除故障时，驾驶人应当立即开启危险报警闪光灯，将机动车移至不妨碍交通的地方停放；难以移动的，应当持续开启危险报警闪光灯，并在来车方向设置警告标志等措施扩大示警距离，必要时迅速报警。

**第五十三条** 警车、消防车、救护车、工程救险车执行紧急任务时，可以使用警报器、标志灯具；在确保安全的前提下，不受行驶路线、行驶方向、行驶速度和信号灯的限制，其他车辆和行人应当让行。

警车、消防车、救护车、工程救险车非执行紧急任务时，不得使用警报器、标志灯具，不享有前款规定的道路优先通行权。

**第五十四条** 道路养护车辆、工程作业车进行作业时，在不影响过往车辆通行的前提下，其行驶路线和方向不受交通标志、标线限制，过往车辆和人员应当注意避让。

洒水车、清扫车等机动车应当按照安全作业标准作业；在不影响其他车辆通行的情况下，可以不受车辆分道行驶的限制，但是不得逆向行驶。

**第五十五条** 高速公路、大中城市中心城区内的道路，禁止拖拉机通行。其他禁止拖拉机通行的道路，由省、自治区、直辖市人民政府根据当地实际情况规定。

在允许拖拉机通行的道路上，拖拉机可以从事货运，但是不得用于载人。

**第五十六条** 机动车应当在规定地点停放。禁止在人行道上停放机动车；但是，依照本法第三十三条规定施划的停车泊位除外。

在道路上临时停车的，不得妨碍其他车辆和行人通行。

### 第三节 非机动车通行规定

**第五十七条** 驾驶非机动车在道路上行驶应当遵守有关交通安全的规定。非机动车应当在非机动车道内行驶；在没有非机动车道的道路上，应当靠车行道的右侧行驶。

**第五十八条** 残疾人机动轮椅车、电动自行车在非机动车道内行驶时，最高时速不得超过十五公里。

**第五十九条** 非机动车应当在规定地点停放。未设停放地点的，非机动车停放不得妨碍其他车辆和行人通行。

**第六十条** 驾驭畜力车，应当使用驯服的牲畜；驾驭畜力车横过道路时，驾驭人应当下车牵引牲畜；驾驭人离开车辆时，应当拴系牲畜。

### 第四节 行人和乘车人通行规定

**第六十一条** 行人应当在人行道内行走，没有人行道的靠路边行走。

**第六十二条** 行人通过路口或者横过道路，应当走人行横道或者过街设施；通过有交通信号灯的人行横道，应当按照交通信号灯指示通行；通过没有交通信号灯、人行横道的路口，或者在没有过街设施的路段横过道路，应当在确认安全后通过。

**第六十三条** 行人不得跨越、倚坐道路隔离设施，不得扒车、强行拦车或者实施妨碍道路交通安全的其他行为。

**第六十四条** 学龄前儿童以及不能辨认或者不能控制自己行为的精神疾病患者、智力障碍者在道路上通行，应当由其监护人、监护人委托的人或者对其负有管理、保护职责的人带领。

盲人在道路上通行，应当使用盲杖或者采取其他导盲手段，车辆应当避让盲人。

**第六十五条** 行人通过铁路道口时，应当按照交通信号或者管理人员的指挥通行；没有交通信号和管理人员的，应当在确认无火车驶临后，迅速通过。

**第六十六条** 乘车人不得携带易燃易爆等危险物品，不得向车外抛洒物品，不得有影响驾驶人安全驾驶的行为。

### 第五节 高速公路的特别规定

**第六十七条** 行人、非机动车、拖拉机、轮式专用机械车、铰接式客车、全挂拖斗车以及其他设计最高时速低于七十公里的机动车，不得进入高速公路。高速公路限速标志标明的最高时速不得超过一百二十公里。

**第六十八条** 机动车在高速公路上发生故障时，应当依照本法第五十二条的有关规定办理；但是，警告标志应当设置在故障车来车方向一百五十米以外，车上人员应当迅速转移到右侧路肩上或者应急车道内，并且迅速报警。

机动车在高速公路上发生故障或者交通事故，无法正常行驶的，应当由救援车、清障车拖曳、牵引。

**第六十九条** 任何单位、个人不得在高速公路上拦截检查行驶的车辆，公安机关的人民警察依法执行紧急公务除外。

## 第五章　交通事故处理

**第七十条** 在道路上发生交通事故，车辆驾驶人应当立即停车，保护现场；造成人身伤亡的，车辆驾驶人应当立即抢救受伤人员，并迅速报告执勤的交通警察或者公安机关交通管理部门。因抢救受伤人员变动现场的，应当标明位置。乘车人、过往车辆驾驶人、过往行人应当予以协助。

在道路上发生交通事故，未造成人身伤亡，当事人对事实及成因无争议的，可以即行撤离现场，恢复交通，自行协商处理损害赔偿事宜；不即行撤离现场的，应当迅速报告执勤的交通警察或者公安机关交通管理部门。

在道路上发生交通事故，仅造成轻微财产损失，并且基本事实清楚的，当事人应当先撤离现场再进行协商处理。

**第七十一条** 车辆发生交通事故后逃逸的，事故现场目击人员和其他知情人员应当向公安机关交通管理部门或者交通警察举报。举报属实的，公安机关交通管理部门应当给予奖励。

**第七十二条** 公安机关交通管理部门接到交通事故报警后，应当立即派交通警察赶赴现场，先组织抢救受伤人员，并采取措施，尽快恢复交通。

交通警察应当对交通事故现场进行勘验、检查，收集证据；因收集证据的需要，可以扣留事故车辆，但是应当妥善保管，以备核查。

对当事人的生理、精神状况等专业性较强的检验，公安机关交通管理部门应当委托专门机构进行鉴定。鉴定结论应当由鉴定人签名。

**第七十三条** 公安机关交通管理部门应当根据交通事故现场勘验、检查、调查情况和有关的检验、鉴定结论，及时制作交通事故认定书，作为处理交通事故的证据。交通事故认定书应当载明交通事故的基本事实、成因和当事人的责任，并送达当事人。

**第七十四条** 对交通事故损害赔偿的争议，当事人可以请求公安机关交通管理部门调解，也可以直接向人民法院提起民事诉讼。

经公安机关交通管理部门调解，当事人未达成协议或者调解书生效后不履行的，当事人可以向人民法院提起民事诉讼。

**第七十五条** 医疗机构对交通事故中的受伤人员应当及时抢救，不得因抢救费用未及时支付而拖延救治。肇事车辆参加机动车第三者责任强制保险的，由保险公司在责任限额范围内支付抢救费用；抢救费用超过责任限额的，未参加机动车第三者责任强制保险或者肇事后逃逸的，由道路交通事故社会救助基金先行垫付部分或者全部抢救费用，道路交通事故社会救助基金管理机构有权向交通事故责任人追偿。

**第七十六条** 机动车发生交通事故造成人身伤亡、财产损失的，由保险公司在机动车第三者责任强制保险责任限额范围内予以赔偿；不足的部分，按照下列规定承担赔偿责任：

（一）机动车之间发生交通事故的，由有过错的一方承担赔偿责任；双方都有过错的，按照各自过错的比例分担责任。

（二）机动车与非机动车驾驶人、行人之间发生交通事故，非机动车驾驶人、行人没有过错的，由机动车一方承担赔偿责任；有证据证明非机动车驾驶人、行人有过错的，根据过错程度适当减轻机动车一方的赔偿责任；机动车一方没有过错的，承担不超过百分之十的赔偿责任。

交通事故的损失是由非机动车驾驶人、行人故意碰撞机动车造成的，机动车一方不承担赔偿责任。

**第七十七条** 车辆在道路以外通行时发生的事故，公安机关交通管理部门接到报案的，参照本法有关规定办理。

## 第六章 执法监督

**第七十八条** 公安机关交通管理部门应当加强对交通警察的管理，提高交通警察的素质和管理道路交通的水平。

公安机关交通管理部门应当对交通警察进行法制和交通安全管理业务培训、考核。交通警察经考核不合格的，不得上岗执行职务。

**第七十九条** 公安机关交通管理部门及其交通警察实施道路交通安全管理，应当依据法定的职权和程序，简化办事手续，做到公正、严格、文明、高效。

**第八十条** 交通警察执行职务时，应当按照规定着装，佩带人民警察标志，持有人民警察证件，保持警容严整，举止端庄，指挥规范。

**第八十一条** 依照本法发放牌证等收取工本费，应当严格执行国务院价格主管部门核定的收费标准，并全部上缴国库。

**第八十二条** 公安机关交通管理部门依法实施罚款的行政处罚，应当依照有关法律、行政法规的规定，实施罚款决定与罚款收缴分离；收缴的罚款以及依法没收的违法所得，应当全部上缴国库。

**第八十三条** 交通警察调查处理道路交通安全违法行为和交通事故，有下列情形之一的，应当回避：

（一）是本案的当事人或者当事人的近亲属；

（二）本人或者其近亲属与本案有利害关系；

（三）与本案当事人有其他关系，可能影响案件的公正处理。

**第八十四条** 公安机关交通管理部门及其交通警察的行政执法活动，应当接受行政监察机关依法实施的监督。

公安机关督察部门应当对公安机关交通管理部门及其交通警察执行法律、法规和遵守纪律的情况依法进行监督。

上级公安机关交通管理部门应当对下级公安机关交通管理部门的执法活动进行监督。

**第八十五条** 公安机关交通管理部门及其交通警察执行职务，应当自觉接受社会和公民的监督。

任何单位和个人都有权对公安机关交通管理部门及其交通警察不严格执法以及违法违纪行为进行检举、控告。收到检举、控告的机关，应当依据职责及时查处。

**第八十六条** 任何单位不得给公安机关交通管理部门下达或者变相下达罚款指标；公安机关交通管理部门不得以罚款数额作为考核交通警察的标准。

公安机关交通管理部门及其交通警察对超越法律、法规规定的指令，有权拒绝执行，并同时向上级机关报告。

## 第七章 法律责任

**第八十七条** 公安机关交通管理部门及其交通警察对道路交通安全违法行为，应当及时纠正。

公安机关交通管理部门及其交通警察应当依据事实和本法的有关规定对道路交通安全违法行为予

以处罚。对于情节轻微，未影响道路通行的，指出违法行为，给予口头警告后放行。

**第八十八条**　对道路交通安全违法行为的处罚种类包括：警告、罚款、暂扣或者吊销机动车驾驶证、拘留。

**第八十九条**　行人、乘车人、非机动车驾驶人违反道路交通安全法律、法规关于道路通行规定的，处警告或者五元以上五十元以下罚款；非机动车驾驶人拒绝接受罚款处罚的，可以扣留其非机动车。

**第九十条**　机动车驾驶人违反道路交通安全法律、法规关于道路通行规定的，处警告或者二十元以上二百元以下罚款。本法另有规定的，依照规定处罚。

**第九十一条**　饮酒后驾驶机动车的，处暂扣一个月以上三个月以下机动车驾驶证，并处二百元以上五百元以下罚款；醉酒后驾驶机动车的，由公安机关交通管理部门约束至酒醒，处十五日以下拘留和暂扣三个月以上六个月以下机动车驾驶证，并处五百元以上二千元以下罚款。

饮酒后驾驶营运机动车的，处暂扣三个月机动车驾驶证，并处五百元罚款；醉酒后驾驶营运机动车的，由公安机关交通管理部门约束至酒醒，处十五日以下拘留和暂扣六个月机动车驾驶证，并处二千元罚款。

一年内有前两款规定醉酒后驾驶机动车的行为，被处罚两次以上的，吊销机动车驾驶证，五年内不得驾驶营运机动车。

**第九十二条**　公路客运车辆载客超过额定乘员的，处二百元以上五百元以下罚款；超过额定乘员百分之二十或者违反规定载货的，处五百元以上二千元以下罚款。

货运机动车超过核定载质量的，处二百元以上五百元以下罚款；超过核定载质量百分之三十或者违反规定载客的，处五百元以上二千元以下罚款。

有前两款行为的，由公安机关交通管理部门扣留机动车至违法状态消除。

运输单位的车辆有本条第一款、第二款规定的情形，经处罚不改的，对直接负责的主管人员处二千元以上五千元以下罚款。

**第九十三条**　对违反道路交通安全法律、法规关于机动车停放、临时停车规定的，可以指出违法行为，并予以口头警告，令其立即驶离。

机动车驾驶人不在现场或者虽在现场但拒绝立即驶离，妨碍其他车辆、行人通行的，处二十元以上二百元以下罚款，并可以将该机动车拖移至不妨碍交通的地点或者公安机关交通管理部门指定的地点停放。公安机关交通管理部门拖车不得向当事人收取费用，并应当及时告知当事人停放地点。

因采取不正确的方法拖车造成机动车损坏的，应当依法承担补偿责任。

**第九十四条**　机动车安全技术检验机构实施机动车安全技术检验超过国务院价格主管部门核定的收费标准收取费用的，退还多收取的费用，并由价格主管部门依照《中华人民共和国价格法》的有关规定给予处罚。

机动车安全技术检验机构不按照机动车国家安全技术标准进行检验，出具虚假检验结果的，由公安机关交通管理部门处所收检验费用五倍以上十倍以下罚款，并依法撤销其检验资格；构成犯罪的，依法追究刑事责任。

**第九十五条**　上道路行驶的机动车未悬挂机动车号牌，未放置检验合格标志、保险标志，或者未随车携带行驶证、驾驶证的，公安机关交通管理部门应当扣留机动车，通知当事人提供相应的牌证、标志或者补办相应手续，并可以依照本法第九十条的规定予以处罚。当事人提供相应的牌证、标志或者补办相应手续的，应当及时退还机动车。

故意遮挡、污损或者不按规定安装机动车号牌的，依照本法第九十条的规定予以处罚。

**第九十六条**　伪造、变造或者使用伪造、变造的机动车登记证书、号牌、行驶证、检验合格标志、保险标志、驾驶证或者使用其他车辆的机动车登记证书、号牌、行驶证、检验合格标志、保险标志的，由公安机关交通管理部门予以收缴，扣留该机动车，并处二百元以上二千元以下罚款；构成犯罪的，依法追究刑事责任。

当事人提供相应的合法证明或者补办相应手续的，应当及时退还机动车。

**第九十七条** 非法安装警报器、标志灯具的，由公安机关交通管理部门强制拆除，予以收缴，并处二百元以上二千元以下罚款。

**第九十八条** 机动车所有人、管理人未按照国家规定投保机动车第三者责任强制保险的，由公安机关交通管理部门扣留车辆至依照规定投保后，并处依照规定投保最低责任限额应缴纳的保险费的二倍罚款。

依照前款缴纳的罚款全部纳入道路交通事故社会救助基金。具体办法由国务院规定。

**第九十九条** 有下列行为之一的，由公安机关交通管理部门处二百元以上二千元以下罚款：

（一）未取得机动车驾驶证、机动车驾驶证被吊销或者机动车驾驶证被暂扣期间驾驶机动车的；

（二）将机动车交由未取得机动车驾驶证或者机动车驾驶证被吊销、暂扣的人驾驶的；

（三）造成交通事故后逃逸，尚不构成犯罪的；

（四）机动车行驶超过规定时速百分之五十的；

（五）强迫机动车驾驶人违反道路交通安全法律、法规和机动车安全驾驶要求驾驶机动车，造成交通事故，尚不构成犯罪的；

（六）违反交通管制的规定强行通行，不听劝阻的；

（七）故意损毁、移动、涂改交通设施，造成危害后果，尚不构成犯罪的；

（八）非法拦截、扣留机动车辆，不听劝阻，造成交通严重阻塞或者较大财产损失的。

行为人有前款第二项、第四项情形之一的，可以并处吊销机动车驾驶证；有第一项、第三项、第五项至第八项情形之一的，可以并处十五日以下拘留。

**第一百条** 驾驶拼装的机动车或者已达到报废标准的机动车上道路行驶的，公安机关交通管理部门应当予以收缴，强制报废。

对驾驶前款所列机动车上道路行驶的驾驶人，处二百元以上二千元以下罚款，并吊销机动车驾驶证。

出售已达到报废标准的机动车的，没收违法所得，处销售金额等额的罚款，对该机动车依照本条第一款的规定处理。

**第一百零一条** 违反道路交通安全法律、法规的规定，发生重大交通事故，构成犯罪的，依法追究刑事责任，并由公安机关交通管理部门吊销机动车驾驶证。

造成交通事故后逃逸的，由公安机关交通管理部门吊销机动车驾驶证，且终生不得重新取得机动车驾驶证。

**第一百零二条** 对六个月内发生二次以上特大交通事故负有主要责任或者全部责任的专业运输单位，由公安机关交通管理部门责令消除安全隐患，未消除安全隐患的机动车，禁止上道路行驶。

**第一百零三条** 国家机动车产品主管部门未按照机动车国家安全技术标准严格审查，许可不合格机动车型投入生产的，对负有责任的主管人员和其他直接责任人员给予降级或者撤职的行政处分。

机动车生产企业经国家机动车产品主管部门许可生产的机动车型，不执行机动车国家安全技术标准或者不严格进行机动车成品质量检验，致使质量不合格的机动车出厂销售的，由质量技术监督部门依照《中华人民共和国产品质量法》的有关规定给予处罚。

擅自生产、销售未经国家机动车产品主管部门许可生产的机动车型的，没收非法生产、销售的机动车成品及配件，可以并处非法产品价值三倍以上五倍以下罚款；有营业执照的，由工商行政管理部门吊销营业执照，没有营业执照的，予以查封。

生产、销售拼装的机动车或者生产、销售擅自改装的机动车的，依照本条第三款的规定处罚。

有本条第二款、第三款、第四款所列违法行为，生产或者销售不符合机动车国家安全技术标准的机动车，构成犯罪的，依法追究刑事责任。

**第一百零四条** 未经批准，擅自挖掘道路、占用道路施工或者从事其他影响道路交通安全活动的，由道路主管部门责令停止违法行为，并恢复原状，可以依法给予罚款；致使通行的人员、车辆及其他财产遭受损失的，依法承担赔偿责任。

有前款行为，影响道路交通安全活动的，公安机关交通管理部门可以责令停止违法行为，迅速恢复交通。

**第一百零五条** 道路施工作业或者道路出现损毁，未及时设置警示标志、未采取防护措施，或者应当设置交通信号灯、交通标志、交通标线而没有设置或者应当及时变更交通信号灯、交通标志、交通标线而没有及时变更，致使通行的人员、车辆及其他财产遭受损失的，负有相关职责的单位应当依法承担赔偿责任。

**第一百零六条** 在道路两侧及隔离带上种植树木、其他植物或者设置广告牌、管线等，遮挡路灯、交通信号灯、交通标志，妨碍安全视距的，由公安机关交通管理部门责令行为人排除妨碍；拒不执行的，处二百元以上二千元以下罚款，并强制排除妨碍，所需费用由行为人负担。

**第一百零七条** 对道路交通违法行为人予以警告、二百元以下罚款，交通警察可以当场作出行政处罚决定，并出具行政处罚决定书。

行政处罚决定书应当载明当事人的违法事实、行政处罚的依据、处罚内容、时间、地点以及处罚机关名称，并由执法人员签名或者盖章。

**第一百零八条** 当事人应当自收到罚款的行政处罚决定书之日起十五日内，到指定的银行缴纳罚款。

对行人、乘车人和非机动车驾驶人的罚款，当事人无异议的，可以当场予以收缴罚款。

罚款应当开具省、自治区、直辖市财政部门统一制发的罚款收据；不出具财政部门统一制发的罚款收据的，当事人有权拒绝缴纳罚款。

**第一百零九条** 当事人逾期不履行行政处罚决定的，作出行政处罚决定的行政机关可以采取下列措施：

（一）到期不缴纳罚款的，每日按罚款数额的百分之三加处罚款；

（二）申请人民法院强制执行。

**第一百一十条** 执行职务的交通警察认为应当对道路交通违法行为人给予暂扣或者吊销机动车驾驶证处罚的，可以先予扣留机动车驾驶证，并在二十四小时内将案件移交公安机关交通管理部门处理。

道路交通违法行为人应当在十五日内到公安机关交通管理部门接受处理。无正当理由逾期未接受处理的，吊销机动车驾驶证。

公安机关交通管理部门暂扣或者吊销机动车驾驶证的，应当出具行政处罚决定书。

**第一百一十一条** 对违反本法规定予以拘留的行政处罚，由县、市公安局、公安分局或者相当于县一级的公安机关裁决。

**第一百一十二条** 公安机关交通管理部门扣留机动车、非机动车，应当当场出具凭证，并告知当事人在规定期限内到公安机关交通管理部门接受处理。

公安机关交通管理部门对被扣留的车辆应当妥善保管，不得使用。

逾期不来接受处理，并且经公告三个月仍不来接受处理的，对扣留的车辆依法处理。

**第一百一十三条** 暂扣机动车驾驶证的期限从处罚决定生效之日起计算；处罚决定生效前先予扣留机动车驾驶证的，扣留一日折抵暂扣期限一日。

吊销机动车驾驶证后重新申请领取机动车驾驶证的期限，按照机动车驾驶证管理规定办理。

**第一百一十四条** 公安机关交通管理部门根据交通技术监控记录资料，可以对违法的机动车所有人或者管理人依法予以处罚。对能够确定驾驶人的，可以依照本法的规定依法予以处罚。

**第一百一十五条** 交通警察有下列行为之一的，依法给予行政处分：

（一）为不符合法定条件的机动车发放机动车登记证书、号牌、行驶证、检验合格标志的；

（二）批准不符合法定条件的机动车安装、使用警车、消防车、救护车、工程救险车的警报器、标志灯具，喷涂标志图案的；

（三）为不符合驾驶许可条件、未经考试或者考试不合格人员发放机动车驾驶证的；

（四）不执行罚款决定与罚款收缴分离制度或者不按规定将依法收取的费用、收缴的罚款及没收的违法所得全部上缴国库的；

（五）举办或者参与举办驾驶学校或者驾驶培训班、机动车修理厂或者收费停车场等经营活动的；

（六）利用职务上的便利收受他人财物或者谋取其他利益的；

（七）违法扣留车辆、机动车行驶证、驾驶证、车辆号牌的；

（八）使用依法扣留的车辆的；

（九）当场收取罚款不开具罚款收据或者不如实填写罚款额的；

（十）徇私舞弊，不公正处理交通事故的；

（十一）故意刁难，拖延办理机动车牌证的；

（十二）非执行紧急任务时使用警报器、标志灯具的；

（十三）违反规定拦截、检查正常行驶的车辆的；

（十四）非执行紧急公务时拦截搭乘机动车的；

（十五）不履行法定职责的。

公安机关交通管理部门有前款所列行为之一的，对直接负责的主管人员和其他直接责任人员给予相应的行政处分。

**第一百一十六条** 依照本法第一百一十五条的规定，给予交通警察行政处分的，在作出行政处分决定前，可以停止其执行职务；必要时，可以予以禁闭。

依照本法第一百一十五条的规定，交通警察受到降级或者撤职行政处分的，可以予以辞退。

交通警察受到开除处分或者被辞退的，应当取消警衔；受到撤职以下行政处分的交通警察，应当降低警衔。

**第一百一十七条** 交通警察利用职权非法占有公共财物，索取、收受贿赂，或者滥用职权、玩忽职守，构成犯罪的，依法追究刑事责任。

**第一百一十八条** 公安机关交通管理部门及其交通警察有本法第一百一十五条所列行为之一，给当事人造成损失的，应当依法承担赔偿责任。

## 第八章 附 则

**第一百一十九条** 本法中下列用语的含义：

（一）“道路”，是指公路、城市道路和虽在单位管辖范围但允许社会机动车通行的地方，包括广场、公共停车场等用于公众通行的场所。

（二）“车辆”，是指机动车和非机动车。

（三）“机动车”，是指以动力装置驱动或者牵引，上道路行驶的供人员乘用或者用于运送物品以及进行工程专项作业的轮式车辆。

（四）“非机动车”，是指以人力或者畜力驱动，上道路行驶的交通工具，以及虽有动力装置驱动但设计最高时速、空车质量、外形尺寸符合有关国家标准的残疾人机动轮椅车、电动自行车等交通工具。

（五）“交通事故”，是指车辆在道路上因过错或者意外造成的人身伤亡或者财产损失的事件。

**第一百二十条** 中国人民解放军和中国人民武装警察部队在编机动车牌证、在编机动车检验以及机动车驾驶人考核工作，由中国人民解放军、中国人民武装警察部队有关部门负责。

**第一百二十一条** 对上道路行驶的拖拉机，由农业（农业机械）主管部门行使本法第八条、第九条、第十三条、第十九条、第二十三条规定的公安机关交通管理部门的管理职权。

农业（农业机械）主管部门依照前款规定行使职权，应当遵守本法有关规定，并接受公安机关交通管理部门的监督；对违反规定的，依照本法有关规定追究法律责任。

本法施行前由农业（农业机械）主管部门发放的机动车牌证，在本法施行后继续有效。

**第一百二十二条** 国家对入境的境外机动车的道路交通安全实施统一管理。

**第一百二十三条** 省、自治区、直辖市人民代表大会常务委员会可以根据本地区的实际情况，在本法规定的罚款幅度内，规定具体的执行标准。

**第一百二十四条** 本法自 2004 年 5 月 1 日起施行。

# 中华人民共和国国务院令

**第 405 号**

《中华人民共和国道路交通安全法实施条例》已经 2004 年 4 月28 日国务院第 49 次常务会议通过，现予公布，自 2004 年 5 月 1 日起施行。

总理　温家宝

2004 年 4 月 30 日

# 中华人民共和国道路交通安全法实施条例

## 第一章　总　　则

**第一条**　根据《中华人民共和国道路交通安全法》(以下简称道路交通安全法)的规定，制定本条例。

**第二条**　中华人民共和国境内的车辆驾驶人、行人、乘车人以及与道路交通活动有关的单位和个人，应当遵守道路交通安全法和本条例。

**第三条**　县级以上地方各级人民政府应当建立、健全道路交通安全工作协调机制，组织有关部门对城市建设项目进行交通影响评价，制定道路交通安全管理规划，确定管理目标，制定实施方案。

## 第二章　车辆和驾驶人

### 第一节　机 动 车

**第四条**　机动车的登记，分为注册登记、变更登记、转移登记、抵押登记和注销登记。

**第五条**　初次申领机动车号牌、行驶证的，应当向机动车所有人住所地的公安机关交通管理部门申请注册登记。

申请机动车注册登记，应当交验机动车，并提交以下证明、凭证：

(一) 机动车所有人的身份证明；

(二) 购车发票等机动车来历证明；

(三) 机动车整车出厂合格证明或者进口机动车进口凭证；

(四) 车辆购置税完税证明或者免税凭证；

(五) 机动车第三者责任强制保险凭证；

(六) 法律、行政法规规定应当在机动车注册登记时提交的其他证明、凭证。

不属于国务院机动车产品主管部门规定免予安全技术检验的车型的，还应当提供机动车安全技术检验合格证明。

**第六条** 已注册登记的机动车有下列情形之一的，机动车所有人应当向登记该机动车的公安机关交通管理部门申请变更登记：

（一）改变机动车车身颜色的；

（二）更换发动机的；

（三）更换车身或者车架的；

（四）因质量有问题，制造厂更换整车的；

（五）营运机动车改为非营运机动车或者非营运机动车改为营运机动车的；

（六）机动车所有人的住所迁出或者迁入公安机关交通管理部门管辖区域的。

申请机动车变更登记，应当提交下列证明、凭证，属于前款第（一）项、第（二）项、第（三）项、第（四）项、第（五）项情形之一的，还应当交验机动车；属于前款第（二）项、第（三）项情形之一的，还应当同时提交机动车安全技术检验合格证明：

（一）机动车所有人的身份证明；

（二）机动车登记证书；

（三）机动车行驶证。

机动车所有人的住所在公安机关交通管理部门管辖区域内迁移、机动车所有人的姓名（单位名称）或者联系方式变更的，应当向登记该机动车的公安机关交通管理部门备案。

**第七条** 已注册登记的机动车所有权发生转移的，应当及时办理转移登记。

申请机动车转移登记，当事人应当向登记该机动车的公安机关交通管理部门交验机动车，并提交以下证明、凭证：

（一）当事人的身份证明；

（二）机动车所有权转移的证明、凭证；

（三）机动车登记证书；

（四）机动车行驶证。

**第八条** 机动车所有人将机动车作为抵押物抵押的，机动车所有人应当向登记该机动车的公安机关交通管理部门申请抵押登记。

**第九条** 已注册登记的机动车达到国家规定的强制报废标准的，公安机关交通管理部门应当在报废期满的2个月前通知机动车所有人办理注销登记。机动车所有人应当在报废期满前将机动车交售给机动车回收企业，由机动车回收企业将报废的机动车登记证书、号牌、行驶证交公安机关交通管理部门注销。机动车所有人逾期不办理注销登记的，公安机关交通管理部门应当公告该机动车登记证书、号牌、行驶证作废。

因机动车灭失申请注销登记的，机动车所有人应当向公安机关交通管理部门提交本人身份证明，交回机动车登记证书。

**第十条** 办理机动车登记的申请人提交的证明、凭证齐全、有效的，公安机关交通管理部门应当当场办理登记手续。

人民法院、人民检察院以及行政执法部门依法查封、扣押的机动车，公安机关交通管理部门不予办理机动车登记。

**第十一条** 机动车登记证书、号牌、行驶证丢失或者损毁，机动车所有人申请补发的，应当向公安机关交通管理部门提交本人身份证明和申请材料。公安机关交通管理部门经与机动车登记档案核实后，在收到申请之日起15日内补发。

**第十二条** 税务部门、保险机构可以在公安机关交通管理部门的办公场所集中办理与机动车有关的税费缴纳、保险合同订立等事项。

**第十三条** 机动车号牌应当悬挂在车前、车后指定位置，保持清晰、完整。重型、中型载货汽车及其挂车、拖拉机及其挂车的车身或者车厢后部应当喷涂放大的牌号，字样应当端正并保持清晰。

机动车检验合格标志、保险标志应当粘贴在机动车前窗右上角。

机动车喷涂、粘贴标识或者车身广告的，不得影响安全驾驶。

**第十四条** 用于公路营运的载客汽车、重型载货汽车、半挂牵引车应当安装、使用符合国家标准的行驶记录仪。交通警察可以对机动车行驶速度、连续驾驶时间以及其他行驶状态信息进行检查。安装行驶记录仪可以分步实施，实施步骤由国务院机动车产品主管部门会同有关部门规定。

**第十五条** 机动车安全技术检验由机动车安全技术检验机构实施。机动车安全技术检验机构应当按照国家机动车安全技术检验标准对机动车进行检验，对检验结果承担法律责任。

质量技术监督部门负责对机动车安全技术检验机构实行资格管理和计量认证管理，对机动车安全技术检验设备进行检定，对执行国家机动车安全技术检验标准的情况进行监督。

机动车安全技术检验项目由国务院公安部门会同国务院质量技术监督部门规定。

**第十六条** 机动车应当从注册登记之日起，按照下列期限进行安全技术检验：

（一）营运载客汽车 5 年以内每年检验 1 次；超过 5 年的，每 6 个月检验 1 次；

（二）载货汽车和大型、中型非营运载客汽车 10 年以内每年检验 1 次；超过 10 年的，每 6 个月检验 1 次；

（三）小型、微型非营运载客汽车 6 年以内每 2 年检验 1 次；超过 6 年的，每年检验 1 次；超过 15 年的，每 6 个月检验 1 次；

（四）摩托车 4 年以内每 2 年检验 1 次；超过 4 年的，每年检验 1 次；

（五）拖拉机和其他机动车每年检验 1 次。

营运机动车在规定检验期限内经安全技术检验合格的，不再重复进行安全技术检验。

**第十七条** 已注册登记的机动车进行安全技术检验时，机动车行驶证记载的登记内容与该机动车的有关情况不符，或者未按照规定提供机动车第三者责任强制保险凭证的，不予通过检验。

**第十八条** 警车、消防车、救护车、工程救险车标志图案的喷涂以及警报器、标志灯具的安装、使用规定由国务院公安部门制定。

## 第二节 机动车驾驶人

**第十九条** 符合国务院公安部门规定的驾驶许可条件的人，可以向公安机关交通管理部门申请机动车驾驶证。

机动车驾驶证由国务院公安部门规定式样并监制。

**第二十条** 学习机动车驾驶，应当先学习道路交通安全法律、法规和相关知识，考试合格后，再学习机动车驾驶技能。

在道路上学习驾驶，应当按照公安机关交通管理部门指定的路线、时间进行。在道路上学习机动车驾驶技能应当使用教练车，在教练员随车指导下进行，与教学无关的人员不得乘坐教练车。学员在学习驾驶中有道路交通安全违法行为或者造成交通事故的，由教练员承担责任。

**第二十一条** 公安机关交通管理部门应当对申请机动车驾驶证的人进行考试，对考试合格的，在 5 日内核发机动车驾驶证；对考试不合格的，书面说明理由。

**第二十二条** 机动车驾驶证的有效期为 6 年，本条例另有规定的除外。

机动车驾驶人初次申领机动车驾驶证后的 12 个月为实习期。在实习期内驾驶机动车的，应当在车身后部粘贴或者悬挂统一式样的实习标志。

机动车驾驶人在实习期内不得驾驶公共汽车、营运客车或者执行任务的警车、消防车、救护车、工程救险车以及载有爆炸物品、易燃易爆化学物品、剧毒或者放射性等危险物品的机动车；驾驶的机动车不得牵引挂车。

**第二十三条** 公安机关交通管理部门对机动车驾驶人的道路交通安全违法行为除给予行政处罚

外，实行道路交通安全违法行为累积记分（以下简称记分）制度，记分周期为 12 个月。对在一个记分周期内记分达到 12 分的，由公安机关交通管理部门扣留其机动车驾驶证，该机动车驾驶人应当按照规定参加道路交通安全法律、法规的学习并接受考试。考试合格的，记分予以清除，发还机动车驾驶证；考试不合格的，继续参加学习和考试。

应当给予记分的道路交通安全违法行为及其分值，由国务院公安部门根据道路交通安全违法行为的危害程度规定。

公安机关交通管理部门应当提供记分查询方式供机动车驾驶人查询。

**第二十四条** 机动车驾驶人在一个记分周期内记分未达到 12 分，所处罚款已经缴纳的，记分予以清除；记分虽未达到 12 分，但尚有罚款未缴纳的，记分转入下一记分周期。

机动车驾驶人在一个记分周期内记分 2 次以上达到 12 分的，除按照第二十三条的规定扣留机动车驾驶证、参加学习、接受考试外，还应当接受驾驶技能考试。考试合格的，记分予以清除，发还机动车驾驶证；考试不合格的，继续参加学习和考试。

接受驾驶技能考试的，按照本人机动车驾驶证载明的最高准驾车型考试。

**第二十五条** 机动车驾驶人记分达到 12 分，拒不参加公安机关交通管理部门通知的学习，也不接受考试的，由公安机关交通管理部门公告其机动车驾驶证停止使用。

**第二十六条** 机动车驾驶人在机动车驾驶证的 6 年有效期内，每个记分周期均未达到 12 分的，换发 10 年有效期的机动车驾驶证；在机动车驾驶证的 10 年有效期内，每个记分周期均未达到 12 分的，换发长期有效的机动车驾驶证。

换发机动车驾驶证时，公安机关交通管理部门应当对机动车驾驶证进行审验。

**第二十七条** 机动车驾驶证丢失、损毁，机动车驾驶人申请补发的，应当向公安机关交通管理部门提交本人身份证明和申请材料。公安机关交通管理部门经与机动车驾驶证档案核实后，在收到申请之日起 3 日内补发。

**第二十八条** 机动车驾驶人在机动车驾驶证丢失、损毁、超过有效期或者被依法扣留、暂扣期间以及记分达到 12 分的，不得驾驶机动车。

## 第三章　道路通行条件

**第二十九条** 交通信号灯分为：机动车信号灯、非机动车信号灯、人行横道信号灯、车道信号灯、方向指示信号灯、闪光警告信号灯、道路与铁路平面交叉道口信号灯。

**第三十条** 交通标志分为：指示标志、警告标志、禁令标志、指路标志、旅游区标志、道路施工安全标志和辅助标志。

道路交通标线分为：指示标线、警告标线、禁止标线。

**第三十一条** 交通警察的指挥分为：手势信号和使用器具的交通指挥信号。

**第三十二条** 道路交叉路口和行人横过道路较为集中的路段应当设置人行横道、过街天桥或者过街地下通道。

在盲人通行较为集中的路段，人行横道信号灯应当设置声响提示装置。

**第三十三条** 城市人民政府有关部门可以在不影响行人、车辆通行的情况下，在城市道路上施划停车泊位，并规定停车泊位的使用时间。

**第三十四条** 开辟或者调整公共汽车、长途汽车的行驶路线或者车站，应当符合交通规划和安全、畅通的要求。

**第三十五条** 道路养护施工单位在道路上进行养护、维修时，应当按照规定设置规范的安全警示标志和安全防护设施。道路养护施工作业车辆、机械应当安装示警灯，喷涂明显的标志图案，作业时应当开启示警灯和危险报警闪光灯。对未中断交通的施工作业道路，公安机关交通管理部门应当加强交通安全监督检查。发生交通阻塞时，及时做好分流、疏导，维护交通秩序。

道路施工需要车辆绕行的，施工单位应当在绕行处设置标志；不能绕行的，应当修建临时通道，保证车辆和行人通行。需要封闭道路中断交通的，除紧急情况外，应当提前5日向社会公告。

**第三十六条** 道路或者交通设施养护部门、管理部门应当在急弯、陡坡、临崖、临水等危险路段，按照国家标准设置警告标志和安全防护设施。

**第三十七条** 道路交通标志、标线不规范，机动车驾驶人容易发生辨认错误的，交通标志、标线的主管部门应当及时予以改善。

道路照明设施应当符合道路建设技术规范，保持照明功能完好。

# 第四章 道路通行规定

## 第一节 一般规定

**第三十八条** 机动车信号灯和非机动车信号灯表示：

（一）绿灯亮时，准许车辆通行，但转弯的车辆不得妨碍被放行的直行车辆、行人通行；

（二）黄灯亮时，已越过停止线的车辆可以继续通行；

（三）红灯亮时，禁止车辆通行。

在未设置非机动车信号灯和人行横道信号灯的路口，非机动车和行人应当按照机动车信号灯的表示通行。

红灯亮时，右转弯的车辆在不妨碍被放行的车辆、行人通行的情况下，可以通行。

**第三十九条** 人行横道信号灯表示：

（一）绿灯亮时，准许行人通过人行横道；

（二）红灯亮时，禁止行人进入人行横道，但是已经进入人行横道的，可以继续通过或者在道路中心线处停留等候。

**第四十条** 车道信号灯表示：

（一）绿色箭头灯亮时，准许本车道车辆按指示方向通行；

（二）红色叉形灯或者箭头灯亮时，禁止本车道车辆通行。

**第四十一条** 方向指示信号灯的箭头方向向左、向上、向右分别表示左转、直行、右转。

**第四十二条** 闪光警告信号灯为持续闪烁的黄灯，提示车辆、行人通行时注意瞭望，确认安全后通过。

**第四十三条** 道路与铁路平面交叉道口有两个红灯交替闪烁或者一个红灯亮时，表示禁止车辆、行人通行；红灯熄灭时，表示允许车辆、行人通行。

## 第二节 机动车通行规定

**第四十四条** 在道路同方向划有2条以上机动车道的，左侧为快速车道，右侧为慢速车道。在快速车道行驶的机动车应当按照快速车道规定的速度行驶，未达到快速车道规定的行驶速度的，应当在慢速车道行驶。摩托车应当在最右侧车道行驶。有交通标志标明行驶速度的，按照标明的行驶速度行驶。慢速车道内的机动车超越前车时，可以借用快速车道行驶。

在道路同方向划有2条以上机动车道的，变更车道的机动车不得影响相关车道内行驶的机动车的正常行驶。

**第四十五条** 机动车在道路上行驶不得超过限速标志、标线标明的速度。在没有限速标志、标线的道路上，机动车不得超过下列最高行驶速度：

（一）没有道路中心线的道路，城市道路为每小时30公里，公路为每小时40公里；

（二）同方向只有1条机动车道的道路，城市道路为每小时50公里，公路为每小时70公里。

**第四十六条**　机动车行驶中遇有下列情形之一的，最高行驶速度不得超过每小时30公里，其中拖拉机、电瓶车、轮式专用机械车不得超过每小时15公里：

（一）进出非机动车道，通过铁路道口、急弯路、窄路、窄桥时；

（二）掉头、转弯、下陡坡时；

（三）遇雾、雨、雪、沙尘、冰雹，能见度在50米以内时；

（四）在冰雪、泥泞的道路上行驶时；

（五）牵引发生故障的机动车时。

**第四十七条**　机动车超车时，应当提前开启左转向灯、变换使用远、近光灯或者鸣喇叭。在没有道路中心线或者同方向只有1条机动车道的道路上，前车遇后车发出超车信号时，在条件许可的情况下，应当降低速度、靠右让路。后车应当在确认有充足的安全距离后，从前车的左侧超越，在与被超车辆拉开必要的安全距离后，开启右转向灯，驶向原车道。

**第四十八条**　在没有中心隔离设施或者没有中心线的道路上，机动车遇相对方向来车时应当遵守下列规定：

（一）减速靠右行驶，并与其他车辆、行人保持必要的安全距离；

（二）在有障碍的路段，无障碍的一方先行；但有障碍的一方已驶入障碍路段而无障碍的一方未驶入时，有障碍的一方先行；

（三）在狭窄的坡路，上坡的一方先行；但下坡的一方已行至中途而上坡的一方未上坡时，下坡的一方先行；

（四）在狭窄的山路，不靠山体的一方先行；

（五）夜间会车应当在距相对方向来车150米以外改用近光灯，在窄路、窄桥与非机动车会车时应当使用近光灯。

**第四十九条**　机动车在有禁止掉头或者禁止左转弯标志、标线的地点以及在铁路道口、人行横道、桥梁、急弯、陡坡、隧道或者容易发生危险的路段，不得掉头。

机动车在没有禁止掉头或者没有禁止左转弯标志、标线的地点可以掉头，但不得妨碍正常行驶的其他车辆和行人的通行。

**第五十条**　机动车倒车时，应当察明车后情况，确认安全后倒车。不得在铁路道口、交叉路口、单行路、桥梁、急弯、陡坡或者隧道中倒车。

**第五十一条**　机动车通过有交通信号灯控制的交叉路口，应当按照下列规定通行：

（一）在划有导向车道的路口，按所需行进方向驶入导向车道；

（二）准备进入环形路口的让已在路口内的机动车先行；

（三）向左转弯时，靠路口中心点左侧转弯。转弯时开启转向灯，夜间行驶开启近光灯；

（四）遇放行信号时，依次通过；

（五）遇停止信号时，依次停在停止线以外。没有停止线的，停在路口以外；

（六）向右转弯遇有同车道前车正在等候放行信号时，依次停车等候；

（七）在没有方向指示信号灯的交叉路口，转弯的机动车让直行的车辆、行人先行。相对方向行驶的右转弯机动车让左转弯车辆先行。

**第五十二条**　机动车通过没有交通信号灯控制也没有交通警察指挥的交叉路口，除应当遵守第五十一条第（二）项、第（三）项的规定外，还应当遵守下列规定：

（一）有交通标志、标线控制的，让优先通行的一方先行；

（二）没有交通标志、标线控制的，在进入路口前停车瞭望，让右方道路的来车先行；

（三）转弯的机动车让直行的车辆先行；

（四）相对方向行驶的右转弯的机动车让左转弯的车辆先行。

**第五十三条** 机动车遇有前方交叉路口交通阻塞时，应当依次停在路口以外等候，不得进入路口。

机动车在遇有前方机动车停车排队等候或者缓慢行驶时，应当依次排队，不得从前方车辆两侧穿插或者超越行驶，不得在人行横道、网状线区域内停车等候。

机动车在车道减少的路口、路段，遇有前方机动车停车排队等候或者缓慢行驶的，应当每车道一辆依次交替驶入车道减少后的路口、路段。

**第五十四条** 机动车载物不得超过机动车行驶证上核定的载质量，装载长度、宽度不得超出车厢，并应当遵守下列规定：

（一）重型、中型载货汽车，半挂车载物，高度从地面起不得超过 4 米，载运集装箱的车辆不得超过 4.2 米；

（二）其他载货的机动车载物，高度从地面起不得超过 2.5 米；

（三）摩托车载物，高度从地面起不得超过 1.5 米，长度不得超出车身 0.2 米。两轮摩托车载物宽度左右各不得超出车把 0.15 米；三轮摩托车载物宽度不得超过车身。

载客汽车除车身外部的行李架和内置的行李箱外，不得载货。载客汽车行李架载货，从车顶起高度不得超出 0.5 米，从地面起高度不得超过 4 米。

**第五十五条** 机动车载人应当遵守下列规定：

（一）公路载客汽车不得超过核定的载客人数，但按照规定免票的儿童除外，在载客人数已满的情况下，按照规定免票的儿童不得超过核定载客人数的 10%；

（二）载货汽车车厢不得载客。在城市道路上，货运机动车在留有安全位置的情况下，车厢内可以附载临时作业人员 1 人至 5 人；载物高度超过车厢栏板时，货物上不得载人；

（三）摩托车后座不得乘坐未满 12 周岁的未成年人，轻便摩托车不得载人。

**第五十六条** 机动车牵引挂车应当符合下列规定：

（一）载货汽车、半挂牵引车、拖拉机只允许牵引 1 辆挂车。挂车的灯光信号、制动、连接、安全防护等装置应当符合国家标准；

（二）小型载客汽车只允许牵引旅居挂车或者总质量 700 千克以下的挂车。挂车不得载人；

（三）载货汽车所牵引挂车的载质量不得超过载货汽车本身的载质量。

大型、中型载客汽车，低速载货汽车，三轮汽车以及其他机动车不得牵引挂车。

**第五十七条** 机动车应当按照下列规定使用转向灯：

（一）向左转弯、向左变更车道、准备超车、驶离停车地点或者掉头时，应当提前开启左转向灯；

（二）向右转弯、向右变更车道、超车完毕驶回原车道、靠路边停车时，应当提前开启右转向灯。

**第五十八条** 机动车在夜间没有路灯、照明不良或者遇有雾、雨、雪、沙尘、冰雹等低能见度情况下行驶时，应当开启前照灯、示廓灯和后位灯，但同方向行驶的后车与前车近距离行驶时，不得使用远光灯。机动车雾天行驶应当开启雾灯和危险报警闪光灯。

**第五十九条** 机动车在夜间通过急弯、坡路、拱桥、人行横道或者没有交通信号灯控制的路口时，应当交替使用远近光灯示意。

机动车驶近急弯、坡道顶端等影响安全视距的路段以及超车或者遇有紧急情况时，应当减速慢行，并鸣喇叭示意。

**第六十条** 机动车在道路上发生故障或者发生交通事故，妨碍交通又难以移动的，应当按照规定开启危险报警闪光灯并在车后 50 米至 100 米处设置警告标志，夜间还应当同时开启示廓灯和后位灯。

**第六十一条** 牵引故障机动车应当遵守下列规定：

（一）被牵引的机动车除驾驶人外不得载人，不得拖带挂车；

（二）被牵引的机动车宽度不得大于牵引机动车的宽度；

（三）使用软连接牵引装置时，牵引车与被牵引车之间的距离应当大于 4 米小于 10 米；

（四）对制动失效的被牵引车，应当使用硬连接牵引装置牵引；

（五）牵引车和被牵引车均应当开启危险报警闪光灯。

汽车吊车和轮式专用机械车不得牵引车辆。摩托车不得牵引车辆或者被其他车辆牵引。

转向或者照明、信号装置失效的故障机动车，应当使用专用清障车拖曳。

**第六十二条** 驾驶机动车不得有下列行为：

（一）在车门、车厢没有关好时行车；

（二）在机动车驾驶室的前后窗范围内悬挂、放置妨碍驾驶人视线的物品；

（三）拨打接听手持电话、观看电视等妨碍安全驾驶的行为；

（四）下陡坡时熄火或者空挡滑行；

（五）向道路上抛撒物品；

（六）驾驶摩托车手离车把或者在车把上悬挂物品；

（七）连续驾驶机动车超过 4 小时未停车休息或者停车休息时间少于 20 分钟；

（八）在禁止鸣喇叭的区域或者路段鸣喇叭。

**第六十三条** 机动车在道路上临时停车，应当遵守下列规定：

（一）在设有禁停标志、标线的路段，在机动车道与非机动车道、人行道之间设有隔离设施的路段以及人行横道、施工地段，不得停车；

（二）交叉路口、铁路道口、急弯路、宽度不足 4 米的窄路、桥梁、陡坡、隧道以及距离上述地点 50 米以内的路段，不得停车；

（三）公共汽车站、急救站、加油站、消防栓或者消防队（站）门前以及距离上述地点30 米以内的路段，除使用上述设施的以外，不得停车；

（四）车辆停稳前不得开车门和上下人员，开关车门不得妨碍其他车辆和行人通行；

（五）路边停车应当紧靠道路右侧，机动车驾驶人不得离车，上下人员或者装卸物品后，立即驶离；

（六）城市公共汽车不得在站点以外的路段停车上下乘客。

**第六十四条** 机动车行经漫水路或者漫水桥时，应当停车察明水情，确认安全后，低速通过。

**第六十五条** 机动车载运超限物品行经铁路道口的，应当按照当地铁路部门指定的铁路道口、时间通过。

机动车行经渡口，应当服从渡口管理人员指挥，按照指定地点依次待渡。机动车上下渡船时，应当低速慢行。

**第六十六条** 警车、消防车、救护车、工程救险车在执行紧急任务遇交通受阻时，可以断续使用警报器，并遵守下列规定：

（一）不得在禁止使用警报器的区域或者路段使用警报器；

（二）夜间在市区不得使用警报器；

（三）列队行驶时，前车已经使用警报器的，后车不再使用警报器。

**第六十七条** 在单位院内、居民居住区内，机动车应当低速行驶，避让行人；有限速标志的，按照限速标志行驶。

## 第三节 非机动车通行规定

**第六十八条** 非机动车通过有交通信号灯控制的交叉路口，应当按照下列规定通行：

（一）转弯的非机动车让直行的车辆、行人优先通行；

（二）遇有前方路口交通阻塞时，不得进入路口；

（三）向左转弯时，靠路口中心点的右侧转弯；

（四）遇有停止信号时，应当依次停在路口停止线以外。没有停止线的，停在路口以外；

（五）向右转弯遇有同方向前车正在等候放行信号时，在本车道内能够转弯的，可以通行；不能转弯的，依次等候。

**第六十九条** 非机动车通过没有交通信号灯控制也没有交通警察指挥的交叉路口，除应当遵守第六十八条第(一)项、第(二)项和第(三)项的规定外，还应当遵守下列规定：

(一) 有交通标志、标线控制的，让优先通行的一方先行；

(二) 没有交通标志、标线控制的，在路口外慢行或者停车瞭望，让右方道路的来车先行；

(三) 相对方向行驶的右转弯的非机动车让左转弯的车辆先行。

**第七十条** 驾驶自行车、电动自行车、三轮车在路段上横过机动车道，应当下车推行，有人行横道或者行人过街设施的，应当从人行横道或者行人过街设施通过；没有人行横道、没有行人过街设施或者不便使用行人过街设施的，在确认安全后直行通过。

因非机动车道被占用无法在本车道内行驶的非机动车，可以在受阻的路段借用相邻的机动车道行驶，并在驶过被占用路段后迅速驶回非机动车道。机动车遇此情况应当减速让行。

**第七十一条** 非机动车载物，应当遵守下列规定：

(一) 自行车、电动自行车、残疾人机动轮椅车载物，高度从地面起不得超过 1.5 米，宽度左右各不得超出车把 0.15 米，长度前端不得超出车轮，后端不得超出车身 0.3 米；

(二) 三轮车、人力车载物，高度从地面起不得超过 2 米，宽度左右各不得超出车身0.2 米，长度不得超出车身 1 米；

(三) 畜力车载物，高度从地面起不得超过 2.5 米，宽度左右各不得超出车身 0.2 米，长度前端不得超出车辕，后端不得超出车身 1 米。

自行车载人的规定，由省、自治区、直辖市人民政府根据当地实际情况制定。

**第七十二条** 在道路上驾驶自行车、三轮车、电动自行车、残疾人机动轮椅车应当遵守下列规定：

(一) 驾驶自行车、三轮车必须年满 12 周岁；

(二) 驾驶电动自行车和残疾人机动轮椅车必须年满 16 周岁；

(三) 不得醉酒驾驶；

(四) 转弯前应当减速慢行，伸手示意，不得突然猛拐，超越前车时不得妨碍被超越的车辆行驶；

(五) 不得牵引、攀扶车辆或者被其他车辆牵引，不得双手离把或者手中持物；

(六) 不得扶身并行、互相追逐或者曲折竞驶；

(七) 不得在道路上骑独轮自行车或者 2 人以上骑行的自行车；

(八) 非下肢残疾的人不得驾驶残疾人机动轮椅车；

(九) 自行车、三轮车不得加装动力装置；

(十) 不得在道路上学习驾驶非机动车。

**第七十三条** 在道路上驾驭畜力车应当年满 16 周岁，并遵守下列规定：

(一) 不得醉酒驾驭；

(二) 不得并行，驾驭人不得离开车辆；

(三) 行经繁华路段、交叉路口、铁路道口、人行横道、急弯路、宽度不足 4 米的窄路或者窄桥、陡坡、隧道或者容易发生危险的路段，不得超车。驾驭两轮畜力车应当下车牵引牲畜；

(四) 不得使用未经驯服的牲畜驾车，随车幼畜须拴系；

(五) 停放车辆应当拉紧车闸，拴系牲畜。

## 第四节 行人和乘车人通行规定

**第七十四条** 行人不得有下列行为：

(一) 在道路上使用滑板、旱冰鞋等滑行工具；

(二) 在车行道内坐卧、停留、嬉闹；

(三) 追车、抛物击车等妨碍道路交通安全的行为。

**第七十五条** 行人横过机动车道，应当从行人过街设施通过；没有行人过街设施的，应当从人行横道通过；没有人行横道的，应当观察来往车辆的情况，确认安全后直行通过，不得在车辆临近时突然加速横穿或者中途倒退、折返。

**第七十六条** 行人列队在道路上通行，每横列不得超过 2 人，但在已经实行交通管制的路段不受限制。

**第七十七条** 乘坐机动车应当遵守下列规定：

（一）不得在机动车道上拦乘机动车；

（二）在机动车道上不得从机动车左侧上下车；

（三）开关车门不得妨碍其他车辆和行人通行；

（四）机动车行驶中，不得干扰驾驶，不得将身体任何部分伸出车外，不得跳车；

（五）乘坐两轮摩托车应当正向骑坐。

## 第五节 高速公路的特别规定

**第七十八条** 高速公路应当标明车道的行驶速度，最高车速不得超过每小时 120 公里，最低车速不得低于每小时 60 公里。

在高速公路上行驶的小型载客汽车最高车速不得超过每小时 120 公里，其他机动车不得超过每小时 100 公里，摩托车不得超过每小时 80 公里。

同方向有 2 条车道的，左侧车道的最低车速为每小时 100 公里；同方向有 3 条以上车道的，最左侧车道的最低车速为每小时 110 公里，中间车道的最低车速为每小时 90 公里。道路限速标志标明的车速与上述车道行驶车速的规定不一致的，按照道路限速标志标明的车速行驶。

**第七十九条** 机动车从匝道驶入高速公路，应当开启左转向灯，在不妨碍已在高速公路内的机动车正常行驶的情况下驶入车道。

机动车驶离高速公路时，应当开启右转向灯，驶入减速车道，降低车速后驶离。

**第八十条** 机动车在高速公路上行驶，车速超过每小时 100 公里时，应当与同车道前车保持 100 米以上的距离，车速低于每小时 100 公里时，与同车道前车距离可以适当缩短，但最小距离不得少于 50 米。

**第八十一条** 机动车在高速公路上行驶，遇有雾、雨、雪、沙尘、冰雹等低能见度气象条件时，应当遵守下列规定：

（一）能见度小于 200 米时，开启雾灯、近光灯、示廓灯和前后位灯，车速不得超过每小时 60 公里，与同车道前车保持 100 米以上的距离；

（二）能见度小于 100 米时，开启雾灯、近光灯、示廓灯、前后位灯和危险报警闪光灯，车速不得超过每小时 40 公里，与同车道前车保持 50 米以上的距离；

（三）能见度小于 50 米时，开启雾灯、近光灯、示廓灯、前后位灯和危险报警闪光灯，车速不得超过每小时 20 公里，并从最近的出口尽快驶离高速公路。

遇有前款规定情形时，高速公路管理部门应当通过显示屏等方式发布速度限制、保持车距等提示信息。

**第八十二条** 机动车在高速公路上行驶，不得有下列行为：

（一）倒车、逆行、穿越中央分隔带掉头或者在车道内停车；

（二）在匝道、加速车道或者减速车道上超车；

（三）骑、轧车行道分界线或者在路肩上行驶；

（四）非紧急情况时在应急车道行驶或者停车；

（五）试车或者学习驾驶机动车。

**第八十三条** 在高速公路上行驶的载货汽车车厢不得载人。两轮摩托车在高速公路行驶时不得载人。

**第八十四条** 机动车通过施工作业路段时，应当注意警示标志，减速行驶。

**第八十五条** 城市快速路的道路交通安全管理，参照本节的规定执行。

高速公路、城市快速路的道路交通安全管理工作，省、自治区、直辖市人民政府公安机关交通管理部门可以指定设区的市人民政府公安机关交通管理部门或者相当于同级的公安机关交通管理部门承担。

## 第五章 交通事故处理

**第八十六条** 机动车与机动车、机动车与非机动车在道路上发生未造成人身伤亡的交通事故，当事人对事实及成因无争议的，在记录交通事故的时间、地点、对方当事人的姓名和联系方式、机动车牌号、驾驶证号、保险凭证号、碰撞部位，并共同签名后，撤离现场，自行协商损害赔偿事宜。当事人对交通事故事实及成因有争议的，应当迅速报警。

**第八十七条** 非机动车与非机动车或者行人在道路上发生交通事故，未造成人身伤亡，且基本事实及成因清楚的，当事人应当先撤离现场，再自行协商处理损害赔偿事宜。当事人对交通事故事实及成因有争议的，应当迅速报警。

**第八十八条** 机动车发生交通事故，造成道路、供电、通讯等设施损毁的，驾驶人应当报警等候处理，不得驶离。机动车可以移动的，应当将机动车移至不妨碍交通的地点。公安机关交通管理部门应当将事故有关情况通知有关部门。

**第八十九条** 公安机关交通管理部门或者交通警察接到交通事故报警，应当及时赶赴现场，对未造成人身伤亡，事实清楚，并且机动车可以移动的，应当在记录事故情况后责令当事人撤离现场，恢复交通。对拒不撤离现场的，予以强制撤离。

对属于前款规定情况的道路交通事故，交通警察可以适用简易程序处理，并当场出具事故认定书。当事人共同请求调解的，交通警察可以当场对损害赔偿争议进行调解。

对道路交通事故造成人员伤亡和财产损失需要勘验、检查现场的，公安机关交通管理部门应当按照勘查现场工作规范进行。现场勘查完毕，应当组织清理现场，恢复交通。

**第九十条** 投保机动车第三者责任强制保险的机动车发生交通事故，因抢救受伤人员需要保险公司支付抢救费用的，由公安机关交通管理部门通知保险公司。

抢救受伤人员需要道路交通事故救助基金垫付费用的，由公安机关交通管理部门通知道路交通事故社会救助基金管理机构。

**第九十一条** 公安机关交通管理部门应当根据交通事故当事人的行为对发生交通事故所起的作用以及过错的严重程度，确定当事人的责任。

**第九十二条** 发生交通事故后当事人逃逸的，逃逸的当事人承担全部责任。但是，有证据证明对方当事人也有过错的，可以减轻责任。

当事人故意破坏、伪造现场、毁灭证据的，承担全部责任。

**第九十三条** 公安机关交通管理部门对经过勘验、检查现场的交通事故应当在勘查现场之日起10日内制作交通事故认定书。对需要进行检验、鉴定的，应当在检验、鉴定结果确定之日起5日内制作交通事故认定书。

**第九十四条** 当事人对交通事故损害赔偿有争议，各方当事人一致请求公安机关交通管理部门调解的，应当在收到交通事故认定书之日起10日内提出书面调解申请。

对交通事故致死的，调解从办理丧葬事宜结束之日起开始；对交通事故致伤的，调解从治疗终结或者定残之日起开始；对交通事故造成财产损失的，调解从确定损失之日起开始。

**第九十五条** 公安机关交通管理部门调解交通事故损害赔偿争议的期限为10日。调解达成协议的，公安机关交通管理部门应当制作调解书送交各方当事人，调解书经各方当事人共同签字后生效；调解未达成协议的，公安机关交通管理部门应当制作调解终结书送交各方当事人。

交通事故损害赔偿项目和标准依照有关法律的规定执行。

**第九十六条** 对交通事故损害赔偿的争议，当事人向人民法院提起民事诉讼的，公安机关交通管理部门不再受理调解申请。

公安机关交通管理部门调解期间，当事人向人民法院提起民事诉讼的，调解终止。

**第九十七条** 车辆在道路以外发生交通事故，公安机关交通管理部门接到报案的，参照道路交通安全法和本条例的规定处理。

车辆、行人与火车发生的交通事故以及在渡口发生的交通事故，依照国家有关规定处理。

## 第六章 执法监督

**第九十八条** 公安机关交通管理部门应当公开办事制度、办事程序，建立警风警纪监督员制度，自觉接受社会和群众的监督。

**第九十九条** 公安机关交通管理部门及其交通警察办理机动车登记，发放号牌，对驾驶人考试、发证，处理道路交通安全违法行为，处理道路交通事故，应当严格遵守有关规定，不得越权执法，不得延迟履行职责，不得擅自改变处罚的种类和幅度。

**第一百条** 公安机关交通管理部门应当公布举报电话，受理群众举报投诉，并及时调查核实，反馈查处结果。

**第一百零一条** 公安机关交通管理部门应当建立执法质量考核评议、执法责任制和执法过错追究制度，防止和纠正道路交通安全执法中的错误或者不当行为。

## 第七章 法律责任

**第一百零二条** 违反本条例规定的行为，依照道路交通安全法和本条例的规定处罚。

**第一百零三条** 以欺骗、贿赂等不正当手段取得机动车登记或者驾驶许可的，收缴机动车登记证书、号牌、行驶证或者机动车驾驶证，撤销机动车登记或者机动车驾驶许可；申请人在3年内不得申请机动车登记或者机动车驾驶许可。

**第一百零四条** 机动车驾驶人有下列行为之一，又无其他机动车驾驶人即时替代驾驶的，公安机关交通管理部门除依法给予处罚外，可以将其驾驶的机动车移至不妨碍交通的地点或者有关部门指定的地点停放：

（一）不能出示本人有效驾驶证的；

（二）驾驶的机动车与驾驶证载明的准驾车型不符的；

（三）饮酒、服用国家管制的精神药品或者麻醉药品、患有妨碍安全驾驶的疾病，或者过度疲劳仍继续驾驶的；

（四）学习驾驶人员没有教练人员随车指导单独驾驶的。

**第一百零五条** 机动车驾驶人有饮酒、醉酒、服用国家管制的精神药品或者麻醉药品嫌疑的，应当接受测试、检验。

**第一百零六条** 公路客运载客汽车超过核定乘员、载货汽车超过核定载质量的，公安机关交通管理部门依法扣留机动车后，驾驶人应当将超载的乘车人转运、将超载的货物卸载，费用由超载机动车的驾驶人或者所有人承担。

**第一百零七条** 依照道路交通安全法第九十二条、第九十五条、第九十六条、第九十八条的规定被扣留的机动车，驾驶人或者所有人、管理人30日内没有提供被扣留机动车的合法证明，没有补办相应手续，或者不前来接受处理，经公安机关交通管理部门通知并且经公告3个月仍不前来接受处理的，由公安机关交通管理部门将该机动车送交有资格的拍卖机构拍卖，所得价款上缴国库；非法拼装的机动车予以拆除;达到报废标准的机动车予以报废;机动车涉及其他违法犯罪行为的,移交有关部门处理。

**第一百零八条** 交通警察按照简易程序当场作出行政处罚的,应当告知当事人道路交通安全违法行为的事实、处罚的理由和依据,并将行政处罚决定书当场交付被处罚人。

**第一百零九条** 对道路交通安全违法行为人处以罚款或者暂扣驾驶证处罚的,由违法行为发生地的县级以上人民政府公安机关交通管理部门或者相当于同级的公安机关交通管理部门作出决定;对处以吊销机动车驾驶证处罚的,由设区的市人民政府公安机关交通管理部门或者相当于同级的公安机关交通管理部门作出决定。

公安机关交通管理部门对非本辖区机动车的道路交通安全违法行为没有当场处罚的,可以由机动车登记地的公安机关交通管理部门处罚。

**第一百一十条** 当事人对公安机关交通管理部门及其交通警察的处罚有权进行陈述和申辩,交通警察应当充分听取当事人的陈述和申辩,不得因当事人陈述、申辩而加重其处罚。

## 第八章 附 则

**第一百一十一条** 本条例所称上道路行驶的拖拉机,是指手扶拖拉机等最高设计行驶速度不超过每小时 20 公里的轮式拖拉机和最高设计行驶速度不超过每小时 40 公里、牵引挂车方可从事道路运输的轮式拖拉机。

**第一百一十二条** 农业(农业机械)主管部门应当定期向公安机关交通管理部门提供拖拉机登记、安全技术检验以及拖拉机驾驶证发放的资料、数据。公安机关交通管理部门对拖拉机驾驶人作出暂扣、吊销驾驶证处罚或者记分处理的,应当定期将处罚决定书和记分情况通报有关的农业(农业机械)主管部门。吊销驾驶证的,还应当将驾驶证送交有关的农业(农业机械)主管部门。

**第一百一十三条** 境外机动车入境行驶,应当向入境地的公安机关交通管理部门申请临时通行号牌、行驶证。临时通行号牌、行驶证应当根据行驶需要,载明有效日期和允许行驶的区域。

入境的境外机动车申请临时通行号牌、行驶证以及境外人员申请机动车驾驶许可的条件、考试办法由国务院公安部门规定。

**第一百一十四条** 机动车驾驶许可考试的收费标准,由国务院价格主管部门规定。

**第一百一十五条** 本条例自 2004 年 5 月 1 日起施行。1960 年 2 月 11 日国务院批准、交通部发布的《机动车管理办法》,1988 年 3 月 9 日国务院发布的《中华人民共和国道路交通管理条例》,1991 年 9 月 22 日国务院发布的《道路交通事故处理办法》,同时废止。

# 机动车登记规定

（公安部令第102号）

## 第一章　总　　则

**第一条**　根据《中华人民共和国道路交通安全法》及其实施条例的规定，制定本规定。

**第二条**　本规定由公安机关交通管理部门负责实施。

省级公安机关交通管理部门负责本省（自治区、直辖市）机动车登记工作的指导、检查和监督。直辖市公安机关交通管理部门车辆管理所、设区的市或者相当于同级的公安机关交通管理部门车辆管理所负责办理本行政辖区内机动车登记业务。

县级公安机关交通管理部门车辆管理所可以办理本行政辖区内摩托车、三轮汽车、低速载货汽车登记业务。条件具备的，可以办理除进口机动车、危险化学品运输车、校车、中型以上载客汽车以外的其他机动车登记业务。具体业务范围和办理条件由省级公安机关交通管理部门确定。

警用车辆登记业务按照有关规定办理。

**第三条**　车辆管理所办理机动车登记，应当遵循公开、公正、便民的原则。

车辆管理所在受理机动车登记申请时，对申请材料齐全并符合法律、行政法规和本规定的，应当在规定的时限内办结。对申请材料不齐全或者其他不符合法定形式的，应当一次告知申请人需要补正的全部内容。对不符合规定的，应当书面告知不予受理、登记的理由。

车辆管理所应当将法律、行政法规和本规定的有关机动车登记的事项、条件、依据、程序、期限以及收费标准、需要提交的全部材料的目录和申请表示范文本等在办理登记的场所公示。

省级、设区的市或者相当于同级的公安机关交通管理部门应当在互联网上建立主页，发布信息，便于群众查阅机动车登记的有关规定，下载、使用有关表格。

**第四条**　车辆管理所应当使用计算机登记系统办理机动车登记，并建立数据库。不使用计算机登记系统登记的，登记无效。

计算机登记系统的数据库标准和登记软件全国统一。数据库能够完整、准确记录登记内容，记录办理过程和经办人员信息，并能够实时将有关登记内容传送到全国公安交通管理信息系统。计算机登记系统应当与交通违法信息系统和交通事故信息系统实行联网。

## 第二章　登　　记

### 第一节　注册登记

**第五条**　初次申领机动车号牌、行驶证的，机动车所有人应当向住所地的车辆管理所申请注册登记。

**第六条**　机动车所有人应当到机动车安全技术检验机构对机动车进行安全技术检验，取得机动车安全技术检验合格证明后申请注册登记。但经海关进口的机动车和国务院机动车产品主管部门认定免予安全技术检验的机动车除外。

免予安全技术检验的机动车有下列情形之一的，应当进行安全技术检验：

（一）国产机动车出厂后两年内未申请注册登记的；

（二）经海关进口的机动车进口后两年内未申请注册登记的；
（三）申请注册登记前发生交通事故的。

**第七条** 申请注册登记的，机动车所有人应当填写申请表，交验机动车，并提交以下证明、凭证：
（一）机动车所有人的身份证明；
（二）购车发票等机动车来历证明；
（三）机动车整车出厂合格证明或者进口机动车进口凭证；
（四）车辆购置税完税证明或者免税凭证；
（五）机动车交通事故责任强制保险凭证；
（六）法律、行政法规规定应当在机动车注册登记时提交的其他证明、凭证。

不属于经海关进口的机动车和国务院机动车产品主管部门规定免予安全技术检验的机动车，还应当提交机动车安全技术检验合格证明。

车辆管理所应当自受理申请之日起二日内，确认机动车，核对车辆识别代号拓印膜，审查提交的证明、凭证，核发机动车登记证书、号牌、行驶证和检验合格标志。

**第八条** 车辆管理所办理消防车、救护车、工程救险车注册登记时，应当对车辆的使用性质、标志图案、标志灯具和警报器进行审查。

车辆管理所办理全挂汽车列车和半挂汽车列车注册登记时，应当对牵引车和挂车分别核发机动车登记证书、号牌和行驶证。

**第九条** 有下列情形之一的，不予办理注册登记：
（一）机动车所有人提交的证明、凭证无效的；
（二）机动车来历证明被涂改或者机动车来历证明记载的机动车所有人与身份证明不符的；
（三）机动车所有人提交的证明、凭证与机动车不符的；
（四）机动车未经国务院机动车产品主管部门许可生产或者未经国家进口机动车主管部门许可进口的；
（五）机动车的有关技术数据与国务院机动车产品主管部门公告的数据不符的；
（六）机动车的型号、发动机号码、车辆识别代号或者有关技术数据不符合国家安全技术标准的；
（七）机动车达到国家规定的强制报废标准的；
（八）机动车被人民法院、人民检察院、行政执法部门依法查封、扣押的；
（九）机动车属于被盗抢的；
（十）其他不符合法律、行政法规规定的情形。

## 第二节 变更登记

**第十条** 已注册登记的机动车有下列情形之一的，机动车所有人应当向登记地车辆管理所申请变更登记：
（一）改变车身颜色的；
（二）更换发动机的；
（三）更换车身或者车架的；
（四）因质量问题更换整车的；
（五）营运机动车改为非营运机动车或者非营运机动车改为营运机动车等使用性质改变的；
（六）机动车所有人的住所迁出或者迁入车辆管理所管辖区域的。

机动车所有人为两人以上，需要将登记的所有人姓名变更为其他所有人姓名的，可以向登记地车辆管理所申请变更登记。

属于本条第一款第（一）项、第（二）项和第（三）项规定的变更事项的，机动车所有人应当在变更后十日内向车辆管理所申请变更登记；属于本条第一款第（六）项规定的变更事项的，机动车所有人申请转出前，应当将涉及该车的道路交通安全违法行为和交通事故处理完毕。

**第十一条** 申请变更登记的，机动车所有人应当填写申请表，交验机动车，并提交以下证明、凭证：

（一）机动车所有人的身份证明；

（二）机动车登记证书；

（三）机动车行驶证；

（四）属于更换发动机、车身或者车架的，还应当提交机动车安全技术检验合格证明；

（五）属于因质量问题更换整车的，还应当提交机动车安全技术检验合格证明，但经海关进口的机动车和国务院机动车产品主管部门认定免予安全技术检验的机动车除外。

车辆管理所应当自受理之日起一日内，确认机动车，审查提交的证明、凭证，在机动车登记证书上签注变更事项，收回行驶证，重新核发行驶证。

车辆管理所办理本规定第十条第一款第（三）项、第（四）项和第（六）项规定的变更登记事项的，应当核对车辆识别代号拓印膜。

**第十二条** 车辆管理所办理机动车变更登记时，需要改变机动车号牌号码的，收回号牌、行驶证，确定新的机动车号牌号码，重新核发号牌、行驶证和检验合格标志。

**第十三条** 机动车所有人的住所迁出车辆管理所管辖区域的，车辆管理所应当自受理之日起三日内，在机动车登记证书上签注变更事项，收回号牌、行驶证，核发有效期为三十日的临时行驶车号牌，将机动车档案交机动车所有人。机动车所有人应当在临时行驶车号牌的有效期限内到住所地车辆管理所申请机动车转入。

申请机动车转入的，机动车所有人应当填写申请表，提交身份证明、机动车登记证书、机动车档案，并交验机动车。机动车在转入时已超过检验有效期的，应当在转入地进行安全技术检验并提交机动车安全技术检验合格证明和交通事故责任强制保险凭证。车辆管理所应当自受理之日起三日内，确认机动车，核对车辆识别代号拓印膜，审查相关证明、凭证和机动车档案，在机动车登记证书上签注转入信息，核发号牌、行驶证和检验合格标志。

**第十四条** 机动车所有人为两人以上，需要将登记的所有人姓名变更为其他所有人姓名的，应当提交机动车登记证书、行驶证、变更前和变更后机动车所有人的身份证明和共同所有的公证证明，但属于夫妻双方共同所有的，可以提供《结婚证》或者证明夫妻关系的《居民户口簿》。

变更后机动车所有人的住所在车辆管理所管辖区域内的，车辆管理所按照本规定第十一条第二款的规定办理变更登记。变更后机动车所有人的住所不在车辆管理所管辖区域内的，迁出地和迁入地车辆管理所按照本规定第十三条的规定办理变更登记。

**第十五条** 有下列情形之一的，不予办理变更登记：

（一）改变机动车的品牌、型号和发动机型号的，但经国务院机动车产品主管部门许可选装的发动机除外；

（二）改变已登记的机动车外形和有关技术数据的，但法律、法规和国家强制性标准另有规定的除外；

（三）有本规定第九条第（一）项、第（七）项、第（八）项、第（九）项规定情形的。

**第十六条** 有下列情形之一，在不影响安全和识别号牌的情况下，机动车所有人不需要办理变更登记：

（一）小型、微型载客汽车加装前后防撞装置；

（二）货运机动车加装防风罩、水箱、工具箱、备胎架等；

（三）增加机动车车内装饰。

**第十七条** 已注册登记的机动车，机动车所有人住所在车辆管理所管辖区域内迁移或者机动车所有人姓名（单位名称）、联系方式变更的，应当向登记地车辆管理所备案。

（一）机动车所有人住所在车辆管理所管辖区域内迁移、机动车所有人姓名（单位名称）变更的，机动车所有人应当提交身份证明、机动车登记证书、行驶证和相关变更证明。车辆管理所应当自受理之日起一日内，在机动车登记证书上签注备案事项，重新核发行驶证。

（二）机动车所有人联系方式变更的，机动车所有人应当提交身份证明和行驶证。车辆管理所应当自受理之日起一日内办理备案。

机动车所有人的身份证明名称或者号码变更的，可以向登记地车辆管理所申请备案。机动车所有人应当提交身份证明、机动车登记证书。车辆管理所应当自受理之日起一日内，在机动车登记证书上签注备案事项。

发动机号码、车辆识别代号因磨损、锈蚀、事故等原因辨认不清或者损坏的，可以向登记地车辆管理所申请备案。机动车所有人应当提交身份证明、机动车登记证书、行驶证。车辆管理所应当自受理之日起一日内，在发动机、车身或者车架上打刻原发动机号码或者原车辆识别代号，在机动车登记证书上签注备案事项。

## 第三节　转移登记

**第十八条**　已注册登记的机动车所有权发生转移的，现机动车所有人应当自机动车交付之日起三十日内向登记地车辆管理所申请转移登记。

机动车所有人申请转移登记前，应当将涉及该车的道路交通安全违法行为和交通事故处理完毕。

**第十九条**　申请转移登记的，现机动车所有人应当填写申请表，交验机动车，并提交以下证明、凭证：

（一）现机动车所有人的身份证明；

（二）机动车所有权转移的证明、凭证；

（三）机动车登记证书；

（四）机动车行驶证；

（五）属于海关监管的机动车，还应当提交《中华人民共和国海关监管车辆解除监管证明书》或者海关批准的转让证明；

（六）属于超过检验有效期的机动车，还应当提交机动车安全技术检验合格证明和交通事故责任强制保险凭证。

现机动车所有人住所在车辆管理所管辖区域内的，车辆管理所应当自受理申请之日起一日内，确认机动车，核对车辆识别代号拓印膜，审查提交的证明、凭证，收回号牌、行驶证，确定新的机动车号牌号码，在机动车登记证书上签注转移事项，重新核发号牌、行驶证和检验合格标志。

现机动车所有人住所不在车辆管理所管辖区域内的，车辆管理所应当按照本规定第十三条的规定办理。

**第二十条**　有下列情形之一的，不予办理转移登记：

（一）机动车与该车档案记载内容不一致的；

（二）属于海关监管的机动车，海关未解除监管或者批准转让的；

（三）机动车在抵押登记、质押备案期间的；

（四）有本规定第九条第（一）项、第（二）项、第（七）项、第（八）项、第（九）项规定情形的。

**第二十一条**　被人民法院、人民检察院和行政执法部门依法没收并拍卖，或者被仲裁机构依法仲裁裁决，或者被人民法院调解、裁定、判决机动车所有权转移时，原机动车所有人未向现机动车所有人提供机动车登记证书、号牌或者行驶证的，现机动车所有人在办理转移登记时，应当提交人民法院出具的未得到机动车登记证书、号牌或者行驶证的《协助执行通知书》，或者人民检察院、行政执法部门出具的未得到机动车登记证书、号牌或者行驶证的证明。车辆管理所应当公告原机动车登记证书、号牌或者行驶证作废，并在办理转移登记的同时，补发机动车登记证书。

## 第四节　抵押登记

**第二十二条**　机动车所有人将机动车作为抵押物抵押的，应当向登记地车辆管理所申请抵押登记；抵押权消灭的，应当向登记地车辆管理所申请解除抵押登记。

**第二十三条**　申请抵押登记的，机动车所有人应当填写申请表，由机动车所有人和抵押权人共同申请，并提交下列证明、凭证：

（一）机动车所有人和抵押权人的身份证明；

（二）机动车登记证书；

（三）机动车所有人和抵押权人依法订立的主合同和抵押合同。

车辆管理所应当自受理之日起一日内，审查提交的证明、凭证，在机动车登记证书上签注抵押登记的内容和日期。

**第二十四条**　申请解除抵押登记的，机动车所有人应当填写申请表，由机动车所有人和抵押权人共同申请，并提交下列证明、凭证：

（一）机动车所有人和抵押权人的身份证明；

（二）机动车登记证书。

人民法院调解、裁定、判决解除抵押的，机动车所有人或者抵押权人应当填写申请表，提交机动车登记证书、人民法院出具的已经生效的《调解书》、《裁定书》或者《判决书》，以及相应的《协助执行通知书》。

车辆管理所应当自受理之日起一日内，审查提交的证明、凭证，在机动车登记证书上签注解除抵押登记的内容和日期。

**第二十五条**　机动车抵押登记日期、解除抵押登记日期可以供公众查询。

**第二十六条**　有本规定第九条第（一）项、第（七）项、第（八）项、第（九）项或者第二十条第（二）项规定情形之一的，不予办理抵押登记。对机动车所有人提交的证明、凭证无效，或者机动车被人民法院、人民检察院、行政执法部门依法查封、扣押的，不予办理解除抵押登记。

## 第五节　注销登记

**第二十七条**　已达到国家强制报废标准的机动车，机动车所有人向机动车回收企业交售机动车时，应当填写申请表，提交机动车登记证书、号牌和行驶证。机动车回收企业应当确认机动车并解体，向机动车所有人出具《报废机动车回收证明》。报废的大型客、货车及其他营运车辆应当在车辆管理所的监督下解体。

机动车回收企业应当在机动车解体后七日内将申请表、机动车登记证书、号牌、行驶证和《报废机动车回收证明》副本提交车辆管理所，申请注销登记。

车辆管理所应当自受理之日起一日内，审查提交的证明、凭证，收回机动车登记证书、号牌、行驶证，出具注销证明。

**第二十八条**　除本规定第二十七条规定的情形外，机动车有下列情形之一的，机动车所有人应当向登记地车辆管理所申请注销登记：

（一）机动车灭失的；

（二）机动车因故不在我国境内使用的；

（三）因质量问题退车的。

已注册登记的机动车有下列情形之一的，登记地车辆管理所应当办理注销登记：

（一）机动车登记被依法撤销的；

（二）达到国家强制报废标准的机动车被依法收缴并强制报废的。

属于本条第一款第（二）项和第（三）项规定情形之一的，机动车所有人申请注销登记前，应当将涉及该车的道路交通安全违法行为和交通事故处理完毕。

**第二十九条** 属于本规定第二十八条第一款规定的情形，机动车所有人申请注销登记的，应当填写申请表，并提交以下证明、凭证：

（一）机动车登记证书；

（二）机动车行驶证；

（三）属于机动车灭失的，还应当提交机动车所有人的身份证明和机动车灭失证明；

（四）属于机动车因故不在我国境内使用的，还应当提交机动车所有人的身份证明和出境证明，其中属于海关监管的机动车，还应当提交海关出具的《中华人民共和国海关监管车辆进（出）境领（销）牌照通知书》；

（五）属于因质量问题退车的，还应当提交机动车所有人的身份证明和机动车制造厂或者经销商出具的退车证明。

车辆管理所应当自受理之日起一日内，审查提交的证明、凭证，收回机动车登记证书、号牌、行驶证，出具注销证明。

**第三十条** 因车辆损坏无法驶回登记地的，机动车所有人可以向车辆所在地机动车回收企业交售报废机动车。交售机动车时应当填写申请表，提交机动车登记证书、号牌和行驶证。机动车回收企业应当确认机动车并解体，向机动车所有人出具《报废机动车回收证明》。报废的大型客、货车及其他营运车辆应当在报废地车辆管理所的监督下解体。

机动车回收企业应当在机动车解体后七日内将申请表、机动车登记证书、号牌、行驶证和《报废机动车回收证明》副本提交报废地车辆管理所，申请注销登记。

报废地车辆管理所应当自受理之日起一日内，审查提交的证明、凭证，收回机动车登记证书、号牌、行驶证，并通过计算机登记系统将机动车报废信息传递给登记地车辆管理所。

登记地车辆管理所应当自接到机动车报废信息之日起一日内办理注销登记，并出具注销证明。

**第三十一条** 已注册登记的机动车有下列情形之一的，车辆管理所应当公告机动车登记证书、号牌、行驶证作废：

（一）达到国家强制报废标准，机动车所有人逾期不办理注销登记的；

（二）机动车登记被依法撤销后，未收缴机动车登记证书、号牌、行驶证的；

（三）达到国家强制报废标准的机动车被依法收缴并强制报废的；

（四）机动车所有人办理注销登记时未交回机动车登记证书、号牌、行驶证的。

**第三十二条** 有本规定第九条第（一）项、第（八）项、第（九）项或者第二十条第（一）项、第（三）项规定情形之一的，不予办理注销登记。

## 第三章 其他规定

**第三十三条** 申请办理机动车质押备案或者解除质押备案的，由机动车所有人和典当行共同申请，机动车所有人应当填写申请表，并提交以下证明、凭证：

（一）机动车所有人和典当行的身份证明；

（二）机动车登记证书。

车辆管理所应当自受理之日起一日内，审查提交的证明、凭证，在机动车登记证书上签注质押备案或者解除质押备案的内容和日期。

有本规定第九条第（一）项、第（七）项、第（八）项、第（九）项规定情形之一的，不予办理质押备案。对机动车所有人提交的证明、凭证无效，或者机动车被人民法院、人民检察院、行政执法部门依法查封、扣押的，不予办理解除质押备案。

**第三十四条** 机动车登记证书灭失、丢失或者损毁的，机动车所有人应当向登记地车辆管理所申请补领、换领。申请时，机动车所有人应当填写申请表并提交身份证明，属于补领机动车登记证书的，还应当交验机动车。车辆管理所应当自受理之日起一日内，确认机动车，审查提交的证明、凭证，补发、换发机动车登记证书。

启用机动车登记证书前已注册登记的机动车未申领机动车登记证书的，机动车所有人可以向登记地车辆管理所申领机动车登记证书。但属于机动车所有人申请变更、转移或者抵押登记的，应当在申请前向车辆管理所申领机动车登记证书。申请时，机动车所有人应当填写申请表，交验机动车并提交身份证明。车辆管理所应当自受理之日起五日内，确认机动车，核对车辆识别代号拓印膜，审查提交的证明、凭证，核发机动车登记证书。

**第三十五条** 机动车号牌、行驶证灭失、丢失或者损毁的，机动车所有人应当向登记地车辆管理所申请补领、换领。申请时，机动车所有人应当填写申请表并提交身份证明。

车辆管理所应当审查提交的证明、凭证，收回未灭失、丢失或者损毁的号牌、行驶证，自受理之日起一日内补发、换发行驶证，自受理之日起十五日内补发、换发号牌，原机动车号牌号码不变。

补发、换发号牌期间应当核发有效期不超过十五日的临时行驶车号牌。

**第三十六条** 机动车具有下列情形之一，需要临时上道路行驶的，机动车所有人应当向车辆管理所申领临时行驶车号牌：

（一）未销售的；

（二）购买、调拨、赠予等方式获得机动车后尚未注册登记的；

（三）进行科研、定型试验的；

（四）因轴荷、总质量、外廓尺寸超出国家标准不予办理注册登记的特型机动车。

**第三十七条** 机动车所有人申领临时行驶车号牌应当提交以下证明、凭证：

（一）机动车所有人的身份证明；

（二）机动车交通事故责任强制保险凭证；

（三）属于本规定第三十六条第（一）项、第（四）项规定情形的，还应当提交机动车整车出厂合格证明或者进口机动车进口凭证；

（四）属于本规定第三十六条第（二）项规定情形的，还应当提交机动车来历证明，以及机动车整车出厂合格证明或者进口机动车进口凭证；

（五）属于本规定第三十六条第（三）项规定情形的，还应当提交书面申请和机动车安全技术检验合格证明。

车辆管理所应当自受理之日起一日内，审查提交的证明、凭证，属于本规定第三十六条第（一）项、第（二）项规定情形，需要在本行政辖区内临时行驶的，核发有效期不超过十五日的临时行驶车号牌；需要跨行政辖区临时行驶的，核发有效期不超过三十日的临时行驶车号牌。属于本规定第三十六条第（三）项、第（四）项规定情形的，核发有效期不超过九十日的临时行驶车号牌。

因号牌制作的原因，无法在规定时限内核发号牌的，车辆管理所应当核发有效期不超过十五日的临时行驶车号牌。

对具有本规定第三十六条第（一）项、第（二）项规定情形之一，机动车所有人需要多次申领临时行驶车号牌的，车辆管理所核发临时行驶车号牌不得超过三次。

**第三十八条** 机动车所有人发现登记内容有错误的，应当及时要求车辆管理所更正。车辆管理所应当自受理之日起五日内予以确认。确属登记错误的，在机动车登记证书上更正相关内容，换发行驶证。需要改变机动车号牌号码的，应当收回号牌、行驶证，确定新的机动车号牌号码，重新核发号牌、行驶证和检验合格标志。

**第三十九条** 已注册登记的机动车被盗抢的，车辆管理所应当根据刑侦部门提供的情况，在计算机登记系统内记录，停止办理该车的各项登记和业务。被盗抢机动车发还后，车辆管理所应当恢复办理该车的各项登记和业务。

机动车在被盗抢期间，发动机号码、车辆识别代号或者车身颜色被改变的，车辆管理所应当凭有关技术鉴定证明办理变更备案。

**第四十条** 机动车所有人可以在机动车检验有效期满前三个月内向登记地车辆管理所申请检验合格标志。

申请前，机动车所有人应当将涉及该车的道路交通安全违法行为和交通事故处理完毕。申请时，机动车所有人应当填写申请表并提交行驶证、机动车交通事故责任强制保险凭证、机动车安全技术检验合格证明。

车辆管理所应当自受理之日起一日内，确认机动车，审查提交的证明、凭证，核发检验合格标志。

**第四十一条** 除大型载客汽车以外的机动车因故不能在登记地检验的，机动车所有人可以向登记地车辆管理所申请委托核发检验合格标志。申请前，机动车所有人应当将涉及机动车的道路交通安全违法行为和交通事故处理完毕。申请时，应当提交机动车登记证书或者行驶证。

车辆管理所应当自受理之日起一日内，出具核发检验合格标志的委托书。

机动车在检验地检验合格后，机动车所有人应当按照本规定第四十条第二款的规定向被委托地车辆管理所申请检验合格标志，并提交核发检验合格标志的委托书。被委托地车辆管理所应当自受理之日起一日内，按照本规定第四十条第三款的规定核发检验合格标志。

**第四十二条** 机动车检验合格标志灭失、丢失或者损毁的，机动车所有人应当持行驶证向机动车登记地或者检验合格标志核发地车辆管理所申请补领或者换领。车辆管理所应当自受理之日起一日内补发或者换发。

**第四十三条** 办理机动车转移登记或者注销登记后，原机动车所有人申请办理新购机动车注册登记时，可以向车辆管理所申请使用原机动车号牌号码。

申请使用原机动车号牌号码应当符合下列条件：

（一）在办理转移登记或者注销登记后六个月内提出申请；

（二）机动车所有人拥有原机动车三年以上；

（三）涉及原机动车的道路交通安全违法行为和交通事故处理完毕。

**第四十四条** 确定机动车号牌号码采用计算机自动选取和由机动车所有人按照机动车号牌标准规定自行编排的方式。

**第四十五条** 机动车所有人可以委托代理人代理申请各项机动车登记和业务，但申请补领机动车登记证书的除外。对机动车所有人因死亡、出境、重病、伤残或者不可抗力等原因不能到场申请补领机动车登记证书的，可以凭相关证明委托代理人代理申领。

代理人申请机动车登记和业务时，应当提交代理人的身份证明和机动车所有人的书面委托。

**第四十六条** 机动车所有人或者代理人申请机动车登记和业务，应当如实向车辆管理所提交规定的材料和反映真实情况，并对其申请材料实质内容的真实性负责。

## 第四章　法律责任

**第四十七条** 有下列情形之一的，由公安机关交通管理部门处警告或者二百元以下罚款：

（一）重型、中型载货汽车及其挂车的车身或者车厢后部未按照规定喷涂放大的牌号或者放大的牌号不清晰的；

（二）机动车喷涂、粘贴标识或者车身广告，影响安全驾驶的；

（三）载货汽车、挂车未按照规定安装侧面及后下部防护装置、粘贴车身反光标识的；

（四）机动车未按照规定期限进行安全技术检验的；

（五）改变车身颜色、更换发动机、车身或者车架，未按照本规定第十条规定的时限办理变更登记的；

（六）机动车所有权转移后，现机动车所有人未按照本规定第十八条规定的时限办理转移登记的；

（七）机动车所有人办理变更登记、转移登记，机动车档案转出登记地车辆管理所后，未按照本规定第十三条规定的时限到住所地车辆管理所申请机动车转入的。

**第四十八条** 除本规定第十条和第十六条规定的情形外，擅自改变机动车外形和已登记的有关技术数据的，由公安机关交通管理部门责令恢复原状，并处警告或者五百元以下罚款。

**第四十九条** 以欺骗、贿赂等不正当手段取得机动车登记的，由公安机关交通管理部门收缴机动车登记证书、号牌、行驶证，撤销机动车登记；申请人在三年内不得申请机动车登记。对涉嫌走私、盗抢的机动车，移交有关部门处理。

以欺骗、贿赂等不正当手段办理补、换领机动车登记证书、号牌、行驶证和检验合格标志等业务的，由公安机关交通管理部门处警告或者二百元以下罚款。

**第五十条** 省、自治区、直辖市公安厅、局可以根据本地区的实际情况，在本规定的处罚幅度范围内，制定具体的执行标准。

对本规定的道路交通安全违法行为的处理程序按照《道路交通安全违法行为处理程序规定》执行。

**第五十一条** 交通警察违反规定为被盗抢、走私、非法拼（组）装、达到国家强制报废标准的机动车办理登记的，按照国家有关规定给予处分，经教育不改又不宜给予开除处分的，按照《公安机关组织管理条例》规定予以辞退；对聘用人员予以解聘。构成犯罪的，依法追究刑事责任。

**第五十二条** 交通警察有下列情形之一的，按照国家有关规定给予处分；对聘用人员予以解聘。构成犯罪的，依法追究刑事责任：

（一）不按照规定确认机动车和审查证明、凭证的；

（二）故意刁难，拖延或者拒绝办理机动车登记的；

（三）违反本规定增加机动车登记条件或者提交的证明、凭证的；

（四）违反本规定第四十四条的规定，采用其他方式确定机动车号牌号码的；

（五）违反规定跨行政辖区办理机动车登记和业务的；

（六）超越职权进入计算机登记系统办理机动车登记和业务，或者不按规定使用机动车登记系统办理登记和业务的；

（七）向他人泄漏、传播计算机登记系统密码，造成系统数据被篡改、丢失或者破坏的；

（八）利用职务上的便利索取、收受他人财物或者谋取其他利益的；

（九）强令车辆管理所违反本规定办理机动车登记的。

**第五十三条** 公安机关交通管理部门有本规定第五十一条、第五十二条所列行为之一的，按照国家有关规定对直接负责的主管人员和其他直接责任人员给予相应的处分。

公安机关交通管理部门及其工作人员有本规定第五十一条、第五十二条所列行为之一，给当事人造成损失的，应当依法承担赔偿责任。

## 第五章　附　　则

**第五十四条** 机动车登记证书、号牌、行驶证、检验合格标志的种类、式样，以及各类登记表格式样等由公安部制定。机动车登记证书由公安部统一印制。

机动车登记证书、号牌、行驶证、检验合格标志的制作应当符合有关标准。

**第五十五条** 本规定下列用语的含义：

（一）进口机动车是指：

1. 经国家限定口岸海关进口的汽车；

2. 经各口岸海关进口的其他机动车；

3. 海关监管的机动车；

4. 国家授权的执法部门没收的走私、无合法进口证明和利用进口关键件非法拼（组）装的机动车。

# 国家质量监督检验检疫总局令

**第 121 号**

《机动车安全技术检验机构监督管理办法》已经 2009 年 8 月 28 日国家质量监督检验检疫总局局务会议审议通过，现予公布，自 2009 年 12 月 1 日起施行。2006 年 2 月 27 日国家质量监督检验检疫总局公布的《机动车安全技术检验机构管理规定》同时废止。

局 长 **王 勇**

二〇〇九年十月十三日

# 机动车安全技术检验机构监督管理办法

## 第一章 总 则

**第一条** 为了加强对机动车安全技术检验机构的监督管理，根据《中华人民共和国行政许可法》、《中华人民共和国道路交通安全法》及其实施条例、《中华人民共和国计量法》及其实施细则等有关法律法规，制定本办法。

**第二条** 机动车安全技术检验机构（以下简称“安检机构”）开展机动车安全技术检验以及对安检机构实施监督管理应当遵守本办法。

本办法所称机动车安全技术检验，是指根据《中华人民共和国道路交通安全法》及其实施条例规定，按照机动车国家安全技术标准等要求，对上道路行驶的机动车进行检验检测的活动，包括机动车注册登记时的初次安全技术检验和登记后的定期安全技术检验。

本办法所称安检机构，是指在中华人民共和国境内，根据《中华人民共和国道路交通安全法》及其实施条例的规定，按照机动车国家安全技术标准等要求，对上道路行驶的机动车进行检验，并向社会出具公证数据的检验机构。

**第三条** 国家质量监督检验检疫总局（以下简称“国家质检总局”）对全国安检机构实施统一监督管理。

各省级质量技术监督部门负责本行政区域内安检机构的监督管理工作。市县级质量技术监督部门在各自的职责范围内负责本行政区域内安检机构的监督管理工作。

**第四条** 各级质量技术监督部门应当遵循科学、公正、廉洁、高效的原则，依法对安检机构实施监督管理。

**第五条** 安检机构应当严格依据国家有关法律法规规定，按照机动车国家安全技术标准和有关规定对机动车实施检验，并对检验结果负责。

# 第二章　安检机构资格许可

**第六条**　安检机构的设置，应当遵循统筹规划、合理布局、方便检测的原则。

**第七条**　国家对安检机构实行资格管理和计量认证管理。

安检机构应当依照国家有关法律法规的规定，取得计量认证、检验资格许可后，方可在批准的检验范围内承担机动车安全技术检验。

省级质量技术监督部门负责实施本行政区域内安检机构检验资格许可申请的受理、审查、决定和发证。

**第八条**　安检机构的计量认证管理依照计量有关法律法规的规定执行。

**第九条**　安检机构计量认证、检验资格许可的申请及其受理、现场审查、发证应当一并办理。

**第十条**　申请取得安检机构检验资格许可，应当具备以下基本条件：

(一)具有法人资格；

(二)具有满足机动车安全技术检验工作需要的，并经省级质量技术监督部门考核合格的从事机动车安全技术检验工作的技术人员；

(三)有完善的工作管理制度，有齐全的机动车安全技术检验标准等技术规范文件资料；

(四)具有申请检测车辆类型和项目所需的机动车安全技术检验的设备及其校准设备；

(五)机动车安全技术检验设备应当通过合法有效的型式认定，在用计量器具应当依法经质量技术监督部门授权的计量技术机构计量检定合格或校准，并在检定或校准有效期内；

(六)具有满足机动车安全技术检验的设施、工作场所和工作环境；

(七)其他应当具备的条件。

**第十一条**　申请安检机构检验资格许可，应当向所在地省级质量技术监督部门提交以下申请材料：

(一)申请书；

(二)法人证明及复印件；

(三)检验人员考核合格证书及复印件；

(四)计量器具检定或校准证书及复印件；

(五)检测线配置明细以及检测、校准设备清单；

(六)地理位置、场地及厂房平面图，相应的所有权或合法使用权证明及复印件；

(七)其他有关合法证明材料。

**第十二条**　省级质量技术监督部门接到申请后，应当按照《中华人民共和国行政许可法》关于许可受理的规定，根据申请不同情况，分别做出处理。

**第十三条**　省级质量技术监督部门在受理申请后，应当及时组织审查人员对申请人进行审查，审查包括资料审查和现场核查。

审查人员应当具备相应的专业知识和实践工作经验。

**第十四条**　省级质量技术监督部门对申请人进行审查后，应当根据《中华人民共和国行政许可法》关于许可审查和决定的程序、期限等规定，作出是否批准检验资格许可的决定。

**第十五条**　省级质量技术监督部门应当及时向获得检验资格许可的申请人颁发安检机构检验资格许可证书和检验专用印章。

安检机构检验资格许可证书的式样、编号规则和检验专用印章的式样，由国家质检总局统一规定。

**第十六条**　安检机构检验资格许可证书有效期为3年。

安检机构检验资格有效期期满，继续从事机动车安全技术检验活动的，应当于期满前3个月向所在地省级质量技术监督部门重新提出申请；安检机构迁址、改建或增加检测线的应当及时向省级质量技术监督部门提出申请；申请的受理、审查和决定按照本规定执行。

## 第三章　安检机构行为规范

**第十七条**　安检机构应当遵循独立、客观、公正、诚信的原则开展机动车安全技术检验活动。

**第十八条**　安检机构应当保持信息系统通畅，及时向质量技术监督部门提供机动车安全技术检验信息。

**第十九条**　安检机构应当保证在用设备正常完好，在用计量器具依法进行计量检定或校准，并按照质量技术监督部门的要求定期参加检验能力比对试验。

**第二十条**　安检机构应当建立健全各项规章制度和机动车安全技术检验档案，按照国家有关规定对检验结果和有关技术资料进行保存，有保密要求的，应当遵守保密规定。

**第二十一条**　安检机构应当加强机动车安全技术检验人员培训和内部管理，不断提高检验服务水平。

**第二十二条**　安检机构应当接受质量技术监督部门的监督检查和管理，每年 1 月底之前向所在地质量技术监督部门提交上年度工作报告。

年度工作报告内容应当包括：

(一)安检机构基本情况；

(二)机动车年检验车型及其数量等机动车安全技术检验业务开展情况；

(三)在用检测设备的变更情况和计量器具检定或校准情况；

(四)检验人员培训、考核及变更情况；

(五)投诉、异议处理情况；

(六)其他应当报告的事项。

**第二十三条**　安检机构在机动车安全技术检验活动中发现普遍性质量安全问题的，应当及时向质量技术监督部门等有关部门报告。

**第二十四条**　安检机构如需停止机动车安全技术检验工作 3 个月以上的，应当报省级质量技术监督部门备案，上交检验资格许可证书和检验专用印章，并于停业前 1 个月向社会公告。

安检机构停止机动车安全技术检验工作 1 年以上的，由省级质量技术监督部门注销安检机构检验资格。

**第二十五条**　安检机构不得有下列行为：

(一)涂改、倒卖、出租、出借检验资格许可证书；

(二)超出批准的检验范围开展机动车安全技术检验；

(三)不按照机动车国家安全技术标准进行检验；

(四)未经检验即出具检验报告等出具虚假检验结果的行为；

(五)要求机动车到指定的场所进行维修、保养；

(六)使用未经省级质量技术监督部门考核或者考核不合格的人员从事检验工作；

(七)无正当理由推诿或拒绝处理用户的投诉或异议；

(八)其他违法行为。

## 第四章　监督管理

**第二十六条**　各级质量技术监督部门应当在各自的职责范围内，对本行政区域内安检机构及其工作情况组织监督检查。

监督检查可以采取以下方式进行：

(一)查阅原始检验记录、检验报告；

(二)现场检查机动车安全技术检验过程；

（三）检验能力比对试验；

（四）审核年度工作报告；

（五）听取有关方面对安检机构机动车安全技术检验工作的评价；

（六）调查处理投诉案件；

（七）联网监察或者其他能够反映安检机构工作质量的监督检查方式。

**第二十七条** 各级质量技术监督部门在进行监督检查时，应当记录监督检查的情况和处理结果，由监督检查人员签字后归档。

**第二十八条** 县级以上地方质量技术监督部门对在安检机构监督检查工作中发现的问题，应当依法进行处理。对发现的重大问题，应当及时向上级质量技术监督部门汇报，并将情况通报公安机关交通管理等相关部门。

**第二十九条** 各级质量技术监督部门应当建立投诉举报制度，接受投诉举报的质量技术监督部门应当及时核实、处理。

**第三十条** 各级质量技术监督在监督检查或者受理投诉举报时，发现安检机构不按照机动车国家安全技术标准开展机动车安全技术检验，出具虚假检验结果的，应当及时移交公安机关交通管理部门。

## 第五章 法律责任

**第三十一条** 未取得检验资格许可证书擅自开展机动车安全技术检验的，由县级以上地方质量技术监督部门予以警告，并处3万元以下罚款。安检机构超出批准的检验范围开展机动车安全技术检验的，由县级以上地方质量技术监督部门责令改正，处3万元以下罚款；情节严重的，由省级质量技术监督部门撤销安检机构检验资格。

**第三十二条** 有下列情形之一的，构成犯罪的，依法追究刑事责任；构成有关法律法规规定的违法行为的，依法予以行政处罚；未构成有关法律法规规定的违法行为的，由县级以上地方质量技术监督部门予以警告，并处3万元以下罚款；情节严重的，由省级质量技术监督部门依法撤销安检机构检验资格：

（一）涂改、倒卖、出租、出借检验资格证书的；

（二）未按照规定参加检验能力比对试验的；

（三）未按照国家有关规定对检验结果和有关技术资料进行保存，逾期未改的；

（四）未经省级质量技术监督部门批准，擅自迁址、改建或增加检测线开展机动车安全技术检验的；

（五）拒不接受监督检查和管理的。

**第三十三条** 安检机构使用未经考核或者考核不合格的人员从事机动车安全技术检验工作的，由县级以上地方质量技术监督部门予以警告，并处安检机构5千元以上1万元以下罚款；情节严重的，由省级质量技术监督部门依法撤销安检机构检验资格。

**第三十四条** 有下列情形之一的，由县级以上地方质量技术监督部门责令改正，逾期不改正的，处以1万元以下罚款：

（一）未按照规定提交年度工作报告或检验信息的；

（二）要求机动车到指定的场所进行维修、保养的；

（三）推诿或拒绝处理用户的投诉或异议的。

**第三十五条** 安检机构停止机动车安全技术检验工作3个月以上，未报省级质量技术监督部门备案的，或未上交检验资格证书、检验专用印章的，或停止机动车安全技术检验未向社会公告的，由县级以上地方质量技术监督部门责令改正，并处1万元以上3万元以下罚款。

**第三十六条** 安检机构不按照机动车国家安全技术标准开展机动车安全技术检验，未经检验即出具检验报告等出具虚假检验结果的，由有关部门依法予以处罚。

**第三十七条** 从事机动车安全技术检验工作的人员在检验活动中接受贿赂，以职谋私的，由省级质量技术监督部门依法撤销其考核合格资质；情节严重的，移送有关部门追究责任。

**第三十八条** 质量技术监督部门的工作人员在安检机构监督管理活动中滥用职权、玩忽职守、徇私舞弊的，依法给予行政处分；构成犯罪的，依法追究刑事责任。

## 第六章 附 则

**第三十九条** 承担进出口机动车安全技术检验的机构的监督管理，按照《中华人民共和国进出口商品检验法》及其实施条例的有关规定执行。

**第四十条** 军用及特殊管理的机动车安全技术检验，按照有关规定执行。

**第四十一条** 本办法由国家质检总局负责解释。

**第四十二条** 本办法自2009年12月1日起施行。2006年2月27日国家质检总局发布的《机动车安全技术检验机构管理规定》同时废止。